U0126807

臺灣與附近島嶼的領土主權問題

陳鴻瑜 著

臺灣 學生書局 印行

自 序

　　自第二次世界大戰結束後，東亞地區大陸地帶的領土都已有解決方案，且各有其歸屬，大體上產生糾紛的情況不嚴重。唯獨島嶼部分，包括臺灣和中國對於臺灣和澎湖群島；日本和俄國對於擇捉島、國後島、齒舞群島、色丹島；日本和南韓對於獨島（竹島）；臺灣和日本對於釣魚臺列嶼；臺灣和菲律賓對於巴丹群島；臺灣與中國、菲律賓、越南和馬來西亞對於南沙群島；臺灣與中國和越南對於西沙群島；臺灣與中國和菲律賓對於中沙群島等，則發生嚴重衝突。這些島礁之所以發生衝突，起因於歷史變遷、國際條約不明等因素所致。在這些島礁領土衝突中，與臺灣關係密切的有臺灣、釣魚臺列嶼、巴丹群島和南沙群島的領土歸屬問題。

　　筆者從 1980 年代初開始研究南海諸島問題，1985 年到美國喬治城大學擔任交換教授五個月，利用該段時間到該校圖書館收集資料，準備撰寫南海諸島領土主權問題與國際衝突一書，俾作為升等教授之著作。以後又參與內政部南海小組的學者群諮詢委員，經常參加擬訂中華民國領海法及相關法律的會議。由於長期的研究和參與實務工作的經驗，讓我體驗到南疆偏遠的南沙群島領土主權問題牽扯複雜，南沙群島因為偏遠無法照顧而遭鄰近國家侵占，涉及多邊國家之糾紛，他們都各提出侵佔的法理理由，故須花更多時間去了解各國之目的和法理主張。此外又有大國像美國和中國之介入，還須弄清楚國際情勢和大國角力的情勢變化。至於聯合國海洋法公約、國際法院有關島嶼歸屬的判決案例等更是必須熟讀，最重要者須注意這些案例應用到南海島礁爭端的可行性、優點和缺點。

　　筆者之所以對臺灣和菲律賓之間的巴丹群島感到興趣，是有一次在閱讀美國和西班牙於 1898 年簽署巴黎和約約文時，對於該約第三條所記載的西班牙割讓菲律賓群島的範圍感到不解，為何約文寫到北緯二十度以南

的島嶼割讓給美國？查閱地圖，始知巴丹群島位在北緯二十度以北，如依照該條約之規定，則該島群就不在割讓之列了。當時以為約文印刷有錯誤，乃查看了幾個約文版本，證明無誤都是記載北緯二十度。因此就想是否日本統治臺灣時曾有跟西班牙簽署疆界條約？於是去函臺灣省文獻委員會，就教該一問題，結果令我大為振奮，回函表示日本和西班牙曾在 1895 年 8 月 7 日簽訂協議，劃分臺灣和西班牙所屬菲島的海域疆界線，分界線是「以通過巴士海峽可以航行海面中央之緯度之平行線（the middle of the navigable channel of Bashi parallel to the latitude），為太平洋西部日本及西班牙兩國版圖之境界線。」但為何在美西巴黎條約並未據此將巴士海峽中線以南割給美國？對於這些一連串問題要得出答案，勢必就當年美國和西班牙談判的經過找出線索。所以請當時在西班牙就讀馬德里大學博士班的柳嘉信先生就近幫我到西班牙國家檔案館找資料。然後又請外交部向美國國務院調閱早期「菲律賓北界」的檔案，將這些各方資料彙整分析後，終於搞清楚原來談判時西班牙談判代表堅持北緯二十度以北屬於日本所有，無從割讓給美國，最後美國談判代表提議以北緯二十度為界，將該線以南各島嶼割給美國，條約即以此記載。

　　南海諸島是在二戰前就引發爭端，至二戰後尚未能解決，而與該爭端有關的是在舊金山對日和約內同被列入日本放棄的臺灣和澎湖領土，為何會在和約內寫為日本放棄？此引發我的好奇，剛好在 2000 年代初，社會出現了有關臺灣法律地位的討論，特別是「開羅宣言」是否足資證明臺灣和澎湖屬於中華民國，正反方都拿出他們的論據，有學者主張在中學歷史課本中應加上這一部分的資料。當時我就想從我對於南海諸島的研究經驗，應可應用到對臺灣和澎湖的領土主權問題之研究，因此我申請了國家科學委員會的計畫案，所幸獲得連續三年的研究計畫經費補助，展開了我對於臺澎法律地位之研究，本書刊出的數篇文章，應是我對於該一問題的研究心得。

　　對於釣魚臺問題，情況也是相同，社會出現不同的意見，在還沒有進行研究以前，我直覺認為能證明該一列島屬於臺灣的文獻資料可能十分有限，但在深入研究後，在歷史文獻資料上有一些突破，有圖片和歷史文獻

可資證明釣魚臺和臺灣的關係，另外也閱讀和研究日本外務省所提出的日本擁有釣魚臺列嶼之法理論據相當薄弱，所以引發我寫一專論的論文，俾使真相能更為清楚。

至於對於越南官方所提出的有關越南擁有南沙群島的法理主張，筆者經過數年的資料蒐集，利用相關的國際法觀念以及歷史文獻，提出不同的意見和觀點。菲律賓亦提出其擁有南沙群島的法理主張，而且菲國先後公佈幾個相關的菲國海域法，與一般國際法觀念不同；此外菲國還沒有通過領海法，其遊走法律邊緣之作法，值得關注。因此，本書有一章專門分析菲國的領土與海域主張。

無論如何，以臺灣為中心所涉及的島嶼領土問題，是二戰結束以後引發的領土爭端，筆者花了十多年的時間，逐一針對這些島嶼進行一次總體檢，從歷史文獻和國際法的角度進行分析，期能對於這些領土問題提供可靠的資訊。如有缺漏不足之處，亦請博雅讀者諸君指教。

陳鴻瑜　誌於
臺北市
2018 年 1 月 20 日

本書從歷史和國際法、國際關係的角度深入探討臺灣與附近島嶼之領土主權問題，並舉證臺灣擁有臺灣和澎湖群島、釣魚臺列嶼和南沙群島的文獻與法理證據。

臺灣與附近島嶼的領土主權問題

目　次

圖目次

第一章　臺灣法律地位之演變（1943-1955）[*]

摘　要

　　對於臺灣的法律地位的議論，已有很長久的時間，而至今仍有爭議，顯示該項問題並未塵埃落定。考諸以前各種論述，除了少數學者從歷史角度論析外，一般都是從個案的國際法立論為主，以至於未能呈現完整的面貌，尤其很多的論著都是以開羅宣言作為擁有臺灣領土主權的依據，而未顧及到以後局勢的發展和臺灣地位的變動。因此，本項研究試圖透過歷史的研究途徑，分別論述開羅宣言、波茨坦宣言、戰後接收日軍投降、舊金山對日和約、中華民國與日本和約、中華民國與美國共同防禦條約、1955年印尼萬隆會議等案例，然後再輔以有關國家對於臺灣人恢復中華民國國籍之立場的分析，或許能得出更為客觀的實際情況。

關鍵詞：臺灣　開羅宣言　波茨坦宣言　舊金山和約　臺日和約　臺美共同防禦條約

---
* 本文獲得行政院國家科學委員會 2005 年度研究獎助，計畫編號為：NSC94-2414-H-004-015。

關於臺灣之法律地位，有各種論述，有謂之臺灣地位未定，有謂之已確定。該一議題之所以引發爭論，最主要的原因是涉及意識形態，各家之立論都選擇對自己有利的方向論述，縱使有從國際法的觀點析論，亦因解釋角度各有不同，而有不同的論點。尤其是大多數的討論都未能從歷史演變過程立論，而以割裂的階段論述，更不易瞭解全貌。為了更清楚的說明該一問題之演變過程，本文擬從戰後國際局勢的發展和國際法相關規定兩個角度交互探討和分析解釋。

因此，如何完整呈現有關臺灣之法律地位的變動，檔案文獻的檢討是一個很重要的研究途徑。首先，必須提出一項假設，即臺灣之法律地位並非一成不變，它隨著國際情勢的變化而有實質內容的變化。基此，如果單純只拿出開羅宣言，並無法作為擁有臺灣之法律地位的證據。同樣地，若以戰後接收臺灣之日軍投降，也無法證明中華民國因此領有臺灣的領土。其他情況也是如此。因此，對於臺灣和澎湖領土的領有問題，必須從國際局勢以及各有關國家的檔案文獻著手，將各國對臺灣之法律地位的立場和政策做一檢討，才能看出其端倪。

本文之所以寫到 1955 年，乃因為該年亞非洲 29 個國家在印尼萬隆（Bandung）舉行會議，錫蘭（斯里蘭卡）總理曾在會外討論臺灣的地位問題，雖然沒有將議題提到會上討論，顯示在舊金山和會後，臺灣地位還是受到國際重視和討論。本項研究將以歷史研究途徑為基礎，分別論述從開羅宣言、波茨坦宣言、戰後接收日軍投降、杜魯門（Harry Truman）聲明、舊金山對日和約、中華民國與日本和約、中華民國與美國共同防禦條約、1955 年印尼萬隆會議等案例，從國際法、國際現實進行分析。其間將引述有關國家對於戰後臺灣人恢復中華民國國籍的政策和立場，作為輔助說明。

一、開羅宣言之內容和效力

為處理接收日軍投降後之領土問題，盟軍於 1943 年 11 月 23 至 26 日在埃及首都開羅舉行由中華民國國民政府主席蔣中正、美國總統羅斯福、

英國首相邱吉爾（Sir Winston Churchill）三國首腦會議。11 月 27 日發表「開羅宣言」的新聞稿：「我三大盟國此次進行戰爭之目的，在於制止及懲罰日本之侵略。三國決不為自身圖利，亦無拓展領土之意。三國之宗旨在剝奪日本自 1914 年第一次世界大戰開始以後，在太平洋上所奪得或佔領之一切島嶼；以及將日本所竊於中國之領土，例如滿洲、臺灣、澎湖群島等，歸還中華民國。」

1945 年 7 月 17 日，美、英二國首長（包括杜魯門總統、邱吉爾首相）在柏林附近的波茨坦（Potsdam）舉行會議，7 月 26 日，杜魯門、邱吉爾和蔣中正聯名發表「確定日本投降條件宣言」（Proclamation Defining Terms For Japanese Surrender），又稱「波茨坦宣言」（後又加上蘇聯國家主席史達林（Joseph Stalin）聯名）。該宣言第八點稱：「開羅宣言之條件，必將實施，而日本主權必將限於本州、北海道、九州、四國以及我們所決定其他小島之內。」（The terms of the Cairo Declaration shall be carried out and Japanese sovereignty shall be limited to the islands of Honshu, Hokkaido, Kyushu, Shikoku and such minor islands as we determine.）

開羅宣言應是表示三國的共同決心，而且戰後即按照該一宣言，付諸實現。1945 年 8 月 17 日，盟軍統帥部發布第一號命令：「臺灣及北緯 16 度以北法屬印度支那境內的日本高級指揮官以及所有陸海空軍和輔助部隊，應向蔣中正投降，北緯 16 度以南由英國軍隊受降。」

9 月 2 日，日本在美軍軍艦密蘇里號上簽署「無條件投降書」，其第一款規定：「日本接受中美英三國共同簽署的，後來又有蘇聯參加的 1945 年 7 月 26 日的『波茨坦宣言』中的條款。」

在 1945 年 9 月 4 日，中華民國發表國民政府公告稱：「本年 8 月 14 日日本已答復中、美、英、蘇四國，接受 7 月 26 日波茨坦三國宣言之各項規定，無條件投降。依此規定，臺灣全境及澎湖列島應交還中華民國。本府即派行政及軍事各官吏前來治理。凡我在臺人民務須安居樂業，各守秩序，不得驚擾滋事。所有在臺日本陸海空軍及警察皆應靜候接收，不得逾越常軌，殘害民眾生命財產，並負責維持地方治安。其行政司法各官

吏，交通金融產業教育各機關，在本府未派員接收以前，亦應照常奉公，不得破壞毀損，舞弊營私。如敢故違，定予懲辦。特此布告。」

中華民國政府於 8 月 29 日令「特任陳儀為臺灣省行政長官。」9 月 20 日，國民政府公佈：「茲制訂臺灣省行政長官公署組織條例，公佈之。」該條例第一條規定：「臺灣省暫設行政長官公署，隸屬行政院，置行政長官一人，根據法令綜理臺灣全省政務。」第二條規定：「臺灣省行政長官公署於其職權範圍內，得發布署令，並得制定臺灣省單行規章。」國民政府另依照盟軍第一號令，於 10 月 25 日由中華民國軍隊在臺北接受日軍的投降。1946 年 1 月 12 日，行政院訓令恢復臺灣居民之中華民國國籍，該訓令稱：「查臺灣人民原係中華民國國民，以受敵人侵略，致喪失國籍。茲國土重光，其原有中華民國國籍之人民，自 34 年 10 月 25 日起，應即一律恢復中華民國國籍。除分令外，合行令仰知照。」

關於開羅宣言的效力，已有很多的討論，隨著政治立場上的不同而各有堅持。持開羅宣言具有效力的主張者，可以國際法學家丘宏達的主張為代表。他的論點如下：

(1)依「維也納條約法公約」第二條，名稱並不影響條約的特性。國際法院 1978 年在「愛琴海大陸礁層案」中指出，聯合公報也可以成為一個國際協定。在西方國家最流行的國際法教本——前國際法院院長詹寧斯改寫的「奧本海國際法」第一卷第九版也說明「一項未經簽署和草簽的文件，如新聞公報，也可以構成一項國際協定。」

(2)一個文件是否被視為條約，最簡單的推定疑問，就是看是否收錄於國家的條約彙編。美國國務院所出版美國條約與其他國際協定彙編一書中，將開羅宣言與波茨坦宣言（宣言）列入，可見這兩個文件是具有法律上拘束力的文件。

(3)常設國際法院在 1933 年 4 月 15 日對東格陵蘭島的判決中指出，一國外交部長對於外國公使在其職務範圍內的答覆，應拘束其本國。一國外長的話就可在法律上拘束該國，則開羅宣言為三國的總統或首相正式發表的宣言，在法律上對簽署國是有法律拘束力的。

(4)開羅宣言與波茨坦宣言是第二次世界大戰期間最重要的兩項文

件，草擬兩個文件的每個會議紀錄都達幾百頁，足見是經過冗長而仔細的考慮與討論後，才達成協議，這種文件當然有法律上的拘束力。[1]

反駁開羅宣言具有效力的論點如下：

(1)「開羅宣言」不是宣言，而是「新聞公報」，且沒有簽署者，所以效力不足。[2]事實上，開羅會議是從 1943 年 11 月 23-26 日舉行，宣言草案是在會議結束時由三國首長閱過，並提出修改意見。三國首長在 27 日即飛離開羅。12 月 1 日，三國同時正式公布開羅宣言，所以三國首長沒有在文件上簽字。如果瞭解此一作業過程，當不致會認為沒有簽字，所以無效。「波茨坦宣言」情況也很類似，蔣中正並沒有出席該項會議，但在該文件後有他的署名。而「波茨坦宣言」普遍被認為是一有效的文件。

(2)英國首相邱吉爾在 1955 年 2 月 1 日拒絕工黨國會議員提出依據開羅宣言的條件將臺灣移交給共黨中國的建議。他表示：「臺灣島的未來現在是國際問題，其未來主權並未在對日和約中加以確定。開羅宣言只是共同目的之宣言，自其公布後，發生了許多事。」對於工黨國會議員的批評，邱吉爾最後引用工黨前任外長摩里森（Herbert Morrison）在 1951 年 5 月的聲明，作為擋箭牌。[3]他的意思是說，開羅宣言已是過時了，以後新情勢的發展已改變該宣言的適用了。

邱吉爾也說：「開羅宣言僅是共同目的的聲明，對參與宣言的各方並無拘束力。」[4]

(3)一位英國國際法專家勞特帕契特（E. Lauterpacht）認為在 1943 年時，盟國並未控有臺灣島，所以不能將該島主權移轉給任何人或任何國

---

[1] 丘宏達，「開羅宣言、波茨坦宣言有國際法效力」，聯合報，民國 93 年 11 月 20 日，頁 A15。

[2] 沈培志，「真理愈辯愈明，開羅宣言一如衛生紙」（上），臺灣日報（臺灣），2004 年 7 月 15 日，頁 9。沈培志為臺灣加入聯合國促進會秘書長。臺灣日報在 2004 年 8 月 7 日舉辦的「開羅宣言不存在，臺灣主權已定論」座談會，頁 8。臺灣國臨時政府召集人沈建德在會上表示開羅宣言未經簽署，故未有法律效力。

[3] Drew Middleton, "Cairo Formosa Declaration out of Date, Says Churchill," *New York Times*, February 2, 1955, pp.1,4.

[4] 引自 J. P. Jain, "The Legal Status of Formosa: A Study of British, Chinese and Indian Views," *American Journal of International Law*, vol.57, No.1, January 1963, pp.25-45.

家。故開羅宣言只是一個將臺灣在戰後交還給中國的承諾。開羅宣言不含有法律文書的形式（The Cairo "Declaration" is not couched in form of legal instrument）。他強調開羅宣言是一種集體的宣言，欠缺法律的約束力。[5]

(4)1950 年 6 月 28 日早上，美國國務卿艾奇遜（Dean Acheson）在記者會上對記者解釋稱：「昨天杜魯門總統的有關臺灣的未來地位必須等待太平洋安全恢復以及與日本和平解決或由聯合國考慮的聲明，並未與開羅宣言相衝突，該宣言僅表示簽署宣言的人的觀點。」[6]從艾奇遜的觀點可知，美國並不認為開羅宣言具有效力，而將之視為當時三人的觀點的表示。

(5)澳洲學者范盛保認為開羅會議是以「軍事團」（military mission）之名義發表，是交戰雙方還在作戰，而其中一方希望臺灣歸還給中華民國。這是軍事團「意欲」的表達，而不是國家元首間的協定，沒什麼法律效果，而「波茨坦宣言」也是一樣。[7]

不過，筆者認為將開羅宣言解讀為是以「軍事團」（military mission）之名義發表，是頗有疑問的，英文本開羅宣言的開場白的記載是：「President Roosevelt, Generalissimo Chiang Kai-shek, and Prime Minister, Mr. Churchill, together with their respective military and diplomatic advisers, have completed a conference in North Africa. The following general statement has been issued.」。很清楚的，該宣言並不是由「軍事團」的名義發表。

(6)1946 年初，美國「遠東戰略小組」成員葛超智（George H. Kerr）被派任為駐臺副領事，在他所著的被背叛的臺灣（*Formosa Betrayed*）一

---

[5]　J. P. Jain, *op.cit.*, p.27, note 8.

[6]　*The Times* (UK), 29 June, 1950, p.6. Acheson 的談話全文為：「Mr. Acheson explained in answer to a question this morning that the passage in the President's statement yesterday reading "the determination of the future of Formosa must await the restoration of security in the Pacific, a peace settlement with Japan or consideration by the United Nations" was in no way in conflict with that declaration [Cairo declaration] which gave only the views of those who signed it.」

[7]　范盛保，「談臺灣地位未定論」，南洋星洲聯合早報（新加坡），2000 年 8 月 5 日，頁 19。

書中，表示「從已出版的紀錄顯示，無論是總統或首相，都沒有認真看待開羅宣言。如同薛華德（Robert Sherwood）的說法：『協議的熱度沒有超過 10 天。』在蔣中正返抵中國之前，羅斯福和邱吉爾已改變其答應蔣中正所提的要求並所做的秘密承諾。不幸地，改變想法僅與積極執行戰爭有關。對於戰後領土移轉的承諾，卻沒有執行。羅斯福、邱吉爾和蔣中正在熊死之前，已將熊皮分割了。」[8]

　　(7)廖文毅反對開羅宣言。在 1950 年 9 月，「臺灣再解放聯盟」（The Formosan League for Re-emancipation）[9]主席廖文毅致函聯合國一份「臺灣發聲」（Formosa Speaks）備忘錄，表明主張臺灣獨立、反對開羅宣言，其理由總共有十點：第一，開羅宣言違反大西洋憲章（Atlantic Charter）。中國以不義方式控制臺灣，臺灣人民有權以公投決定其前途。開羅宣言完全不顧臺灣人民的意見而要將臺灣交給中國，是不能被承認和接受的。第二，開羅宣言將臺灣交給中國是犯了技術上的錯誤。他提出一個很重要的觀點，即日本取得臺灣的控制權不是從滿清的中國，也不是蔣中正或毛澤東的中國，而是從臺灣民主國。因為當時臺灣人民組織臺灣民主國起來反對日本，日本是在打敗臺灣民主國後才控制臺灣的。因此，日本戰敗後，應將臺灣歸還給臺灣人民。第三，開羅宣言不公道地出賣臺灣人的世襲權利和利益給恐怖的和獨裁的中國軍閥。第四，開羅宣言不能施用於臺灣。第五，開羅的決定不是最後的。戰後中華民國軍隊控制臺灣，僅是臨時的託管，事實上是在遠東委員會（Far Eastern Commission）控制之下。技術上，臺灣仍屬於日本，因此，是一個「國際的土地」（international soil），因此是中立的。中華民國政府遷移到臺灣，將臺灣作為與中國對抗的基地，是公開破壞了國際的中立法。第六，開羅宣言不具效力。由於國民黨政權在中國的失敗，所以美、英等國已無法按照開羅

---

[8]　George H. Kerr, *Formosa Betrayed*, Eyre & Spottiswoode, London, 1966, p.27.

[9]　廖文奎、廖文毅、林本土、陳炳煌和王麗明等五人在 1947 年 6 月在上海成立「臺灣再解放聯盟」，該聯盟在同年 7、8 月間，向當時至中國的美國特使魏德邁遞交一份「處理臺灣意見書」，提出：「臺灣的歸屬問題要由臺灣人民投票決定。在舉行公民投票以前，臺灣暫時置於聯合國託管理事會之下。」

宣言將臺灣移交給中國。假如中國無法將臺灣放在民主軌道中，則臺灣為了自保以及鞏固民主國家的集體安全，臺灣有權宣佈獨立。第七，由於中國在臺灣管理上的失敗，中國不夠資格擔任遠東委員會的委員，所以自動喪失其對臺灣的託管責任。第八，因為中共控制的中國已成為蘇聯的附庸，臺灣為避免成為共黨的附庸以及維護民族自由，就必要擺脫中國，宣佈獨立。第九，在臺灣的中國政府無權管轄臺灣。杜魯門總統在 1950 年 6 月 27 日說臺灣的地位將由聯合國決定或對日和約來決定，故應由聯合國組織國際管理委員會來管理臺灣，最後舉行公民投票以決定前途。第十，無論就工業、人口、文化進步和社會組織，臺灣都足以成為一個獨立國家。根據聯合國憲章第 76 條之規定，為了促進適格人民邁向獨立，應給予臺灣人民機會自由表達其獨立的希望，並決定其自己的命運。[10]

　　上述廖文毅主張的第五點說：「戰後中華民國軍隊控制臺灣，僅是臨時的託管，事實上是在遠東委員會控制之下」，此與事實不符，從未有一項文件載明「遠東委員會」曾控制過臺灣，臺灣亦未曾被任何國際組織託管過。

二、接受日軍投降與佔領之本質

　　1945 年 8 月 17 日，盟軍統帥部發布第一號命令：「臺灣及北緯 16 度以北法屬印度支那境內的日本高級指揮官以及所有陸海空軍和輔助部隊，應向蔣中正投降，北緯 16 度以南由英國軍隊受降。」

　　中國戰區中國陸軍總司令部在 1945 年 8 月 21 日致函駐華日軍最高指揮官岡村寧次將軍，文號為中字第 1 號，其內容為：「本人（按指何應欽）以中國戰區中國陸軍總司令之地位，奉中國戰區最高統帥特級上將蔣中正之命令，接受在中華民國（遼寧、吉林、黑龍江三省之外）臺灣及越南北緯 16 度以北之地區內日本高級指揮官，及全部陸海空軍與其輔助部

---

[10] Joshua Liao, *Formosa Speaks, The Memorandum Submitted to the United Nations in September, 1950 in support of the Petition for Formosan Independence*, Graphic Press, Hongkong, 1950, pp.54-59.

隊之投降。」[11]

9 月 2 日，麥克阿瑟（Douglas MacArthur）授權蔣中正：「日本國在中國（滿州除外）、臺灣及北緯 16 度以北、法屬中南半島之前任指揮官，以及一切的陸上、海上、航空及補助部隊必須向蔣中正統帥投降。」[12] 10 月 25 日，臺灣行政長官陳儀在臺北市公會堂代表中華民國接受日本代表臺灣總督兼第 10 方面軍司令官安藤利吉大將的投降，並將行政長官第一號命令交給安藤，其中第二項為：「遵照中國戰區最高統帥兼中華民國政府主席蔣中正及何應欽總司令命令及何總司令致岡村寧次大將中字各備忘錄，指定本官及本官所指定之部隊及行政人員，接受臺灣、澎湖群島地區日本陸海空軍及其輔助部隊之投降，並接受臺灣、澎湖群島之領土、人民統治權、軍政設施及資產。」[13]

從盟軍統帥部發布第一號命令的文字來看，中華民國軍隊的任務是「接受投降」以及「接受臺灣、澎湖群島之領土、人民統治權、軍政設施及資產」，在法律意義上，「接受統治權」並不是「法定佔領」，更不是「永久佔領」。其情形就如同中華民國軍隊到越北接受日軍投降以及美國在日本接受日軍投降一樣。因此，該接受日軍投降之工作的性質，是代表盟軍接受？還是屬於永久佔有？出現不同的看法。按照當時中華民國政府的想法和作法，既然「開羅宣言」已規定臺灣和澎湖歸還中華民國，則接受日軍投降，自然等同於「歸還」之意，所以在接受日軍投降之後立即將臺灣納入行政管轄體系，開始實施有效的統治。

實際在臺灣執行接收任務的僅有中華民國軍隊，美國僅派「美軍聯絡組」（American Liaison Group）。日軍在 1946 年 4 月 1 日撤離臺灣後，美國也撤離「美軍聯絡組」的人員。[14]以後盟軍並沒有命令中華民國「接收軍」撤離臺灣，以致於中華民國軍隊從「接受投降」變成「佔領」。不

---

[11] 中華民國外交問題研究會編，中日外交史料叢編（七），日本投降與中華民國對日態度及對俄交涉，臺北市：中華民國外交問題研究會出版，民國 53 年，頁 10。

[12] 國史館編，臺灣主權與一個中國論述大事記，臺北縣：國史館印行，民國 91 年，頁 3。

[13] 同上註，頁 3-4。

[14] George H. Kerr, *op.cit.*, p.96.

過，當時中華民國這樣的行政管轄方式，遭到他國質疑，主要是英國。

　　可從戰後東亞各地接受日軍投降的方式加以比較。中華民國軍隊接受在臺灣日軍之投降，其情況與中華民國軍隊到越北接受日軍投降、美國在日本和南韓以及蘇聯在北韓接受日軍投降，性質是否相同？中華民國軍隊進入越北接受日軍投降，從一開始，中華民國政府就聲明是暫時性的，接收任務完成後就退出越北，因此沒有「永久佔有」的意思。中華民國在1946 年 2 月 28 日與法國簽訂「中法重慶協議，議定中華民國軍隊將在該年 3 月 31 日交防，後來延至 9 月底才撤完。美軍在日本和南韓接受投降情形也是一樣，美國在 1945 年 9 月正式宣告對日本結束戰爭，10 月 11日，麥帥司令部宣稱中國、英國和蘇聯三國將派軍參加接收日本投降。[15]實際上，中華民國只派遣一個憲兵排，以澳洲為首的紐西蘭和英國等大英國協國家派遣約一師的軍隊，參加盟軍佔領日本。美軍是依據 1951 年 9月 8 日美日安保條約之規定而繼續駐軍日本。美國和大英國協在日本的佔領軍所成立的「盟軍最高統帥司令部」是在 1952 年 4 月 28 日舊金山和約生效日解散。而蘇聯是在 1948 年 12 月從北韓撤軍。美國是在 1949 年 6月從南韓撤軍。南韓、北韓分別成立本身的政府，而日本一直有其本身的政府。

　　上述接受日軍投降的案例中有一個最大的差異，就是在開羅會議前中華民國政府主張讓越南獨立，在「開羅宣言」中則指明臺灣和澎湖歸還中華民國，而韓國應讓其獨立。在「波茨坦宣言」第十二點規定應讓日本逐步走向民主，建立民意政府後佔領軍即須退出日本。此一差異，顯示「開羅宣言」對於臺灣和澎湖之未來地位之聲明有其明示之意義。因此，在這些接受日軍投降的案例中，只有中華民國軍隊在臺灣接受日軍投降後繼續駐留臺灣，其他國家的軍隊則已從其接受投降區撤退。

　　儘管如此，英國政府認為中華民國接收臺灣只是暫時性質，是在盟軍總司令的命令下臨時管理臺灣，直至與日本簽定和約之前，並不構成將臺灣移轉給中華民國的問題。英國外相艾登（Anthony Eden）在 1955 年 2

---

[15] 民報（臺灣），民國 34 年 10 月 15 日，頁 2。

月 4 日書面答覆辛威爾（Emanuel Shinwell）眾議員時說：

> 開羅宣言是一個將臺灣在戰後移交還給中國的意向聲明（a statement of intention）。事實上，此一交還從未發生，因為有兩個實體要求代表中國的困難存在，還有各強權對這些實體的地位有歧見所致。
>
> ……1945 年 9 月，中國軍隊依據盟軍總司令的命令從日軍手中接收臺灣，但這不是轉讓，它也不涉及任何主權的改變。蔣中正在該島實施軍事佔領，此一安排仍未最後確定，此一軍事佔領並不構成臺灣成為中國的領土。
>
> 依據 1952 年 4 月對日和平條約，日本正式放棄所有臺灣和澎湖的一切權利、權利名義和要求；又，此亦非將臺灣和澎湖移轉給中國主權，無論是中華人民共和國或國民黨政府。就英國政府的觀點而言，臺灣和澎湖應屬於法律主權未確定或未決定的領土。
>
> 國民黨政府在中國沿海佔領的島嶼（按：指金門、馬祖等島），是與臺灣和澎湖不同範疇的島嶼，因為毫無疑問的它們屬於中華人民共和國領土的一部分。無論如何，中華人民共和國政府任何企圖要用武力主張對這些島嶼的權力，在目前的情況之下，將會引起威脅和平和安全，此為國際關切的問題。[16]

---

[16] Sir A. Eden, "On Legal Position, Status of Formosa," *The Times* (UK), February 5, 1955, p.9. 其文稿原文如下："'Formosa and the Pescadores, shall be restored to the Republic of China....' This declaration was a statement of intention that Formosa should be retroceded to China after the war. This retrocession has in fact never taken place, because of the difficulties arising from the existence of two entities claiming to represent China, and the differences among the Powers as to the status of these entities.

… In September, 1945, the administration of Formosa was taken over from the Japanese by Chinese forces at the direction of the Supreme Commander of the Allied Powers; but this was not a cession, nor did it in itself involve any change of sovereignty. The arrangements made with Chiang Kai-shek put him there on a basis of military occupation pending further arrangements, and did not of themselves constitute the territory Chinese.

Under the peace treaty of April, 1952, Japan formally renounced all right, title, and claim

　　艾登的論點是英國政府自戰後以來一貫的主張，英國不承認中華民國
政府因為接受日軍投降而佔有臺灣和澎湖，英國堅持要以條約的方式才能
確定中華民國從日本取得臺灣和澎湖。

　　范盛保的論點又有所不同，他說：「戰後，蔣中正奉麥克阿瑟之令，
以同盟國之一方代表『佔領』臺、澎地區，這是一種交戰團體之佔領
（belligerent occupation）。國際法對於交戰團體之佔領是不允許其佔領地
變成他國領土的。例如德國被四個交戰團體佔領，但此四個交戰團體不能
將各自佔領之土地變成自己的領土。同樣的，中華民國這個交戰團體佔領
臺、澎地區亦不能將其佔領之土地變成中華民國的領土。」[17]

　　范盛保的理由是：「國際法對於一般佔領有幾個限制：一是佔領之一
方為國家，二是被佔領之地方為無主地。中華民國接收臺灣是中華民國這
個交戰團體之佔領，不是以國家之身分佔領，而且在 1945 年佔領時，中
華民國喪失了大半領土，很難去認定彼時的中華民國是它所認定的秋海棠
中華民國。更重要的是，彼時的臺灣不是無主地，它是日本佔領地。」[18]

　　范盛保也反對中華民國以時效而取得臺灣，他的理由是：取得時效有
幾個限制：一是被佔領的地不是無主地，二是佔領之一方佔了一段時間，
三是沒有其他國家抗議。中華民國是代表同盟國而佔領臺灣的，所以「臺
灣應屬於同盟國」。[19]

　　對於范盛保的論點，可以再斟酌之處為：

---

to Formosa and the Pescadores; but again this did not operate as a transfer to Chinese
sovereignty, whether to the People's Republic of China or to the Chinese Nationalist
authorities. Formosa and the Pescadores are therefore, in the view of her Majesty's
Government, territory the de jure sovereignty over which is uncertain or undetermined.

　　The Nationalist-held islands in close proximity to the coast of China are in a different
category from Formosa and the Pescadores, since they undoubtedly form part of the territory
of the People's Republic of China. Any attempt by the Government of the People's Republic
of China, however, to assert its authority over these islands by force would, in the
circumstances at present peculiar to the case, give rise to a situation endangering peace and
security, which is properly a matter of international concern."

[17]　范盛保，前引文。
[18]　范盛保，前引文。
[19]　范盛保，前引文。

第一，將蔣中正政府界定為站在同盟國一方的「交戰團體」，其佔領臺灣類似第二次世界大戰結束後四國分別佔領德國的情況一樣，這是名詞使用的錯誤。在國際法上，「交戰國」和「交戰團體」的意義不同，「交戰國」是指發生戰爭的不同國家。而「交戰團體」是指一國內不同政治團體間的戰爭，有可能原先一方是屬於叛亂團體。因此，應該使用「交戰國」一詞。如果將國民黨政府界定為「交戰團體」，則其引用交戰四國分別佔領德國的例子亦有錯誤，因為這四國是交戰國。

第二，1945 年 8 月戰爭結束後，中華民國領土不是原先的秋海棠形狀，此是否影響它被稱為中華民國？這是無庸置疑的，因為很多國家領土變更，並不影響它的國名。

第三，中華民國是否是代表盟軍佔領臺灣，所以臺灣應屬於「同盟國」所有？在目前現有文獻中，確實見不到中華民國是代表盟軍佔領臺灣的記載。中華民國是依據盟軍第一號令接收臺灣日軍的投降，並非「代表盟軍佔領臺灣」。美國國務卿艾奇遜於 1949 年 12 月 14 日表示：「臺灣過去雖為日本帝國的一部分，但第一，盟國已授權給蔣中正先生領導下的政府在和約簽訂以前治理臺灣；第二，依照開羅宣言盟國已承認對日和會中應正式將臺灣歸還中國。」[20]艾奇遜是用「授權」一詞表明蔣中正「治理」臺灣的性質，而且強調是依據「開羅宣言」。不過，這是在韓戰前的說詞，韓戰爆發後不久美國就不再有如此說法。（詳後）

因此，值得討論的問題是，如果蔣中正是代表盟軍統治臺灣，則中華民國政府在接收臺灣後的各項施政，即須向盟軍報告。同理，麥克阿瑟亦可以盟軍司令之身分對臺灣發號施令，但為何從 1945 年 9 月到 1951 年對日和約簽訂為止，並未見此類命令？又盟軍總部為何不下令要求中華民國軍隊撤離臺灣？

何瑞元提出另一個很有趣的論點，他說：

「根據戰爭法，臺灣領土之處分權仍在『美國軍事政府』之手上（請

---

[20] 國史館編，中華民國史事紀要，民國三十八年十二月十四日，臺北縣：國史館出版，頁 593-594。

參考舊金山和平條約第四條 b 項），而且該和約也確認美國是泛太平洋地區（含臺灣）之『主要佔領權國』（參考第 23 條）。

從美國佔領墨（西哥）屬加利福尼亞領土與西（班牙）屬波多黎各、古巴、關島、菲律賓領土之『軍史』，我們可以瞭解到一個十分重要的觀念，即『主要佔領權』之『軍事政府』並不因為和平條約生效而結束。美國前國務卿鮑威爾（Colin Luther Powell）指稱：『臺灣不享有國家主權』，證明臺灣之領土主權仍握在主要佔領權美國手中，而且是美國總統直屬的軍方體系手中，不是美國國會或司法部門可以直接控制的。」又說：「在拿破崙時代過後，每一個領土的『割讓』都有一個明確的『過戶』手續，『中華民國』在臺灣之領土，因為原來是以『佔領』的方式而『獲得』，基於『戰爭法』規定『佔領不移轉主權』的道理，不得主張『時效原則』而擁有臺灣領土之主權。臺灣領土之『主權』至今仍握在『主要佔領權』（美國）之手中。因此，才會有美國國內法『臺灣關係法』的制訂。」[21]

該文的論點可以再斟酌之處為：

第一，根據舊金山和約第四條 b 項之規定：「日本承認由美國軍事政府在第二條和第三條所稱的地區所做或根據其命令所做的對日本財產和日本國民之處分的有效性。」[22]第二條所指的地區包括韓國、臺灣和澎湖群島、庫頁島、南沙群島和西沙群島等。第三條規定：「日本將同意美國向聯合國提出的建議，將北緯 29 度以南的南西諸島（Nansei Shoto）（包括琉球群島和大東群島（Daito Islands））、小笠原群島、硫磺群島、西之島、沖之島、南鳥島（Nanpo Shoto south of Sofu Gan (including the Bonin Islands, Rosario Island and the Volcano Islands) and Parece Vela and Marcus Island）置於託管體系之下，美國為唯一行政管理當局。在提出該項建議

---

[21] 何瑞元，「從戰爭法談臺灣定位」，自由時報（臺灣），2005 年 5 月 1 日，頁 15。何瑞元和林志昇再度於 2005 年 9 月 30 日在自由時報（臺灣）發表「戰爭法下的臺灣立場」，立場論點如前。（頁 A19。）

[22] "Japan recognizes the validity of dispositions of property of Japan and Japanese nationals made by or pursuant to directives of the United States Military Government in any of the areas referred to in Articles 2 and 3."

到採取確定行動之前，美國將有權對這些群島領土和居民行使所有和任何行政、立法和司法管轄的權力，包括它們的領海。」[23]

從上述的規定可知，美國對於臺、澎地區只有權針對日本財產和國民擁有處分權，並非擁有該兩地的所有權，不可不分辨。事實上，對於在臺、澎兩地的日本財產和國民的處分，都是由中華民國政府處理，並非由美國處理，亦非由美國授權處理。[24]

第二，根據舊金山和約第 23 條之規定：「本條約應由簽署該約的國家批准，包括日本，俟所有國家批准後，該約即生效，批准書交存在日本和多數國家，包括作為主要佔領國的美國和下述國家，即澳洲、紐西蘭、巴基斯坦、菲律賓共和國、英國和北愛爾蘭和美國。」[25]該一條文是說明美國以一主要佔領國的地位擁有保存舊金山和約的權利，並非「確認美國是泛太平洋地區（含臺灣）之『主要佔領權國』。」二者差異極大。

第三，該文說：「從美國佔領墨屬加利福尼亞領土與西屬波多黎各、古巴、關島、菲律賓領土之『軍史』，我們可以瞭解到一個十分重要的觀念，即『主要佔領權』之『軍事政府』並不因為和平條約生效而結束。」事實上，美國佔領菲島是經由美國和西班牙簽訂的巴黎條約，美國統治菲

---

[23] **Article 3**：Japan will concur in any proposal of the United States to the United Nations to place under its trusteeship system, with the United States as the sole administering authority, Nansei Shoto south of 29deg. north latitude (including the Ryukyu Islands and the Daito Islands), Nanpo Shoto south of Sofu Gan (including the Bonin Islands, Rosario Island and the Volcano Islands) and Parece Vela and Marcus Island. Pending the making of such a proposal and affirmative action thereon, the United States will have the right to exercise all and any powers of administration, legislation and jurisdiction over the territory and inhabitants of these islands, including their territorial waters.

[24] 參考朱匯森主編，政府接收臺灣史料彙編（下冊），臺北縣：國史館編印，民國 79 年。

[25] **Article 23**：(a) The present Treaty shall be ratified by the States which sign it, including Japan, and will come into force for all the States which have then ratified it, when instruments of ratification have been deposited by Japan and by a majority, including the United States of America as the principal occupying Power, of the following States, namely Australia, Canada, Ceylon, France, Indonesia, the Kingdom of the Netherlands, New Zealand, Pakistan, the Republic of the Philippines, the United Kingdom of Great Britain and Northern Ireland, and the United States of America.

島的頭兩年是實施軍事政府統治，以後即改為文事政府。而美國是以國內法方式，即 1934 年美國國會通過「泰丁斯－麥克杜飛法」（Tydings-McDuffie Act）規定菲律賓在經過自治十年後，同意讓菲律賓群島獨立。

其次，美國作為「主要佔領權」國，其「軍事政府」還繼續存在嗎？就整體遠東戰區而言，將美國稱為「主要佔領權國」，其政府為「軍事政府」，是不正確的，正確說法應該是「盟軍」以及 1945 年 9 月 7 日成立的「盟軍最高統帥總司令部」（Supreme Commander for the Allied Powers）。就以日本戰區而言，美軍可以稱為「主要佔領權國」，但麥克阿瑟將軍在日本並沒有成立「軍政府」，因為日本政府仍然存在，麥克阿瑟將軍是直接下命令給日本政府，執行他的政策。而「盟軍最高統帥總司令部」在舊金山和約正式生效日即告解散。

第四，該文說美國軍方仍擁有臺灣的佔領權，這是很奇怪的說法，美國軍方從來沒有統治過臺灣，而是對臺灣提供軍事援助。如果美國軍方真正佔領過臺灣，則就不需要在 1954 年與中華民國政府簽訂共同防禦條約了。

從以上諸案例的討論，可以看出來中華民國接受在臺灣之日軍之投降，其情況與盟國在越南、日本和南韓接受日軍之投降情況有別。造成此一差別的關鍵因素，顯然與「中華民國政府認定臺灣已屬自己所有」有關，而未顧及有關的法律程序——即須與日本簽約。此外，亦與美國對於中華民國領有臺澎，沒有反對之意有關。

三、恢復領有臺灣領土應以條約為之

中華民國從接受臺灣日軍投降變成佔有臺灣之過程，就法定程序而言，是存在著瑕疵。因為臺灣和澎湖割讓給日本，是依據條約為之，但中華民國要取回臺灣和澎湖的領土，也應依據條約方式從日本手中取得臺灣和澎湖列島，而且更應刊布在官方公報中。中華民國在沒有條約之情況下取得臺灣和澎湖的領土，是非依條約方式的「佔有」，而非依法「取得」；日本是在投降後離開臺灣，而沒有依法「歸還」臺灣和澎湖。在法

律的意義下，日本軍民離開臺灣和澎湖，並不表示自動喪失該兩個島嶼的領有權，因為日本並沒有宣稱放棄的動作。儘管日本在 1945 年 9 月 2 日簽署降伏文書，承諾接受「波茨坦宣言」的條款，也就是無條件投降（規定在第十三點），但這並不表示其所佔領的臺灣和澎湖的領土可以自動移轉給中華民國。

美國代理國務卿艾奇遜於 1947 年 4 月 11 日致函參議員包爾（Joseph H. Ball）說：「臺灣主權移轉給中國尚未正式化。」[26]

從 1951 年舊金山和約有日本放棄臺澎的規定，會以為日本仍擁有臺灣和澎湖的領土主權。但實際上，日本此項權利是被凍結的，處於一種「主權凍結」的狀態，因為日本是無條件投降的，已喪失主權國家地位，根據 1943 年的開羅宣言中表明：「日本歸還自第一次世界大戰以來在太平洋區域所占的一切島嶼；日本自中國人所得到的所有領土，比如滿洲、臺灣及澎湖群島，應該歸還給中華民國。其他日本以武力或貪慾所攫取之土地，亦務將日本驅逐出境。」以及 1945 年 7 月 26 日的「波茨坦宣言」第八條規定：「開羅宣言之條件，必須實施。而日本之主權，必將限於本州、北海道、九州、四國及吾人所決定其他小島之內。」換言之，除了日本四島外，其他日本所佔領的各領土，日本都不能對這些領土的土地、人民和財產行使處分權，也就是其主權被凍結。舉兩個例子來說明，朝鮮半島從 1910 年到 1945 年間被日本兼併，但南韓在 1948 年 5 月經由聯合國的決議同意其成立大韓民國，並未徵詢日本的同意。同樣地，滿州在戰後歸還中華民國，也沒有徵詢日本的同意。至何時日本才恢復主權地位？這就是 1951 年舊金山對日和約的設計，據該約第一條第二款之規定：「盟國承認日本人民擁有日本及其領海之充分主權。」第二條第一款規定：「日本承認韓國獨立，放棄對韓國的所有權利、權利名義和主張，包括濟州島、巨文島和鬱陵島。」同樣地，該約第二條第二款規定：「日本放棄對臺灣和澎湖的所有權利、權利名義和主張。」換言之，該約恢復日本的

---

[26] 美國國務院解密檔案。*Appendix C: Memorandum*, July 13, 1971. To: EA/ROC – Mr. Charles T. Sylvester. From: L/EA – Robert I. Starr. Subject: Legal Status of Taiwan, pp.181-193, at p.182.

主權之同時並規定日本承認韓國獨立及放棄臺澎。若不恢復日本的主權地位，日本是不能行使領土放棄的權力。

與上述議題相關的問題是，即使中國宣布廢止與日本的有關條約，特別是馬關條約，臺、澎可否因此恢復原狀變成中國的領土？這樣的說法是值得商榷的。1964 年 2 月 29 日，日本眾議院預算委員會開會時，社會黨岡田春夫議員質詢臺灣之歸屬問題。外務省條約局局長中川融指出：「已經履行完畢的條約就算後來廢棄亦僅是形式上的廢棄，已經執行完畢的事項不會因此回復原狀。割讓領土後因戰敗而使其全部回復到割讓條約無效前的狀態是不可能的。」[27]

中華民國政府於 1945 年 8 月 29 日令「特任陳儀為臺灣省行政長官」。9 月 20 日，國民政府公佈臺灣省行政長官公署組織條例，依據該條例第一條設立臺灣省行政長官公署，隸屬行政院。此係行政措施，並非憲法程序，因為並未先將臺灣歸入本國版圖。按法律意義，領土重歸本國所有，應依憲法程序為之。固然在戰後初期沒有民意機關，但隨後在 1946 年 11 月 15 日在南京市召開國民大會會議，於 12 月 25 日通過中華民國憲法，並未載明將臺灣納入中華民國領土。1947 年 1 月 1 日公布中華民國憲法，11 月由臺灣人民普選及職業團體選出國民大會代表 27 名；1948 年 1 月，由人民普選及職業團體選出立法委員 8 名；同月，省參議員選出監察委員 5 名。1948 年 4 月召開行憲第一屆國民大會第一次會議，亦未正式決議將臺灣納入中華民國版圖。中華民國憲法第四條所講的「中華民國之領土依其固有之疆域」是否包含臺灣？第一屆國民大會代表是有臺灣代表出席，表示臺灣是中華民國領土之一部分，所以才有代表。但包括憲法在內，並無一個文件證實中華民國從日本獲取臺灣和澎湖群島的領土，這是一個嚴重的法律瑕疵。

蔣中正在 1949 年 1 月 12 日電責陳誠記者會中有關「臺灣為剿共堡壘」發言失當，應以中央政策為主張免為人誤解，他說：「臺灣法律地位

---

[27] 日本眾議院預算委員會議錄：眾議院常任委員會議錄，日本東京：國會資料頒布會發行，昭和 40 年 7 月 1 日（發行），頁 22。

與主權，在對日和會未成以前，不過為我國一托管地之性質，何能明言做為剿共最後之堡壘與民族復興之根據也，豈不令中外稍有常識者之輕笑其為狂囈乎。今後切勿自作主張，多出風頭，最要當以中央之主張為主張。」[28]

蔣中正上述談話是在退守臺灣之前的觀念，當他退守臺灣後觀念即有所改變，他在 1950 年 9 月 26 日在革命實踐研究院講話，表示：「臺灣是中華民國的一部分，在法律上是沒有問題的，但還有一些法律手續要履行，要在對日和約中加以確認，目前對日和約尚未簽訂。」[29]因此，可以確定一件事，就是臺、澎之歸屬應以條約或任何法律文件為之。

四、臺灣人國籍之取得問題

1946 年 1 月 12 日，行政院正式公布臺灣人恢復中華民國國籍的命令。2 月 5 日，外交部訓令駐外各館稱：「茲准內政部公函略以臺灣人民之僑居外國者似可由中華民國駐外使館或領館通知駐在國政府知照，並依一般有關處理華僑法令辦理等由。」[30]而內政部在 2 月 9 日正式函告臺灣長官公署有關臺灣人恢復中華民國國籍。

但英國駐華大使館要求中華民國政府提供上述恢復臺灣人國籍的命令刊載在政府公報的卷期。[31]英國之函詢有其正當性，因為依據英國之習慣，政府命令必須正式公開刊載在政府公報，才具有合法性。行政院是在 1946 年 2 月 22 日公布「在外臺僑國籍處理辦法」，其中規定臺僑於 1945 年 10 月 25 日起恢復中華民國國籍。

---

[28] 林朝億，「蔣介石提臺灣是托管地書信 國史館網站可查到」，新頭殼網站，2017 年 1 月 3 日。http://newtalk.tw/news/view/2017-01-03/80661（2017 年 1 月 5 日瀏覽）。

[29] 國史館編，臺灣主權與一個中國論述大事記，頁 21。

[30] 案名：「臺灣人民恢復國籍」，檔案管理局藏，系統識別碼：0000333778，全宗號：A303000000B，全宗名：外交部，檔號：0034/612.12/1，「臺灣人民應自 34 年 10 月 14 日起恢復中華民國國籍令即通知駐在國政府由」，民國 35 年 2 月 5 日發電。

[31] 案名：「臺灣人民恢復國籍」，檔案管理局藏，英國駐華大使館至外交部函，「關於規定恢復臺灣人民之中國國籍命令請示公報期數由」，民國 35 年 5 月 8 日收文。

　　以下分別就美國、英國、荷蘭、緬甸、日本和澳洲等國的案例,來說明臺灣人恢復中華民國國籍所面臨的問題。

(甲) 美國案例

　　盟軍駐日總部對於在日本的臺灣人恢復中華民國國籍一事持保留態度,1946 年 10 月 15 日,中華民國駐日代表團電外交部稱:「惟近月以來,總部意見紛歧,一部分人員個人表示,按照國際公法,臺灣人民須待盟國簽訂對日和約將臺灣正式歸還中國後,始得恢復中國國籍。」[32]駐日代表團並向外交部建議向美國政府交涉。11 月 21 日,美國國務院照會中華民國駐美大使館,其內容要點:有關臺灣人取得中華民國國籍一事,從法律觀點言,「臺灣主權之變換猶未正式化,將來歸還條約對移居海外之臺灣人地位究竟如何規定現難確定。」[33]

　　11 月 27 日,美國國務院致中華民國駐美大使館備忘錄說:「日本管轄之豁免,初非意在授予為數約二萬自稱臺灣人,彼等在戰爭期間,乃係日本人,仍然保有日本國籍也。」[34] 1947 年 2 月 25 日,盟軍總部訓令日本政府,對於「凡持有中國代表團所發登記證件之臺僑,其刑事管轄權之行使,應按中國人民即聯合國人民待遇」來處理。[35]此外,美國對於臺灣人赴美,若持有由中華民國外交部核發之有效護照,美國亦允予簽證。[36]

---

[32] 案名:「在外臺僑國籍問題」,檔案管理局藏,系統識別碼:0000339312,全宗號:A202000000A,全宗名:國史館,檔號:0034/172-1/0855,外交部民國 35 年 10 月 15 日收電,收電第 8233 號。

[33] 案名:「臺灣人民恢復國籍」,檔案管理局藏,駐日代表團,「抄奉關於臺民國籍事近與盟軍總部交涉文件及呈報鈞部電之」,外交部於民國 35 年 12 月 14 日收到,收文第 20310 號。

[34] 案名:「臺灣人民恢復國籍」,檔案管理局藏,外交部亞東司收文東 35 字第 304 號,民國 35 年 11 月 27 日。

[35] 案名:「遣送新加坡臺僑回臺」,檔案管理局藏,系統識別碼:0000339325,全宗號:A202000000A,全宗名:國史館,檔號:0035/172-1/854,外交部於民國 36 年 4 月 4 日,以東 36 字第 06889 號,代電我駐棉蘭領事館,收於李芹根,駐桔蘭領事,「關於荷方對臺僑觀點及待遇事呈請鑒核示遵由」,民國 36 年 12 月 12 日發。

[36] 引自湯熙勇,「國籍復籍及其爭議:旅外臺灣人的國籍問題(1945-1948)」,發表於國立中興大學歷史系主辦的全球化下的史學發展國際學術研討會,民國 93 年 6 月 4 日。

上述美國對於刑事管轄權之行使，將臺灣人視同「中國人民」和「聯合國人民」之意義不明，何謂「聯合國人民」？並無特定的解釋，是否指地位未確定前，由聯合國管轄的人民？或是「世界公民」之謂？美國對於臺灣人民給予外交簽證的前提，是否將臺灣人民視為暫時在中華民國管轄下的「聯合國人民」？美國給予由中華民國外交部核發之有效護照的臺灣人簽證，應屬於行政上之權宜措施，不涉及法律上對於臺灣領土的承認問題。無論如何，美國對於中華民國有效管轄臺澎，並沒有反對之表示，也接受臺灣人持有中華民國國籍和護照。

（乙）英國案例

英國政府對於臺灣人的國籍問題，在 1946 年 10 月中旬，照會中華民國駐英國大使鄭天錫，說：「英國皇家政府對於臺灣歸還中國，仍繼續遵守 1943 年 12 月 1 日的開羅宣言。但此一盟軍宣言之目的，不能自身將臺灣主權從日本移轉給中國，應等待與日本簽定和平條約，或完成其他正式外交程序（formal diplomatic instrument）而後可。基此，英國皇家政府遺憾地認為，雖然臺灣現在已納為中國政府的行政管轄之下，但不能同意臺灣人已取得中國國籍。同時，誠如上述尚存在著懸而未決的正式行為，但英國政府已訓令英領屬地，應將臺灣人視為友好國家國民。同樣的訓令亦致送英國駐曼谷公使。」[37]

---

[37] 案名：「在外臺僑國籍問題」，檔案管理局藏，駐英吉利國大使館代電，民國 35 年 10 月 12 日發，倫字第 5869 號，外交部於民國 35 年 11 月 1 日收電。該英國照會全文如下：「His majesty's Government in the United Kingdom continue to adhere to the Cairo Declaration of the 1st December, 1943, regarding the restoration to China of the island of Formosa. This Declaration of Allied purpose however could not of itself transfer sovereignty over Formosa from Japan to China, which must await the conclusion of a peace treaty with Japan or the execution of some other formal diplomatic instrument. This being so, His majesty's Government regret that they cannot agree that Formosans have yet re-acquired Chinese nationality, even though Formosa itself is now under the administration of the Chinese Government. In the meantime, pending some formal act such as that referred to above, instructions have been sent to the British territories concerned that Formosans should in general be treated as nationals of a friendly country. Similar instructions have been sent to His Majesty's Minister at Bangkok.」

　　嗣後，中華民國駐英大使再度與英國政府交涉，英國外交部於 12 月 31 日重申英國的立場如下：「鑑於英國皇家政府的觀點，給予臺灣全體人民中國國籍，唯有基於中國主權及於臺灣的基礎上，而且受到承認，英國皇家政府遺憾地認為，他們不能接受中國政府片面的行為為適當，諸如行政院在 1946 年 1 月公布的命令。……英國皇家政府已聲明，它已訓令英國當局對臺灣人視如友好外僑。然而這些訓令指出，允許個別的例外，而不應解讀為將所有臺灣人視同中國國民，以及傾向於將臺灣島主權正式移轉給中國。同時，英國皇家政府承認臺灣現在是在中國行政管轄之下，因此同意相關英國當局應以通案接受中國外交官和領事官代表臺灣人民的代表性。」[38]

　　英國殖民地新加坡的英國當局對於臺灣人亦採取上述的立場，1946 年 8 月中旬（沒有日期）駐新加坡總領事伍伯勝電外交部稱：

　　「部次長鈞鑒：關於調查此間臺籍華僑一案，前電計邀鈞鑒，茲奉三十五號電，經派由鄺領事先後訪晤此間輔政司祕書長白孔申氏，華民政務司魏堅斯氏，暨移民廳廳長戴維斯氏，告以中華民國對臺籍人民之辦法，彼等意見認為在各國尚未正式簽訂和約，承認臺人恢復中華民國國籍以前，此間政府仍以其為日籍身分予以拘留，並以其於日佐領期間為虎作悵

---

[38] 案名：「收復區及割讓區之雙重國籍問題」，檔案管理局藏，系統識別碼：0000333782，全宗號：A303000000B，全宗名：外交部，檔號：0035/075.31/001，外交部代電，「臺籍復籍事根據駐英大使館電轉英政府復文決定我方所處態度除指陳並分行外電仰知照」，民國 35 年 12 月 31 日。該英國外交部照會全文如下：「In the view of His Majesty's Government, the conferment of Chinese nationality on Formosans en bloc can be properly based and recognized only on the basis of Chinese sovereignty over the island and His Majesty's Government regret that they are unable to accept as adequate for the purpose any unilateral act of the Chinese Government such as the Executive Yuan Order promulgated in January 1946…. His Majesty's Government have, as already stated, instructed the British authorities concerned to treat Formosans in general as friendly aliens. These instructions however, I would point out admit of exceptions being made in individual bases, and they should not be read as a direction to treat all Formosans as Chinese nationals, bending a formal transfer to China of sovereignty over the island. At the same time His Majesty's Government recognize that Formosa is now under Chinese administration and they agree therefore that the British authorities concerned should as a general rule accept representations made by the Chinese diplomatic and consular officers on behalf of Formosans.」

情事。中英人民同深憤恨，決意全數遣返臺灣。至於其中不乏優良分子，當地政府現正考慮准予釋放，繼續居留……。駐新加坡總領事伍伯勝叩麻」[39]

1947 年 6 月 30 日，英國副外長梅休（C. P. Mayhew）在下議院答覆哈里士（Wilson Harris）提出的「臺灣劃歸中國管理究竟是最終處分，還是暫時性安排的問題」說：「儘管 1943 年 12 月有開羅宣言，但英國的立場是日本先前佔據或合併之地，必須等待對日和約最後簽訂，方能給予領土轉移。」[40]

1949 年英國副外長梅休在下議院說：「關於臺灣法律地位的變更，只有由對日和約的正式成立來決定。」[41]英國外交部的一些負責官員也頻頻表示，臺灣目前在法律上仍是日本的領土。5 月初，英國副外長梅休在答覆國會議員詢問時便聲稱：「從法律角度而言，開羅宣言和波茨坦宣言顯然並不能在停止對日作戰之後對臺灣的地位做出自動的立即的改變。它們只是一種要求在預定時期內正式移交臺灣的意向聲明。但是，必須的步驟還沒有進行，無論是以和約的形式，還是以一些其他的方式。因此，嚴格地說，臺灣仍是日本的領土。它的特殊的技術地位是盟國軍隊佔領下的敵國領土。」5 月 5 日，英國下議院副議長鮑爾斯（Francis George Bowles）亦稱：「臺灣現在是日本的一部分。它實際上還不是中國的。」[42]

同樣地，英國在戰後初期對於臺灣人欲前往英領屬地，拒絕給予簽證。直至 1947 年 7 月，英國才同意給予臺灣人民友邦國家人民之待遇，對臺僑持有中華民國護照者給予簽證。[43]

英國外相安東尼·艾登於 1955 年 2 月 4 日在下議院表示：「中國在 1945 年控制臺灣，蔣中正以武力佔領臺灣，都不能使臺灣變成中國

---

[39] 朱匯森主編，前引書，頁 994-995。
[40] 國史館編，臺灣主權與一個中國論述大事記，頁 7。
[41] J. P. Jain, "The Legal Status of Formosa: A Study of British, Chinese and Indian Views," *The American Journal of International Law*, Vol.57, No.1, January 1963, p.27.
[42] 引自王建朗，「臺灣法律地位的扭曲：英國有關政策的演變及與美國的分歧（1949-1951）」，近代史研究（北京），2001 年第 1 期，頁 1-26。
[43] 參考湯熙勇，前引文。

的。」他以書面答覆工黨國會議員質詢有關英國政府對臺灣主權的政策，他表示：「開羅宣言意圖將臺灣歸由中國，從未實現，因為有兩個實體主張代表中國，且有不同的國家給予支持。1945 年 9 月中國軍隊受命於盟軍最高統帥麥克阿瑟的命令，從日本取得臺灣，但此非領土的割讓，也不涉及主權的變更。安排蔣中正以軍事佔領臺灣，此還有待進一步的安排，此一佔領並不構成屬於中國的領土。日本根據對日和約放棄對臺灣和澎湖的領土，但此並不意味將該該兩島的主權移轉給共黨中國或國民黨中國。就英國政府的觀點，臺灣和澎湖的法律主權是不確定的和未決定的。」[44]

（丙）荷蘭案例

1947 年 4 月，荷蘭政府聲明：「在中華民國與日本簽定和約之前，在荷屬印尼之臺灣人視同為日本人。此隱含臺灣人被視為敵國人民。」[45] 至於交涉請荷屬政府對於臺僑持中華民國護照者給予簽證一事，始終未獲荷蘭政府同意。

（丁）緬甸案例

戰前有一些臺灣人居住在緬甸，他們原先拿的國籍證明是日本籍。但在日本戰敗投降後，這些臺灣人是否當然取得中華民國國籍，引起英國緬甸當局的疑問。中國政府於 1946 年 4 月令外交部通知駐在國政府有關「臺灣人民應自 1945 年 10 月 25 日起恢復中華民國國籍。」中國駐仰光總領事館即以此意通知緬甸政府。但緬甸政府國防外事部於 1946 年 4 月覆函中國駐仰光總領事館稱：「關於臺灣人民恢復中國國籍事，與本館所稱不相符。」中華民國駐仰光總領事尹祿光乃以電話詢問緬甸國防外事部秘書，渠答覆稱：「各同盟國與日、德、義等敵國之和約尚未簽字，在法

---

44 Drew Middleton, "Eden Warns Reds on offshore isles," *New York Times*, February 5, 1955, pp.1,3.

45 參考湯熙勇，前引文，註 96。該聲明英文全文為：「The status of Formosans in this country is equal to that of the Japanese as long as Peace treaty with Japan has not been concluded. This implies that they will be regarded as enemy subjects.」

理上言之，各敵國之土地其主權尚未變更，故臺灣人民之地位或尚應被視為敵國人民，各情已函英政府探詢中，當再通知本館等語。」[46]

　　中華民國外交部於 6 月 22 日電駐仰光尹總領事稱：「本年 5 月 24 日光(35)字第 0676 號代電悉。關於臺僑國籍問題，英美在開羅會議時，既正式聲明臺灣應歸還中華民國，而現在臺灣在事實上又已受我管轄，故臺民恢復中華民國國籍應無疑義。關於在外臺僑國籍處理辦法行政院已通過。合行抄同該辦法，令仰再向緬政府當局解釋，並將辦理結果電部為要。」[47]尹總領事於 7 月 12 日向外交部建議說：「『在外臺僑國籍處理辦法』第一條規定應由我駐外使館請各該駐在國政府查照並轉知各屬地當局，故此事似應同時由鈞部電令駐英大使館通知英國政府轉飭緬甸當局知照，尤能生效。」[48]

　　8 月，緬甸政府國防外事部正式函中華民國駐仰光總領事館有關其對臺僑國籍問題之看法，其內容為：「關於臺灣人民國籍問題，英國政府已將其意見通知緬甸政府，據稱開羅宣言及波茨坦宣言雖確已預示臺灣之併入中國版圖，但其正式歸併未經和平會議或其他國際協定承認前，英國政府目前仍認臺灣人為日本之臣民。至於中國政府行政院於本年元月 22 日發佈之命令所稱『臺灣人民原係中國國民』，其原有中國國籍人民，自民國 34 年 10 月 25 日起應即一律恢復中國國籍一層，其效力僅足以使在華臺灣人取得雙重國籍而已。」而駐仰光總領事館稱：「查此種觀點，純係以法律條文為據。惟英國政府對其解釋，除不得已時，決將儘量從寬。」[49]

　　中華民國外交部乃於 8 月 19 日向英國政府查證其立場以及再予解

[46] 檔名：「緬甸臺僑國籍案」，外交部檔案，國史館藏，目錄號：172-1，案卷號：0376，尹祿光於民國 35 年 5 月 24 日電外交部，光(35)字第 0676 號，事由：關於臺灣人民恢復中華民國國籍事緬政府頗有疑問，謹電呈鑒核由。

[47] 檔名：「緬甸臺僑國籍案」，外交部檔案，國史館藏，目錄號：172-1，案卷號：0376，外交部於民國 35 年 6 月 22 日電駐仰光尹總領事，事由：關於臺僑恢復國籍令仰再向緬政府當局解釋由。

[48] 檔名：「緬甸臺僑國籍案」，外交部檔案，國史館藏，目錄號：172-1，案卷號：0376，駐仰光總領事館於民國 35 年 7 月 12 日電外交部，光(35)字第 1091 號。

[49] 檔名：「緬甸臺僑國籍案」，外交部檔案，國史館藏，目錄號：172-1，案卷號：0376，駐仰光總領事館於民國 35 年 8 月 5 日電外交部，光(35)字第 1289 號。

釋，中華民國駐英大使鄭天錫於 1946 年 9 月 30 日覆電外交部稱：「頃准英外部覆文稱：關於臺灣島歸還中國一事，英國政府繼續遵守開羅宣言，惟該宣言本身未能將臺灣主權由日本移轉貴國。此事須待與日本簽訂和約，或以其他正式外交文件為之。臺灣雖為貴國治理，然對貴國所主張臺灣人民已回復中國國籍一點，貝文（Ernest Bevin）外長歉難同意。但前項所述正式和約未簽訂前英國政府今已訓令所屬對於臺僑予以友國人民待遇等語。」[50]

中華民國政府對於英國政府的立場表示不滿，於 10 月 15 日又電鄭天錫大使請其再向英政府交涉，電文稱：「海外臺僑恢復國籍一事，中華民國根據開羅會議，與事實需要，頒定辦法實施，業得盟軍總部同意。英方所持觀點，我礙難贊同，希繼續交涉，並詢明英方所稱友國待遇含意為何？是否影響（一）我使館保護海外臺僑之權利；（二）臺僑應與其他華僑享受同樣待遇問題。」[51]該電文所稱「頒定辦法實施，業得盟軍總部同意」，殆有疑義，因為並無類似的同意函件。

中華民國政府對於處理緬甸臺僑的作法，堅持臺僑一律歸屬中華民國國籍。但在處理越南臺僑時，卻採取不同的作法，例如外交部於 1945 年 12 月 7 日電覆河內總領館稱：「越境臺僑凡隨日寇同往，附敵有據者，應同日僑待遇，餘應視同華僑，予以保護。」[52]中華民國政府對於緬甸臺僑並沒有區別其在戰時是否與日本合作。

（戊）日本案例

1952 年 4 月 28 日，「舊金山和平條約」正式生效，以後日本法院根

---

[50] 檔名：「緬甸臺僑國籍案」，外交部檔案，國史館藏，目錄號：172-1，案卷號：0376，鄭天錫於民國 35 年 9 月 30 日電外交部，第 86 號電。

[51] 檔名：「緬甸臺僑國籍案」，外交部檔案，國史館藏，目錄號：172-1，案卷號：0376，外交部於民國 35 年 10 月 15 日電鄭天錫，事由：臺僑恢復國籍事希再向英政府交涉由。

[52] 檔名：「我派駐越南佔領軍（1）」，外交部檔案，國史館藏，目錄號：172-1，案卷號：0601-2，外交部於民國 34 年 12 月 7 日電河內總領館，事由：電覆處理越境臺僑辦法由。

據舊金山和約和日華和約之規定，正式宣佈解除在日本之臺灣人的日本國籍。換言之，在這之前，在日本之臺灣人仍保留有日本人的國籍。但在中華民國政府的命令下，臺灣人從 1945 年 10 月 25 日起就喪失日本國籍了。此一矛盾，顯示當時中華民國和日本對於臺灣的領土歸屬的看法存在著法意未確定的狀態。該一階段的臺灣人，其身分的矛盾，正反映了臺灣和澎湖國際地位的混沌。以下舉示日本法院的判決，做為參考。

　　日本最高法院大法庭於昭和 33 年（西元 1958 年）針對一名日本女子須藤ヤエ和一名臺灣男子楊文定結婚一案做出（あ）第 2109 號判決以及在昭和 37 年（西元 1962 年）12 月 5 日做出上訴駁回的判決。日本涉谷簡易法院判決該名女子喪失日本國籍，須藤ヤエ上訴到最高法院，判決所持理由有兩點，第一點：「如果日本女子與臺灣男子結婚而產生由日本內地移除戶籍之事實，在日本國與中華民國所締結之和約生效後，此日本女子即失去日本國籍。」第二點：「依據日本國與中華民國所締結的和平條約，臺灣已從日本國讓渡給中華民國，因此在此條約於昭和 27 年 8 月 5 日生效後，臺灣人即喪失日本國籍。……而日本女子在與臺灣男子結婚後，將其戶籍由日本內地遷移至臺灣（日本內地則除籍），而變成具有日本國內法法律地位的臺灣人。此一事實亦伴隨著日華條約的生效，而使該名女子喪失日本國籍。」[53]

　　其次，依據東京高等法院在昭和 30 年（西元 1955 年）（オ）第 890 號及昭和 36 年 4 月 5 日大法庭判決（東京高裁集第 15 卷第 4 號第 657 頁），在「朝鮮男子與日本內地女子結婚在和平條約生效後的國籍」一案中，東京高等法院的判決主旨是，朝鮮男子與日本內地女子結婚，在日本國內法中具有法律地位的朝鮮人，在和平條約生效後，即喪失日本國籍。此一法理亦適用於臺灣人。該高等法院的判決主文如下：

　　「茲根據昭和 27 年（1952）4 月 28 日生效的〔舊金山〕和平條約，臺灣人從此自動喪失日本國籍，成為中國人（臺灣人）。原為日本人者，

---

[53] 「外國人登錄法違反被告事件〔昭和 33 年（あ）第 2109 號以及昭和 37 年（1962）12 月 5 日大法庭判決棄卻（駁回）〕」，載於最高法院刑事判例集，財團法人判例調查會（發行者），第 16 卷第 12 號，1962 年 12 月，東京市，日本，頁 1661-1672。

在如右條約（按指舊金山和平條約）生效前因為與臺灣人結婚而被開除戶籍者，也應解釋為相當於如右條約生效之同時而喪失日本國籍者，故如前記所認定，被告在如右條約生效前與楊文定保有婚姻關係，當然應視為如右條約生效的同時而喪失日本國籍。此外，辯護人主張，因為被告還未履行國籍法第 10 條及該法施行規則第 2 條及戶籍法第 103 條所規定的手續，所以（被告）還保有日本國籍；惟如右的規定是關於具有外國國籍的日本國民依自己的意思脫離日本國籍的情況之規定，本案不適用，所以無法採用這種主張。結果，被告是中國人，是不具有日本國籍的外國人，原審根據原判決所舉之證據，認定原判決所摘示的事實，對此，與適用外國人登錄法第 11 條第 2 項、第 18 條第 1 號者相同，原判決所引用的法令有錯誤或有事實誤認之疑慮。因此，（此案）論點沒有理由根據。」[54]

　　第三，東京地方法院針對原告林景明控告日本國一案，在昭和 48 年（西元 1973 年）（行ウ）第 28 號、昭和 52 年（西元 1977 年）4 月 27 日做出判決，其要旨有三：(1)在日本國內法上具有法律地位的臺灣人，在昭和 27 年（西元 1952 年）8 月 5 日日本國與中華民國締結和平條約生效後，即喪失日本國籍。(2)日本和中華人民共和國之共同聲明對日華條約中已履行完畢的條約內容不產生影響效果，因此亦不影響臺灣人根據日華條約而產生的國籍喪失效果。(3)伴隨領土的變更，其割讓地上所居住的住民的國籍，亦隨領土變更而取得讓受國的國籍，此為國際法的原則。而在條約沒有明示時，即認同給割讓地住民有選擇國籍的權利，亦未成為國際習慣法。

　　日本國一造在法庭中的陳述表示：「在昭和 20 年（西元 1945 年）9 月 2 日日本簽署降伏文書後，日本的統治權就置於聯合國最高司令官之下，而此時日本亦已受臺灣將來要從日本領土分離的約束。基於此，事實上，當時日本主權已不及於臺灣。」又表示：「在昭和 21 年（西元 1946 年）4 月 2 日聯合國最高司令官送交給日本政府的『關於非日本人入國及

---

[54] 「朝鮮男子與日本內地女子結婚在和平條約生效後的國籍」，載於日本最高法院調查官室編，最高法院判例解說昭和三十六年度民事篇，財團法人法曹會出版，日本，昭和 41 年（1966 年）4 月 30 日出版，頁 103 至 105。

登錄的備忘錄』中，與同年 5 月 7 日所送交給日本政府的『日本人及非日本人撤退備忘錄』中，亦將臺灣人視為非日本人。再者，昭和 22 年（西元 1947 年）5 月 2 日外國人登錄令（敕令 207 號）中的第 10 條第 1 項亦將臺灣人視為外國人。會造成上述等情況乃是基於日本接受波茨坦宣言，將其主權限於本州、四國、九州及北海道所致。所以當時臺灣人在法律上雖仍擁有日本國籍之前提下，日本政府已預定將臺灣復歸中國，自然被視為是外國人。」[55]

東京高等法院針對林景明一案的上訴案於昭和 55 年（西元 1980 年）做出判決，判決要旨說：「以中華民國為對象而締結的日華和約，不僅確認日本放棄對臺、澎權利，亦可解釋為承認臺、澎歸屬中華民國。」在判決證據理由中又說：「日本在舊金山和約生效之日根據其約在同日與中華民國締結日華和約，並依和約內容中華民國再次確認日本放棄對臺灣之權利。日本選擇中華民國並與其訂定確認上述事項的和約，無礙於解釋將臺灣歸屬身為條約對象的中華民國。」[56]又說：「在臺灣等具有日本國籍者的住民在何時喪失日本國籍並無記載，不過從前述幾種宣言及條約的旨趣，以及為避免無國籍人現象的產生，認為臺灣等住民喪失日本國籍的時間應在日華和約生效時（即昭和 27 年 8 月 5 日）。」[57]

（己）澳洲案例

澳大利亞外長斯彭德（Percy C. Spender）在 1950 年 9 月 1 日訪英，他對英國外相貝文表示：「僅僅根據開羅宣言，就把臺灣交給北京政府，而不管臺灣人反對共產黨人的意願，這讓澳大利亞政府難以接受。」[58]

從上述各國案例可知，在舊金山和約和日華和約生效前，各國對於中

---

[55]　「國籍確認等請求事件」，訟務月報（日本法務省大臣官房訴訟企畫課），第 23 卷 4 號，昭和 52 年 4 月（1977 年 4 月），頁 772-783。

[56]　「國籍確認等請求控訴事件」，訟務月報（日本法務省大臣官房訴訟企畫課），第 26 卷 11 號，昭和 55 年 11 月（1980 年 11 月），頁 2025-2030。

[57]　「國籍確認等請求控訴事件」，訟務月報（日本法務省大臣官房訴訟企畫課），第 26 卷 11 號，昭和 55 年 11 月（1980 年 11 月），頁 2025-2030。

[58]　引自王建朗，前引文。

華民國在臺灣實施行政管轄,給予事實上的承認,但對於臺灣人因此改變國籍成為中華民國國民,卻持反對立場。反對的主要法律理由是中華民國並未與日本簽署和約,未正式從日本取得臺灣的領土主權。美國對於臺灣人持有中華民國護照者給予簽證,只是給予臺灣人視同「聯合國人民」的一種權宜措施,美國並未否認臺灣屬於中華民國的領土。1950 年 1 月 5 日,杜魯門總統發表「關於臺灣的聲明」,宣布美國承認中國主權及於臺灣,美國無意攫奪該島或中國其他任何部分。[59]彭明敏和黃昭堂在其合著的臺灣在國際法上的地位,雖然強調說中華民國政府在臺灣對於臺灣人恢復國籍一事,「並不能據此主張〔臺灣〕地域乃成為本國領土了。」[60]此一論點表明問題不在於給予臺灣人國籍一事,而是在於各國是否在法律上承認臺灣屬於中華民國的領土。

五、兩個中華民國的問題

至 1942 年,中國境內有四個政權,第一個是在重慶的國民黨政府,第二個是中國共產黨的延安政府,第三個是日本支持的汪精衛的南京政府,第四個是日本支持的滿州國。第二次世界大戰結束後,滿州國和南京政權垮臺,重慶政府和延安政府雙方曾一度協商有關制憲問題。惟因政治理念不同,而告分道揚鑣。在 1947 年 7 月重啟戰端,展開攻城掠地的內戰。在南京的中華民國政府於 1947 年 7 月 19 日由國民政府公佈「動員戡亂完成憲政實施綱要」,該綱要第一條規定:「本綱要依國務會議通過屬行全國總動員,以戡平共匪叛亂,如期實現憲政案及國家總動員法之規定,制訂之。」該綱要明確規定共產黨是一叛亂團體。1948 年 4 月 18 日繼由國民大會通過動員戡亂時期臨時條款,授權總統擁有緊急處分權和連選連任權。

1949 年 1 月 19 日,因副總統李宗仁以及各界領袖主張與中共和解,

---

59 中國大陸研究基本手冊,臺北市:行政院大陸委員會,民國 91 年,頁 16-18。

60 彭明敏和黃昭堂,臺灣在國際法上的地位,臺北市:玉山社出版,民國 84 年,頁 172。

蔣中正總統主戰，雙方意見不和，以及美國駐華大使司徒雷登（John Leighton Stuart）逼迫，蔣中正以「因故不能視事」名義黯然宣布下野，未經國民大會同意即辭去總統職務，而由副總統李宗仁代理總統。3 月 1 日，張治中攜李宗仁函到奉化，商和平條件，吳忠信亦至（李宗仁命吳勸蔣總裁出國）。李宗仁派李惟果到奉化，勸蔣總裁出國。4 月 16 日，白崇禧訪美大使司徒雷登，謂李宗仁擬請蔣總裁出國，交出所有權力及國家財富。4 月 22 日，蔣總裁、李宗仁、何應欽、白崇禧、張群、吳忠信、王世杰等會於杭州，李宗仁首請蔣復職，蔣答以今日只討論對時局政策，不涉及人事變動。

10 月 1 日，中華人民共和國政府在北京宣布成立，李宗仁所領導的中華民國政府遷移至廣州。10 月 13 日，廣州撤守，中央政府遷到重慶。11 月 14 日，蔣中正應代總統李宗仁之邀從臺灣前往重慶，李宗仁卻在此時出巡昆明、南寧。11 月 20 日，李宗仁飛往香港。11 月 30 日，重慶淪陷，中央政府遷至成都。12 月 5 日，李宗仁從香港搭機流亡美國治病。12 月 7 日，行政院會議決議將中央政府遷至臺灣。12 月 9 日，行政院長閻錫山領導的行政院正式在臺北辦公。12 月 10 日，蔣中正從重慶飛抵臺北。1950 年 1 月 3 日，第一屆國民大會代表在臺灣的代表 760 餘人，在臺北市中山堂召開全體大會，一致決議請求蔣中正繼續執行總統職務。1950 年 1 月 18 日，監察院電請滯美未赴臺灣的李宗仁代總統明確表示態度，李宗仁覆以在外國主持非常時期國政。監察委員對於李宗仁的覆電均深表不滿。2 月 13 日，監察院電李宗仁，總統職權不能寄居國外遙為處理，請速作明確表示。2 月 18 日，李宗仁覆電中國國民黨非常委員會，表示身體尚未復原，仍難以赴臺。遷移到臺灣的立法委員，共 331 人於 2 月 24 日通過決議請蔣中正復行總統職權，在輿論界及海內外人民的呼籲下，蔣中正遂在 3 月 1 日「復行視事，繼續行使總統職權」。中華民國政府繼續在臺灣行使統治權，對外派有大使，也與大部分原來邦交國維持外交關係。更為重要的，中華民國在聯合國繼續擁有中國的代表權。

蔣中正於 1950 年 3 月 1 日在臺灣宣布「復行視事，繼續行使總統職權」，在憲法意義上，此一作法顯然有瑕疵，蔣中正是根據憲法哪一條款

重行視事，擔任總統？在 1947 年公佈的憲法並沒有此一規定。[61]大法官林彬以個人身分對記者表示三點理由，說明蔣中正復職是合法的，他舉出的三點理由是：(1)總統缺位由副總統繼任時，在名義上繼任之副總統，即為新總統，今李副總統在代行總統職權時，既自承為代總統，則在憲法上當然不發生總統缺位及副總統繼任問題，是以憲法第 49 條前半段『總統缺位時，由副總統繼任，至總統任期屆滿為止』之謂，渠對李副總統所謂其『任期將至 1954 年總統任期屆滿為止』之聲明，並不適合。(2)一年以來李副總統始終係代行總統職權，由於發佈命令及公布法律時亦均用代總統名義行之，如依憲法解釋，渠之代行總統職權，自係根據憲法第 49 條後半段『總統因故不能視事時，由副總統代行其職權』之規定。(3)所謂『因故不能視事』之『故』，即所謂事故，依狹義解釋，所謂事故，普通解之係指疾病，交通阻隔，失去自由及其他事實上之阻礙。依廣義解釋，則對造成不能視事之事由均屬之。38 年 1 月總統引退，當時若干人士認為總統之引退，將可促成和談，同時總統為求弭戰銷兵，始行引退，照廣義釋之，則此一顧及國家利益之事實，即為所謂事故之一類。總統當日因此一『故』而不能視事，今此『故』已不再存在，則總統自可復行視事。至當日因故不能視事及今日復行視事程序，憲法迄無明文，惟不能視事當日則以發表文告之方式行之，則今日復行視事時，復採用同一之方式，自不能謂為違憲。」[62]

上述林彬的說法，可提出如下的質疑：

第一，憲法第 49 條之規定可指涉二種情況，一是總統缺位，即總統逝世或辭職：二是總統尚在，而無法執行總統職權，在此兩種情況下，副總統即應代行總統職權。不能說在第二種情況下，才能「代行」。

第二，蔣中正之「引退」或「下野」，即不具總統身分，應視同「辭

---

[61] 蔣中正在 1950 年 2 月 19 日的日記上記載：「前以政治原因引退，而未經憲法程序，向國大辭職，故今仍不能以政治原因復位，當以待罪之身，負責主政一俟國勢轉危為安，乃再召集國大，正式負咎辭職，以維護神聖憲法之尊嚴。」秦孝儀總編纂，總統蔣公大事長編初稿，卷九，中正文教基金會出版，臺北市，民國 91 年，頁 46-47。

[62] 中華日報，民國 39 年 3 月 4 日，頁 2。

職」。所以李副總統係依據該條前半段『總統缺位時，由副總統繼任，至總統任期屆滿為止』之規定，而代行總統職權。換言之，李代總統並非「繼任」總統，新總統之產生仍須經由國民大會補選。

第三，林彬將該案解釋成是憲法第 49 條後半段『總統因故不能視事時，由副總統代行其職權』之規定。甚至認為引退之「故」已不存在，所以蔣中正可以復職。問題是此一「故」，何以已不存在？1950 年初，蔣中正和中共還在進行激烈的戰爭，並沒有所謂「完成和談」。按法理而言，蔣中正應該在「完成和談」後，始能復行視事。

無論如何，在臺灣重新集結組成的政府，繼續沿用中華民國的國號和憲法，以及派遣駐外使節，表示它是繼承中國大陸的中華民國政府。對於如此組成的中華民國政府的方式，有稱之為「政變」。[63]從其繼續以中華民國的國號對臺灣進行統治，而且還獲得國際上 50 幾個國家之支持，其國家和政府之正當性應無問題。[64]儘管它在國內合憲性不足，但因抗拒共黨入侵之故而被容忍接受。

不過，自後國際間所承認的「中華民國」，是否等同於此前的「中華民國」？以李宗仁為首的中華民國是否在其出亡美國時即已告結束？流亡到臺灣的行政院的決議，是以假託李宗仁的名義決議遷到臺灣。此一遷移，未獲李宗仁的同意，至為明顯，從後來遷到臺灣的行政院、監察院、

---

[63] 「為李宗仁先生進一言」，國史館編，中華民國史事紀要，民國三十九年三月一日，國史館出版，頁 471-472。該文警告李宗仁，應識時務，不要「否認」蔣中正的「政變」。

[64] 越南國民革命聯盟主席劉德忠在 3 月 1 日電賀蔣中正復職。（參見中華日報，民國 39 年 3 月 2 日，頁 2。）3 月 2 日美國國務院發言人麥德莫說：「關於承認蔣總統復職的問題，國務院不擬發表任何正式聲明，不過一切都是讓中國人自己去決定其自己的行政首長。」他表示美國將聽從中國人民的選擇蔣氏為總統。而李宗仁代總統於同一天訪問美國總統杜魯門，並共進午餐，有駐美大使顧維鈞、美國國務卿艾奇遜和國防部長詹遜陪同。（參見中華日報，民國 39 年 3 月 2 日，頁 2。）李代總統在 3 月 2 日發表聲明，自稱仍是總統，反對蔣中正復職。他說：「蔣氏會宣布他自己為中國總統，實令人驚異，而難置信。蔣自 1949 年 1 月解去總統職務後，已成為一個平民，現在竟不經選舉而自命為總統，實令人驚異。」（參見中華日報，民國 39 年 3 月 3 日，頁 2。）菲律賓總統季里諾在 3 月 8 日表示承認蔣中正領導的政府。（參見中華日報，民國 39 年 3 月 4 日，頁 2。）

中國國民黨非常委員會催促李宗仁赴臺均遭拒絕可知。遷移到臺灣的中華民國政府所頒發的以李宗仁名義發佈的命令，是否具有法律的效力？就此而言，遷到臺灣的中華民國政府官員和民意代表，應屬於「流亡政府」和「殘餘國會」之性質。蔣中正自從下野後，即非總統。他在臺灣重新出任總統，成立新政權，其所控制的領土只有臺灣、澎湖、金門和馬祖等島。

　　蔣中正以政黨領袖身分，在殘餘國會議員的擁立下取得「總統」職位，應屬「新建政權」性質，其所建立的「中華民國」，應只是名稱相同，但實際管轄領土範圍不同。直至 1952 年日本與中華民國簽訂和約，以及 1954 年美國與中華民國簽訂的共同防禦條約，蔣中正政權才獲得美、日的承認，惟該項承認都是以臺、澎為侷限範圍，中華民國的領土範圍明顯受到國際條約的限制。

六、1950 年杜魯門聲明

　　在中國因內戰而呈現國民黨政府有落敗之跡象時，美國與臺灣省主席魏道明開始接觸。1948 年 11 月，美國駐臺總領事克倫茨（Kenneth C. Krentz）密會魏道明，其對國務院的報告稱：魏道明表示希望在取得美國 1 千萬美元之援助貸款後，將充實臺灣之經濟基礎，以穩定軍心，並將實現臺灣自治。魏道明表示假如他向蔣中正說明臺灣有美國之支持，則蔣中正會全力保護臺灣。克倫茨認為美國應支持由文人治理的自由的臺灣地方政權，以對抗蘇聯集團。但臺灣不宜置於軍事政府統治之下。[65] 1949 年 5 月，美國駐華公使銜參贊克拉克（Lewis Clark）在桂林會見李宗仁時，李宗仁表示，蔣中正曾考慮退休，計畫前往臺灣居住，而陳誠曾聽美國總領事說臺灣地位有待簽署對日和約後才能確定。據李宗宗說，有人將此一

---

[65] "The Council General at Taipei (Krentz) to the Secretary of State, Taipei, November 23, 1948," United States Department of State / *Foreign Relations of the United States, 1948. The Far East: China* (1948), Political and military situation in China, pp.601-602. http://digicoll.library.wisc.edu/cgi-bin/FRUS/FRUS-idx?type=turn&entity=FRUS.FRUS1948v07.p0611&id=FRUS.FRUS1948v07&isize=M&q1=Taiwan

隨便說說的話報告給蔣中正，因此蔣中正遂決定去奉化。[66]

　　蔣中正在 1949 年 1 月撤換魏道明，另代以陳誠。陳誠為爭取美援，也曾向美國表示贊成成立臺灣自治政府，還表示蔣中正不會復出，而胡適已應允同意作他的顧問。中國大陸如果成立聯合政府，他一定不讓該政府插手臺灣等。美國國務院曾一度想以經援，作為不讓國民黨人員大批湧入臺灣之條件。結果，從 11 月以來，陳誠還是讓中國大陸難民 50 萬到 100 萬人進入臺灣，島上軍隊人數達到 20 萬人。[67]

　　美國國務院對臺灣之歸屬開始有未雨綢繆之計畫，美國國務院遠東司長巴特沃思（W. Walton Butterworth）於 1949 年 1 月 15 日致美國駐臺總領事克倫茨一封機密信中說：「我們國務院所有的人都強烈感到我們應該用政治的和經濟的手段阻止中國共產黨政權取得對（臺灣）島的控制。……設若意料之外的事果真發生了——而中國人是有辦法妥協的——如果你接到指示要你說服臺灣當局同中國大陸的任何安排脫離關係，維持一個分離的政權，請不要感到驚奇。不過我們希望在給他們幫助的同時避免太明顯的聯繫。」[68]

---

[66] "The Minister-Counselor of Embassy in China (Clark) to the Secretary of State, Canton, May 1, 1949," United States Department of State / *Foreign relations of the United States, 1949. The Far East: China* (1978), Political and military situation in China, Foreign Relations, 1949, Volume VIII, pp.287-288. http://digicoll.library.wisc.edu/cgi-bin/FRUS/ FRUS-idx?type=goto &id=FRUS.FRUS1949v08&isize=M& submit=Go+to+page&page=287

[67] "The Consul at Taipei (Edgar) to the Secretary of State, Taipei, April 6, 1949," United States Department of State / *Foreign relations of the United States, 1949. The Far East: China* (1974), Policy of the United States toward Formosa (Taiwan): concern of the United States regarding possible conquest by Chinese communists, Foreign Relations, 1949, Volume IX, p.308; "The Consul at Taipei (Edgar) to the Secretary of State, Taipei, May 17, 1949," United States Department of State / *Foreign relations of the United States, 1949. The Far East: China* (1974), Policy of the United States toward Formosa (Taiwan): concern of the United States regarding possible conquest by Chinese communists, Foreign Relations, 1949, Volume IX, p.333; "Memorandum by Mr. Livingston T. Merchant to the Director of the Office of Far Eastern Affairs (Butterworth), Washington, May 24, 1949," United States Department of State / *Foreign relations of the United States, 1949. The Far East: China* (1974), Policy of the United States toward Formosa (Taiwan): concern of the United States regarding possible conquest by Chinese communists, Foreign Relations, 1949, Volume IX, pp.337-340.

[68] 原資料是出自美國國家檔案館文件，RG59，第 16 箱，Lot，第 56D151 號。本段引自資

1949 年 3 月，剛去職的外長王世杰在臺灣表示臺灣是「收復失地」，不是「軍事佔領區」，中國對該島的內政外交有絕對主權。隨後美國國務院新聞發佈官麥克德莫特表示：「臺灣地位在戰時與庫頁島完全一樣，其最後地位將由一項和約決定。」[69]

6 月 9 日，美國國務院提出將臺灣問題提交聯合國大會討論的政策建議，聲稱臺灣人民有權舉行公民投票決定自己的命運。[70]

9 月，英國外交部向美國正式表明英國對臺灣的四點意見：(1)估計中國國共兩黨都將對臺灣提出主權要求。(2)沒有四大國協議無法改變目前臺灣的法律地位。(3)不大可能將臺灣問題提交聯合國，這樣害多於利。(4)誰控制臺灣要看國共鬥爭的結果，臺灣落入共產黨手中的可能性很大，很難阻止，只有希望共產黨佔領該島時不引起太大的破壞。[71]從而可知，當時英國對臺灣的前途充滿悲觀。

中國再度分裂為兩個政權之初期，美國國務卿艾奇遜於 1949 年 12 月 14 日表示：「即令美國有意不使臺灣淪於中共之手，但在實行時實非易事。」關於臺灣地位，他指出：「臺灣過去雖為日本帝國的一部分，但第一，盟國已授權給蔣中正先生領導下的政府在和約簽訂以前治理臺灣；第二，依照開羅宣言盟國已承認對日和會中應正式將臺灣歸還中國。」[72]

1950 年 1 月 5 日，杜魯門總統發表「關於臺灣的聲明」（Statement on Formosa），宣布：「根據開羅宣言和波茨坦宣言，臺灣是向蔣介石投降，過去四年，美國及其他盟國都接受由中國在該島上行使權力。美國對於該島或中國其他任何領土都沒有攫奪之計畫。美國無意獲取特殊權利或特權，或在此時在該島建立軍事基地。美國亦無意利用其武力干預現況。美國政府無意尋求一種程序，使得美國捲入中國的內戰。同樣地，美國不

中筠、何迪編，美國對臺政策機密檔案（1949-1989），海峽評論社，臺北市，1992年，頁 18-56。

[69] 原資料是出自 FRUS, 1949 IX，頁 328。本段引自資中筠，前引書，頁 30。

[70] 國史館編，臺灣主權與一個中國論述大事記，頁 11。

[71] 原資料是出自 FRUS, 1949 IX，頁 341-343、390。本段引自資中筠，前引書，頁 33。

[72] 國史館編，中華民國史事紀要，民國三十八年十二月十四日，國史館出版，臺北縣，頁 593-594。

會給予在臺灣的中國軍隊軍事援助或建議。」[73]

1月5日，美國國務卿艾奇遜在記者招待會上說：「我們在對華關係上的立場，決無絲毫可疑，這是很重要的。現在，這個立場是怎樣的呢？大戰期間，美國總統、英國首相和中國國民政府主席，在開羅同意：臺灣是日本從中國竊去的地方，因之臺灣應交還給中國。一如總統於今晨所指出，開羅的聲明已包含在前此波茨坦宣言中，而波茨坦宣言則為日本投降時處理之依據，並已為日本投降時所接受，日本投降不久，臺灣即根據該宣言以及投降條件，交給了中國。中國管理臺灣已達四年之久，美國或其他任何盟國對於該項權利及該項占領，從未發生疑問。當臺灣改為中國一省時，沒有一個人發出法律上的疑問，因人們認為那是合法的。現在若干人認為情形改變了，他們認為現在控制中國大陸的那個勢力，對我們是不友好的，而那個勢力不久終將獲得其他若干國家的承認。因此，他們就要主張：『好，我們要等待一個條約吧！』但我們並未等待一個關於韓國的條約，我們並未等待一個關於千島群島的條約，我們也未等待一個由我們代管的各島的條約。」[74]他又說：「我們無意使用武力，與目前在臺灣的情勢關連起來。我們無意捲入在臺灣島上的任何形式的軍事行動。」（We do not intend to use force in connection with the current situation on Formosa. We do not intend to seize the island. We do not intend to become involved in military action on the island of Formosa in any form.）1月12日，艾奇遜又說：「美國在該地區的防衛周邊從阿留申群島到日本、菲律賓群島。」而沒有提及南韓和臺灣。（the U. S. defense perimeter in the region runs from the Aleutian Islands, to Japan, and on to the Philippines,

---

[73] Harry S Truman, "Statement on Formosa, January 5, 1950," University of Southern California, US-China Institute, February 25, 2014, http://china.usc.edu/harry-s-truman-%E2%80%9Cstatement-formosa%E2%80%9D-january-5-1950（2017年5月10日瀏覽）。中國大陸研究基本手冊，臺北市：行政院大陸委員會，民國91年，頁16-18；顧維鈞回憶錄，第九分冊，北京市：中華書局出版，1989年，頁15。

[74] 國史館編，中華民國史事紀要，民國三十九年一月六日，臺北縣：國史館出版，頁60-61。

whereby South Korea and Taiwan were not mentioned as its components.）[75]
美國在西太平洋的防衛線從阿留申群島經日本到菲律賓群島,被稱為「艾奇遜線」（Acheson Line）,艾奇遜在 1950 年 1 月出任國務卿。

美國助理國務卿魯斯克（Dean Rusk）在 1950 年 5 月 30 日和 6 月 9 日向艾奇遜提出兩份建議書,其中提及美國應對臺灣採取如下的政策:(1)告訴蔣中正,臺灣的陷落是不可避免的,美國不準備助其守臺灣,動員蔣退出政治活動,交出權力,同意聯合國託管,是其唯一出路。(2)美國派第七艦隊駐臺灣水域,宣稱防止海峽雙方發生軍事行動。(3)照會英、蘇及聯合國,說明中國人之間在臺灣即將發生的衝突涉及國際和平,應由聯合國及對日和約有關國家共同解決。(4)由杜魯門根據上述精神發表聲明,實質上推翻 1 月 5 日的聲明。(5)由聯合國派小組對臺灣情況進行調查,並向聯大提出報告,在此基礎上實行臺灣軍事中立化和自決的原則。[76]

然而,在 1950 年 6 月 25 日,韓戰爆發,杜魯門總統在 6 月 27 日宣布「臺灣海峽中立化」（neutralization of the Straits of Formosa）。與此同時,最重要者,杜魯門總統於 6 月 27 日發表一份聲明說:

> 攻擊韓國,擺明一項事實,即共產主義已超過顛覆的使用而去征服獨立國家,現在正發動武裝侵略和戰爭。此已藐視聯合國安全理事會發出的維護國際和平和安全的命令。在此情況下,臺灣被共產勢力佔領,將直接危及太平洋地區的安全和美國武力在該地區執行其合法和必要的功能。
>
> 因此,本人已下令第七艦隊防止任何對臺灣的攻擊。根據此一行動,本人正要求在臺灣的中國政府停止所有空中和海中對大陸的攻擊行動。第七艦隊將注意此項請求之執行。臺灣未來地位之決定,必須等待太平洋安全之恢復,以及與日本和平解決,或

---

[75] Hungdah Chiu, *China and the Question of Taiwan: Documents and Analysis*, Praeger, N. Y., 1973, pp. 221-222.

[76] 原資料是出自美國國家檔案館檔案,RG59,CA 第 18 匣。本段引自資中筠,前引書,頁 50-51。

者由聯合國加以考慮。[77]

　　杜魯門的聲明根本否定了以前羅斯福總統在開羅宣言中所聲明的有關
臺灣的地位主張。

　　杜魯門作此聲明後，立即於 28 日派遣第七艦隊駛入臺灣海峽巡曳，
防止中共對臺灣的攻擊，同時也阻止臺灣軍隊攻擊中共。美國的目的很清
楚，就是美國要全力應付朝鮮半島的戰爭，最好臺海不要另開闢戰場。28
日早上，美國國務卿艾奇遜在記者會上對記者解釋稱，杜魯門總統的有關
臺灣之未來地位的聲明，並未與開羅宣言相衝突，因為該宣言僅表示簽署
宣言的人的觀點。應注意的，該一說法已顯示美國不認為開羅宣言可做為
臺灣和澎湖主權歸屬的依據了。

　　英國政府首相艾德禮（Clement Attlee）於 28 日在下議院宣布：「我
們已決定支持美國在朝鮮的行動，立即將我們在日本海的海軍置於美國當
局指揮之下，代表安理會行動，支持南韓。命令已下達在現場的海軍總司
令。該項行動已知會安理會和美國政府、南韓政府以及所有大英國協各國
政府。」[78]但英國政府對於臺灣的前途的看法與美國不同，英國主張臺灣
先經過國際託管，然後再尋求交還給中國的可能性。（詳本文第十節）

---

[77] 原文為：「The attack upon Korea makes it plain beyond all doubt that communism has passed beyond the use of subversion to conquer independent nations and will now use armed invasion and war. It has defied the orders of the Security Council of the United Nations issued to preserve international peace and security. In these circumstances the occupation of Formosa by Communist forces would be a direct threat to the security of the Pacific area and to United States forces performing their lawful and necessary functions in that area.

　　Accordingly I have ordered the 7th Fleet to prevent any attack on Formosa. As a corollary of this action I am calling upon the Chinese Government on Formosa to cease all air and sea operations against the mainland. The 7th Fleet will see that this is done. The determination of the future status of Formosa must await the restoration of security in the Pacific, a peace settlement with Japan, or consideration by the United Nations.」 United States, Department of State, Historical Office, *American Foreign Policy, 1950-1955: Basic Documents*, *Department of State Publication 6446*, General Foreign Policy Series 117, Released December 1957, U. S. Government Printing Offices, Washington 25, D. C., pp.2539-2540. 國史館編，中華民國史事紀要，民國 39 年 6 月 28 日，頁 913。

[78] *The Times* (UK), 29 June, 1950, p.6.

　　杜魯門總統對於遠東的政策，幾乎與羅斯福總統背道而馳，例如，羅斯福主張越南在戰後應交由國際共管，越南戰場應由中國派軍隊接受日軍投降，但戰爭末期羅斯福去世，由杜魯門接任總統，完全推翻羅斯福的遠東政策，他同意英國的要求，將越南分為南北兩戰區，分由中國和英國各接受北越和南越的日軍投降，同時在戰後同意法國的要求，中國軍隊退出北越，再由法軍駐防北越地區。對臺灣的地位主張亦是一樣，羅斯福主張臺灣歸還中華民國，但杜魯門主張臺灣地位未定，他的聲明根本否定了以前羅斯福總統在開羅宣言中所聲明的有關臺灣地位的主張。

　　1950 年 8 月 25 日，美國駐聯合國代表奧斯汀（Warren R. Austin）致函聯合國秘書長賴伊（Trygve Lie），闡釋美國對臺灣政策七要點如下：

　　(1)美國既未侵犯中國領土，亦未對中國採取侵略行動。

　　(2)美國是在臺灣處於與大陸衝突之地點地位時採取行動，這種衝突將威脅在安理會支配下聯合國在韓作戰軍隊的安全，並有將衝突擴及太平洋區之勢。

　　(3)美國的行動是對臺灣的軍隊以及大陸上的軍隊一體對待的公正的中立化行動，這是一種以維持和平為目的的行動。

　　(4)美國之行動業經公開表明，不影響關於臺灣地位的未來的政治解決。臺灣的實際地位是盟軍在太平洋戰勝取自日本的領土，與其他地區相同，在它的未來經國際行動決定之前，它的法律地位不能確定。中國政府應盟國之請，為島上日軍受降，是即目前中國人在臺的原因。

　　(5)美國一向與中國人民友好，在上次大會中，美國率先與他國通過維護中國之完整的決議案，只有蘇聯及其附庸國反對。

　　(6)美國歡迎聯合國考慮臺灣問題，並擁護聯合國在此或從事現地調查，美國相信聯合國的考慮，能夠促使該一問題和平解決，而非武力解決。

　　(7)美國認為安理會不應離開韓國問題而討論其他的問題。臺灣目前處於和平狀態，只要某一方不訴諸武力，臺灣必將繼續得到和平。如安理會願研究臺灣問題，美國將予支持與協助。同時，當前安理會主席應履行責任，進行議程上的事項，即討論南韓控訴侵略問題，及承認南韓大使有

權列席安理會，並對美國所提使韓國戰爭地方化（指不使擴大）議案得到解決。[79]

美國總統杜魯門在 8 月 27 日致函奧斯汀，對於他在 8 月 25 日致函聯合國秘書長賴伊的有關臺灣問題的函件認為最能概括美國對此一問題的基本立場。[80]

根據上述的函件，可以清楚的知道美國的對臺灣法律地位的立場為：(1)未來經國際行動決定之前，臺灣的法律地位不能確定。(2)中華民國政府是應盟國之請，在臺灣島上接受日軍投降。(3)臺灣的地位問題應由聯合國決定。

對於美國對臺灣之地位的重新定位，中華民國駐美大使顧維鈞在 9 月 5 日發了一份密電給外交部，建議接受美國的新的對臺政策，即以事實佔有臺灣為重，有關臺灣之法律地位則日後由聯合國來解決。該密電內容為：

> 今中共與蘇聯均認臺灣為中國領土，聲稱中共即是代表中國，而一般已承認中共政權者，雖未必均認臺灣為中國領土，然均亦認中共即為中國，惟美則於 6 月 27 日、7 月 19 日二文件中及最近杜總統致美代表函中，均表示一反杜總統 1 月 5 日之宣言，而認臺灣為對日戰爭之協約國佔領地，依照開羅、波茨坦及日本受降條件，交由我國佔領，至其永久地位，尚須經對日和約或聯合國確定，依蘇聯與中共之主張，臺灣既為中國領土，美之出為保護即係干涉與侵略行為，依美之主張，則美之保臺之舉在公法上尚能言之成理。我若亦認臺灣純為中國領土，並非收復失地，尚待對日和約完成最後手續，則與蘇聯、中共主張不謀而合。所存爭點，僅係何方為中國，以我看法，我既為合法政府，所謂中國當然由我代表，中共無權過問，然則美保臺之舉，公法上難為辯護，除非聲明係我所贊成歡迎，而中共與蘇聯堅持中共

---

[79] 「奧斯汀闡釋對臺政策」，中央日報，民國 39 年 8 月 27 日，版 1。
[80] 「杜魯門函奧斯汀，重申對臺政策」，中央日報，民國 39 年 8 月 29 日，版 1。

即為中國，則責美侵略有所根據，而否認我贊成之權，一般已承
認中共之國家，既亦以中共即是中國，或亦視臺灣應歸中共，則
對美保臺政策，亦難表示贊助。據上星期美外交次長所告鈞者，
且慮今後其他各國紛紛接踵承認中共，而使臺灣國際地位益難保
持，故此點公法問題我宜先決定態度，然後應付美案方有把握。
近三月來，美國一直聲明，主張合法地位問題待諸將來決定，亦
因有鑒於此問題之複雜與重要，姑且以目前臺灣已由我治理控
制，且為我政府駐在地之事實為重，而置臺灣法律上之地位問題
於日後解決，一面在未解決前，盼能將保臺之責任歸聯合國擔
任，不由美國無限制單獨負擔，現在國際局勢動盪日甚，今後演
變難測，綜觀利弊，美之看法未必於我損多益少，究應如何，統
計裁奪。顧維鈞。[81]

9 月 21 日，美國代表團以備忘錄致聯合國秘書長主張大會考慮臺灣
地位問題（稱為臺灣地位問題案）。在該解釋照會中，美國引述了開羅宣
言和波茨坦宣言以及日本投降，說：「正式移轉臺灣給中國，需等待與日
本簽定和平條約或其他合適的正式協議。」[82] 9 月 22 日，聯合國大會總
務委員會開會，中華民國代表請委員會對臺灣地位問題之是否列入議程暫
緩決定，委員會票決暫不決定。至 10 月 5 日才列入大會議程。[83]

9 月 22 日，中華民國政府對於臺灣的地位及其與聯合國的關係，採
取下述的立場及意見：(1)中國於 1941 年 12 月曾向日本宣戰，因而取消
與日本所簽訂之一切條約，包括規定正式割讓臺灣之 1895 年馬關條約。
故日本被擊敗後，臺灣應再列入中國版圖。開羅及波茨坦宣言經已確定此

---

[81] 全宗名：蔣中正總統文物，典藏號：002080106018009，國史館藏，題名：「顧維鈞呈
蔣中正有關臺灣地位與承認中共政權及控蘇案往來電文」，民國 39 年 9 月 5 日發電，
外交部收電機字第 4420、4421 號。

[82] 美國國務院解密檔案。*Appendix C: Memorandum*, July 13, 1971. To: EA/ROC – Mr.
Charles T. Sylvester. From: L/EA – Robert I. Starr. Subject: Legal Status of Taiwan, p.184.

[83] 周琇環編，戰後外交部工作報告：民國三十九年至民國四十二年，臺北縣：國史館出
版，民國 90 年，頁 30。

事，簽訂日本和約時即認為合法。關於中國對擊敗日本之大貢獻，蔣主席得接受臺灣之投降。基於以上之原因，臺灣不是一佔領區而是中國收復之失地。(2)聯合國之全面反侵略努力。國民政府支持聯合國阻止共黨侵略亞洲之努力，並感覺有竭誠服務之必要，一如其他亞洲之反共國家。(3)行政權之完整。在臺灣之國民政府維持其有接納或拒絕聯合國調查團來臺提議之全權。假如代表團有承認北平共黨政權之國家代表參加，則將被拒絕。國民政府將反對臺灣受國際支配之任何考慮。此種行動實有損中國之主權。[84]

美國駐聯合國代表團亦在 1950 年 9 月 22 日將艾奇遜簽名之備忘錄送交聯合國各國代表，解釋美國對臺灣問題的立場，該備忘錄說：「美政府曾坦白表示其對臺灣之態度，將不損害其長期性之政治地位。美國對臺灣無領土野心及不尋求特殊利益或地位。美國又相信臺灣之前途及其幾達 8 百萬之民眾，將依照聯合國憲章以和平之方法解決。」[85]

1950 年 9 月下旬，英國外交部提出了一個「關於臺灣的決議」草案。該案內容包括：「各國注意到，開羅宣言的簽字國宣布了臺灣應歸還給中華民國的意願；各國意識到，由於國共雙方目前都聲稱有統治臺灣的權利，存在著從中國大陸武裝進攻臺灣和以臺灣為基地進攻大陸的危險；各國決定建立一個委員會，它將始終考慮中國的主權要求，研究有關問題並向聯大提出報告，包括對臺灣的未來提出建議。各國建議：(1)在聯合國大會考慮該委員會的報告之前，不應有任何通過武力尋求解決該問題的企圖。(2)臺灣不應被用來作為攻擊中國大陸的基地。」[86]

美國對於英國此一提案並不滿意。美國國務院政治顧問杜勒斯（John Foster Dulles），提出了在聯合國內解決臺灣問題的四點綱領：其中第一點便是要考慮臺灣人民的意願。他認為，「儘管開羅宣言和波茨坦宣言確認了臺灣是中國的一部分，但現在中國大陸上出現了一個新的政府，開羅宣言和波茨坦宣言不應該成為把大陸政府強加給臺灣本地居民的工

---

[84] 工商日報（臺灣），民國 39 年 9 月 23 日，頁 2。

[85] 工商日報（臺灣），民國 39 年 9 月 23 日，頁 2。

[86] 引自王建朗，前引文。

具。」[87]

10 月 19 日，中共軍隊入侵進入北朝鮮。10 月 20 日，顧維鈞和國務院顧問杜勒斯在美國成功湖（Lake Success）會談，杜勒斯表示：「至於臺灣、澎湖列島、千島群島和南庫頁島的地位，日本應接受英國、蘇聯、中國和美國將來做出的決定。如果這些領土在和約生效後一年之內沒有做出決定，這問題應由聯合國大會決定。至於中國政府異常關心的臺灣，他願意特別提出，美國政府承認開羅宣言、波茨坦宣言和日本投降條件三個有關的文件。可是，我們必須看到世界普遍的不安定情況，要非常現實。臺灣引起國際上的注意，由於整個問題的背景和遠東現時的形勢，美國對臺灣十分關注。」[88]

在會談中，杜勒斯拿出一份聲明，其中提到將臺灣和千島群島置於同一地位。顧維鈞對於杜勒斯此一說法表示不解，尤其美國政府要在聯合國提出臺灣問題，他想聽聽杜勒斯的意見。在顧維鈞回憶錄中，將他和杜勒斯的談話記載如下：

> 杜勒斯回答說：「對這一問題，我不能回答，其中有許多方面必須由美國政府當局討論決定。我將在星期天回華盛頓，並希望為這一問題在星期一（10 月 23 日）能見到國務卿，並從他那裡得到指示。」他說：「臺灣是個有糾紛的地區，並且是屬於國際方面的。對此美國也有利害關係。」他並暗示說：「美國已決定把這個問題凍結起來，特別是當朝鮮戰爭仍在進行的時候。就個人而言，他能理解中國政府（按指臺灣，以下如為美國官員提及中國政府，即指臺灣；如為英國官員提及中國政府，即指中共。）所持臺灣是中國領土這一立場的理由；但是他代表美國說話，希望中國在聯合國的代表不要過於強烈地反對美國的立場，因為中國的反對會使美國政府為難，而且會使美國政府防止臺灣成為一個糾紛地區的政策難以成功。中國政府正式闡明其立場是

---

[87] 引自王建朗，前引文。
[88] 引自顧維鈞回憶錄，第九分冊，頁25。

完全可以的，但過於強烈地反對美國為此事而提出的建議，則不僅意味著使美國政府為難，而且也顯得美中之間缺乏協調與合作。」他強調，因為中國政府現在就在臺灣，美國凍結臺灣的政策，也有利於中國政府。他宣稱，這一政策的目的是為了保持世界上那一地區的現狀，至少暫時如此。美國政府當然希望另一次世界大戰不會爆發，但是誰也沒有多大把握能預言那一整個地區不會發生麻煩。讓該島在敵人手中是不符合美國政策的。[89]

顧維鈞在 10 月 27 日將其與杜勒斯會談有關美國的對臺政策報告外長王世杰，內容要點如下：

18 日尊函敬悉：臺灣問題曾兩度分別與國務院主管次長及國務卿顧問杜勒斯詳談，均經報告外交部，並送電公超部長，臚陳鄙見，諒經轉呈總統。美向聯合國提出臺灣問題，意欲保障臺灣安全不使仇者取得，尤不願為蘇聯利用危及美國在太平洋之防線。故採臺灣中立化政策，先令第七艦隊執行。繼因英國聲明不能贊助，印度傳達中共堅決反對之意，中共地大物博，萬一實施攻臺，不特遠東戰爭擴大，美單獨抵抗，犧牲必巨，勝券難操，不如以和平解決為口號，將此問題付諸聯大公同討論。既以表示美國對臺毫無野心，緩和中共，且期將保臺責任，由聯合國分擔。賴此一舉，解除目前軍略與外交上兩重困難。此舉原為美國本身利害計，並非有所愛好欲示我者。但美維持臺灣現狀政策，影響所及，不得不維持我政府之國際地位，以免其他種種糾紛。即杜顧問所謂凍結臺灣，即是維持中華民國民政府地位云云。然美欲達此目的須有根據。故特別注重臺灣島雖經開羅會議決定，波茨坦追認，日本放棄，然尚未完全成為中華民國領土，仍須由和約正式規定。美惟採此立場，方能貫徹其保臺宗旨，而維持我政府地位。否則中共所堅持臺灣為中國領土，而視美對臺措施為

---

[89] 引自顧維鈞回憶錄，第九分冊，頁 27。

干涉內政，按之聯合國憲章第二款規定，美亦將難辯護。職此之故，杜顧問深望我不堅決反對美之立場，以致損害美我兩方共同利益。[90]

葉公超在 11 月 1 日致駐聯合國代表蔣廷黻的電文中稱：「關於臺灣澎湖，我在原則上接受美方所提解決程序，惟應附帶主張：（子）美方所提一年期間，宜予延長，或改為兩年。（丑）南庫頁島及千島應與臺灣澎湖同時同樣解決。關於放棄賠款問題，我願從美方主張。但關於返還劫物等事，盼美方予我特別協助。」[91]

11 月 4 日，顧維鈞至紐約與蔣廷黻磋商。蔣廷黻認為中華民國政府應當表示反對美國備忘錄中關於領土的第三點。臺灣和澎湖列島不應該與南庫頁島和千島群島相提並論。顧維鈞則表示：「因為美國已經提出要推持解決臺灣問題，我們可以支持臺灣、澎湖列島、南庫頁島和千島群島全由英國、蘇聯、中國和美國來解決的意見。然而，我們有必要對美國講明，如國際形勢惡化，千島群島和南庫頁島歸屬蘇聯不能通過，那麼臺灣和澎湖列島屬於我們這一事實，不應受到影響。」[92]

中華民國政府在 12 月 2 日訓令蔣廷黻代表和顧維鈞大使向美國政府交涉，要求美國撤回臺灣地位問題案或設法無限期延擱。[93]

美國為了和英國在聯合國討論臺灣問題案上有一致的看法，杜魯門和英國首相艾德禮在 12 月 8 日舉行會談，雙方仍認為臺灣問題應由聯合國處理，雙方發表的聯合聲明說：「關於臺灣的問題，我們已注意到兩個中國皆堅持開羅宣言的有效性，且表明該一問題不由聯合國來處理。我們同意該一問題應由和平方法來解決，以保障臺灣人民的利益，維持太平洋的和平和安全，由聯合國來考慮此一問題將有助於此一目的的實現。」[94]

12 月 14 日，艾德禮在下議院辯論中稱：「英國無疑地願在開羅宣言

---

[90] 引自顧維鈞回憶錄，第九分冊，頁 30-31。

[91] 引自顧維鈞回憶錄，第九分冊，頁 32。

[92] 引自顧維鈞回憶錄，第九分冊，頁 32-33。

[93] 周琇環編，前引書，頁 61。

[94] 引自 J. P. Jain, *op.cit.*

的基礎上解決問題。開羅宣言同意將臺灣在戰後交給中華民國，同時也宣布朝鮮在適當的時候自由和獨立。它表達了兩大原則，不侵略和沒有領土野心。因此，中國政府（按指中共）必須清楚地表明她接受這兩個原則。在中國以其行動表明她不妨礙開羅宣言有關朝鮮的條款履行並接受那一宣言的基本原則之前，難以就臺灣問題達成令人滿意的協定。但是，如果在朝鮮問題上取得了令人滿意的進展，解決臺灣問題的前景將會變得大為光明。」[95]

從而可知，在韓戰爆發後，美國對臺灣的法律地位的政策有所改變，為了保障臺灣人民的生命財產安全，防止中共武力攻臺，美國主張將臺灣問題提交聯合國處理，同時提出「凍結臺灣現狀」的主張，以留待以後國際來解決。不過，由於臺灣反對由聯合國處理臺灣地位問題案，美國在與英國商量後，在 1950 年底該屆聯合國大會上不再提臺灣地位問題，並予無限期延擱，惟英、法都重申應以和平方法解決臺灣問題。

七、中華民國政府和蔣中正對美國新政策之回應

對於美國對臺灣地位之立場的改變，英國因為在 1950 年 1 月 6 日外交承認北京的中華人民共和國，所以對於美國杜魯門的對臺新政策並沒有給予特別的支持，但支持美國介入朝鮮半島戰爭。

蔣中正在該年 6 月 28 日的日記上記載：「閱報見美國總統杜魯門聲明，其對我臺灣主權地位無視，與使我海空軍不能對我大陸領土匪區進攻，視我一如殖民地之不若，痛辱盍極。」[96]當日上午在總統府召開軍政首長會議，晚上由外交部長葉公超發表四點聲明，該聲明開頭說：「中國政府對於本月 27 日美國政府關於臺灣防衛之提議，在原則上已予接受，並已命令中國海空軍暫行停止攻擊行動。」其第三點聲明說：「臺灣係中國領土之一部分，乃為各國所公認。美國政府在其備忘錄中，向中國所為

---

[95] 引自王建朗，前引文。

[96] 秦孝儀總編纂，前引書，卷九，頁 184-185。

之上項提議，當不影響開羅會議關於臺灣未來地位之決定，亦不影響中國對臺灣之主權。」[97]

6 月 29 日，美國國務卿艾奇遜在記者招待會上宣布：「美國艦隊防護臺灣，不涉及臺灣地位。」[98]

蔣中正對於美國有意將臺灣中立化的態度，初始感到不滿，後經深思考慮後，為保全臺灣的存在，他內心同意該項政策。他在 9 月 12 日的日記上記載：「艾其生（即艾奇遜）將欲以調查美國侵臺案為契機，使臺灣置於聯合國保衛，一以免俄共藉口認為中國之領土而攻佔臺灣，一以減輕其美國單獨之責任，以免除其侵臺之嫌，此一陰謀於我利害參半，不如逆來順受，先杜絕俄共侵臺之野心，暫為中立化之形態（但我決不正式公認），以穩定內部軍民之心理，使之安心，整補內部，求其安定進步，以至健全鞏固而後再待機而動，一舉恢復大陸，只要臺灣事實上統治權並不動搖，則我反攻大陸之準備未完成以前，率性讓其中立化，且使其性質（國際）更為複雜，以對付俄共與英印，未始非中策也，此時應以沉機變處之。」[99]

美國為了維護臺灣人民之生命和財產安全，蔣中正為了維持其政權，雙方同意將「臺灣中立化」，雙方都已背離了「開羅宣言」的主張了。儘管葉公超依照蔣中正「穩定內部軍民之心理」之策略發表上項聲明，但並不能扭轉當時的國際局勢的發展，也無法改變美國對臺政策，杜魯門把臺灣當作美國因應亞太局勢的一個籌碼。美國為維護其亞太戰略之需要，乃將臺灣地位變為不確定，以形成美國在西太平洋地區圍堵共黨勢力往海洋地帶發展的一環。

除了美國在聯合國提出臺灣問題案外，加拿大亦於 9 月 29 日在聯合國大會提中國代表權問題研究會，聯合國安全理事會亦在同天通過厄瓜多爾代表提案，邀請中共代表列席安全理事會對臺灣問題之討論，面對此一不利國際環境，蔣中正甚至在 10 月 1 日在日記上記載：「國際形勢對我

---

[97] 國史館編，中華民國史事紀要，民國 39 年 6 月 28 日，國史館出版，頁 912。
[98] 秦孝儀總編纂，前引書，卷九，頁 186。
[99] 秦孝儀總編纂，前引書，卷九，頁 246。

危機益深，美艾（指艾奇遜）毀蔣賣華之方式雖已變更，而其陰謀更顯，所謂欲蓋彌彰，可憐我外交人員並不驚覺，殊為痛心。惟今日臺灣本身力量，無論軍事、經濟皆已較前進步，第一期整理計畫告成，勉可自立自強，此時唯有準備隨時脫退聯合國，獨立自強，與此萬惡之國際群魔奮鬥。」[100]

　　蔣中正面對不利的國際形勢，內心備感煎熬，甚至在日記上寫出「準備隨時脫退聯合國，以求獨立自強」。在盱衡國際情勢以及因應對策，他在 10 月 14 日日記上記載：「一、英美引誘中共加入聯合國以期對俄共一時之妥協。二、以臺灣政治地位問題由聯合國組織委員會調查處理（甲、臺灣人民自決；乙、聯合國託管；丙、對日和約否認歸還中國）。三、我政府不同意聯大決議案。四、聯大通過中共加入聯合國。五、我政府事前自動宣言退出。六、臺灣問題無從進行，暫時延宕，不急解決，中共應守聯合國憲章，不得進攻臺灣。七、我政府方針：甲、如何能確保臺灣復興基地，使之鞏固不搖。乙、如何使中共不能參加聯合國，以保持我政府代表權，不退出聯合國。丙、如甲乙二者不能兼顧，則應以確保臺灣基地為第一，與其為保持聯合國會員名義而使臺灣被攻不能安定，則寧放棄會員國之虛名，暫時退出國際社會，雖在國際上失去地位，而力求自立自主，確保臺灣主權實為利多而害少，而且乙者其權全操之於英美，非我所能主動，而甲者則我尚有主動餘地，此為永久根本計，比較在不得已時，未始非計之得者也。」[101]

　　但最後他接受了美國對臺灣的安排，換得了美國政府承認其政權合法性和臺灣本身的生存，沒有淪陷為共黨所統治。韓戰爆發後國際局勢的轉變已然改變「開羅宣言」的效力，這是不可忽略的重大轉折。

---

[100] 秦孝儀總編纂，前引書，卷九，頁 259。
[101] 秦孝儀總編纂，前引書，卷九，頁 274。

八、舊金山對日和約中的臺灣定位

杜魯門為貫徹他的有關臺灣地位的新主張，在 1950 年 9 月 14 日提出「對日本媾和七原則」，作為對日媾和談判的原則方針，該原則第三點為：「有關臺灣、澎湖群島、庫頁島南部、千島列島之地位，將來由中、美、英、蘇四國決定。」[102] 10 月 20 日，美國國務院顧問杜勒斯與顧維鈞商談對日和約問題，杜樂斯提出建議：「如果對日和約生效後一年，該些島嶼問題還未解決，則由聯合國大會予以解決。」[103]

蔣中正在 11 月 1 日約見王世杰、陳誠商議對出席聯合國大會代表外交指導方針，在日記中記載：「對美提臺灣問題案皆予以明確指示，嚴令其反對組團來臺調查也，切囑美國打消此意。」他在上個月反省錄記載：「美國提出對日和約條款，徵求我同意其對臺灣問題與千島、庫頁南半島皆列為懸案，以待和約成立後一年內由四國共同解決。余諒其苦心，勉允其請，但堅決反對其聯大派代表團來臺調查也。」[104]

中華民國外交部於 11 月 4 日請毛邦初將軍攜帶兩份備忘錄給顧維鈞，其中提到中華民國政府原則上同意美國的上述建議，但另提出下述意見供美方參考：(1)所訂一年期限，應酌予延長，改為兩年或不作時間上之硬性規定，均屬相宜。(2)臺灣澎湖應與南庫頁島、千島群島同時同樣解決，俾更能曲盡拖延之能事。[105]

關於日本放棄臺灣和澎湖的問題，是 1950 年 9 月 4 日美國國務院東北亞事務處主任阿里生（John M. Allison）致送國務卿艾奇遜一份備忘錄，表示他已和陸軍部長辦公室佔領區特別助理（Special Assistant for Occupied Areas in the Office of the Secretary of the Army）馬格魯德（Major General Carter B. Magruder）將軍討論對日和約草案內容，而且綜合了杜

---

[102] 林金莖著，黃朝茂、葉寶珠譯，戰後中日關係之實證研究，財團法人中日關係研究會，臺北市，民國 73 年，頁 92-93。石丸和人，戰後日本外交史（I）：米國支配下的日本，東京：三省堂，1983 年，頁 114-115。

[103] 引自顧維鈞回憶錄，第九分冊，頁 25。

[104] 秦孝儀總編纂，前引書，卷九，頁 288。

[105] 引自顧維鈞回憶錄，第九分冊，頁 36。

勒斯的意見，對〈對日和約草案〉內容做了修改，其中雙方接受的條款，在領土方面有：「日本應放棄臺灣、澎湖列島、南庫頁島和千島群島的所有主張，並接受簽約國或聯合國未來對它們的處置。」[106]

顧維鈞在 1950 年 12 月 19 日在與美國國務院顧問杜勒斯商談對日和約問題時建議說：「在未來對日和約中，只要求日本根據波茨坦宣言所訂投降條件宣佈放棄對有關領土的所有主權，中華民國將不進一步要求日本明確將該領土交還何國。」杜勒斯認為這也是美國的想法。[107]

美國國務院顧問杜勒斯在 1951 年 4 月 24 日向顧維鈞轉述美國致英國的一份備忘錄時說：「雖然美國情願承認臺灣按照開羅宣言紀錄應交還給中華民國，但是因為考慮到中華民國政府和中共政權都堅持臺灣為中國領土一部分，是中國內部問題，現在如果在對日和約中明文規定交還的話，則美國派遣第七艦隊保障臺灣將失去根據，而徒使中共與蘇聯對美更加干涉性的譴責，所以在現階段美國不得不將臺灣問題留為懸案，便於應付。」[108]據此而言，美國將「日本放棄臺、澎」之觀點轉達英國，此一發展顯示中華民國和美國二個〈開羅宣言〉參與國已達成改變其原先主張的共識，下一步就是如何與另一個〈開羅宣言〉參與國英國達成協議及在舊金山和會上獲得通過。

美國支持臺灣派遣代表出席舊金山對日和約的會議，而英國支持中華人民共和國出席，美國提議同時邀請中華民國與中華人民共和國代表一起參加和會，不然就都不邀請，最後英國決定不邀請臺海兩岸的代表出席該項會議。

---

[106] "Memorandum by the Director of the Office of Northeast Asian Affairs (Allison) to the Secretary of State, Top Secret, Subject: Japanese Peace Treaty, [Washington,] September 4, 1950," United States Department of State, *FRUS, 1950, East Asia and the Pacific (1950),* Volume VI, 1950, pp.1290-1292.

[107] 國史館編，臺灣主權與一個中國論述大事記，頁 24。在顧維鈞回憶錄中的文字為：「關於領土問題，我認為在對日和約中的提法將是用總的條款形式，由日本方面聲明放棄它對臺灣、南庫頁島、千島群島等的主權，而關於那些領土的主張，則不作任何具體規定。杜勒斯說，這也是他的看法。」（引自顧維鈞回憶錄，第九分冊，頁39。）

[108] 引自中日外交史料叢編（八）：金山和約與中日和約的關係，臺北市：中華民國外交問題研究會印行，1965 年，頁 27-28。

在 1951 年 9 月舊金山會議上，美國和蘇聯兩大集團，對於臺、澎領
土歸屬問題各有堅持。美國主張日本放棄臺、澎領土。蘇聯代表葛羅米柯
（Andrei A. Gromyko）則主張歸屬於中華人民共和國，他說：

> 對日和約自然地應解決許多與日本和平解決有關的領土問
> 題。據知，在這一方面，美國、英國、中國和蘇聯負有特定的義
> 務。這些義務規定在開羅宣言、波茨坦宣言和雅爾達協議。
>
> 這些安排承認中國，現在為中華人民共和國對於從其分離出
> 去的領土的絕對不可爭辯的權利。從原屬中國而分割出去的領
> 土，例如臺灣、澎湖、西沙群島和其他中國的領土，應歸還中國
> 的人民共和國，是一不可爭辯的事實。
>
> 關於美、英起草的對日和約草案，部分與領土問題有關，蘇
> 聯代表有必要聲明，該草案大大地侵犯了中國的不可爭辯的領土
> 權利，即日本軍國主義者從中國取得的臺灣、澎湖、西沙群島和
> 其他島嶼應歸還中國。該草案僅提及日本宣佈放棄其對這些領土
> 的權利，但故意省略不提這些領土的進一步命運。實際上，臺灣
> 及所說的島嶼，已被美國所佔領，而美國想透過現正在討論的該
> 和約草案使其侵略行為合法化。這些領土的命運應該絕對清楚，
> 它們必須歸還給這些土地的主人———中國人民。[109]

---

[109] Joint Compendium of Documents on the History of Territorial Issue between Japan and Russia. 「The peace treaty with Japan should, naturally, resolve a number of territorial questions connected with the peace settlement with Japan. It is known that in this respect as well the United States, Great Britain, China and the Soviet Union undertook specific obligations. These obligations are outlined in the Cairo Declaration, in the Potsdam Declaration, and in the Yalta Agreement.

These agreements recognize the absolutely indisputable rights of China, now the Chinese People's Republic, to territories severed from it. It is an indisputable fact that original Chinese territories which were severed from it, such as Taiwan (Formosa), the Pescadores, the Paracel Islands and other Chinese territories, should be returned to the Chinese People's Republic.

As regards the American-British draft peace treaty with Japan in the part pertaining to territorial questions, the Delegation of the USSR considers it necessary to state that this draft grossly violates the indisputable rights of China to the return of integral parts of Chinese

有些國家，例如薩爾瓦多、埃及和沙烏地阿拉伯等國的代表則強調應徵詢臺灣和澎湖住民的意願。[110]

舊金山會議總共有 51 個國家參加，9 月 8 日最後通過由 48 國簽署對日和約（蘇聯、波蘭和捷克沒有簽署），其中第二條乙項規定：「日本放棄對於臺灣及澎湖群島之一切權利、權利名義及要求。」（(b) Japan renounces all right, title and claim to Formosa and the Pescadores.）

美國和英國是該約的簽署國，該兩國國會也批准該和約。

舊金山對日和約是一個國際多邊條約，有 48 國簽署，1952 年 4 月 28 日生效，具高度法律拘束力。雖然中華民國沒有簽署該約，但 1952 年 4 月 28 日中華民國與日本簽署雙邊和平條約，其中第二條規定：「茲承認依照公曆一千九百五十一年九月八日在美利堅合眾國金山市簽訂之對日和平條約第二條，日本國業已放棄對於臺灣及澎湖群島以及南沙群島及西沙群島之一切權利、權利名義與要求。」表示中華民國也承認舊金山和約有關日本是放棄了臺灣和澎湖的規定。

嚴格而言，如果按照「開羅宣言」之內容，美國及舊金山和會與會各國代表應該將「臺灣歸還中華民國」之文字明白寫在舊金山對日和約的條款上，但美國及舊金山和會與會各國代表並沒有這樣做，這是由於與會各國有不同的意見，以致於沒有作此規定。惟究其實際，寫為「日本放棄對於臺灣及澎湖群島之一切權利、權利名義及要求」，亦正符合美國杜魯門總統的意思，美國主導對日和約之議定相當明顯。從而可知，杜魯門總統在韓戰正酣之際根本無意遵循「開羅宣言」之有關臺灣地位的聲明。美國撤回了臺灣和澎湖歸屬中華民國的主張，而將之置於國際地位不明確的情

---

territory: Taiwan, the Pescadores, the Paracel and other islands severed from it by the Japanese militarists. The draft contains only a reference to the renunciation by Japan of its rights to these territories but intentionally omits any mention of the further fate of these territories. In reality, however, Taiwan and the said islands have been captured by the United States of America and the United States wants to legalize these aggressive actions in the draft peace treaty under discussion. Meanwhile the fate of these territories should be absolutely clear – they must be returned to the Chinese people, the master of their land.」

[110] 戴天昭著，李明峻譯，臺灣國際政治史，臺北市：前衛出版社，2002 年，頁 377-378。

況下，便於日後美國出兵臺灣海峽時不會涉及介入中國領土的問題。換言之，當年簽署「開羅宣言」的三個國家，至此時都接受日本只是「放棄臺灣和澎湖之一切權利、權利名義及要求」。從國際法來看，在國際條約層次上承認接受日本放棄臺灣和澎湖之一切權利、權利名義及要求，其效力遠超過依據「開羅宣言」擁有臺灣和澎湖之主張。

　　另一個相關的問題值得提出的，即關於「開羅宣言」在法律上是否有效的問題，曾有不少的辯論，有從宣言的效力，亦有從該宣言未經三國元首簽字等角度進行討論，然而這方面的辯論是多餘的，因為根據「後法優於前法」以及「多邊國際條約優先於宣言」的原理，[111]杜魯門聲明以及舊金山和約通過後，自然使得「開羅宣言」歸於無效或退居次要地位，何況舊金山和約有關臺灣和澎湖的處理方式在戰後又已經過中華民國、美、英三國的同意。

　　戴天昭著的臺灣國際政治史一書，引述了倫敦大學國際法資深講師舒瓦欽伯格（George Schwarzenberger）的觀點，認為純以「開羅宣言」來決定臺灣和澎湖的歸屬，在法理上並不能成立。英國國會議員希里（Denis Healey）認為這種恣意而為的作法，是完全忽略臺灣人民的權利。[112]

　　戴天昭著的書還提到一個很特別的觀點，即在舊金山和約中並沒有規定日本將臺灣和澎湖放棄給誰，所以應該屬於和約所有當事國（同盟國）所共同領有。國民政府只是代表同盟國加以統治，然而，若是尊重聯合國憲章承認住民自決權的規定，將來當然應由臺灣人民以自由、公正的投票來決定其地位。[113]

---

[111] 對於領土之爭端的判決，國際法院在應用法律時會考量下述順序：條約、習慣、一般法律原則、國際法學說與司法判例。例如 2012 年尼加拉瓜與哥倫比亞的海洋及領土爭端案，國際法院在裁決領土歸屬時考慮了下述的順序：條約、繼續維持佔有原則、管轄之有效性（Effectivités）等。"Territorial and Maritime dispute (Nicaraque v. Colombia), Judgement, I.C.J. Reports 2012." http://www.icj-cij.org/docket/files/124/17164. pdf（2017 年 5 月 10 日瀏覽）。

[112] 戴天昭著，李明峻譯，前引書，頁 293-294。

[113] 戴天昭著，李明峻譯，前引書，頁 387-388。

事實上，認為舊金山對日和約簽訂後，將臺灣視為所有簽約國共管，而蔣中正政權只是代表簽約國管理臺灣的觀點，最早見於倫敦大學國際法資深講師舒瓦欽伯格於 1955 年 2 月 2 日在英國泰晤士報（*Times*）的投書。舒瓦欽伯格提出對「開羅宣言」的效力的質疑，他說：「中國依據 1895 年 4 月 16 日馬關條約割讓臺灣給日本，為判斷此一割讓的有效性，按照以後的國際法的發展也許會或也許不會影響割讓的有效性，如果是因為侵略戰爭而造成割讓時，應是無效的。因此，此一割讓不能是無爭論的。1943 年 12 月 1 日在開羅會議所發佈的聯合公報，提及臺灣是日本偷自中國的領土之一，應歸還中國，是國際交易的一種懷舊的道德譴責，在現在或未來，從未被質疑其係違反國際法。……1945 年 10 月 15 日（按：應是 25 日），根據盟軍的協商和協議，在臺灣的日軍向蔣中正將軍投降，且獲得遠東盟軍最高統帥的同意，臺灣的行政權已由中華民國政府接管。」[114]

他又認為日本已依照舊金山對日和約第二條放棄臺灣，所以臺灣（按指中華民國政府）成為對日和約簽約國的共同主權（co-sovereigns）。對日和約簽約國對臺灣可依法行使共管權（condominium）。蔣中正在臺灣僅是代表舊金山和約簽約各國行使委任權（delegated authority）。簽約各國是自由代理人（free agents），可以集體決定聯合國之外的此一領土（指臺灣）的未來，或者經聯合國的同意，將其共管權移轉給聯合國。[115]

英國眾議員楊格（Kenneth Younger）在 2 月 4 日針對上述舒瓦欽伯格的意見提出反駁意見，他說：「依據舊金山對日和約，根本未提及由蔣中正代表簽約各國管理臺灣，何況蔣中正又沒有出席舊金山和會。此外，蔣中正應是再取得中國的領土，這是當時為大家所相信的事實。因此說『簽約各國是自由代理人（free agents），可以集體決定聯合國之外的此一領土（指臺灣）的未來』，是不正確的。」他認為現在不宜做出錯誤的

---

[114] George Schwarzenberger, "Formosa and China, Examinations of Legal Status," *The Times* (UK), February 2, 1955, p.9.

[115] George Schwarzenberger, *op.cit.*

法律主張，以免未來聯合國採取行動時出現錯誤的法律基礎。[116]

此外，舒瓦欽伯格的論點，雖有其獨到見解，但想像超過約文本身。例如，把臺灣當成「同盟國共有」，是相當難以理解的論述，因為舊金山和約約文中並無此規定，何來「同盟國共有」？約文中亦無規定將臺灣和澎湖交由國際組織管轄或委任蔣中正管轄，所以舒瓦欽伯格的論點不足取。

舊金山和約所規定的日本「放棄」臺、澎，一直以來被解釋為「不知放棄給誰」的地位未定論的根源。實際上，「放棄」之意是指日本將其過去擁有的臺、澎毫無針對性的放棄。而被「放棄」的臺、澎是否因此成為「無主地」？這是一個值得探討的問題。舊金山和約是在 1951 年 9 月 8 日簽訂，至 1952 年 4 月 28 日生效，在這一段時間，勉強可以說臺、澎是「無主地」，亦可以說是「有主地」。就前者而言，因為舊金山和約尚未生效，取得臺、澎領土者並未完成法律時效。而在這一段時間中，中華人民共和國表示反對舊金山和約，亦即對臺、澎有領土爭議之意。就後者而言，當日本宣布放棄臺、澎時，在臺、澎的中華民國政府從日本放棄開始就承繼臺、澎領土，無從使之發生「無主地」的狀況，而且中華民國政府從 1945 年 10 月 25 日起就在臺、澎實施有效的主權及行政管轄權，一直沒有中斷。因此，中華民國政府應該是第一個在舊金山和約生效時就承繼臺、澎領土的政權。換言之，中華民國政府領有臺、澎的依據是「先佔」和「有效管轄權」。

九、對日和對美條約的領域限制

在舊金山和約簽署後，接著中華民國分別和日本與美國也簽訂了雙邊的條約，此兩條約對中華民國的領土做了限制規定。國際條約的規範是採取現實主義，所牽涉的領土範圍是以簽約時的範圍為主的，而不會將之寄

---

[116] Kenneth Younger, "The Formosa Crisis: Views on Legal Position," *The Times* (UK), February 4, 1955, p.9.

託在不可預知的領土的變更。

1952 年 4 月 28 日，中華民國和日本簽署「中日和約」，其中第十條規定：「就本約而言，中華民國國民應認為包括依照中華民國在臺灣及澎湖所已施行或將來可能施行之法律規章而具有中國國籍之一切臺灣及澎湖居民及前屬臺灣及澎湖之居民及其後裔；中華民國法人應認為包括依照中華民國在臺灣及澎湖所已施行或將來可能施行之法律規章所登記之一切法人。」該一條約亦間接排除金門和馬祖的居民在中華民國的居民之外。

對於上述條款，涉及兩項重要問題：第一是臺灣和澎湖的歸屬問題；第二是中華民國的領域問題。這些都引起不同政治立場者的不同解讀。

第一，關於臺灣和澎湖的歸屬問題。丘宏達認為：「和約既在中華民國的臺北市簽署，締約當事國為中華民國與日本，日本雖未明言臺灣及澎湖群島交還給中華民國，但其降服文書既已接收波茨坦宣言中實施開羅宣言之條件，則當無疑義。」[117]事實上，領土歸屬問題跟和約是否在臺北市簽署，是沒有關連的。後來日本政府國務大臣池田勇人即否認中日和約涉及承認中華民國擁有臺灣及澎湖。

「臺灣加入聯合國促進會」秘書長沈培志亦認為「中日和約」並未指明把臺灣主權交還中華民國，而且日本在舊金山和約中已經放棄臺灣主權，再也沒有任何權利把臺灣交給任何國家。其次，中華人民共和國在 1972 年與日本建交時簽訂的「中日聯合聲明」，日本對於中華人民共和國聲稱「臺灣是中華人民共和國版圖不可分割的一部分」，表示「充分瞭解並尊重中國政府的立場」。[118]

沈培志所講的「日本在舊金山和約中已經放棄臺灣主權，再也沒有任何權利把臺灣交給任何國家」的觀點有待斟酌，因為中日和約是選在舊金山和約生效的同一天簽訂，所以應是日本對舊金山和會與會諸國和對中華民國在同時宣佈放棄臺灣和澎湖，而沒有前後的問題。

陳隆志所寫的「戰後臺灣國際法律地位的演變」一文，反對 1941 年

---

[117] 丘宏達，「開羅宣言、波茨坦宣言有國際法效力」，前引文。

[118] 沈培志，「真理愈辯愈明，開羅宣言一如衛生紙」（中），臺灣日報，2004 年 7 月 16 日，頁 9。

中國對日宣戰，即同時廢止與日本的所有條約，包括馬關條約，所以臺灣
應該回復原狀。其次，該文強調開羅宣言或波茨坦宣言的效力低於舊金山
和約。第三，根據舊金山和約的規定，臺灣的地位是未定的，而決定未定
領土的方式就是由住民自決。最後該文強調，臺灣是一個獨立於中華人民
共和國之外的國家。[119]

1952 年 5 月 14 日，日本政府將日華和約提交日本眾議院請求批准，
眾議院外交委員會主席仲內憲治於 6 月 7 日發言指出：「本案乃內閣在
1952 年 5 月 14 日正式向眾議院提出，並經由外交委員會 6 次慎重的審
議，……有委員認為雖根據舊金山和約臺灣脫離日本，但決定其最終歸屬
的權力在聯合國。到今天仍未決定臺、澎之最終歸屬，因此在其歸屬尚未
決定時，並不能將其直接視為中華民國的領土。……且中華民國政府失去
對全中國的支配，能否作為我締結條約的對象亦值得質疑。針對此點質
疑，日本政府方面認為中華民國政府現在支配臺、澎，……因此與中華民
國政府締結一個適用在其現在支配領土下的條約是符合常識的。……且為
了避免臺灣人變為無國籍人，不採取必要措施亦不行。」[120]

1964 年 2 月 29 日，日本眾議院預算委員會開會時，社會黨岡田春夫
議員質詢臺灣之歸屬問題。池田勇人國務大臣回答說：「日本是對聯合國
表示放棄臺灣主權。客觀上言之，聯合國對臺灣歸屬尚未確定，在法律上
言之，日本僅是放棄而已。」[121]又說「目前蔣中正政權代表中國，但現
行施政權不及中國。……臺灣從和平條約看來（舊金山和約），臺灣並非
中國的當然領土。雖然我們大體上認可開羅宣言與波茨坦宣言所揭載的旨
趣，但是從法律上來說，從日本的角度來說，我認為臺灣不是中國的領
土。」[122]在其答辯過程中，池田首相多次表示在法律上，臺灣地位仍未

[119] 陳隆志，「戰後臺灣國際法律地位的演變」，載於張炎憲、陳美蓉、楊雅惠編，二二八
事件論文集，臺北市：吳三連臺灣史料基金會，1998 年 2 月。

[120] 「中華民國との平和條約の締結について承認を求めるの件」，官報（號外），眾議院
會議錄第五十一號，昭和 27 年 6 月 7 日，頁 1045。

[121] 日本眾議院預算委員會議錄：眾議院常任委員會議錄，國會資料頒布會發行，昭和 40
年 7 月 1 日（發行），頁 16。

[122] 同上註，頁 18。

確定，能確定臺灣最終歸屬的是聯合國，而聯合國未做最終決定，所以臺灣地位未定。再者，日本面對中華民國政府統治臺灣一事，僅認為是事實上、暫時性的統治，就算在日華和約中亦未確認臺灣屬於中國（中華民國），而開羅宣言與波茨坦宣言雖說將來要歸還中華民國，但是是將來，並非現在。從而可知，簽約的日本一方並不承認「中日和約」已確定將臺灣和澎湖移交給中華民國。

　　第二，「中日和約」另一個重要的意義是其涉及適用之領域問題。約文本身是規定以臺灣及澎湖的國民和法人為拘限範圍。而且最重要者，日本與蔣中正政府簽訂該約，表示日本承認蔣中正政府為一合法的政府，而蔣中正同意將條約限制在臺、澎地區，應是雙方交換條件的結果。

　　1954 年 12 月 2 日，中華民國政府和美國簽訂共同防禦條約，雙方保證對於雙方在西太平洋的領土遭到攻擊時，互相負有防禦的責任，對象也是以臺灣及澎湖為拘限範圍的。該約第五條規定：「為適用於第二條及第五條之目的，所有『領土』等詞，就中華民國而言，應指臺灣與澎湖；就美利堅合眾國而言，應指西太平洋區域內在其管轄下之各島嶼領土。第二條及第五條之規定，並將適用於經共同協議所決定之其他領土。」第七條規定：「中華民國政府給予，美利堅合眾國政府接受，依共同協議之決定，在臺灣澎湖及其附近，為其防衛需要而部署美國陸海空軍之權利。」

　　按照美國憲法之規定，條約簽署後需經參議院批准，參議院對於中美共同防禦條約曾進行討論，為避免該條約引發的誤解，參議院對外關係委員會決議在送給參議院的報告後面應加上下述的聲明：「參議院理解到，該條約之實踐不應影響或改變其所適用的領土的法律地位或主權。」[123]參議員喬治（Walter George）於 1955 年 2 月 9 日在參議院亦提到：「在委員會討論該條約時亦曾提及簽訂該約將有承認統治臺灣和澎湖的蔣中正政府的效果。……在與國務卿杜勒斯充分討論後，委員會決議該項條約不能成為解決臺、澎領土主權疑義的有效工具。委員會同意在致參議院報告

---

[123] 美國國務院解密檔案。*Appendix C: Memorandum*, July 13, 1971. To: EA/ROC – Mr. Charles T. Sylvester. From: L/EA – Robert I. Starr. Subject: Legal Status of Taiwan, p.189.

中加上下述聲明：參議院理解到，該條約之實踐不應影響或改變該條約第六條所適用的領土之法律地位或主權。」[124]

換言之，在美國參議院對外關係委員會的決議中，參議院批准中美共同防禦條約並不影響臺、澎之法律地位或主權。然而，美國的基本觀念和作法是明顯矛盾的，一方面美國仍未能超脫臺灣地位尚未確定的想法，而另一方面卻與中華民國簽訂條約，承認中華民國控有臺、澎。

無論如何，中美共同防禦條約之簽訂，彰顯了以下兩點意義，第一，美國承認蔣中正政府為合法的政府。第二，至 1954 年為止，美國雖然不公開表明臺灣和澎湖歸屬於中華民國所有，但美國和中華民國簽署共同防禦條約，言明雙方防禦的領土為臺灣和澎湖以及美國所屬西太平洋島嶼，即間接承認臺灣和澎湖為由中華民國所控制的領土。

誠如美國民主黨外交政策專家及國際法專家柯亨（Benjamin V. Cohen）以國務院法律顧問的身分，提交參議院外交委員會的主要委員們一份由他起草的「柯亨備忘錄」的主張。其主要內容要點是：「一、如果依此條文批准該條約，即等於首次正式承認臺灣與澎湖群島為中華民國的領土。美國到目前為止一直以慎重的態度，避免正式承認將這些島嶼交予中國。美國對於這些島嶼將來的地位，一直保持著高度的自由。日本雖在舊金山和約中放棄對這些島嶼的一切權利，但並未決定其現在或將來的地位。……三、關於臺灣的地位，此事應基於大西洋憲章及聯合國憲章的精神來處理，而發佈開羅宣言時並未預想臺、澎將捲入中國本土的內戰與革命。現在，絕不能漠視島民的意思、利益和住民自決的主旨。四、若正式承認臺、澎為中國領土則給予中共主張『其對這些島嶼的武力攻擊並非國際性的侵略行為而只是內戰』的藉口，使他國的介入產生重大的疑義。臺灣與澎湖群島現在事實上已脫離中國本土而獨立。……五、因此，至少在目前的狀況下，將臺、澎切離中國本土，方符合美國的利益。使臺、澎無法切離中國的條約，在這方面是有損國家利益的。」[125]柯亨的論點更為

---

[124] *Ibid*., p.190.
[125] 引自戴天昭，前引書，頁 415-417。

進取，主張將臺、澎從中國大陸劃分出來，他對中美共同防禦條約的拘限性流露出遺憾之情。

　　1954 年 12 月 13 日，美國國務卿杜勒斯在記者會上針對臺灣主權歸屬問題發表聲明，表示：「在技術上臺灣與澎湖的主權歸屬還未解決，因為日本和約中僅僅包含日本對這些島嶼權利與權利名義的放棄，但是將來的權利名義並未被日本和約決定；在中華民國與日本締結的和約中也未對其決定，因此這些島嶼──臺灣澎湖的法律地位與一向屬於中國領土的外島之法律地位不同。」[126]這裡所指的外島，指金門和馬祖。美國認為這些外島的地位與臺灣和澎湖不同。至於杜勒斯的談話，是代表美國政府的立場，但此一談話並不能對抗美國與臺灣的共同防禦條約的法律意義，因此，杜勒斯的談話可視為美國對於臺灣問題採取兩面手法，談話的目的是在掩飾美國承認臺、澎的作法。

　　1955 年 1 月 18 日，中共攻擊一江山，並轟炸金門等島嶼。1 月 19 日，美國總統艾森豪（Dwight D. Eisenhower）在記者招待會上表示：「把福爾摩沙和紅色中國看做是分開來的獨立國家，互相保證安全，以解決臺海危機的辦法，是不斷加以研究的若干可能性之一。」[127]艾森豪此一聲明顯然是針對中共一再發動對金門等島嶼的攻擊所做的回應，意圖以承認臺灣為一個國家來嚇阻中共。1 月 29 日，美國國會通過「臺灣決議案」（Resolution on Formosa），授權美國總統部署軍隊防衛臺灣和澎湖以及其他需要保護的領土（主要指金門和馬祖）。中美共同防禦條約經美國國會批准，在 1955 年 2 月 9 日生效。[128]總之，該約的簽訂和生效，已證明美國承認臺、澎屬於在臺灣的中華民國所有，亦間接證明臺灣地位不確定和盟軍託管的論點不可靠。

　　從而可知，在 1950 年代，美、日所支持和承認的「中華民國」限指

---

[126] 引自國史館編，臺灣主權與一個中國論述大事記，國史館出版，臺北縣，民國 91 年，頁 44-45。

[127] 引自國史館編，臺灣主權與一個中國論述大事記，頁 47。

[128] 胡為真，美國對華「一個中國」政策之演變從尼克森到柯林頓，臺北市：臺灣商務印書館，2001 年，頁 18-19。

臺灣及澎湖而已,並不包含中國大陸。但中華民國在聯合國及其他國際機構,仍聲稱代表全中國。在以後中華民國與他國簽訂的條約或協議,都沒有特別指出其僅適用於臺灣及澎湖,亦沒有指明其係代表全中國。顯然對於中華民國的代表性出現兩種政治看法,這是相當不可思議的處境。這樣的態勢和主張至 1960 年代在聯合國內,已逐漸出現問題,反對中華民國代表全中國的聲音愈來愈大,直至 1971 年終於迫使中華民國退出代表全中國的立場和聯合國席位。從此一中華民國的法律地位的演變來觀察,國際間處理一國的法律地位問題,是反對一國超過其實際有效控制的領土的主張。中華民國是否因此退回其只領有臺灣和澎湖的領域?起碼中日和約到 1972 年、中美共同防禦條約到 1978 年底還有效,中華民國領域只包含臺灣和澎湖仍獲得國際條約承認,自 1979 年以後就無相類似的條約承認了。

十、公民自決與國際託管論

　　1941 年 12 月太平洋戰爭爆發後不久,美國國防部成立「遠東戰略小組」,該小組於 1942 年向美國政府建議,戰後由美國託管臺灣,在臺灣實施民族自決,成立臺灣共和國。但羅斯福總統沒有採納此一建議。1942 年,該小組又建議美軍光復菲律賓後,出兵佔領臺灣,做為美國在遠東的一處基地。但亦未獲得同意。

　　1945 年 9 月 10 日,美國派遣在昆明的戰略服務署(OSS)的 15 名官佐到臺灣。他們穿著美軍制服在臺灣進行輿論調查,他們帶著翻譯人員在市鎮街上隨機向路人詢問:(1)臺灣人是否願意繼續讓中國人統治?(2)是否願意回歸日本統治?(3)是否希望將來由聯合國託管,而由美國為託管人?依當時調查的結果顯示,臺灣人有相當高的反中國的態度。[129]

　　1947 年 5 月 26 日,美國臺灣問題專家葛超智與美國國務院遠東司司長范宣德(John C. Vincent)會面,強調如要維持美國與聯合國在西太平

---

[129] George H. Kerr, *op.cit.*, p.95.

洋防線的利益，臺灣必須掌控在友軍手中以連成防線。同時建議，美國應在臺灣法律地位未定，對日和約未簽訂前，將臺灣交給聯合國託管，或使臺灣成為美國或盟軍控制下的基地。[130]

　　1947 年 8 月，廖文毅在葛超智的引見下，會見前往中國調查內戰的魏德邁（Albert Coady Wedemeyer）中將，遞交了「處理臺灣意見書」，要求臺灣的歸屬問題應放在對日和約上討論，主張由聯合國託管臺灣，其內容如下：

　　(1)大西洋憲章亦應適用於臺灣。

　　(2)臺灣歸屬問題應於對日媾和會議中討論，但應尊重臺灣人的意見而以公民投票作成決定。

　　(3)在公民投票之前，臺灣人應自中國分離，暫時置於聯合國託管理事會的管理下。

　　(4)聯合國託管理事會管理臺灣時，希望能承認下列條件。

　　1.聯合國除派遣政治、經濟、軍事、文化顧問團之外，不應在臺灣駐屯任何國家的軍隊。

　　2.託管期間以兩年為原則，至多不應超過 3 年。

　　3.託管期間中，臺灣的行政、司法、治安、教育不受任何國家的干涉。

　　(5)在託管期限結束約 3 個月前，實施公民投票以決定臺灣要歸屬於中國？自中國脫離？歸屬於他國？或是獨立？此項投票須在聯合國組織的代表團的監察之下進行。[131]

　　菲律賓官員在 1947 年 11 月 2 日發表反對琉球歸還中國，主張交由託管以及建議以民族自決方式確定臺灣地位，其論點如下：「朝鮮人民之獨立自決，目前已成為一世界性問題，且為國際政治上最為棘手問題之一，但尚未聞有人以同一自決原則施諸臺灣之言論，蓋臺灣人一如大琉球人，在戰前多年來即在日本統治之下，臺灣人如被徵詢對此問題之意見，彼等

---

[130] 國史館編，臺灣主權與一個中國論述大事記，頁 7。
[131] 引自戴天昭著，李明峻譯，臺灣國際政治史，臺北市：前衛出版社，2002 年，頁 312。

或表示願繼續列於中國行政範圍之內，但彼等從未獲有任何機會在世界性組織中對此問題表示其意見。」[132]廣東省參議會於 11 月 11 日電致外交部並分電各省市參議會，要求外交部向菲國提出抗議。[133]結果有天津市臨時參議會、臺灣省屏東市參議會、青島市參議會、山東省臨時參議會、河北省臨時參議會、遼北省臨時參議會、山西省參議會、綏遠省參議會、察哈爾臨時參議會、漢口市參議會、湖北省參議會、浙江省參議會、廣州市臨時參議會、安徽省參議會等機關向外交部表達要求對菲律賓提出抗議。但行政院卻遲到 1948 年 1 月 9 日才交外交部辦理該抗議事。[134] 1949年 10 月 14 日，廖文毅前往馬尼拉尋求當地領袖支持臺灣自治，菲律賓駐日本大使亞非利加（Bernarbe Africa）表示臺灣問題應以公民投票方式加以解決。[135]

菲律賓政府在 1951 年 5 月底，就對日和約提交美國的備忘錄中提議臺灣託管，同時建議「臺灣應置於友好方面控制之下」。[136]

1949 年 2 月 14 日，英國駐美參贊格拉福斯（Counselor H. A. Graves）「在與英殖民部官員的談話中也鼓吹託管的想法，他聲稱：臺灣目前處于中國控制之下只是一種臨時性的安排，中國要收回臺灣，必須要得到對日和約的認可。但現在中國局勢的發展使我們不得不重新考慮交還問題，『因為很明顯，將臺灣交還給一個共產黨控制的中國政府，既不是美國和英國的初衷，也不符合美英的利益。』格拉福斯說，美國國務院和英國駐美使館正在重新考慮臺灣的前途問題，提出了多重託管或英美單獨

---

[132] 中華日報，民國 36 年 11 月 4 日，版 1；11 月 5 日，版 1。

[133] 檔名：「舉國抗議菲律賓對琉球、臺灣荒謬言論案」，外交部檔案，國史館藏，目錄統一編號：172-1，案卷編號：0222，民國 36 年 11 月 11 日起至民國 37 年 5 月 13 日止。廣東省參議會代電，議字第 2863 號，民國 36 年 11 月 11 日，事由：為菲律賓對臺灣琉球發表主張言論荒謬電請提出抗議予以糾正由。

[134] 檔名：「舉國抗議菲律賓對琉球、臺灣荒謬言論案」，外交部檔案，國史館藏，目錄統一編號：172-1，案卷編號：0222，民國 36 年 11 月 11 日起至民國 37 年 5 月 13 日止。行政院交辦案件通知單，案由：福建省參議會代電以菲律賓對臺灣琉球發表荒謬言論，請提抗議予以糾正，奉諭交辦由。民國 37 年 1 月 9 日，發服（十三）字第 109056 號。

[135] 國史館編，臺灣主權與一個中國論述大事記，頁 12。

[136] 秦孝儀總編纂，前引書，頁 143-144。

承擔託管的設想。」[137]該項談話是在中共有可能取得政權之前發表的，可見有關臺灣交由國際託管論，與中國局勢有關。

英國外交部遠東司在 1950 年 6 月 28 日的一份備忘錄中指出：「從總的方面來說，英國對于美國的對臺政策應予支持，但不要過于捲入。英國反對美國全力支持國民黨政府，提出在給予美國支持的同時，應要求美國人承諾其對臺方針朝著某種形式的託管方向努力，而這種託管不排除當遠東局勢正常化時最終將臺灣還給中國的可能性。英國認為，繼續援助國民黨政府是與這一目標不相容的。『只要這個政府繼續存在，它就只能在美國刺刀的支撐之下。這樣將會存在兩個中國政府。任何想在中國和西方之間恢復正常關係的希望就不得不無限期地放棄，中國的內戰就不會有正式的終結。』」[138]

英國是在韓戰爆發後，其立場出現矛盾，一方面要支持美國對韓戰的作法，另一方面又要顧慮與北京的外交關係，反對美國全力支持臺灣，所以才會提出折衷論點，將臺灣交由國際託管，然後在「當遠東局勢正常化時最終將臺灣還給中國的可能性」。就此而論，英國所講的國際託管，跟聯合國所講的國際託管的意涵不同，聯合國國際託管的意思最後是讓被託管的人民經由公投來決定其前途，但英國的意思是要求美國不支持臺灣，中共也不用武力侵犯臺灣，臺灣交給第三國管理，等待遠東局勢正常化後，再交還給中國。英國的國際託管論根本就是架空在臺灣的中華民國政府，是不切合實際的。

紐約時報在 1953 年 4 月 9 日刊載消息稱，美國政府正考慮由聯合國託管臺灣，使其最後成為獨立國家。中華民國外長葉公超立加反對由聯合國託管臺灣，國際社會亦關切此一消息，隨後美國白宮發言人否認曾做此考慮。[139]

但英國泰晤士報（*Times*）在 1954 年 9 月 9 日報導一位特約通訊員的文章：「美國對臺灣的政策（U. S. Policy on Formosa）」，該文說：「英

---

[137] 引自王建朗，前引文。
[138] 引自王建朗，前引文。
[139] 中華日報，民國 42 年 4 月 11 日，版 1。

國對臺灣的態度,是暗中支持美國的主張,及反對將臺灣交給中共。倫敦從未在國際法上將開羅宣言視為構成法定義務。它是一個意向的宣言,受時空環境的限制,而非一個永久有效的約束。因此臺灣在 1951 年對日和約中正式脫離日本。在英國人眼中,臺灣變成「無主地」(territorium nullius),它不屬於任何人,此即它現在的地位。」[140]

1954 年 8 月 19 日,紐約郵報(*New York Post*)重申臺灣由聯合國託管的建議,郵報的社論說:「臺灣的地位一日維持不變,發生不幸的戰事即一日有其可能。解決此一僵局的最佳辦法,在乎建立聯合國對臺灣的託管。此舉將使中共放棄其對此一地區的各項要求。此舉並要蔣總統承認其收復大陸的夢想歸於幻滅。我們認為美國對此一建議的支持,將贏得舉世的尊重。託管方式值得加以完全而坦率的探討。」[141]

至 1954 年 9 月,英國還繼續對於國際託管臺灣有幻想,英國外交部發言人否認在即將於 9 月 21 日召開的聯大會議上提出「臺灣中立化」的議案。但該名官員回憶說,今(1954)年 7 月 4 日英國首相邱吉爾在眾議院中說:「在可能的未來,沒有理由臺灣不能被置於聯合國監督之下。」[142]

十一、1954 年後出現「兩個中國」的論調

1954 年 7 月 21 日,解決中南半島戰爭問題的日內瓦和平條約簽署後,中南半島的戰事暫告停止。中共開始轉移注意力到臺灣海峽,其對金馬的挑釁日益增強。美國為赫阻中共的進犯,艾森豪總統在 8 月 17 日宣布,假如中共入侵臺灣,則他們(中共)將首先越過美國的第七艦隊(按:指須先與美國軍隊遭遇)。艾森豪總統曾在 1953 年 1 月下令第七

---

[140] Our Special Correspondent, "U. S. Policy on Formosa," *The Times* (UK), Weekly Review, September 9, 1954.

[141] 檔名:「臺灣地位案」,外交部檔案,國史館藏,目錄統一編號:172-3,案卷編號:5496-2,民國 43 年 10-12 月。中央社紐約 19 日專電,「紐約郵報又提託管臺灣謬論」,外交部情報司民國 43 年 8 月 24 日收文,第 3123 號。

[142] Earl A. Selle, "The two China," *New York Herald Tribune*, September 14, 1954.

艦隊防衛臺灣。[143]

此後，開始陸續有「兩個中國」的論調見諸報端。最早刊登該種論調的報紙是美國基督教科學箴言報（*The Christian Science Monitor*），它在 1954 年 8 月 23 日刊載一篇由賽勒（Earl A. Selle）所寫的「兩個中國（The Two Chinas）」的文章，該文提出「兩個中國」的模式，其要點如下：

1.承認現實，臺海兩岸各有一個國家，中華民國（臺灣）和中華人民共和國。中華民國改稱「臺灣－中國」（Taiwan-China）

2.允許中華人民共和國加入聯合國為一般會員國，「臺灣－中國」仍維持在聯合國安理會的席次。

3.「臺灣－中國」的領土除了其所控有的島嶼外，亦應將由美國託管的琉球群島交由「臺灣－中國」。

4.美國繼續與「臺灣－中國」維持外交、經濟和軍事關係，「臺灣－中國」應仍為美國西太平洋防線和美、澳、紐（ANZUS）防線的一環。「臺灣－中國」應可自行決定其與中華人民共和國的關係。

5.未承認「臺灣－中國」的國家，亦應允其與臺灣發展外交和商務關係。[144]

美國在該一時期強化與臺灣的防衛關係，1954 年 9 月 12 日，美國總統艾森豪在丹佛（Denver）召開國家安全委員會會議，會中決定：(1)如中共進犯金門等島嶼，則美國將採取措施。(2)與臺灣締結互助盟約，但臺灣方面需應允不向中國大陸挑釁。(3)美方正設法規定中共何種行為足以構成侵略，而美國得以反擊。[145]

為防止中共侵犯臺灣，美國採取「再中立化」政策。1954 年 9 月 30 日，紐約郵報（*New York Post*）刊登了一篇由阿能（Robert S. Allen）所

---

[143] "U. S. Navy's Defence of Formosa," *The Guardian* (United Kingdom), 18 August 1954.

[144] Earl A. Selle, "The Two Chinas," *The Christian Science Monitor*, August 23, 1954.

[145] 檔名：「臺灣地位案」，外交部檔案，國史館藏，目錄統一編號：172-3，案卷編號：5496-2，民國 43 年 10-12 月。中華民國駐華府大使館，民國 43 年 11 月 9 日電外交部，機字第 4982/4988 號。

寫的「杜魯門重啟臺灣計畫」（Truman's Formosa Plan Revived）一文，他說：「9 月 30 日華府訊，美國政府考慮臺灣『再中立化（re-neutralization）』，即禁止蔣中正攻擊中國大陸，美國則重申保證防衛臺灣，以防止中共攫取臺灣。實際上，此一政策可能返回杜魯門－艾奇遜的政策。參謀首長聯席會議主席拉德福德（Admiral Arthur Radford）主張增加海空軍和武器防衛臺灣，但國務卿杜勒斯建議臺灣『再中立化』，以取代拉德福德的計畫。」[146]

同年 10 月 4-5 日，美國左傾之「美國人民民主行動」（Americans for Democratic Action）之全國委員會（National Board）在華府集會，會後發表有關美外交政策主張，其關於臺灣部分：主張將臺灣海峽戰局提交聯合國解決，以謀立即停火，並建議臺灣之將來應由聯合國根據國際和平與安全及自決原則而決定。[147]

紐約郵報在 1954 年 10 月 10 日的報導，重彈其國際託管臺灣的論調，它報導稱，如現在將臺灣置於聯合國託管之下，則在 60 個會員國中將有 50 個會員國會同意。但艾森豪政府至今只同意採取彈性的「解放」政策，此與託管模式無關。現在談託管，時機已晚。外交官現在擔心華府將來談託管模式，時間已晚。[148]

11 月 3 日，一篇由國際新聞服務處（International News Service）的遠東主任史東（Marvin Stone）所寫的「蔣中正專題報導（Exclusive-Chiang Kai-shek）」，該文係內參文件（For Your Information, FYI），該文透露出美國有意遊說蔣中正採行「兩個中國的政策」，該文章說：「10 月 30 日臺北訊，過 68 歲生日的蔣中正，更堅定地主張阻止中共進入聯合國。但西方國家正嘗試建議在亞洲存在『兩個中國』。臺北流傳一種猜

---

[146] Robert S. Allen, "Truman's Formosa Plan Revived," *New York Post* , September 30, 1954; "Robert S. Allen Reports from Washington, U. S. May Re-Neutralize Formosa," *Honolulu Advertiser*, October 1, 1954, p.A6.

[147] 檔名：「臺灣地位案」，外交部檔案，國史館藏，目錄統一編號：172-3，案卷編號：5496-2，民國 43 年 10-12 月。中華民國駐華府大使館，民國 43 年 10 月 5 日電外交部，機字第 4405 號。

[148] Joseph P. Lash, "Dulles puts Chiang on short leash," *New York Post*, October 10, 1954, p.M3.

測，有人正說服蔣中正採取『兩個中國』是唯一消除他的政府和中國大陸政府緊張的途徑，以及防止新的熱戰。在此安排下，國民黨政府可以『臺灣共和國』維持在聯合國的代表權，而中國政府亦可進入聯合國。據臺北可靠消息稱，蔣中正沒有正式或非正式就此問題發表看法，如他做此表示，他定然大聲否決此議。蔣曾告訴美國官員說：假如讓中共進入聯合國，則國民黨政府將退出聯合國，第三次世界大戰就近了。……艾森豪的主要遠東政策助理之一是助理國務卿羅伯特生（Walter S. Robertson），他最近匆促訪問臺北，他可能向蔣中正提出此一『兩個中國』模式。雙方各派出不到六個人員參加會談，內容未見披露。據信他並未提出兩個中國的議題，而是另一個問題，即他要求蔣中正停止攻擊或轟炸大陸，否則美國將停止對他的政府的援助。」[149]羅伯特生是在 10 月 13 日抵達臺北，會見蔣中正。

但在臺北並沒有類似的「兩個中國」報導，蓋時局不容許有類似的言論。

11 月 7 日，星期天時報（*The Sunday Times*）報導了一篇由該報代表布蘭登（O. H. Brandon）撰寫的「展望新中國政策（Prospect of New China Policy）」，該文說：「美國對遠東的未來幾個月的政策將著重在降低緊張，並對蔣中正和李承晚（Syngman Rhee）總統此一好戰的盟友施加限制，且將傾向最後穩定將臺灣變成猶如一個獨立國家的地位。美國進行該政策的速度和走多遠，將依賴共產中國的行為、美國輿論渴望東西方和解的風向、以及國會內政黨政治而定。……英國也許會支持臺灣在法律上不是中國的一部分這樣的論點，也是一個解決問題的途徑。」[150]該文透露出來英國逐漸傾向贊成臺灣在法律上與中國分離的觀點。

11 月 16 日，中華民國駐日大使館武官處呈報一份標題為「傳美英協議使臺灣獨立」的情報資料，上面記載稱：

---

[149] 檔名：「臺灣地位案」，外交部檔案，國史館藏，目錄統一編號：172-3，案卷編號：5496-2，民國 43 年 10-12 月。該文沒有文號和日期。另外參考 *New York Times*, October 14, 1954, p.11. 中央日報，民國 43 年 10 月 13 日，頁 1。

[150] O. H. Brandon, "Prospect of New China Policy," *The Sunday Times* (UK), November 7, 1954.

「一、日本每日新聞 11 月 12 日晚報載，美聯社倫敦 11 日電稱，英國外交權威 11 日透露，關於臺灣中立有效方法，美國已於華盛頓與英國協議。其內容係在統一中國不可能狀況下，而考慮使臺灣成為獨立國。華盛頓討論臺灣問題之英、美會議，為緩和亞洲緊張局面，正努力於實際有效，並及早解決之方法。

二、英國對於考慮臺灣成為獨立國基本上將不反對，但英國以為交涉解決臺灣問題，美國應先向蔣總統徵詢意見，並將其結果通知英國，英國過去關於臺灣問題，並未言明，因而仍立於自由立場。

三、關於臺灣問題，過去係集中於聯合國信託統治之可能性，英勞動黨首（魁）艾德禮亦曾公然提倡託管，但至目前情勢，英國之構想已不能實現。現美國內主張「臺灣獨立國」之構想，喚起英國之關心，依英國之各種報導，美國目前遠東政策立案者，正在考慮此案中，中國問題專家，亦以為此案或可獲得匪共之默認，但恐匪共將要求保證不以『臺灣獨立國』為對中國本土作戰之基地。外交界方面，認此難獲得匪共之接受或默認。」[151]

12 月 10 日，紐約時報（*New York Times*）刊載，美國國家計畫協會（National Planning Association）之國際政策委員會發表聲明，主張美國對於所謂「兩個中國」問題，須重新採取處理辦法，在不犧牲美國聲譽及國家利益原則下，與中共取得現實之諒解，並謂現時雖無法謀得永遠解決中國問題之辦法，但不應因此而放棄一較現狀尤為和平之暫時辦法。倘中共能認清美國將繼續保衛臺灣之決心，而美國亦能認清大部分盟國已準備與中共在較正常之基礎上建立關係，則相信與中共之諒解或屬可能等語。該團體係由美工商學界人士於 1934 年所組織，自命無政治色彩。[152]

12 月 12 日，美國社會黨領袖陶邁斯表示，臺灣地位應由公民自決，

---

[151] 檔名：「臺灣地位案」，外交部檔案，國史館藏，目錄統一編號：172-3，案卷編號：5496-2，民國 43 年 10-12 月。中華民國駐日大使館武官處，情報報告，標題：傳英美協議使臺灣獨立，武字第 138 號，(43)情發字第 0721 號，民國 43 年 11 月 16 日。

[152] 檔名：「臺灣地位案」，外交部檔案，國史館藏，目錄統一編號：172-3，案卷編號：5496-2，民國 43 年 10-12 月。駐美大使館於民國 43 年 12 月 10 日電外交部，外交部收電機字第 5505 號。

且從一開始便應這樣做的。[153]

英國方面有關對於臺灣地位的政治立場，至 1954 年亦有明顯的改變。尤其時間愈靠近 12 月 2 日簽訂中美共同防禦條約前後，英國對臺灣的態度有明顯的傾斜。英國工黨前首相艾德禮在 11 月 16 日對皇家國際問題學會演講時表示，他已放棄其關於不支持蔣中正及將臺灣置於聯合國託管之下的建議。該一論點間接表示，他同意蔣中正政權應該存在，且不應交由聯合國託管。[154] 11 月 27 日，中央社紐約專電，傳英國放出試探氣球，擬由中共加入聯合國，並取得安理會席次，而臺灣另在聯合國取得一席。當中共刷清其侵略的痕跡，則將可能加入聯合國。同時並應使臺灣於聯合國大會得有席位。

在中美共同防禦條約簽訂後，英國駐聯合國代表努丁（Anthony Nutting）於 12 月 12 日在紐約接受電視臺訪問時表示，一旦臺灣遭到中國攻擊，英國將介入保護臺灣。他說：「中共攻擊臺灣，就是攻擊聯合國會員國，聯合國基於集體行動，英國作為聯合國會員國，將可能被迫捲入該一行動。」[155]

中央社紐約 12 月 27 日專電，紐約時報的星期刊倫敦報導稱：英國正認真考慮承認臺灣為一個單獨的國家。其大意如下：「英國外交界已初步討論英國終於承認臺灣為一個單獨的國家的問題。終於承認臺灣為一個單獨的國家這件事本身，將不能消除英國在遠東的困難，僅能給予英國一個從事調協和談判的較堅實基礎。英國對遠東情勢的看法有兩個確定點：(1)預料共黨不致犯臺，但如果發動這樣的侵犯，邱吉爾政府將認為這是對一個聯合國會員國的攻擊，英國將採取安全理事會所決定的行動。(2)邱吉爾政府並不預料華府對在目前或將來把臺灣給予朱毛控制的任何政策會表示同意，但只要臺灣為一個受美國支持的敵對政府所據守，倫敦即看

---

[153] 檔名：「臺灣地位案」，外交部檔案，國史館藏，目錄統一編號：172-3，案卷編號：5496-2，民國 43 年 10-12 月。

[154] 檔名：「臺灣地位案」，外交部檔案，國史館藏，目錄統一編號：172-3，案卷編號：5496-2，民國 43 年 10-12 月。

[155] *Daily Mail* (UK), December 14, 1954; *The Times* (UK), December 13, 1954, p.8.

不出朱毛怎能放棄對臺灣的要求。倫敦相信美國對其遠東立場，已做某種程度的不動感情的討論，但對美國的行動是否已足容許公開辯論承認朱毛問題，表示懷疑。」[156]

周恩來對於英國支持美國保護臺灣及臺美簽訂共同防禦條約的作法，認為已損害英國與中華人民共和國的關係，他警告英國此舉是在「攫奪」（seizure）臺灣。[157]

錫蘭總理科特拉瓦拉（John Kotelawala）在 12 月 30 日前往印尼茂物（Bogor）參加亞非會議籌備會議，經過新加坡時表示，他「毋寧願見聯合國內有兩個中國。」[158]

1955 年 1 月 30 日，美國最高法院助理法官威廉・道格拉斯（William O. Douglas）在一次演講中提出：「中國問題的最終政治解決辦法是讓兩個中國都進入聯合國。」[159]

1 月 28 日，英國倫敦的報紙亦報導稱，英國政府的最後政策是贊成由蔣中正成立福爾摩沙國，國民黨中國和紅色中國同時加入聯合國。1 月 31 日，英國工黨領袖、前首相艾德禮說：(1)美國應放棄臺灣是其太平洋防衛線的一環的觀念。(2)蔣中正總統及其高官應離開臺灣。(3)臺灣人民應以公民投票來決定其是否要併入紅色中國。2 月 1 日，在國會的辯論中，邱吉爾反對工黨議員提出的依據 1943 年 12 月 1 日開羅宣言將臺灣交還給中國之要求。邱吉爾表示，臺灣的未來將依對日和約來決定。[160]

從各種跡象顯示，當美國決定以武力防衛臺灣時，英、美、錫蘭等反共國家開始醞釀讓臺北政府和北京政府同時並存的觀念，媒體並對此做深入的報導。

---

[156] 檔名：「臺灣地位案」，外交部檔案，國史館藏，目錄統一編號：172-3，案卷編號：5496-2，民國 43 年 10-12 月。外交部情報司收，民國 43 年 12 月 30 日，第 4908 號。

[157] *New York Times*, December 27, 1954, p.1.

[158] 檔名：「臺灣地位案」，外交部檔案，國史館藏，目錄統一編號：172-3，案卷編號：5496-2，民國 43 年 10-12 月。外交部情報司收，民國 44 年 1 月 4 日，第 R14 號。

[159] *Facts on File*, Vol.XV, No.744, January 27-February 2, 1955, p.33.

[160] *Ibid.*

十二、1955 年萬隆會議的試探

1955 年 4 月 18-24 日，亞非洲 29 個國家在印尼萬隆（Bandung）舉行會議，錫蘭總理科特拉瓦拉原先計畫在 4 月 20 日邀請中華人民共和國、菲律賓、泰國以及可倫坡五國（印度、巴基斯坦、印尼、緬甸和錫蘭）舉行一次會談，討論臺灣問題，以結束臺灣海峽的戰事，結果因不明原因沒有召開。[161]

科特拉瓦拉沒有出席在 4 月 21 日上午的政治委員會會議，卻在旅館舉行記者招待會上提出解決臺灣之地位問題的建議，其要點如下：

(1)臺灣應立即將金門和馬祖移交給中國。

(2)美國第七艦隊從臺灣海峽撤離。

(3)蔣中正光榮退休。

(4)將臺灣交由聯合國或可倫坡組織（Colombo Powers）託管 5 年。

(5) 5 年期滿，由臺灣人民舉行公投決定歸屬中國或獨立。[162]

他說：「他無意排除蔣中正或任何人。這些都是以後要討論的。同時，沒有人可以發動戰爭。雖然受到第二次世界大戰戰勝國協議要將臺灣歸還中國的限制，事實上，容我引用列寧（Lenin）的話，此事就如同要對帝國之土匪行為給予道德支持一樣。」[163]他的談話內容未送給印度總理尼赫魯（Jawaharlal Nehru），導致尼赫魯在 22 日的亞非會議上譴責科特拉瓦拉沒有事先將演講內容給他。[164]

4 月 23 日，周恩來與可倫坡五國、泰國和菲律賓代表舉行非正式會議，他表示：「中國不希望與美國打戰，願意坐下來與美國政府談判，討論遠東消除緊張關係的問題，特別在臺灣地區。」美國國務院在當天回應說：「美國堅持自由中國平等參與有關該地區之討論。共黨中國若有誠

---

[161] *The Straits Times* (Singapore), April 21, 1955, p.1.

[162] *Keesing's Contemporary Archives*, May 7-14, 1955, p.14185.

[163] Reuter, "Disband Southeast Asia Reds, says Sir John," *The Straits Times* (Singapore), April 22, 1955, p.2.

[164] *The Straits Times* (Singapore), April 23, 1955, p.2.

意,有各種步驟可行,其中之一就是立即停火。另外是立即釋放美國空軍人員和其他人員,他們是非公道地被共黨中國拘禁。此外,是接受聯合國安理會之邀請,參與討論結束該一臺灣地區的敵對。」[165]

在 4 月 26 日,美國國務卿杜勒斯正式回應周恩來的提議,同意與中華人民共和國就臺灣海峽停火問題舉行會談,促成了以後美國和中華人民共和國在波蘭華沙舉行會談。但杜勒斯表示不會在國民黨政府沒有派代表出席的場合下與共黨中國談判國民黨政府的權利。[166]美國總統艾森豪認為該項會談的唯一限制,就是不能討論影響臺灣的國民黨政府地位的問題。[167]

在該次會議中,「臺灣共和國臨時政府主席」廖文毅應邀以非正式觀察員身分出席。[168]該類非正式觀察員都未能享有在會上發言的權利。

美國並沒有受邀參加亞非會議,但為了因應該項會議可能的發展,尤其是中國可能在會上宣布進攻臺灣,所以美國國務卿杜勒斯在 4 月 8 日下午邀請菲律賓外長羅慕洛(Carlos P. Romulo)在華府舉行會議,交給羅慕洛一份決議草案,以備他在亞非會議上宣布,該決議草案內容為:「鑑於臺灣海峽地區發生的軍事對抗已達到很可能對國際和平和安全造成威脅的程度;呼籲有關各方立即放棄使用武力或威脅使用武力以保障其主張的權利和利益。」[169]美國之目的在防範中國的進一步動作。在國務院會議上的決議說:「如果共產黨收回此類聲明,宣布他們無意進攻臺灣,同時同意停止所有的敵對行動,則我們對於金門和馬祖的立場將予以改變。」杜勒斯還說:「中共對中國大陸未有效控制已達 60 年之久的臺灣提出主權要求,理由極為不足。」又說:「對日本的和平條約只規定日本放棄臺

---

[165] *Keesing's Contemporary Archives*, May 7-14, 1955, p.14185.

[166] *Ibid.*

[167] *The Straits Times* (Singapore), April 27, 1955, p.3.

[168] 「海外臺獨運動的進展」,出於 Claude Geoffroy 的著作,http://www.wufi.org.tw/wufi/taiwufi.htm(2006 年 6 月 6 日瀏覽)。

[169] 「國務院會議備忘錄」(華盛頓,1955 年 4 月 8 日下午 2 時 35 分),載於陶文釗主編,美國對華政策文件集(1949-1972),第二卷(下),世界知識出版社,北京市,2004 年,頁 886-887, 887。

灣。在開羅達成的協議是把臺灣還給蔣介石政府，它當時和現在都是中華民國。」[170]

十三、結論

臺灣的法律地位問題，深受戰後局勢、1949 年國共兩黨戰爭、1950年韓戰和東亞區域情勢的影響。而造成它受影響的一個最主要因素，是中華民國政府並未妥善的依據法律處理臺灣領土，當時昧於國際法的重要性，仍依循傳統的以勢力來決定領土的觀念，以致於後來陷入困境中，臺灣的法律地位就這樣隨著局勢的變動而變動。至今東亞地區的前殖民地領土問題，除了少數小島外，大都已獲得解決。但臺灣還存在著歸屬問題的爭論。

回顧「開羅宣言」，固然很多學者討論其是否有效，但根本的問題是，羅斯福、邱吉爾和蔣中正是否有權決定臺灣的前途？為何不主張先聽聽臺灣人民的心聲？他們的作法跟清朝割讓臺灣是一樣的專斷。似乎從過去以來，就沒有一個政權肯虛心徵求臺灣人民的意見，美國國務院政治顧問杜勒斯雖然提出了聯合國應考慮臺灣人民的意願，而且「開羅宣言和波茨坦宣言不應該成為把大陸政府強加給臺灣本地居民的工具。」但美國並未在聯合國主張應讓臺灣人民以公投決定其前途，亦可見美國處理臺灣問題出於私己利益的考慮。

本文臚列了許多各種有關臺灣的法律地位的論述，但這種論述實在抵不過臺灣人民的意志。而臺灣從 1945 年 8 月以來沒有舉行公民投票以決定自己的前途，應是一個敗筆。

國際法學者賈恩（J. P. Jain）認為國民黨政府最為有利的是事實佔領臺灣，而有關臺灣的法律地位問題，如果同盟國之間有所歧見，則應交由聯合國來處理。聯合國憲章有民族自決條款，因此，假如臺灣不屬於中國

---

[170] 「國務院會議備忘錄」（華盛頓，1955 年 4 月 8 日下午 2 時 35 分），載於陶文釗主編，前引書，頁 887。

的一部分，則臺灣的問題應可採公民投票來決定。如果臺海兩岸政府都主張臺灣是中國的一部分，則此問題就是中國內部的問題。[171]事實上，無論臺灣是否屬於中國的一部分，基於聯合國殖民地民族自決的原則，臺灣人民有權自決。

那麼，在戰後，臺灣人對於臺灣的前途，到底持何種立場？這是一個有趣的問題。臺灣人民的態度是頗為重要的，因為臺灣人如想以自決決定自己的前途，應表明自己的態度。

關於戰後初期臺灣人的政治態度，在民報於 1945 年 10 月 15 日的一篇報導稱，有一批臺灣元老人士意圖和日本人、日軍參謀等搞臺灣獨立，曾召開數次會議，但沒有指名道姓。[172]黃紀男以臺灣青年同盟名義在 1946 年 6 月提出請願書，委由美國臺灣問題專家葛超智轉交給美國政府及聯合國，強烈主張臺灣獨立，認為臺灣人民應在聯合國監督下舉行公民投票，成立如瑞士般的永久中立國。[173] 1947 年 1 月 12 日，臺灣省議會議員郭國基在三民主義青年團高雄分團成立典禮上倡議臺灣獨立，呼籲「望各青年為臺灣獨立而努力，勿受中國之管轄。」[174] 2 月中旬，若干臺灣人向美國駐臺領事館遞交致美國國務卿馬歇爾（George C. Marshall）請願書，認為「在聯合國與日本的和約締結之前，臺灣還未完全歸還給中國」，同時提出「全部依靠聯合國在臺灣的聯合行政，切除與中國本部的政治、經濟關係幾年」的訴求。在『二二八事件』發生後，黃紀男、莊要傳組織『臺灣獨立聯盟』，主張只有臺灣獨立，臺灣人才能得救。」[175]

1947 年 6 月，廖文奎博士等人在上海成立「臺灣再解放聯盟」，提出五點主張：(1)處理臺灣應與朝鮮完全相同；(2)聯合國應調查中國於在第二次世界大戰結束後接收臺灣以來處理不當之處；(3)臺灣人民係混血種，與其任何鄰近國家無自然關係；(4)臺灣在日本人手中備受折磨，理

---

[171] J. P. Jain, *op.cit.*, p.45.

[172] 趙斬奸，「獨立之夢」，民報（臺灣），民國 34 年 10 月 15 日，頁 2。

[173] 國史館編，臺灣主權與一個中國論述大事記，頁 5。

[174] 國史館編，臺灣主權與一個中國論述大事記，頁 6。

[175] 國史館編，臺灣主權與一個中國論述大事記，頁 6。

應出席對日和會；(5)決定臺灣前途的民主方法為由聯合國監督舉行公民投票。[176]

　　舊金山對日和約將臺灣和澎湖定位為日本放棄的領土，在法的意義而言，臺灣和澎湖變成被放棄的土地，由於沒有指定接受者是誰，因此變成「無主地」。然而，如前所述，在戰後中華民國政府已在臺灣和澎湖實施有效的主權和行政管轄權，此一有效行政管轄權是否因為臺灣和澎湖變成「無主地」而告中斷？這是不可能的，因為中華民國政府是以主權實體實際管轄臺灣和澎湖，[177]並非以「託管」的身分管轄。故在實際（de facto）上，中華民國對臺灣和澎湖的行政管轄權應持續有效。在舊金山對日和約生效之日，日本正式結束對臺灣和澎湖的領有權。因此，就法律（de jure）意義而言，中華民國政府是第一個接手管轄被日本放棄的臺灣和澎湖領土，猶如「先佔」（occupation）。中華民國政府應是「先佔」擁有臺灣和澎湖領土。

　　蔣中正在 1950 年初在臺灣重新建立的中華民國政府在臺灣實行有效的行政管轄權，在 1952 年和 1954 年分別獲得日本和美國的承認，而且此一承認是將中華民國的領地限定在臺灣和澎湖的範圍。從 1954 年開始，國際間開始出現承認臺海兩岸兩個分立政權的輿論，以維持該一地區的和平，其所造成的法律上分立的狀態持續至今已超過半個世紀。

徵引書目

一、檔案、史料

「中華民國との平和條約の締結について承認を求めるの件」，官報（號外），眾議院會議錄第五十一號，昭和 27 年 6 月 7 日，頁 1045。

「外國人登錄法違反被告事件（昭和 33 年（あ）第 2109 號以及昭和 37 年 12 月 5 日大法

---

[176] 國史館編，臺灣主權與一個中國論述大事記，頁 7-8。

[177] 湯武認為「日本對金山和約其他締約各國表示『放棄』對於臺澎等地之一切權利，不能影響中華民國之既得法權。」參見湯武，中國與國際法，第二冊，臺北市：中華文化出版事業委員會出版，民國 46 年，頁 438。

庭判決棄卻）」，載於最高法院刑事判例集，財團法人判例調查會（發行者），第
16 卷第 12 號，1962 年 12 月，東京市，日本，頁 1661-1672。

「朝鮮男子與日本內地女子結婚在和平條約生效後的國籍」，載於日本最高法院調查官室
編，最高法院判例解說昭和三十六年度民事篇，財團法人法曹會出版，日本，昭和
41 年（1966 年）4 月 30 日出版，頁 103 至 105。

中國大陸研究基本手冊，臺北市：行政院大陸委員會，民國 91 年。

日本眾議院預算委員會議錄：眾議院常任委員會議錄，日本東京：國會資料頒布會發行，
昭和 40 年 7 月 1 日（發行）。

日本眾議院預算委員會議錄：眾議院常任委員會議錄，國會資料頒布會發行，昭和 40 年 7
月 1 日（發行）。

「國籍確認等請求事件」，訟務月報（日本法務省大臣官房訴訟企畫課），第 23 卷 4 號，
昭和 52 年 4 月（1977 年 4 月），頁 772-783。

「國籍確認等請求控訴事件」，訟務月報（日本法務省大臣官房訴訟企畫課），第 26 卷
11 號，昭和 55 年 11 月（1980 年 11 月），頁 2025-2030。

中華民國外交問題研究會編，中日外交史料叢編（七），日本投降與中華民國對日態度及
對俄交涉，臺北市：中華民國外交問題研究會出版，民國 53 年。

朱匯森主編，政府接收臺灣史料彙編（下冊），臺北縣：國史館編印，民國 79 年。

周琇環編，戰後外交部工作報告：民國三十九年至民國四十二年，臺北縣：國史館出版，
民國 90 年。

案名：「臺灣人民恢復國籍」，檔案管理局藏，外交部亞東司收文東 35 字第 304 號，民國
35 年 11 月 27 日。

案名：「臺灣人民恢復國籍」，檔案管理局藏，系統識別碼：0000333778，全宗號：
A303000000B，全宗名：外交部，檔號：0034/612.12/1，「臺灣人民應自 34 年 10
月 14 日起恢復中華民國國籍令即通知駐在國政府由」，民國 35 年 2 月 5 日發電。

案名：「臺灣人民恢復國籍」，檔案管理局藏，英國駐華大使館至外交部函，「關於規定
恢復臺灣人民之中國國籍命令請示公報期數由」，民國 35 年 5 月 8 日收文。

案名：「臺灣人民恢復國籍」，檔案管理局藏，駐日代表團，「抄奉關於臺民國籍事近與
盟軍總部交涉文件及呈報鈞部電之」，外交部於民國 35 年 12 月 14 日收到，收文第
20310 號。

案名：「在外臺僑國籍問題」，檔案管理局藏，系統識別碼：0000339312，全宗號：
A202000000A，全宗名：國史館，檔號：0034/172-1/0855，外交部民國 35 年 10 月
15 日收電，收電第 8233 號。

案名：「在外臺僑國籍問題」，檔案管理局藏，駐英吉利國大使館代電，民國 35 年 10 月
12 日發，倫字第 5869 號，外交部於民國 35 年 11 月 1 日收電。

案名：「收復區及割讓區之雙重國籍問題」，檔案管理局藏，系統識別碼：0000333782，
全宗號：A303000000B，全宗名：外交部，檔號：0035/075.31/001，外交部代電，
「臺籍復籍事根據駐英大使館電轉英政府復文決定我方所處態度除指陳並分行外電
仰知照」，民國 35 年 12 月 31 日。

案名：「遣送新加坡臺僑回臺」，檔案管理局藏，系統識別碼：0000339325，全宗號：
A202000000A，全宗名：國史館，檔號：0035/172-1/854，外交部於民國 36 年 4 月
4 日，以東 36 字第 06889 號，代電我駐棉蘭領事館，收於李芹根，駐桔蘭領事，

「關於荷方對臺僑觀點及待遇事呈請鑒核示遵由」，民國 36 年 12 月 12 日發。

國史館編，中華民國史事紀要，民國 39 年 6 月 28 日，國史館出版。

國史館編，中華民國史事紀要，民國三十九年一月六日，臺北縣：國史館出版。

國史館編，中華民國史事紀要，民國三十九年三月一日，臺北縣：國史館出版。

國史館編，中華民國史事紀要，民國三十八年十二月十四日，臺北縣：國史館出版。

國史館編，臺灣主權與一個中國論述大事記，臺北縣：國史館印行，民國 91 年。

檔名：「臺灣地位案」，外交部檔案，國史館藏，目錄統一編號：172-3，案卷編號：5496-2，民國 43 年 10-12 月。

檔名：「我派駐越南佔領軍（1）」，外交部檔案，國史館藏，目錄號：172-1，案卷號：0601-2，外交部於民國 34 年 12 月 7 日電河內總領館，事由：電覆處理越境臺僑辦法由。

檔名：「舉國抗議菲律賓對琉球、臺灣荒謬言論案」，外交部檔案，國史館藏，目錄統一編號：172-1，案卷編號：0222，民國 36 年 11 月 11 日起至民國 37 年 5 月 13 日止。廣東省參議會代電，議字第 2863 號，民國 36 年 11 月 11 日，事由：為菲律賓對臺灣琉球發表主張言論荒謬電請提出抗議予以糾正由。

檔名：「緬甸臺僑國籍案」，外交部檔案，國史館藏，目錄號：172-1，案卷號：0376，尹祿光於民國 35 年 5 月 24 日電外交部，光(35)字第 0676 號，事由：關於臺灣人民恢復中華民國國籍事緬政府頗有疑問，謹電呈鑒核由。

檔名：「緬甸臺僑國籍案」，外交部檔案，國史館藏，目錄號：172-1，案卷號：0376，外交部於民國 35 年 10 月 15 日電鄭天錫，事由：臺僑恢復國籍事希再向英政府交涉由。

檔名：「緬甸臺僑國籍案」，外交部檔案，國史館藏，目錄號：172-1，案卷號：0376，外交部於民國 35 年 6 月 22 日電駐仰光尹總領事，事由：關於臺僑恢復國籍令仰再向緬政府當局解釋由。

檔名：「緬甸臺僑國籍案」，外交部檔案，國史館藏，目錄號：172-1，案卷號：0376，鄭天錫於民國 35 年 9 月 30 日電外交部，第 86 號電。

檔名：「緬甸臺僑國籍案」，外交部檔案，國史館藏，目錄號：172-1，案卷號：0376，駐仰光總領事館於民國 35 年 7 月 12 日電外交部，光(35)字第 1091 號。

檔名：「緬甸臺僑國籍案」，外交部檔案，國史館藏，目錄號：172-1，案卷號：0376，駐仰光總領事館於民國 35 年 8 月 5 日電外交部，光(35)字第 1289 號。

題名：「顧維鈞呈蔣中正有關臺灣地位與承認中共政權及控蘇案往來電文」，全宗名：蔣中正總統文物，典藏號：002080106018009，國史館，民國 39 年 9 月 5 日發電，外交部收電機字第 4420、4421 號。

United States, Department of State, Historical Office, *American Foreign Policy,1950-1955: Basic Documents, Department of State Publication 6446*, General Foreign Policy Series 117, Released December 1957, U. S. Government Printing Offices, Washington 25, D. C.

"The Council General at Taipei (Krentz) to the Secretary of State, Taipei, November 23, 1948," United States Department of State / *Foreign Relations of the United States, 1948. The Far East: China* (1948), Political and military situation in China, pp.601-602. http://d igicoll.library.wisc.edu/cgi-bin/FRUS/FRUS-idx?type=turn&entity=FRUS.FRUS1948v07. p0611&id=FRUS.FRUS1948v07&isize=M&q1=Taiwan

"The Minister-Counselor of Embassy in China (Clark) to the Secretary of State, Canton, May 1, 1949," United States Department of State / *Foreign relations of the United States, 1949. The Far East: China* (1978), Political and military situation in China, Foreign Relations, 1949, Volume VIII, pp.287-288. http://digicoll.library.wisc.edu/cgi-bin/FRUS/FRUS-idx?type=goto&id=FRUS.FRUS1949v08&isize=M&submit=Go+to+page&page=287

"The Consul at Taipei (Edgar) to the Secretary of State, Taipei, April 6, 1949," United States Department of State / *Foreign relations of the United States, 1949. The Far East: China* (1974), Policy of the United States toward Formosa (Taiwan): concern of the United States regarding possible conquest by Chinese communists, Foreign Relations, 1949, Volume IX, p.308.

"The Consul at Taipei (Edgar) to the Secretary of State, Taipei, May 17, 1949," United States Department of State / *Foreign relations of the United States, 1949. The Far East: China* (1974), Policy of the United States toward Formosa (Taiwan): concern of the United States regarding possible conquest by Chinese communists, Foreign Relations, 1949, Volume IX, p.333.

"Memorandum by Mr. Livingston T. Merchant to the Director of the Office of Far Eastern Affairs (Butterworth), Washington, May 24, 1949," United States Department of State / *Foreign relations of the United States, 1949. The Far East: China* (1974), Policy of the United States toward Formosa (Taiwan): concern of the United States regarding possible conquest by Chinese communists, Foreign Relations, 1949, Volume IX, pp.337-340.

二、報紙

工商日報（臺灣）

中央日報（臺灣）

中華日報（臺灣）

臺灣日報（臺灣）

民報（臺灣）

自由時報（臺灣）

南洋星洲聯合早報（新加坡）

聯合報（臺灣）

Daily Mail (UK)

Honolulu Advertiser (USA)

New York Herald Tribune (USA)

New York Post (USA)

New York Times (USA)

The Christian Science Monitor (USA)

The Guardian (United Kingdom)

The Straits Times (Singapore)

The Sunday Times (UK)

The Times (UK)

三、專書

中日外交史料叢編（八）：金山和約與中日和約的關係，臺北市：中華民國外交問題研究會印行，1965 年。

顧維鈞回憶錄，第九分冊，北京市：中華書局出版，1989 年。

石丸和人，戰後日本外交史（I）：米國支配下的日本，東京：三省堂，1983 年。

林金莖著，黃朝茂、葉寶珠譯，戰後中日關係之實證研究，財團法人中日關係研究會，臺北市，民國 73 年。

胡為真，美國對華「一個中國」政策之演變從尼克森到柯林頓，臺北市：臺灣商務印書館，2001 年。

秦孝儀總編纂，總統蔣公大事長編初稿，卷九，中正文教基金會出版，臺北市，民國 91 年。

陶文釗主編，美國對華政策文件集（1949-1972），第二卷（下），世界知識出版社，北京市，2004 年。

張炎憲、陳美蓉、楊雅惠編，二二八事件論文集，臺北市：吳三連臺灣史料基金會，1998 年 2 月。

彭明敏和黃昭堂，臺灣在國際法上的地位，臺北市：玉山社出版，民國 84 年。

湯武，中國與國際法，第二冊，臺北市：中華文化出版事業委員會出版，民國 46 年。

資中筠、何迪編，美國對臺政策機密檔案（1949-1989），臺北市：海峽評論社，1992 年。

戴天昭著，李明峻譯，臺灣國際政治史，臺北市：前衛出版社，2002 年。

四、期刊論文

王建朗，「臺灣法律地位的扭曲：英國有關政策的演變及與美國的分歧（1949-1951）」，近代史研究（北京），2001 年第 1 期，頁 1-26。

陳隆志，「戰後臺灣國際法律地位的演變」，載於張炎憲、陳美蓉、楊雅惠編，二二八事件論文集，臺北市：吳三連臺灣史料基金會，1998 年 2 月。

湯熙勇，國籍復籍及其爭議：旅外臺灣人的國籍問題（1945-1948），發表於國立中興大學歷史系主辦的全球化下的史學發展國際學術研討會，民國 93 年 6 月 4 日。

資中筠，「中美關係中臺灣問題之由來」，載於資中筠、何迪編，美國對臺政策機密檔案（1949-1989），臺北市：海峽評論社，1992 年。

五、西文資料

Chiu, Hungdah, *China and the Question of Taiwan: Documents and Analysis*, Praeger, N. Y., 1973.

Facts on File, Vol.XV, No.744, January 27-February 2, 1955, p.33.

Jain, J. P., "The Legal Status of Formosa: A Study of British, Chinese and Indian Views," *American Journal of International Law*, vol.57, No.1, January 1963, pp.25-45.

Keesing's Contemporary Archives, May 7-14, 1955, p.14185.

Kerr, George H., *Formosa Betrayed*, Eyre & Spottiswoode, London, 1966.

Liao, Joshua, *Formosa Speaks, The Memorandum Submitted to the United Nations in September, 1950 in support of the Petition for Formosan Independence*, Graphic Press, Hongkong,

1950.

六、網路資料

http://www.wufi.org.tw/wufi/taiwufi.htm。

林朝億，「蔣介石提臺灣是托管地書信 國史館網站可查到」，新頭殼網站，2017 年 1 月 3
　　日。http://newtalk.tw/news/view/2017-01-03/80661（2017 年 1 月 5 日瀏覽）。

Harry S. Truman, "Statement on Formosa, January 5, 1950," University of Southern California,
　　US-China Institute, February 25, 2014, http://china.usc.edu/harry-s-truman-%E2%80%9C
　　statement-formosa%E2%80%9D-january-5-1950（2017 年 5 月 10 日瀏覽）。

Evolution of Taiwan's Legal Status (1943-1955)

Abstract

The issue of Taiwan's legal status has been argued for a long time, but there is still a dispute so far, it shows this question has not been finished. Taking into account the various kinds of argumentation in the past, it is only a few scholars analyzing from the historical approach, generally all set forth one's views from international law with a case study. Hence, it fails to present the true picture. Especially, a lot of discussions are to regard the Cairo Declaration as the basis with territorial sovereignty of Taiwan. But they overlook the development of the situation and change of Taiwan status after the end of WWII. So, this research attempts to use historic approach to analyze the Cairo Declaration, Potsdam Proclamation, Japanese troops surrender, San Francisco peace treaty, peace treaty between the Republic of China and Japan, the Common Defense Treaty between the Republic of China and the Unites States, the Bandung Conference in 1955, etc. On this basis, I shall try to discuss the policy of related countries toward the Taiwanese resuming the nationality of the Republic of China, in order to draw more objective actual conditions.

Keywords: Taiwan Cairo Declaration   Potsdam Proclamation   San Francisco Peace Treaty   Peace Treaty between the Republic of China and Japan   the Common Defense Treaty between the Republic of China and the Unites States

（本文部分內容刊登於國史館學術集刊，第 12 期，2007 年 6 月，頁 47-138。）

第二章　1951年舊金山和約規定「放棄」臺灣和澎湖之歷史分析[*]

摘　要

臺灣之法律地位從開羅會議以來至舊金山對日和會，一直有爭議，主要原因是受到中國政局以及國際局勢之左右。參加開羅會議的美國羅斯福總統贊同臺灣和澎湖歸還中華民國，英國則主張日本放棄臺、澎。至1949年3月，國民黨政府在內戰中趨於劣勢，美國為防止臺灣被中共統治而計畫將臺灣交由聯合國託管及支持臺灣人要求自決或獨立。韓戰爆發，美國又主張臺灣地位將取決於對日和約。當時中華民國為了自保，與美國共同主張日本放棄臺、澎，而沒有規定放棄給誰。此一新的臺灣地位模式，成為日後美國草擬及折衝協調盟國對日和約的核心觀念。舊金山和約放棄臺灣和澎湖之規定，實為臺灣自保求存之權宜之計。

關鍵詞：舊金山和約　臺灣法律地位　開羅會議　領土主權爭議　美國與臺灣法律地位

---

* 本文獲得行政院科技部 105 年度研究計畫案補助（計畫編號：MOST 105-2410-H-032-016），謹致謝忱。

一、前言

　　二戰後代表盟國的美國控制日本，為了協助日本重建戰後的憲法體制以及戰爭損害之修復，美國未能及時訂定與日本和約的結構。遲至 1947年 3 月 19 日美國政府才開始草擬「對日和約草案」。在與各重要盟國政府（主要是英國、澳洲、菲律賓、印度、錫蘭和中華民國）間和日本之折衝協商後，才於 1951 年 9 月與日本簽署和平條約。

　　在舊金山「對日和約」中，對於臺灣和澎湖的處理，是規定在第二條b 項：「日本放棄對於臺灣及澎湖群島之一切權利、權利名義及要求。」（(b) Japan renounces all right, title and claim to Formosa and the Pescadores）。由於條約如此規定，以致於一般皆以為日本放棄臺、澎之概念是源自於該和約，其實早在 1943 年開羅會議時，英國即有此一主張。

　　據國史館的檔案，在開羅會議中要求日本放棄其佔領的太平洋島嶼是英國出席開羅會議的外交次長賈德幹（Sir Alexander George Montagu Cadogan）的主張，1943 年 11 月 26 日，在討論由美國代表所草擬的「開羅會議公報草案」時，賈德幹對於條文中「日本由中國攫去之土地，例如滿州、臺灣與澎湖列島當然應歸還中國。凡係日軍以武力或侵略野心所征服之其他土地，一概須使其脫離其掌握。」主張將之修改為：「日本由中國攫去之土地，例如滿州、臺灣與澎湖列島當必須由日本放棄。凡係日軍以武力或侵略野心所征服之其他土地，一概須使其脫離其掌握。」在會上中國代表堅持維持原來文字，獲得美國駐蘇聯大使哈立曼（William Averell Harriman）之支持，才維持原草案文字不變。[1]

　　從開始議立「對日和約」到最後簽署為止，剝奪日本自 1914 年後所佔領的領土是和約的核心概念，其中日本從 1895 年所佔領的臺灣和澎

---

[1]　國史館典藏，外交部檔案，蔣中正總統文物，卷名：「革命文獻──同盟國聯合作戰：開羅會議」，典藏號：002-020300-00023-021，入藏登錄號：002000000377A，「王寵惠呈蔣委員長「開羅會議日誌（附政治問題及軍事問題商談經過）」，字第 21 號，1943 年 11 月。

湖，如何在和議過程中討論及處理，是本文擬加以討論的重心。

二、1949 年美國對臺灣之政策

（一）美國初期仍遵守開羅宣言

　　美國國務院草擬「對日和約」，內容經常隨東亞局勢之演變及盟國之意見而有修改，檢視 1947 年 3 月 19 日、8 月 5 日、1948 年 1 月 8 日、1949 年 9 月 7 日、11 月 2 日等歷次美國起草的「對日和約草案」均有有關臺、澎的條款。例如 1947 年 3 月 19 日和約草案第一章領土條款第二條規定：「日本割讓臺灣島及鄰近（adjacent）的小島嶼，包括彭佳嶼（Agincourt (Hokasho)、棉花嶼（Menkasho）、綠島（Kashoto）、蘭嶼（Kotosho）、小蘭嶼（Shokotosho）、七星岩（Shichiseigan）、小琉球（Ryukyusho）和澎湖列島（Pescardores Islands）等所有主權給中國。」[2]關於此一割讓的領土範圍，可見於國務院政策計畫處處長肯楠（George Kennan）在 1947 年 10 月 14 日給國務院的備忘錄。（參見圖 2-1）

　　美國駐中國大使司徒雷登（John Leighton Stuart）在 1948 年 6 月 2 日致電美國國務卿（第 255 號），說明他曾在 5 月 5 日將中國國民大會在 4 月通過的參加對日和會的六項決議電告國務卿，該六項決議為：「第 108 項決議：中國政府同意『對日和約』之原則。第 141 項決議：中國政府建議對日和平會議應按照『波茨坦宣言』立即召開。第 196 項決議：中國政府建議琉球群島應歸還中國。第 199 項決議：中國政府建議臺灣代表應與中國代表一起出席對日和會。第 294 項決議：中國政府建議日本重新復工之紡織業之最大生產量應規定在『對日和約』中。第 769 項決議：中國政府建議中國政府反對美國新提出的削減日本賠款計畫。中國輿論的其他建議還有完全解除日本軍備、廢除日本天皇制、維持日本工業和生活水準至

---

[2]　"Draft Treaty of Peace With Japan," https://en.wikisource.org/wiki/Draft_Treaty_of_Peace _With_Japan#Memorandum_by_Mr._Robert_A._Fearey_of_the_Office_of_Northeast_Asian_ Affairs_on_1950_.28UNDATED.29（2016 年 8 月 24 日瀏覽）。

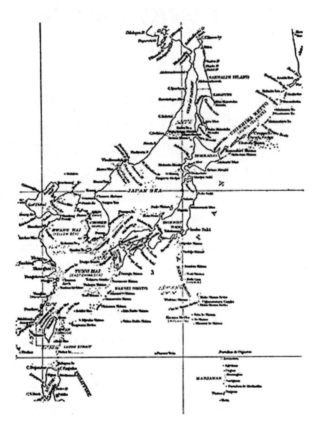

JAPAN　　　　　　　539

APPENDIX A

資料來源：“Memorandum by the Director of the Policy Planning Staff (Kennan), [Washington], October 14, 1947,” United States Department of State, *FRUS, The Far East (1947)*, pp.537-539.

圖 2-1：日本割讓臺灣及附近島嶼示意圖

最低程度、控制日本五十年等。」[3]

　　中國政局在 1948 年 9 月到 1949 年 1 月間發生嚴重變化，國民黨軍隊

---

[3]　“The Ambassador in China (Stuart) to the Secretary of State, Nanking, June 2, 1949, No.255,” United States Department of State, *FRUS*（以下簡稱 FRUS）, 1948, The Far East and Australasia (1948), pp.799-800.

在遼瀋、淮海、平津三大戰役相繼敗給中共解放軍。美國政府對於中國局勢不感樂觀，開始注意到臺灣之地位問題，美國擔心萬一中共控制所有中國大陸，則臺灣不能由中共統治。

美國參謀首長聯席會議（Joint Chiefs of Staff）曾在 1948 年 11 月 24 日提出評估結論說，假如共產勢力控制臺灣，可利用合宜的外交和經濟步驟加以排除，這是美國國家安全最有利的。美國不使用軍事武力。此時對臺灣做出公開的軍事承諾是不智的。由於此時美國軍事力量和負擔全球其他任務之間有差距，故此時不建議對臺灣用兵。在推動外交和經濟步驟時，可採取某些形式的軍事支持，來發展及支持臺灣非共的華人政權。該種支持不涉及承諾使用武力。對臺灣的軍事支持包含駐守少數軍艦在合適的臺灣港口，岸上的活動必要維持空中的交通以及駐軍的娛樂。共產勢力若控制臺灣，將威脅美國的安全，因此應採取每個合理的方法，使臺灣落在友好者的手裡，可以想到這是有外交風險和困難的。因此，建議現在可以開始做的是派駐少數軍艦在臺灣合適的港口以及岸上的活動，必要維持空中的交通以及駐軍的娛樂。這些駐軍之任務在支持經過同意的外交和經濟目標，所有可能的穩定的影響力，但不使用武力。[4]

美國國務院東亞與太平洋事務助理國務卿巴特沃思（W. Walton Butterworth）於 1949 年 1 月 15 日致美國駐臺灣總領事克倫茲（Consul General Kenneth C. Krentz）一封機密信中說：「我們國務院所有的人都強烈感到我們應該用政治的和經濟的手段阻止中國共產黨政權取得對（臺灣）島的控制。……設若意料之外的事果真發生了──而中國人是有辦法妥協的──如果你接到指示要你說服臺灣當局同中國大陸的任何安排脫離關係，維持一個分離的政權，請不要感到驚奇。不過我們希望在給他們幫助的同時避免太明顯的聯繫。」[5]

---

[4]　"Memorandum by the Joint Chiefs of Staff to the Secretary of Defense (Forrestal), Washington, 10 February 1949, Subject: The Strategic Importance of Formosa," United States Department of State, *FRUS, Policy of the United States toward Formosa (Taiwan): concern of the United States regarding possible conquest by Chinese communists*, Vol.IX, 1949, pp.284-286.

[5]　原資料是出自美國國家檔案館文件，RG59，第 16 箱，Lot，第 56D151 號。本段引自資

　　美國國家安全會議於 1949 年 1 月 19 日擬訂有關美國對臺灣之立場的報告草案，提及目前臺、澎之法律地位仍是日本帝國領土之一部分，須等待與日本簽訂和約作最後處置。美國對於這些島嶼之立場仍接受由美國、英國和中國三國家首長所發表之「開羅宣言」，美國採取二戰勝利日後承認中國事實上（de facto）擁有這些島嶼。該報告最後結論說，美國之基本目標是不能將臺、澎給予共產黨分子。目前最實際的作法是將臺灣和中國大陸隔開來，不要對他們兩邊採取公開的片面的責任或給予權力。美國對於臺、澎之立場跟亞洲其他地區一樣，不是在滿意的行為或不滿意的行為之間作選擇，而是在少數幾個壞處或多數幾個壞處之間作選擇。由於臺灣情況的不確定性，美國的立場應維持更大的彈性空間。當中國情勢發展到出現一個新統治集團而美國將來需與之交涉臺灣問題時，美國應該尋求發展和支持一個臺灣本土的非共黨的華人政權，它至少可為臺、澎提供一個直系政府。我們應運用影響力，儘可能不鼓勵大陸人大量移入臺灣。美國也應慎重地尋求與潛在臺灣菁英聯繫，以期未來能利用臺灣的自治運動，如其能符合美國的國家利益。美國應慎重明白地向臺灣的統治政府表明：(1)美國不希望中國的混亂擴散到臺、澎；(2)美國對於中國行政施行到臺灣還沒有深刻印象，相信假如繼續中國的惡政，不可避免地世界輿論會支持臺灣自治；(3)美國支持臺灣執政當局採取有效措施、追求人民福祉、滿足人民經濟需要、允許及鼓勵人們參與政治。(4)美國不能不關心大陸難民流入臺灣，它會增加島上經濟的負擔，美國對於中國人認為增強臺灣的軍事力量可有效遏阻共黨滲透之說法感到困擾；(5)美國期望大陸發展的教訓以及過去臺灣人反對中國人統治之教訓，中國當局在處理臺灣問題及臺灣人民時不要忽略。[6]

　　美國政府，包括國務院和美國國家安全會議，面對中國內戰而國民黨

中筠、何迪編，美國對臺政策機密檔案（1949-1989），海峽評論社，臺北市，1992年，頁 18-56。

[6] "Draft Report by the National Security Council on the Position of the United States with respect to Formosa, [Washington,] January 19, 1949," United States Department of State, *FRUS, Policy of the United States toward Formosa (Taiwan): concern of the United States regarding possible conquest by Chinese communists*, Vol.IX, 1949, pp.271-275.

政府節節敗退喪失北方大部分地區之際，已開始考慮如何處置臺灣的問題，所提出的方案就是將臺灣和中國大陸分隔開來。這僅是美國政府內部對臺灣問題的計畫，尚未對外公開。直至韓戰爆發後，美國杜魯門總統（Harry S. Truman）才將此一計畫利用韓戰的機會予以正式聲明。

（二）美國經濟援助臺灣

1949 年 1 月 21 日，蔣中正宣布下野。1 月 31 日，共軍進入北平。2 月 3 日，中華民國中央政府從南京遷往廣州。中華民國政府瀕臨瓦解，美國軍方感受到中國大陸對美國之戰略重要性即將喪失，因此臺灣對美國在西太平洋之戰略部署更見重要性。

美國政府在 1 月 24 日同意根據 1948 年援助中國法案（China Aid Act）經過總統批准，由中國政府向美國貸款 1 億 2 千 5 百萬美元購買軍火（包括 1,000 枝布郎尼自動步槍和零件、卡賓槍子彈 5 百萬發、60 毫米迫擊砲 7,250 發砲彈），國務卿艾奇遜要求美國駐中國大使司徒雷登儘快運至臺灣。[7] 1 月 26 日，第一批美國軍事裝備運抵基隆，準備部署在全島各要地。[8]第二批將等待 3 月中國政府改組後再船運臺灣。[9] 3 月 4 日，美國國務卿艾奇遜通知美國駐臺灣總領事克倫茲，一艘美國軍艦「塞米諾爾號」（Seminole）裝載 6,200 公噸軍備，包括機械、藥品、軍械、信號裝備、汽車零件等將運往臺灣。[10] 3 月 5 日，美國軍備 1300 公噸物資運抵

---

[7] "The Secretary of State (Acheson) to the Ambassador in China (Stuart), Washington, January 24, 1949," United States Department of State, *FRUS, Policy of the United States toward Formosa (Taiwan): concern of the United States regarding possible conquest by Chinese communists*, Vol.IX, 1949, pp.477-478.

[8] "The Consul General at Taipei (Krentz) to the Secretary of State, Taipei, January 26, 1949," United States Department of State, *FRUS, Policy of the United States toward Formosa (Taiwan): concern of the United States regarding possible conquest by Chinese communists*, Vol.IX, 1949, p.276. Krentz 的報告說，美國軍備仍停留在基隆港，因為鐵路有未卸載的車輛，而有耽誤，地方政府已盡力將之運至全島各地。沒有計畫重新船運至中國大陸。

[9] "The Ambassador in China (Stuart) to the Secretary of State, Nanking, February 28, 1949," United States Department of State, *FRUS, The Far East: China (1949), US Military Assistance to China,* Vol.IX, 1949, p.495.

[10] "The Secretary of State (Acheson) to the Consul General at Taipei (Krentz), Washington,

基隆。

接著美國軍方對於臺灣之戰略地位做了研究，美國參謀首長聯席會議主席丹菲爾德（Admiral Louis Denfeld）於 2 月 10 日給美國國防部長一份備忘錄，提及臺灣之戰略重要性如下：

第一，目前或未來失去中國有戰略價值的地區，將加強臺灣對美國之戰略價值之重要性，該島可作為潛在之戰爭基地，利用它作為戰略空中活動和控制鄰近的海路。

第二，不友好的（勢力）佔領臺灣及其鄰近島嶼，在戰時敵人就可以控制從日本到馬來地區的海路，進而控制琉球和菲律賓。

第三，不友好的（勢力）佔領臺灣，會破壞我們的國家安全利益，因為臺灣可提供日本所需的糧食和其他物資。[11]

針對上述美國軍方對於臺灣局勢的看法，美國國務卿艾奇遜（Dean Acheson）在 1949 年 2 月 18 日致函國家安全會議執行秘書，表示美國目前對臺灣應採取下述的政治和外交作法：

第一，國務院應加強及增加在臺灣之代表人數，應立即選派高階官員到臺灣。

第二，該名高階官員抵達臺北後，應立即面見臺灣省主席陳誠，就 1949 年 2 月 3 日 NSC37/2 的第二點[12]進行協商。

March 4, 1949," United States Department of State, *FRUS, The Far East: China (1949), US Military Assistance to China,* Vol.IX, 1949, p.500.

[11] "Memorandum by the Joint Chiefs of Staff to the Secretary of Defense (Forrestal), Washington, 10 February 1949, Subject: The Strategic Importance of Formosa," United States Department of State, *FRUS, Policy of the United States toward Formosa (Taiwan): concern of the United States regarding possible conquest by Chinese communists,* Vol.IX, 1949, pp.284-286.

[12] NSC37/2 文件是指美國國家安全會議給美國總統有關對臺政策之報告，其中第二點之內容為：

本政府應謹慎地向臺灣當局表明：

(1)美國無意見到大陸的混亂蔓延到臺、澎。(2)美國對於中國在臺灣的行政措施尚無印象，相信持續的施政不良，中國當局將失去世界輿論之支持，有可能導致支持臺灣自治。(3)美國支持的臺灣統治當局，無可避免地將大部分依賴臺灣治理之效率，謀求臺灣人民之福祉和經濟需要，允許和鼓勵臺灣人民積極參與責任政府。(4)美國不能不關

第三，美國高階官員會見陳誠後，並獲得陳誠保證將履行良好治理臺灣，美國高官告訴陳誠將透過國會立法給予臺灣經濟援助，協助臺灣經濟能夠自足。

第四，在獲得臺灣保證後，派至中國的「經濟合作總署任務團」（Economic Cooperation Administration Mission, ECA Mission）將對臺灣之工業發展進行調查，擬訂計畫並實施。

第五，「經濟合作總署」（Economic Cooperation Administration）應研究並建議經濟援助臺灣之計畫。

第六，開始時應謹慎，美國官員在臺灣的活動要低調，不要曝光，應努力不鼓勵讓大量大陸人流入臺灣。[13]

此時美國之所以不願以武力介入臺灣，就是擔心臺灣島內共黨分子作亂，引發反美風潮，進而迫使臺灣宣布傾向中共勢力。故美國非常關心臺灣省主席陳誠的動向。美國對當時臺灣之政策，是加強美國和臺灣之關係，支持臺灣省主席採取開明之統治，然後對臺灣提供經濟援助，駐紮象徵性的兵力，防止中國大陸難民大量流入臺灣。美國不主張以武力介入臺灣，以避免引發中國民族主義之反對。

美國政府對臺灣之政策是採取謹慎的態度來處理臺灣和中國分開的作法，認為尚不宜將此一問題公開化，甚至有將臺灣交由聯合國託管、然後讓臺灣公投自決獨立之想法。1949 年 3 月 3 日，美國國家安全會議執行

心大量中國難民進入臺灣及其所造成的後果，包括增加島上經濟負擔，以及對於中國人相信增加島上軍事力量可以嚇阻中共滲透之說法感到困擾。(5)美國期望中國大陸發生的教訓以及過去臺灣人反對中國統治的教訓，不會為中國當局處理臺灣島和臺灣人民之問題而被忽略。"Note by the Executive Secretary of the National Security Council (Souers) to the Council, [Washington], February 3, 1949, NSC 37/2, the Current Position of the United States with respect to Formosa," United States Department of State, *FRUS, Policy of the United States toward Formosa (Taiwan): concern of the United States regarding possible conquest by Chinese communists*, Vol.IX, 1949, pp.281-282.

[13] "Memorandum by the Secretary of State to the Executive Secretary of the National Security Council (Souers), [Washington,] February 18, 1949, Subject: The Current Position of the United States with respect to Formosa," United States Department of State, *FRUS, Policy of the United States toward Formosa (Taiwan): concern of the United States regarding possible conquest by Chinese communists*, Vol.IX, 1949, pp.288-289.

秘書索爾斯（Sidney W. Souers）給該會議之備忘錄中附了一份國務卿艾奇遜在國安會第 35 次會議關於臺灣問題的講話，艾奇遜說：

> 在企圖發展臺灣的分離主義方面，我們將直接面對大陸中國全面興起的民族統一主義（irredentism）之潛在威脅。我們最渴望去避免提及美國創造民族統一主義幽靈的問題，此時我們正應該尋求利用蘇聯在滿州和新疆創造民族統一主義幽靈的問題。我們很難對臺灣公開表示興趣，並以之作為新的對中國的政策，二者間難以取得平衡。假如要使得我們的對臺政策獲得成功，要點在必須隱藏我們將臺灣和中國分離的希望。……最後說明對臺灣兩項政策：第一，我相信我們政府內部有紀律的合作，必然可以完成該敏感的行動。我希望國家安全會議成員謹記在心，必要約束對臺灣問題之熱心（按：就是採取低調）。第二，我希望軍事建制（Military Establishment）不要被排除在思考和計畫之外，將來有可能與其他國家合作對臺灣採取溫和的軍事行動。假如要對臺灣採取軍事干預，將儘可能與同心的國家合作，優先利用聯合國的機制，以及在聯合國託管下支持臺灣人要求自決或獨立。[14]

在 1949 年初好幾次國家安全會議研究中，參謀首長聯席會議主席僅贊同「應用合適的外交和經濟步驟」否定臺灣屬於中國共產黨分子統治下的中國，並高度認同此時對臺灣給予公開軍事承諾是不智的。[15]因此，艾

---

[14] "Memorandum by the Executive Secretary of the National Security of Council (Souers) to the Council, Washington, March 3, 1949, [Annex] Statement by the Secretary of State at the Thirty-Fifth Meeting of the National Security Council on the Formosa Problem," United States Department of State, *FRUS, Policy of the United States toward Formosa (Taiwan): concern of the United States regarding possible conquest by Chinese communists*, Vol.IX, 1949, pp.294-296.

[15] "Policy of the United States toward Formosa (Taiwan): concern of the United States regarding possible conquest by Chinese Communists, Note by the Executive Secretary of the National Security Council (Souers) to the Council, December 1, 1948," *FRUS, 1949, The Far East: China (1949)*,pp. 261-2; "Draft report by the National Security Council on the position of the United States with respect to Formosa, January 19, 1949," *FRUS, 1949, The Far East: China*

奇遜致函美國駐臺灣領事伊德嘉（Donald Edgar），向他保證目前沒有想過美國政府會採取片面行動以軍事手段將臺灣和中國大陸分開，若以政治和經濟手段而未能阻止中共佔有臺灣，則唯一的行動是透過聯合國。而採取此一行動者應是由臺灣執政當局或臺獨團體或二者聯手。[16]美國應該是在評估臺灣之局勢後所採取的謹慎態度，而這種謹慎態度多少與美國尚無法掌握臺灣領導人的動向有關係，美國無法確保臺灣領導人將來會和美國合作。因此，尋找合適的臺灣領導人成為美國必須進行的工作。

（三）美國尋找臺灣合適的領導人

美國政府為了執行上述之政策，必須在臺灣找到一位合適的能跟美國配合的領導人。當時的臺灣省主席是陳誠，美國駐臺灣領事伊德嘉對於陳誠印象不好，極思以孫立人取代陳誠。他在 1949 年 3 月 6 日向國務院報告臺灣省主席的動向，他說，陳誠缺乏開放和有效的行政管理的特質，他是蔣中正的人，故難以阻止大量大陸人流入臺灣。代理總統李宗仁有意以孫立人取代陳誠，此符合美國的利益。他建議國務院指示美國駐中國大使鼓勵代理總統李宗仁立即以孫立人取代陳誠。[17] 3 月 8 日，美國國務卿覆函駐臺灣領事說，雖然孫立人聲望不錯，態度傾向美國，但對他的行政能力還有質疑。雖然鼓勵代理總統以孫立人取代陳誠，但無法保證任命的人選比陳誠好，或他會任命孫立人。萬一陳誠被替換，他可能鬧脾氣，不跟

(1949),pp.271-5; "Note by the Executive Secretary of the National Security Council (Souers) to the Council, February 3, 1949," *FRUS*, 1949, *The Far East: China (1949)*, pp. 281-6; "Note by the Executive Secretary of the National Security Council (Souers) to the Council, February 18, 1949," *FRUS*, 1949, *The Far East: China (1949)*, pp. 288-96; "Note by the Executive Secretary of the National Security Council (Souers) to the Council, October 6, 1949," *FRUS*, 1949, *The Far East: China (1949)*, pp.392-7. 在 1948-1949 年間，關於臺灣問題有五次的 JCS 和 NSC 的報告，分別在 1948 年 11 月、1949 年 2 月、1949 年 3 月、1949 年 8 月和 1949 年 12 月。

[16] "The Secretary of State to the Consul at Taipei (Edgar), [Washington,] March 30, 1949," United States Department of State, *FRUS, 1949, The Far East: China (1949)*, p.305.

[17] "The Consul at Taipei (Edgar) to the Secretary of State, Taipei, March 6, 1949," United States Department of State, *FRUS, Policy of the United States toward Formosa (Taiwan): concern of the United States regarding possible conquest by Chinese communists*, Vol.IX, 1949, p.297.

孫立人合作，或抵制其他繼任人。[18]伊德嘉次日又覆函國務卿表示：「省主席必須具備誠實、開放、有效率之特質，不受蔣中正約束要將臺灣作為最後一搏之地，假如李宗仁和中共和解達成和平，很可能將臺灣置於聯合政府控制之下。我同意你關於孫立人欠缺行政經驗之看法，但孫立人瞭解且願意任命合適的顧問協助他。此外，孫立人控制軍隊，比其他陳誠繼任人更不會有遭到抵制之風險。我已知李宗仁曾告訴美國駐中國大使他有意任命孫立人為臺灣省主席，我建議鼓勵大使極力向李宗仁推薦任命孫立人。」[19]

美國駐上海總領事喀波特（John M. Cabot）在 1949 年 3 月 11 日致電美國國務卿艾奇遜說，經濟援助臺灣的「經濟合作總署」之先期計畫階段已接近完成，仍不信任陳誠，因此不願鼓勵他繼續留任臺灣。[20]美國在臺灣設立「經濟合作總署辦事處」（Economic Cooperation Administration Office），主任是克瑞格（Loris F. Craig）。

美國國務卿艾奇遜對於來自臺北和上海的反對陳誠的意見，於 3 月 11 日致電美國駐中國大使司徒雷登說：「國務院相信你處理該一問題必須有界線，假如大使贊同支持孫立人，你必須建議孫立人與李宗仁關係良好。此時似乎不必介入，以免傷害我們的立場，萬一陳誠沒有被替換。」[21]艾

---

[18] "The Secretary of State to the Consul at Taipei (Edgar), Washington, March 8, 1949," United States Department of State, *FRUS, Policy of the United States toward Formosa (Taiwan): concern of the United States regarding possible conquest by Chinese communists*, Vol.IX, 1949, pp.297-298.

[19] "The Consul at Taipei (Edgar) to the Secretary of State, Taipei, March 9, 1949," United States Department of State, *FRUS, Policy of the United States toward Formosa (Taiwan): concern of the United States regarding possible conquest by Chinese communists*, Vol.IX, 1949, p.298.

[20] "The Consul General at Shanghai (Cabot) to the Secretary of State, Shanghai, March 11, 1949," United States Department of State, *FRUS, Policy of the United States toward Formosa (Taiwan): concern of the United States regarding possible conquest by Chinese communists*, Vol.IX, 1949, p.299.

[21] "The Secretary of State to the Ambassador in China (Stuart), Washington, March 11, 1949," United States Department of State, *FRUS, Policy of the United States toward Formosa (Taiwan): concern of the United States regarding possible conquest by Chinese communists*, Vol.IX, 1949, p.299.

奇遜仍是採取維持現狀態度，因為中國政府陷入動盪局面，中共軍隊已逼近南京以北地區，而且李宗仁是否有權力決定臺灣省主席人選尚有疑問。

美國駐中國大使司徒雷登於 1949 年 3 月 14 日致電美國國務卿艾奇遜說，美國駐臺灣總領事克倫茲在回美國度假時帶給司徒雷登有關陳誠之密訊，「陳誠說假如美國有意支持孫立人為臺灣省主席，可透過司徒雷登向蔣中正建議。這是很令人驚訝及讓人高興，陳誠應會打攪這個可能繼任人之訊息，此也許證明，臺灣不可能更換省主席，除非蔣中正同意，或至少默許。」[22]此一訊息反映了一件事，有關臺灣省主席人選不是由李宗仁決定，而仍係由蔣中正決定。

（四）美國開始構想懸空臺灣地位

美國中央情報局在 1949 年 3 月 14 日曾對臺灣之情勢寫了一份研究報告，指出中共可能佔領臺灣，而中共和蘇聯為盟國，因此將來蘇聯可能利用臺灣作為其基地，則將對美國在西太平洋之航運線帶來威脅。至目前為止，臺灣在法律上不屬於中華民國所有，其法律地位有待「對日和約」來解決。中國是否擁有臺灣應基於下述兩點：(1)軍事控制；(2)1943 年 11 月「開羅宣言」，中國、美國和英國宣布他們的目的在將臺、澎歸還給中華民國。1945 年 7 月 26 日，英、美之「波茨坦宣言」上再度重申「開羅宣言」，蘇聯隨後也承認「波茨坦宣言」及「開羅宣言」。但以後美國及其他國家沒有正式承認中國兼併臺灣。直至簽署「對日和約」為止，臺灣仍是被佔領之領土，美國及其他參與抗日的國家對於臺灣仍有事主的利益（proprietary interests）。[23]該份報告對於以後美國對臺灣地位所持的立場有重大影響，在歷經國民黨政府退至臺灣以及韓戰爆發，美國總統杜魯門

---

[22] "The Ambassador in China (Stuart) to the Secretary of State, Nanking, March 14, 1949," United States Department of State, *FRUS, Policy of the United States toward Formosa (Taiwan): concern of the United States regarding possible conquest by Chinese communists*, Vol.IX, 1949, p.300.

[23] Central Intelligence Agency, "Probable Development in Taiwan," March 14, 1949, pp.2-3. http://www.foia.cia.gov/sites/default/files/document_conversions/89801/DOC_0000258551.pdf （2015 年 8 月 20 日瀏覽）。

（Harry S. Truman）才正式公開將臺灣地位予以不確定方式處理。

1949 年 3 月 23 日，美國駐中國大使司徒雷登致函國務卿艾奇遜表示，假如我們支持臺灣和中國分離，即臺灣省主席採取分離行動，則困難的問題是如〔中國〕聯合政府要對付臺灣，我們將給省主席何種幫助？共黨的電臺已指明美國帝國主義者意圖佔領臺灣，要「解放」臺灣。司徒雷登相信若發生此一情況，則直接軍事介入會惹火大多數中國人和臺灣人，損害美國在亞洲的道德立場。因此美國不能勸告或鼓勵臺灣省主席脫離中國，除非他擁有足夠的武力成功的對抗中國，但此似乎不可能。即使支持成立國民政府架構下半自治政權，亦可能遭共黨分子以武力威逼更換。司徒雷登認為他的知識有限，他的印象是目前臺灣獨立團體是不團結的，政治上文盲，組織渙散，不太可靠。臺灣獨立團體缺乏有效的領袖和組織。因此美國最好利用聯合國或聯合他國干預，利用經濟和外交手段協助臺灣提升經濟及施政品質，使臺灣人減少接受共產主義意識形態之機會。若要聯合國處理臺灣問題，則有必要查明英、法、澳洲和印度的態度，或者中國出現共黨政府，意圖控制臺灣時，他們是否有意願分擔責任在聯合國之下聯合支持獨立的臺灣。最後他表示，無論採取何種方法，無法保證最後會成功。[24]

司徒雷登對於臺灣的前途抱持不太樂觀的想法，美國不能軍事介入臺灣、陳誠不夠開明、臺獨勢力不夠強大、英、法、澳洲和印度對臺灣之態度不明朗，因此，美國對臺灣之政策僅能利用經濟和外交手段協助臺灣，穩定臺灣政局。

美國在此時積極綢繆臺灣之未來，以及傳言美國可能佔領臺灣，引起中華民國政府之關注，1949 年 3 月 26 日，中華民國前外長王世杰（Wang Shih-chieh）在臺灣演講中提及臺灣是「恢復的領土」，不是「軍事佔領區」，中華民國在外交和內政上擁有絕對主權，中華民國已在

---

[24] The Ambassador in China (Stuart) to the Secretary of State, Nanking, March 23, 1949," United States Department of State, *FRUS, Policy of the United States toward Formosa (Taiwan): concern of the United States regarding possible conquest by Chinese communists*, Vol.IX, 1949, pp.302-303.

1943 年廢除「馬關條約」，臺灣在法律上移轉給中國，在戰爭結束後從日軍手中取得臺灣。他警告帝國主義未來可能的直接或間接的侵略。[25] 4 月 15 日，美國國務院新聞發佈官麥克德莫特（Michael McDermott）表示：「臺灣地位在戰時與千島群島完全一樣，假如及當我們與日本簽署和約時，其最後地位將由和約來決定。」[26]

　　美國此一立場愈來愈像英國，強調應以對日和約來解決臺灣領土問題。英國政府在 1946 年 10 月中旬照會中華民國駐英國大使鄭天錫，說：「英國皇家政府對於臺灣歸還中國，仍繼續遵守 1943 年 12 月 1 日的開羅宣言。但此一盟軍宣言之目的，不能自身將臺灣主權從日本移轉給中國，應等待與日本簽訂和平條約，或完成其他正式外交程序（formal diplomatic instrument）而後可。」[27]

　　美國駐臺灣領事伊德嘉於 1949 年 4 月 12 日上午十點再發給國務卿艾奇遜一封信，對於中國和臺灣局勢表示悲觀之看法，他認為中共在談判桌

---

[25] "The Consul at Taipei (Edgar) to the Secretary of State, Taipei, March 26, 1949," United States Department of State, *FRUS, Policy of the United States toward Formosa (Taiwan): concern of the United States regarding possible conquest by Chinese communists*, Vol.IX, 1949, pp.304-305.

[26] "The Consul at Taipei (Edgar) to the Secretary of State, Taipei, May 6, 1949," United States Department of State, *FRUS, Policy of the United States toward Formosa (Taiwan): concern of the United States regarding possible conquest by Chinese communists*, Vol. IX, 1949, p.328, note 46.

[27] 案名：「在外臺僑國籍問題」，檔案管理局藏，駐英吉利國大使館代電，民國 35 年 10 月 12 日發，倫字第 5869 號，外交部於民國 35 年 11 月 1 日收電。該英國照會全文如下：「His majesty's Government in the United Kingdom continue to adhere to the Cairo Declaration of the 1st December, 1943, regarding the restoration to China of the island of Formosa. This Declaration of Allied purpose however could not of itself transfer sovereignty over Formosa from Japan to China, which must await the conclusion of a peace treaty with Japan or the execution of some other formal diplomatic instrument. This being so, His majesty's Government regret that they cannot agree that Formosans have yet re-acquired Chinese nationality, even though Formosa itself is now under the administration of the Chinese Government. In the meantime, pending some formal act such as that referred to above, instructions have been sent to the British territories concerned that Formosans should in general be treated as nationals of a friendly country. Similar instructions have been sent to His Majesty's Minister at Bangkok.」

上不妥協及中國經濟崩潰，都將縮短中國政府對臺灣問題之決定的時間。
他認為美國給予蔣中正集團和陳誠省主席的經濟援助，都難以抵擋中共之
勢力。自從他抵達臺灣時就認為陳誠不適任，應替代以更開明的領袖，才
能使美國的經濟援助轉為對臺灣有利，改善臺灣人民的生活。目前除了例
行的繼續給予陳誠「經濟合作總署」商品進口及減緩「農村復興聯合委員
會」（Joint Commission on Rural Reconstruction, JCRR）計畫之外，給予
陳誠美國經濟援助，失大於得。因此他繼續採取延緩給予陳誠援助之措
施，並要求陳誠減少在中國大陸事務的發展。[28]同時伊德嘉又第二次致電
給國務卿艾奇遜，強烈要求立即召回他和帕克（Paul Parker）回華府商量
臺灣問題，才能推展政策。[29]艾奇遜回電表示同意伊德嘉的減緩給予臺灣
經濟援助的作法，並請他向到訪臺灣的宋子文表示，中國政府應自行努
力，美國的經濟援助只是補助作用，臺灣當局未能達此目標，最後將導致
美國的援助亦難以阻擋中共控制臺灣。另外也要澄清美國對臺灣的興趣：
例如，美國考慮臺灣是美國在西太平洋防衛圈之一環。美國政府目前對臺
灣並無計畫，不想在臺灣建立基地。臺灣在二十世紀中葉並無戰略重要
性，不再具有加煤站概念的重要性。臺灣當局要慎重處理美國之經濟援
助，如果不然，會重蹈美國對中國援助之覆轍。美國對於臺灣最近重複以
前中國的作法，而感到疑慮。大量中國難民流入臺灣，已超過臺灣人的感
受，共黨分子容易滲透，造成不穩定。目前「經濟合作總署」準備提供肥
料給臺灣，以及推動「農村復興聯合委員會」計畫，希望臺灣當局能採取
措施，建立有效經濟支持的基礎。[30]

---

[28] "The Consul at Taipei (Edgar) to the Secretary of State, Taipei, April 12, 1949," United States
Department of State, *FRUS, Policy of the United States toward Formosa (Taiwan): concern of
the United States regarding possible conquest by Chinese communists*, Vol.IX, 1949, pp.313-
314.

[29] "The Consul at Taipei (Edgar) to the Secretary of State, Taipei, April 12, 1949," United States
Department of State, *FRUS, Policy of the United States toward Formosa (Taiwan): concern of
the United States regarding possible conquest by Chinese communists*, Vol.IX, 1949, pp.314-
315.

[30] "The Secretary of State to the Consul at Taipei (Edgar), Washington, April 15, 1949," United
States Department of State, *FRUS, Policy of the United States toward Formosa (Taiwan):*

　　艾奇遜致電美國駐上海總領事，請其就美國總統準備給臺灣的「經濟合作總署」專款 1 千 7 百萬美元、「農村復興聯合委員會」計畫 8 百萬美元，問他有何意見？[31]伊德嘉致電國務卿艾奇遜表示，目前肥料、麥、棉花已運抵臺灣，總值 50 萬美元。目前有許多班次飛機往返臺灣和上海之間，載去臺灣的有很多中國大陸難民，較貧窮者則搭船。據傳亦有軍隊運到臺灣。[32]

　　由於從中國大陸流入臺灣大量難民，造成臺灣省政府嚴重的經濟財政負擔，美國關切臺灣的經濟狀況，因此特別邀請臺灣省財政廳長嚴家淦於 1949 年 4 月 29 日向伊德嘉匯報臺灣財政狀況，以及經濟和財政發展計畫等，當時臺灣之儲備有等值兩百萬美元黃金，在日本有五百萬美元信貸。1947 年和 1948 年貿易順差有 3 千 4 百萬美元。1949 年出口第一位是糖，其次為米、茶和樟腦。為了因應臺灣對外貿易港口之變化，臺灣省政府也做了準備，一旦上海被中共佔領，則將轉移貿易港口到日本、香港，甚至馬尼拉。[33]美國關切臺灣的經濟能否支持臺灣自立自足，所以想從嚴家淦處瞭解臺灣經濟的實況，俾作為經援臺灣的參考。

（五）美國支持鞏固臺灣防衛

　　中共軍隊在 1949 年 4 月 21 日越過長江，23 日佔領南京。25 日，蔣中正離開溪口前往上海部署。中共軍隊繼續南下，進攻中國南部地帶。伊

concern of the United States regarding possible conquest by Chinese communists, Vol.IX, 1949, pp.315-316.

[31] "The Secretary of State to the Consul General at Shanghai (Cabot), Washington, April 21, 1949," United States Department of State, *FRUS, Policy of the United States toward Formosa (Taiwan): concern of the United States regarding possible conquest by Chinese communists*, Vol.IX, 1949, p.317.

[32] "The Consul at Taipei (Edgar) to the Secretary of State, Taipei, April 28, 1949," United States Department of State, *FRUS, Policy of the United States toward Formosa (Taiwan): concern of the United States regarding possible conquest by Chinese communists*, Vol.IX, 1949, p.318.

[33] "The Consul at Taipei (Edgar) to the Secretary of State, Taipei, April 29, 1949," United States Department of State, *FRUS, Policy of the United States toward Formosa (Taiwan): concern of the United States regarding possible conquest by Chinese communists*, Vol.IX, 1949, pp.321-322.

德嘉在 5 月 4 日向國務院報告，他說臺灣可以作為一個堡壘，守住一段時間。屆時要看臺灣當局評估(1)島上軍隊之可靠性，是否力量足以擊退中共的進攻；(2)有能力鎮壓島內的反抗；(3)經濟能夠支撐島上建立的政權。美國經濟援助不能影響上述第一點。關於第二點，經過一段時間，可能島上的反抗會減弱。但美國經濟援助的邊緣受惠者會是統治集團和軍隊。關於第三點，控制交易和第一桶黃金，能滿足島上第一年或第二年財政需要，或者更長的時間。最後他建議美國應放棄「經濟合作總署」重建計畫或其他替代「經濟合作總署」進口商品方案，他提出應採行如下計畫：

(1)維持強大的總領事館的人員，鼓勵臺灣政府抵抗共黨入侵及實行開放政策。

(2)繼續慎重接觸臺獨領袖，做長遠打算。

(3)利用肥料進口強化「農村復興聯合委員會」計畫。

(4)勸請臺灣當局聘請懷特（James Gilbert White）為產業工程顧問。

(5)美國與有關國家諮商將臺灣問題提到聯合國討論。[34]

伊德嘉在 1949 年 5 月 4 日又向國務卿提出一份相對延緩援助臺灣的替代計畫，其要點為：

(1)懷特提出重建計畫預定經費約 2 千萬美元。

(2)加緊「農村復興聯合委員會」計畫，使之推行到每個縣，由美國提供五百萬美元進口肥料。

(3)商品進口計畫集中在棉花布、額外的肥料、石油、潤滑油，總值 1 千萬美元到 2 千萬美元。

(4)贈予 2 千萬美元，購買軍需品、軍用補給，以替補目前庫存之不足和非堪用品。

以上總值 6 千萬美元。若能有效使用上述款項，不僅能提升臺灣軍事

---

[34] "The Consul at Taipei (Edgar) to the Secretary of State, Taipei, May 4, 1949," United States Department of State, *FRUS, Policy of the United States toward Formosa (Taiwan): concern of the United States regarding possible conquest by Chinese communists*, Vol.IX, 1949, pp.324-326.

設施和效力，而且能提升臺灣人民平均 10-20% 的生活水準。美國將以上述援助交換下述項目：

(1)長期租用讓美國海軍和空軍使用的基地，此由美國參謀首長聯席會議評估其價值。

(2)由孫立人出任武裝部隊司令，所有臺灣軍事領導人由其篩選，將現在臺灣的一半或三分之二的軍隊送回中國大陸。

(3)臺灣當局聘用懷特為產業工程顧問和工程監督人。

(4)由臺灣銀行聘用第一等級的英國財政經濟學家羅哲斯（Cyril Rogers）出組中央銀行。

(5)在顧問的建議下，美國政府可決定停止經濟援助。[35]

美國為了穩固臺灣之政局，開始對臺灣提供軍事和經濟援助，並考慮租用臺灣之海空軍基地。美國推薦懷特工程顧問公司擔任顧問，協助臺灣改善經濟。臺灣接受此項建議，立即聘請美國懷特工程顧問公司（J. G. White Engineering Co.）擔任工程計畫案之審查，懷特公司並派出經理狄普賽（V. S. De Beausset）於 1949 年來臺擔任負責人。[36]另外，就是支持由孫立人出任武裝部隊司令，將過多的大陸軍人送回中國。9 月 1 日，孫立人正式就職臺灣防衛司令。

1949 年 5 月 9 日，艾奇遜召回伊德嘉到華府，商討有關中國大陸情勢惡化及臺灣的局勢。6 月，政策規劃署（Policy Planning Staff）的肯楠（George F. Kennan）贊同美國國務院對臺灣政策之評估；8 月初，國務院要求國安會重新評估近兩到三個月臺灣之情勢。如同艾奇遜在一封致美國駐上海領事麥康諾（Walter McConaughy）之電報中所說的，美國政府目前正在研究臺灣問題的各個方面，尚未準備做出公開聲明。[37]

---

[35] "The Consul at Taipei (Edgar) to the Secretary of State, Taipei, May 4, 1949," United States Department of State, *FRUS, Policy of the United States toward Formosa (Taiwan): concern of the United States regarding possible conquest by Chinese communists*, Vol.IX, 1949, pp.326-327.

[36] 「美援」，http://zh.wikipedia.org/wiki/%E7%BE%8E%E6%8F%B4（2016 年 9 月 9 日瀏覽）。

[37] Oystein Tunsjo, *US Taiwan Policy, Constructing the Triangle*, (London and New York:

　　美國已開始對臺灣提供軍經援助，但要如何處理臺灣之地位問題，美國想知道英國政府的立場和態度，尤其在 5 月 25 日中共軍隊佔領上海後。所以就派遣美國駐英國大使道格拉斯（Lewis Douglas）向英國外交部諮商，道格拉斯在 5 月 25 日向國務卿艾奇遜就英國外交部對臺灣問題之看法，提出報告說：「英國外交部助理國務次卿丹寧（Maberly E. Dening）表示，英國內閣或外交部官員都未對臺灣問題有所考慮，外交部亦未擬訂政策。假如中國流亡政府在臺灣成立，而臺灣在法律上還不是中國領土，則可能英國在淡水領事館將做為英國派駐中國的大使館。在臺灣設立的中國政府，地位將非常模糊，對世界各國將造成困難，尤其對聯合國。我們是否要給予承認它代表中國？它有權利派遣代表到外國或聯合國嗎？不過有一點可以確定的，西方國家不允許共黨獲得臺灣。一旦共黨控制臺灣，將直接威脅菲律賓和東南亞，共黨可藉由滲透和直接入侵的方式。不容許這種情況發生。」[38]

　　英國外交部的這個「臺灣不能由中國共產黨控制」的觀點非常重要，此跟美國的觀點相近，在獲得英國的共同觀點下，美國才能對臺灣採取下一步的措施，就是如何將臺灣和中國隔開來。

三、將臺灣交由聯合國託管之議論

　　1949 年 6 月 9 日，美國國務院根據國務卿艾奇遜於 3 月 3 日在國家安全會議之講話提出將臺灣問題提交聯合國大會討論的政策建議，聲稱臺灣人民有權舉行公民投票決定自己的命運。[39]然而，英國對此項建議持保留態度，9 月，英國外交部遠東事務助理國務次卿丹寧和美國國務院中國

Routledge, 2008), p.25.

[38] "The Ambassador in the United Kingdom (Douglas) to the Secretary of State, London, May 25, 1949," United States Department of State, *FRUS, Policy of the United States toward Formosa (Taiwan): concern of the United States regarding possible conquest by Chinese communists*, Vol.IX, 1949, pp.341-342.

[39] 國史館編，臺灣主權與一個中國論述大事記，國史館印行，臺北縣，民國 91 年，頁 11。

事務處助理處長（Assistant Chief of the Division of Chinese Affairs）福瑞曼（Fulton Freeman）舉行會談，他向美國正式表明英國對臺灣的 5 點意見：(1)中國國共兩黨都將對臺灣提出主權要求。(2)沒有四大國協議無法改變目前臺灣的法律地位。(3)不大可能將臺灣問題提交聯合國，這樣害多於利。(4)誰控制臺灣要看國共鬥爭的結果。(5)臺灣落入共產黨手中的可能性很大，很難阻止，只有希望共產黨佔領該島時不致是個災難。[40]從而可知，當時英國不太贊同將臺灣問題提交聯合國處理，英國所講的「害多於利」，應就是指投票時贊成由中華人民共和國取得臺灣的控制權的國家數量會多於反對者。

9 月 13 日，美國駐聯合國副代表杰素普（Philip C. Jessup）、國務院東亞與太平洋事務助理國務卿巴特沃思、國務次卿韋伯（James E. Webb）、助理國務卿馬克基（George C. McGhee）、美國國務院遠東事務副助理國務卿莫昌特（Livingston T. Merchant）、司徒雷登大使、國務院遠東事務助理國務卿魯斯克（Dean Rusk）等人在華府開會，討論準備與英國外長貝文（Ernest Bevin）會談之資料，關於臺灣問題，杰素普提議能否說服蔣中正提出由聯合國委員會來處理臺灣問題？莫昌特認為英國不會贊同此一問題，若將該一問題提交聯合國，將是弊大於利。魯斯克認為美國應至少向蔣中正勸告，他指出美國的意見是要求中國政府對臺灣問題採取某些行動，而不要軍事干預。杰素普也懷疑將該問題提交聯合國的勝算。他感覺此將顯示聯合國的弱點。司徒雷登大使指出美國若站在臺灣一邊，將引發中國人反美的情緒。莫昌特認為鑑於蔣中正期望美國和蘇聯近期內會發生戰爭，故蔣中正不會讓步。[41]

---

[40] "Memorandum of Conversation, by the Assistant Chief of the Division of Chinese Affairs (Freeman), [Washington], September 9, 1949," United States Department of State, *FRUS, Policy of the United States toward Formosa (Taiwan): concern of the United States regarding possible conquest by Chinese communists*, Vol.IX,1949, pp.389-390.

[41] "Report by Mr. Charles W. Yost, Special Assistant to the Ambassador at Large (Jessup), Subject: Discussion of Far Eastern Affairs in Preparation for Conversation with Mr. Bevin, Washington, September 16, 1949," United States Department of State, *FRUS, The Far East and Australasia (in two parts) 1949*, Vol. VII, pp.1204-1207.

　　中華民國中央政府在 10 月 12 日撤離廣州，遷往重慶。中國東半部都落入中共之手。

　　然而，面對中國此一變局，美國參謀首長聯席會議沒有改變他們之前的考慮。10 月，美國參謀首長聯席會議重申他們較早前的意見，即在外交和經濟步驟證明未能成功地阻止共黨的統治，及繼續未能將臺、澎視為很重要的情況下，臺灣之戰略重要性不能作為公開軍事行動之藉口，因為美國需在別的地方部署軍隊，美國的軍事資源是有限的，不會選在此時將兵力投放在臺灣。在該月底，艾奇遜致電報給美國駐中國代辦史特隆（Robert C. Strong），指示他通知國民黨領袖，美國政府無意承諾以軍隊防衛臺灣島。[42]因為美國擔心中國民族主義分子批評美帝入侵中國領土臺灣。

　　1949 年 11 月 2 日，美國陸軍部民事署署長（Chief, Civil Affairs Division）馬格魯德少將（Major General Carter B. Magruder）、麥克阿瑟將軍（General Douglas MacArthur）的參謀巴勃科克（Col. C. Stanton Babcock）、國務院東亞與太平洋事務助理國務卿巴特沃思、國務院東北亞事務辦公室費爾瑞（Robert A. Fearey）等官員在華府開會，由於巴勃科克剛從東京抵達華府，他報告了麥克阿瑟將軍對於對日和約草案的意見，其中對於臺灣問題，他說麥帥認為臺灣沒有落入共黨之手是極為重要之事，他不認為由美國控制該島是根本要務，而是認為應採用「不擇手段」（by hook or by crook），而使該島不落入共黨之手。與會的巴特沃思表示此一觀點大家可以理解，但「不擇手段」卻難以設計。巴勃科克說麥帥對此沒有建議。麥帥認為臺灣不應落入共黨一方，其轉向日本可能更好。他又說應將琉球視為島鍊防線的重要一環。[43]

　　美國國務院將 11 月 2 日草擬的對日和約草案版本送給美國日本事務

---

[42] Oystein Tunsjo, *op.cit.*, p.25.

[43] "Memorandum of Conversation, by Mr. Robert A. Fearey, of the Office of Northeast Asian Affairs, Subject: General MacArthur's Views on a Japanese Peace Treaty, Washington, November 2, 1949," United States Department of State, *FRUS, The Far East and Australasia (in two parts) ,1949*, Vol.VII, pp.890-894.

政治顧問（United States Political Adviser for Japan）西勃德（W. J. Sebald），請其提供意見，西勃德在 11 月 14 日致函美國國務卿艾奇遜，表示他曾和麥克阿瑟將軍研商對日和約草案內容，他們提出共同的看法，對於和約第四條，假如為了安全而做的部署最後影響到臺灣及鄰近島嶼，則建議要考慮臺灣在公投後交由託管的問題。[44]

　　西勃德又在 11 月 19 日從東京致函美國國務卿艾奇遜，信中附了一份針對 11 月 2 日對日和約草案的評論意見，標題是「對對日和約草案之評析意見」（Comment on Draft Treaty of Peace with Japan），他建議刪除第四條到第十二條的領土部分，可在簽署國簽署的條約之附件中加以規定，在條約本文中將直接讓渡的規定刪除。在附件的協議本中有關於臺灣問題，建議考慮給予公民投票以決定是否由聯合國託管，理由是受到中國混亂情況之干擾，已使「開羅宣言」自動處置臺灣失效。（在 11 月 2 日「對日和約草案」的註解中的討論，考慮到中國可能無法成為簽約者，在決定臺灣之處置時，似乎對我們是不好處理的重要的政治和戰略因素。）[45]西勃德的觀點有兩個重點，第一是「開羅宣言」已無法處理臺灣問題；第二，臺灣可由公投來決定是否由聯合國託管。

　　英國政府則對於美國軍援臺灣感到憂慮，12 月 6 日，英國駐美國參事格拉福斯（Counselor H. A. Graves）與美國國務院遠東事務副助理國務卿莫昌特（Livingston T. Merchant）會談，格拉福斯非常關心美國提供武器給臺灣，若被中共奪去，將會用來攻打香港。請美國慎重考慮。莫昌特答覆稱，美國對臺灣之政策是不以武力保衛臺灣，並已將該決定通報蔣中正。美國將提供給臺灣充足的軍事、經濟和金融援助，使能夠抗衡中共的入侵。最近美國運給臺灣的軍用物資 1 億 2 千 5 百萬美元，是過去中國向

---

[44] "The Acting Political Adviser in Japan (Sebald) to the Secretary of State, [Tokyo,] November 14, 1949," United States Department of State, *FRUS, 1949, The Far East and Australasia (in two parts) (1949)*, Vol.VII, 1949, pp.898-899.

[45] "United States Political Adviser for Japan W. J. Sebald to the Secretary of State, No. 806, Secret, Subject: Comment on Draft Treaty of Peace with Japan, Tokyo, November 19, 1949," http://en.wikisource.org/wiki/Comment_on_Draft_Treaty_of_Peace_with_Japan（2016 年 8 月 28 日瀏覽）。

美國購買軍備的款項，其中包括坦克車、軍用車輛、槍砲等，有少數是飛機。格拉福斯認為中共終究要奪取臺灣，美國這樣做是有矛盾的。莫昌特答覆稱，美國要用各種可能的及可行的方法協助臺灣，以免其為中共佔領。美國希望臺灣能自我防衛。[46]

英國駐美國大使法蘭克斯（Sir Oliver Franks）在 12 月 8 日應美國國務卿艾奇遜之邀，前往國務院舉行會談，雙方首先談到臺灣問題，法蘭克斯表示他的政府對於臺灣問題有兩個觀點，第一是中國繼續將軍事物資運至臺灣，英國擔心遲早臺灣會落入中共手裡，中共會利用該一軍事武器攻擊香港，特別是中型和重型坦克及飛機。第二，他想瞭解在英國外相貝文前次訪問華府會談後，美國對臺灣之態度是否有改變。艾奇遜表示美國總統同意參謀首長聯席會議的建議，即臺灣尚未具戰略重要性，美國政府尚無利用武力阻止臺灣落入中共之手，惟美國已盡力從政治和經濟手段努力阻止該事發生。為達此目的，我們最近企圖讓蔣中正瞭解他的誤解，叮囑他採取必要的行動堅定其立場，利用島上所有的要素以達成功。[47]

12 月 7 日，國民黨政府又自重慶遷至臺北。12 月 10 日，國民黨總裁蔣介石由成都飛抵臺灣。臺灣成為國民黨政府反抗中共的避難基地。臺灣和中國大陸正式分隔開來。

面對中國內戰的定局，美國國務院遠東事務局（Bureau of Far Eastern Affairs）於 12 月 15 日對於如何處置日本領土問題，提出了「關於處置前日本領土之領土條款和協議」（Territorial Clauses & Agreement Respecting the Disposition of Former Japanese Territories）之報告。其中第四條規定日本放棄除了第三條之領土之外的領土之委任權利（mandate right）、權利

---

[46] "Memorandum of Conversation, by the Director of the Office of Chinese Affairs (Sprouse), Washington, December 6, 1949," United States Department of State, *FRUS, Policy of the United States toward Formosa (Taiwan): concern of the United States regarding possible conquest by Chinese communists*, Vol.IX, 1949, pp.435-436.

[47] "Memorandum of Conversation, by the Secretary of State, participants: Sir Oliver Franks (British Ambassador), The Secretary, Mr. W. Walton Butterworth (Assistant Secretary, FE), Washington, December 8, 1949," United States Department of State, *FRUS, The Far East: China (1949), Policy of the United States toward Formosa (Taiwan): concern of the United States regarding possible conquest by Chinese communists*, Vol.IX, 1949, pp.442-443.

名義和主張。盟國及附屬國家方（Associated Powers Party）（按：指當時還沒有獨立的菲律賓、越南等）於 1950 年簽署對日和約，關於日本放棄之領土處置如下：

第一條：盟國及附屬國家方同意日本歸還下述領土主權給中國：臺灣島及鄰近島嶼，包括彭佳嶼（Agincourt, Hoka Sho）、棉花嶼（Crag, Menka Sho）、花瓶嶼（Pinnacle, Kahei Sho）[48]、綠島（Samasana, Kasho To）、蘭嶼（Botel Tabago, Koto Sho）、小蘭嶼（Little Botel Tabago, Shokoto Sho）、七星岩（Vele Reti Rocks, Shichisei Seki）、小琉球（Lambay, Ryukyu Sho），以及澎湖列島（Hoko Shoto），以及在日本獲得權利名義的北緯 26 度、東經 121 度至東經 122 度 30 分；向南到北緯 21 度 30 分；向西經由巴士海峽到東經 119 度；向北到北緯 24 度；再向東北到起始點線內的其他島嶼。此線標示在目前的協議本中。[49]

美國國務院東北亞事務處費爾瑞在 1949 年 12 月 29 日致函國務院東北亞事務處主任阿里生（John M. Allison），說明對 11 月 2 日對日和約部分條款加以修改之處，第四點提及，已將領土一章結尾的六個條款整合成兩個條款（已準備及考慮讓草案體現西勃德之建議，使領土一章更為簡短，即日本僅宣布放棄其未控有之領土之權利和權利名義，盟軍和附屬權力方以個別協議加以處置，但在與國務院法律顧問費瑟（Adrian S. Fisher）討論後，這樣做將減弱美國對於臺灣、庫頁島和千島群島的掌控，假如中國和蘇聯不參加和議，因此西勃德之想法就放棄了。）[50]

聯合國大會針對中國局勢，在 1949 年 12 月 8 日通過第 291 號決議案，稱為「促進遠東國際關係穩定」案（Promotion of the Stability of

---

[48] 根據「USS Sea Poacher (SS406) War Patrol #2」一文，從潛水艇在海下測得 Kahei Sho 的經緯度為 25°25.3'N, 121°56.5'E，此與花瓶嶼的經緯度 25°49'29"N、121°56.5'E 相近，可以確定 Kahei Sho 是指花瓶嶼，美國國務院遠東局有誤植之處。http://www.seapoacher.com/WARPATROL2web.pdf（2016 年 9 月 9 日瀏覽）。

[49] "Territorial Clauses and Agreement respecting the disposition of former Japanese territories, Dec. 1949," http://en.wikisource.org/wiki/Territorial_Clauses_%26_Agreement_Respecting_the_Disposition_of_Former_Japanese_Territories,_Dec,_1949（2016 年 9 月 9 日瀏覽）。

[50] "Draft Treaty of Peace with Japan," https://en.wikisource.org/wiki/Draft_Treaty_of_Peace_With_Japan#/media/File:SF_DRAFT_491229_Fearey_01.jpg（2016 年 8 月 24 日瀏覽）。

International Relations in the Far East），呼籲各國尊重中國人民自由選擇政治體制與不受外國控制的獨立政府、禁止外國在中國尋求勢力範圍或建立外國控制的政府及在中國境內尋求獲取特權。[51]同一天又通過第 292 號決議案，稱為「蘇聯違反 1945 年 8 月 14 日『中蘇友好及同盟條約』和『聯合國憲章』，威脅中國的政治獨立和領土完整」（Threat to the Political Independence and Territorial Integrity of China and to the Peace of the Far East, Resulting from Soviet Violations of the Sino-Soviet Treaty of Friendship and Alliance of 14 August 1945, and from Soviet Violations of the Charter of the United Nations）案，涉及違反憲章原則和聯合國之威望，需要進一步加以檢討和研究。由大會臨時委員會進行研究後，向大會提出報告，或提請秘書長注意，向安理會報告。[52]

　　基於上述聯合國決議案，以及為了消除美國軍經援助臺灣所帶來的國際社會之疑慮，杜魯門總統在 1950 年 1 月 5 日發表「關於臺灣的聲明」：

　　　　基於前述原則可特定應用到目前臺灣的情況。1943 年 12 月 1 日由美國總統、英國首相和中國總統發表的「開羅宣言」，目的在將日本偷自中國的臺灣和澎湖領土歸還中華民國。美國是 1945 年 7 月 26 日「波茨坦宣言」的簽字國，宣布應執行「開羅宣言」之條件。日本在投降時接受此一宣言。為遵守該項宣言，臺灣是向蔣介石投降，在過去四年，美國和其他盟國接受中國在臺灣行使權力。美國對於臺灣或任何其他的中國領土沒有掠奪性的計畫。美國不想獲取任何特權，或在此時在臺灣建立軍事基

---

[51] "Resolution 291 (IV), Promotion of the stability of the international relations in the Far East," http://daccess-dds-ny.un.org/doc/RESOLUTION/GEN/NR0/051/10/IMG/NR005110.pdf?OpenElement（2016 年 9 月 9 日瀏覽）。

[52] "Resolution 292 (IV),Threat to the Political Independence and Territorial Integrity of China and to the Peace of the Far East, Resulting from Soviet Violations of the Sino-Soviet Treaty of Friendship and Alliance of 14 August 1945, and from Soviet Violations of the Charter of the United Nations," http://www.un.org/documents/ga/res/4/ares4.htm（2016 年 9 月 9 日瀏覽）。

地。美國也無意以武力干預現在的情況。美國政府無意捲入中國
的內部衝突。同樣地，美國無意對目前在臺灣的中國軍隊提供軍
事援助或建議。鑑於美國政府給予臺灣的資源，剛好是合乎他們
認為維持自衛需要的項目。美國政府建議繼續依據現行立法之授
權，提供給臺灣「經濟合作總署」之經濟援助計畫。[53]

　　1950 年 1 月 5 日，美國國務卿艾奇遜在記者招待會上說：「我們在
對華關係上的立場，絕無絲毫可疑，這是很重要的。現在，這個立場是怎
樣的呢？大戰期間，美國總統、英國首相和中國國民政府主席，在開羅同
意：臺灣是日本從中國竊去的地方，因之臺灣應交還給中國。一如總統於
今晨所指出，開羅的聲明已包含在前此『波茨坦宣言』中，而『波茨坦宣
言』則為日本投降時處理之依據，並已為日本投降時所接受，日本投降不
久，臺灣即根據該宣言以及投降條件，交給了中國。中國管理臺灣已達四
年之久，美國或其他任何盟國對於該項權利及該項占領，從未發生疑問。
當臺灣改為中國一省時，沒有一個人發出法律上的疑問，因人們認為那是
合法的。現在若干人認為情形改變了，他們認為現在控制中國大陸的那個
勢力，對我們是不友好的，而那個勢力不久終將獲得其他若干國家的承
認。因此，他們就要主張：『好，我們要等待一個條約吧！』但我們並未
等待一個關於韓國的條約，我們並未等待一個關於千島群島的條約，我們
也未等待一個由我們代管的各島的條約。」[54]他又說：「我們無意使用武
力，與目前在臺灣的情勢關連起來。我們無意捲入在臺灣島上的任何形式
的軍事行動。」（We do not intend to use force in connection with the
current situation on Formosa. We do not intend to seize the island. We do not
intend to become involved in military action on the island of Formosa in any

---

[53] *Public papers of the Presidents of the United States*, Harry S. Truman, 1950. (Washington D.
C.: Office of the Federal Register, National Archives and Records Administration), pp.11-12.
http://quod.lib.umich.edu/p/ppotpus/4729038.1950.001/57?rgn=full+text;view=im age（2016
年 9 月 9 日瀏覽）。

[54] 國史館中華民國史事紀要編輯委員會編，中華民國史事紀要，民國三十九年一月六日，
國史館出版，臺北縣，1973 年，頁 60-61。

form.）

　　但是 1950 年 6 月 25 日爆發韓戰，美國政府完全改變其對臺灣之態度，27 日，杜魯門總統宣示臺灣中立化，臺灣未來地位應待太平洋恢復安全、與日本締結和約，或由聯合國決定。[55]美國宣布臺灣中立化之目的在隔開臺灣海峽兩岸以免爆發可能的戰爭，同時將臺灣地位變成不屬於中國的不確定狀態，俾便協防臺灣時不致發生干涉中國內政的問題。

　　美國國務院在 7 月重新評估「對日和約」有關前日本領土問題，該評估報告說：「在東京的代理政治顧問建議將日本將宣布放棄的一長串領土的條文簡化為兩條，一條規定列出日本保有的領土，另一條則列出日本放棄其以前的領土和領土主張，無須一個一個列舉，而改由盟國或附屬國個別與日本簽約時載明。在討論時將該項建議放棄，因為擔心可能中國和蘇聯不簽署和約，或個別的協議及最後處置臺灣、南庫頁島和千島群島因此延後，美國及其盟國在最後處置這三塊領土的權利，若是在這三塊領土脫離日本後來處理，則可能會比在日本主權控制下來處理更為減弱。由於日本的權利名義消失了，中國和蘇聯就可以主張自動恢復其以前領土的權利名義。而且也想到美國難以對其盟國合理解釋這種乖離常態作法的行為，此一改變的唯一理由就是要顧及日本的情面。」[56]

　　8 月 7 日，美國國務卿顧問杜勒斯（John Foster Dulles）（他在 5 月 18 日由艾奇遜推薦經杜魯門總統任命為「對日和約」的談判者）和國務院東北亞事務處主任阿里生聯合草擬了「對日和約草案」，在 8 月 9 日將該草案送呈主管經濟事務的助理國務卿索普（Willard L. Thorp）參考，該草案第四章領土第五條規定：「日本接受由美國、英國、蘇聯和中國今後

---

[55] United States, Department of State, Historical Office, *American Foreign Policy,1950-1955: Basic Documents, Department of State Publication 6446*, General Foreign Policy Series 117, Released December 1957 (Washington, D. C.: U. S. Government Printing Offices), pp.2539-2540. 國史館中華民國史事紀要編輯委員會編，中華民國史事紀要，民國 39 年 6 月 28 日，國史館，臺北縣，1973 年，頁 913。

[56] "Draft Treaty of Peace with Japan," https://en.wikisource.org/wiki/Draft_Treaty_of_Peace_With_Japan#Commentary_on_Draft_Treaty_by_the_Department_of_State_on_July.2C_1950（2016 年 9 月 23 日瀏覽）。

所同意決定之對臺灣、澎湖、北緯 50 度以南的庫頁島和千島群島之未來地位。假如一年內未能達成協議，則條約各造將接受聯合國大會之決定。」[57]

8 月 23 日，國務院顧問（Counselor of the Department of State）肯楠（George F. Kennan）致送國務卿一份備忘錄，對於「對日和約草案」之內容提出他的看法，有關臺灣問題，他說：「〔建議〕以聯合國主持的公投來處理臺灣問題的途徑，而美國沒有參加，接著臺灣以後任何當權的政府，使臺灣完全非軍事化，而由聯合國充當長期的監督者。應注意者，此不隱含要與蘇聯簽署成文協議。事實上，若嘗試與蘇聯談判該項問題，可能會帶來災難。」[58]換言之，肯楠認為臺灣由聯合國主導公投，會涉及和蘇聯談判，成功的可能性不大。

從 8 月開始，美國在臺灣派駐「遠東總司令」（Commander-in-Chief, Far East CINCFE）的代表作為美國駐臺代辦的軍事顧問。美國另外在臺灣也派駐「經濟合作總署任務團」，他們三者共同構成美國協助臺灣軍經援助的機構。[59]在 8 月初，依據麥克阿瑟於 7 月 31 日到訪臺灣時之指示，在臺灣部署了三個中隊的美國軍機，有些運輸機是從琉球和馬尼拉飛來臺灣。另有兩架 C-54 運輸機將從東京飛抵臺灣。美國空軍進駐新竹和臺南機場。[60]由於麥帥之該項指令未事先獲得美國聯合參謀總長之同意，而遭到指責。麥帥稱該項美軍機進駐臺灣，並非將飛機移轉給臺灣，而是

---

[57] "Memorandum by the Consultant to the Secretary (Dulles) to the Assistant Secretary of State for Economic Affairs (Thorp), [Wasshington,] August 9, 1950," United States Department of State, *FRUS, 1950, East Asia and the Pacific (1950)*, Volume VI, 1950, pp.1267-1268.

[58] "Memorandum of George F. Kennan to State Secretary , 23 August 1950," *Harry S. Truman Library and Museum*, p.6, http://www.trumanlibrary.org/whistlestop/study_collections/korea/large/documents/pdfs/ki-14-7.pdf（2016 年 9 月 23 日瀏覽）。

[59] "The Secretary of State (Acheson) to the Embassy in China, Washington, August 14, 1950," United States Department of State, *FRUS, 1950, The China Area (1950)*, Volume VI, 1950, pp.434-438.

[60] "The Chargé in China (Strong) to the Secretary of State, Taipei, August 3, 1950," United States Department of State, *FRUS, 1950, The China Area(1950)*, Volume VI, 1950, pp.410-412.

在視察臺灣的防務、讓美軍飛行員熟習從琉球、馬尼拉到臺灣航線及提振臺灣的士氣。[61]麥克阿瑟之作法與國務院官員不想將臺灣當作美國對抗共產中國之軍事基地之想法背道而馳。儘管美國國務院不滿麥帥之作法，臺灣已因為韓戰爆發而被納入美國空防巡邏的範圍。

9月4日，美國國務院東北亞事務處主任阿里生致送國務卿艾奇遜一份備忘錄，表示他已和陸軍部長辦公室佔領區特別助理（Special Assistant for Occupied Areas in the Office of the Secretary of the Army）馬格魯德將軍討論對日和約草案內容，而且綜合了杜勒斯的意見，對「對日和約草案」內容做了修改，其中雙方接受的條款，在領土方面有：「日本應放棄臺灣、澎湖列島、南庫頁島和千島群島的所有主張，並接受簽約國或聯合國未來對它們的處置。」[62]

對於美國對臺灣之地位的重新定位，中華民國駐美大使顧維鈞在9月5日發了一份密電給中華民國外交部，他說：

> 惟美則於6月27日、7月19日二文件中及最近杜總統致美代表函中，均表示一反杜總統1月5日之宣言，而認臺灣為對日戰爭之協約國佔領地，依照開羅、波次坦及日本受降條件，交由我國佔領，至其永久地位，尚須經「對日和約」或聯合國確定。依蘇聯與中共之主張，臺灣既為中國領土，美之出為保護，即係干涉與侵略行為。依美之主張，則美之保臺之舉，在公法上尚能言之成理，我若亦認臺灣純為中國領土，並非收復失地，尚待「對日和約」完成最後手續，則與蘇聯、中共主張不謀而合，所存爭點，僅係何方為中國。以我看法，我既為合法政府，所謂中

---

[61] "The Joint Chiefs of Staff to the Commander in Chief, Far East (MacArthur), Washington, August 14, 1950," United States Department of State, *FRUS, 1950, The China Area(1950)*, Volume VI, 1950, p.439.

[62] "Memorandum by the Director of the Office of Northeast Asian Affairs (Allison) to the Secretary of State, Top Secret, Subject: Japanese Peace Treaty, [Washington,] September 4, 1950," United States Department of State, *FRUS, 1950, East Asia and the Pacific(1950)*, Volume VI, 1950, pp.1290-1292.

國當然由我代表，中共無權過問，然則美保臺之舉，公法上難為
辯護，除非聲明係我所贊成歡迎，而中共與蘇聯堅持中共即為中
國，則責美侵略有所根據，而否認我贊成之權，一般已承認中共
之國家，既亦以中共即是中國，或亦視臺灣應歸中共，則對美保
臺政策，亦難表示贊助。據上星期美外交次長所告鈞者，且應今
後其他各國紛紛接踵承認中共，而使臺灣國際地位益難保持，故
此點公法問題我宜先決定態度，然後應付美案方有把握。近三月
來，美國一再聲明主張臺灣地位問題待諸將來決定，亦因有鑑於
此問題之複雜與重要，姑先以目前臺灣已由我治理控制，且為我
政府駐地之事實為重，而置臺灣法律上之地位問題於日後解決，
一面在未解決前，盼能將保臺之責任歸聯合國擔任，不由美國無
限制單獨負擔，現在國際局勢動盪日甚，今後演變難測，綜觀利
弊，美之看法未必於我損多益少，究應如何，統計裁奪。顧維
鈞。[63]

他建議接受美國的新的對臺政策，即以事實佔有臺灣為重，有關臺灣之法
律地位則日後再予解決。

　　9 月 11 日，美國國務院準備了一份尚未經國務卿簽署的「對日和約
草案」，第四章領土第五條有關臺灣的領土問題，它規定：「日本接受英
國、蘇聯、中國和美國未來對於臺灣、澎湖列島、北緯 50 度以南庫頁島
和千島群島之地位之決定。若和約生效後一年內尚未決定，將由聯合國大
會決定。」[64]該項草案是與國防部共同商議的結果。

　　9 月 21 日，美國代表團以備忘錄致聯合國秘書長主張大會考慮臺灣
地位問題（稱為「臺灣問題案」）。在該解釋照會中，美國引述了「開羅

---

[63] 全宗名：蔣中正總統文物，典藏號：002080106018009，國史館藏，題名：「顧維鈞呈
蔣中正有關臺灣地位與承認中共政權及控蘇案往來電文」，民國 39 年 9 月 5 日發電，
外交部收電機字第 4420、4421 號。

[64] "Unsigned memorandum prepared in the Department of State, secret, [Washington,]
September 11, 1950," United States Department of State, *FRUS, 1950, East Asia and the
Pacific (1950)*, Volume VI, 1950, pp.1296-1298.

宣言」和「波茨坦宣言」以及日本投降,表示:「正式移轉臺灣給中國,需等待與日本簽定和平條約或其他合適的正式協議。」[65]

美國國務院顧問杜勒斯在 10 月 20 日約晤中華民國駐美大使顧維鈞,面交有關「對日和約」問題節略,內載美國所提七點原則,其中關於領土問題為:「(丙)接受英、蘇、中、美對臺灣、澎湖、庫頁島南半島及千島地位之將來之決定,倘於和約實行後一年內不能解決,聯合國大會應做決定。」中華民國行政院長陳誠在 10 月 31 日在官邸召集相關首長開會,做成決議,外交部在 11 月 1 日電知顧大使上述決議的意見:「查我向主張臺灣、澎湖已係我國領土,在法律上及事實上,我當仍繼續如此主張,美方對此項立場雖不贊同,但於我方處境及不得不堅持此項立場之理由,亦尚能諒解,在此種情形下,惟有各持己見,而另在其他方面力謀合作,至關於臺灣及澎湖之未來法律地位,則惟有儘量予以拖延。為易取得美方合作計,我可同意美方所提上述丙項辦法,惟望能加入下述各點(一)美方所定一年期限酌予延長;(二)南庫頁島及千島問題應與臺灣、澎湖問題同時同樣解決(未必能辦到,但我仍不妨作此要求),其餘有關領土各節我可贊同。」[66] 11 月 3 日,行政院第 153 次會議同意上述的決議辦法。

杜勒斯在與顧維鈞會談時,對於臺灣地位之處置答覆稱:「美之用意,欲將臺灣地位暫且凍結。因美雖切望世界大戰不再爆發,但並無把握;深不願臺灣落入仇視美國者之手,尤不願為蘇聯利用。美國人力不足,對太平洋防衛,祇能利用海軍、空軍樹立強固防線。倘一朝有事,美能控制亞洲沿海大陸,而臺灣島正在此防線之內。凍結臺灣島地位,即是維持中國國民政府地位。故深盼貴國代表不在聯合國會議席上積極反對美國對臺立場。如貴國政府為表明貴國立場,而聲明臺灣為貴國領土,美可

---

[65] "Appendix C: Memorandum from　L/EA – Robert I. Starr to EA/ROC – Charles T. Sylvester, Subject: Legal Status of Taiwan, July 13, 1971," in John J. Tkacik, ed., *Rethinking One China*, Washington, D. C.: The Heritage Foundation, 2004, pp.181-193, at p.184.

[66] 中央研究院近代史研究所檔案館藏,「對日和約問題案」,「對日和約」,外交部檔案,檔號:012.6/0091,頁 53;「對日和約問題案辦理情形簡明表」,頁 56。

瞭解。但如貴國在會議席上堅決反對美國對臺立場，力與爭辯，未免增加美國困難，使美不能貫徹保持臺灣，維持貴國政府國際地位之宗旨。蓋如美亦認臺灣已純為中國領土，不特貴國政府代表權問題即須解決，而美之派遣第七艦隊保臺，及自取領導地位，出為主持此案，亦將失卻根據，故盼閣下詳報政府，剴切說明理由，望能調令蔣代表（按指中華民國駐聯合國代表蔣廷黻）勿過分反對美國立場，余並擬與蔣代表一談。」[67]

　　美國國務卿艾奇遜在 10 月 23 日和杜勒斯、巴托（Lucius D. Battle）和阿里生會談臺灣問題，阿里生首先表示英國政府主張將臺灣歸給共產中國，此點與美國主張不同，此應與英國先協商解決。杜勒斯隨即提出他的看法，他說美國有責任將最後處置臺灣和簽署「對日和約」二者關連起來，美國關心日本安全解決，也希望臺灣問題之解決能有助於亞太和平和穩定及人民之幸福。美國不想懷疑「開羅宣言」和「波茨坦宣言」之效力，也不認為臺灣不應回歸中國。但目前控制中國大陸的政權並非簽署「開羅宣言」時的政府，臺灣人民是否願意歸由共產中國統治並不清楚。「對日和約」在對臺灣做出決定之前，聯合國至少應考慮以下四點：

　　第一，可以假定在簽署「開羅宣言」和「波茨坦宣言」時臺灣人民想回歸中國，但後來局勢變化，此一假設今天未必有效。聯合國應探詢臺灣民意。

　　第二，假如臺灣在政治上屬於中國，可否有自治權？以符合「聯合國憲章」非自治領人民之權利。

　　第三，臺灣受日本統治五十年，二者經濟關係緊密，可否讓臺灣和日本繼續維持此一密切的經濟關係，使雙方蒙利。

　　第四，鑑於臺灣戰略地位重要，為免使其最後處置影響西太平洋之安全，應考慮使其變成永久中立地位。為維持和平，聯合國應立即派遣和平觀察團前往臺灣，協助維持現狀。

　　艾奇遜表示贊同杜勒斯的觀點，並請他就上述觀點繼續努力。艾奇遜

---

[67] 中央研究院近代史研究所檔案館藏，「顧大使與杜勒斯第一次談話」（1950 年 10 月 20 日），「顧維鈞大使與杜勒斯談話紀錄」，外交部檔案，檔號：012.6/0158，頁 4-5。

指出若杜勒斯的建議要能執行，則臺灣領導人蔣中正可能被更換，美國才能援助新領導人，聯合中國大陸不滿人士，協助其重回中國大陸，推翻共黨政權。但艾奇遜和杜勒斯都同意此不符合美國在聯合國之政策，美國無意利用臺灣作為臺灣重新控制中國大陸之軍事冒險之基地。若中共以武力侵略臺灣，而聯合國考慮此一情勢，則美國會重新評估其對臺政策。美國此時可利用臺灣作為宣傳的據點，臺灣亦可暗中和中國大陸反抗分子聯繫。[68]

顧維鈞在 10 月 23 日與美國國務院對日和議特別顧問杜勒斯會談，美方的報告稱：「他〔顧維鈞〕反對「對日和約」中規定臺灣之地位交由聯合國決定。他說他了解中國的觀點，但他要確定中國瞭解美國的立場。他指出，僅因為美國持著一種觀點，臺灣是一個問題，所以要由國際協議來解決，美國可用第七艦隊來保護臺灣。假如我們接受中國的觀點，我們若以第七艦隊保護臺灣，就會構成干涉中國內政問題。顧博士說，他的政府不會改變其態度，但指出中國不會強烈企圖以『〔美國有〕一種樂於繼續助人的態度』理由來困擾美國。」[69]

10 月 25 日，美國國務院遠東事務助理國務卿魯斯克以電話向杜勒斯稱，「我想我們最好不提『開羅宣言』，若提及，則臺灣問題就會被提到聯合國討論，在達成有關和平解決之恰好的公式（flat formula）之前，是很難有順利的討論。」「關於臺灣和澎湖列島，我相信很適合在聯合國討論。假如是如此的話，則如何執行『開羅宣言』之目的，使之和『聯合國

---

68 "Memorandum of Conversation with John Foster Dulles, Lucius D. Battle and John W. Allison, Subject: Formosa, October 23, 1950," *Harry S. Truman Library & Museum*, Acheson Memoranda of Conversation, http://www.trumanlibrary.org/sitesearch.htm?cx=00871074393 3556765127%3Ag3_3qxxfiqg&cof=FORID%3A10&ie=UTF-8&q=formosa&siteurl=www.tru manlibrary.org%252F&sa.x=19&sa.y= 11（2016 年 9 月 23 日瀏覽）。

69 "Memorandum of conversation, by Colonel Stanton Babcock of the Department of Defense, subject: Japanese Peace Treaty, participants: Dr. Wellington Koo, Ambassador of China; Dr. Tang, Chinese Embassy; Mr. Dulles, Allison, Colonel Babcock, [New York,] October 23, 1950," United States Department of State, *FRUS, 1950, East Asia and the Pacific (1950)*, Volume VI, 1950, pp.1324-1325.

憲章』第 73 條[70]的義務相一致，該義務現在由對抗日本的同盟國所承擔。」[71]

杜勒斯接著在 10 月 26-27 日和蘇聯駐聯合國大使馬力克（Yakov Malik）協商「對日和約」，杜勒斯指出：「關於臺灣和澎湖列島，美國認為很適合在聯合國討論。假如是如此的話，則如何執行『開羅宣言』之目的，使之和『聯合國憲章』第 73 條的義務相一致，該義務現在由對抗日本的同盟國所承擔。美國此項建議可被視為與四強所採取的行動相平行，當他們發現無法對義大利之殖民地達成協議時，將問題交給聯合國處理。」馬力克答覆稱：「蘇聯反對將臺灣問題交由聯合國討論，因為臺灣問題已在開羅解決，且在波茨坦確認，因此，臺灣問題是中國的內政問題。」馬力克說他無法理解「臺灣問題」和「義大利殖民地」有何平行關係？因為臺灣問題在戰時已經由四強同意歸還中國，而「義大利殖民地」問題並無該種協議。馬力克又說，美國的「對日和約備忘錄」表明當「對日和約」生效後一年內未能對臺灣問題達成一致意見時，將把該一問題提交聯合國討論。但美國未能等待該一時間的屆期，現在就將臺灣問題提到聯合國。杜勒斯解釋說，像「義大利殖民地」問題在聯合國討論會耗費時日，在臺灣問題提到聯合國議程之前，美國已在 9 月 11 日準備好備忘錄，假如在稍後做好準備，則其內容可能不同。目前此項備忘錄已分送遠東委員會（Far Eastern Commission）各會員國，蘇聯應該也已收到此一備忘錄。[72]

顧維鈞在 10 月 27 日將其與美國國務院對日和議特別顧問杜勒斯會談有關美國的對臺政策報告外長王世杰，內容要點如下：

---

[70] 聯合國憲章第 73 條規定：「聯合國各會員國，於其所負有或擔承管理責任之領土，其人民尚未臻自治之充分程度者，承認以領土居民之福利為至上之原則，並接受在本憲章所建立之國際和平及安全制度下，以充分增進領土居民福利之義務為神聖之信託。」

[71] "Memorandum of telephone conversation, by the Assistant Secretary of State for Far Eastern Affairs (Rusk), [Washington,] October 26, 1950," United States Department of State, *FRUS, 1950, East Asia and the Pacific (1950)*, Volume VI, 1950, pp.1325-1326.

[72] "Memorandum of conversation, by Colonel Stanton Babcock of the Department of Defense, Subject: Japanese Peace Treaty, [New York,] October 26-27, 1950," United States Department of State, *FRUS, 1950, East Asia and the Pacific (1950)*, Volume VI, 1950, pp.1332-1333.

　　但美維持臺灣現狀政策，影響所及，不得不維持我政府之國際地位，以免其他種種糾紛。即杜顧問所謂凍結臺灣，即是維持中華民國國民政府地位云云。然美欲達此目的須有根據。故特別注重臺灣島雖經開羅會議決定，波茨坦追認，日本放棄，然尚未完全成為中華民國領土，仍須由和約正式規定。美惟採此立場，方能貫徹其保臺宗旨，而維持我政府地位。否則中共所堅持臺灣為中國領土，而視美對臺措施為干涉內政，按之聯合國憲章第二款規定，美亦將難辯護。職此之故，杜顧問深望我不堅決反對美之立場，以致損害美我兩方共同利益。[73]

　　1950 年 11 月 20 日，蘇聯提出「對日和約草案的批評備忘錄」，其中第二點指出：「1943 年 12 月 1 日『開羅宣言』和 1945 年 7 月 26 日『波茨坦宣言』決定將臺、澎歸還中國。1945 年 2 月 11 日，『雅爾達協議』決定將庫頁島南部及千島群島歸還蘇聯，而現在和約草案卻將這些領土由新規定處理，這是何意思？」[74]

　　美國在 1950 年 12 月 27 日提出答覆的備忘錄，說：「2. 1943 年的『開羅宣言』目的在表明『將滿州、臺灣和澎湖歸還給中華民國』。該一宣言跟其他戰時的宣言，如『雅爾達宣言』和『波茨坦宣言』一樣，是美國政府的意見，此需取決於任何最後的和平解決，而該最後和平解決應考慮所有相關因素……。」[75]

　　美國亦同時尋求英國對於「對日和約」的意見。1950 年 12 月 5 日，英國首相艾德禮（Clement Attlee）和美國總統杜魯門在華盛頓舉行會談。出席會談的美國軍方代表美國國防部長馬歇爾（General George C.

---

[73] 引自顧維鈞，顧維鈞回憶錄，第九分冊，中華書局出版，北京市，1989 年，頁 30-31。

[74] Frederick S. Dunn, *Peace-making and the Settlement with Japan*, (New Jersey: Princeton University Press), 1963, p.111.

[75] "Memorandum from the Assistant Legal Adviser for Far Eastern Affairs John J. Czyzak to Legal Adviser Abram Chayes, subject: Legal Status of Formosa and the Pescadores Islands, February 3, 1961," http://www.taiwanbasic.com/historical/czyzak.htm（2016 年 9 月 5 日瀏覽）。

Marshall）和參謀首長聯席會議主席布拉德里（General Omar Bradley）表示，不能放棄臺灣，否則美國在西太平洋的防衛將出現漏洞，中共政權若是在臺灣設立潛艇基地和空軍基地，將會阻斷美國從菲律賓到琉球的海空航線。艾德禮表示這是從軍事的角度來看問題，但在「開羅宣言」，則規定臺灣要歸還中國。艾奇遜表示，該一問題對美國而言不成問題，美國認為臺灣屬於中國，而且確實屬於中國人，由中國人控制。「開羅宣言」也談到了朝鮮，但現在俄國人和中國人卻違反「開羅宣言」中有關對朝鮮的承諾。他們所有的諾言都不算數，而我們卻必須完全履行我們的諾言。我們所討論的「開羅宣言」的中國是另一個中國人的政府，不是裝備俄國飛機和飛行員的中國。二者的情況是不同的。艾德禮提及曾想過由聯合國託管臺灣，杜魯門表示此值得考慮。[76]

12月7日，阿里生給杜勒斯一份備忘錄，提出美國待決的問題，即美國無論有無盟國，若要維持反侵略，則不能讓臺灣落入中共之手，中共不能取得聯合國席次。美國若對上述問題持肯定態度，則必須增加在遠東的海空軍力量，防止臺灣落入中共之手。[77]

12月8日，杜魯門總統和艾德禮首相舉行雙邊第六次會議，在會後的「聯合公報」中聲明，關於臺灣問題，我們注意到臺海兩岸中國人都堅持「開羅宣言」的有效性，都表示不願由聯合國考慮這個問題。我們同意該一問題應當用和平的方法來解決，以保障臺灣人民的利益和維護太平洋地區的和平與安全。而由聯合國來考慮這個問題將有助於實現這些目標。[78]

---

[76] "United States Delegation Minutes of the Second Meeting of President Truman and Prime Minister Attlee, On the 'Williamsburg', December 5, 1950," in United States Department of State, FRUS, 1950, Korea (1950), Vol.II, 1950, pp.1392-1408, at 1406-1407.

[77] "Memorandum by the Director of the Office of Northeast Asian Affairs (Allison) to the Consultant to the Secretary (Dulles), [Washington,] December 7, 1950," United States Department of State, *FRUS, 1950, East Asia and the Pacific(1950)*, Volume VI, 1950, pp.1356-1357.

[78] "United States Delegation Minutes of the Sixth Meeting of President Truman and Prime Minister Attlee, December 8, 1950, Annex, Communiqué Issued at the Conclusion of the Truman-Attlee Discussions," in United States Department of State, FRUS, 1950, Korea (1950), Vol.II, 1950, pp.1468-1479, at p.1477.

換言之，至此時為止，美國和英國甚至蘇聯對於臺灣問題之處理，並未達成共識。

印度駐美大使潘迪特夫人（Madame Pandit）在 12 月 21 日和杜勒斯舉行會談，印度大使潘迪特夫人表示印度接受 1943 年 12 月「開羅宣言」所說的臺灣和澎湖列島應歸還中國，印度認為此一問題的解決無須等候簽署和約後再來處理。[79]印度的立場和蘇聯相同。

四、主張日本放棄臺澎

顧維鈞於 1950 年 12 月 19 日在與美國國務院顧問杜勒斯商談〈對日和約〉問題時建議說：「在未來〈對日和約〉中，只要求日本根據〈波茨坦公告〉所訂投降條件宣布放棄對有關領土的所有主權，中華民國將不進一步要求日本明確將該領土交還何國。」杜勒斯認為這也是美國的想法。[80]因為美國國務院東北亞事務處主任阿里生在 1950 年 9 月 4 日致送國務卿艾奇遜一份備忘錄，即根據杜勒斯的意見，將〈對日和約草案〉內容改為日本放棄臺、澎。

從上述顧大使與美國杜勒斯之會談內容可知，美國將臺灣置於未確定狀態，獲得臺灣方面的同意。接著美國展開和盟國協商「對日和約」內容之旅。

---

[79] "Memorandum of conversation, by the Director of the Office of Northeast Asian Affairs (Allison), [Washington,] December 21, 1950," United States Department of State, *FRUS, 1950, East Asia and the Pacific (1950)*, Volume VI, 1950, pp.1379-1382.

[80] 國史館編，臺灣主權與一個中國論述大事記，頁 24。在顧維鈞回憶錄中的文字為：「關於領土問題，我認為在對日和約中的提法將是用總的條款形式，由日本方面聲明放棄它對臺灣、南庫頁島、千島群島等的主權，而關於那些領土的主張，則不作任何具體規定。杜勒斯說，這也是他的看法。」（引自顧維鈞回憶錄，第九分冊，頁 39。）在美國國務院的外交關係檔案中僅記載：「關於臺灣問題，顧維鈞的理解是即使臺灣的未來處置尚未決定，根據和約，日本將放棄對臺灣的權利名義。假如其他國家不提出日本賠償問題，他的政府也不提出賠償要求。他的政府同意所考慮的安全規定，同意美國託管琉球和小笠原群島。」（"Memorandum of conversation, by the Consultant to the Secretary (Dulles), [Washington,] December 19, 1950," United States Department of State, *FRUS, 1950, East Asia and the Pacific (1950)*, Volume VI, 1950, pp.1372-1373.）

　　杜勒斯、馬格魯德少將、巴勃科克上校、阿里生與英國駐美大使法蘭克斯（Sir Oliver Franks）、英國大使館格拉福斯參事，於 1951 年 1 月 12 日在華府開會，杜勒斯解釋更改以前交給英國之「對日和約」領土條款之原因，他說目前僅要求日本放棄對臺灣之主張，美國無意指出臺灣問題之解決最後將會是如何。美國提出了七點原則聲明之備忘錄交給參加「遠東委員會」（Far Eastern Commission）的成員國代表，其中第四原則就是要求日本放棄臺灣和澎湖等領土。[81]

　　1951 年 2 月 12 日，杜勒斯、美國陸軍巴勃科克上校和阿里生前往菲律賓會見菲國總統季里諾（Elpidio Quirino）、菲國代理外長尼里（Felino Neri），美國駐菲大使柯文（Ambassador Myron Melvin Cowen）亦參與，討論「對日和約」內容。季里諾強調菲國對於臺灣之未來很感興趣，表示不同意美國所持的臺灣之未來由四強決定的立場。季里諾認為菲律賓應是決定臺灣未來的一方，聯合國的託管制應是最好的解決方式。杜勒斯回答說，美國最早的立場不過是一種假設性提案，美國政府必定慎重考慮菲律賓政府的想法，他個人長期以來也認為聯合國託管制是一個不錯的解決方式。然而中華民國政府完全反對該種解決方式，因此得另尋其他方式，基於此，菲國政府的建議是受歡迎的。[82]

　　2 月 17 日，杜勒斯轉到澳洲坎培拉和澳洲外長、紐西蘭外長會談，澳洲外長史噴德（Percy Spender）認為假如有意讓中國國民政府擁有臺灣，澳洲強烈表達保留（serious reservations）之立場。澳洲政府無意承認共產中國政權，也不樂意繼續承認國民政府，厭惡將臺灣給予國民政府而強化其政府。杜勒斯顧問回答說，臺灣造成了一個困難的問題，我們無意確認中國國民政府擁有臺灣。史噴德建議日本放棄臺灣之權利名義，而無

---

[81] "Memorandum Conversation, by the Special Assistant to the Consultant (Allison), Secret, Subject: Japanese Peace Settlement, [Washington,] January 12, 1951," United States Department of State, *FRUS, 1951, Asia and the Pacific (in two parts) (1951)*, Vol.VI, 1951, pp.794-795.

[82] "Memorandum Conversation, by the Deputy to the Consultant (Allison) at the Malacanan Palace, 10:45 a.m., Confidential, Manila, February 12, 1951," United States Department of State, *FRUS, 1951, Asia and the Pacific (in two parts) (1951)*, Vol.VI, 1951, p.883.

須指明臺灣之權利名義移轉給誰。[83]史噴德的建議非常重要，跟杜勒斯和顧維鈞商量出的模式相同，以後就成為美國處理臺灣問題的核心概念。

在臺灣和蘇聯的反對下，美國改變對臺灣問題的處理方式，不再由聯合國決定，美國擔心由聯合國決定會有將臺灣歸屬中共政權之危險。因此在 3 月 1 日，舊金山「對日和約草案」有關臺灣之處理方式改為：「日本放棄朝鮮、臺灣和澎湖的所有權利、權利名義和主張。」[84]美國逐漸採用臺灣和澳洲的主張，單純只規定日本放棄臺灣和澎湖之權利名義。

1951 年 3 月 2 日，杜勒斯致函麥克阿瑟，說明他巡迴訪問菲律賓、澳洲和紐西蘭等國，杜勒斯特別提及菲國總統非常關心亞太之安全問題就是臺灣問題，季里諾極為擔心臺灣被共產中國統治，他建議有關最後處置臺灣問題時，應給予菲國發言權。[85]至於澳洲有關臺灣問題之看法，在信中則未提及。

英國駐美國大使為了進一步瞭解美國處理臺灣問題的立場，英國駐美國大使館代辦在 3 月 12 日親手遞交一封備忘錄信函給美國杜勒斯顧問，提及有關日本領土問題，其中有關臺灣之處置，該備忘錄第六點說：英國政府認為有關臺灣之條文文字將成為下次儘早討論的主題。[86] 3 月 13 日，美國國務院亦親手遞交回函給英國駐華府代辦，該函提及美國注意到

---

[83] "Memorandum by Mr. Robert A. Fearey of the Office of Northeast Asian Affairs, Canberra, February 17, 1951, Notes on Conversation among Ambassador Dulles, Ministers for External Affairs of Australian and New Zealand, and Staffs," United States Department of State, *FRUS, 1951, Asia and the Pacific (in two parts) (1951)*, Vol.VI, 1951, pp.886-887.

[84] Kimie Hara, "Okinawa, Taiwan, and the Senkaku/Diaoyu Islands in United States-Japan-China Relations," *The Asia-Pacific Journal*, Vol. 13, Issue. 28, No. 2, July 13, 2015. http://www.japanfocus.org/-Kimie-Hara/4341/article.html（2015 年 8 月 30 日瀏覽）。

[85] "Mr. John Foster Dulles, the Consultant to the Secretary, to the Supreme Commander for Allied Powers (MacArther), Top Secret, Washington, March 2, 1951," United States Department of State, *FRUS, 1951, Asia and the Pacific (in two parts) (1951)*, Vol.VI, 1951, pp.900-901.

[86] "The British Embassy to the Department of State, Aide-Mémoire, March 12th, 1951, handed John Foster Dulles by HMG Chargé d'Affaires," United States Department of State, *FRUS, 1951, Asia and the Pacific (in two parts) (1951)*, Vol.VI, 1951, p.911.

英國政府將立即溝通有關臺灣之條款的意見。[87]

　　杜勒斯為使「對日和約」之內容能獲得美國參議院之支持，於 3 月 19 日在國務院立法事務助理國務卿馬克福樂（Jack K. McFall）、巴勃科克上校、國務院東北亞事務辦公室官員費爾瑞之陪同下會見參議院外交委員會遠東小組主席史巴克曼（Senator John Sparkman）、參議員史密斯（Senator Alexander Smith）、參議員希坑魯波（Senator Hickenlooper），討論「對日和約」以及「美國和日本雙邊安全條約草案」，他們也討論了臺灣問題。參議員史密斯注意到「對日和約」第三條將臺灣之處置為未決地位。杜勒斯說，假如遠東四強無法按照美國的七點原則聲明達成協議，而此觀念已被放棄，則該項臺灣地位未定之規定才要讓聯合國大會來決定臺灣的地位。他表示美國已延後使臺灣問題留待聯合國大會決定，因為聯合國大會有可能反轉決定將臺灣歸由共產中國。假如給予聯合國大會對該一問題之管轄權，則此似乎是很有可能的結果，因此決定將臺灣地位置於未定。參議員希坑魯波問到聯合國對「對日和約」有管轄權嗎？杜勒斯答說，根據「聯合國憲章」第 107 條，聯合國大會有權討論可能侵犯和平和安全之任何條約，除此外，對任何條約則無管轄權。唯有條約規定要聯合國介入，否則聯合國不會介入，譬如義大利條約規定的以前的義大利的殖民地。[88]

　　杜勒斯隨後在 3 月 20 日與顧維鈞大使舉行會談，將「對日和約」有關日本前領領土之處置改為日本放棄對臺灣、高麗、薩哈連南半島（按即南庫頁島）和千島群島之一切權利，至各該領土應如何處置，日本不必過問等新修訂條文告知顧大使。[89]

---

[87] "The Department of State to the British Embassy, Secret, Aide-Mémoire, March 13th, 1951," United States Department of State, *FRUS, 1951, Asia and the Pacific (in two parts) (1951)*, Vol.VI, 1951, p.911.

[88] "Memorandum by Mr. Robert A. Fearey of the Office of Northeast Asian Affairs, Secret, [Washington,] March 19, 1951," United States Department of State, *FRUS, 1951, Asia and the Pacific (in two parts) (1951)*, Vol.VI, 1951, pp.932-933.

[89] 中央研究院近代史研究所檔案館藏，「顧大使與杜勒斯第三次談話」（1951 年 3 月 20 日），「顧維鈞大使與杜勒斯談話紀錄」，外交部檔案，檔號：012.6/0158，頁 9。

　　此後美國又對對日和約有關臺灣和澎湖的條文作了修改，在 3 月 23 日致送一份「對日和約草案」給英國，其中第三條規定：「日本放棄朝鮮、臺灣和澎湖群島的所有權利、權利名義和主張。」而英國也在 4 月 7 日準備了其自己的「臨時和約草案」，其中第四條規定：「日本讓渡臺灣島和澎湖群島的所有主權給中國。」[90]英國之主張顯然與美國不同，因此雙方還須對此一問題作進一步的協商。

　　美國駐倫敦大使吉福德（Walter S. Gifford）在 3 月 30 日向美國國務卿報告稱，英國內閣已做成決議，日本應割讓臺灣給中國，但關於割讓的解釋以及確認哪個政府取得臺灣，將俟以後的發展而定。[91]

　　在同一天，美國將「對日和約草案」傳給 15 個對日作戰的國家或對太平洋和平解決衝突有興趣之國家，其中包括蘇聯、澳洲、加拿大、法國、印度、印尼、荷蘭、紐西蘭、巴基斯坦和菲律賓，希望他們對和約草案內容提供意見。

　　英國大使法蘭克斯表示英國也準備了一份對日和約草案，希望英、美雙方可以在華府和倫敦對此草案進行討論，俾便得出一份適宜的和約，他在 4 月 5 日和美國遠東事務助理國務卿魯斯克、杜勒斯和阿里生在華府舉行會議。法蘭克斯提交的對日和約草案備忘錄表示支持中華人民共和國參加對日和會，臺灣應讓渡給中國，該問題屬於戰術問題。美國認為英國若堅持此一立場，將會使得會談難以進行。不過，法蘭克斯表示，英國將會慎重考慮，有助於使兩國政府充分了解彼此的政策及理由，將採取立即的行動從其政府得到支持共產中國參加和會之理由，以及對臺灣問題之立場將會提出一個充分的聲明。杜勒斯表示，關於臺灣問題，他質疑為何英國建議要將臺灣歸給「中國」，而非「中華民國」？「中華民國」一詞是「開羅宣言」使用的名稱。法蘭克斯答覆稱他對此一無所悉，他將此一問

---

[90] "Secret, FJ 1022/224 , Archives, Provisional draft of the Japanese Peace Treaty and list of contents, 7th April 1951," The National Archives of the United Kingdom- Foreign Office, *Japan Peace Treaty*, Code FJ 1022/224 (papers 222-224), September 1951, FO 371/92538.

[91] "The Ambassador in London (Gifford) to the Secretary of State, Secret, London, March 30, 1951," United States Department of State, *FRUS, 1951, Asia and the Pacific (in two parts) (1951)*, Vol.VI, 1951,p.952, note 1.

題記下，並表示他將向其政府反應該一問題。[92]

　　4 月 12 日，英國大使法蘭克斯、英國大使館湯姆林生參事（Counselor F. S. Tomlinson）、杜勒斯和阿里生、沙特斯衛特（Livingston Satterthwaite）再度在華府舉行會議。關於臺灣問題，英國大使法蘭克斯表示英國認為根據 1943 年「開羅宣言」及 1945 年「波茨坦宣言」，應將臺灣歸還中國。[93]杜勒斯強調，美國的觀點是「對日和約」不應無所作為，及突然不考慮國際社會對於處置臺灣問題之關切；透過條約迫使日本採取行動，而事實上會使日本捲入爭端或使之有機會宣布將臺灣移轉給的「中國」，並非日本依據條約應該移轉給的「中國」，此對美國而言並非聰明的作法。然後杜勒斯詳述美國對臺灣之立場，他無意將臺灣移交給共產中國，以及臺灣人民並無意採取自決的行動。他亦想到一個可能性，即臺灣之未來處置，也許可以採取相當程度的自治，畀予國際責任，使之維持中立及持續與日本維持密切的貿易關係。[94]

　　由於美國政府不再維持 1950 年 9 月 11 日公佈之七點原則聲明，即臺灣、澎湖、南庫頁島和千島群島將由英、美、蘇和中四國決定，因此中華民國政府在 4 月 24 日給美國政府一項備忘錄：

　　　　關於領土條款，中國政府注意到美國不再維持 1950 年 9 月 11 日公佈之七點原則聲明。中國政府認為現在已被放棄的該項建議，不應再恢復。同時中國政府希望利用此一機會知會美國中國之觀點如下：中國政府的基本觀點是認為臺灣和澎湖列島在歷史、種族、法律和事實上是構成中國領土之一部分。而草案僅規

---

[92] "Memorandum of Conversation, by the Deputy to the Consultant (Allison), Secret, Washington, April 5, 1951, Subject: Japanese Peace Treaty and Allied Security Arrangements," United States Department of State, *FRUS, 1951, Asia and the Pacific (in two parts) (1951)*, Vol.VI, 1951, pp.965-966.

[93] "U. K. preparing draft for Jap. Peace Treaty," *Queensland Times* (Australia), April 14, 1951, p.5.

[94] "Memorandum of Conversation, by the Deputy to the Consultant (Allison), Secret, Washington, April 12, 1951," United States Department of State, *FRUS, 1951, Asia and the Pacific (in two parts) (1951)*, Vol.VI, 1951, p.978.

定日本放棄臺灣和澎湖，卻規定將南庫頁島及其鄰近島嶼和千島群島歸還蘇聯。此一不平等規定明顯歧視中國，此並非草案之初衷。基此，中國政府認為應採取非歧視原則。中國政府不反對目前草案第五條（原第四條）之形式，但應將臺灣和澎湖歸還中華民國納入條約草案中。否則，應將日本放棄南庫頁島和千島群島納入條約中。[95]

中華民國政府的要求很簡單，就是要平等對待臺灣、澎湖、南庫頁島和千島群島的地位。

美國國務院顧問杜勒斯在 1951 年 4 月 24 日向顧維鈞轉述美國致英國的一份備忘錄時說：「雖然美國情願承認臺灣按照〈開羅宣言〉紀錄應交還給中華民國，但是因為考慮到中華民國政府和中共政權都堅持臺灣為中國領土一部分，是中國內部問題，現在如果在〈對日和約〉中明文規定交還的話，則美國派遣第七艦隊保障臺灣將失去根據，而徒使中共與蘇聯對美更加干涉性的譴責，所以在現階段美國不得不將臺灣問題留為懸案，便於應付。」[96]

從上述事態之發展而言，美國將「日本放棄臺、澎」之觀點轉達英國，此一發展顯示中華民國和美國二個〈開羅宣言〉參與國已達成改變其原先主張的共識，下一步就是如何與另一個〈開羅宣言〉參與國英國達成協議及在舊金山和會上獲得通過。

1951 年 4 月 25 日上午，美國和英國的代表在華府舉行有關「對日和約」第一次會議，美國是由阿里生率領，英國是由詹斯頓（C. H. Johnston）率領，會談是以美國的「對日和約草案」為底本，進行逐條討論。對於和約第二章只討論日本疆界問題，並未討論臺、澎等島嶼問題。會談至 5 月 4 日結束，總共舉行 10 次會議。

---

[95] "Japanese Peace Treaty: Working Draft and Commentary Prepared in the Department of State, Secret, [Washington,] June 1, 1951," United States Department of State, *FRUS, 1951, Asia and the Pacific (in two parts) (1951)*, Vol.VI, 1951, pp.1059-1060.

[96] 引自中日外交史料叢編（八）：金山和約與中日和約的關係，中華民國外交問題研究會印行，臺北市，1965 年，頁 27-28。

1951 年 4 月 30 日，英國駐南非高級專員奉英國大英國協部之命將「對日和約草案」中有關中國參與的問題電傳至英國駐加拿大、澳洲、紐西蘭、印度、巴基斯坦和錫蘭的使館高級專員，該文稱英國和美國對於邀請中華人民共和國或臺灣參加和會有歧見，因此需要廣徵各地意見。雖然英國同意臺灣和澎湖群島最後必須割讓給中國一事，但美國傾向要求日本放棄臺灣和澎湖群島。此一觀點的理由是英國和美國對於哪一邊是合法的中國政府有歧見，及認為目前遠東戰略情勢不穩，必須重視美國對於太平洋陷於安全危險之疑慮，而此危險來自臺灣被一個潛在的敵人所控制。在此情況下，美國認為要努力使臺灣問題不致成為盟國之間的爭論之一，為了達此目的，美國建議擱置此一問題，應讓目前臺灣地位繼續「中立化」。[97]

5 月 2 日，英、美在華府舉行「對日和約」第七次會議，次日達成初步的協議，有關第二章領土部分第二條規定：「日本放棄朝鮮、〔臺灣和澎湖〕之所有權利、權利名義和主張；以及與委任體系有關的領土之所有權利、權利名義和主張。」但英國對於該條款中的「臺灣和澎湖」尚持保留態度。[98]

5 月 29 日，英國舉行內閣會議，英國外相摩里森（Herbert Morrison）說，「對日和約」中處理臺灣未來問題，與中國參加和會有關。假如中國參加之問題要獲得解決，需在下列基礎上，即他曾建議臺灣問題之解決需按照下述方式，假如兩個政府都未能參加和會，和約可規定讓渡臺灣給「中國」，但有懸空規定（suspensory provision），即保留給簽字國對該條款之解釋之地位。[99]

---

[97] "Inward telegram to Commonwealth Relations Office, from U. K. High Commissioner in South Africa to U. K. High Commissioners in Canada, Australia, New Zealand, India, Pakistan, Ceylon,30th April 1951," The National Archives of the United Kingdom, *Japanese Peace Treaty*, Code FJ file 1022 (papers 331-348), September 1951, Reference: FO 371/92545, J1022/346.

[98] "Draft of Japanese Peace Treaty, May 3, 1951," National Archives of United Kingdom, *Japanese Peace Treaty*, Code FJ file 1022 (papers 366-383), September 1951, Reference: FO 371/92547, pp.33-34.

[99] "Secret , C.M.(51), 38th Conclusions, Conclusions of a meeting of the Cabinet at 10 Downing

　　杜勒斯在 6 月 2 日前往倫敦，談判解決雙方對於「對日和約」之歧見。6 月 6 日，美國駐倫敦大使吉福德致函美國國務卿，有關杜勒斯與英國外長摩里森、副外長楊格（Sir Kenneth Gilmour Younger）會談，得出下述結論：

　　第一點，關於中國，沒有一個中國會受邀參加對日和會簽署多邊條約，但表示，與日本作戰之國家，包括中國，並非原始簽字國，將獲允在多邊條約生效後簽署該約。日本得與任何與日本作戰國家談判簽署雙邊和平條約，包括中國，其條件與多邊條約相同。

　　第二點，關於臺灣，英國接受我們的方式，就是由日本放棄臺灣，讓臺灣維持現況，不再提「開羅宣言」。以上這些結論還須經英國內閣討論通過。[100]

　　隔天，杜勒斯再與楊格會談，對於昨天的報告第一點的文字作了修改，即日本將同意經由簽署及遵守 1942 年 6 月 1 日聯合國宣言的任何與日本作戰之國家，惟不是多邊條約原始簽字國之提議，締結雙邊條約，與多邊條約之條件相同或多邊條約生效後三年間的條件相同。日本可以決定要與哪個中國簽約。[101]

　　6 月 7 日，英國外相摩里森將其和美國杜勒斯會談之備忘錄提交英國內閣討論。該備忘錄記載：「杜勒斯說，關於中國參與和會，若將國民黨政府排除在外，則美國參議院不會批准該和約。他提出了幾個可能的選項給英國參考，第一，邀請共產黨和國民黨他們各自控制的政府出席和會。第二，和約採取雙邊方式，日本可自由決定他要跟哪一邊的中國政府簽約。第三，條約採取多邊方式，如現在所提出的建議，中國任一邊政府都

　　Street, S.W.1, on Tuesday, 29th May, 1951, at 11 a.m.," National Archives of the United Kingdom, Reference: CAB 128/19/38, p.45. http://discovery.nationalarchives.gov.uk/detai ls/r/D7663398#imageViewerLink（2016 年 9 月 6 日瀏覽）。

[100] "The Ambassador in the United Kingdom (Gifford) to the Secretary of State, Secret Priority, London, June 6, 1951, 6409 from Dulles to the Secretary, No.4," United States Department of State, *FRUS, 1951, Asia and the Pacific (in two parts) (1951)*, Vol.VI, 1951, pp.1107-1108.

[101] "The Ambassador in the United Kingdom (Gifford) to the Secretary of State, Secret, London, June 7, 1951, 6433 from Dulles to the Secretary, No.5," United States Department of State, *FRUS, 1951, Asia and the Pacific (in two parts) (1951)*, Vol.VI, 1951, pp.1108-1109.

不簽字，在和約中亦不規定任一邊政府參加的條款，經協議該和約附有一項聲明，用來解釋由於參與國對於由哪一邊中國政府出席該項會議有不同意見。一旦日本簽署和約取得獨立地位，該一問題留給日本自己去解決，它可以跟任何一邊的中國政府談判簽署一個類似或適宜的和約。然而，該多邊和約應做如下規定，即日本不能給予其他簽字國更多優惠的條約，除非他也將該項優惠給予原初簽署對日和約的國家。」該項備忘錄建議英國政府接受上述第三點建議。[102]

關於臺灣問題，英國內閣會議於 5 月 29 日同意，在與杜勒斯討論後，假如可能，臺灣問題可以納入 C.P.(51)137 文件的第 21 段，即假如任一邊中國政府都不參加和會，臺灣可以讓渡給「中國」，但有「懸空」規定，即保留給簽字國對該條款做解釋之地位。

該英國內閣會議記錄杜勒斯的觀點如下：「和約應僅規定日本放棄臺灣之主權，不規定其讓渡給誰。他希望和約之領土條款不應規定讓渡南庫頁島和千島群島給俄國，但應有一個簡單的條款，在一致的基礎上，規定日本放棄南庫頁島、千島群島和臺灣之主權。關於南庫頁島和千島群島，從簽約各方，包括俄國來看，此項建議都是有利的，從以下第 14 段可以看出來。杜勒斯表示，他不認為美國政府會接受英國的建議。他強調說七百萬臺灣人民的利益需要考慮。自從『開羅宣言』以來諸多事情的發展，臺灣之最佳利益是不將它移轉給高度中央化的北京政府。他認為我們的模式是傾向於預先判斷臺灣人的未來，將使得由聯合國解決該一問題更加困難。他認為條約除了去除日本對臺灣的權利和主權外，不應改變臺灣的地位。」[103]

英國外相認為英國從不喜歡美國主張的日本放棄臺灣的觀點，因為從法律上而言，這樣可能將臺灣變成「無主」的土地。此外，印度政府曾告

---

[102] "Japanese Peace Treaty: Talks with Mr. Dulles, Memorandum by the Secretary of State for Foreign Affairs, Herbert Morrison, 7 June 1951," National Archives of the United Kingdom, Reference: CAB 129/46/5, pp.33-34. http://discovery.nationalarchives.gov.uk/details/r/D765 6309#imageViewerLink（2016 年 9 月 4 日瀏覽）。

[103] *Ibid.*

訴英國，除非和約規定將臺灣讓渡給中國，否則他們不會簽字。印度對於琉球和小笠原群島（Bonin）也採取相同的立場，即使英國在臺灣問題上和印度的立場一樣，則印度可能對其他問題採取批評和拒絕。美國政府對此非常反對，他們對於南庫頁島、千島群島和臺灣採取相同的立場，具有一致性的優點。

英國外相建議，誠如美國配合英國對於中國參與和會的作法，英國也應配合美國對於臺灣的政策，因為這不涉及犧牲原則的問題。美國建議在和約中規定日本放棄臺灣之主權；在和約之外再提出一個經過協議的聲明，說明中國參與和會的問題以及臺灣之問題留待將來聯合國解決。事實上，英國外相認為最後要尋求依照英國的方式予以解決，美國也希望加以解決，亦即臺灣之問題留待未來在更為普遍同意的情況下加以解決。[104]

6 月 7 日，英國內閣會議決議，請英國首相艾德禮進一步和美國杜勒斯會談，以解決中國參與和會之問題。內閣之決議是臺海兩岸的中國政府都不邀請參加和會及簽署和約，但需有一個讓中國參與的條款，讓其在特定的情況下可以參與該和約，此即需要其他簽約國對於中國和遠東問題達成協議。[105]

杜勒斯於 6 月 8 日會見英國首相艾德禮，討論中國參加對日和會問題。英國外相摩里森在 6 月 9 日給英國內閣一份有關「對日和約的備忘錄」，它記載開始時英國主張邀請北京政府參加和會，反對臺北政府參加，而美國則主張臺北政府參加，反對北京政府參加。在談判第二階段，艾德禮表示假如美國放棄支持臺北參加和會，則英國也不堅持北京政府參加，也就是二者皆不參加和會，杜勒斯遂同意將向其政府建議不堅持邀請臺北政府參加和會。杜勒斯還說他返回美國後可能遭到共和黨內麥克阿瑟

---

[104] *Ibid.*

[105] "Memorandum by Herbert Morrison, Secret, C.P.(51)158, 9th June, 1951, Japanese Peace Treaty: Chinese Participation, Memorandum by the Secretary of State for Foreign Affairs," National Archives of the United Kingdom, Reference: CAB 129/46/8, 9 June 1951, p.1, http://discovery.nationalarchives.gov.uk/details/r/D7656312#imageViewerLink（2016 年 9 月 4 日瀏覽）。

（MacArthur）派系之批評。[106]在該項英國內閣會議備忘錄中有一個附錄：「中國人參加與福爾摩沙：與草約簽署同時之聲明」（Chinese Participation and Formosa: Announcement to be made simultaneously with the signature of the draft），其中第四點記載：「『〔對日〕條約』以相同的精神來處理福爾摩沙問題。『〔對日〕條約』第二條規定日本放棄其對於福爾摩沙之主權。『〔對日〕條約』不試著事先判斷該島的未來，它仍然要由聯合國來討論，其未來的解決尚未決定，福爾摩沙島的人民的利益將不會被忽略。」英國希望該備忘錄在簽署「對日和約」之同時發佈該一附錄，但該一附錄尚未與美國討論，只是英國內閣做成的備忘錄。[107]

艾德禮表示其內閣將在下週一開會討論該一問題。[108]

1951年6月11日，英國舉行內閣會議，關於臺灣問題，對於修改和約之聲明草案第四段，有各種建議提出來。與會部長們認為該段第一句話應予略去。他們還認為該問題的最後解決應由臺灣人民之觀點和利益來決定是不適宜的。只要該島是由蔣介石控制，則臺灣人民是不可能自由表達他們的意見。部長們也懷疑英國若同意臺灣問題由聯合國解決是否是明智之舉。另一方面，部長們也認為建議該問題在最後階段由簽署「對日和約」的國家來決定是不聰明的，因為尚未知道有哪些國家會簽字。就目前情況而言，僅可以這樣說，臺灣島的未來仍須依據「聯合國憲章」來討論。內閣閣員的普遍看法是，該段聲明草案最好按照下列方向重寫：即

---

[106] "Memorandum by Herbert Morrison, Secret, C.P.(51)158, 9th June, 1951, Japanese Peace Treaty: Chinese Participation, Memorandum by the Secretary of State for Foreign Affairs," National Archives of the United Kingdom, Reference: CAB 129/46/8, 9 June 1951, p.2, http://discovery.nationalarchives.gov.uk/details/r/D7656312#imageViewerLink （2016 年 9 月 4 日瀏覽）。

[107] "Memorandum by Herbert Morrison, Secret, C.P.(51)158, 9th June, 1951, Japanese Peace Treaty: Chinese Participation, Memorandum by the Secretary of State for Foreign Affairs," National Archives of the United Kingdom, Reference: CAB 129/46/8, 9 June 1951, p.5, http://discovery.nationalarchives.gov.uk/details/r/D7656312#imageViewerLink （2016 年 9 月 4 日瀏覽）。

[108] "The Ambassador in the United Kingdom (Gifford) to the Secretary of State, Secret, London, June 8, 1951, 6456 from Dulles to the Secretary, No.7," United States Department of State, *FRUS, 1951, Asia and the Pacific (in two parts) (1951)*, Vol.VI, 1951, pp.1109-1110.

「和約第二條規定日本放棄對臺灣之主權。條約無須預先判斷該島之未來，該案仍須依據『聯合國憲章』來討論。」[109]

杜勒斯在 1951 年 2 月訪問菲律賓時，季里諾總統就主張臺灣應交由聯合國託管，且菲國應成為託管之一方。6 月 12 日，菲國外長羅慕洛（Carlos P. Romulo）致函杜勒斯，建議將臺、澎暫時置於聯合國託管之下，以待協議，使特定的政府或人民能繼承日本對臺灣之權利、權利名義和主張。他又建議聯合國現在無須干擾中華民國對臺、澎之治理，菲國政府非常關切臺、澎交給不友好國家之安排。[110]顯見菲國想介入臺灣問題之企圖。

美國和英國在 6 月 14 日達成協議，美國修改了「對日和約草案」，關於臺灣部分，將第二章第二條(b)款的文字改為：「日本放棄臺灣和澎湖的所有權利、權利名義和主張。」[111]

美國再將修改的文字照會英國，於 6 月 19 日由英國和美國政府發表聯合聲明：「經由熟慮的多邊條約，日本將放棄臺灣和澎湖的主權。本條約本身不決定這些島嶼的未來。」[112]

美國遠東事務助理國務卿魯斯克再於 6 月 21 日致函中華民國駐美大使，說明多邊條約非簽字國的中華民國可以跟日本簽署雙邊條約，毫無疑問的，美國的模式的實際運作，將使得日本獲得必須的和平，而且可強化現在國民黨政府的地位。假如日本如一般的假定決定承認國民黨政府及建

---

[109] "Reference: CAB 128/19/42, Secret, CM (51) 42, Conclusions of a meeting of the Cabinet at 10 Downing Street, S.W.1, on Monday, 11th June, 1951, at 11 a.m.", National Archives of the United Kingdom, pp.73-74. http://discovery.nationalarchives.gov.uk/details/r/D7663402#imageViewerLink（2016 年 9 月 6 日瀏覽）。

[110] "The Chargé in the Philippines (Harrington) to the Secretary of State, Secret,　Manila, June 12, 1951," United States Department of State, *FRUS, 1951, Asia and the Pacific (in two parts) (1951)*, Vol.VI, 1951, pp.1116-1117.

[111] "Revised United States-United Kingdom draft of a Japanese Peace Treaty," United States Department of State, *FRUS, 1951, Asia and the Pacific (in two parts) (1951)*, Vol.VI, (London), June 14, 1951, pp.1119-1120.

[112] "Draft Joint Statement of the United Kingdom and United States Governments, Secret, Chinese Participation and Formosa, Washington, 19th June, 1951," United States Department of State, *FRUS, 1951, Asia and the Pacific (in two parts) (1951)*, Vol.VI, 1951, p.1134.

立關係，則國民黨政府有權與日本簽署雙邊和平條約，除了少數不同外，例如雙方開戰的日期，其內容將與多邊條約相同。[113]

6 月 28 日，美國國防部長馬歇爾致函美國國務卿，附了一份美國參謀首長聯席會議主席布拉德里於 6 月 26 日給國防部長之備忘錄，其中第五點說：「應確定，寫入『對日和約』的條文，無論明示或暗示，應規定共產中國無合法主張臺灣、澎湖、南沙群島和西沙群島之權利，以及第三條所規定的現在是由美國控制的其他島嶼的財產，以及以前由中國政府或其公民在這些地區所擁有的真正財產，諸如領事館、建築物和商業。以目前第四條(a)之條文，假如共產中國簽署及批准該條約，則將使其有權對這些領土提出有效主張。」[114]從該份文件可知，美國軍方對於臺灣地位問題擁有相當大的影響力，而非美國國務院可以片面決定的，美國軍方顯然不贊同共產中國擁有臺灣、澎湖、西沙和南沙群島，也不同意共產中國參加簽署「對日和約」。

美國不接受菲國有關由聯合國託管臺灣之建議，美國國務卿艾奇遜在 7 月 6 日致函美國駐菲律賓大使館，請其轉達其觀點給菲國外交部。艾奇遜認為羅慕洛在 6 月 15 日致函杜勒斯，重申其以前的論點，經客觀分析後，艾奇遜認為羅慕洛之主要建議是完全不切實際，若接受的話，將破壞「對日和約」。關於安全建議，臺灣和澎湖若置於聯合國託管之下，將會增加菲國所擔心的危險，因為聯大親共產中國的國家占居多數，將會把臺灣和澎湖交給共產中國。[115]

其他國家對於臺灣和澎湖的地位問題亦各有主張。例如，錫蘭政府認

---

[113] "The Secretary of State to the Embassy in the Republic of China, Washington, June 21, 1951," United States Department of State, *FRUS, 1951, Asia and the Pacific (in two parts) (1951)*, Vol.VI, 1951, pp.1135-1136.

[114] "The Secretary of Defense (Marshall) to the Secretary of State, Secret, Washington, 28 June 1951, [Enclosure] Memorandum for the Secretary of Defense," United States Department of State, *FRUS, 1951, Asia and the Pacific (in two parts) (1951)*, Washington, 26 June 1951, Vol.VI, 1951, p.1157.

[115] "The Secretary of State to the Embassy in Manila, Secret, Washington, July 6, 1951," United States Department of State, *FRUS, 1951, Asia and the Pacific (in two parts) (1951)*, Vol.VI, 1951, pp.1178-1179.

為日本應放棄其讓渡的領土以及獲自委任之領土的所有權利、權利名義和主張。這些領土的未來將由聯合國決定。[116]印度政府認為日本不僅要放棄臺灣和澎湖列島的所有權利、權利名義和主張，而且要讓渡給中國。何時這些島嶼，特別是臺灣歸還給中國，可分別討論。印度政府又表示應向中國保證將來這些島嶼要歸還給他，以符合「開羅宣言」。[117]他們的意見都未獲美國之贊同。

7 月 12 日，美國將「對日和約草案」之聲明公佈。至此時，美國部署有關臺、澎之地位的「對日和約」內容已告完成，完全按照美國和中華民國商議的條文內容進行。1951 年 9 月 4-8 日，51 國代表齊聚美國舊金山，討論「對日和約草案」。蘇聯代表葛羅米柯（Andrei A. Gromyko）於 1951 年 9 月 5 日在全會上提出 13 項修正案，其第 1 項修正是將「對日和約草案」第二條 b 和 f 款合併，條文改為：「日本承認中華人民共和國擁有滿州、臺灣及其附屬島嶼、澎湖、東沙群島、西沙群島、中沙群島和南沙群島，包含南威島的充分主權，放棄前述諸領土之權利、權利名義和要求。」[118]由於大會議事規則第十七條規定，會議代表只能發言陳述，而不得對和約文本提出修正案，故上述蘇聯有關臺灣及澎湖之修正案，主席艾奇遜裁決不在會上討論及表決，獲大會 46 對 3 票之支持（1 票棄權），打消了蘇聯代表重啟表決其修正案之努力。[119]最後有 48 國在 9 月 8 日簽署和約，蘇聯、波蘭和捷克三國沒有簽字。

嗣後，出席對日和會的美國代表杜勒斯對於「對日和約」第二條之規

---

[116] "Japanese Peace Treaty: Working Draft and Commentary Prepared in the Department of State, Secret, [Washington,] June 1, 1951," United States Department of State, *FRUS, 1951, Asia and the Pacific (in two parts) (1951)*, Vol.VI, 1951, p. 1060.

[117] "Japanese Peace Treaty: Working Draft and Commentary Prepared in the Department of State, Secret, [Washington,] June 1, 1951," United States Department of State, *FRUS, 1951, Asia and the Pacific (in two parts) (1951)*, Vol.VI, 1951, p. 1060.

[118] *Conference for the Conclusion and Signature of the Treaty of Peace with Japan, Record of Proceedings, San Francisco, California, September 4-8, 1951*, USA: Department of State Publication, 1952, p.119.

[119] *Ibid.*, p.292; Frederick S. Dunn, *Peace-making and the Settlement with Japan*, (Princeton, New Jersey: Princeton University Press), 1963, p.185.

定，做出如下的評論：

「某些盟國提議說，第二條不應根據『波茨坦宣言』僅限制日本主權，而應確切規定對以前日本的領土做最後的處置。此可能較為簡潔俐落。但對於哪些現在尚無一致意見的問題將帶來問題。我們是按照『波茨坦宣言』的投降條件給予日本和平，若盟國對於日本豫備或必須放棄什麼爭論不決，就是否定給日本和平。明顯地，聰明的做法就是現在日本受到關心的問題，在本條約之外藉由國際協商，留待未來來解決疑問。」[120]

五、結論

在開羅會議時，英國主張日本放棄臺、澎，而沒有規定放棄給誰。顯然當時英國並不希望臺、澎歸屬中國，經中國代表力爭及美國之支持下，才勉強同意將文字改為臺、澎歸還中華民國。但英國該一想法一直存在，英國政府認為中華民國接收臺灣只是暫時性質，是在盟軍總司令的命令下臨時管理臺灣，直至與日本簽訂和約之前，並不構成將臺灣移轉給中華民國的問題。英國外相艾登（Anthony Eden）在 1955 年 2 月 4 日書面答覆辛威爾（Emanuel Shinwell）下議院議員時說：

「開羅宣言」是一個將臺灣在戰後移交還給中國的意向聲明（a statement of intention）。事實上，此一交還從未發生，因為

---

[120] "Some Allied Powers suggested that Article 2 should not merely delimit Japanese sovereignty according to Potsdam, but specify precisely the ultimate disposition of each of the ex-Japanese territories. This, admittedly, would have been neater. But it would have raised questions as to which there are now no agreed answers. We had either to give Japan peace on the Potsdam surrender terms or deny peace to Japan while the allies quarrel about what shall be done with what Japan is prepared, and required, to give up. Clearly, the wise course was to proceed now, so far as Japan is concerned, leaving the future to resolve doubts by invoking international solvents other than this treaty."

"Legal Status of Formosa (Taiwan) and the Pescadores Islands (Penghu)," *Memorandum from the Assistant Legal Adviser for Far Eastern Affairs John J. Czyzak to Legal Adviser Abram Chayes,* Subject: "Legal Status of Formosa and the Pescadores Islands, February 3, 1961," http://www.taiwanbasic.com/historical/czyzak.htm（2016 年 9 月 5 日瀏覽）。

有兩個實體要求代表中國的困難存在，還有各強權對這些實體的地位有歧見所致。

……1945 年 9 月，中國軍隊依據盟軍總司令的命令從日軍手中接收臺灣，但這不是轉讓，它也不涉及任何主權的改變。蔣中正在該島實施軍事佔領，此一安排仍未最後確定，此一軍事佔領並不構成臺灣成為中國的領土。

依據 1952 年 4 月「對日和平條約」，日本正式放棄所有臺灣和澎湖的一切權利、權利名義和要求；又，此亦非將臺灣和澎湖移轉給中國主權，無論是中華人民共和國或國民黨政府。就英國政府的觀點而言，臺灣和澎湖應屬於法律主權未確定或未決定的領土。[121]

艾登的論點是英國政府自戰後以來一貫的主張，英國不承認中華民國政府因為接受日軍投降而佔有臺灣和澎湖，英國堅持要以條約的方式才能確定中華民國從日本取得臺灣和澎湖。

美國對臺灣之處置則有很大的變化，在開羅會議上主張將臺、澎歸還中華民國，至 1949 年 3 月 3 日美國國務卿艾奇遜在國家安全會議上表示在聯合國託管下支持臺灣人民要求自決或獨立。1950 年 6 月韓戰爆發，美國對臺灣之處置又有重大轉折，美國利用此一機會宣布臺灣之地位應由「對日和約」加以規定，提出「凍結臺灣地位」之構想，經獲得中華民國駐美大使顧維鈞及中華民國政府之同意，而不進一步要求日本明確將該領土交還何國。美國並將此一新政策通報英國政府，獲得英國的支持。以後杜勒斯就根據此一臺灣地位模式僕僕風塵到英國、日本、菲律賓、澳洲、紐西蘭等國遊說，蘇聯、印度和菲律賓之主張與美國不同，但美國並未與之妥協讓步。

從而可知，杜魯門總統在韓戰正酣之際根本無意遵循「開羅宣言」之有關臺灣地位的聲明。美國撤回了臺灣和澎湖歸屬中華民國的主張，而將之置於國際地位不明確的情況下，便於日後美國軍援及出兵協防臺灣時不

---

[121] Sir A. Eden, "On Legal Position, Status of Formosa," *The Times* (UK), February 5, 1955, p.9.

會涉及介入中國內政的問題。換言之，當年簽署「開羅宣言」的中國、美國和英國三個國家，至此時都接受日本只是「放棄臺灣和澎湖之一切權利、權利名義及要求」。

歸納言之，從「對日和約」規定「放棄」臺、澎的歷史演變可觀察得知，美國從主張臺、澎歸屬中華民國，改為交由聯合國處理，再改為日本放棄臺、澎；英國則從主張日本放棄臺、澎，改為支持臺、澎歸屬中華民國，再改為歸屬中華人民共和國，最後同意改為日本放棄臺、澎；蘇聯開始時支持臺、澎歸屬中華民國，後改為歸屬中華人民共和國，最後拒絕簽署「對日和約」；中華民國從一開始主張臺、澎歸屬中華民國，後在情勢變化下接受日本放棄臺、澎。這種轉變涉及中國內政的變化、韓戰爆發、東亞國際局勢的變動以及美國在西太平戰略的部署。臺灣之地位深受戰後強權國家之影響至鉅。

徵引書目

一、檔案

蔣中正總統文物（臺北，國史館藏）
　　「革命文獻——同盟國聯合作戰：開羅會議」。
　　「顧維鈞呈蔣中正有關臺灣地位與承認中共政權及控蘇案往來電文」。
外交部檔案（臺北，中央研究院近代史研究所檔案館藏）
　　「對日和約」。
　　「顧維鈞大使與杜勒斯談話紀錄」。
中華民國史事紀要（臺北，國史館藏）
National Archives of United Kingdom, London, U. K., *Japanese Peace Treaty*.
United States Department of State, *Foreign Relations of the United States (FRUS)*, 1948, The Far East and Australasia (1948).
United States Department of State, *FRUS, The Far East and Australasia (in two parts) ,1949, Vol.VII*.
United States Department of State, *FRUS*, The Far East: China (1949), *Policy of the United States toward Formosa (Taiwan): concern of the United States regarding possible conquest by Chinese communists*, 1949, Vol.IX.
United States Department of State, *FRUS*, 1950, East Asia and the Pacific (1950), Volume VI, 1950.

United States Department of State, *FRUS*, 1950, Korea (1950), Vol.II, 1950.

United States Department of State, *FRUS*, 1951, Asia and the Pacific (in two parts) *(1951)*, Vol.VI, 1951.

二、報紙

The Times (UK), 1955/2/5.

Queensland Times (Australia), 1951/4/14.

三、專書

中日外交史料叢編（八）：金山和約與中日和約的關係。臺北市：中華民國外交問題研究會印行，1965 年。

國史館編，臺灣主權與一個中國論述大事記。臺北縣：國史館印行，民國 91 年。

資中筠、何迪編，美國對臺政策機密檔案（1949–1989）。臺北市：海峽評論社，1992 年。

顧維鈞，顧維鈞回憶錄，第九分冊。北京市：中華書局出版，1989 年。

"Appendix C: Memorandum from L/EA – Robert I. Starr to EA/ROC – Charles T. Sylvester, Subject: Legal Status of Taiwan, July 13, 1971," in John J. Tkacik, ed. *Rethinking One China.* Washington, D. C.: The Heritage Foundation, 2004.

Conference for the Conclusion and Signature of the Treaty of Peace with Japan, Record of Proceedings, San Francisco, California, September 4-8, 1951. USA: Department of State Publication, 1952.

Dunn, Frederick S. *Peace-making and the Settlement with Japan*, Princeton. New Jersey: Princeton University Press, 1963.

Tunsjo, Oystein. *US Taiwan Policy, Constructing the Triangle.* London and New York: Routledge, 2008.

United States, Department of State, Historical Office. *American Foreign Policy,1950-1955: Basic Documents, Department of State Publication 6446*, General Foreign Policy Series 117. Washington, D. C.: U. S. Government Printing Offices, December 1957.

四、網路資料

「美援」，http://zh.wikipedia.org/wiki/%E7%BE%8E%E6%8F%B4（2016 年 9 月 9 日瀏覽）。

"Memorandum by Herbert Morrison, Secret, C.P.(51)158, 9th June,1951, Japanese Peace Treaty: Chinese Participation, Memorandum by the Secretary of State for Foreign Affairs," National Archives of the United Kingdom, Reference: CAB 129/46/8, 9 June 1951, p.1, http://discovery.nationalarchives.gov.uk/details/r/D7656312#imageViewerLink（2016 年 9 月 4 日瀏覽）。

"Memorandum from the Assistant Legal Adviser for Far Eastern Affairs John J. Czyzak to Legal Adviser Abram Chayes, subject: Legal Status of Formosa and the Pescadores Islands, February 3, 1961," http://www.taiwanbasic.com/historical/czyzak.htm（2016 年 9 月 5 日瀏覽）。

"Secret , C.M.(51), 38th Conclusions, Conclusions of a meeting of the Cabinet at 10 Downing

Street, S.W.1, on Tuesday, 29th May, 1951, at 11 a.m.," National Archives of the United Kingdom, Reference: CAB 128/19/38, p.45. http://discovery.nationalarchives.gov.uk/details/r/D7663398#imageViewerLink（2016年9月6日瀏覽）。

"Draft Treaty of Peace with Japan," https://en.wikisource.org/wiki/Draft_Treaty_of_Peace_Wi th_Japan#/media/File:SF_DRAFT_491229_Fearey_01.jpg（2016年8月24日瀏覽）。

"Draft Treaty of Peace with Japan," https://en.wikisource.org/wiki/Draft_Treaty_of_Peace_Wi th_Japan#Commentary_on_Draft_Treaty_by_the_Department_of_State_on_July.2C_1950（2016年9月23日瀏覽）。

"Memorandum by Herbert Morrison, Secret, C.P.(51)158, 9th June,1951, Japanese Peace Treaty: Chinese Participation, Memorandum by the Secretary of State for Foreign Affairs," National Archives of the United Kingdom, Reference: CAB 129/46/8, 9 June 1951, p.2, http://discovery.nationalarchives.gov.uk/details/r/D7656312#imageViewerLink（2016年9月4日瀏覽）。

"Memorandum of Conversation with John Foster Dulles, Lucius D. Battle and John W. Allison, Subject: Formosa, October 23, 1950," *Harry S. Truman Library & Museum*, Acheson Memoranda of Conversation, http://www.trumanlibrary.org/sitesearch.htm?cx=008710743 933556765127%3Ag3_3qxxfiqg&cof=FORID%3A10&ie=UTF-8&q=formosa&siteurl=w ww.trumanlibrary.org%252F&sa.x=19&s a.y=11（2016年9月23日瀏覽）。

"Memorandum of George F. Kennan to State Secretary , 23 August 1950," *Harry S. Truman Library and Museum*, http://www.trumanlibrary.org/whistlestop/study_collections/korea/large/documents/pdfs/ki-14-7.pdf（2016年9月23日瀏覽）。

"Resolution 291 (IV), Promotion of the stability of the international relations in the Far East," http://daccess-dds-ny.un.org/doc/RESOLUTION/GEN/NR0/051/10/IMG/NR005110.pdf?OpenElement（2016年9月9日瀏覽）。

"Resolution 292 (IV), Threat to the Political Independence and Territorial Integrity of China and to the Peace of the Far East, Resulting from Soviet Violations of the Sino-Soviet Treaty of Friendship and Alliance of 14 August 1945, and from Soviet Violations of the Charter of the United Nations," http://www.un.org/documents/ga/res/4/ares4.htm（2016年9月9日瀏覽）。

"Territorial Clauses and Agreement respecting the disposition of former Japanese territories, Dec. 1949," http://en.wikisource.org/wiki/Territorial_Clauses_%26_Agreement_Respecting_the _Disposition_of_Former_Japanese_Territories,_Dec,_1949（2016年9月9日瀏覽）。

"United States Political Adviser for Japan W. J. Sebald to the Secretary of State, No. 806, Secret, Subject: Comment on Draft Treaty of Peace with Japan, Tokyo, November 19, 1949," http://en.wikisource.org/wiki/Comment_on_Draft_Treaty_of_Peace_with_Japan（2016年8月28日瀏覽）。

"Draft Treaty of Peace With Japan," https://en.wikisource.org/wiki/Draft_Treaty_of_Peace_W ith_Japan#Memorandum_by_Mr._Robert_A._Fearey_of_the_Office_of_Northeast_Asian_ Affairs_on_1950_.28UNDATED.29（2016年8月24日瀏覽）。

Kimie Hara, "Okinawa, Taiwan, and the Senkaku/Diaoyu Islands in United States-Japan-China Relations," *The Asia-Pacific Journal*, Vol. 13, Issue. 28, No. 2, July 13, 2015. http://

www.japanfocus.org/-Kimie-Hara/4341/article.html（2015 年 8 月 30 日瀏覽）。

"Note by the Executive Secretary of the National Security Council (Souers) to the Council, [Washington], February 3, 1949, NSC 37/2, the Current Position of the United States with respect to Formosa," United States Department of State, *FRUS, Policy of the United States toward Formosa (Taiwan): concern of the United States regarding possible conquest by Chinese communists*, Vol.IX, 1949, pp.281-282.

Public papers of the Presidents of the United States, Harry S. Truman, 1950. (Washington D. C.: Office of the Federal Register, National Archives and Records Administration), pp.11-12. http://quod.lib.umich.edu/p/ppotpus/4729038.1950.001/57?rgn=full+text;view=image （2016 年 9 月 9 日瀏覽）。

"Memorandum by Herbert Morrison, Secret, C.P.(51)158, 9th June,1951, Japanese Peace Treaty: Chinese Participation, Memorandum by the Secretary of State for Foreign Affairs," National Archives of the United Kingdom, Reference: CAB 129/46/8, 9 June 1951, p.5, http://discovery.nationalarchives.gov.uk/details/r/D7656312#imageViewerLink（2016 年 9 月 4 日瀏覽）。

「USS Sea Poacher (SS406) War Patrol #2」。http://www.seapoacher.com/WARPATROL2 web.pdf（2016 年 9 月 9 日瀏覽）。

Central Intelligence Agency, "Probable Development in Taiwan," March 14, 1949, pp.2-3. http://www.foia.cia.gov/sites/default/files/document_conversions/89801/DOC_000025855 1.pdf（2015 年 8 月 20 日瀏覽）。

"Legal Status of Formosa (Taiwan) and the Pescadores Islands (Penghu)," *Memorandum from the Assistant Legal Adviser for Far Eastern Affairs John J. Czyzak to Legal Adviser Abram Chayes,* Subject: "Legal Status of Formosa and the Pescadores Islands, February 3, 1961," http://www.taiwanbasic.com/historical/czyzak.htm（2016 年 9 月 5 日瀏覽）。

"Reference: CAB 128/19/42, Secret, CM (51) 42, Conclusions of a meeting of the Cabinet at 10 Downing Street, S.W.1, on Monday, 11th June, 1951, at 11 a.m.," National Archives of the United Kingdom, pp.73-74. http://discovery.nationalarchives.gov.uk/details/r/D7663402# imageViewerLink（2016 年 9 月 6 日瀏覽）。

National Archives of the United Kingdom, Reference: CAB 129/46/5, pp.33-34. http://disco very.nationalarchives.gov.uk/details/r/D7656309#imageViewerLink（2016 年 9 月 4 日瀏覽）。

Historic Analysis of 'Renouncing' Taiwan and the Pescadores under San Francisco Peace Treaty

Abstract

Taiwan's legal status was disputed from Cairo conference to San Francisco peace conference, because it was influenced by the change of China and international situations. President Roosevelt argued that Taiwan and the Pescadores should be returned to the Republic of China, but the representative of the United Kingdom stated the island should be renounced by Japan. Due to the KMT troops defeated by the Communist Party of China, the United States planned to put Taiwan under the trusteeship of the United Nations and support the Taiwanese people to seek autonomy or independence. When the war was broken out in Korean Peninsular in 1950, President Truman said that the future of Taiwan should be determined by the peace treaty with Japan. After then, ROC's Ambassador Ku Wei-chun concurred with the United States to propose an idea of Japan renouncing Taiwan and the Pescadores but never mention who owned the renounced island. This new "Taiwan Model" becomes the core idea of San Francisco Peace Treaty hereafter.

Keywords: San Francisco Peace Treaty　　Taiwan's Legal Status　　Cairo Conference　　United States and Taiwan's Legal Status

（本文原刊登在國會季刊，第 45 卷，第 2 期，2018 年 6 月，頁 21-66，題目為「1951 年舊金山和約關於臺灣和澎湖條款之歷史分析」。）

第三章　美國與中華民國邦交期間對臺灣法律地位之看法（1953-1979）

摘　要

　　美國自 1953 年在臺灣派駐中華民國大使起，展開美國的「一中立場」。1954 年，中華民國和美國簽署「中美共同防禦條約」，美國將納入相互協防的中華民國領土限縮在臺灣和澎湖。在「中美共同防禦條約」的架構下，基本上美國承認臺灣歸屬於中華民國。自 1971 年季辛吉密訪中國後，美國開展與北京政權關係正常化，對於臺灣地位屬性出現閃爍不定之說法。就法律意義而言，在美國與中華民國邦交期間，美國承認臺灣屬於中華民國所有，但美國基於其亞太戰略之考慮，若干美國官員仍持有臺灣地位未定論。

關鍵詞：臺灣　中華民國　美國　一中立場　上海公報

一、前言

美國國務卿艾奇遜（Dean Acheson）在 1949 年 2 月 14 日曾指示駐中國大使司徒雷登（John Leighton Stuart）使用大使館顧問頭銜前往臺灣視察美國援助臺灣的情況，特別是「經濟合作總署任務團」（Economic Cooperation Administration Mission）[1]的工作情形，且應避免暗示美國大使館即將移往臺灣，司徒雷登應自由前往南京和上海。一旦南京和上海落入共黨之手，應遷移駐地。[2]當中華民國中央政府在同年 12 月 7 日從中國大陸撤退到臺灣時，美國政府還有點猶豫，美國駐中華民國大使並沒有隨同遷移到臺灣。美國是在 1950 年 8 月派遣藍欽（Karl L. Rankin）為駐中華民國大使館臨時代辦兼公使，他在 1953 年 4 月 2 日由艾森豪總統正式派任為駐在臺灣之中華民國大使。此時「舊金山對日和約」與「中日和約」已正式生效，美國在繼日本政府之後，正式承認蔣中正在臺灣之政權的合法性，美國開始採取承認在臺灣的中華民國政府的「一中立場」。這是本文從該年寫起的原因。

美國在 1954 年與中華民國簽訂「共同防禦條約」，同時美國及國際輿論開始出現「兩個中國」的論調。美國國內對臺灣之法律地位問題之立場出現轉變，代表民意的國會已有多位國會議員發言支持臺灣成為一個獨立的國家。例如，美國參議院為因應臺海局勢，建議美國應採取新的亞洲政策，而有「康隆報告」（Conlon Report）之出現。此外，民間亦有「兩個中國」意見的提出，如在 1956 年國際紅十字會開羅總會中，美國代表主張採納「兩個中國」的說法。

華府的領導人也醞釀在聯合國提出「雙重代表權」案，也就是「兩個中國」案，而非「一中一臺」案，結果因為未獲得蔣中正的支持，而功虧

---

[1]　指美國派至中國的「經濟合作總署任務團」（Economic Cooperation Administration Mission），協助臺灣工業發展。

[2]　Office of the Historian, "*The Secretary of State to the Ambassador in China* (*Stuart*), Washington, February 14, 1949," United States Department of State, *FRUS*, 1949, The Far East: China, Vol.IX, Document 316. https://history.state.gov/historicaldocuments/frus1949v 09/d316（2016/12/31 瀏覽）。

一簣。當時國際間對於分裂國家尚無認識，不知如何處理這類案例，中國案例是第一個，因此國際間受到傳統國際「正統性」價值觀念的影響，中華民國遂在該種氛圍下被聯合國犧牲了。1973 年東、西德同時加入聯合國，才開創了一個分裂國家同時加入聯合國的案例。

　　本文擬論述從 1953 年起至 1979 年「臺灣關係法」為止，美國政府在與中華民國政府有正式邦交期間對於臺灣法律地位問題的立場轉折。在這一段時間，美國承認中華民國政府的合法性，但對於臺灣之法律地位卻持不同的立場，美國基於高度的戰略思考，持著臺灣地位未定論，仍有待未來國際決定。美國基於其國家利益，對於臺灣地位之態度和主張，偏離一般有關對於國家和政府及領土承認之國際法原則。

　　有關本文所指涉的臺灣，是指作為一個島嶼之地理意義的臺灣，而非作為政治意涵的臺灣政治實體。

二、美國參議院對外關係委員會對臺灣地位之保留意見

　　在簽訂「中美共同防禦條約」之前一日，即 1954 年 12 月 1 日，美國國務卿杜勒斯（John Foster Dulles）在記者會上，答覆記者問他該項條約是否承認中華民國主權及於中國大陸，他說：「無論如何該條約不涉及該一問題。」[3]

　　1954 年 12 月 2 日，中華民國政府和美國政府簽訂「共同防禦條約」，該條約涉及「共同防禦」的領土範圍，依據該約第五條規定：「為適用於第二條及第五條之目的，所有『領土』等詞，就中華民國而言，應指臺灣與澎湖；就美利堅合眾國而言，應指西太平洋區域內在其管轄下之各島嶼領土。第二條及第五條之規定，並將適用於經共同協議所決定之其

---

[3]　"Appendix 17 -- Report on Mutual Defense Treaty with the Republic of China, U. S. Senate, Committee on Foreign Relations (1955)," Mutual Defense Treaty with the Republic of China, Senate, 84th Cong., 1st session., Executive Report No. 2 (Washington, D. C.: U. S. Government Printing Office, 1955), pp.1,4,5-6,8. http://www.straittalk88.com/uploads/5/5/8/6/55860615/appendix_17_--_report_on_mutual_defense_treaty_with_the_republic_of_china_u.s._senate_committee_on_foreign_relations__1955_.pdf（2016/12/10 瀏覽）。

他領土。」第六條規定：「第二條及第五條所規定的適用上，所謂『領土』及『領域』，中華民國是指臺灣及澎湖諸島。」第七條規定：「中華民國政府給予，美利堅合眾國政府接受，依共同協議之決定，在臺灣、澎湖及其附近，為其防衛需要而部署美國陸海空軍之權利。」雙方在簽約後互換照會時，聲明：「中華民國有效控制該約第六條所述的兩塊領土。」換言之，當時美國透過該一條約表明美國只承認中華民國的領域只及於臺灣與澎湖。

　　不過，美國參議員不想因為該約而變成美國承認中華民國擁有臺、澎之領土，故參議院對外關係委員會決議在送給參議院的報告後面應加上下述的聲明：

> 　　依據 1951 年 9 月 8 日美國和其他國家簽署之和平條約，日本放棄臺灣和澎湖列島之所有權利、權利名義和主張。該約並未規定該種權利、權利名義和主張放棄給哪個國家。中華民國不是「舊金山和約」簽字國，會上各國承認並未最後處理臺灣和澎湖列島。國務卿杜勒斯通知參議院對外關係委員會「中美共同防禦條約」第五條所講的中美兩方的領土，用語謹慎，避免用一種方式或另一種方式來意指（denoting）主權。委員會的觀點是，即將生效之目前的條約，將不能修改或影響現行的臺灣和澎湖列島的地位。條約完全符合美國自二戰結束後對於該一問題所採取的行動，不會引入我們與有問題的領土之關係的新要素。……
>
> 　　為了避免有關對該一條約之可能的誤解，委員會決定在本報告中加上如下聲明：參議院瞭解的是，條約將不能解釋為會影響或修改條約適用之領土之法律地位或主權。[4]

　　誠如美國民主黨外交政策專家及國際法專家柯亨（Benjamin V.

---

[4] "*Appendix C: Memorandum*, July 13, 1971. To: EA/ROC – Mr. Charles T. Sylvester. From: L/EA – Robert I. Starr. Subject: Legal Status of Taiwan," *Czyzak Memorandum*, the US Dept. of State, February 3, 1961, p.189. http://www.taiwanbasic.com/historical/czyzak.htm （2016/11/12 瀏覽）。

Cohen）以國務院法律顧問的身分，提交參議院外交委員會的主要委員們一份由他起草的「柯亨備忘錄」的主張。其主要內容要點是：

> 一、如果依此條文批准該條約，即等於首次正式承認臺灣與澎湖群島為中華民國的領土。美國到目前為止一直以慎重的態度，避免正式承認將這些島嶼交予中國。美國對於這些島嶼將來的地位，一直保持著高度的自由。日本雖在「舊金山和約」中放棄對這些島嶼的一切權利，但並未決定其現在或將來的地位。……三、關於臺灣的地位，此事應基於「大西洋憲章」及「聯合國憲章」的精神來處理，而發佈「開羅宣言」時並未預想臺、澎將捲入中國本土的內戰與革命。現在，絕不能漠視島民的意思、利益和住民自決的主旨。四、若正式承認臺、澎為中國領土則給予中共主張『其對這些島嶼的武力攻擊並非國際性的侵略行為而只是內戰』的藉口，使他國的介入產生重大的疑義。臺灣與澎湖群島現在事實上已脫離中國本土而獨立。……五、因此，至少在目前的狀況下，將臺、澎切離中國本土，方符合美國的利益。使臺、澎無法切離中國的條約，在這方面是有損國家利益的。[5]

從上述柯亨的論點可知，他更為進取，主張將臺、澎從中國大陸劃分出來，他對「中美共同防禦條約」的拘限性流露出遺憾之情。

1954 年 12 月 13 日，美國國務卿杜勒斯在記者會上針對臺灣主權歸屬問題發表聲明，他表示：「在技術上臺灣與澎湖的主權歸屬還未解決，因為「對日和約」中僅僅包含日本對這些島嶼權利與權利名義的放棄，但是將來的權利名義並未被「對日和約」決定；在中華民國與日本締結的和約中也未對其決定，因此這些島嶼——臺灣澎湖的法律地位與一向屬於中國領土的外島之法律地位不同。」[6]這裡所指的外島，指金門和馬祖。美國認為這些外島的地位與臺灣和澎湖不同。至於杜勒斯的談話，本質上是

---

[5]　引自戴天昭，李明峻譯，臺灣國際政治史，前衛出版社，臺北市，2002年，頁415-417。

[6]　引自國史館編，臺灣主權與一個中國論述大事記，國史館出版，臺北縣，民國 91 年，頁 44-45。

代表美國政府的立場，但此一談話並不能對抗「美中共同防禦條約」的法律意義，因此，杜勒斯的談話可視為美國對於臺灣問題採取兩面手法，談話的目的是在掩飾美國承認臺、澎的作法。

美國參議院對外關係委員會和武裝服務委員會於 1955 年 1 月 24 日舉行聯席會議，在聽證會上，國務卿杜勒斯指出，臺灣和澎湖列島的主權不能被認為已依據「對日和約」移轉給中華民國，該兩個島的主權問題並未最後決定。[7] 1 月 29 日，美國國會通過「臺灣決議案」（Formosa Resolution），授權美國總統有權保護中華民國管轄的在西太平洋的領土，以對抗中華人民共和國的入侵，此決議案主要針對保護金門和馬祖。[8]

1955 年 2 月 8 日，美國參議院對外關係委員會通過在致參議院報告中加上下述聲明之決議，該聲明說：「為避免對該約（按指「中美共同防禦條約」）之誤解，本委員會決定將下述聲明放入本報告中：『基於參議院之理解，本條約之生效將不能影響或修改該約所涉及之領土主權之法律地位。』美國政府已決定，基於國家利益，臺灣和澎湖列島應置於友好者之手裡，作為從阿留申群島到澳洲防衛圈的重要的泊錨處。」[9]

對於前述美國參議院對外關係委員會之決議及美國國務卿杜勒斯之觀點，可提出如下的討論論點：

第一，美國和中華民國簽署條約，自以雙邊簽署的條文文字為準，若有疑義，亦以雙邊協商為主。美國參議院對外關係委員會所做的決議屬於美國立法機關片面的行為，未經中華民國政府同意，對中華民國自無約束力。

---

[7] *Czyzak Memorandum*, the US Dept. of State, February 3, 1961, http://www.taiwanbasic.com/historical/czyzak.htm（2016/10/3 瀏覽）。

[8] Oystein Tunsjo, *US Taiwan Policy, Constructing the Triangle*, London and New York: Routledge, 2008, p.54.

[9] "Appendix 17 -- Report on Mutual Defense Treaty with the Republic of China, U. S. Senate, Committee on Foreign Relations (1955)," *Mutual Defense Treaty with the Republic of China*, Senate, 84th Cong., 1st session., Executive Report No. 2 (Washington, D. C.: U. S. Government Printing Office, 1955), pp.1,4,5-6,8. http://www.straittalk88.com/uploads/5/5/8/6/55860615/appendix_17_--_report_on_mutual_defense_treaty_with_the_republic_of_china_u.s._senate_committee_on_foreign_relations__1955_.pdf（2016/12/10 瀏覽）。

第二，美國和中華民國簽署「共同防禦條約」，言明雙方防禦的領土為臺灣和澎湖以及美國所屬西太平洋島嶼，即直接承認臺灣和澎湖為由中華民國政府所控制及管轄的領土。

第三，如果美國認為臺、澎不屬於中華民國所有，那麼美國和中華民國簽署條約要保護的領土就會變成「無主地」，美國和中華民國政府會變成在保護一個不屬於中華民國的「無主地」，若是如此，美國和中華民國會簽署這樣的共同防禦條約嗎？

第四，根據 1969 年「維也納條約法公約」（Vienna Convention on the Law of Treaties）第二條有關條約保留條款之定義：「稱『保留』者，謂一國於簽署、批准、接受、贊同或加入條約時所作之片面聲明，不論措辭或名稱為何，其目的在摒除或更改條約中若干規定對該國適用時之法律效果。」該公約所謂的保留係指「明示知會對方之保留」（第 20 條），換言之，美國必須將參議院對外關係委員會對於美國不同意臺、澎屬於中華民國之保留意見知會中華民國政府或者將之寫入條約內。事實上，條約本文或其他相關政府來往文件，均未發現載有美國此一保留意見。從而可證，美國參議院對外關係委員會之保留意見決議自始對「中美共同防禦條約」之條款不發生阻卻作用。

第五，參議院對外關係委員會有關臺灣地位之保留決議，最後並未經過參議院之決議，而是以在給參議院之報告中之附錄方式呈現，故僅是「備忘錄」性質，不具法律約束力。

三、1960 年代「兩個中國」論下的臺灣地位

1959 年 9 月 1 日，史卡拉賓諾（Robert Scalapino）、派克（Richard Park））、保爾克（Guy J. Pauker）、斯洛斯（Leon Sloss）、康隆（Richard P. Conlon）等共同撰寫的美國亞洲政策研究報告，由康隆公司正式呈送美國參議院對外關係委員會。[10]在對臺海兩岸政策方面，這份

---

[10] 「康隆報告」小組是以「美國亞洲政策」（U. S. Policy Asia）為名進行研究。參與者包

「康隆報告」提出了新的政策設想，其主要精神是設法鬆動並進而改善與中華人民共和國的關係。

1959 年 11 月 1 日，美國參議院對外關係委員會出版「康隆報告」，澄清了美國對臺灣問題的立場。該報告說出了中華民國主政的少數人的軍事野心是不切實際的，這少數人與臺灣本地人之間的觀念有差距。該報告也警告中華人民共和國利用懷鄉情感號召在臺灣的大陸人，鼓舞他們回鄉，而北京將給予原諒。而臺灣人則要留下來，認為返回中國大陸是無意義的。中華人民共和國對臺灣人很少訴求，臺灣人期望在一個保障的中立下維持自治或獨立。該報告檢視一個論點，即臺灣使用「自由中國」之名，用以訴求住在亞洲其他國家的海外華人的支持，但它並不是號召愛好自由的華人的口號。它警告說，美國如堅持蔣中正政府是「中國政府」，而且只有該一政府在聯合國被承認，則這一觀點是危險的。

對於臺灣問題，「康隆報告」建議如下：

(1)美國應放棄對中華人民共和國之貿易限制，以相同於對蘇聯貿易的條件，准許與中華人民共和國進行貿易。

(2)美國與盟國及中立國家對於以下四點計畫進行非正式討論：中華人民共和國加入聯合國；承認「臺灣共和國」、「臺灣共和國」參加聯合國大會；擴大聯合國安理會，使之包括印度、日本、中華人民共和國為常任理事國。

(3)與此同時，美國要向其小盟國保證美國將充分和繼續不斷地履行一切條約義務。美國與臺灣當局舉行特別討論，達成以下協議：美國將繼續履行對臺灣和澎湖的現存義務；美國將保證防衛臺灣共和國，並將擴大對臺灣經濟技術援助；臺灣的軍隊撤出中國大陸沿海島嶼，凡願離開的平民也一同撤出；在臺灣共和國成立後，凡來自中國大陸的難民希望離開臺灣者，美國將盡力協助他們遷居。

(4)如屬可能，美國將與中華人民共和國商訂一項商務條約，如能成

括：Professor Richard Park 負責南亞部分，Professor Guy Pauker 負責東南亞部分，Professor Robert A. Scalapino 負責東北亞部分，特別是「共產中國與臺灣」部分。

功，則繼之以事實上承認中華人民共和國。

報告還專門提到了中國大陸沿海島嶼：

「中國大陸沿海島嶼問題是極端嚴重的。任何時候都可能再度成為危機，因此我們可以這樣主張，不管該項計畫進行如何，我們應該使國民黨人和我們自己從該地區脫身。這些島嶼與臺灣防務並無關係。只能認為是到大陸的踏腳石。它們是大陸整體的一部分。軍事上它們極易遭受攻擊。政治上它們是一個包袱，無論就世界輿論，或是就這些島嶼助長了臺灣不健全的心理這兩方面來看，都是如此。一旦這些島嶼引起一場全面軍事行動，美國人民本身的意見就將是分歧的。」

報告認為其提出的解決中國問題的計劃是西方主要國家之間可能達成協議的唯一基礎，同時它也符合目前的實際。報告再次提出臺灣地位未定論說：「目前大陸中國和臺灣是隔開的，有兩個獨立的政府在行使著職權。美國也承認這些事實，一直在設法勸服國民黨人放棄用武力重返大陸的想法，並且還保證在軍事上保衛臺灣。這問題在法律上並不存在障礙，臺灣的地位並沒有被國際條約肯定過，雖然在第二次世界大戰期間，我們事實曾經答應過臺灣應該屬於中國。臺灣人民自己已經作過相當強烈的表示，願意與大陸保持分離，假使各方同意，這一點是可以用公民投票（plebiscite）來進行測驗的。」[11]

該報告建議美國應採取下述政策，即不承認臺灣之外的外島（指金門和馬祖），中華民國政府應從外島撤出，一個務實的政策是在臺灣海峽劃出一條分界線。可以觀察的，假如臺灣能維持中立一個足夠的時間，大陸難民就能融入當地人社群。該報告亦警告一些出乎意料之外的事情可能改變美國的決策。繼承問題是一個主要的危險點。另一個問題是，當臺灣和中華人民共和國進行談判時，美國將處於棘手的地位，必須立即決定是否

---

[11] 美國對亞洲的外交政策：美國康倫公司研究報告，北京市：世界知識出版社，1960年，頁 280-284、280-281、282。本文引自鄭永平，「臺灣海峽危機期間的美臺關係」，載於資中筠、何迪編，美國對臺政策機密檔案，海峽評論社，臺北市，1992年，頁 120-166，152-153。

要介入保護臺灣人的自決權。[12]

　　該報告建議成立臺灣共和國,由美國保障其國防,協助願意返回中國大陸或前往任何國家的所有大陸難民。若提議將臺灣移交給共黨中國而沒有獲得臺灣人民的同意,是一種「不道德的行為」(immoral act),將嚴重破壞美國與所有小國的關係,這些小國期望美國協助其維持獨立。臺灣人民已表達相當大的希望,想與中國大陸分開來,如果同意的話,此可以由全民投票來決定。[13]

　　「康隆報告」是美國參議院的研究報告,提供給美國政府參考,建議美國政府應如何採取對臺灣的政策。報告提出了一些具有創意的想法,有些是之前國際間流傳的觀念,現在美國基於本身安全及國家利益之考慮,重新提出建議。由於是參議院的研究報告,所以非常重視臺灣人民的民意,該報告建議由臺灣人民進行全民投票來自決其前途。不過,美國政府對此報告並沒有給予重視,美國政府也從未表達尊重臺灣民意,這是很值得重視的問題。換言之,美國政府並未接受該報告。

　　1959 年 9 月 21 日,美國駐聯合國大使史蒂文生(Adlai E. Stevenson)在接受哥倫比亞廣播公司(Columbia Broadcasting System)訪問時指出:「美國阻止中國加入聯合國是錯誤的,臺灣地位應在聯合國監督下,由臺灣住民投票決定。」[14]此應是美國高層官員首度表示臺灣應由住民投票自決其前途,但這僅是官員個人之意見,並非美國國務院的觀點。

　　美國副國務卿鮑爾斯(Chester Bowles)在 1960 年 4 月號外交事務(*Foreign Affairs*)季刊發表「中國問題再思考」(The China Problem Reconsidered),表示美國需要在聯合國承認兩個中國,同時在臺灣建立「中國福爾摩沙國」(Sino-Formosa Nation),來解決臺海兩岸的定位問

---

[12] George H. Kerr, *Formosa Betrayed*, Boston: Houghton Mifflin, 1965, chapter XX Behind the Reform Façade, e-book (2011). http://www.romanization.com/books/formosabetrayed/chap20.html(2015/3/12 瀏覽)。http://www.romanization.com/books/formosabetrayed/index.html（2015/3/12 瀏覽)。

[13] George H. Kerr, *op.cit.*

[14] 戴天昭著,李明峻譯,臺灣國際政治史,前衛出版社,臺北市,2002 年,頁 458。

題。[15]鮑爾斯建議中華民國和中華人民共和國都加入聯合國，但安理會席次給予中華民國。假如北京拒絕，則此可解除美國阻擋中國加入聯合國的責任。[16]鮑爾斯是美國國務院高官，他的意見應是美國政府的試探氣球。

1961 年 2 月 3 日，美國東亞事務局（Far East Affairs Bureau）法律顧問約翰・紀乍克（John Czyzak）提報給國務院法律顧問查耶斯（Abraham Chayes）一份備忘錄，該備忘錄說：

> 蔣中正被盟軍授權接收在臺、澎日軍之投降，中華民國政府自後繼續佔領及管理該兩島。日本在臺、澎之投降，雖然提供了中華民國政府繼續佔領及管理該兩島之法律基礎，但不能產生移轉主權給中華民國之效果。由於盟國對於誰代表中國出席舊金山會議有歧見，「舊金山對日和約」無法對臺、澎之處置達成協議。「舊金山對日和約」意圖剝奪日本對該兩島之主權，而沒有移轉其主權給任何它國，該項規定清楚記載。在該條約之後發生的事情，亦無法說已發生主權移轉的效果。類似臺灣地位之案例，可見於西班牙和美國戰爭後的古巴案例。根據 1898 年 12 月 10 日「美、西和平條約」第一條之規定，西班牙放棄了所有對於古巴的主權主張和權利名義。雖然該條約稱美國為西班牙放棄領土的佔領國，但未規定主權移轉給誰。領土正式移轉之一般方式在國際法是經由割讓，此特別包含割讓國和獲得國之間的協議。但「美、西和平條約」並無此一割讓之規定。如所看到的，中華民國宣稱在日本投降後該兩島屬於中國，該種宣布也許可視為兼併該兩島。然而，鑑於蔣中正接受日軍投降是代表盟軍之行為，也許可質疑的是該種兼併在國際法上是否有效。正常而言，軍事佔領不能產生使得佔領的領土主權移轉給佔領國的效果。尤有進者，從舊金山會議和「中、日和平條約」的歷史來看，也質

---

[15] Nancy Bernkopf Tucker, *Uncertain Friendship, Taiwan, Hong Kong and the United States, 1945-1992*, New York: Twayne Publishers, 1994, p.50.

[16] Edward Weintal, "A New China Policy in the Making," *Newsweek*, July 10, 1961, p.18.

疑該種解釋。1945 年 2 月 11 日，羅斯福、邱吉爾和史達林在雅爾達舉行會議，皆同意假如蘇聯對日本宣戰，則南庫頁島及其附近的島嶼將歸屬蘇聯所有，千島群島也將移交給蘇聯。「雅爾達宣言」和「開羅宣言」一樣，美國視之為意向之聲明，而非具有約束力的國際承諾。臺、澎地位的問題，必須和南庫頁島和千島群的問題等同看待。依據相同的盟軍的命令，蔣中正接收在臺、澎的日軍的投降，蘇聯也是在南庫頁島和千島群島接受日軍投降，此後繼續控制及管理這些島嶼。蘇聯在 1946 年 2 月 2 日發佈命令兼併該兩島。但美國政府不承認蘇聯擁有該兩島的主權。[17]

對於紀乍克之備忘錄，值得討論的問題如下：

第一，臺灣地位之案例，是否類似於美國和西班牙戰爭後的古巴案例？值得斟酌。

根據「美、西巴黎條約」第一條規定：「西班牙放棄了所有對於古巴的主權主張和權利名義。由於西班牙撤出古巴，若其由美國佔領，則美國只要該種佔領持續不斷，也許因為佔領之事實，將依據國際法承擔及履行保護生命和財產之義務。」[18]

據上述規定，西班牙在 1899 年 1 月 1 日撤出古巴，將古巴移交給北美軍事總督布魯克（General John Rutter Brooke），美國在古巴派駐臨時總督吳德（Leonard Wood）。1901 年 3 月 5 日，美國國會通過「美國普拉特修正案」（The U. S. Platt Amendment），規定美軍撤出古巴的條件。6 月 12 日，古巴制憲會議通過「古巴憲法」，1902 年 5 月 20 日古巴

---

[17] "Legal Status of Formosa (Taiwan) and the Pescadores Islands (Penghu)," *Memorandum from the Assistant Legal Adviser for Far Eastern Affairs (L/FE - John J. Czyzak) to Mr. Abram Chayes*, Legal Adviser, February 3, 1961, http://www.taiwanbasic.com/historical/czyzak.htm（2015/12/4 瀏覽）。

[18] Article 1 of Paris Peace Treaty: "Spain relinquishes all claim of sovereignty over and title to Cuba. And as the island is, upon its evacuation by Spain, to be occupied by the United States, the United States will, so long as such occupation shall last, assume and discharge the obligations that may under international law result from the fact of its occupation, for the protection of life and property."

獨立。

毫無疑問，從美國處理古巴的案例可知，美國是遵守「巴黎和約」第一條的規定，由於西班牙放棄古巴，而美國是與西班牙簽約之簽約國，故由美國承擔「暫時監管古巴」之責任，在古巴通過憲法並成立自己的政府，美國最後還是將古巴交給古巴政府。紀乍克以該案例類比臺、澎案例，顯然不適當，因為在「舊金山對日和約」簽字時，臺、澎就已是由中華民國政府統治六年了。

第二，紀乍克又說：「美西和平條約並無領土割讓之規定」，查「美西和平條約」第二條是有關波多黎各島和關島割讓給美國；第三條是有關菲律賓群島割讓給美國。

第三，紀乍克又說：「雅爾達宣言和開羅宣言一樣，美國視之為意向之聲明，而非具有約束力的國際承諾。」參加該兩項會議的是美國總統羅斯福（Franklin·D. Roosevelt），他在公開的會議及文件上表明美國政府支持臺、澎歸還給中華民國，儘管事隔 18 年美國官員說當年總統僅是「意向之聲明」，已違反「禁反言（estoppel）原則」。

1961 年 4 月 5 日，在華盛頓召開英、美會議，英國首相麥克米蘭（Harold Macmillan）主張應讓中華人民共和國進入聯合國，而臺灣置於聯合國的信託統治之下，亦即在蔣中正有生之年暫將臺灣置於聯合國託管之下，徹底推行自由的民主政治，待蔣中正去世後，再以住民自決投票決定獨立、繼續受聯合國託管或與中國合併。[19]

美國國務卿魯斯克（Dean Rusk）在 1990 年出版的 *如我所見*（*As I Saw It*）回憶錄，記載在 1961 年當甘迺迪（John F. Kennedy）當選總統時，他在該年 5 月與甘迺迪作了一次長時間的私人會談，他問甘迺迪是否要國務院研究中國政策可能的改變。甘迺迪想知道有何選擇，他對甘迺迪提出下述的選項：承認兩個中國；幕後促使北京和臺北和解；靜觀未來發展。魯斯克長期以來參與中國事務，傾向於兩個中國，但臺海兩岸都反對該一方案。甘迺迪在大選中只是小勝，所以也不敢改變對中國的政策。艾

---

[19] Arthur L., Gavshon, "U. K. view on Red China," *The Japan Times*, April 12, 1961.

森豪（Dwight D. Eisenhower）下臺前曾告訴甘迺迪，他可以支持甘迺迪的一般外交政策，但他強烈反對承認中華人民共和國以及支持其進入聯合國。魯斯克認為承認臺灣的中華民國代表全中國是假象，反之承認中華人民共和國代表全中國也是假象。他說：「美國從未承認臺灣是代表全中國的政府；它只是我們承認的唯一的中國政府。」（We never recognized Taiwan as the government of all China; it was simply the only Chinese government we recognized.）[20]據魯斯克的觀點，中華民國即是位在臺灣的中國政府。

　　至 1962 年，美國國務院對於位在臺灣的中華民國的疆域有了質疑，政策設計委員會主席羅斯陶（Walt Rostow）擬定的「美國基本外交政策綱領」（Guiding principle of U. S. foreign policy）（並未對外披露）裡提出了「兩個中國」方案，其主要內容有三點：(1)中華民國軍隊應自動退出金門、馬祖等外圍島嶼。(2)美國准許中華人民共和國加入聯合國，但應支持中華民國在聯合國和安理會的席位。(3)如中華人民共和國接受此一方案，則美國可以外交承認中華人民共和國。[21]羅斯陶試圖將中華民國控制區域限定在臺灣和澎湖群島，使之與「美國和中華民國共同防禦條約」的內容一致，因為該約規定雙方協防的範圍只限於臺灣和澎湖群島，不包括金門、馬祖等外圍島嶼。羅斯陶似乎有意利用此一新主張與北京政權交換條件，但其意見並未獲北京正面的回應，美國政府也沒有積極推動。

　　相對而言，美國白宮對共黨中國的政策就較為保守，顧慮較多。尼克森（Richard M. Nixon）總統於 1969 年 2 月 5 日在國家安全會議上指示，要研究美國對共黨中國的政策、美國的目標和利益、目前美國和共黨中國及中華民國的關係、共黨中國在亞洲的威脅和意圖之本質、美國和其他主要有關國家對共黨中國之政策之互動、美國接近共黨中國之途徑的成本和

---

[20]　Daniel S. Papp (ed.), *As I Saw It by Dean Rusk*, New York: W. W. Norton & Company, Inc., 1990, p.284.

[21]　李里，「兩個中國三部合唱的濫調：揭開哈里曼與陳匪毅在日內瓦唱和內幕」，自立晚報，1962 年 9 月 9 日，版 4。

風險。[22]美國國家安全會議資深評估小組（Senior Review Group）提出了「美國外交政策的大綱」。1970 年 11 月 19 日，「國家安全研究備忘錄」第 106 號（National Security Study Memorandum, NSSM 106），更進一步討論臺灣問題，該文件說：「就我方而言，自韓戰以來，我們必須採取如下立場，即關於臺灣之主權是一未解決的問題，須由未來國際加以解決。因此，我們避免說臺灣是中國之一部分，同樣也要避免說該島隱含有單獨分開的主權（separate sovereignty）。我們承認中華民國政府是合法的佔領臺灣及在臺灣行使管轄權，其臨時首都在臺北。」[23]

　　該項文件與前述紀乍克的觀點相同，明顯有國際法法意的不一致性，美國既然在外交上承認中華民國政府，而且也承認中華民國合法佔領及管轄臺灣，卻又說「臺灣之主權是一未解決的問題」。美國為了外交策略之需要，而將臺灣的法律地位之國際法意義做了瑕疵性、不一致性表述。

　　美國國務院和國安會認為當越戰結束時，應從臺灣撤軍，但國防部給國安會一份報告，提出不同的看法。1971 年 4 月 19 日，美國國安會又發表第 124 號「國家安全研究備忘錄」（National Security Study Memorandum 124），對中國採取進一步的和解政策。該文件提及美國之下一步是成立與中華人民共和國發展關係之三個研究小組，其中第二個研究小組之任務是與中華人民共和國發展政府間接觸，導引中國對美國的嘗

---

[22]　The White House, "National Security Study Memorandum 14, NSSM 14:US China Policy," February 5, 1969. http://thehundredyearmarathon.com/wp-content/uploads/2015/02/Nixon-nssm_014.pdf（2015/4/20 瀏覽）。

[23]　Office of Historian, *Foreign Relations of the United States, 1969-1976*, Volume XVII, China, 1969-1972, "Document 97. National Security Study Memorandum 106," p.246. https://history.state.gov/historicaldocuments/frus1969-76v17/d97（2016/12/1 瀏覽）。
Oystein Tunsjo, *US Taiwan Policy, Constructing the Triangle*, London and New York: Routledge, 2008, p.62.
"Discussing the 'Taiwan issue' the NSSM 106 stated, '[f]or our part, we have taken the position since the Korean War that sovereignty over Taiwan is an unsettled question subject to future international solution. We have therefore avoided stating that we regard Taiwan as a part of China, while similarly avoiding statements implying separate sovereignty for the island. We recognize the GRC as legitimately occupying and exercising jurisdiction over Taiwan, with a provisional capital at Taipei."

試做出回應。例如美國可提議設立華府和北京之間的熱線，及美國從臺灣撤兵，同時也表示將從越南撤兵。第三個研究小組負責重大改變美國對臺灣問題之政策，及處理改善美國和中華人民共和國之間基本阻礙的問題。美國可採取可能的主張如下：(1)某種美國官方形式在北京出現；(2)指出美國有意將臺灣視為中國之一部分；(3)如中國保證不在臺灣海峽地區挑起危機，則美國將自臺灣地區撤軍。該文件提及，雖然北京領導人說臺灣問題可以等上二十年，但隨著時間推移，臺灣最後地位的解決未見得對北京有利，因為臺灣會日益有生存能力，一中一臺更可能成形。儘管美國有上述的各種選項，但不能破壞美國和中華民國的關係，美國要確保臺灣的安全、使之免遭外來攻擊、維持對臺灣必要的軍事接近（military access）及繼續維持對中華民國的外交承認和支持。[24]直至 1971 年 7 月為止，美國國安會開始討論如何處理臺灣問題，而這些討論後來成為季辛吉（Henry Alfred Kissinger）祕密訪問北京時論述美國對中國新政策之張本。

四、1971 年美國對臺灣地位之看法

美國為了在聯合國中促成其「雙重代表權」案，所以對於臺、澎主權之歸屬問題，再度提出不確定的地位的說法。1971 年 4 月 28 日，美國國務院發言人布瑞（Charles W. Bray）聲稱：「我們認為[臺灣之地位問題]此事未獲解決，因為在「開羅宣言」與「波茨坦宣言」中，同盟國表明意向稱，臺灣與澎湖將為中國的一部分，此種盟國暫時意向的聲明，從未正式執行。」又說：「此項意向之聲明於與日本簽訂和約時曾有加以執行的機會，但是和約中再度未討論到此點。美國認為中華民國在對臺灣與澎湖行使合法權力，是由於日本佔領臺灣的軍隊係奉令向中華民國投降之事實。」「我們認為，臺灣和澎湖群島的主權是懸而未定的問題，需等未來

---

[24] "Memorandum for the Chairman, NSC Senior Review Group, NSSM 124: Next Steps Towards the People's Republic of China (PRC)," April 19, 1971, http://www.gwu.edu/~nsarchiv/NSAEBB/NSAEBB19/03-01.htm（2016/11/12 瀏覽）。

的國際解決。中華民國和中華人民共和國雙方都不同意這個結論。雙方都認為臺灣和澎湖群島是中國宗主國的一部分。」「我們的立場一向是、現在仍然是十分堅定的，這就是不論在臺灣的中華民國，和大陸上的中華人民共和國之間的爭端最後如何解決，它都應當以和平方式完成。」他又說：「可能有兩個途徑：或是由國際解決，或是由兩個政府直接解決。」布瑞最後強調尼克森政府遵循杜魯門總統在 1950 年 6 月 27 日發表的聲明，即臺、澎地位應等到太平洋的安全恢復、與日本簽定和約或是由聯合國考慮之後，再加確定。[25]

　　1971年4月29日，尼克森在新聞記者會上，有記者問他有關美國在聯合國的代表組成的委員會提出「兩個中國」政策，上次你不願談該問題，今晚你對該項建議有何看法？尼克森說：「該傑出的委員會提出的建議是在政府高層會議中進行了討論，當然，我也對此不同方向的建議加以考慮。然而，我想你的問題應考慮我的新的中國政策的觀點。我想因為最近數週我們的乒乓球隊訪問中國所引發的某些推測，尚非有用所致。」記者又問：「國務院曾說臺灣的未來的法律問題尚未解決，你贊同國民黨和共產黨直接談判解決嗎？」尼克森說：「我注意到各部門和消息來源都主張由該兩個實體直接進行談判。我想這是一個很好的法律的途徑，但我認為這不切合實際。我僅能說，關於這一點，美國將謹慎從事，但我們將維持對臺灣的條約承諾，我們也尋求與中華人民共和國發展正常化關係。」[26]

　　對於美國此一對臺、澎主權的看法，中華民國外交部長周書楷於 4 月 30 日發表嚴正聲明如下：「開羅宣言及波茨坦宣言已明白將臺灣和澎湖歸還中國政府，其後民國 41 年所簽訂之中日和約及民國 43 年所簽訂之中美共同防禦條約，亦均已確認臺灣、澎湖為中華民國之領土。國務院新聞官竟於此時談話涉及臺灣及澎湖之法律地位問題，中國政府至感不解，故

---

[25]　中國時報，民國 60 年 4 月 30 日，版 1。Chiao Chiao Hsieh, *Strategy for Survival: the Foreign Policy and External Relations of the Republic of China on Taiwan, 1949-79*, London: Sherwood Press, 1985, p.137.

[26]　"The President's News Conference of April 29, 1971," http://www.gwu.edu/~nsarchiv/NSAEBB/NSAEBB66/ch-19.pdf（2015/10/12 瀏覽）。

特要求美國政府對此事儘速予以澄清。」[27]從周書楷這樣的表態來看，顯然臺灣並不支持美國的「雙重代表權」案，否則不會出現如此不配合的說詞。

1971 年 6 月底，尼克森接見美國駐臺北大使馬康衛（Walter McConaughy, Jr.），曾暗示美國將改善與中華人民共和國的關係，要求馬康衛告訴蔣中正，美國將繼續與中華民國維持友好密切關係。

在季辛吉出發祕密訪問北京前，尼克森總統於 1971 年 7 月 1 日在橢圓形辦公室（Oval Office）召見季辛吉和總統國家安全事務副助理海格（Alexander M. Haig Jr.），尼克森指示季辛吉立場不要太強硬，並希望他不要顯示有意放棄對臺灣的支持，直到有必要如此作。尼克森強調有關「一個中國與兩個中國」的問題在與北京的會談中只能談一次，而非整個會談過程都談該一問題。關於聯合國代表權問題，季辛吉應特別詢問中國方面的觀點。尼克森提醒季辛吉，當與中國談判時，不可顯露出賣臺灣的樣子。他指示季辛吉在談到臺灣問題時，應呈現如謎一樣含混。他要季辛吉不要提及杜魯門在 1950 年的聲明，他個人並不贊同該聲明。總之，尼克森總統要季辛吉評估整個有關臺灣問題的會談，以使美國不致拋棄朋友，美國對此一領域是否要讓步，應保持神祕的立場。尼克森又提到駐守在臺灣的 6 千名軍隊與越戰有關，一旦越戰結束，將從臺灣撤出。[28]

7 月 9-11 日，美國總統國家安全事務助理季辛吉密訪中國，會晤周恩來。2002 年 2 月底，季辛吉和周恩來首次會談的歷史抄本解密。根據該解密檔案，季辛吉是第一個提及臺灣問題的人。他說：「這次訪問有 7 個問題需要討論，其中之一就是周恩來也關切的臺灣問題，從美、中來往的照會可知，周恩來關切的是美國從臺灣及臺灣海峽撤軍。我這次想與鈞座會談該一問題。」[29]周恩來提及美國政府在 1949-1950 年間曾表示臺灣

---

[27] 中國時報，民國 60 年 5 月 1 日，版 1。

[28] The White House, Top Secret/Sensitive/Exclusively Eyes Only, Memorandum for: The President's Files, Subject: Meeting Between President, Dr. Kissinger, General Haig, Thursday, July 1, 1971, Oval Office. Source: box 1036, China-General July-October 1971. http://www.gwu.edu/~nsarchiv/NSAEBB/NSAEBB66/ch-33.pdf（2015/10/12 瀏覽）。

[29] Winston Lord, "Memo of Your Conversations with Chou En-lai," Memorandum for Dr. Henry

是中國的領土，美國無意干涉中國內政，此應由中國人民自行解決。周說：「後來韓戰爆發，美國包圍臺灣，且說臺灣的地位尚未決定，你的國務院發言人仍說這是你的立場。這是問題的根本所在。」季辛吉答覆稱：「國務院發言人不再提及該聲明。」周恩來要求，假如「要承認中國，美國方面必須無條件承認中華人民共和國為唯一的中國之政府。……臺灣是中國的一省，臺灣已歸還中國，是中國不可讓予的領土的一部分。」周恩來繼續要求所有美軍在一定的時間從臺灣和臺灣海峽撤退。周恩來又要求美國終止和臺灣簽訂的「共同防禦條約」。[30]周恩來向季辛吉明確表示，美國和中華人民共和國建交的條件就是美國與中華民國「斷交、廢約、撤軍」。

　　關於美國從臺灣撤軍問題，季辛吉表示，美軍在臺灣的性質，約三分之二兵力是與美國在亞洲用兵（指越戰）有關，三分之一才是保衛臺灣。在結束越戰後，美國將從臺灣撤出那三分之二的軍隊。一旦美國和北京政權關係改善，美國將撤出其餘的軍隊。所以軍隊問題並非美國和北京政權關係的主要障礙。[31]尼克森和季辛吉很技巧的將結束越戰和從臺灣撤兵予以掛勾，這也是美國想從越戰脫身，而利用臺灣撤兵，以改善與中國北京政權的關係。

　　對於臺灣的地位，季辛吉表示：「關於臺灣的政治未來，我們不贊成『兩個中國』的解決方案，也不贊成『一中一臺』的解決方案。」周恩來問他，你是否贊同臺灣獨立運動，季辛吉答說：「我們不贊同臺灣獨立運動」。[32]

　　根據曼恩（James Mann）的說法：「在季辛吉的回憶錄中記載，他在北京之行，與周恩來的會談中故意抑低臺灣問題的重要性，僅簡短的提及臺灣。但中華人民共和國方面對臺灣問題卻表示高度的興趣，季辛吉對

　　A. Kissinger, Top Secret/Sensitive/Exclusively Eyes only, July 29, 1971, p.5. http://www.gwu.edu/~nsarchiv/NSAEBB/NSAEBB145/09.pdf（2015/10/12 瀏覽）。

30　Winston Lord, *op.cit.*, pp.10-11.

31　Winston Lord, *op.cit.*, p.12.

32　Winston Lord, *op.cit.*, pp.13,15.

臺灣問題做出了保證，此明顯違反了美國國務院在三個月前所做的有關『臺灣是一個未確定的問題，有待未來國際決定』（an undetermined question and a topic for future international resolution.）之聲明。」[33]曼恩並沒有十分準確的描述季辛吉在與周恩來談及有關臺灣問題時的態度，季辛吉並沒有「故意抑低臺灣問題的重要性」，反而在這次會談中討論美國與中華民國「斷交、廢約、撤軍」如此重大的美國對臺政策。不過，曼恩的評論有一點是對的，即季辛吉的說法違反了美國國務院在三個月前所做的有關臺灣地位不確定的說法。

1971 年 7 月 13 日，美國國務院東亞事務助理法律顧問（Assistant Legal Adviser for East Asian Affairs）史塔（Robert I. Starr）致送中華民國事務辦公室主任（Director of the Office of Republic of China Affairs, EA/ROC）希爾偉司特（Charles T. Sylvester）的「臺灣之法律地位備忘錄」（Memorandum to Charles T. Sylvester, "Legal Status of Taiwan"），該「備忘錄」說：「美國在 1950 年 9 月 20 日致函聯合國大會第五次會議，表示要將臺灣問題納入該次會議的議程中。美國在 9 月 21 日的解釋照會中，雖然引述「開羅宣言」和「波茨坦宣言」及日本投降，但美國認為『正式移轉臺灣給中國必須等待與日本簽署「和平條約」或其他合適的正式行為。』」又提及美國國務院於 1970 年第 91 屆國會第二會期，在參議院對外關係委員會有關美國對外國安全協議和承諾小組（Subcommittee on United States Security Agreements and Commitments Abroad of the Senate Committee on Foreign Relations, 91st Cong., 2d Sess.）的聽證會上表示：「1951 年 9 月 8 日在「舊金山對日和約」第二條規定，『日本宣佈放棄對臺灣和澎湖的所有權利、權利名義和主張。』相同的語句也出現於 1952 年 4 月 28 日簽定的中、日和約第二條。這兩項條約都沒有規定日本將臺灣和澎湖移交給任何特殊實體。臺灣和澎湖都尚未在現行國際處置（international disposition）加以處理，對這兩個地方的主權尚未決定，有

---

[33] Mann, James, *About Face: A History of America's Curious Relationship with China, from Nixon to Clinton*, Alfred A. Knopf: Distributed by Random House, N. Y., 1999, p.33.

待未來國際決定。」[34]

美國在此時重提臺灣法律地位問題，主要目的是為了因應與北京政權會談，美國先在國際法上將臺灣地位變成不確定，以作為其與北京政權談判時的籌碼。

季辛吉在 1971 年 7 月 14 日給尼克森有關他和周恩來會談內容的備忘錄，其中記載周恩來提出了美國和中華人民共和國關係正常化的條件如下：(1)承認臺灣是中國不可分割的一部分，中國的一省。(2)承認中華人民共和國為中國唯一的合法政府。(3)在一特定的時間內，從臺灣和臺灣海峽撤出所有美國軍隊和軍事設施。(4)認為美國和中華民國簽定的「共同防禦條約」是無效的。關於臺灣的政治未來，季辛吉稱他不贊成「兩個中國、一中一臺」，但不反對雙方同意的政治解決方案。美國希望該解決方案是和平的，周恩來表示將儘量嘗試去作。

季辛吉說：「關於印度支那，跟臺灣一樣，我說這需要時間，等政治的變化，我再度強調這兩個問題是有關連的。」他又說：「美國在臺灣的軍隊有兩個成分，一個是用來防衛東南亞，特別是越南，另一個是防衛臺灣。一旦越南戰爭結束，前者的軍隊可以撤走。後者則需視美國和中華人民共和國的一般狀況而定。周恩來詢問是否我將臺灣問題和印支問題關連起來。我說是，他沒有表示異議，就將話題轉到印度支那。⋯⋯從一開始，我將印度支那衝突和美國與北京的關係關連起來，我指出在臺灣三分之二的美軍與越戰有關，其撤退將視越戰是否結束而定。我也指出越戰結束可加速改善我們兩國的關係。周恩來問了若干問題，顯然他瞭解臺灣和越南的關連，而未加以反對。周恩來強調中國對於解決越南問題有兩個目標，一是美國和盟軍撤出越南，二是印支三邦應自行決定其未來。⋯⋯周

---

[34] "Starr Memorandum of the US Dept. of State, July 13, 1971," http://www.taiwanbasic. com/historical/starr.htm（2016/5/12 瀏覽）。John J. Tkacik, Jr., *Rethinking "One China"*, Washington DC: Heritage Foundation, 2004, pp.181-193. *Appendix C*: *Memorandum*, July 13, 1971. To: EA/ROC – Mr. Charles T. Sylvester. From: L/EA – Robert I. Starr. Subject: Legal Status of Taiwan, pp.181-193, at pp.191-192. http://www.scribd.com/doc/42204867/Starr-Memo（2016/5/12 瀏覽）。

恩來將會與北越談，也許會發揮一點影響力。」[35]

　　從該備忘錄報告可知，美國企圖利用臺灣牌作為與北京交涉的籌碼，即希望獲得中國支持美國與北越停火的建議。[36]

　　季辛吉在 1971 年 10 月 20 日第二次訪問北京，他在 10 月 21 日會晤周恩來，季辛吉說：「在印支戰爭結束後很短的時間內，我們將從臺灣撤出與印支戰爭有關的軍隊，假如我們的關係改善的話，將陸續撤出其他的軍隊。」周恩來說：「你並沒有提出確切的撤兵時間。」季辛吉說：「是的，我們瞭解我們最後的目標。我說我們不贊成兩個中國、一中一臺。」周恩來說：「有可能實踐如貴國務院所說的一國兩府嗎？我對此曾作了詳細的思考。這是為何我們要對國務院和布希先生（George H. W. Bush）（按：為美國駐聯合國大使）提出批評的原因。但我們並未對提出該項建議的國務卿羅吉斯（William P. Rogers）提出批評。在布希提出該項建議後，我們的外交部在 8 月 20 日發表一項聲明。」季辛吉說：「我們不鼓舞和支持臺獨運動。假如有美國人，不論是官方或非官方支持該項運動，你都可以通知我們，我可以向你保證我們將會阻止該項運動，我們反對臺獨。」季辛吉亦向周恩來保證在聯合國大廈前示威的臺獨運動不是美國中央情報局（CIA）在背後支持的。五角大廈亦不應對此負責。他又表示：「美國不支持，反對日本在臺灣建立軍事武力，在臺灣建立軍事影響力，我們對日本有影響力，將反對日本企圖支持臺獨運動。我們贊成以和平方式解決臺灣問題，我們不會阻礙此事。我們承認人民共和國認為臺灣問題是內部問題，對此，我們不予挑戰。但人民共和國若在行使其主權時，能宣布以和平解決問題的意願，則我們的行動將更為容易。」[37]

---

[35] Kissinger to Nixon, "My Talks with Chou En-lai," 14 July 1971, Top Secret/Sensitive/ Exclusively Eyes Only, Source: box 1033, Miscellaneous Memoranda Relating to HAK Trip to PRC, July 1971, pp.4,12-15. http://www.gwu.edu/~nsarchiv/NSAEBB/NSA EBB66/ch-40.pdf（2016/5/12 瀏覽）。

[36] *Foreign Relations of the United States*, 1969-1976, Vol. XVII, China, 1969-1972. http://www. state.gov/documents/organization/71673.pdf（2016/5/12 瀏覽）。

[37] The White House, "Memorandum of Conversation, Top Secret/Sensitive/ Exclusively Eyes Only, Conversation between Kissinger and Chou En-lai, October 21, 1971, in Great Hall of People, Peking," General Subject: President's Visit, Taiwan and Japan, pp.13-15,20. In

　　周恩來繼續問季辛吉一個敏感的問題，即季辛吉對於臺灣地位未定論有何看法？季辛吉笑了一下答說：

　　我要使我的答覆更為正確，我沒有周總理如此清楚的思慮。讓我將我的想法和政策加以區別。我們都不挑戰所有中國人都認為世上只有一個中國，而臺灣是中國的一部分的事實。因此，我們不認為臺灣的地位是未確定的。如何表達該一觀點是困難的，但我們定會準備一個公報，載明所有中國人都認為只有一個中國的事實。這就是我們政府的政策。

周恩來又問：「你對於臺灣地位『未定』有何看法？」
季辛吉說：

　　我尚未與總統詳細討論該一特殊的問題。所以我只能說出我的印象。假如我說錯了，我會透過我們的管道給總統答案。我不會誤導他。讓我說兩件事。第一，我們不鼓勵任何國家持著臺灣地位未定的立場，英國政府的立場是獨立的，並非我們所鼓勵的立場。第二，假如有一個政府提出該一問題而沒有我們的鼓勵，我們是不會給予支持的。我想周總理將會注意到我們在聯合國的聲明，無論你多麼不喜歡它，我們謹慎從事，官員也盡了很大的謹慎，我們慎重不提及獨立的臺灣國。我想我可以信任地向周總理說，我們不支持兩個中國或一中一臺的政策。我們的企圖是在一個中國的架構下尋求和平解決。

　　我將與總統核對該一問題，透過我們的管道確認該一問題。現在最後一個句子我可以確定的，即我們的政策是一個中國及和平解決。但假如有其他國家提出臺灣地位未定論的說法時，我們不會採取地位未確定的戰術立場。我可以確定我們的立場是在一個中國的架構內，促使（bring about）和平解決。「使發生」一詞過於積極，也許用「鼓勵」一詞較為正確。中國人應自行解決

該一問題，我們不應積極催迫。假如有其他國家提出臺灣地位未
確定的立場，我們該採取何政策呢？我相信我們不會支持該一立
場，但當我回國後我會與總統查核。[38]

上述季辛吉有關臺灣地位的說法，明顯脫離了尼克森給他的指示，尼克森
希望他對於臺灣的地位保持模糊的立場，但他卻表示反對「臺灣地位未確
定的立場」，以迎合北京的意思。關於這一點，尼克森及以後歷任總統都
沒有接受季辛吉的觀點。此可從「上海公報」及以後美國和中國的「建交
公報」中看出美國政府做了文字上的調整，變成美國認知中國人主張的
「臺灣是中國的一部分」，美國並不承認臺灣屬於中華人民共和國之一部
分。

　　在 10 月 21 日下午四點四十二分的會談中，周恩來提及聯合國的問
題，他反對美國和日本在聯合國提出的「一國兩府」的觀點，周恩來認為
此違反「聯合國憲章」。季辛吉說：「我們的官員最早提出的建議是兩個
中國案，其意即管轄一定領土的政府在聯合國都應有席次，此將臺灣置於
與兩個德國和兩個韓國一樣的地位。在我們於 7 月份的會談後，我們已修
改為現在的模式，一種還不成熟的模式，即一個中國但目前有兩個政府。
基於我們會談的精神，我認為維持一個中國的原則，對你而言，可能比獲
取聯合國席次之次要問題還更為重要。」周恩來說：「我們不會放棄臺
灣，或接受臺灣地位未定論來交換聯合國的席次。」季辛吉說：「我們理
解。」[39]

　　季辛吉在 1971 年 11 月 11 日呈送給尼克森的出訪中國報告中強調，
在越南戰爭結束時，美國將從臺灣撤出與越戰有關的軍隊，周恩來表示中

---

[38] The White House, "Memorandum of Conversation, Top Secret/Sensitive/ Exclusively Eyes
Only, Conversation between Kissinger and Chou En-lai, October 21, 1971, in Great Hall of
People, Peking," General Subject: President's Visit, Taiwan and Japan, p.27. In
http://www.gwu.edu/~nsarchiv/NSAEBB/NSAEBB70/doc11.pdf（2016/5/12 瀏覽）。

[39] Office of the Historian, *Foreign Relations of the United States, 1969-1976*, Volume E-13,
Documents on China, 1969-1972, Volume E-12, Documents on China, 1969-1972, "41.
Memorandum of Conversation, Beijing, October 21, 1971, 4:42-7:17 p.m.," p.6,
https://history.state.gov/historicaldocuments/frus1969-76ve13/d41（2016/7/23 瀏覽）。

國並不急於要求美軍從臺灣撤出，而只要求遵守最後完全撤出的原則。中國最感興趣的是要全球知道臺灣是中國的一部分，臺灣的地位不是不確定。周恩來在 1971 年 7 月曾表示將嘗試以和平方式解決臺灣問題，反對日本影響臺灣獨立。周恩來問季辛吉當它國詢問美國有關臺灣之地位時美國如何答覆，季辛吉表示他回美國後會與尼克森總統商議。季辛吉對於日本是否會影響臺灣獨立的問題，他說目前美軍駐守日本，可阻止此事發生，但當美軍撤走後，則非美國所能控制。周恩來特別提及聯合國有關阿爾巴尼亞案的表決，周恩來表示反對美國提出的兩個中國案，周恩來表示臺灣對於中國之重要性比進入聯合國還大，若兩個中國案通過，則中國不會進入聯合國。他特別強調，他不喜歡阿案，因為它未處理臺灣地位問題。[40]

10 月 25 日，聯大通過阿爾巴尼亞案，中華民國退出聯合國，雖然此案只涉及誰代表中國的問題，並未直接與臺灣法律地位有關，卻間接影響臺灣法律地位。還有該案只論及蔣介石集團不能代表中國，即中華民國的代表不能代表中國。因此，中華民國只能退回僅代表臺、澎的地位。中華民國因為喪失聯合國代表權，國家地位也受到影響，使得在中華民國統治之下的臺灣之法律地位再度陷入危機。

最值得注意的是，在聯合國通過排除中華民國代表權之後，以及在美國準備與中華人民共和國進行關係正常化時，國務院法律顧問史蒂文生（John R. Stevenson）於 1971 年 11 月 12 日寫了一份「與中國關係正常化法律面備忘錄」（Legal Aspects of Normalization of Relations with China）給東亞事務助理國務卿格林（Marshall Green），他說：「自 1952 年對日和約後，美國即採取臺灣地位未定論，將由未來國際決定。美國該一立場曾一再公開表示。」依據史蒂文生的說法，「該一立場已構成與臺灣簽訂的「共同防禦條約」的重要的法律基礎，以及臺灣獨立的潛在法律基礎，

---

[40] "Memorandum of Henry A. Kissinger to the President, Subject: My October China visit: discussions of the issues, November 11, 1972," The White House, pp.3-4, 14-15, 該檔案年代誤寫為 1972 年，實應為 1971 年。http://nsarchive.gwu.edu/NSAEBB/NSAEBB70/doc20.pdf（2016/9/20 瀏覽）。

假如臺灣獨立變成實際可能性。」[41]

五、1972 年「上海公報」中的臺灣法律地位

當季辛吉訪問北京時，他和周恩來就臺灣問題交換意見，而形成新的美國對臺灣政策模式。尼克森接著在 1972 年 2 月 22 日訪問北京，在與周恩來會談時，提及季辛吉曾答應有關臺灣問題的「五項原則」，尼克森表示同意該「五項原則」，這「五項原則」是：(1)只有一個中國，而臺灣是中國的一部分。假如我能控制官僚體系的話，我們不再聲明臺灣的地位是不確定的。(2)現在不支持、將來也不支持臺灣獨立運動。(3)當我們逐漸從臺灣撤出時，我們將運用我們的影響力不鼓勵日本進入臺灣，也不鼓勵日本支持臺灣獨立運動。此時我僅能說，我們不確定日本會採取何種行動。但只要我們對日本尚有影響力，我們會跟貴國政府擁有相同的利益。我們不想讓日本的勢力進入臺灣，不鼓勵日本這樣做。(4)我們主張以和平方法解決臺灣問題。我們不支持臺灣政府以軍事行動返回大陸。(5)我們尋求與中華人民共和國發展正常化關係，我們知道臺灣問題是美、中完成正常化關係的阻礙，但在我先前提出的架構之內，我們尋求關係正常化，我們會朝該目標努力將之完成。[42]

尼克森又補充說，在臺灣部署軍隊的三分之二與支持我們在東南亞的軍隊有關，當東南亞情勢解決後，我們在臺灣的三分之二軍隊將撤出。其餘的軍隊將視該問題和平解決而撤出。[43]

2 月 28 日，尼克森總統首次訪問上海時，簽訂的「美、中聯合公

---

[41] 引自 James Wang（王景弘），"Sovereignty resides in the people," *Taipei Times*, May 9, 2002, p.8. 以及下述網址："US Policy for Promoting Taiwan Independence," http://answers. google.com/answers/threadview/id/99215.html（2016/9/20 瀏覽）。

[42] The White House, "Memorandum of Conversation, Exclusively Eyes only, PER NSC 8-6-96, EO12958, sec 3.1cg, MR-1-5NGY-10, Declassified EO.12958, Sect. 3-6, February 22, 1972," declassified on May 30,2003, http://www.gwu.edu/~nsarchiv/nsa/publications/DOC_readers/ kissinger/nixzhou/12-01.htm（2016/9/20 瀏覽）。

[43] *Ibid.*

報」（又稱「上海公報」）也將美國和北京關係的新模式納入。由於美國和北京對於臺灣地位問題有歧見，所以在「聯合公報」中採取各自表述的方式。在中文版的「上海公報」中，對於臺灣問題作了如下的表述：「中國重申其立場：臺灣問題是中國和美國建立正常化關係的重要問題；中華人民共和國政府是唯一合法的中國政府；臺灣是中國的一省，已歸還祖國很長的時間；臺灣的解放是中國內政，他國無權干涉，所有美國軍隊和軍事設施應從臺灣撤出。中國政府堅定地反對任何目的在製造一中一臺、一中二府、兩個中國、臺灣獨立或臺灣地位未定論的看法。」

　　美國方面則表述了其在臺灣問題上的態度：「美國認知（acknowledge）到，在臺灣海峽兩邊的所有中國人都認為只有一個中國，臺灣是中國的一部分。美國政府對這一立場不提出異議。它重申它對由中國人自己和平解決臺灣問題的關心。考慮到這一前景，它確認從臺灣撤出全部美國武裝力量和軍事設施的最終目標。在此期間，它將隨著這個地區緊張局勢的緩和逐步減少它在臺灣的武裝力量和軍事設施。」[44]

　　美國在「上海公報」中稱：「美國認知（acknowledge）到，在臺灣海峽兩邊的所有中國人都認為只有一個中國，臺灣是中國的一部分。美國政府對這一立場不提出異議。」引起臺北的不滿，沈劍虹大使在 1972 年 3 月 1 日會見季辛吉時，曾質問在「上海公報」中美國政府為何沒有質疑北京代表全中國的立場。季辛吉說：「這不是美國的立場。中華民國政府認為代表全中國，世界上只有一個中國。因此我們的理解是北京和臺北都同意只有一個中國。美國的立場如公報中所說，我們並沒有挑戰中國所主張的一個中國，而臺灣是中國的一部分。」沈大使說美國該一說法在臺北

---

[44] Site of the PRC Embassy in the U. S., http://www.china-embassy.org （2016/9/20 瀏覽）。原文如下：「The U. S. side declared: The United States acknowledges that all Chinese on either side of the Taiwan Strait maintain there is but one China and that Taiwan is a part of China. The United States Government does not challenge that position. It reaffirms its interest in a peaceful settlement of the Taiwan question by the Chinese themselves. With this prospect in mind, it affirms the ultimate objective of the withdrawal of all U. S. forces and military installations from Taiwan. In the meantime, it will progressively reduce its forces and military installations on Taiwan as the tension in the area diminishes.」

被解釋為美國承認中華人民共和國擁有臺灣。季辛吉說這是愚蠢的想法，美國在公報中的立場並不是該一意思。季辛吉補充說，我們的立場和在聯大所持的「一國二府」的立場一致。沈大使再質疑美國在公報中使用「臺灣」一詞是否具有特別意義？他強調美國可以使用「中華民國」一詞。季辛吉接受該一批評。季辛吉說使用臺灣一詞應僅指美軍駐守在臺灣，臺灣是一個地理名詞，不是指一個政治實體。沈大使說現在人們有一個印象中華民國不是一個國家，這是否是美國的意圖？季辛吉說你可以相信我美國沒有這個意思。[45]

　　羅吉斯國務卿在 1972 年 3 月 8 日給尼克森一份有關對臺灣政策的備忘錄，提及為使臺灣不致成為美國和中華人民共和國之間的障礙，應設法透過和平手段鼓勵臺灣與中國合併，或者使中國同意臺灣以某種形式脫離。羅吉斯提出下列的步驟，以達成該項目的。第一，美國承認中華人民共和國和在臺灣的中華民國各自為其統治地區的合法政府，我們應增強與中華人民共和國的接觸，維持與中華民國的關係，特別是相互防禦條約。第二，對於臺灣地位儘量避免法律模式，逐漸稱中華人民共和國為中國，稱中華民國為臺灣。第三，對於臺灣最後可能與中國合併的觀點，不表示意見。第四，向北京清楚表明，我們無意從臺灣撤軍或對臺灣施加任何壓力。第五，儘可能消除我們過去與中國對抗的氣味。第六，如有可能，鼓勵中華人民共和國和臺灣非正式接觸，包括貿易、旅遊和家庭重聚。第七，維持中華民國在與中華人民共和國交涉時的地位，例如重申我們的立場，任何協議需經兩岸人民之同意。第八，強調臺灣的經濟地位，而非其政治和軍事地位。此包括我們支持臺灣加入國際金融機構。第九，暗中支持中華民國內部目前的趨勢，使其政府更具代表性，但要讓它們知道我們不支持臺灣獨立運動的領袖。第九，減少臺灣可能成為美國和日本關係的主要問題領域，此須與日本政府進行密切協商。第十，假定在長期的未

---

[45] "No. 205. Memorandum of Conversation, Washington, March 1, 1972, 12:30 p.m., China, March-December 1972," *Foreign Relations, 1969-1976*, Volume XVII, U. S. Department of State, Diplomacy in Action, p.827. www.state.gov/documents/ organization/70144.pdf （2016/9/20 瀏覽）。

來，中國不會採取獨斷手段控制臺灣，最後北京會接受臺灣成為分開的實體。[46]羅吉斯的該項計畫，以後變成美國對臺海兩岸之政策的主軸。

美國和中國在上海簽署的「上海公報」中，美國僅是「認知」中國所主張的「臺灣是中國的一部分」，並未表態承認和支持。隨後，東亞事務助理國務卿格林否認「上海公報」代表美國自 1950 年以來所持的立場有所改變，他認為臺灣之地位仍是未確定的。[47]很顯然，美國是利用臺灣地位未定之主張與中國打交道，「臺灣地位未定」變成美國與中國交涉的一個籌碼。在法律上，在美國和中華民國有邦交期間，美國對臺灣的地位是相當明確的，承認臺灣屬於中華民國統治及管轄之領土。但就實際政治而言，大概在 1971 年前後當美國政府和北京政權交涉時對於臺灣地位問題之態度開始有所閃爍，從確定變成不確定。

從上述美國與中華人民共和國簽定的公報中可以瞭解，美國對於中華人民共和國的臺灣主張，僅表示「認知」、「理解與尊重」，而非「承認」，這在國際法上是正確的措辭，因為美國無權就臺灣地位問題表示意見，只有臺灣人民以及代表臺灣人民的臺灣政府才有權對臺灣的地位表示意見。

尼克森總統因「水門案」（Watergate）而於 1974 年 8 月 9 日下臺，由副總統福特（Gerald Ford）繼任，他派季辛吉於 1974 年 11 月 25 日第七次訪問中國。季辛吉與鄧小平共會談了五次。季辛吉向鄧小平提出：「美國在臺灣問題上的處境與其他國家不同：一是美國同臺灣訂有「共同防禦條約」；二是美國國內存在著一股親臺勢力。因此，(1)美國願意按『日本方式』解決美、中關係正常化問題，但要在臺灣設『聯絡處』，在北京設立大使館；(2)美國將在 1977 年底撤出所有駐臺美軍。三是關於美國和臺灣的防禦關係，尚無解決方案，當美國和中國建交後，美國沒有興

---

[46] "China, March-December 1972, no. 208. Memorandum From the President's Assistant for National Security Affairs (Kissinger) to President Nixon," Subject: Memorandum from Secretary Rogers on Policy Toward Taiwan, *Foreign Relations, 1969-1976*, Volume XVII, pp.840-842. http://www.state.gov/r/pa/ho/frus/nixon/v/（2016/9/20 瀏覽）。

[47] Hungdah Chiu, *China and The Taiwan Issue,* New York: Praeger Publishers, 1979, p.180.

趣在臺灣建立戰略基地，希望中國聲明和平解決臺灣問題，以便美國考慮放棄「美、中共同防禦條約」。季辛吉還說美國承認北京，與臺灣中斷防衛關係，為免造成國內緊張，需有一段緩衝時間。」鄧小平說：季辛吉所講的模式不是「日本方式」，而是「一中一臺」的另一種模式，目前美國和北京都設有聯絡辦事處，而美國在臺灣設有大使館，季辛吉的新模式是倒過來，美國在北京設立大使館，在臺灣設立聯絡辦事處，此一方式中國不能接受。根據美、中「上海公報」的原則必須廢除「美、中共同防禦條約」。[48]

季辛吉為了加快和北京政權關係正常化，還自我炫耀說：「自從我在1971年到北京後，開始了臺灣地位逐漸惡化的結果。中國在1971年加入了聯合國，中國和日本關係正常化之如此快完成，是我們努力合作才促成。我們建立了原則，共同來執行。美國不干擾它國與北京建交而與臺灣斷交。」[49]

鄧小平提出中國和美國建交不能退讓的三項條件，第一個原則是堅持「上海公報」，拒絕「兩個中國」、「一中一臺」或此兩模式衍生的其他模式。在北京設立大使館，在臺灣設立聯絡辦事處，是「一中一臺」的另種模式，中國不能接受。第二個原則，臺灣問題的解決，無論是和平的或非和平的方法，是中國人內部的事，留待中國人自行解決。第三個原則，不同意它國干預解決臺灣問題，包括美國在內。看來美國還是要臺灣，假如美國不願放手，我們可以等時機更成熟再來解決該一問題。[50]

由於福特政府在臺灣問題上不肯接受中國提出的三原則（即斷交、廢約、撤軍），致使美國和北京政權關係正常化的進程擱淺，沒有實現尼克森的諾言，在其第二任內解決，也沒有按福特的保證，在其任內實現。福

[48] Gerald R. Ford Presidential Library and Museum, "Memorandum of conversation between Henry A. Kissinger and Chou En-lai, November 26, 1974, Great Hall of the People, Peking, PRC, Subject: Normalization," Box 2, China Memcons and Reports, November 25-29, 1974 – Kissinger's Trip (2), pp.5-7. https://www.fordlibrarymuseum.gov/library/document/0331/1553935.pdf（2016/7/1 瀏覽）。

[49] *Ibid.*, p.9.

[50] *Ibid.*, p.11.

特於 1975 年 12 月 1 日訪問北京後，雙方沒有簽署「聯合公報」，季辛吉即公開表示，美國和中華人民共和國關係正常化沒有訂出時間表。

　　耶魯大學法學院教授萊斯曼（Michael Reisman）於 1976 年 8 月 28 日在紐約時報發表一篇文章，批評美國的對中國和臺灣的政策，他說：「未來的美國政府應向中國傳達一項訊息，即尼克森和季辛吉在 1972 年有關臺灣地位的聲明是沒有基礎的，不能成為美國的政策。我們應向中國和臺灣領袖確認，我們將不能容忍在沒有充分和自由與臺灣人民諮商的情況下而改變臺灣的地位。我們不應片面廢除我們與臺灣的防禦條約。……我們應繼續對臺灣軍售。假如中國和臺灣出現不均衡，這些武器僅能作為防衛臺灣獨立之用。此應為對外軍售的道德基礎。」[51]

　　萊斯曼的論點，僅有主張美國繼續對臺軍售成為以後美國政府的政策，其餘的意見則皆未受到採納，因為美國政府當局想繼續擴大與北京的關係。

　　1977 年 5 月 12 日，卡特（Jimmy Carter）總統在新聞記者會上談到與中國關係正常化時說：「主要的障礙是我們一直與臺灣保持著關係。我們不想看到臺灣人民遭到懲罰和攻擊。假如我們能解決該一重大困難，則我能迅速地與中國關係正常化。但我不能定下時間。」[52]這年 7 月，范錫（Cyrus Vance）國務卿訪北京。他表示可以接受中國的三個原則，但條件是中國必須保證美國同臺灣的貿易、投資及其他私人聯繫不受影響，允許美國政府人員在非正式的安排下繼續留在臺灣。他要求在臺灣派駐非大使館的政府人員，例如設立領事館，結果遭到北京的拒絕。[53]他強調美國政府將在適當時候發表聲明，重申美國關心並有興趣使中國人自己和平解

[51] Michael Reisman, "The Danger of Abandoning Taiwan," *The New York Times*, August 28, 1976, p.21.

[52] "The President's news conference, May 12, 1977," *Jimy Carter*, The American Presidency Project, http://www.presidency.ucsb.edu/ws/index.php?pid=7495&st=&st1=（2016/9/16 瀏覽）。

[53] James H. Mann 原著，林添貴譯，轉向：從尼克森到柯林頓美中關係揭密（About Face, A History of America's Curious Relationship with China, from Nixon to Clinton），先覺出版社，臺北市，1999 年，頁 120。

決臺灣問題，希望中國政府不發表反對美國政府聲明的聲明、不要強調武力解決問題。中國方面表示，可以允許保持美、臺間非官方的民間往來，但不允許美國干預臺灣同中國統一的問題。

　　1977 年夏，美國公布第 24 號「總統政策研究備忘錄（PRM24）」，主張按北京政權要求和前屆政府的承諾實現美國和中國關係正常化，即一方面同意中國提出的美國對臺灣斷交、撤軍、廢約三條件，同時要中國承諾不以武力解決臺灣問題。該文件未提實現正常化的時間。1977 年 8 月 22 日，國務卿范錫訪問北京。他在與外長黃華會談時說：「美國不挑戰一個中國，臺灣屬於中國之一部分的概念。美國總統曾主張不降低中國人以和平方法解決臺灣問題的未來願景以及美國和臺灣繼續維持非正式關係，在此情況下美國總統準備與中國關係正常化。如果中國接受這些條件，美國將承認中華人民共和國政府是中國唯一合法政府，美、臺外交關係和「共同防禦條約」均將消失，美國將從臺灣撤出全部軍事人員和軍事設施。美國和臺灣有深厚的貿易、投資、旅遊、科學交流以及其他私人聯繫，希望在美國和中國建交後這些關係不會受到影響，並允許美國政府人員在非正式安排下繼續留在臺灣。無論美國駐臺機構名稱為何，它不具有外交性質，不執行外交功能，美國國旗可能懸掛，門上沒有美國政府名牌，美國駐臺人員也不列入外交人員名單。」[54]

　　8 月 24 日，國務卿范錫與副總理鄧小平會談，鄧小平說：「關於你（按指范錫）提出的模式，外長黃華的話代表我們的觀點。該一模式可歸結為兩點，第一，你要我們承諾不使用武力解放臺灣，此構成干涉中國國內事務。第二，你要設立一個不掛政府名牌的大使館，無論你使用哪種名稱或是否你能否懸掛國旗，這不過是現有的聯絡辦事處的逆轉，將聯絡辦事處改到臺灣。……儘管我們不同意你的模式，但我們期望繼續協

---

[54] Office of Historian, "48. Memorandum of Conversation between The Secretary Cyrus Vance and Foreign Minister Huang Hua, Beijing, August 23, 1977," *Foreign Relations of the United States, 1977-1980*, Vol.XIII, China, subject: Africa; Latin America; Normalization with other Countries; Human Rights; Non-Proliferation; ME; Yugoslavia; Normalization of US–PRC Relations, pp.170-172, https://history.state.gov/historicaldocuments/frus1977-80v13/d48 （2016/9/16 瀏覽）。

商。」⁵⁵

　　美國在準備與中國建交前，曾試圖與北京談判在臺灣維持領事關係，此應可說是美國對北京的最低要求，結果一樣遭到北京的拒絕。但卡特急於與北京建交，所以未在此一方面繼續與北京磋商，而採取退卻立場，同意北京所說的美國只能與臺灣維持非官方的關係。

　　為何會造成這一局面？回顧 1970 年代初，美國為了儘早結束越南戰爭，而謀求與北京正常化關係。當聯合國在對中國代表權問題進行關鍵性表決前，季辛吉卻跑到北京會見毛澤東和周恩來，以致使投票失利。以後美國為了迎合中國，拿臺灣作為與北京打交道的籌碼，將臺灣變成一個不是國家的特殊地位。平實而論，美國對臺灣問題的解決，從未站在臺灣立場認真考慮，完全從美國的東亞戰略為出發考慮。美國在與北京交涉的過程中，美國領導人從未提過雙重承認中華人民共和國和中華民國的議題，而是從一開始就接受北京的條件。關於這一點，美國是比不上 1964 年法國的戴高樂（Charles de Gaulle）和 1962 年寮國的佛瑪（Souvanna Phouma）首相，他們公開主張同時承認北京和臺北。當雷根（Ronald Reagan）於 1979 年競選總統時，發覺有需要在臺灣設立聯絡辦事處，所以雷根在 8 月 22 日派遣共和黨副總統候選人喬治・布希（George Bush）到北京進行交涉，結果遭到鄧小平的拒絕。⁵⁶

　　1978 年 4 月 4 日，東亞與太平洋事務助理國務卿赫爾布魯克（Richard Charles Albert Holbrooke）、東亞與太平洋事務副助理國防部長亞伯拉莫維茲（Morton Isaac Abramowitz）、國安會委員阿馬柯斯特（Michael Armacost）和歐森伯格（Michel Oksenberg）給國務卿范錫、國

---

⁵⁵　Office of Historian, "48. Memorandum of Conversation between The Secretary Cyrus Vance and Vice Premier Teng Hsiao-ping, Beijing, August 24, 1977," *Foreign Relations of the United States, 1977-1980*, Vol.XIII, China, subject: International Issues; Normalization, pp.205-206. https://history.state.gov/historicaldocuments/frus1977-80v13/d50（2016/9/16 瀏覽）。

⁵⁶　中國時報，民國 96 年 8 月 30 日，版 A17。黃華，親歷與見聞：黃華回憶錄，世界知識出版社，北京市，2007 年 8 月。http://www.china.com.cn/book/zhuanti/hyl/2007-10/25/content_9124012.htm（2016/7/5 瀏覽）。

防部長布朗（Harold Brown）和總統安全事務助理布里辛斯基（Zbigniew Kazimierz Brzezinski）的備忘錄，提及與中國進行建交談判的第二階段，伍考克（Leonard Freel Woodcock）將向北京領導人表示美國將採行下述步驟：(1)接受中國的三個條件（按即斷交、廢約和撤軍）；(2)將在臺灣設立一個非官方的辦事處，俾繼續進行經濟、文化和其他合宜的交流；(3)片面發表聲明，美國將繼續謀求和平解決臺灣問題，期望中國的回應要有節制；(4)繼續努力阻止臺灣發展核武器；(5)維持臺灣獲取防衛武器，美國不期望北京給予支持；(6)向國會提出在與北京建交後與臺灣維持關係的立法。[57]

1978 年 4 月，卡特公開宣布，美國承認「一個中國」的概念，同中國建立正式的外交關係符合美國的最大利益。

從 5 月 20 日至 23 日，美國總統國家安全事務助理布里辛斯基和夫人訪問中國。他向鄧小平表示：「美國願意接受中國提出的建交三原則，但希望合灣問題能得到和平解決。」但鄧小平再度重申臺灣問題是中國內部事務，應由中國人自行解決。[58]布里辛斯基以蘇聯可能介入臺灣問題作為說詞，用來讓鄧小平軟化其立場。鄧小平說：「我從黃華外長知道你們昨天談話的內容。他表示擔心一旦中國和美國在三項條件下完成正常化關係，則蘇聯可能藉機滲透進入臺灣。臺灣也許自行發展核子武器。但過去人們擔心臺灣可能出現權力真空。另一方面，我想當我們處理臺灣問題

---

[57] Office of Historian, "92. Memorandum From the Assistant Secretary of State for East Asian and Pacific Affairs (Holbrooke), the Deputy Assistant Secretary of Defense for East Asian and Pacific Affairs (Abramowitz), and Michael Armacost and Michel Oksenberg of the National Security Council Staff to Secretary of State Vance, Secretary of Defense Brown, and the President's Assistant for National Security Affairs (Brzezinski), Washington, April 4, 1978," *Foreign Relations of the United States, 1977-1980*, Vol.XIII, China, subject: Issues for decision on Korea and China, pp.329-330. https://history.state.gov/historicaldocuments/frus1977-80v13/d92（2016/11/12 瀏覽）。

[58] Office of Historian, "110. Memorandum of Conversation between Zbigniew Brezinski and Vice Premier Teng Hsiao P'ing, Beijing, May 21, 1978," *Foreign Relations of the United States, 1977-1980*, Vol.XIII, China, subject: Meeting with Vice Premier Teng Hsiao P'ing, p.437. https://history.state.gov/historicaldocuments/frus1977-80v13/d110 （ 2016/11/12 瀏覽）。

時，我們要考慮到臺灣的現實面。此外，美國將與臺灣維持商務和非政府關係。日本也與臺灣維持強大的非政府和商務關係。因此蘇聯不易滲透進入臺灣。我們對此不擔心，若一旦發生，我們也有辦法對付。我們會考慮此一問題。」[59]在該一文件的註一提及，布里辛斯基將其和鄧小平的談話致電卡特總統和國務卿范錫，布里辛斯基說：「我和鄧小平談到我們需要做一片面聲明，表達我們希望和平解決臺灣問題，此將不會受到中國方面的質疑。」又說：「我們沒有直接談到軍售問題，但間接涉及該一問題。我在稍早前提及在美國和中國關係正常化後不安全的臺灣所帶來的危險，蘇聯可能介入臺灣。鄧小平說中方已考慮到此一問題，但因為美國和臺灣維持經濟關係，這已不是個問題。」[60]

　　1978 年 5 月 23 日，布里辛斯基致電報給卡特總統和國務卿范錫，說明他和國家主席華國鋒會談的經過，華國鋒說：「中國若放棄使用武力解決臺灣問題，而美國繼續提供武器給臺灣，會造成兩個中國。這是不能接受的。」布里辛斯基觀察到：「似乎在華國鋒的話裡，該一議題值得進一步研究，亦即正常化模式，北京有選擇權。我們可採取的行動有兩種選擇，一個是在沒有獲得北京和平解決臺灣問題之聲明前，在與北京正常化後繼續對臺灣提供武器；不然就是獲得北京和平解決臺灣問題之聲明，而結束對臺灣軍售。」[61]

---

[59] *Ibid.*, p.439.

[60] *Ibid.*, footnote 1, p.447.

[61] Carter Library, National Security Affairs, Staff Material, Office, Outside the System File, Box 46, China: Brzezinski, May, 1978, Trip: 5/18-24/78. Top Secret; Sensitive. The meeting took place in the Great Hall of the People. At the top of the page, the President wrote, "He's impressive. JC." Backchannel message 12 from Tokyo to the White House Situation Room, May 23; Carter Library, National Security Affairs, Staff Material, Office, Outside the System File, Box 46, China: Brzezinski, May, 1978, Trip: 5/18-24/78.

Office of Historian, "111. Memorandum of Conversation, Subject: Summary of Dr. Brzezinski's Meeting with Chairman Hua Kuo-feng, Beijing, May 22, 1978," *Foreign Relations of the United States*, *1977-1980*, Vol.XIII, China, subject: Summary of Dr. Brzezinski's Meeting with Chairman Hua Kuo-feng, Note 1, p.462. https://history.state.gov/historicaldocuments/frus1977-80v13/d111（2016/11/12 瀏覽）。

Office of Historian, "112. Memorandum From Michel Oksenberg of the National Security

美國和中國在 1978 年 7 月 5 日在北京進行建交談判，美國談判代表伍考克在 12 月 4 日表示：「1.公報發表後，美國終止「美、中共同防禦條約」，撤銷對臺灣的承認，關閉駐臺使館，同時召回美國大使，一年內撤出一切軍隊和設施。2.美國將保持與臺灣的商務、文化關係，包括美海外私人投資公司仍向在臺灣企業提供資助、信貸和信用保證。繼續美、臺原子能合作，以保證其非軍事性質。繼續保持航空和海運聯繫，現行關稅安排仍舊有效。繼續以不危及該地區和平前景及中國周圍地區形勢的方式向臺灣出售有限的、經過挑選的防禦武器。3.在臺灣設立非官方機構，由不在政府任職的人員擔任，但機構的部分資金由國會撥款，這和日本做法一樣。4.由國會通過立法調整（原來與臺灣的關係），但不會構成對臺灣的承認。」[62]

12 月 15 日，伍考克致電國務卿范錫和總統國家安全事務助理布里辛斯基，他表示有一個小時與鄧小平會談，鄧小平認為總統應找方法直接避免回答軍售臺灣的問題，他說公開討論該問題可在正常化關係後再來談，否則會降低正常化的重要性。[63]

12 月 16 日，中、美雙方發表了「建交公報」，對於臺灣地位問題仍然採用各自表述方式，中國版之內容為：「美國承認中華人民共和國政府是中國的唯一合法政府。在此範圍內，美國人民將同臺灣人民保持文化、商務和其他非官方關係。」、「美國政府承認中國的立場，即只有一個中國，臺灣是中國的一部分。」

美國版的主要內容包括：「美國政府承認中華人民共和國政府是中國

Council Staff to the President's Assistant for National Security Affairs (Brzezinski), Washington, May 25, 1978," *Foreign Relations of the United States, 1977-1980*, Vol.XIII, China, subject: Appraisal of the China trip, p.466, https://history.state.gov/historicaldocuments/frus1977-80v13/d112（2016/11/12 瀏覽）。

[62] 王泰平主編，中華人民共和國外交史，世界知識，北京，1998，頁 379。

[63] Office of Historian, "170. Backchannel Message From the Chief of the Liaison Office in China (Woodcock) to Secretary of State Vance and the President's Assistant for National Security Affairs (Brzezinski), Beijing, December 15, 1978," *Foreign Relations of the United States, 1977-1980*, Vol.XIII, China, subject: Session With Teng December 15. Ref: WH81614, Peking 231. https://history.state.gov/historicaldocuments/frus1977-80v13/d170（2016/11/12 瀏覽）。

的唯一合法政府。在此範圍內，美國人民將同臺灣人民保持文化、商務和其他非官方關係」、「美國政府認知中國的立場，即只有一個中國、臺灣是中國的一部分。」（The Government of the United States of America acknowledges the Chinese position that there is but one China and Taiwan is part of China.）此一文字與「上海公報」相近，「上海公報」說：「美國認知臺灣海峽兩邊所有的中國人都堅持只有一個中國，而且臺灣是中國的一部分。」（The United States acknowledges that all Chinese on either side of Taiwan Straits maintain there is but one China and that Taiwan is part of China.）

自 1979 年 1 月 1 日起，中、美雙方互相承認並建立外交關係，3 月 1 日互派大使，建立大使館。雙方重申了「上海公報」中共同確定的原則。美國政府於同年 4 月撤走了全部駐臺美軍，並於 1980 年 1 月 1 日正式終止與中華民國簽訂的「共同防禦條約」。臺、美雙邊事務改由臺灣的「北美事務協調委員會」和美國的「美國在臺灣協會」處理。

中、美建交時還有一些問題沒有得到解決，「首先，美國希望中國只用和平方式解決臺灣問題，中國則強調解決臺灣問題的方式是中國的內政，不容他人干涉。最後是雙方就此問題各自發表聲明。美國在聲明中表示它期待臺灣人民將有和平未來，關心由中國人自己和平解決臺灣問題。中國則在聲明中指出：解決臺灣回歸祖國、完成國家統一的方式完全是中國的內政。其次，美國堅持在中、美關係正常化後繼續出售武器給臺灣，中國堅決反對。鄧小平 1978 年 12 月 15 日明確地向伍考克說：中、美建交後希望美國慎重處理同臺灣的關係，在這些關係中不要影響中國爭取以最合理的方法和平解決臺灣問題；如果美國繼續向臺灣出售武器，從長遠講，將會對中國以和平方式解決臺灣回歸祖國的問題設置障礙；在實現中國和平統一方面，美國可以盡相當的力量，至少不要起相反的作用。後來美國政府在宣布中、美建交後立即公開表示：它將繼續向臺灣出售防禦性武器。」[64]從而可知，由於美國和中國在談判由中國做出以和平方式解決

---

[64]　王泰平主編，前引書，頁 381-382。

臺灣問題未能達成協議，所以美國才會繼續對臺灣軍售。

直到 1978 年 12 月「中、美建交公報」宣布後，臺灣才與美國商談退卻的安排。當 12 月 28 日美國副國務卿克里斯多福（Warren Christopher）訪問臺灣時，蔣經國向他提出 5 點要求：1.美國應繼續承認並尊重中華民國的法律地位和國際人格。2.中（臺）、美兩國人民應繼續合作。3.美國應採取具體有效措施，保障臺灣及西太平洋地區的安全。4.美國要妥訂法律，保證有效履行和維護中（臺）、美政府間關係和其他關係。5.臺北與華盛頓應互設政府與政府間的代表機構，負責處理一切事宜。[65]這說明臺灣已改變過去的「一個中國」的立場，甚至也希望在「兩個中國」，或「一個中國兩個政府」的基礎上維持與美國的關係。但這些要求並未獲得美國的同意，美國已計畫透過立法方式與臺灣維持非官方關係。

六、「臺灣關係法」有關臺灣地位之意涵

卡特總統於 1978 年 12 月 30 日對美國各部屬機關簽發一份指令性備忘錄，其內容為：

「身為美國總統，本人有憲法賦予的外交權責。美國業已宣布自 1979 年 1 月 1 日，承認中華人民共和國政府為中國唯一合法政府，並終

---

[65] 沈劍虹，使美八年紀要：沈劍虹回憶錄，聯經出版社，臺北市，1982 年，頁 225。
該五點聲明之全文如下：
(1)持續不變：美國應繼續承認並尊重中華民國的法律地位與國際人格。
(2)事實基礎：中華民國的存在一向是一個國際事實。
(3)安全保障：美國片面終止「中、美」共同防禦條約之舉，不但將更增加此一地區的動盪不安，而且將引發新的戰爭危機，為確保西太平洋地區，包括中華民國之和平與安全，美國極需採取具體有效的措施，並對此一地區各國重申保證。
(4)妥訂法律：美國卡特總統表示，在「中、美」共同防禦條約終止以後，仍將關切此一地區的和平，安全與繁榮，並繼續以防禦性武器提供中華民國，美國必須就此項承諾向我國提出法律上之保證。
(5)政府關係：鑑於兩國間相互利益之活動，異常複雜頻繁，決非民間團體或個人所能處理，中、美兩國均為法治國家，今後中、美兩國人民之切身利益，在在需要法令規章的保障與政策性之指導。為了便利一切關係之保持與增進，將來在臺北及華盛頓必須互設政府與政府間之代表機構，負責處理一切業務。

止與中華民國的外交關係，美國同時聲明，未來美國人民與臺灣人民將在無正式政府代表與外交關係的情況下，維持商務、文化與其他關係，本人發布這份備忘錄，俾在有關主題立法頒訂前，便利這些關係的維持。」[66]

4 月 10 日，美國參、眾兩院通過「臺灣關係法」。6 月 16 日，在華府成立美國在臺協會（American Institute in Taiwan, AIT），處理美國人民和臺灣人民在商業、文化和其他沒有官方代表的外交關係。國防部長布朗（Harold Brown）在參院外交委員會上表示：「總之，美國沒有放棄臺灣，我們繼續關心未來臺灣島上人民的安全，以及由中國以和平方法解決臺灣問題。」[67]

6 月 22 日，美國總統卡特簽署「第 12143 號執行令：與在臺灣之人民維持非官方關係（Executive Order 12143--Maintaining unofficial relations with the people on Taiwan）」，該執行令在前言中敘明制訂該法之主旨為：「基於美國承認中華人民共和國為中國唯一合法政府、授權我為美國總統、『臺灣關係法』（Public Law 96-8, 93 Stat. 14, 22 U.S.C. 3301 et seq., hereinafter referred to as "the Act"）以及美國法典第 3 標題第 301 條（Section 301 of Title 3 of the United States Code）之規定，為了維持美國人民與在臺灣之人民在沒有官方代表或外交關係下的商業、文化和其他關係，茲下令如下：除了依本命令委任的專有職權，或保留給總統的權力外，委任給國務卿所有「臺灣關係法」授予總統的職權。在執行該職權時，國務卿應適當地與其他部會機關諮商。」[68]

---

[66] 錄自陳志奇，戰後美國對華政策之蛻變，帕米爾書店，臺北縣，民國 70 年，頁 184-185。

[67] "Taiwan: Hearings Before the Committee on Foreign Relations, United States Senate, 96th Congress, 1st Session on S.245, A Bill to promote the foreign policy of the United States through the maintenance of commercial , cultural, and other relations with the people on Taiwan on an unofficial basis, and for other purposes, February 5,6,7,8,21 and 22, 1979," U. S. Government Printing Office, Washington, 1979, p.35. https://babel.hathitrust.org/cgi/pt?id=umn.31951d00817104i;view=1up;seq=3（2016/8/20 瀏覽）。

[68] "Executive Order 12143--Maintaining unofficial relations with the people on Taiwan," The National Archives and Records Administration, http://www.archives.gov/federal-register/codification/executive-order/12143.html（2016/9/24 瀏覽）。

　　依據「臺灣關係法」第二條(a)項(2)款之規定，「美國國會授權總統繼續維持美國人民與臺灣人民之間的商務、文化及其他各種關係，以促進美國外交政策的進行。」同時表明美國的政策，其中(b)項(3)款說：「表明美國決定和中華人民共和國建立外交關係之舉，是基於臺灣的前途將以和平方式來決定這一期望。」第(b)項(4)款說：「任何企圖以非和平方式來決定臺灣的前途之舉，包括使用經濟抵制及禁運手段在內，將被視為對西太平洋地區和平及安定的威脅，而為美國所嚴重關切。」第(b)項(5)款說：「提供防禦性武器給臺灣人民。」第(b)項(6)款說：「維持美國的能力，以抵抗任何訴諸武力，或使用其他方式高壓手段，而危及臺灣人民安全及社會經濟制度的行動。」

　　「臺灣關係法」第四條規定，「外交關係或承認之不存在，不應影響美國法律對臺灣之適用，美國法律適用於臺灣應與 1979 年 1 月 1 日以前相同。」「凡美國法律授權或根據美國法律同外國或同其他民族、國家、政府或類似實體時，此等條文應包括臺灣，且此等法律應適用於臺灣。」此外，此條又規定：「承認中華人民共和國一事，不應影響臺灣治理當局於 1978 年 12 月 31 日或以前所擁有的、或在此以後獲取或賺得的各種有形或無形財產和其他有價值的東西之所有權或其他權利或利益。」此一規定將臺灣視為一個在美國境內享有跟其他國家一樣的法律權利之法律實體。

　　對於臺灣的定義是規定在第十五條第二款：「臺灣一詞：包括臺灣島及澎湖群島，這些島上的居民，依據此等島所實施的法律而成立的公司或其他法人，以及 1979 年 1 月 1 日前美國所承認為中華民國的臺灣統治當局與任何繼位統治當局（包括其政治與執政機構。）」從而可知，「臺灣關係法」所規範的臺灣只包括臺灣和澎湖群島，並不包括金門、馬祖等外島。

　　此外，依據該法案第四條之規定，美國和臺灣維持非官方關係，過去臺灣與美國簽署的條約和協議，除非依據條約規定直到終止之期之外，繼續有效。美國國務院還宣布「每一個協定，將視情況所需，視個案而考慮。」

　　「臺灣關係法」之所以規定美國得以對臺灣提供軍售，是出於中國的默許。卡特在 2007 年 12 月 5 日前往北京參加中、美建交 29 年週年紀念活動時，他表示：「在 1978 年與中國談判建交時，美國表示將繼續出售防禦性武器給臺灣。公開場合中，他們（中國）將對此表示反對，但私底下，他們認可了美國將這麼做。」卡特又說：「1978 年 12 月 14 日，幾乎就是 29 年前，鄧小平副總理突然接受了我們提出的建議，沒有要求任何進一步的承諾。」[69]

　　「臺灣關係法」最為特別的是，美國透過國內立法來處理與臺灣的關係，其與臺灣互設的機構是經過美國國會立法同意的，表面上是非官方機構，實則處理官方關係。又美國與臺灣終止官方關係，但過去簽訂的條約和協議繼續有效。最為特別的，臺灣和美國雖然終止「共同防禦條約」，但該法明文保障臺灣的安全，包括臺灣遭到外來侵略、經濟抵制及禁運手段，美國都將有義務協助臺灣。從該法的實質來看，美國視臺灣為準國家地位。

　　「臺灣關係法」如何定位臺灣？有不同的觀點。根據美國「臺灣關係法」的起草人、制定者之一曾任美國駐臺大使、美國國務院中國科科長費浩偉（Harley Feldman）表示：「美國雖然撤銷對臺灣的外交承認，但並不能解讀為美國反對臺灣參加國際金融組織，例如國際貨幣基金組織（IMF）及其他國際組織的依據。凡是美國法律提到或涉及外國國家、外國政府時也應該適用於臺灣，更重要的是，臺、美雙方除了不能互設大使館之外，也應該承認臺灣是一個國家，美國政府從未承認或認為臺灣為中國的一部分或是中華人民共和國的一省。目前美國政府所採取的行動，可能已有違背美國法律之虞，因為美國法律清楚地陳述，美國不應贊成將臺灣排除或驅逐出任何國際金融機構或其他國際組織，美國法律──『臺灣關係法』也未規定，臺灣加入國際組織要具備國家地位。」2007 年 9 月 5 日費浩偉會見陳水扁總統時表示，臺灣有資格加入任何的國際組織，包括聯合國在內，可惜聯合國並非是經常具有正義與公理，常受政治因素影

[69]　中國時報（臺灣），民國 96 年 12 月 6 日，版 A17。

響。[70]

　　但美國國會研究處（US Congressional Research Services）研究員簡淑麗（Shirley A. Kan）的觀點稍有不同，她說：「臺灣是界定在『臺灣關係法』第 15(2)條，基本上指臺灣和澎湖的島嶼，包括人民、實體和在這兩個地方的統治當局。」（"Taiwan" was defined in Sec. 15(2) of the TRA essentially to be the islands of Taiwan and the Pescadores, plus the people, entities, and governing authorities there.）[71]她的基本觀點較為保守，將臺灣界定為臺灣實體和臺灣當局，她並未賦予臺灣擁有「國家」之地位。此一觀點較接近美國國務院的觀點。美國國務院「情報與研究局」（Bureau of Intelligence and Research）於 2007 年 8 月 3 日在網頁上列出全球獨立國家有 195 個，將臺灣另列一類，說臺灣簡稱為 Taiwan (see note 6)，沒有全稱。該註六稱：「中華人民共和國政府和臺灣當局（Authorities on Taiwan）主張擁有臺灣。現由臺灣當局所管轄。」而註六中又有參見註三，該註三記載：美國於 1979 年 1 月 1 日與中華人民共和國建交，美國政府承認中華人民共和國為中國唯一合法政府，且認知中國的立場，中國只有一個，而臺灣是中國的一部分。[72]

七、結論

　　在美國和在臺灣之中華民國有邦交期間，其對於臺、澎之法律地位之看法，有諸多轉折和改變，並非一成不變。基本上可歸納出幾個特點。
　　第一，美國自從韓戰爆發後，公開表示臺灣地位不確定，臺灣不能屬

---

[70] 「費浩偉：美國反對臺灣入聯可能違背美國法律」，大紀元時報，2007 年 9 月 5 日，http://www.epochtimes.com/gb/7/9/5/n1824811.htm（2016/9/28 瀏覽）。

[71] Shirley A. Kan, "China/Taiwan: Evolution of the 'One China' Policy – Key Statements from Washington, Beijing, and Taipei," *CRS Report for Congress*, updated July 9, 2007, Order Code RL30341, pp.1-2. http://www.fas.org/sgp/crs/row/RL30341.pdf（2016/9/29 瀏覽）。

[72] "Independent states in the world," Bureau of Intelligence and Research, U. S. Department of State, Diplomacy in Action, Washington, D. C., July 22, 2016, http://www.state.gov/s/inr/rls/4250.htm（2016/9/18 瀏覽）。

於共黨統治的中國所有。以後美國將此一立場放入「舊金山對日和約」的架構內，在條文中規定日本放棄臺灣和澎湖，使臺、澎地位不確定有了國際條約依據。

第二，美國為了有效支持臺灣，不使之落入共黨中國統治，而與控制臺灣的中華民國政府簽訂「中美共同防禦條約」，且將條約範圍限制在臺、澎兩地。美國參議院對外關係委員會還做出決議，認為該項條約不能說是美國承認臺、澎歸屬中華民國所有。美國參議院對外關係委員會之決議明顯違反國際法之法意的一致性和完整性。美國參議院對外關係委員會之決議未在「中美共同防禦條約」內規定，中華民國政府亦未同意美國參議院對外關係委員會之決議，其對臺灣自無約束力。

第三，美國對於臺、澎之法律地位之主張出現如此矛盾，可以反映在兩個地方，一個是美國在「中美共同防禦條約」所呈現的中華民國僅能代表臺、澎地區，另一個是在聯合國的場域，美國模糊的支持中華民國代表中國。但該一主張在 1971 年遭到失敗，未能獲得聯合國多數票支持。

第四，美國國安會自 1970 年開始研究如何處理臺灣之法律地位問題，確立基本說法是：「關於臺灣之主權是一未解決的問題，須由未來國際加以解決。因此，我們避免說臺灣是中國之一部分，同樣也要避免說該島隱含有單獨分開的主權。我們承認中華民國政府是合法的佔領臺灣及在臺灣行使管轄權」。美國該種論點本身充滿著矛盾，何以稱「臺灣主權須由未來國際加以解決」？臺灣地位之未決問題，就是由國際所決定的，由美國所主導的「舊金山對日和約」規定了日本放棄臺灣和澎湖列島，難道還要召開另一次的國際會議來解決臺灣地位問題嗎？

美國之所以持以上的觀點，有其策略性的考慮。美國國安會的研究報告及政府其他官員一再地提出「臺灣地位未定論」，可以看出來當美國欲與中華人民共和國關係正常化時立場有所閃爍，「臺灣地位不確定」變成美國和北京談判的籌碼。美國參議院和國安會之主張有更深層的顧慮，蓋若美國承認臺、澎屬於中華民國所有，萬一中華人民共和國政府完全兼併中華民國，則臺、澎將落入北京手裡。因此，「關於臺灣之主權是一未解決的問題，須由未來國際加以解決。」之說法可以阻卻萬一中華民國為中

華人民共和國所兼併而造成臺、澎歸共黨中國所有之後果。當然亦可同時防止在臺灣的政府將臺、澎納入中華人民共和國版圖。

為何臺灣的法律地位從 1950 年代初以來一直呈現浮動？此乃因為 1951 年「舊金山對日和約」並未徹底解決臺灣和澎湖領土問題，而中華民國政府在「舊金山對日和約」正式生效日起從未正式宣布並在政府官報載明其從日本放棄的臺灣和澎湖領土予以正式佔有，亦未透過國會程序將其入憲。[73]無論如何，美國從 1953 年派駐大使駐臺灣起到 1978 年維持雙方邦交期間，美國從戰略角度將臺、澎之地位視為未確定，作為跟北京政權交涉的籌碼，其目的乃無意將臺灣和澎湖交給共黨中國。而美國所持的有關臺灣地位未定論之國際法概念是有瑕疵的，蓋當「舊金山對日和約」生效時，就由控制臺、澎的中華民國政府依據有效管轄、「繼續維持佔有原則」[74]，先佔取得臺、澎的領土主權。

徵引書目

一、官方檔案

"Appendix 17 -- Report on Mutual Defense Treaty with the Republic of China, U. S. Senate, Committee on Foreign Relations (1955)," Mutual Defense Treaty with the Republic of China, Senate, 84th Cong., 1st session., Executive Report No. 2 (Washington, D.C .: U. S. Government Printing Office, 1955), pp.1,4,5-6,8. http://www.straittalk88.com/uploads/5/5/8/6/55860615/appendix_17_--_report_on_mutual_defense_treaty_with_the_republic_of_

---

[73] 1947 年制憲會議召開時，未將臺、澎領土透過制憲會議納入中華民國領土。1952 年「舊金山對日和約」生效時，亦未透過國會程序正式領有臺、澎，並將之納入憲法。

[74] 所謂「繼續保持佔有主義（或原則）」（principle of uti possidetis），依據奧本海國際法一書之解釋：「除締約國雙方另有規定外，和約的效力是使一切保持締結和約時的狀態。因此，所有可移動的國家財產，諸如軍需品、糧食、武器、金錢、馬匹、交通工具等，被入侵的交戰一方所攫奪，仍屬於其財產，就如同他所攫奪的不動產之成果一樣。進而言之，除和約對於被征服的領土另有規定外，這種領土繼續由占領者保有，占領者可將其兼併。不過，在今天，一個征服者如果想保有它所征服的領土，通常雖然在法律上並非必要，但總是在和約中認定這塊土地的割讓。」Hersch Lauterpacht (ed.), *Oppenheim's International Law, Vol.II, 7th. ed.*, (London: Longmans, Green and Co Ltd., 1952), p.611.

china_u.s._senate_committee_on_foreign_relations__1955_.pdf（2016/12/10 點閱）。

"*Appendix C*: *Memorandum*, July 13, 1971. To: EA/ROC – Mr. Charles T. Sylvester. From: L/EA – Robert I. Starr. Subject: Legal Status of Taiwan," *Czyzak Memorandum*, the US Dept. of State, February 3, 1961, p.189. http://www.taiwanbasic.com/historical/czyzak.htm（2016/11/12 點閱）。

Carter Library, National Security Affairs, Staff Material, Office, Outside the System File, Box 46, China: Brzezinski, May, 1978, Trip: 5/18-24/78. Top Secret; Sensitive. The meeting took place in the Great Hall of the People. At the top of the page, the President wrote, "He's impressive. JC." Backchannel message 12 from Tokyo to the White House Situation Room, May 23; Carter Library, National Security Affairs, Staff Material, Office, Outside the System File, Box 46, China: Brzezinski, May, 1978, Trip: 5/18-24/78.

"China, March-December 1972, no. 208. Memorandum From the President's Assistant for National Security Affairs (Kissinger) to President Nixon," Subject: Memorandum from Secretary Rogers on Policy Toward Taiwan, *Foreign Relations, 1969-1976*, Volume XVII, pp.840-842. http://www.state.gov/r/pa/ho/frus/nixon/v/（2016/9/20 點閱）。

Czyzak Memorandum, the US Dept. of State, February 3, 1961, http://www.taiwanbasic.com/historical/czyzak.htm（2016/10/3 點閱）。

"Executive Order 12143--Maintaining unofficial relations with the people on Taiwan," The National Archives and Records Administration, http://www.archives.gov/federal-register/codification/executive-order/12143.html（2016/9/24 點閱）。

Foreign Relations of the United States, 1969-1976, Vol. XVII, China, 1969-1972. http://www.state.gov/documents/organization/71673.pdf（2016/5/12 點閱）。

Gerald R. Ford Presidential Library and Museum, "Memorandum of conversation between Henry A. Kissinger and Chou En-lai, November 26, 1974, Great Hall of the People, Peking, PRC, Subject: Normalization," Box 2, China Memcons and Reports, November 25-29, 1974 – Kissinger's Trip (2), pp.5-7. https://www.fordlibrarymuseum.gov/library/document/0331/1553935.pdf（2016/7/1 點閱）。

"Independent states in the world," Bureau of Intelligence and Research, U. S. Department of State, Diplomacy in Action, Washington, D. C., July 22, 2016, http://www.state.gov/s/inr/rls/4250.htm（2016/9/18 點閱）。

Kissinger to Nixon, "My Talks with Chou En-lai," 14 July 1971, Top Secret/Sensitive/Exclusively Eyes Only, Source: box 1033, Miscellaneous Memoranda Relating to HAK Trip to PRC, July 1971, pp.4,12-15. http://www.gwu.edu/~nsarchiv/NSAEBB/NSAEBB66/ch-40.pdf（2016/5/12 點閱）。

"Memorandum of Henry A. Kissinger to the President, Subject: My October China visit: discussions of the issues, November 11, 1972," The White House, pp.3-4, 14-15, 該檔案年代誤寫為 1972 年，實應為 1971 年。http://nsarchive.gwu.edu/NSAEBB/NSAEBB70/doc20.pdf（2016/9/20 點閱）。

"Memorandum for the Chairman, NSC Senior Review Group, NSSM 124: Next Steps Towards the People's Republic of China (PRC)," April 19, 1971, http://www.gwu.edu/~nsarchiv/NSAEBB/NSAEBB19/03-01.htm（2016/11/12 點閱）。

"No. 205. Memorandum of Conversation, Washington, March 1, 1972, 12:30 p.m., China, March-December 1972," *Foreign Relations, 1969-1976*, Volume XVII, U. S. Department of State, Diplomacy in Action, p.827. http://www.state.gov/documents/organization/70144.pdf （2016/9/ 20 點閱）。

Office of the Historian, "*The Secretary of State to the Ambassador in China (Stuart)*, Washington, February 14, 1949," United States Department of State, *FRUS*, 1949, The Far East: China, Vol.IX, Document 316. https://history.state.gov/historicaldocuments/frus1949v09/d316 （2016/12/31 點閱）。

Office of Historian, *Foreign Relations of the United States, 1969-1976*, Volume XVII, China, 1969-1972, "Document 97. National Security Study Memorandum 106," p.246. https://history.state.gov/historicaldocuments/frus1969-76v17/d97 （2016/12/1 點閱）。

Office of the Historian, *Foreign Relations of the United States, 1969-1976*, Volume E-13, Documents on China, 1969-1972, Volume E-12, Documents on China, 1969-1972, "41. Memorandum of Conversation, Beijing, October 21, 1971, 4:42-7:17 p.m.," p.6, https://history.state.gov/historicaldocuments/frus1969-76ve13/d41 （2016/7/23 點閱）。

Office of Historian, "111. Memorandum of Conversation, Subject: Summary of Dr. Brzezinski's Meeting with Chairman Hua Kuo-feng, Beijing, May 22, 1978," *Foreign Relations of the United States*, *1977-1980*, Vol.XIII, China, subject: Summary of Dr. Brzezinski's Meeting with Chairman Hua Kuo-feng, Note 1, p.462. https://history.state.gov/historicaldocuments/ frus1977-80v13/d111 （2016/11/12 點閱）。

Office of Historian, "112. Memorandum From Michel Oksenberg of the National Security Council Staff to the President's Assistant for National Security Affairs (Brzezinski), Washington, May 25, 1978," *Foreign Relations of the United States*, *1977-1980*, Vol.XIII, China, subject: Appraisal of the China trip, p.466, https://history.state.gov/historicaldocuments/ frus1977-80v13/d112 （2016/11/12 點閱）。

Office of Historian, "170. Backchannel Message From the Chief of the Liaison Office in China (Woodcock) to Secretary of State Vance and the President's Assistant for National Security Affairs (Brzezinski), Beijing, December 15, 1978," *Foreign Relations of the United States*, *1977-1980*, Vol.XIII, China, subject: Session With Teng December 15. Ref: WH81614, Peking 231. https://history.state.gov/historicaldocuments/frus1977-80v13/d170 （2016/11/12 點閱）。

Office of Historian, "48. Memorandum of Conversation between The Secretary Cyrus Vance and Foreign Minister Huang Hua, Beijing, August 23, 1977," *Foreign Relations of the United States*, *1977-1980*, Vol.XIII, China, subject: Africa; Latin America; Normalization with other Countries; Human Rights; Non-Proliferation; ME; Yugoslavia; Normalization of US–PRC Relations, pp.170-172, https://history.state.gov/historicaldocuments/frus1977-80 v13/d48 （2016/9/16 點閱）。

Office of Historian, "48. Memorandum of Conversation between The Secretary Cyrus Vance and Vice Premier Teng Hsiao-ping, Beijing, August 24, 1977," *Foreign Relations of the United States*, *1977-1980*, Vol.XIII, China, subject: International Issues; Normalization, pp.205-206. https://history.state.gov/historicaldocuments/frus1977-80v13/d50 （2016/9/16 點閱）。

Office of Historian, "92. Memorandum From the Assistant Secretary of State for East Asian and Pacific Affairs (Holbrooke), the Deputy Assistant Secretary of Defense for East Asian and Pacific Affairs (Abramowitz), and Michael Armacost and Michel Oksenberg of the National Security Council Staff to Secretary of State Vance, Secretary of Defense Brown, and the President's Assistant for National Security Affairs (Brzezinski), Washington, April 4, 1978," *Foreign Relations of the United States, 1977-1980*, Vol.XIII, China, subject: Issues for decision on Korea and China, pp.329-330. https://history.state.gov/historical documents/frus1977-80v13/d92（2016/11/12 點閱）。

Office of Historian, "110. Memorandum of Conversation between Zbigniew Brezinski and Vice Premier Teng Hsiao P'ing, Beijing, May 21, 1978," *Foreign Relations of the United States, 1977-1980*, Vol.XIII, China, subject: Meeting with Vice Premier Teng Hsiao P'ing, p.437. https://history.state.gov/historicaldocuments/frus1977-80v13/d110（2016/11/12 點閱）。

"Starr Memorandum of the US Dept. of State, July 13, 1971," http://www.taiwanbasic.com/ historical/starr.htm（2016/5/12 點閱）。John J. Tkacik, Jr., *Rethinking "One China"*, Washington DC: Heritage Foundation,2004, pp.181-193. *Appendix C*: *Memorandum*, July 13, 1971. To: EA/ROC – Mr. Charles T. Sylvester. From: L/EA – Robert I. Starr. Subject: Legal Status of Taiwan, pp.181-193, at pp.191-192. http://www.scribd.com/doc/42204867 /Starr-Memo（2016/5/12 點閱）。

"*Taiwan: Hearings Before the Committee on Foreign Relations*, United States Senate, 96th Congress, 1st Session on S.245, A Bill to promote the foreign policy of the United States through the maintenance of commercial, cultural, and other relations with the people on Taiwan on an unofficial basis, and for other purposes, February 5,6,7,8,21 and 22, 1979," U. S. Government Printing Office, Washington, 1979, p.35. https://babel.hathitrust.org/cgi/ pt?id=umn.31951d00817104i;view=1up;seq=3（2016/8/20 點閱）。

"The President's News Conference of April 29, 1971,". http://www.gwu.edu/~nsarchiv/NSA EBB/NSAEBB66/ch-19.pdf（2015/10/12 點閱）。

"The President's news conference, May 12, 1977," *Jimy Carter*, The American Presidency Project, http://www.presidency.ucsb.edu/ws/index.php?pid=7495&st=&st1=（2016/9/16 點閱）。

The White House, Top Secret/Sensitive/Exclusively Eyes Only, Memorandum for: The President's Files, Subject: Meeting Between President, Dr. Kissinger, General Haig, Thursday, July 1, 1971, Oval Office. Source: box 1036, China-General July-October 1971. http://www.gwu.edu/~nsarchiv/NSAEBB/NSAEBB66/ch-33.pdf（2015/10/12 點閱）。

The White House, "National Security Study Memorandum 14, NSSM 14:US China Policy," February 5, 1969. http://thehundredyearmarathon.com/wp-content/uploads/2015/02/Nixon-nssm_014.pdf（2015/4/20 點閱）。

The White House, "Memorandum of Conversation, Top Secret/Sensitive/Exclusively Eyes Only, Conversation between Kissinger and Chou En-lai, October 21, 1971, in Great Hall of People, Peking," General Subject: President's Visit, Taiwan and Japan, pp.13-15,20. In http://www.gwu.edu/~nsarchiv/NSAEBB/NSAEBB70/doc11.pdf（2016/5/12 點閱）。

The White House, "Memorandum of Conversation, Exclusively Eyes only, PER NSC 8-6-96,

EO12958, sec 3.1cg, MR-1-5NGY-10, Declassified EO.12958, Sect. 3-6, February 22, 1972," declassified on May 30, 2003, http://www.gwu.edu/~nsarchiv/nsa/publications/DOC_readers/kissinger/nixzhou/12-01.htm（2016/9/20 點閱）。

Winston Lord, "Memo of Your Conversations with Chou En-lai," Memorandum for Dr. Henry A. Kissinger, Top Secret/Sensitive/Exclusively Eyes only, July 29, 1971, p.5. http://www.gwu.edu/~nsarchiv/NSAEBB/NSAEBB145/09.pdf（2015/10/12 點閱）。

二、中文書籍

James H. Mann 原著，林添貴譯，轉向：從尼克森到柯林頓美中關係揭密（About Face, A History of America's Curious Relationship with China, from Nixon to Clinton），先覺出版社，臺北市，1999 年。

王泰平主編，中華人民共和國外交史，世界知識，北京，1998。

沈劍虹，使美八年紀要：沈劍虹回憶錄，聯經出版社，臺北市，1982 年。

國史館編，臺灣主權與一個中國論述大事記，國史館出版，臺北縣，民國 91 年。

陳志奇，戰後美國對華政策之蛻變，帕米爾書店，臺北縣，民國 70 年。

黃華，親歷與見聞：黃華回憶錄，世界知識出版社，北京市，2007 年 8 月。

資中筠、何迪編，美國對臺政策機密檔案，海峽評論社，臺北市，1992 年。

戴天昭，李明峻譯，臺灣國際政治史，前衛出版社，臺北市，2002 年。

三、英文書籍

Chiu, Hungdah, *China and The Taiwan Issue,* New York: Praeger Publishers, 1979.

Hsieh, Chiao Chiao, *Strategy for Survival: the Foreign Policy and External Relations of the Republic of China on Taiwan, 1949-79*, London: Sherwood Press, 1985.

Kerr, George H., *Formosa Betrayed*, Boston: Houghton Mifflin, 1965, Behind the Reform Façade, e-book (2011). http://www.romanization.com/books/formosabetrayed/chap20.html（2015/3/12 點閱）。

Lauterpacht, Hersch (ed.), *Oppenheim's International Law*, Vol..II, 7th. ed., London: Longmans, Green and Co Ltd., 1952.

Mann, James, *About Face: A History of America's Curious Relationship with China, from Nixon to Clinton*, Alfred A. Knopf: Distributed by Random House, N. Y., 1999.

Papp, Daniel S. (ed.), *As I Saw It by Dean Rusk*, New York: W. W. Norton & Company, Inc., 1990.

Tucker, Nancy Bernkopf, *Uncertain Friendship, Taiwan, Hong Kong and the United States, 1945-1992*, New York: Twayne Publishers, 1994.

Tunsjo, Oystein, *US Taiwan Policy, Constructing the Triangle*, London and New York: Routledge, 2008.

四、英文期刊論文

Kan, Shirley A., "China/Taiwan: Evolution of the 'One China' Policy – Key Statements from Washington, Beijing, and Taipei," *CRS Report for Congress*, updated July 9, 2007, Order Code RL30341, pp.1-2. http://www.fas.org/sgp/crs/row/RL30341.pdf （2016/9/29 點

閱）。

"Legal Status of Formosa (Taiwan) and the Pescadores Islands (Penghu)," *Memorandum from the Assistant Legal Adviser for Far Eastern Affairs (L/FE - John J. Czyzak) to Mr. Abram Chayes*, Legal Adviser, February 3, 1961, http://www.taiwanbasic.com/historical/czyzak.htm（2015/12/4 點閱）。

Weintal, Edward, "A New China Policy in the Making," *Newsweek*, July 10, 1961, p.18.

五、中文報紙

James Wang（王景弘）, "Sovereignty resides in the people," *Taipei Times*, May 9, 2002, p.8.

李里，「兩個中國三部合唱的濫調：揭開哈里曼與陳匪毅在日內瓦唱和內幕」，自立晚報，1962 年 9 月 9 日，版 4。

中國時報，民國 60 年 4 月 30 日，版 1。

中國時報，民國 60 年 5 月 1 日，版 1。

中國時報，民國 96 年 8 月 30 日，版 A17。

中國時報（臺灣），民國 96 年 12 月 6 日，版 A17。

「費浩偉：美國反對臺灣入聯可能違背美國法律」，大紀元時報，2007 年 9 月 5 日，http://www.epochtimes.com/gb/7/9/5/n1824811.htm（2016/9/28 點閱）。

六、英文報紙

Gavshon, Arthur L., "U. K. view on Red China," *The Japan Times*, April 12, 1961.

Reisman, Michael, "The Danger of Abandoning Taiwan," *The New York Times*, August 28, 1976, p.21.

七、網路資源

Site of the PRC Embassy in the U. S., http://www.china-embassy.org（2016/9/20 點閱）。

"US Policy for Promoting Taiwan Independence," http://answers.google.com/answers/threadview/id/99215.html（2016/9/20 點閱）。

The arguments of the United States on Taiwan's status during 1953 and 1979

Abstract

When the United States sent her ambassador to the Republic of China on Taiwan in 1953, a "One China Stance" was reaffirmed and indirectly manifesting the support of Taiwan by the United States. It is of no doubt that the United States concluded the Mutual Defense Treaty with the Republic of China in 1954, which evidenced that the United States recognized Taiwan as a part of the ROC. When Henry Kissinger secretly visited on Beijing in July 1971, the United States begin the process of normalization with Beijing regime and regards Taiwan's status with uncertain. In terms of legal, during the period of the diplomatic relations between the ROC and the United States, the latter recognized Taiwan belongs to the ROC. But based on the consideration of strategy in Asia-Pacific, some of the officials of the United States are still holding uncertain Taiwan status.

Keywords: Taiwan the Republic of China the United States One China Standpoint Shanghai Communiqué

（本文原刊登在傳記文學，第 111 卷，第 5 期，2017 年 11 月號，頁 17-27；第 111 卷，第 6 期，2017 年 12 月號，頁 28-50。）

第四章　評析日本對釣魚臺領土主權之法理論據

摘　要

　　根據中國和琉球古籍記載，中國和琉球之間早有國境線的認知和實踐，釣魚臺列嶼的赤尾嶼就是中國國境線最東邊的島嶼，古米山就是琉球最西邊的島嶼。日本自 1885 年開始意圖佔領釣魚臺列嶼，至 1895 年加以佔領，劃入沖繩縣管轄。然而，日本並未完成國內法之領土納編程序，也未依據習慣國際法對於新佔領之領土公開及通報，顯然有嚴重瑕疵。二戰結束後，琉球交由美國託管。美國預定將琉球交還日本時，中華民國政府表示反對將釣魚臺列嶼併同琉球群島交還日本，爭端於焉展開。本文主要透過歷史資料和國際法觀點評析日本政府提出之各種法理論據。

關鍵詞：日本　臺灣　中國　琉球　釣魚臺列嶼

一、前言

釣魚臺列嶼[1]由釣魚嶼、黃尾嶼、赤尾嶼、南小島、北小島等 5 個無人小島,以及沖北岩、沖南岩、飛瀨等 3 個岩礁所組成。整個釣魚臺列嶼散佈在北緯 25 度 40 分與 26 度,東經 123 度至 124 度 24 分之間。釣魚臺列嶼由於島礁過小,再加上島上缺乏淡水,除了 1890 年代末期曾有日本人在釣魚臺島短暫開發之外,自古以來均為無人島。

釣魚臺列嶼諸小島的島名最早出現在第 15 世紀的中國典籍,並且是明、清朝中、琉使節往返琉球時的航行指標。1885 年起,日本政府開始對釣魚臺列嶼展開秘密調查,並在甲午戰爭爆發後由內閣會議作出決議,將其編入日本領土。

「聯合國亞洲與遠東經濟委員會」(United Nations Economic Commission for Asia and the Far East)在 1968 年提出了一份中國東海蘊藏有豐富的油氣資源的報告。接著日本在釣魚臺列嶼周邊海底進行地質調查,引發臺灣之關切,中國石油公司亦準備在該一海域進行探勘,中華民國外交部並開始研究涉及該一海域油氣資源的釣魚臺領土主權問題。

1969 年 7 月 17 日,中華民國行政院在聽取經濟部對大陸礁層石油探勘問題的報告後,發布新聞稿,指出中華民國依據「大陸礁層公約」之原則,「聲明中華民國政府對於鄰接中華民國海岸在領海以外之海床及底土所有之天然資源,均得行使主權上之權利。」[2]

中華民國外交部正式在 1970 年 7 月向日本駐華(臺)大使館提出有關「南西群島」是否包括釣魚臺列嶼的質疑,接著又向託管琉球的美國政府表示擁有釣魚臺列嶼主權,要求美國在結束佔領琉球時,將釣魚臺列嶼交還給中華民國。9 月 2 日,中國時報記者利用臺灣水產試驗所所屬的

---

[1]　日本在 1900 年將之改名為尖閣列島。

[2]　「我對沿海大陸礁層之天然資源探勘及開發得行使主權上權利聲明」(1969 年 7 月 17日),「釣魚臺問題之專案報告及研究案」,外交部檔案,中央研究院近史所檔案館藏,檔號:602/0020,頁 200693。「我對領海以外天然資源得行使主權上權利」,中央日報,臺灣,1969 年 7 月 18 日,版 1。

「海憲號」登陸釣魚臺島豎立國旗，引發以後的保釣運動。

臺灣在向日本和美國表達擁有釣魚臺列嶼之主張時，並不知道日本取得釣魚臺列嶼的歷史背景，直至該一問題爆發後各種資料一一浮現，才意外發現早期日本取得釣魚臺列嶼是非法的侵佔清國時期臺灣之領土。

本文擬針對琉球政府在 1970 年 9 月 1 日發表的「關於尖閣列島的領土權」、日本外務省在 1972 年 3 月發表的「尖閣列島分明是日本領土──日本外務省官式見解」[3]、日本外務省於 1972 年 3 月 8 日發表的「關於尖閣諸島領有權的基本見解」，2013 年日本外務省網站上的「有關尖閣諸島的問與答」和其他學者的歷史性權利和法理主張[4]的論著，提出評析意見。

二、中國人最早發現、命名和確定國境線

日本外務省網站上「有關尖閣諸島的問與答」答二稱：「尖閣諸島在歷史上一直以來都是屬於日本領土的南西群島的一部分。自 1885 年以來，日本政府已通過沖繩縣政府機構或使用其他方式多次對尖閣諸島進行徹底的實地調查。通過這些調查，證實了尖閣諸島不僅是無人居住的島嶼，而且也沒有受到中國清朝統治的痕跡。在此基礎上，日本政府於 1895 年 1 月 14 日，通過內閣會議決定在島上豎立標記，正式把尖閣諸島納入日本領土之內。在國際法上這一行為符合正當獲取領有權的方法（先佔原則）。」[5]

---

[3] 日本在 1970 年發表的該兩份文件，收錄在鄭海麟，論釣魚臺列嶼主權歸屬，海峽學術出版社，臺北市，2011 年，頁 169-174。

[4] 本文所稱的歷史性權利主張是包含在法理主張在內，蓋審視國際法院在 2002 年審理印尼和馬來西亞對於利吉坦島（Pulau Ligitan）和西帕丹島（Pulau Sipadan）、2008 年審理新加坡和馬來西亞對白礁（Pedra Branca）案之領土主權問題時，判決文幾乎有 90% 是各造提出之歷史文獻證據，法官再根據過去國際法院相關的法理判詞對這些歷史證據提出詮釋和判決理由，換言之，歷史性權利（historical rights）主張很重要，它影響是否具有歷史性權利名義（historical title）。因此，本文使用歷史資料證據，應符合法理論據之內涵。

[5] 「有關尖閣諸島的問與答」，http://www.hk.emb-japan.go.jp/chi/territory/senkaku/question

關於釣魚臺列嶼（日本稱尖閣諸島）是否「在歷史上一直以來都是屬於日本領土的南西群島的一部分」？抑或日本可根據國際法的先佔原則取得釣魚臺列嶼之主權？本文將檢視中國古文獻來反駁日本此一觀點。

從明洪武 5 年（1372 年）至清同治 5 年（1866 年），由中國派遣 24 任（明朝派赴 16 任，清朝 8 任）冊封琉球王的使節所撰寫的使琉球錄，都紀錄了航線上經過釣魚臺列嶼。惟因為前十一任之使琉球錄皆因火災燒毀無存，唯一留存的最早的紀錄是 1534 年 5 月陳侃的使琉球錄，他在書上記載了航程如下：

> 過平嘉山，過釣魚嶼，過黃毛嶼，過赤嶼……十一日夕，見古米山，乃屬琉球者。夷人鼓舞於舟，喜達於家。夜行徹曉，風轉而東，進尋退尺，失其故家；又竟一日，始至其山（按：指古米山）……風少助順，即抵其國。[6]

明朝第十三任冊封使郭汝霖在重編使琉球錄「使事記」記載：

> 越甲午五月朔，余等至廣石大舟，……。過平嘉山，釣魚嶼，過黃毛嶼，過赤嶼，目不暇接，一晝夜兼三日之程。夷舟帆小，不能及，相失在後。十一日夕，見古米山，乃屬琉球者。
>
> 嘉靖四十年（1561 年）閏五月初一日，過釣魚嶼。初三日，至赤嶼焉。赤嶼者，界琉球地方山也。再一日之風，即可望古米山矣。[7]

1683 年，清朝第二任冊封使汪楫在使琉球雜錄中記載他途經釣魚島、赤尾嶼後為避海難而祭海神時過「中外之界」之事，其卷五「神異」

-and-answer.html（2016 年 6 月 7 日瀏覽）。

[6] 浦野起央、劉甦朝、植榮邊吉編修，釣魚臺群島（尖閣諸島）問題研究資料匯編，刀水書房，東京，2001 年，頁 6。或〔明〕陳侃，使琉球錄（電子版），1534 年。收錄於「中國哲學書電子化計畫網站」：http://ctext.org/wiki.pl?if=gb&res=486246（2016/3/26 日點閱）。

[7] 〔明〕郭汝霖，重編使琉球錄，卷上，「使事記」，四庫全書存目叢書，史部第 49 冊，莊嚴文化事業有限公司，臺南縣，1996 年，頁 654-715，662。

上記載：

> 辰刻過彭佳山，酉刻遂過釣魚嶼……二十五日，見山，應先黃尾而後赤嶼，不知何以遂至赤嶼，未見黃尾嶼也。薄暮過郊（或作溝），風濤大作，投生豬、羊各一……問郊之意何取？曰中外之界也。界於何辨？曰懸揣耳。然頃者恰當其處，非臆度也。……過赤嶼後，按圖應過赤坎嶼，始至姑米山，仍二十六日，倏忽已至馬齒山。回望姑米橫亘來路，而舟中人皆過之不覺，是時琉球接封大夫鄭永安駭嘆之餘，繼以惶懼，謂天使乃從天降國中。[8]

赤嶼，就是赤尾嶼，位在釣魚臺列嶼東邊，再航行一天，即到達古米山。「過郊」的「郊」字，為閩南語讀音，指「溝」，就是赤尾嶼和古米山之間的深泓的海溝。漁人或使節從赤尾嶼航行到古米山，會經過此一海溝，即知是到了琉球國界，故該海溝成為「中外之界」，是中國和琉球之間的分界線。過了此界後，琉球接封大夫才來迎接中國使節。

康熙 58 年（1719 年），清朝第三次派遣琉球冊封使，使節為海寶，副使是翰林院編修徐葆光。徐葆光歸國後撰寫的中山傳信錄，卷一「針路圖」記載如下：

> 指南廣義[9]云：福州往琉球……用乙卯並單卯針十更，取釣魚臺；用單卯針四更，取黃尾嶼；用甲寅（或作卯）針十（或作一）更，取赤尾嶼；用乙卯針六更，取姑米山（琉球西南方界上鎮山）；用單卯針，取馬齒；甲卯及寅針，收入琉球那霸港。

同書卷四「琉球三十六島」記載：

> 琉球屬島三十六，水程南北三千里，東西六百里。正西三

8　〔清〕汪楫，使琉球雜錄（電子版），卷五，「神異」，北京圖書館出版社，北京市，2007 年。

9　該書為琉球地理學家程順則於 1708 年所撰。

島，姑米山在馬齒山西，去中山四百八十里……由閩中至國，必
針取此山為準，封舟行海中第七日，有小黑魚點點浮水面，接封
使臣云：此出姑米山下，名墨魚。

卷四「西南九島」記載：

八重山一名北木山，……烏巴麻、巴度麻、由那姑呢、姑彌、
達奇度奴、姑呂世麻、阿喇姑斯古、巴梯呂麻諸島……以上八島
俱屬八重山，國人稱之皆曰八重山，此琉球極西南屬界也。[10]

從前述中山傳信錄一書可知，琉球總共 36 島，並無釣魚臺列嶼；
「鎮山」是指琉球國統治的島，故琉球之西界是姑米山，其西南界是八重
山的八個島；中國使節航行到姑米山，琉球派出接封使接待。

1850 年，徐繼畬所撰的瀛環志略，卷一「亞細亞東洋二國」，琉球
條記載：

琉球在薩峒馬之南，東洋小國也。周環三十六島，……由福
州之五虎門放洋，用卯針約四十餘更，至孤米山，其國之大島
也，再東即至其國。[11]

另外據琉球的漢文文獻，早期有關琉球的版圖範圍均不包含釣魚臺列
嶼，例如，中山世譜是琉球王國一部記事甚為詳細的正史，也是一部非常
重要的琉球歷史文獻，其卷首載有琉球輿地名號會紀，全面記載了琉球
「三府五州三十五郡」、「三十六島」及其附屬島嶼的正名和俗稱，其中
並無釣魚嶼、黃尾嶼、赤尾嶼等島嶼，後附琉球輿圖，也未出現釣魚島及
其相關的名稱，其最西南端的島嶼為姑米山。另一部琉球國舊記，是一部
記載琉球王國歷史、地理、風俗、經濟、文化及有關遺聞和傳說的歷史文
獻，其正編卷八、卷九是專記島嶼的，卷中自西南而東北依次記載了久米

---

[10] 〔清〕徐葆光，中山傳信錄（電子版），卷一和卷四。收錄於「中國哲學書電子化計畫
網站」：http://ctext.org/library.pl?if=gb&file=26471&page=34（2015/9/26 點閱）。http://
ctext.org/library.pl?if=gb&file=26504&page=23（2015/9/26 點閱）。

[11] 〔清〕徐繼畬撰，瀛環志略，臺灣商務印書館，臺北市，1986 年，頁 65-66。

島、馬齒山、葉壁山、宮古山、八重山及其附屬島嶼,並沒有出現釣魚島,甚至該書附卷三「山川」中記琉球每年四季所祭祀的火神時,羅列了琉球王國890座山嶽和島嶼的名稱及所在位置,其中也無釣魚島。[12]

琉球國在1879年3月被日本滅國後,光緒11年(1885)2月24日,琉球國陳情陪臣紫巾官向德宏和按司官向有德致密函欽差大臣左宗棠,請求中國派兵協助其復國和復君,該密函內稱:「蓋外夷海道與中國所屬之琉球、朝鮮、越南以及臺灣等地,近可相連,狡焉思啟者必日本為首。先法夷越南之役,日亦為之助,固應驗也。敝國雖孤懸海外,自閩、臺灣經敝國屬島八重山、太平、姑米、馬齒等山,直達琉球,實與中國氣脈貫通。」[13]從該文可知,按航線而言,從福建經臺灣到琉球,會經過釣魚臺列嶼,而該文僅提及屬於琉球國的領土包括八重山、太平(即宮古島)、姑米、馬齒等山,換言之,釣魚臺列嶼並不屬於琉球領土。

日本國駐清公使館於光緒6年(1880)9月4日致函清國,函覆清國詢問宮古、八重山二島的情況,函稱:「宮古、八重山二島,計簿未備,載籍亦稍有異同,今錄其梗概,以便照辦。若其細悉,更待咨行本國內務省,詳核回覆。宮古、八重山二島考,……八重山島總稱石垣以下十島之名,石垣島、小濱島、武富島、波照間島、入表島、鳩間、黑島、上離島、下離島、與那國。」[14]該函明確說明八重山群島包括十個小島,但釣魚臺列嶼並不包含在八重山群島內。

從上述的各種古代文獻可知:

第一,中國人是最早發現釣魚臺列嶼,並給予命名。就國際法而言,最早發現島嶼,並給予命名,應即具有初步權利(inchoate rights)。

第二,中國和琉球之間有國境線,而且是公開在中國和琉球的文獻

---

[12] 楊馥戎,「琉球王國文獻證實:釣魚島是中國的固有領土」,收錄於「華夏經緯網」,2012年9月26日:http://big5.huaxia.com/zhwh/sslh/3016184.html(2015/9/26點閱)。

[13] 「照錄欽差大臣左來文」(光緒11年4月24日(1885-06-06)),「琉球案」,總理各國事務衙門檔案,中央研究院近代史檔案館藏,館藏號:01-34-009-01-005,頁7。

[14] 「日本國駐清公使館函覆清國有關宮古和八重山二島」(光緒6年9月4日(1880-10-07)),「琉球案」,總理各國事務衙門檔案,中央研究院近代史檔案館藏,館藏號:01-34-009-01-009。

上，經過數百年的國家實踐，中國和琉球官員可以很清楚的知道其國家疆界到何處。除了俄羅斯外，傳統中國和東方鄰國，特別是朝貢國之間的國界，並非以成文條約為之，而是口頭講定，相互約定各自領域的範圍，然後各向其本國政府呈報疆界範圍。中國與朝貢國亦有邊境談判，例如，明朝與安南在 1456 年 3 月互派官員會勘越南太原和中國之間的界址；清朝時 1689 年亦和越南就邊境疆界談判。中國和琉球的國境線在海上，而以島嶼為標誌，過了赤尾嶼，就進入琉球境，這是雙方約定成俗的國境線，而且跟雙方進行朝貢貿易的時間一樣長久。

第三，該一國境線應該早為琉球所知悉，「琉球三十六島圖」並未包括釣魚臺列嶼。琉球宰相向象賢在 1650 年所監修之中山世鑒為第一部琉球官修史書，參採陳侃使琉球錄的觀點，以久米島為琉球領土，而赤尾嶼為中國到琉球之邊界。1725 年，琉球王尚敬治世期間，國師蔡溫受命撰寫琉球第二部國史——中山世譜，該書對琉球所屬的山川疆土均有明確記載，並附有圖繪「琉球輿圖」，清楚地標出了琉球本島及周圍 36 島的名稱。圖中的西部島嶼，即是姑（古）米山，顯而可見琉球疆域並不含釣魚臺。日本學者井上清認為琉球學者林子平所撰的三國通鑑圖說，使用不同顏色標示釣魚臺列嶼屬於中國。[15]琉球政府在 1970 年發表的「關於尖閣列島的領土權」也承認林子平的著作將釣魚臺列嶼視為屬於中國領土。各項古籍均記載琉球接封使是在古米山等候中國使節。

第四，中國在確定中、琉國境線後，將釣魚臺列嶼劃入福建境內。最早及最具代表性的書是明朝嘉靖 41 年（1562 年）胡宗憲主持編纂，鄭若曾撰的籌海圖編，該書卷一「福建沿海山沙圖」中，清楚地繪出釣魚嶼、黃毛山（即黃尾嶼）和赤嶼（即赤尾嶼）等島嶼。至於「彭加山」，為今天的彭佳嶼。「雞籠山」為「基隆嶼」。「裏衣山」可能為棉花嶼。當時明朝並未領有臺灣，所以未將臺灣畫入圖中。

---

[15] 〔日〕井上清，英慧譯，釣魚列島的歷史和主權問題，七十年代雜誌社，香港，1973年，頁 34-35。

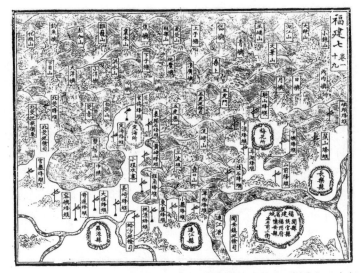

資料來源：〔明〕鄭若曾撰，籌海圖編（電子版），卷一，福建七，十九，
　　　　收錄於「欽定四庫全書史部十一・地理類」：http://archive.org/str
　　　　eam/06041954.cn#page/n28/mode/2up（2016/3/10 點閱）。

圖 4-1：籌海圖編的釣魚嶼

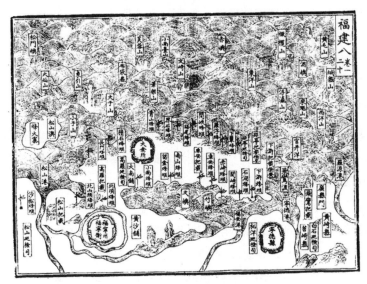

資料來源：〔明〕鄭若曾撰，前引書，卷一，福建八，二十。

圖 4-2：籌海圖編的赤嶼和黃毛山

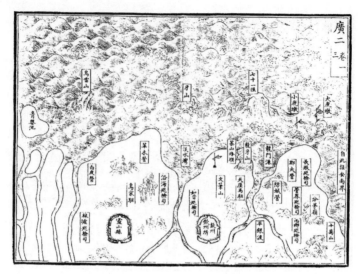

資料來源：〔明〕鄭若曾撰，前引書，卷一，廣二，三。

圖 4-3：籌海圖編的安南界

　　鄭若曾撰的籌海圖編中的「福建沿海山沙圖」，清楚地繪出釣魚嶼等島嶼，畫面上沒有畫到琉球島嶼，故應可確定圖上所標示的地名都是福建所轄領土。可資證明者，首見地圖名稱為「福建七」，表示為福建的第七幅地圖。次見「廣二卷一，三圖」，該圖右側寫出「自此接安南界」，就沒有繪出安南的地名，因此圖內的地名都是廣東所轄的領土。同樣也可見到「遼東五卷一，七十三圖」，在圖上西側寫上「自此入朝鮮界」，沒有繪出朝鮮的地名，因此圖內的地名都是遼東所轄的領土。無論如何，從籌海圖編一書繪出釣魚臺列嶼，即可知悉當時該列嶼是屬於福建管轄。而該書屬於官修文書，清朝時收入欽定四庫全書。

　　儘管日本學者芹田健太郎持不同看法，認為該圖所記載的島嶼，是倭寇來襲時的前進方向，而島嶼附近則為倭寇出沒的海域，為本土防衛上該注意的區域。此外，籌海圖編卷四的「福建沿海總圖」雖然記載了澎湖群島，可是對臺灣、基隆嶼、彭佳嶼與釣魚臺列嶼卻全無記載。[16]芹田健太

---

[16]　芹田健太郎，日本の領土，中央公論新社，東京，2002 年，頁 119 至 120。

郎之論點不正確，他所講的倭寇來襲時的前進方向是另有一張「日本島夷入寇之圖，卷一，七十四」，該圖非常清楚的繪出了從日本和琉球來的倭寇入侵方向路線，而本文舉證的圖 4-1 和圖 4-2 兩張釣魚臺列嶼圖並非要說明「倭寇來襲時的前進方向」，而是當時所轄的領土範圍。

三、中國將釣魚臺列嶼劃入福建和臺灣

釣魚臺列嶼的地理位置靠近臺灣，所以有許多臺灣漁民前往該列嶼海域捕魚，臺灣北部漁民對於釣魚臺列嶼應不會陌生，中文著作開始將釣魚臺列嶼放在臺灣的架構內來描述，首推康熙 51（1712）年臺灣府知府周元文所撰的重修臺灣府志，「卷二 規制／海防／附考」記載：

> 臺灣州仔尾、西港子、灣裏；鳳山喜樹港、萬丹港；諸羅海翁堀、蓬山港，只容酊仔小船。再，鳳山岐後、枋寮、加六堂、謝必益、龜璧港、大恇房、魚房港；諸羅榨仔宅、象領，今盡淤塞，惟小魚船往來耳。山後大洋，北有山名釣魚臺，可泊大船十餘。崇爻（今花東海岸山脈）之薛坡蘭（今秀姑巒），可進杉板。[17]

以後許多文獻史料都採用此一對釣魚臺之描述，文字也雷同。例如：1722 年黃叔璥撰的臺海使槎錄，該書「卷二赤嵌筆談武備」曾記載：「臺灣近海港口哨船可出入者，只鹿耳門……。山後大洋，北有山名釣魚臺，可泊大船十餘。崇爻之薛坡蘭，可進杉板。」[18]

乾隆 12 年（1747）刊印的范咸纂輯的重修臺灣府志，「卷之二海防」記載：

> 近海港口哨船可出入者，只鹿耳門、南路打鼓港（打鼓山南岐後水中有雞心礁）、北路蚊港、笨港、淡水港、小雞籠、八尺

---

[17] 〔清〕周元文撰，重修臺灣府志（電子版），「卷二 規制／海防／附考」，1712 年。
[18] 〔清〕黃叔璥撰，臺海使槎錄（電子版），「卷二赤嵌筆談武備」，1722 年。

門。……山後大洋，北有山名釣魚臺，可泊大船十餘。崇爻之薛坡蘭，可進杉板。[19]

臺灣縣知縣王必昌於乾隆 17（1752）年撰的重修臺灣縣志，「卷二山水志／海道」記載：

舟從沙馬磯頭盤轉，可入卑南覓諸社。山後大洋之北有嶼，名釣魚臺，可泊巨舟十餘艘。崇爻山下薛波蘭港，可進三板船。[20]

1852 年，陳淑均纂輯，噶瑪蘭廳志，「卷八雜識（下）／紀事」記載：

泗波瀾有十八社番，與奇萊（今花蓮市一帶）連界。府志作薛波瀾，志據赤嵌筆談，屬鳳山縣界，亦在崇爻山後文。可知奇萊即嘉義之背，泗波瀾即鳳山之脊；由此而卑南覓，而沙馬磯頭（今貓鼻頭），回環南北一帶。則山後諸地，自洳鼻至琅嶠大略與山前千餘里等耳。臺灣縣志謂：舟從沙馬磯頭盤轉而入卑南覓諸社。山後大洋之北，有嶼名釣魚臺，可泊巨舟十餘艘。崇爻山下薛波瀾可進三板船，則竟有至其地，可知也。[21]

至 1871 年陳壽祺撰的重纂福建通志，「卷八十六·海防·各縣衝要·臺灣府臺灣縣」，才首次將釣魚臺列嶼納入噶瑪蘭廳管轄內，該書記載：

噶瑪蘭廳：蘇澳港在廳治南，港門寬闊，可容大舟，屬噶瑪蘭營分防。又後山大洋北有釣魚臺，港深可泊大船千艘。崇爻之薛坡蘭可進杉板船。

臺灣知府兼任臺灣兵備道周懋琦於 1872 年撰全臺圖說，記載：

19　〔清〕范咸纂輯，重修臺灣府志（電子版），「卷之二海防」，1747 年。
20　〔清〕王必昌撰，重修臺灣縣志（電子版），「卷二 山水志／海道」，1752 年。
21　〔清〕陳淑均纂輯，噶瑪蘭廳志（電子版），「卷八雜識（下）/紀事」，1852 年。

山後大洋有嶼名釣魚臺，可泊巨舟十餘艘。

清朝羅大春於 1878 年所著的臺灣海防並開山日記一書中有方浚頤所撰的「臺灣地勢番情紀略」一文，曾建議在釣魚島駐軍設防，該書記載：

臺灣，南北徑二千五百里，東西或五百里、或二百里不等；其形橢似魚，連山若脊。……鹿耳門為至險，其次則旗後口。初僅一小港，道光間，一夕風濤沖刷，口門忽寬；兩崖夾峙，中梗塊壘，象人之喉；旁皆暗礁，番舶不能出入，其殆天之所以限華夷耶！惟雞籠山陰有釣魚嶼者，舟可泊，是宜設防。[22]

光緒 11 年（1885 年），黃逢昶、吳光亮、王凱泰撰臺灣生熟番輿地考略，記載：

宜蘭縣，南與奇萊社番最近。……泗波瀾有十八社番，與奇萊相近，屬鳳山縣界，亦在崇爻山後；可知奇萊即嘉義之背，泗波瀾即鳳山之脊。由此而卑南覓，而沙馬磯頭，回環南北一帶；則後山諸地，自泖鼻至琅嶠，大略與山前千餘里等耳。海舟從沙馬磯頭盤轉而入卑南覓諸社。山後大洋之北，有嶼名釣魚臺，可泊巨舟十餘艘。崇爻山下泗波瀾，可進三板船，漳、泉人多有至其地者。[23]

從上述各項歷史文獻可知，屬於官修文獻者有籌海圖編、重修臺灣府志、重修臺灣縣志、重纂福建通志，臺海使槎錄的作者黃叔璥為清代首任巡臺御史、臺灣海防並開山日記的作者羅大春為福建陸路提督。從 1712 年到 1885 年期間，這些文獻都將「山後大洋，北有山名釣魚臺，可泊大船十餘。崇爻之薛坡蘭，可進杉板。」一段話放入臺灣史籍中，可見釣魚臺列嶼和臺灣具有一定的關係。儘管有些著作認為「又後山大洋北有釣魚

22　〔清〕方浚頤撰，「臺灣地勢番情紀略」（電子版），載於〔清〕羅大春，臺灣海防並開山日記，1878 年。

23　〔清〕黃逢昶、吳光亮、王凱泰撰，臺灣生熟番輿地考略（電子版），1885 年。

臺」所提及的釣魚臺不是今天所講的釣魚臺，而是在臺東某地，[24]但在1871 年陳壽祺之著作中是將該句話放入噶瑪蘭海防中討論，更見該句話的「釣魚臺」是指今天的釣魚臺，首次將釣魚臺列嶼納入噶瑪蘭廳管轄內。1885 年黃逢昶等將釣魚臺列嶼放入宜蘭縣論述。這些史料中的「釣魚臺」是指位在臺灣北方大洋中的島嶼，不是沿岸的島嶼。方浚頤說：「雞籠山陰有釣魚嶼者，舟可泊，是宜設防。」意思是指在今之基隆嶼的北方有釣魚嶼可泊船，這一觀點與「山後大洋，北有山名釣魚臺，可泊大船十餘」相近。

據上可知，清朝時已有臺灣漁民或船隻經常航行到釣魚臺列嶼捕魚，該一海域是臺灣的傳統漁場，且由噶瑪蘭廳管轄。從下述上海申報之報導以及日本外務卿（即外長）井上馨下屬在給他的公文上記載「清國報紙傳言我國政府欲佔領清國所屬臺灣地方之島嶼」加以對照，前述中文文獻將釣魚臺列入臺灣管轄應信而可徵。1878 年曾任兩淮鹽運使的方浚頤還建議在釣魚島駐軍設防，顯然有領有之意思表示。此一時間較日本意圖佔領釣魚臺列嶼還早。至於所以沒有設治管理之原因，是該列島過小無法居住，沒有住民。無論如何，釣魚臺列嶼經常被臺灣漁民和船隻使用，而非僅是航行指標。

四、日本佔領釣魚臺列嶼及領土編入在國際法之無效

明治 17 年（1884 年）3 月，福岡縣人古賀辰四郎乘船前往釣魚臺列嶼等地探險，他見那裡信天翁鳥漫天飛翔，為了想將牠們做成標本因而提出開墾該地的申請。

5 月，長崎上等刑事衙門檢事長河野出巡沖繩本島，他和沖繩縣知事（縣令）西村捨三於 5 月 16 日一起搭乘「大有輪」巡視久米島、宮古島和八重山島。西村縣令巡視後即前往東京。[25]西村縣令前往東京之目的應

---

[24] 黎蝸藤，釣魚臺是誰的？釣魚臺的歷史和法理，五南圖書公司，臺北市，2014 年，頁53-65。

[25] 申報，上海，1884 年 6 月 28 日，版 2。

就是報告此次巡視上述島嶼的情況，其中很可能包括偵察釣魚臺列嶼。

7 月，清國和法國為了越南事務爆發海戰，法軍佔領基隆，退出後又佔領澎湖，清國震動，急派軍渡臺防衛，直至 1885 年 6 月 9 日清、法議和後，法軍才退出澎湖。當時日本意圖利用清國和法國在北臺灣發生戰爭之際，在臺灣附近海域有所行動，謀佔領釣魚臺列嶼。

明治 18 年（1885 年）6 月，沖繩縣知事（縣令）西村捨三向內務卿（即內政部長）山縣有朋呈報希望能在久米赤島（赤尾嶼）、久場島(黃尾嶼)以及魚釣島（釣魚臺島）上豎立國標（界碑）。[26]

1885 年 9 月 22 日，沖繩縣令西村捨三向內務卿山縣有朋提交了書面報告：

> 第三百十五號
>
> 關於調查久米赤島和外兩島嶼之報告
>
> 關於調查散落在本縣與清國福州間之無人島，之前根據在京城的森長義本縣大書記官下達內部命令所做的調查，該文如附件。久米赤島、久場島、及魚釣島乃本縣自古以來所稱之名稱，而接近本縣所管轄之久米、宮古、八重山等群島之無人島，與前此呈報之大東島（位於本縣與小笠原島之間）地勢不同，與中山傳信錄記載之魚釣臺、黃尾嶼、赤尾嶼是否相同有疑慮。若是相同，受清國冊封的舊中山王其使節船也詳加記載、各自隨意命名，很明顯是作為琉球航海間的航海識別。今後比照大東島一樣，直接前往調查，建立國標（或譯為界碑）時要審慎，接下來的十月中旬搭乘航向二島回航之雇用汽船出雲丸順道去實地調查，關於建立國標之事，尚請查照核示。[27]

10 月 9 日，山縣有朋致函外務卿井上馨，徵詢其意見。在該件公文

26　宇佐美滋，「尖閣列島問題」，載於程家瑞編，釣魚臺列嶼之法律地位，東吳大學法學院，臺北，1998 年，頁 340。

27　日本外務省編，日本外交文書，第十八卷（明治十八年一月至十二月），日本国際連合協会，東京，昭和 25 年（1950 年），頁 573 至 574。

上書寫了其下屬給他的意見如下：「近來，清國報紙傳言我國政府欲佔領清國所屬臺灣地方之島嶼，呼籲清政府注意。故在此之際，對此等小島我擬採取暫時不輕動，避免不必要紛爭之措施為宜。懇請裁示」[28]

　　該文所講的「清國報紙」，指的是上海申報，它在 1885 年 9 月 6 日刊登了一則新聞：「臺島警信○文匯報登有高麗傳來信息，謂臺灣東北邊之海島，近有日本人懸日旗於其上，大有佔踞之勢。未悉是何意見，姑錄之以俟後聞。」[29]

　　10 月 19 日，山縣有朋致函外務卿井上馨，徵詢其意見。井上馨於 10 月 21 日覆函如下：

> 查該島嶼（按指釣魚臺列嶼）與清國境接近，前經勘查，其面積較大東島為小，清國對各島已有命名。近時清國報紙刊登我政府佔據臺灣附近清國所屬島嶼之傳言，對我國懷有猜疑，屢促清政府注意。當此之際，公然建立國界標志，勢必招致清國猜疑。目前擬僅令作實地勘查，先就港灣地形及土地物產有無開發前途，詳細具報。至於建立國界標志、著手開拓一事，當以俟諸他日為宜。其次，先前在大東島的實地調查，與這次的實地調查，要注意不要刊登在政府公報與報紙上。[30]

---

[28]　「內務卿山縣有朋致函外務卿井上馨」（明治 18 年 10 月 9 日），「沖繩縣下八重山群島ノ北西ニ位スル久場島魚釣島ヘ標杭ヲ建設ス」，日本外務省檔案，日本國立公文書館藏，アジア歷史資料センター，影像編碼：B03041152300，收錄於「日本國立公文書館網站」：http://www.jacar.go.jp/DAS/meta/image_B03041152300?IS_STYLE=default&IS_KIND=SimpleSummary&IS_TAG_S1=InfoD&IS_KEY_S1=%E4%BA%95%E4%B8%8A%E9%A6%A8%20%20%E5%B1%B1%E7%B8%A3%E6%9C%89%E6%9C%8B%20%E6%98%8E%E6%B2%BB%E5%8D%81%E5%85%AB%E5%B9%B4&IS_LGC_S32=&IS_TAG_S32=&（2015/9/10 點閱）。

[29]　申報，上海，1885 年 9 月 6 日，版 2。

[30]　「外務卿井上馨致函內務卿山縣有朋」（明治 18 年 10 月 21 日），「沖繩縣下八重山群島ノ北西ニ位スル久場島魚釣島ヘ標杭ヲ建設ス」，日本國立公文書館藏，アジア歷史資料センター，影像編碼：B03041152300，收錄於「日本國立公文書館網站」：http://www.jacar.go.jp/DAS/meta/image_B03041152300?IS_STYLE=default&IS_KIND=SimpleSummary&IS_TAG_S1=InfoD&IS_KEY_S1=%E4%BA%95%E4%B8%8A%E9%A6%A8%20%20%E5%B1%B1%E7%B8%A3%E6%9C%89%E6%9C%8B%20%E6%98%8E%E6%B2

　　據上可知，日本政府已瞭解到這些島嶼或許不是「無主地」，甚至是可能同中國發生領土爭議的地區。

　　沖繩縣令西村捨三於明治 18 年（1885 年）10 月 22 日僱請濬船、出雲丸兩條船前往魚釣島、久場島、久米赤島調查，出雲丸船長林鶴松於明治 18 年 11 月 2 日提出「釣島、久場、久米赤島回航報告書」給沖繩縣大書記官森長義，描述該三島的地理位置和物產。11 月 4 日，沖繩縣五等屬石澤兵吾亦寫了「魚釣島外二島巡視取調概略」報告給沖繩縣知事西村捨三代理沖繩縣大書記官森長義。出發調查人員中包括十等屬久留彥、八警部補和巡查等。

　　11 月 24 日，西村捨三致函外務卿井上馨和內務卿山縣有朋，內容為：

> 　　本縣管轄下的無人島，已分別進行調查，已另紙回覆報告。擬議在該等無人島設置國標，該地與清國有關，萬一發生狀況，則難以處理。應該如何做，希望儘早指示。[31]

12 月 5 日，內務卿山縣有朋致函太政大臣三條實美，內容為：

> 　　秘第 128 號之 2 無人島上設置國標事宜之內部報告
> 　　關於要踏勘散在沖繩縣與清國福州間之無人島一事，如另紙抄件所示，該縣令所呈報，建設國標一事，涉及與清國交涉，因有種種理由，最好目前暫緩為宜，曾與外務卿協議，並指令該縣，茲私下奉告。[32]

%BB%E5%8D%81%E5%85%AB%E5%B9%B4&IS_LGC_S32=&IS_TAG_S32=&（2015/9/10 點閱）。

[31]　「西村捨三致函外務卿井上馨和內務卿山縣有朋」（明治 18 年 11 月 24 日），「沖繩縣卜清国福州トノ間ニ散在スル無人島ヘ国標建設ノ件」，日本國立公文書館藏，アジア歷史資料センター，影像編碼：A03022910000，收錄於「日本國立公文書館網站」：http://www.jacar.go.jp/DAS/meta/image_A03022910000?IS_STYLE=default&IS_KIND=SimpleSummary&IS_TAG_S1=InfoD&IS_KEY_S1=A03022910000&IS_LGC_S32=&IS_TAG_S32=&（2015/9/10 點閱）。

[32]　「內務卿山縣有朋致函太政大臣三條實美」（明治 18 年 12 月 5 日），「沖繩県卜清国

　　同一日，外務卿井上馨和內務卿山縣有朋答覆沖繩知事稱目前暫不設置國標。[33]

　　關於是否在久米赤島、久場島和魚釣島設立國標事，在日本外務省條約局於昭和 8 年（1933）8 月出版的國際法先例彙輯(2)島嶼先佔一書中記載：

> 　　關於在久米赤島、久場島和魚釣島設立國標一事，乃由沖繩縣令建議修建。該事在呈報太政大臣前，內務卿山縣有朋於明治 18 年 10 月 9 日徵詢外務卿井上馨之意見。經外務卿井上馨之考慮後，於 10 月 21 日答覆稱，鑑於這些島嶼靠近清國國境，為叢爾小島，因清國報紙曾刊載我國政府擬佔據臺灣附近清國之島嶼等消息，敦促清國政府注意。故設置國標、開拓島嶼需待他日機會。內務和外務兩卿已於 12 月 5 日指示沖繩縣令目前暫不設置國標。[34]

　　沖繩縣知事分別在明治 23 年（1890 年）及明治 26 年（1893 年）兩次上書有關建設界碑事宜，日本政府方面均未允接受。1894 年 7 月，中、日爆發甲午戰爭，可能在開戰前或者在還沒有定局之前，古賀辰四郎

福州トノ間ニ散在スル無人島ヘ国標建設ノ件」，日本國立公文書館藏，アジア歴史資料センター，影像編碼：A03022910000，收錄於「日本國立公文書館網站」：http://www.jacar.go.jp/DAS/meta/image_A03022910000?IS_STYLE=default&IS_KIND=SimpleSummary&IS_TAG_S1=InfoD&IS_KEY_S1=A03022910000&IS_LGC_S32=&IS_TAG_S32=&（2015/9/10 點閱）。

[33] 「外務卿井上馨和內務卿山縣有朋答覆」（明治 18 年 12 月 5 日），「1・沖繩県久米赤島、久場島、魚釣島ヘ国標建設ノ件 明治十八年十月」，日本國立公文書館藏，アジア歴史資料センター，影像編碼：B03041152300，收錄於「日本國立公文書館網站」：http://www.jacar.go.jp/DAS/meta/image_B03041152300?IS_STYLE=default&IS_KIND=SimpleSummary&IS_TAG_S1=InfoD&IS_KEY_S1=B03041152300&IS_LGC_S32=&IS_TAG_S32=&（2015/9/10 點閱）。

[34] 「其三，久米赤島、久場島其魚釣島帝國版圖編入之經緯」，「国際法先例彙輯(2)島嶼先占／1933 年」，日本國立公文書館藏，アジア歴史資料センター，影像編碼：B10070281100，頁 21。收錄於「日本國立公文書館網站」：http://www.jacar.go.jp/DAS/meta/image_B10070281100?IS_STYLE=default&IS_KIND=SimpleSummary&IS_TAG_S1=InfoD&IS_KEY_S1=B10070281100&IS_LGC_S32=&IS_TAG_S32=&（2015/9/10 點閱）。

向沖繩縣申請開發釣魚臺列嶼，縣政府以「該島是否屬於帝國還不明確」為理由退回了他的申請。古賀親自前往東京，謁見內務和農商部兩大臣提出請願書，還是沒有被批准。[35]直至中國戰敗，12 月 27 日，內務大臣野村靖致書外務卿陸奧宗光：

> 秘別第一百三十三號
>
> 　　在久場島、魚釣島建設管轄界碑之事，如另書甲號，由沖繩縣知事提出申請。關係本件之另書乙號已於明治十八年時由鈞座及貴部協議，並發下指令。惟今昔情況已殊，懇望與鈞座取得協議而以另書提出內閣會議。[36]

所謂「今昔情況已殊」，指的是日本已打敗清國，情勢對日本有利。

明治 28 年（1895 年）1 月 14 日，在伊藤博文主持的內閣會議中，終於做成了如下決定性的決議，將久場島和魚釣島編入日本沖繩縣管轄。1 月 21 日，又以指令通過在該兩島建立標柱（日文寫為標杭）。

> 　　內務大臣請議位於沖繩縣下八重山之西北，稱為久場島、魚釣島的無人島，近來有試圖漁業者，為管理之必要，承認這些島為沖繩縣所轄，因此建設標柱之事，當如同縣知事簽報，給予許可。[37]本件因別無障礙，應當如議。[38]

---

[35] 井上清，前引書，頁 104。

[36] 「內務卿野村靖致書外務卿陸奧宗光」（明治 27 年 12 月 27 日），「沖繩県下八重山群島ノ北西ニ位スル久場島魚釣島へ標杭ヲ建設ス」，日本國立公文書館藏，アジア歴史資料センター，影像編碼：B03041152300，收錄於「日本國立公文書館網站」：http://www.jacar.go.jp/DAS/meta/image_B03041152300?IS_STYLE=default&IS_KIND=SimpleSummary&IS_TAG_S1=InfoD&IS_KEY_S1=%E9%AD%9A%E9%87%A3%E5%B3%B6&IS_LGC_S32=&IS_TAG_S32=&（2015/9/10 點閱）。

[37] 沖繩縣令先後在 1885、1890、1893 呈報建設國界碑，都未獲同意。遲至 1969 年 5 月，美國託管末期，才匆忙設置。參見「尖閣列島關係年表」，收錄於「尖閣諸島を守る會網站」：http://www.senkaku.net/home/history.htm（2015/8/29 點閱）。

[38] 「內閣決議，久場島和魚釣島納入沖繩縣管轄」（明治 28 年 1 月 14 日）；「通過航標建設指令案」（明治 28 年 1 月 21 日），「沖繩県下八重山群島ノ北西ニ位スル久場島魚釣島へ標杭ヲ建設ス」，日本國立公文書館藏，アジア歴史資料センター，影像編

在日本天皇之敕令中，日本政府說第 13 號敕令是將釣魚臺列嶼納入版圖的主要證據。筆者另查出有兩個跟釣魚臺列嶼有關的敕令，分述如下：

(1)明治 29 年（1896）3 月 5 日，根據內閣會議決定，公佈第 13 號敕令，總共有三項條文，第一條：除了那霸、首里兩個區域外，沖繩縣劃為左列五個郡：島尻郡（島尻各間切、久米島、慶良間諸島、渡名喜島、粟國島、伊平屋諸島、鳥島及大東島）、中頭郡（中頭各間切）、國頭郡（國頭各間切及伊江島）、宮古郡（宮古諸島）、八重山郡（八重山諸島）。第二條規定，若郡的境界和名稱有更動，由內務大臣決定之。第三條規定本敕令之施行之時間，由內務大臣決定之。[39]日本政府一直強調該敕令將釣魚臺列嶼納入版圖，但細究該一敕令之文字，並無將釣魚臺列嶼納入該五郡之一的文字。因此，該敕令應是設立五郡的敕令，跟釣魚臺列嶼納入版圖毫無關連。

(2)明治 30 年（1897），公佈敕令第 169 號，規定明治 29 年法律第 35 號煙草專賣法第 30 條施行於下述地方：沖繩縣管下伊平屋島……久場島和魚釣島。[40]

(3)明治 34 年（1901）12 月 17 日，公佈敕令第 227 號，修正明治 30

碼：A01200793600，收錄於「日本國立公文書館網站」：http://www.jacar.go.jp/DAS/meta/image_A01200793600?IS_KIND=SimpleSummary&IS_KEY_S1=%E7%A7%98%E5%88%A5%E7%AC%AC%E4%B8%80%E4%B8%89%E4%B8%89%E5%8F%B7&IS_STYLE=default&IS_TAG_S1=InfoD&（2015/9/10 點閱）。

[39] 「敕令第 13 號」，「御署名原本 明治二十九年 勅令第十三号 沖縄県郡編制ニ関スル件」，日本國立公文書館藏，アジア歴史資料センター，影像編碼：A03020225300，收錄於「日本國立公文書館網站」：http://www.jacar.go.jp/DAS/meta/imageen_A03020225300?IS_STYLE=eng&IS_KIND=SimpleSummary&IS_TAG_S1=InfoSDU&IS_KEY_S1=ordinance%20No.13%20of%201896&IS_LGC_S32=&IS_TAG_S32=&（2015/8/23 點閱）。

[40] 「敕令第 169 號」，「御署名原本・明治三十年・勅令第百六十九号・葉煙草專売法ヲ施行セサル地方指定」，日本國立公文書館藏，アジア歴史資料センター，影像編碼：A03020291100，收錄於「日本國立公文書館網站」：http://www.jacar.go.jp/DAS/meta/imageen_A03020291100?IS_STYLE=eng&IS_KIND=SimpleSummary&IS_TAG_S1=InfoSDU&IS_KEY_S1=ordinance%20No.169%20of%201897&IS_LGC_S32=&IS_TAG_S32=&（2015/8/23 點閱）。

年敕令第 169 號，將沖繩縣管轄下的魚釣島之下加上宮古郡。[41]也就是明
治 29 年法律第 35 號煙草專賣法第 30 條施行地點增加宮古郡。

　　1902 年 12 月，日本政府將魚釣島等三個小島編入八重山郡大浜間切
登野城村。[42]

　　1896 年 9 月，古賀辰四郎再度向日本政府租借魚釣島、黃尾嶼、南
小島、北小島這 4 座島嶼。1897 年，日本政府將上述 4 島以 30 年為期限
免費租給古賀辰四郎，古賀辰四郎在島上從事鰹魚捕撈、捕捉海鳥和挖掘
鳥糞等事業。1909 年，古賀辰四郎因開發該四島有功，還獲明治政府頒
給藍綬褒章。1918 年，古賀辰四郎去世，由其子古賀善次繼續經營。
1926 年，30 年租期屆期，隔年日本政府想改定有償租借合約，但未獲古
賀家族同意，直至 1932 年他請求日本政府出售該列島，他遂有償取得該
列島。[43]基隆港灣從業員組合員在昭和 11 年（1936）5 月登陸釣魚臺島，
發現該島為無人島。[44]

　　從以上事態之發展，可討論的觀點如下：

　　第一，日本從 1885 年起即謀畫奪取釣魚臺列嶼，因為明知該列嶼屬
於清朝國境線內之島嶼，沖繩縣令西村捨三、內務卿山縣有朋和外務卿井
上馨都知道該列島屬於清國臺灣領土，擔心會引發跟清國之衝突，所以建
議延遲佔領。內務卿山縣有朋建議太政大臣三條實美最好跟清國交涉，但
日本政府無意和清國協商。從國際法而言，日本從一開始即知道佔領釣魚

---

[41] 「敕令第 227 號」，「御署名原本・明治三十四年・勅令第二百二十七号・明治三十年
勅令第百六十九号（葉煙草専売法ヲ施行セサル地方ノ件）中追加」，日本國立公文書
館，アジア歴史資料センター，影像編碼：A03020513000，收錄於「日本國立公文書
館網站」：http://www.jacar.go.jp/DAS/meta/image_A03020513000?IS_STYLE=default&IS
_KIND=SimpleSummary&IS_TAG_S1=InfoD&IS_KEY_S1=%E9%AD%9A%E9%87%A3
%E5%B3%B6&IS_LGC_S32=&IS_TAG_S32=&（2015/8/23 點閱）。

[42] 「尖閣列島關係年表」，收錄於「尖閣諸島を守る會網站」：http://www.senkaku.net/ho
me/history.htm（2015/8/29 點閱）。

[43] 平松茂雄，中国の海洋戦略（東京：勁草書房，1993 年），頁 73。尖閣諸島今昔，收
錄於「尖閣諸島文獻資料編纂會網站」：http://pinacles.zouri.jp/bunken/konjaku.htm
（2015/8/23 點閱）。

[44] 「基隆沖魚釣島付近て鳥糞の無人島發見」，臺灣日日新報，昭和 11 年 5 月 20 日，版
4。

臺列嶼會發生與中國之間的「爭端」，所以在實地勘查釣魚臺列嶼之港灣地形及土地物產時，還特別提醒沖繩官員要注意不要刊登在政府公報與報紙上，若是「無主地」佔領，就無須有此顧慮。

第二，1894 年 9 月日本在朝鮮半島和黃海擊敗中國，10 月 24 日，日軍發起了遼東戰役，直至 1895 年 3 月中國戰敗才結束。日本在遼東半島戰爭之際，趁機占領釣魚臺列嶼，其行為猶如戰爭行為，不是和平方式之佔領。

第三，內閣決議只有將久場島（黃尾嶼）和魚釣島納入沖繩縣管轄，並不包括其他釣魚臺列嶼中的小島。1897 年敕令第 169 號規定煙草專賣法也只適用於久場島（黃尾嶼）和魚釣島。日本學者奧原敏雄解釋說，由於其他未列入的南北二小島、沖之北岩、沖之南岩等小島，它們距離魚釣島的領海外一浬到三浬，基於日本對於「魚釣島」之領有意思，故該領有意思之效力可達於這些小島。[45]這是毫無法理依據的說法，官方公文法令既然已明示指定將某一島嶼納入，自以明示之島嶼為範圍，不容擴張解釋。何況「鄰近性原則」（principle of contiguity 或 proximity）並不被國際法所接受。常設國際法院（Permanent Court of International Justice）法官胡伯（Max Huber）對於美國和荷蘭的帕爾瑪斯島（Palmas）的判決可資為證明。在該案中，美國提出的法理主張包括發現、條約（指 1898 年美國和西班牙簽署的巴黎條約）承認和該島接近（contiguity）菲律賓群島，故應屬於美國所有。但美國無法有效展現其控制該島之主權。而荷蘭則基於和平和持續展現對該島之國家權力來主張其主權。最後胡伯法官判決說，就領土主權之基礎來理解，因「鄰近」而取得之領土之權利名義，在國際法上是沒有基礎的，遂將該島判給荷蘭。[46]

第四，1902 年 12 月，魚釣島等三個小島被編入八重山郡大浜間切登

---

[45] 奧原敏雄，「尖閣列島の法的地位」，季刊沖繩，第 52 號，1970 年 3 月，收錄於「季刊沖繩網站」：http://senkakujapan.nobody.jp/page017.html（2015/8/23 點閱）。

[46] "Reports of International Arbitral Awards, *Island of Palmas case (Netherlands, USA)*, 4 April 1928, Volume II pp. 829-871, United Nations, 2006." 收錄於「NATIONS UNIES - UNITED NATIONS 網站」：http://legal.un.org/riaa/cases/vol_II/829-871.pdf（2015/9/3 點閱）。

野城村，然而日本政府迄未提出官方文書刊載編入的法令規定。

第五，無論是內閣決議或天皇敕令，均屬密而不宣之行為。無論是內閣決議或天皇敕令均未刊登政府公報或新聞媒體披露。奧原敏雄說：「在先佔無主地時，在國際法上不一定需要內閣會議決定、出告示或者辦理國內法上正規的編入手續等，來證明國家的領有意思的存在。依據先佔取得領土時，最重要的是有效統治，及通過該項事實證明國家的領有意思就充分了。」[47]「日本外務省有關尖閣諸島的問與答」的第十題答覆也有類似的說法：「1895 年的內閣會議的決定並沒有對外公開，但據了解，在那個時候一般的內閣決定全都是不對外公開的。在上述內閣決定之後，日本在尖閣諸島公開行使其領土主權，包括發出土地租賃的許可證，以及由中央政府和沖繩縣政府進行實地測量，使外界知曉，日本有意擁有這些島嶼的主權。根據國際法，一個國家的政府在有意取得無主地時也沒有義務通知其他國家。」[48]

對於上述問題，茲列舉一些日本案例做為比較。當 1895 年時或更早的國際法已有習慣，當一國取得領土，都需登陸豎旗及對外公告，包括通報有關國家以及刊載政府公報。可從四個例子說明當時日本是知悉此一國際法習慣的，如日本在明治 9 年（1876）將小笠原群島納入版圖時，寺島宗則外相通報在東京的各國公使，包括德國、法國、荷蘭、西班牙、美國和俄羅斯等國。[49]明治 24 年（1891）7 月，日本內閣決議將硫磺島、南硫磺島、北硫磺島三個小島納入版圖，9 月 9 日公佈天皇敕令第 190 號將該島納編入日本領土，該敕令寫明該三小島的經緯度及屬東京府管轄。當時

47　奧原敏雄，前引文。

48　「日本外務省尖閣列島問題答客問第十題答覆」，收錄於「日本外務省網站」：http://www.hk.emb-japan.go.jp/chi/territory/senkaku/question-and-answer.html#q10（2015/9/6 點閱）。

49　「國際法先例彙編(2)，島嶼先佔，一、帝國ノ為レタル島嶼先佔事例，其一、小笠原群島帝國版圖編入經緯」，「新領土ノ発見及取得ニ関スル先例」，頁 2，日本國立公文書館，アジア歷史資料センター，影像編碼：B04120002200，收錄於「日本國立公文書館網站」：http://www.jacar.go.jp/DAS/meta/image_B04120002200?IS_STYLE=default&IS_KIND=SimpleSummary&IS_TAG_S1=InfoD&IS_KEY_S1=%E9%AD%9A%E9%87%A3%E5%B3%B6&IS_LGC_S32=&IS_TAG_S32=&（2015/8/23 點閱）。

該項兼併領土消息曾公開在報紙上，所以西班牙報紙才會據該項消息批評西班牙政府怠慢，因為該三島接近西班牙領土殖民地，有侵犯西班牙領土之虞。[50]明治 31 年（1898）7 月 1 日內閣決議後，在同年 7 月 24 日以東京府告示第 58 號公布南鳥島之經緯度及納入小笠原島廳管轄。[51]當日本在 1939 年將新南群島（即南沙群島）納入臺灣管轄版圖時，亦曾通告美國、英國和法國。[52]唯獨日本兼併釣魚臺列嶼時，不僅敕令內容異常，而且沒有通告鄰國和當時的海洋航行國家，猶如密而不宣的「侵佔」清國領土。在國際法上，「侵佔」是不被承認為具有取得領土的正當合法性。

考察日本關於釣魚臺列嶼的三個天皇敕令，沒有一個規定將釣魚臺列嶼納入日本國土。深入研究日本政府此一作法，其所以未明文規定將釣魚臺列嶼納入版圖，最大的可能是故意使用隱晦的作法，將釣魚臺列嶼暗中納入管轄，以後很長的時間該列嶼上沒有官署、國標，暗中將該列嶼租予

---

50 「國際法先例彙編(2)，島嶼先佔，一、帝國ノ為レタル島嶼先佔事例，其二、硫磺島帝國版圖編入經緯」，「新領土ノ発見及取得ニ関スル先例」，頁 36，日本國立公文書館，アジア歴史資料センター，影像編碼：B04120002200，收錄於「日本國立公文書館網站」：http://www.jacar.go.jp/DAS/meta/image_B04120002200?IS_STYLE=default&IS_KIND=SimpleSummary&IS_TAG_S1=InfoD&IS_KEY_S1=%E9%AD%9A%E9%87%A3%E5%B3%B6&IS_LGC_S32=&IS_TAG_S32=&（2015/8/23 點閱）。

51 「告示 58 號，明治 31 年 7 月 24 日」，「3．南鳥島ヲ東京府所属トナシ小笠原島々庁所管ニ属セシメタル件 明治三十一年／1 マーカス島所轄ノ義ニ付閣議提出案」，日本國立公文書館，アジア歴史資料センター，影像編號：B03041152600，收錄於「日本國立公文書館網站」：http://www.jacar.go.jp/DAS/meta/image_B03041152600?IS_STYLE=default&IS_KIND=SimpleSummary&IS_TAG_S1=InfoD&IS_KEY_S1=%E5%8D%97%E9%B3%A5%E5%B3%B6&IS_LGC_S32=&IS_TAG_S32=&（2015/9/13 點閱）。

52 「領土発見、帰屬、讓渡＞各國領土発見及帰屬関係雑件／南支那海諸礁島帰屬関係／新南群島関係 第二卷」，「6 昭和 14 年 2 月 13 日から昭和 14 年 4 月 1 日」，日本國立公文書館，アジア歴史資料センター，影像編碼：B02031162600，收錄於「日本國立公文書館網站」：http://www.jacar.go.jp/DAS/meta/listPhoto?IS_STYLE=default&ID=M2006092115163739904&（2015/8/ 23 點閱）。

United States Department of State, "The Ambassador in Japan (Grew) to the Department of State, Tokyo, 17 April, 1939," in Glennon, John P., (ed.), Foreign Relations of the United States Diplomatic Papers, 1939. The Far East (1939), p.117. 收錄於「*Foreign Relations of the United States Diplomatic Papers* 網站」：http://digicoll.library.wisc.edu/cgi-bin/FRUS/FRUS-idx?type=goto&id=FRUS.FRUS1939v03&isize=M&submit=Go+to+page&page=117（2015/8/23 點閱）。

古賀，製造使用的事實，造成「無痕跡的侵佔」，因為擔心一旦行諸文字曝光會招致中國的抗議。

日本學者奧原敏雄認為，1896 年（明治 29 年）第 13 號敕令完成了國內法上的將釣魚臺列嶼編入之措施。據沖繩縣知事的解釋是，敕令第 13 號的「八重山諸島」包括釣魚臺列嶼，是在地方行政劃分上將該列嶼編入八重山的措施。敕令第 13 號是以行政區劃為目的之法令，所以，將該列嶼編入八重山郡，不單是行政劃分上的編入，同時還依此施行了國內法上的領土編入。[53]奧原敏雄之說法不具說服力，事實上敕令第 13 號或其他任何敕令都沒有明文規定將釣魚臺列嶼納編入日本國土，日本亦未提出將釣魚臺列嶼編入八重山郡之相關法令文書的證明。奧原敏雄舉述沖繩縣知事的個人解釋，不具合法性。

第六，日本政府稱釣魚臺列嶼是「無主地」，所以加以佔領。然而，如前所述，當時中國和琉球間是有國境線，釣魚臺列嶼屬於國界線另一邊的中國領土，琉球及日本官員亦知悉。日本外務卿井上馨即曾顧慮該列島為清國領土，故暫緩在上面建國標。因此，釣魚臺列嶼是有主地，只是沒有人居住而已。

關於此一問題，可舉兩個判例做為說明。第一個案例是常設國際仲裁法院（Permanent Court of International Justice）在 1933 年丹麥對挪威的「東格陵蘭島」（Eastern Greenland Case）案之判例，法官對於該項爭端先確定關鍵日期在 1931 年 7 月 10 日，法官表示：

> 各造在將各項證據提送法庭之前，不是以主權主張所根據的特別的行為或權利名義（title）最為重要，例如割讓條約，而是權力持續的展示，它包含兩個要素：有意圖和意志將領土視為主權，以及若干該種權力的實際行使或展現。……若不觀察下述的情形，去讀領土主權之判決案例之紀錄就難以理解，即在許多情況下，假如另一造國家無法提出更有力的主張，則法庭會同意微

---

[53] 奧原敏雄，前引文。該一論點係引自琉球政府在 1970 年發表的「關於尖閣列島的領土權」。

弱的行使主權權利可被接受。特別是對於那些人口稀少或不適合
居住的地點提出主張者。[54]

　　同樣地，假定將釣魚臺列嶼爭端的關鍵日期訂在 1895 年 1 月 14 日，
在該日期以前，釣魚臺列嶼是屬於臺灣管轄範圍內，臺灣有船隻使用該列
嶼，臺灣有加強該列嶼防務之意圖和意志，對日本意圖入侵提出警告，事
實上也有效阻卻日本採取侵佔行動十年（1885-1895），雖然僅是微弱的
行使主權權利，也比同一個時候的日本擁有更強的主權展示。

　　另一個案例是 1931 年 1 月 23 日義大利國王 Victor Emmanuel III 對法
國和墨西哥對於科里柏頓島（Clipperton Island）的仲裁案。科里柏頓島位
在墨西哥西南海岸外 2,424 公里的珊瑚礁，該島最早由西班牙人發現，墨
西哥即據此主張對該島擁有歷史性權利。法國海軍在 1858 年 11 月抵達該
島宣布擁有該島主權，並向法國駐夏威夷領事館報告，法國領事館將該項
領土主張刊登在夏威夷的波里尼西亞人（*The Polynesian*）刊物。但該島
仍為無人島，沒有行政管理組織。法國皇帝於 1858 年 4 月頒給開發該島
鳥糞許可，法國海軍才前往該島，但沒有法國人進行鳥糞開發。1897 年
11 月，有三名美國人在該島挖掘鳥糞，豎立美國國旗，法國要求美國解
釋，美國答覆稱從未許可任何人到該島採礦，美國也未主張該島主權。隨
後墨西哥派遣一艘炮艇前往該島，宣布擁有該島主權。以後法國和墨西哥
就此一問題進行長期外交交涉，1909 年同意交由仲裁。

　　法庭認為沒有證據證明一名西班牙人曾發現該島，反而法國船在
1711 年記載發現該島，但此並非決定主權歸屬的決定性論據。即使承認
西班牙曾發現該島，墨西哥也需證明西班牙將該島納入版圖及有效行使權

---

[54] "It is impossible to read the records of the decisions in cases as to territorial sovereignty
without observing that in many cases the tribunal has been satisfied with very little in the way
of the actual exercise of sovereign rights, provided that the other State could not make out a
superior claim. This is particularly true in the case of claims to sovereignty over areas in thinly
populated or unsettled countries." *The Legal Status of Eastern Greenland*, Judgment of 5 April
1933, PCIJ, (ser. A/B) No. 53, paragraph 95-98. 收錄在「Permanent Court of International
Justice 網站」：http://www.worldcourts.com/pcij/eng/decisions/1933.04.05_greenland.htm
（2015/ 9/23 點閱）。

利。墨西哥對此拿不出證明。墨西哥拿出了一張由「墨西哥地理和統計協會檔案處」（Archives of the Mexican Society of Geography and Statistics）印製的地圖，表示該島是屬於西班牙在北美的政治和軍事政府所有。但無法證明該地圖屬於官方地圖，因為無法確定它是經由國家命令所繪製，或者是墨西哥領事館皇家法庭上使用的備忘草圖。總之，它不具官方性質。由於墨西哥從未在該島行使主權，所以無從取得歷史性權利。因此當法國在 1858 年 11 月宣布擁有該島主權之前，該島即處於「無主地」（territorium nullius）的法律狀態下，任何人都可加以佔領。事實上，法國要使其佔領有效，還須滿足下述的條件，即國家在其領土上建立組織、頒佈法令令人民接受，就是有效佔領。但此只是邁向實際擁有領土的過程，二者並非一致。假如一塊領土完全沒有人居住，當佔領國第一時間加以佔領時，從其開始在該島出現起，該國可絕對和無可爭辯的處置該島，則從此刻起其擁有該島就應被認為已完成，因此佔領就告完成。因此無須引用 1885 年柏林法案（Act of Berlin）第 35 條，它規定佔領的領土需要有權力當局，足以建立受人民尊敬的權利，一旦情況如此，則商業和移動自由就可加以規定。法國之佔領亦受到質疑，因為它沒有通知他國。須注意，該種通報（notification）他國的義務，是規定在柏林法案第 34 條，但它不適用於本案。理由是無論用何方法，公開（notoriety）即已足夠，法國將其對該島之主張出版即算是公開。因此法國在 1858 年 11 月 17 日合法取得該島，沒有理由去假設法國因為「放棄」（derelictio）而喪失其權利，法國從未有放棄該島之意志（animus）。法國雖從未積極在該島上行使權力，但並不能因此說可沒收其完全確定已獲得的權利。基於上述理由，判決該島為法國所有。[55]

從前述科里柏頓島判例可知，一個無人島雖無實施有效治理的作為，外來入侵者亦不能任意剝奪領有國對該島之所有權。釣魚臺列嶼長期以來

---

[55] "Judicial decisions involving questions of international law, France-Mexico, Arbitral award on the subject of the difference relative to the sovereignty over Clipperton Island, January 28, 1931," 收錄在「International Law Students Association 網站」：http://www.ilsa.org/jessup/jessup10/basicmats/clipperton.pdf（2015/8/24 點閱）。

屬於清國，只是無人居住，日本不能因為該島無人居住，且無清國實施治理之痕跡，就加以佔領。其次，該判例特別提及領土，無論為「無主地」或「有主地」之取得佔領，必須公開及通報的重要性，日本取得釣魚臺列嶼沒有通報亦無公開，顯然不符合國際法之規範。第三，該判例提及法國自宣布取得該島主權後，雖對該島沒有積極治理之作為，只要它沒有宣佈放棄，就不能剝奪其對該島的主權。以此來看釣魚臺列嶼，清國雖沒有對釣魚臺列嶼積極治理經營，但它並無宣佈放棄之意，日本不能據此以「無主地」加以佔領。

第七，日本政府以非屬於其所有之領土租給或售給平民開發，至多唯一效果是只取得私法上個人的權利，即私有財產之優先權（d'établir une priorité de droit privé de propriété au bénéfice de particuliers），[56]並不能因此取得該等島礁的領土。日本政府利用該種租約或交易做為有效管轄之要件的行政治理自始無效。自古賀家族退出開發後，該列嶼變成無人島，恢復到日本強行將之編入領土前的狀態。

第八，自從日本內閣決議將魚釣島和久場島納編入版圖起至 1969 年5 月 9 日很長一段時間，一直沒有在該兩島上建設國碑或任何標柱，亦未在島上設立任何行政管理機構，或派遣任何官員登島實施行政管理。至

---

[56] 法國認為英國在 1877 年同意私人公司在南威島和安波沙洲採掘鳥糞，僅是只取得私法上個人的權利，即私有財產之優先權。"France: W8753/178/17/1931, July 29, 1932, Foreign Office to the Law Officers of the Crown," National Archives of the United Kingdom, *Spratley Island and Amboyna Cay: Claim to Sovereignty*, Colonial Office: Straits Settlements Original Correspondence. Spratley Island and Amboyna Cay: Claim to Sovereignty. Collection: Records of the Colonial Office, Commonwealth and Foreign and Commonwealth Offices, Empire Marketing Board, and related bodies, Date range: 01 January 1932 - 31 December 1932, Reference: CO 273/580/6, p.6, point 23.

"Ministère Des Affaires Etrangères, Republique Française to Ambassade de Sa Majeste Britannique, Paris le 28 mars 1931," National Archives of the United Kingdom, *Spratley (or Storm) Island and Amboyna Cay: Query about Ownership*, Colonial Office: Straits Settlements Original Correspondence. Spratley (or Storm) Island and Amboyna Cay: Query about Ownership. Collection: Records of the Colonial Office, Commonwealth and Foreign and Commonwealth Offices, Empire Marketing Board, and related bodies. Date range: 01 January 1931 - 31 December 1932. Reference: CO 273/573/23.

1969 年 5 月 9 日才由石垣市在魚釣島等五個小島建立國碑。1968 年 7 月 7 日，日本組織「尖閣列島視察團」前往釣魚臺列嶼調查資源，8 月 30 日，首相府聽取該「尖閣列島視察團」之報告，並決議由政府出資贊助學術調查團前往釣魚臺列嶼附近海域進行調查。在此一政策下，才決定在釣魚臺列嶼的五個小島建立國碑。從而可證，在 1969 年 5 月 9 日以前日本在魚釣島和久場島上並未留有行政治理之痕跡。古賀家族在魚釣島上開墾，是向設在八重山郡石垣市的政府機關申請許可，而在魚釣島上是沒有政府機關或官方代表。就國際法而言，日本對於釣魚臺列嶼無法主張歷史性權利名義（historic title）。[57]

　　換言之，日本內閣在 1895 年 1 月決定將釣魚臺列嶼編入琉球版圖，只是名義上之作法，並無在釣魚臺列嶼實施實質有效管轄，日本無法因此取得對釣魚臺列嶼之主權。

伍、中國領事之行為不構成領土之承認

　　1920 年 5 月 20 日，中國駐長崎馮冕領事致函日本沖繩縣知事，對於有 31 名中國福建泉州漁民因為海難被漂流至「日本帝國沖繩縣八重山郡尖閣列島」獲八重山郡石垣村雇玉代勢孫伴之援救一事表示感謝。馮領事除致函沖繩縣知事外，另給七位救難有功人員各一份感謝狀。[58]在日本外務省的網頁上「有關尖閣諸島的問與答」的「答四：3」只刊載馮領事的感謝狀，而沒有刊載其函件，且言該感謝函記述了「日本帝國沖繩縣八重山郡尖閣列島」，[59]用來證明中國外交官員承認「尖閣列島」屬於日本所

---

[57]　所謂歷史性權利名義，乃指在其所佔領之領土設置官方機關，並實施治理，且有效實施一段時間。

[58]　「馮領事致函沖繩縣知事」（大正 9 年 5 月 22 日），「２２・遭難支那人（福州人）救助ニ関スル件　大正九年一月」，日本國立公文書館藏，アジア歴史資料センター，影像編號：B12081793600，收錄於「日本國立公文書館網站」：http://www.jacar.go.jp/DAS/meta/image_B12081793600?IS_STYLE=default&IS_KIND=SimpleSummary&IS_TAG_S1=InfoD&IS_KEY_S1=%E5%85%AB%E9%87%8D%E5%B1%B1%E9%83%A1&IS_LGC_S32=&IS_TAG_S32=&（2015/8/24 點閱）。

[59]　「有關尖閣諸島的問與答」，收錄於「日本外務省網站」：http://www.hk.emb-japan.go.

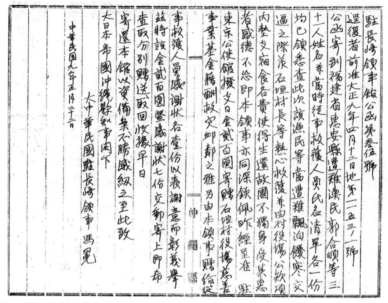

資料來源：「馮領事致函沖繩縣知事」（大正 9 年 5 月 22 日），「２２・遭難支那人（福州人）救助ニ関スル件　大正九年一月」，日本國立公文書館藏，アジア歴史資料センター，影像編號：B12081793600 收錄於「日本國立公文書館網站」：http://www.jacar.go.jp/DAS/meta/image_B12081793600?IS_STYLE=default&IS_KIND=SimpleSummary&IS_TAG_S1=InfoD&IS_KEY_S1=%E5%85%AB%E9%87%8D%E5%B1%B1%E9%83%A1&IS_LGC_S32=&IS_TAG_S32=&（2015/8/24 點閱）。

圖 4-4：馮冕領事致日本沖繩縣知事函

有，日本外務省此一說法實不具法律證據力。

此一事件值得討論的幾個觀點如下：

第一，馮領事給沖繩縣知事的信函隻字未提「沖繩縣八重山郡尖閣列島」，只是單純針對中國漁民獲救一事表示感謝。

第二，由於中國漁民是在「沖繩縣八重山郡尖閣列島」擱淺上岸，獲得島上日本漁民之拯救，然後將他們送至石垣島，所以馮領事會在給救難者之感謝狀上寫「沖繩縣八重山郡尖閣列島」。馮領事根本不知道及質疑「尖閣列島」曾為中國領土，後來成為日本領土。也可能不知道「尖閣列

島」就是釣魚臺列嶼，因為日本從未公佈其取得該列島及在 1900 年將之改名之訊息。

　　第三，在馮領事的認知中，其所寫的感謝狀並未構成領土的承認。所謂領土的承認，必定是中國外交官主觀的認知，且為特定的意思表示，即是針對釣魚臺列嶼之領土主權特意向日本政府表達屬於日本所有。而且最重要的是，須日本官員一定知悉中國外交官的意思表示和聲明跟領土承認有關。但馮領事僅是對於救難一事表示感謝，跟領土承認一事毫無關連；當時的日本官員只知道馮領事的感謝函是救難，不可能有後來 1970 年代日本政府所謂的其他隱含的領土承認之問題。就此而言，以後中華民國政府在 1970 年反對日本擁有釣魚臺列嶼之領土主權，不涉及「禁反言」（estoppel）原則[60]。若有違反「禁反言」情事，就會變成中華民國政府不承認該次馮領事之感謝。

　　第四，在習慣國際法上，領事只負責旅外僑民的僑務和商務問題，並不負責政治問題，馮領事所處理的僅是表達感謝漁民獲救一事，不可能觸及領土承認問題。如果是領土承認問題，必然是經由中國外交部之授權所做的意思表示。而該感謝狀顯然不是中國外交部有關領土問題之意思表示。馮領事感謝狀的對象是七名救難有功之漁民，他們不具有法律上公法人之地位，故該感謝狀不構成公法上領土承認之要件。

六、舊金山對日和約並未處理釣魚臺問題

　　1943 年 11 月，中、美、英三國首長在開羅舉行會議，會中美國總統

---

[60] 1969 年國際法院對於德國和丹麥以及德國和荷蘭的北海大陸礁層案之判決，認為法庭是否要考慮應用「禁反言」原則，要看下述的情況決定，即德國現在是不能否認其前任政府之行為和聲明之適用性，憑此行為和聲明不僅明確地和持續地使其過去之政府被接受，而且丹麥或荷蘭也信賴該種行為，德國一旦否認，則將導致丹麥或荷蘭有害地改變立場或遭受傷害，則「禁反言」才足以構成爭端的重點。"North Sea Continental Shell Cases (Federal Republic of German /Denmark; Federal Republic of German /Netherlands), Judgment of 20 February 1969, para.30," 收錄於「ICJ 網站」：http://www.icj-cij.org/docket/files/51/ 5535.pdf（2015/8/29 點閱）。

羅斯福和蔣中正曾談到如何處理琉球問題，蔣中正表示：「中國會同意與美國共同佔領琉球，最後在國際組織之託管下共同管理琉球。」[61]會後發表的宣言中表明：「日本歸還自第一次世界大戰以來在太平洋區域所占的一切島嶼；日本自中國人所得到的所有領土，比如滿洲、臺灣及澎湖群島，應該歸還給中華民國。其他日本以武力或貪慾所攫取之土地，亦務將日本驅逐出境。」1945 年 7 月 26 日的「波茨坦宣言」第八條規定：「開羅宣言之條件，必須實施。而日本之主權，必將限於本州、北海道、九州、四國及吾人所決定其他小島之內。」什麼是「其他小島」？美國國務院遠東事務辦公室（Office of Far Eastern Affairs）於同年 7 月 30 日舉行的國務卿幕僚委員會（Secretary's Staff Committee）的第 152 次會議的備忘錄第 7 點記載：「此項聲明（按指波茨坦宣言）並非意圖將剝奪日本對於琉球群島和千島群島之主權，雖然它們是『小群島』。有更好的理由來假設，它有意剝奪日本對於南庫頁島（South Sakhalin）之主權，它幾乎不是『小島』。」[62]

雖然日本天皇在 1945 年 9 月 2 日簽署「日本降伏文書」的第 1、6 條接受「波茨坦宣言」，但「波茨坦宣言」之內容並未完全實踐。依據 1946 年 6 月美國國務院建議琉球群島仍應留在日本，惟應予非軍事化。但聯合參謀首長（Joint Chiefs of Staff）主張應由美國託管琉球。1948 年初，國務院政策計畫室主管肯楠（George F. Kennan）訪問日本，以後國務院修改其立場，支持美國聯合參謀首長之主張在琉球設立長期的軍事基地，將再重新考慮琉球之國際安排。[63]以後美國將琉球問題納入舊金山和

---

[61] United States Department of State, "Roosevelt-Chiang dinner meeting, November 23 1943, 8 p.m., Roosevelt's Villa," in Foreign Relations of the United States Diplomatic Papers, The Conferences at Cairo and Tehran, 1943 (1943), p.324.

[62] United States Department of State, "No.1254, Department of State Memorandum, Comparison of the Proclamation of July 26 1945 With the Policy of the Department of State," in Foreign Relations of the United States Diplomatic Papers: the Conference of Berlin (the Potsdam Conference), 1945 (1945), p.1287.

[63] United States Department of State, "No.488, Memorandum by Myron M. Cowen, Consultant to the Secretary of State, to the Secretary of State, Washington, January 25, 1952," in Foreign Relations of the United States, 1952-1954. China and Japan (in two parts) 1952-1954, p.1117.

約第三條，將由美國託管琉球群島。美國事前並未與中華民國、英國和蘇聯商議有關琉球地位的安排。

琉球群島及釣魚臺列嶼是否為盟軍指定的屬於日本的領土？對於此一問題，「日本 1972 年對釣魚臺領土問題之聲明」說：「在舊金山和平條約中，我國根據該條約的第二條所放棄的領土之內並不包括尖閣群島，該群島是根據該條約第三條，作為南西群島的一部分交由美國管治，並被包括在於一九七一年六月十七日，根據日本與美國之間簽署的有關琉球群島及大東群島的協定（沖繩歸還協定），將管治權歸還於我國的地域之內。以上的事實，足以明確地顯示尖閣群島作為我國領土的地位。

此外，中國對根據舊金山和平條約第三條，交由美國管治的區域內包括尖閣群島在內此一事實，從未提出過任何異議，這就表明中國顯然並沒有把該群島視作臺灣的一部分。」

日本在其外務省網站上貼出的「日本外務省有關尖閣諸島的問與答」第十一題第四點答覆亦提出相同的說法：「日本根據舊金山和平條約第二條放棄對臺灣，澎湖島等之所有權利。但在談判中日和平條約時，尖閣諸島因被視為日本領土而完全沒有被討論過。這表示在那個時候之前，尖閣諸島即是日本的領土這一事實被視為理所當然的前提。」

「日本外務省有關尖閣諸島的問與答」第十一題第五點答覆：「1968年秋季，聯合國機構在東海實施的海洋調查報告指出，東海的海底可能蘊藏了豐富的石油資源，從而使尖閣諸島受到人們的關注。中國政府和臺灣當局在 1970 年代開始提出自己的主張。在此之前，尖閣諸島根據舊金山和平條約第三條被置於美國施政下之事實，他們從來沒有反對過。中國政府也從來沒有對自己沒有提出異議之事作出任何解釋。」

茲就前述問題提出如下的分析意見：

第一，檢視舊金山對日和平條約之內容，對於琉球群島領土之處理，是規定在第三條：

> 日本將同意美國向聯合國提出的建議將下述領土置於聯合國的託管制度之下，以美國為唯一行政當局，這些領土包括北緯

29 度以南的南西群島（包括琉球群島和大東群島）、孀婦岩（Sofu Gan）以南的南方諸島（Nanpo Shoto）（包括小笠原群島（Bonin Islands）、西之島（Rosario Island）和火山群島）、沖之鳥島（Parece Vela）和南鳥島（Marcus Island）。基於上述建議獲得通過之前及以後所採取的確定的行動，美國將擁有對這些領土和人民，包括其領海，執行行政、立法和司法的權力。

對照美國在 1951 年 3 月 23 日致送一份對日和約臨時草案給英國，第四條規定：「日本將同意美國向聯合國提出的建議將下述領土置於聯合國的託管制度之下，以美國為唯一行政當局，這些領土包括北緯 29 度以南的琉球群島、小笠原群島，包括西之島（Rosario Island）和火山群島、沖之鳥島（Parece Vela）和南鳥島（Marcus Island）。基於上述建議獲得通過之前及以後所採取的確定的行動，美國將擁有對這些領土和人民，包括其領海，執行行政、立法和司法的權力。」[64]

上述兩個條款指出了交由美國託管的琉球群島的範圍，但都沒有指名包括釣魚臺列嶼。日本所指稱的該條款的琉球群島包括「尖閣群島」，是無中生有，條文並無此規定；又說日本根據該條款收回琉球群島，也自然包含釣魚臺列嶼在內，這是違背條款原來意思之解釋；又說中華民國對於該第三條「從未提出過任何異議」，這是無的放矢的說法，因為條文中並無有關釣魚臺列嶼併同琉球群島歸由美國託管的詞句，何來抗議？美國在草擬舊金山和約時，並未專門針對琉球問題請中華民國政府表達意見。有關琉球的地理範圍是後來美國以行政命令決定的，與舊金山和約第三條條文無關。

第二，1946 年 1 月 29 日，「盟軍最高統帥麥克阿瑟（Douglas MacArthur）發布訓令第 677 號」（Supreme Commander of Allied Powers Instruction (SCAPIN) No.677），第三條規定日本的主權限在本州、北海

---

[64] The National Archives of the United Kingdom- Foreign Office, "Secret, FJ 1022/222, Archives, Japan Peace Treaty, 7th April 1951, Section 1," *Japan Peace Treaty*, Code FJ 1022/222 (papers 222-224), September 1951, FO 371/92538, p.18.

道、九州、四國以及鄰近 1 千個小島，包括北緯 30 度以北琉球群島的南西諸島。據此規定，釣魚臺列嶼自不在日本主權範圍內。第六條規定：「本訓令不能被解釋為盟軍關於波茨坦宣言第八條對於小島的最終決定之表示。」[65] 意指美國對於波茨坦宣言第八條所指的小島之地位尚未做出最後決定。無論如何，這些小島不屬於日本主權範圍內是可以確定的。

　　第三，由於琉球地位未明，中華民國外交部請各單位對此一問題提供意見。中華民國駐日代表團於 1947 年 6 月呈送外交部一張其所繪製之「琉球原有疆界圖」，該圖很清楚的顯示尖閣群島（即釣魚臺列嶼）不在琉球原有疆界線內。參見圖 4-5。

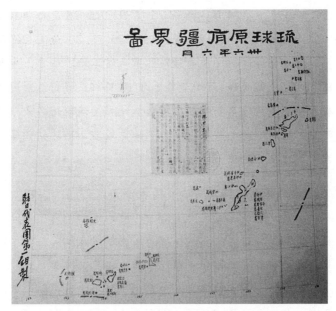

資料來源：「中華民國駐日代表團快郵代電外交部，事由：為陳復有關琉球史實並附寄資料請鈞察由」（1947 年 6 月 13 日），「琉球問題，第二冊（時間：民國 35 年 12 月）」，外交部檔案，中央研究院近史所檔案館藏，館藏號：11-07-02-11-06-005，舊檔號：419/0004，1945 年 4 月至 1947 年 7 月，頁 42。

圖 4-5：中華民國駐日代表團繪製琉球原有疆界圖

---

[65] "Takeshima immediately after WWII," Ministry of Foreign Affairs of Japan Website, http://www.mofa.go.jp/a_o/na/takeshima/page1we_000061.html（2017 年 8 月 15 日瀏覽）。

　　1948 年 3 月，中華民國駐日代表團呈送外交部的「關於解決琉球問題之意見」的報告，對於琉球和中國劃界問題，該報告稱：

　　　　（甲）本問題之焦點，在於八重山列島及宮古列島是否應劃入琉球之範圍。對於此問題，我方似可提出如下之意見：此二島昔當 1878 至 1880 年間，中日交涉琉球問題時，日方因美總統格蘭特之調停，曾建議將此二島割讓中國，因此二島位於琉球群島南部與中國領土相接近，現我國似可根據此點，要求將此二島劃歸我領土。

　　　　（乙）如八重山及宮古二列島未能劃歸於我，則尖閣諸島（位於東經 123 至 124 度、北緯 25 度 20 分至 26 度之間）及赤尾嶼（位於東經 124 至 125 度、北緯 25 度 20 分至 26 度之間）」二地之劃邊問題，似亦值得注意。該二地琉球史上未見記載，日本詳細地圖（如昭和 12 年 1 月 10 日訂正發行之最近調查大日本分縣地圖並地名）雖亦載有該二地，然琉球地名表中並未將其列入，且該地距臺灣甚近。目下雖劃入盟軍琉球佔領區，但究能否即認為屬於琉球，不無疑問。[66]

　　外交部專門委員張廷錚所撰的「日本領土處理辦法研究」，亦主張「琉球在地理上為我國東方海上之前衛，在歷史上曾與我有遣使入貢，奉正朔，受冊封之關係。且毗連臺灣，屏障東南，就國防安全言，對我關係實極重大。我國如不欲興海軍出太平洋則已，否則琉球實為我必爭之地。如萬不得已，我似應主張將毗連臺灣之八重山及宮古列島劃歸我國。……如八重山及宮古群島未能劃歸我國，則退一步可要求尖閣諸島及黃尾嶼二地劃歸我國。」[67]張廷錚的觀點應是參考中華民國駐日代表團所呈送之上

---

[66] 「關於解決琉球問題之意見」，「琉球問題，第二冊（時間：民國 36 年 4 月至 37 年 8 月）」，外交部檔案，中央研究院近史所檔案館藏，館藏號：11-07-02-11-06-004，舊檔號：419/0005，1937 年 4 月至 1948 年 12 月，頁 60-63。

[67] 同上註，頁 55-56。該份報告沒有標明日期。值得注意的是，張廷錚的報告曾記載：「琉球南部為先島群島（包括宮古群島、八重山諸島、尖閣諸島及赤尾嶼，在日本佔領期間，合稱沖繩縣。）」這句話被黎蝸藤曲解為中華民國的外交官員「確認尖閣諸島及

述報告。

這是一份很重要的報告，是在 1960 年代末釣魚臺附近海域發現油氣之前提出的，除了可以破除日本指控臺灣是為了油氣資源才提出釣魚臺列嶼主權問題，亦可破除日本扭曲對前述中國駐長崎馮冕領事承認釣魚臺列嶼之說法。從上述建議可知，當時中華民國政府外交官使用的島嶼名詞「尖閣諸島」是日文，赤尾嶼是中文，他們不知道「尖閣諸島」原先的中文島名，他們也不知道「尖閣諸島」被日本兼併之歷史背景。但他們知道從歷史文獻和地圖來看該兩島雖被日本納入琉球版圖，其實並不屬於琉球所有。他們質疑釣魚臺列嶼和琉球之關係，可惜他們沒有進一步進行研究。他們即是基於「尖閣諸島」和赤尾嶼列入琉球的不當性及其靠近臺灣較近的理由，而主張將它們納入臺灣版圖。該項建議提出後，未受到外交部的重視。一直到美國託管琉球快結束時中華民國外交部才提出釣魚臺列嶼之主權要求。

第四，美國對於琉球群島之地理範圍是在 1950 年 8 月 4 日美國琉球軍政府公佈第 22 號令的「群島政府組織法」加以規定，該法第一條將魚釣島和黃尾嶼納入八重山群島轄區，赤尾嶼納入宮古群島轄區。1953 年 12 月 25 日由美國琉球民政府發佈第 27 號聲明（United States Civil Administration of the Ryukyu Islands (USCAR) Proclamation no. 27），及琉球群島政府第 68 號規定（Provisions of the Government of the Ryukyu Islands no. 68），決定美國行政管轄琉球群島的地理範圍，是以經緯度劃定，其經緯度如下：北緯 28°、東經 124°40'；北緯 24°、東經 122°；北緯 24°、東經 133°；北緯 27°、東經 131°50'；北緯 27°、東經 128°18'；北緯 28°、東經 128°18'；北緯 28°、東經 124°40'；回到原點。該一範圍將釣魚臺列嶼包含在內。但該文件並未特別指明釣魚臺列嶼的名稱。[68]

赤尾嶼屬於琉球。」（參見黎蝸藤，前引書，頁 279。）其實，張廷錚該句話曾提及「在日本佔領期間」，尖閣諸島及赤尾嶼才被納入沖繩縣。這句話是符合史實的。

[68] Yabuki Susumu, "China-Japan Territorial Conflicts and the US-Japan-China Relations in Historical and Contemporary Perspective," *The Asia-Pacific Journal: Japan Focus*, 11:9, No. 2(2013/3/4). 收錄在「The Asia-Pacific Journal: Japan Focus 網站」：http://japanfocus.org/-Yabuki-Susumu/3906/article.html（2015/8/24 點閱）。

　　美國駐琉球海軍當局在 1953 年選擇釣魚臺列嶼的赤尾嶼（大正島）（Kobi-sho）和黃尾嶼（Sekibi-sho）兩小島做為艦砲射擊場和空軍炸射場。美國在 1953-1971 年託管琉球群島期間，每年付給「擁有該島」的古賀善次（Koga Jinji）租金，1971 年付了 11,000 美元，古賀家族也向琉球政府繳稅。[69]

　　美國琉球民政府在 1957 年 6 月發佈第 10713 號行政命令（Executive Order 10713），將釣魚臺列嶼納入行政管轄的區域。[70]

　　美國為何會將釣魚臺列嶼劃入託管的琉球群島的範圍？應是承襲戰前日本政府的行政制度將釣魚臺列嶼劃入琉球範圍。

　　美國琉球民政府當時頒發此一聲明應不知道日本「非法」兼併釣魚臺列嶼始末，而是依照原先日本所管轄的琉球群島範圍制頒此一聲明，美國是善意託管人，不應對其所發佈的聲明課以法律責任。待爆發釣魚臺列嶼涉及非法兼併事件後，美國發現該項聲明有明顯的合法性瑕疵，因此在 1971 年移轉琉球群島給日本時，特別聲明美國對於釣魚臺領土問題保持中立，美國僅將琉球群島行政權移轉給日本，並非主權之移轉。既然日本未擁有琉球群島主權，在邏輯及法理上就不能擁有釣魚臺列嶼主權。就臺灣的立場而言，釣魚臺列嶼並非琉球群島之一部分，自不能屬於琉球群島主權之一部分。

　　由於美國琉球民政府發佈第 27 號及相關的規定聲明均屬於行政命令，而且聲明中沒有特別規範釣魚臺列嶼之地位，就法律而言，這些行政命令不能改變舊金山和約第四條琉球之法律地位，更不能據此改變釣魚臺列嶼之主權地位。

　　第五，一個可以討論的問題是，將琉球交由美國託管，是否違反聯合

---

[69] Larry A. Niksch, "Senkaku (Diaoyu) Islands dispute: the U. S. legal relationship and obligation," *Congressional Research Service Report for Congress*, September 30, 1996, CRS-96-798. 但「尖閣列島關係年表」說，美國和古賀家族是在 1958 年簽約，由美軍使用久場島。

[70] CIA, *Intelligence Report, The Senkaku Islands Disputes: Oil under Troubled Waters?*, Secret, CIA/BGI GR 71-9, May 1971, p.8, 收錄在「cryptome 網站」：http://cryptome.org/2013/07/guccifer-cia-senkaku.pdf（2015/8/24 點閱）。

國憲章之規定？根據聯合國憲章第 78 條規定，託管制度不能應用到已成為聯合國會員國之領土。日本在 1956 年 12 月 18 日成為聯合國會員國，琉球若為日本領土，則應從該天起中止此一託管。而美國並無中止該種託管之意思，顯見琉球並非日本領土。直至 1971 年美國才結束託管，將琉球之行政權歸還日本。

第六，1970 年 7 月 20 日，臺北正式向日本駐華（臺）大使館提出有關「南西群島」是否包括釣魚臺列嶼的質疑？日本遂與臺北舉行協商會議。[71]周書楷大使亦在 9 月 16 日給美國亞太助理國務卿葛林（Marshall Green）一份備忘錄，反對日本擁有釣魚臺列嶼主權，要求美國不要將釣魚臺列嶼包含在琉球群島內移交給日本，[72]臺北將該島嶼之主權問題公開化。

中華民國外交部於 12 月 1 日提出「關於釣魚臺列嶼（即日稱「尖閣群島」）主權問題之研析」，指出「釣魚臺列嶼並非琉球群島之一部分，應屬於我國，為臺灣島之附屬島嶼」，故應「向美國政府正式提出交涉……務使美國政府能於 1972 年將該列嶼交與我國而不交與日本。」[73]

臺北主張釣魚臺列嶼主權，必須讓美國及世界其他國家知道為何長期以來沒有對該一島嶼表示意見的理由。中華民國外交部條約司在 1970 年 8 月草擬尖閣群島案說帖的內容，時任北美司司長的錢復對於該說帖的內容，修改為「中華民國政府基於『區域安全考慮』，而未對駐琉美軍管轄釣魚臺列嶼的問題表示異議，但並不等同於默認該列嶼即為琉球群島之一

---

[71] 同上註。日本外相愛知揆一於 1971 年 6 月 15 日邀請中華民國駐日大使彭孟緝會談釣魚臺問題。愛知揆一是應美國國務卿羅吉斯之請求，在琉球歸還條約簽字以前，邀請彭大使舉行會談。美日將在 6 月 17 日簽署琉球歸還條約。中央日報，1971 年 6 月 16 日，版 1。

[72] United States Department of State, "113. Memorandum of Conversation, Washington, April 12, 1971," in *Foreign Relations of the United States (FRUS)*, Vol. XVII (1969-1976), China, 1969-1972, p.292, note 6.

[73] 「關於釣魚臺列嶼（即日稱「尖閣群島」）主權問題之研析」（1970 年 12 月 1 日），「釣魚臺問題之專案報告及研究案」，外交部檔案，中央研究院近史所檔案館藏，檔號：602/0020，頁 200837。

部分。」[74]

　　1971 年 3 月 15 日，中華民國駐美國大使周書楷根據前述的觀點照會美國國務院，解釋「中華民國政府之所以沒有挑戰美國依據舊金山和約第 3 條軍事佔領釣魚臺列嶼，乃基於區域安全之考慮。然而，根據國際法，一個地區的臨時軍事佔領不能影響該地主權之最後決定。」[75]臺北並要求美國將釣魚臺列嶼歸還中華民國。

　　丘宏達則提出另一種解釋，他說主要原因是臺灣人民戰後仍長期使用釣魚臺列嶼，未受干擾，以及內戰和臺美關係密切，所以沒有提出異議。[76]

　　邵漢儀（Shaw, Han-yi）認為是因為中華民國政府統治臺灣的歷史不長，在它於 1945 年控制臺灣後必須仰賴日本殖民時期的紀錄和地圖，所以就沿用日本的地名和觀點，以致於誤導對於該列島的看法。[77]

　　但臺北對於琉球問題一直是關心的，中華民國外交部前後對於琉球問題發表數次聲明，列舉如下：

　　1953 年 11 月 24 日，外交部長葉公超正式向美國駐華（臺）大使遞交反對美國交還奄美大島給日本，認為與舊金山和約第三條不符。[78] 12月 24 日，外交部長葉公超於 1953 年 12 月 24 日聲明：「中國政府認為，將奄美群島交與日本，實與 1945 年 7 月 26 日之波茨坦宣言相忤。該宣言中規定：『日本之主權應限於本州、北海道、九州、四國四島，及吾人（指簽署該宣言之國家，中華民國亦其一）所決定之各小島。』此舉復與

---

[74] 「尖閣群島案說帖」（沒有日期），「釣魚臺問題之專案報告及研究案」，外交部檔案，中央研究院近史所檔案館藏，檔號：602/0020，頁 200845。

[75] United States Department of State, "115. Memorandum from John H. Holdridge of the National Security Council Staff to the President's Assistant for National Security Affairs (Kissinger), Subject: The Chinese Claim to the Senkaku Islets, Washington, April 13, 1971," in *Foreign Relations of the United States (FRUS)*, XVII (1969-1976), China, 1969-1972, p.296.

[76] 丘宏達，釣魚臺列嶼主權爭執問題及其解決方法的研究（臺北市：國立政治大學國際關係研究中心，1991 年 1 月），頁 36。

[77] Shaw, Han-yi, The Diaoyutai/Senkaku Islands Dispute: Its History and an Analysis of the Ownership Claims of the P.R.C., R.O.C., and Japan (Baltimore: University of Maryland School of Law, 1999), p. 119.

[78] 中央日報，1953 年 11 月 25 日，版 1。

1951 年 9 月在金山簽訂之對日和約不符，該和約第三條僅規定日本對於美國向聯合國所作任何將琉球群島等島嶼置於託管制度下，並以美國為其唯一管理當局之建議應予同意。該條並規定在美國『提出此項建議，並就此項建議採取確定性之行動以前，美國有權對此等島嶼之領土暨其居民，包括此等島嶼之領水，行使一切行政、立法及管轄之權力。』該和約中並無任何條款得解釋為授權美國於任何時候將此等島嶼交與日本或任何其他國家。」[79] 1957 年 2 月 9 日，監察委員提案應扶植琉球獨立自由。[80]同一天，外交部重申琉球應按舊金山和約辦理。1961 年 6 月 30 日，外交部長沈昌煥表示對琉球問題採三原則：(1)確保琉球不被赤化；(2)尊重琉球人民之自決權；(3)反對日本對琉球保有剩餘主權。[81] 1971 年 2 月 23 日，魏道明外長聲明決力爭釣魚臺主權。[82]

1971 年 4 月 9 日，美國國務院聲明，擬將琉球歸還日本；同年 6 月 11 日，中華民國外交部發表聲明，表示美國未與中華民國協商，遽爾將琉球交還日本，至感不滿。又表示：「釣魚臺列嶼附屬臺灣省，基於地理位置、地質構造、歷史聯繫及臺灣省居民長期繼續使用等理由，毫無疑問為中華民國領土之一部分，故我國絕不接受美國將該列嶼之行政權與琉球一併交予日本。」[83]

第七，美國在 1971 年 6 月 17 日與日本簽署「沖繩返還協定」，將琉球群島的行政權歸還日本。1972 年 5 月 15 日，該協定正式生效。

基本上，受到釣魚臺列嶼主權之爭的影響，美國對於該一問題採取中立立場。1971 年 10 月 20 日，美國國務卿羅吉斯（William Rogers）致函美國國會，在函中代理助理法律顧問司塔（Robert Starr）說：「美國相信把原從日本取得的對這些島嶼的行政權歸還給日本，毫不損害有關的主張。美國既不能給日本增加在它們將這些島嶼行政權移交給我們之前所擁

79　中央日報，1953 年 12 月 25 日，版 1。Shaw, Han-yi, *op.cit.*, p.114, fn. 135.

80　中央日報，1957 年 2 月 10 日，版 1。

81　中央日報，1961 年 7 月 1 日，版 1。

82　中央日報，1971 年 2 月 24 日，版 1。

83　中央日報，1971 年 6 月 12 日，版 1。

有的法律權利，也不能因為歸還給日本行政權而削弱其他要求者的權利。……美國對於釣魚臺列嶼沒有主張，認為對此等島嶼的任何爭議的主張應由有關各造商議解決。」[84] 1996 年 9 月 11 日，美國政府再次表示，美國既不承認也不支持任何國家對釣魚島的主權主張。至今美國政府仍重申對釣魚島主權歸屬不持立場。

中華民國外交部在「沖繩返還協定」生效前一週於 1972 年 5 月 9 日發表聲明如下：

> 茲美國政府已決定於 1972 年 5 月 15 日將琉球群島交付日本，且竟將中華民國享有領土主權之釣魚臺列嶼亦已包含在內，中華民國政府特再度將其立場鄭重昭告於世界，對於琉球群島中華民國政府一貫主張應由包括中華民國在內之二次大戰期間主要盟國，根據「開羅會議宣言」及「波茨坦宣言」揭櫫之原則，共同協議處理。美國未經應循之協商程序，片面將琉球交付日本，中華民國政府至表遺憾。
>
> 至於釣魚臺列嶼此項領土主權主張，無論自地理位置、地質構造、歷史淵源、長期繼續使用以及法理各方面而言，均不容質疑。現美國將該嶼之行政權與琉球一併『交還』日本，中華民國政府堅決反對。[85]

第八，從「開羅宣言」到「波茨坦宣言」，在中華民國政府的認知裡，二戰後日本的領土應只限於本土四個島嶼，琉球是要交國際託管的。誠然美國曾將「舊金山對日和約草案」知會中華民國政府，而中華民國政府對於該草約第三條有關琉球群島之處置沒有表示意見，乃是基於與美國的同盟關係以及同意琉球交由國際託管。只是中華民國政府沒有料到後來

---

[84] Mark E. Manyin, "Senkaku (Diaoyu/Diaoyutai) Islands dispute: U. S. Treaty Obligations," *Congress Research Service*, (September 25, 2012), p.5. 收錄於「U. S. Department of State 網站」：http://fpc.state.gov/documents/organization/198821.pdf（2015/8/23 點閱）。https://fas.org/sgp/crs/row/R42761.pdf（2017/8/23 點閱）。

[85] 「外交部：本部發言人談話詞，外交部聲明，第 78 號」（1972 年 5 月 9 日），外交部檔案，國史館藏，典藏號：020-049912-0039，入藏登錄號：020000023756A。

美國以行政命令將釣魚臺列嶼納入琉球的範圍內。當美國託管的奄美群島要移交日本時，中華民國政府公開表示反對。以後美國準備將其他琉球群島包含釣魚臺列嶼歸還日本，中華民國政府再度反對。此一反對的理由乃是基於琉球不應屬於日本主權控制之下，釣魚臺列嶼不能併同琉球交給日本。由於釣魚臺列嶼靠近臺灣太近，如果被日本兼併控制，則日本從該島取得大陸礁層權利，將嚴重影響臺灣之經濟海域利益。因此，中華民國政府重新思考 1948 年擬議的將釣魚臺列嶼劃歸中華民國的構想。的確，當時的中華民國政府對於日本如何取得釣魚臺列嶼之歷史背景不熟悉，所以未指出日本政府係以不合法手段取得該列島。

中華民國政府在 1970 年 2 月將「尖閣列島」正名為釣魚臺列嶼。直至 1970 年 7 月 20 日才向日本正式交涉釣魚臺領土問題，8 月 21 日立法院通過批准「大陸礁層公約」。10 月 23 日，向日本駐臺北大使致送節略，表示：「釣魚臺列嶼原係臺灣附屬島嶼之一，絕非日本領土。」在向日本交涉日期之前，有一段時間中華民國對於日本佔領釣魚臺列嶼都沒有表示反對，是否構成國際法上的「默認」（acquiescence）？

根據國際法院在審理新加坡和馬來西亞之白礁（Pedra Branca）案時，表示：「在某種情況下，當一國有主權對他國行使主權給予回應時，而未能給予回應，或者，如荷蘭和美國之帕爾瑪斯島（Island of Palmas）之案件，據胡伯法官（Judge Max Huber）之意見，對他國展現的領土主權未能做出具體表示（concrete manifestations），則領土主權可能移轉給他國。該種以主權展現的表示，假如不是與異議的國家形成對立的話，也許需要給予回應。不予回應，就如同默認。默認的概念，就如同單方面默示承認（tacit recognition），另一方就會解釋為同意。（*Delimitation of the Maritime Boundary in the Gulf of Maine Area (Canada/United States of America), Judgment, I.C.J. Reports 1984*, p.305, para. 130.）此也是說，唯有在他國要求做回應的情況下，沈默也是在說話。」[86]

---

[86] "Reports of Judgments, Advisory Opinions and Orders, Case Concerning Sovereignty over Pedra Branca/Pulau Batu Puteh, Middle Rocks and South Ledge (Malaysia/Singapore), Judgment of 23 May 2008, para. 121," International Court of Justice, 收錄於「International

前述國際法院所講的默認的概念構造，包括如下要件：

(1)一國在採取主權行為時，需透過公開方式讓對方知道其所做的主權行為。

(2)一國要求、等待或期待他國對其主權行為做出回應。

(3)他國不做回應，保持沈默，就會被認為是默認。

從上述之分析可知，當日本佔領釣魚臺列嶼時，無論是「有主地」或「無主地」，都沒有公開佔領之資訊，以後編入其領土的內閣決議和敕令也均未公開。日本將釣魚臺列嶼更名為尖閣列島，亦未正式公告，致使清國及以後的中華民國未知其權益受損。總之，清國及以後的中華民國無從知道日本上述各項措施之訊息，日本也沒有要求、等待或期待清國及以後的中華民國做出回應，因此中華民國政府沒有對於釣魚臺列嶼之領土問題表示意見，並不構成默認。

第九，日本一再強調其佔領釣魚臺列嶼與馬關條約無關，意指其係在簽訂馬關條約前已「先佔」釣魚臺列嶼，故無須按照馬關條約歸還釣魚臺列嶼。然而，日本係利用對清國戰爭勝利之機會，侵佔釣魚臺列嶼，其不符合國際法先佔原則已如本文之分析。雖然 1952 年中日和平條約沒有特別針對釣魚臺列嶼領土問題加以討論及規定，但中華民國政府仍有權依據清朝時釣魚臺列嶼歸屬臺灣管轄範圍、「開羅宣言」、「波茨坦宣言」、1947-48 年領有釣魚臺列嶼之意圖和意志、歷次反對美國處理琉球之聲明以及中華民國政府對於對日和約第二條有關日本放棄臺灣和澎湖的條款之解釋，為維持傳統一貫臺灣領域包括釣魚臺列嶼之範圍等，要求日本歸還其不法侵佔臺灣所屬之釣魚臺列嶼。換言之，臺灣一樣有返還領土請求權。

Court of Justice 網站」：http://www.icj-cij.org/docket/files/130/14492.pdf（2015/9/12 點閱）。

七、結論

　　釣魚臺領土爭端起源自其海域之油氣資源之發現，無論是日本、臺灣，甚至中華人民共和國，為了爭奪該一列島的領土主權，紛紛尋找對自己有利的證據，因此陸續出現許多古文獻資料，包括圖書和地圖，而使該一問題之歷史脈絡更為清楚呈現。誠如本文所做的分析，1561 年冊封使郭汝霖的重編使琉球錄，即記載中國和琉球之間有國界線存在，線以西的釣魚臺列島是進入琉球界的標誌。線以東的古米島是屬於琉球國。1562 年胡宗憲籌海圖編中的「福建沿海山沙圖」，將釣魚臺列嶼劃入福建所轄領土。1712 年臺灣府知府周元文所撰的重修臺灣府志，將釣魚臺列嶼劃入臺灣所轄領土，該一描述的文字持續到 1885 年黃逢昶等將釣魚臺列嶼放入宜蘭縣討論為止。這些文獻很多屬於官修文書，具相當的可靠性和法律性。惟這些有主但無人居住的孤懸小島，卻遭到日本的覬覦而入侵。

　　由於日本入侵釣魚臺列嶼不僅國內法律程序不完備，亦不符合國際法上的公開和通報程序，致使中國政府無從知道此一領土被侵佔之事，甚至經過漫長的歲月，在不知情的情況下還一直誤認釣魚臺列嶼屬於日本。當然釣魚臺列嶼暗中被改名為尖閣列島也是促成中國人忽略的主因之一。再加上冷戰氛圍下，中華民國政府為了需要美國之支持，而未曾質疑釣魚臺列嶼的地位問題。直至美國要結束對琉球群島的行政託管權，以及釣魚臺海域發現油氣資源，臺灣才有人開始研究釣魚臺列嶼的歷史背景，而逐步揭開了該列島的身世。在偶然的情況下，知悉日本非法侵佔釣魚臺列嶼。

　　從本文舉述的相關文獻資料，可證明釣魚臺列嶼在歷史上一直不屬於琉球群島之一部分，且為臺灣漁民所使用，日本以先佔原則佔領該一島群，在沒有公告和通報之情況下是欠缺法理要件的。對日舊金山和約對於釣魚臺列嶼並無規定，美國託管琉球群島時所定的各項條例，自不能改變該一島群的法律地位。此一領土懸案，有待臺、日雙方協商解決。

徵引書目

一、檔案

總理各國事務衙門檔案（臺北，中央研究院近代史檔案館藏）

　　「琉球案」。

外交部檔案（臺北，中央研究院近史所檔案館藏）

　　「琉球問題，第二冊」。

　　「釣魚臺問題之專案報告及研究案」。

外交部檔案（臺北，國史館藏）

　　「外交部：本部發言人談話詞，外交部聲明，第 78 號」。

Archives of CIA (U. S. CIA)

　　"Intelligence Report. The Senkaku Islands Disputes: Oil under Troubled Waters?".

Archives of U. S. Department of State (U. S.: Department of State)

　　"Congress Research Service".

Foreign Relations of the United States Diplomatic Papers (U.S: United States Department of State)

　　"The Conferences at Cairo and Tehran, 1943".

　　"China, 1969-1972".

　　"the Conference of Berlin (the Potsdam Conference, 1945".

　　"China and Japan (in two parts), 1952-1954".

　　"The Far East, 1939".

Archives of Foreign Office (U. K.: The National Archives of the United Kingdom)

　　"Japan Peace Treaty".

Archives of Colonial Office: Straits Settlements (U. K.: National Archives of the United Kingdom)

　　"Spratley Island and Amboyna Cay: Claim to Sovereignty".

　　"Spratley (or Storm) Island and Amboyna Cay: Query about Ownership."

日本外務省檔案（日本：日本國立公文書館藏）

　　「沖縄県下八重山群島ノ北西ニ位スル久場島魚釣島ヘ標杭ヲ建設ス」。

　　「沖縄県ト清国福州トノ間ニ散在スル無人島ヘ国標建設ノ件」。

　　「御署名原本・明治二十九年・勅令第十三号・沖縄県郡編制ニ関スル件」。

　　「御署名原本・明治三十四年・勅令第二百二十七号・明治三十年勅令第百六十九号（葉煙草専売法ヲ施行セサル地方ノ件）中追加」。

　　「新領土ノ発見及取得ニ関スル先例」。

　　「6 昭和 14 年 2 月 13 日から昭和 14 年 4 月 1 日」。

　　「22・遭難支那人（福州人）救助ニ関スル件　大正九年一月」。

　　「国際法先例彙輯(2)島嶼先占／1933 年」。

二、史料彙編

日本外務省編，日本外交文書，第十八卷（明治十八年一月至十二月）。東京：日本国際

連合協会，昭和 25 年（1950）。

三、報紙

中央日報，臺灣，1953-1971。

申報，上海，1884-1885。

臺灣日日新報，臺灣，1936 年 5 月 20 日。

四、專書

〔日〕井上清，英慧譯，釣魚列島的歷史和主權問題。香港：七十年代雜誌社，1973 年。

〔明〕陳侃，使琉球錄（電子版）。1534 年，全文網址：http://ctext.org/wiki.pl?if=gb&res=486246。

〔明〕郭汝霖，重編使琉球錄，卷上，「使事記」，四庫全書存目叢書，史部第 49 冊。臺南縣：莊嚴文化事業有限公司，1996 年。

〔明〕鄭若曾撰，籌海圖編（電子版），卷一，福建七，十九，全文網址：http://archive.org/stream/06041954.cn#page/n28/mode/2up。

〔清〕方浚頤撰，「臺灣地勢番情紀略」（電子版），載於〔清〕羅大春，臺灣海防並開山日記。1878 年。

〔清〕王必昌撰，重修臺灣縣志（電子版），卷二 山水志／海道。1752 年。

〔清〕汪楫，使琉球雜錄（電子版），卷五，「神異」。北京市：北京圖書館出版社，2007 年。

〔清〕周元文撰，重修臺灣府志（電子版），卷二 規制／海防／附考。1712 年。

〔清〕范咸纂輯，重修臺灣府志（電子版），卷之二海防。1747 年。

〔清〕徐葆光，中山傳信錄（電子版），全文網址：http://ctext.org/library.pl?if=gb&file=26471&page=34。

〔清〕徐繼畬撰，瀛環志略。臺北市：臺灣商務印書館，1986 年。

〔清〕陳淑均纂輯，噶瑪蘭廳志（電子版），卷八雜識（下）／紀事。1852 年。

〔清〕黃叔璥撰，臺海使槎錄（電子版），卷二赤嵌筆談武備。1722 年。

〔清〕黃逢昶、吳光亮、王凱泰撰，臺灣生熟番輿地考略（電子版）。1885 年。

丘宏達，釣魚臺列嶼主權爭執問題及其解決方法的研究。臺北市：國立政治大學國際關係研究中心，1981 年。

宇佐美滋，「尖閣列島問題」，載於程家瑞編，釣魚臺列嶼之法律地位。臺北：東吳大學法學院，1998 年。

鄭海麟，論釣魚臺列嶼主權歸屬。臺北市：海峽學術出版社，2011 年。

黎蝸藤，釣魚臺是誰的？釣魚臺的歷史和法理。臺北市：五南圖書公司，2014 年。

Niksch, Larry A. "Senkaku (Diaoyu) Islands dispute: the U. S. legal relationship and obligation." *Congressional Research Service Report for Congress*, CRS-96-798, September 30, 1996.

Shaw, Han-yi. The Diaoyutai/Senkaku Islands Dispute: Its History and an Analysis of the Ownership Claims of the P.R.C., R.O.C., and Japan. Baltimore: University of Maryland School of Law, 1999.

平松茂雄，中国の海洋戰略。東京：勁草書房，1993 年。

尖閣諸島今昔，尖閣諸島文獻資料編纂會，全文網址：http://pinacles.zouri.jp/bunken/konjak

u.htm。

芹田健太郎，日本の領土。東京：中央公論新社，2002 年。

浦野起央、劉甦朝、植榮邊吉編修，釣魚臺群島（尖閣諸島）問題研究資料匯編。東京：
刀水書房，2001 年。

五、期刊論文

"Judicial decisions involving questions of international law, France-Mexico, Arbitral award on the subject of the difference relative to the sovereignty over Clipperton Island, January 28, 1931." http://www.ilsa.org/jessup/jessup10/basicmats/clipperton.pdf.

The Legal Status of Eastern Greenland, Judgment of 5 April 1933, PCIJ, (ser. A/B) No. 53, paragraph 95-98. http://www.worldcourts.com/pcij/eng/decisions/1933.04.05_greenland.htm.

"North Sea Continental Shell Cases (Federal Republic of German /Denmark; Federal Republic of German /Netherlands), Judgment of 20 February 1969, para.30." http://www.icj-cij.org/docket/files/51/5535.pdf.

"Reports of International Arbitral Awards, *Island of Palmas case (Netherlands, USA)*, 4 April 1928, Volume II pp.829-871, United Nations, 2006." http://legal.un.org/riaa/cases/vol_II/829-871.pdf.

"Reports of Judgments, Advisory Opinions and Orders, Case Concerning Sovereignty over Pedra Branca/Pulau Batu Puteh, Middle Rocks and South Ledge (Malaysia/ Singapore), Judgment of 23 May 2008, para. 121." International Court of Justice, http://www.icj-cij.org/docket/files/130/14492.pdf.

Susumu, Yabuki. "China-Japan Territorial Conflicts and the US-Japan-China Relations in Historical and Contemporary Perspective." *The Asia-Pacific Journal: Japan Focus*, 11:9, No. 2 (March 4, 2013). http://japanfocus.org/-Yabuki-Susumu/3906/article.html.

奧原敏雄，「尖閣列島の法的地位」，季刊沖繩，第 52 號，1970 年 3 月。全文網址：http://senkakujapan.nobody.jp/page017.html。

「尖閣列島關係年表」，尖閣諸島を守る會。全文網址：http://www.senkaku.net/home/history.htm。

六、網路資料

楊馥戎，「琉球王國文獻證實：釣魚島是中國的固有領土」，2012 年 9 月 26 日，全文網址：http://big5.huaxia.com/zhwh/sslh/3016184.html。

"Takeshima immediately after WWII," Ministry of Foreign Affairs of Japan Website, http://www.mofa.go.jp/a_o/na/takeshima/page1we_000061.html（2017 年 8 月 15 日瀏覽）。

The Review of Japanese Legal Arguments on the Territory of the Diaoyutai Islands

Abstract

According to annals of China and Ryukyu, there was a recognized and practiced boundary line between them, and Chiwei Islet of the Diaoyutai Islands is located on the far east of that line, Kume-jima on its east side, belonged to Ryukyu. Japanese government attempted to occupy the Diaoyutai islands and finally to annex it into Ryukyu in 1895. But it looks like having serious legal flaws, Japanese government not only didn't complete its domestic law procedure, but also without practicing the principles of notoriety and information of custom international law. The Ryukyu Islands was mandated its administrative rights to the United States after WWII, and while prepared to transfer it to Japan, the ROC government claimed for Diaoyutai Islands and opposed it transfer to Japan. This paper tries to utilize historic materials and concept of international law to review the Japanese Diaoyutai territorial arguments.

Keywords: Japan　Taiwan　China　Ryukyu　Diaoyutai Islands

（本文原刊登在國會月刊，第 44 卷第 11 期，2016 年 11 月，頁 64-100。）

第五章　早期南海航路與島礁之發現[*]

摘　要

關於在南海航行最早的成文紀錄是在公元前第 2 到公元前第 1 世紀，當時船隻性能有限，都是沿著海岸線航行。因此，主要的航線是沿著中國、印度支那半島、馬來半島、印尼群島航行，而未敢向海中航行。在第 3 世紀發現了西沙群島，至第 5 世紀，航行技術提昇，船隻可以從中國廣州直接航行到印尼的爪哇島。然後從爪哇島航行到婆羅洲、菲律賓南部。在第 7 世紀有從中國越過臺灣海峽到流求國之紀錄。

在第 10 世紀中葉，船隻構造更為先進，能抗拒強勁海浪，船隻可以遠航，故可越過有激流的臺灣海峽到澎湖、經臺灣南部到呂宋島、菲島中部；以及從越南南部經婆羅洲西部到東爪哇。在第 13 世紀發現中沙群島、第 15 世紀發現東沙群島和第 16 世紀中葉發現南沙群島，顯然是當時船員想直接從中國或越南航行到菲律賓或者想從呂宋往西北航行到中國時，才發現該一群島。探討早期南海航路之發現，有助於瞭解該一地區人口移動、貿易以及文明發展的脈絡。

關鍵詞：南海　南海諸島　中國　越南　呂宋　萬里長沙　千里石塘

---

[*]　本文獲得行政院國家科學委員會 100 年度之獎助，計畫編號是：NSC 100-2410-H-032-056。

一、前言

　　人類在南海沿岸進行航海活動，起於何時，不可考。他們開始時利用何種航行工具在南海沿岸地區活動，也不可考，但可以推論應是使用簡單的木製器具或浮水工具。他們使用現代意義的船或舟在南海地區航行，有文字記載的是在漢書（地理志，粵地條），該書記載漢武帝時曾遣使到南海海島諸國，其航程記載如下：

　　「漢武帝以來，自日南障塞、徐聞、合浦，船行可五月，有都元國。又船行可四月，有邑盧沒國。又船行可二十餘日，有諶離國。步行可十餘日，有夫甘都盧國。自夫甘都盧國船行可二月餘，有黃支國，民俗略與珠崖相類，其洲廣大，戶口多，多異物。自武帝以來皆獻見。有譯長，屬黃門，與應募者俱入海，市明珠、璧流離、奇石、異物。齎黃金雜繒而往，所至國皆稟食為耦，蠻夷賈船，轉送致之，亦利交易。剽殺人。又苦逢風浪溺死，不者，數年來還。大珠至圍二寸以下。平帝元始中，王莽輔政，欲耀威德，厚遺黃支王，令遣獻生犀牛。自黃支船行可八月到皮宗，船行可二月到日南象林界云。黃支之南有已程不國，漢之譯使，自此還矣。」[1] 黃支國可能位在緬甸南部的卑謬（Prome）。[2]

　　該段文字顯示這是南海諸國首度前往中國貿易和朝貢的最早記載。而且應是南海諸國首先搭船前往中國貿易，至於搭何國的船隻，船隻大小均無記載。此後，有關於在南海航行的記載，在中文文獻上日漸增加。由於航海的關係，航海家對於南海中的島礁和沙洲也有相關的記載和傳說，這些島礁和沙洲對於航行有害，故成為航海家必須注意的地區，此直接影響航行的路線。

　　本文擬討論的核心問題是最早南海航路和島礁初次發現的時間，利用其初次發現的航路和島礁的時間，來分析南海地區早期航路發展的過程。同時藉以瞭解在中文文獻中南海島礁出現的時間。而為了對照，本文也透

---

[1]　〔唐〕顏師古注，班固撰，漢書，地理志，粵地條。

[2]　陳鴻瑜，「西元初期至第七世紀環馬來半島港市國家、文明和航線之發展」，政大歷史學報，第 28 期，2007 年 11 月，頁 131-188。

過網路資料查知西方國家繪製的早期南海島礁地圖。本文所討論的南海島礁的對象，按現在的稱呼，包括東沙群島、西沙群島、中沙群島和南沙群島。南海中的其他島礁，及不同時代船隻之種類、性能、噸位數、貿易港口情況等，與本文主旨無關，故不予論列。此外，中文著作對於南海諸島的古書記載的地名，在解讀上有非常嚴重的歧異，本文不一一列舉佐證，而擬依據島礁位置及同一時代的用語，做出自己的判斷。

二、從中國到爪哇的航線

遠在紀元前第 1 世紀，漢朝與東羅馬之間的貿易，即是經過南海，波斯人、阿拉伯人、猶太人、印度人、馬來人都是取道南海到中國，南海諸島遂成為中國人地理認知之一部分，南海也成為中國出版的世界地圖之一部分，但是，這要到第 17 世紀以後才有較清楚的輪廓。

關於南海與中國之歷史關係，資料記載不一，中國古代稱南海為「漲海」，表示該一海域波浪不平穩，船隻航行該海域會覺得海浪濤湧，猶如海水膨脹一樣。西漢（公元前 206 年至公元 25 年）時期，由於交通聯繫的需要，中國與印支半島之間開闢了一條通過漲海的航路。東漢時，中國地方行政官員開始在漲海一帶巡行（見太平御覽，卷六十，引謝承撰的後漢書）。[3] 山繆爾斯（Marwyn S. Samuels）則認為：「南中國海及諸島在何時及如何首次為中國人或學者所認知的世界地圖之一部分，無法知道。但透過以航海為生的南粵（Nan Yueh）人之媒介下，而使得今天稱為南中國海的部分『南方之海』，其成為中國地理語彙之時間不會早於紀元前 112 至 146 年期間漢朝把南中國納入版圖之時。無論如何，我們可以乾脆俐落地說，直至公元 53 年（作者按，此年代有誤，應是 43 年）馬援率 2 千艘船征日南郡（中越）後，中國船隻始經常訪問該地區。此後，南中國海逐漸受到中國歷史學家和地理學家之注意。」[4]

---

[3] 　史棣祖，「南海諸島自古就是我國領土」，人民日報，1975 年 11 月 25 日，第 2 版。

[4] 　Marwyn S. Samuels, *Contest for the South China Sea*, Methuen, New York and London: Methuen & Co., 1982, p.10.

最早有關南海和海中的沙洲及島礁之史籍，是三國時代萬震所寫的南州異物志，其中寫到漢代從馬來半島到中國大陸的航行路線：「……東北行，極大崎頭，出漲海，中淺而多磁石。」[5]康泰在扶南傳中也寫道：「漲海中，倒珊瑚洲，洲低有盤石，珊瑚生其上也。」[6]

太平御覽也有「漲海」的記載，如卷六十說：「謝承後漢書曰，汝南陳茂嘗為交阯別駕舊刺史行部，不渡漲海，刺史周敞涉海，遇海，舡欲覆沒，茂拔劍訶罵水神，風即止息。」[7]卷七百八十八曰：「又曰扶南之東，漲海中，有大火洲，洲上有樹，得春雨時，皮正黑，得火燃，樹皮正白，紡績以作手巾或作燈注用，不知盡。」[8]文中所說的「漲海」，即今南海。至於「磁石」，是指末露出水面的暗沙、暗礁，因船隻碰到這些暗礁就擱淺遇難，無法脫身，猶如磁石之吸附一般。[9]惟山繆爾斯則認為「漲海」可指南中國海整體，也可指東京灣。[10]惠特里（Paul Wheatley）則引述梁書和第 3 世紀其他文獻，證明「漲海」是指泰國灣。[11]然而，據前引太平御覽之說法及梁書之說法：「又傳扶南東界即大漲海，海中有大洲，洲上有諸簿國（按：即爪哇），國東有馬五洲。復東行漲海千餘里，至自然大洲。」[12]很顯然「漲海」是位在扶南（今柬埔寨）之東，不可能在泰國灣，也不可能在東京灣。

公元第 3 世紀，晉朝人裴淵所寫的廣州記，曾提到珊瑚洲，他說：「珊瑚洲，在東莞縣南五百里，昔有人於海中捕魚，得珊瑚。」韓振華認

5　引自史棣祖，前引文。

6　〔宋〕李昉等人撰，太平御覽，卷六十九，地部三十四，臺北市：新興書局重印，第二冊，1959 年，頁 437。

7　〔宋〕李昉等人撰，前引書，卷六十，地部二十五，頁 400。

8　〔宋〕李昉等人撰，前引書，卷七百八十六，四夷部七，第十冊，頁 3423。

9　參見中華人民共和國外交部文件，「中國對西沙群島和南沙群島的主權無可爭辯」，載於西沙群島和南沙群島自古以來就是中國領土，北京市：人民出版社，1981 年 5 月，頁 1-14；史棣祖，前引文。

10　Marwyn S. Samuels, *op.cit.*, p.10.

11　引自 Marwyn S. Samuels, *op.cit.*, p.10.

12　〔唐〕姚思廉撰，梁書，第三冊，卷四一至卷五六（傳），北京市：中華書局，1974年重印，頁 788。

為珊瑚洲可能為現今的東沙島。[13]不過，從方位來看，東沙島位在東莞的東南方，而西沙群島是位在東莞的南方，因此，珊瑚洲可能是西沙群島。

　　從第 3 世紀後，中國能建造較大的平底船，因此有關航行南海諸國，日漸增加。唐朝姚思廉撰梁書一書中的「海南諸國傳總敘」說：「海南諸國，大抵在交洲南及西南大海洲上。相去近者三五千里，遠者二三萬里，其西與西域諸國接。……及吳孫權時，遣宣化從事朱應、中郎康泰通焉。其所經及傳聞，則有百數十國，因立記傳。晉代，通中國者蓋渺，故不載史官。及宋、齊，至者有十餘國，始為之傳。自梁革運，其奉正朔，修貢職，航海歲至，踰於前代矣。」[14]而正史中記南海諸國者，有宋書夷蠻傳、南齊書蠻夷傳、梁書諸夷傳，李延壽的南史夷貊傳，則總其成。

　　早期船隻受限於性能，必須沿著海岸航行，從中國南邊港口出發後，船隻沿著越南外海航行，會經過越南中部廣義、平山一帶的岸外的外羅山，南下經過湄公河口外的崑崙島。廣東通志記載：「分水在占城之外羅海中，沙嶼隱隱如門限，延綿橫亙不知其幾百里，巨浪拍天，異於常。海由馬鞍山抵舊港東，西注為諸番之路，天地設險域華夷者也，由外羅歷大佛靈以至崑崙山。自朔至望，潮東旋而西，既望至晦即西旋而東，此又海中潮汐之變也。惟老於操舟者乃能察而慎之。」[15]崑崙山，應為越南湄公河出海口外的崑崙島。

　　在第五世紀以前，船隻到崑崙島後，繼續南下到暹羅灣沿岸國家，然後到馬來半島沿岸國家。而船隻從崑崙島南下直接越過南海到蘇門答臘島的時間約在第五世紀初，法顯的佛國記對此一航線有清楚的描述。

　　法顯是東晉時代的和尚，受到當時陸上絲路從印度傳來的佛教的影響，他也跟隨前人的腳步，在公元 399 年 3 月從長安出發經由絲路前往印度求法，在印度居住 10 年後，他順著恆河往東航行，然後從恆河口往南

13　見〔宋〕樂史，太平寰宇記，卷一五六，嶺南道一，廣州，東莞縣，頁十二，木刻本。
　　另參考韓振華主編，我國南海諸島史料匯編，北京市：東方出版社，1988 年，頁 27。

14　〔唐〕姚思廉撰，前引書，頁 783。

15　〔清〕陳夢雷撰，古今圖書集成，曆象彙編乾象典，海部，彙考，乾象典，第 309 卷，第 208 冊第 3 頁之 2。

航行到師子國，即今斯里蘭卡。

晉安帝義熙 9 年（413 年）9 月，法顯從師子國東行返回中國，「即載商人大船，上可有二百餘人，後係一小船，海行艱險，以備大船毀壞。得好信風，東下二日，便值大風……如是大風晝夜十三日，到一島邊，潮退後，見船漏處即補塞之。於是復前，……如是九十日許，乃到一國，名耶婆提。其國外道婆羅門興盛，佛門不足言。停此國五月日，復隨他商人，大船上亦二百許人，齎五十日糧，以四月十六日發。法顯於船上安居。東北行，趣廣州。」[16]

據佛國記的記載，法顯從斯里蘭卡出發 15 天，抵達一個小島，然後再航行 90 天抵達耶婆提。關於耶婆提的位置，有不同的看法。蘇繼卿即認為耶婆提位在占卑附近。[17] 馮承鈞認為耶婆提是在爪哇。[18] 克勒克（Eduard Servaas de, Klerck）認為托勒密說 Jawa dwipa（即 Yavadvipa）產黃金，此與事實不合，因為爪哇不產金，而蘇門答臘產金，因此很可能是當時他把蘇門答臘當成整個爪哇島。[19] 日本學者別技篤彥亦認為托勒密所繪的古地圖中的 Iabadieu，應是指爪哇的古名 Yawadwipa。但他質疑 Iabadieu 不單指爪哇，而應包括爪哇和蘇門答臘兩個地方。[20]

在第 5 世紀的爪哇港口中，以對外聯繫和貿易的便利性而論，還是以萬丹（Banten, Bantam）港口為耶婆提所在地的可能性最大。而萬丹是呵羅單國王都所在地。「宋文帝元嘉 7 年（430 年），呵羅單國治闍婆洲。

---

[16] 〔東晉〕法顯，佛國記，北京市：中華書局，1991 年，頁 21。

[17] 蘇繼卿，南海鉤沈錄，臺北市：臺灣商務印書館，民國 78 年，頁 71。蘇繼卿認為闍婆洲即為東晉法顯佛國記所提及的耶婆提，在今蘇門答臘。而呵羅丹國，又寫為訶羅單國、呵羅旦國，可能位在占卑附近。

[18] 馮承鈞，中國南洋交通史，臺北市：臺灣商務印書館，民國 58 年 5 月臺四版，頁 29，註 6。

[19] Eduard Servaas de, Klerck, *History of the Netherlands East Indies*, W. L. & J. Brusse, Rotterdam, 1938, p.126.從亞齊到南邊的楠邦（Lampung）都有黃金產地。參見 Himanshu P. Ray, *The Winds of Change, Buddhism and the Maritime Links of Early South Asia*, New Delhi: Oxford University Press, 1994, p.107.

[20] 別技篤彥著，潘明智譯，「西洋地圖學史對馬來西亞的認識」，東南亞研究（新加坡），1966 年第 2 卷，頁 103-110。

蘇門答臘南邊的虛線為假設的航線

資料來源：作者自繪。

圖 5-1：法顯東行返回中國路線圖

遣使獻金剛指環、赤鸚鵡鳥、天竺國白疊、古貝葉、波國古貝等物。」[21]
呵羅單國可能發源於今天的雅加達，後來控制萬丹及西爪哇地區。另外，
亦有學者認為呵羅單國可能位在馬來半島東岸的吉蘭丹或關丹，[22]跨海佔
領萬丹。但以當時的國家規模來看，這種可能性不大，也非容易之事。因
此，呵羅單可能位在雅加達附近。謬連（W. J. van der Meulen, S. J.）即認
為呵羅丹位在雅加達附近的 Tarum River 盆地。[23]

　　法顯假如是從萬丹港返回廣州，而且知道從萬丹到廣州的航程須「齎

---

[21]　〔梁〕沈約撰，宋書，卷九十七，列傳第五十七，夷蠻，頁 4。
　　「宋文帝元嘉七年（430 年），呵羅單國，都闍婆洲，遣使獻金剛指環、赤鸚鵡鳥、天
　　竺國白疊古貝、葉波國古貝等物。」（〔唐〕李延壽撰，南史，卷七十八，列傳第六十
　　八，頁 12。）
　　「宋文帝元嘉十年（433 年）夏，林邑、闍婆婆州、訶羅單國並遣使朝貢。」（〔唐〕
　　李延壽撰，南史，卷二，宋本紀中第二。）
　　「宋文帝元嘉 7 年（430 年），闍婆洲呵羅國王毗沙跋摩遣使奉獻。」（〔宋〕李昉
　　編，太平御覽，卷七八七引，元嘉起居注。）
[22]　〔印尼〕薩努西‧巴尼著，吳世璜譯，印度尼西亞史，上冊，香港：商務印書館香港分
　　館，1980 年，頁 33、53。
[23]　參見 W. J van der Meulen, S. J., "In search of Ho-ling," *Indonesia*, 23(1977):87-111. 引自
　　Kenneth R. Hall, "Economic History of Early Southeast Asia," in Nicholas Tarling (ed.), *The
　　Cambridge History of Southeast Asia*, Vol. One, From Early Times to C.1500, UK:
　　Cambridge University Press, 1999, pp.182-275.

50 日糧」，足見當時已有定期航線，知道此一航程須準備 50 天的糧食。而該一航線是走過去馬來半島東岸的沿岸航線呢？抑或是直接從萬丹越過南海，經林邑、交阯外海到廣州？我們可以從他說：「東北行，趣廣州。」以及後來船隻航行都沒有靠岸的記載來判斷，可能是直接越過南海。

　　法顯從師子國航行到耶婆提，在耶婆提等待信風，而且知道從耶婆提航行到廣州，須費 50 天時間，最重要的，有 2 百多位商人搭乘，這樣的航行，不可能是臨時安排的，而很有可能是當時固定的航線。此可以從南史的記載找出蛛絲馬跡。「宋文帝元嘉 7 年（430 年），呵羅單、林邑、呵羅他、師子等國並遣使朝貢。」[24]表面看起來這 4 個國家同時遣使朝貢，沒有什麼特別之處，在過去亦有海外國家同時遣使朝貢的記載。但仔細思考這 4 國為何會同時遣使朝貢？以這 4 國分別散在不同地理區域，而當時交通不便，在沒有良好通信設施的情況下，這 4 國聯絡同時遣使，幾乎是不可能的事。因此，最大的可能是這 4 國剛好位在同一條航線上，即船隻從師子國出發，繼之航抵呵羅他、呵羅單和林邑，這些國家的使節即搭乘同一艘船聯袂到中國朝貢。

　　無論如何，法顯的航程記錄，對當時的航海事業做出了極為重要的貢獻，也讓世人知道在第 5 世紀時，人類已可以從南印度越過安達曼海以及從西爪哇越過南海航行到中國。

三、從第三世紀後陸續發現西沙群島

　　前述第 3 世紀晉朝人裴淵所寫的廣州記，曾提到珊瑚洲，此應是最早對西沙群島的紀錄。不過，此一資料對於珊瑚洲的記載仍是很模糊，到宋朝時，對西沙群島才有較正確的記載。

　　宋朝歐陽修和宋祁等奉敕撰新唐書，卷四三下地理志記載：「廣州東南海行，二百里至屯門山，乃帆風西行，二日至九州石。又南二日至象

24　〔唐〕李延壽撰，南史，卷二，宋本紀中第二。

石。又西南三日行，至占不勞山，山在環王國東二百里海中。又南二日行至陵山。又一日行，至門毒國。又一日行，至古笪國。又半日行，至奔陀浪洲。又兩日行，到軍突弄山。又五日行至海硤，蕃人謂之『質』，南北百里，北岸則羅越國，南岸則佛逝國。」[25]

　　據伯希和（Pelliot）之考證，上段所記之地名相當於今天的地點是：屯門山位在大嶼山及香港二島之北，海岸及琵琶洲之間；九州石似為七洲（Taya）；象石當為獨珠山（Tinhosa）島；占不勞山是為安南之峋嶗山（Culao Cham）；環王國是從前的林邑，後來叫占婆（Champa）；陵山是定南歸仁府北之 Sa-hoi 岬；門毒國疑指今之歸仁；古笪國為安南衙莊（芽莊）之梵名 Kauthara 之對音；奔陀浪洲即以後之賓童龍，梵名Panduranga 之對音，今安南之藩朗（Phannang）省地；軍突弄山是今之崑崙山（Poulo Condore）（崑崙島）。[26]

　　但李約瑟（Joseph Needham）之說法，卻與伯希和不同，他說九州石是指位在東沙群島附近某地；象石是指位在再向南航行二天之處，可能是西沙群島之一的島嶼；占不勞山是指位在占婆海岸外之島嶼。[27]

　　從地理方位來看，上述「廣州東南海行，二百里至屯門山，乃帆風西行，二日至九州石。又南二日至象石。」一段話的解讀非常重要，如果屯門山是位在香港外海，則從該屯門山揚帆往西，兩天所抵達的「九洲石」，應為海南島東南面由七個島礁構成的「七洲」，它的正南方就是西沙群島，因此「象石」應是西沙群島的其中一個島礁，可能是永興島或甘泉島（珊瑚島）。

　　直至 11 世紀初葉北宋時期，中國史籍又陸續出現有關西沙群島的記錄。

　　史方輿紀要記崖州一節說：「宋天禧二年（1018 年），占城使言國

---

[25] 〔宋〕歐陽修、宋祁撰，新唐書，第四冊，卷三七至卷四九（志），北京市：中華書局，1974 年重印，頁 1153。

[26] 引自馮承鈞，中國南洋交通史，頁 43-44。

[27] Jospe Needhan, *Science and Civilization in China*, Cambridge, England: Cambridge University Press, 1971, Vol.4, pt.3, p.459, note E.

人詣廣州，或風漂船至石塘，即累歲不達，石塘在崖州海面七百里。」占城位在越南中部，其使節前往廣州時，不慎被風飄至石塘，而該石塘距離海南島七百里，該石塘應即為西沙群島。

北宋仁宗皇帝（1023-1063 年）在 1044 年完成的武經總要親作「御序」說：北宋朝廷「命王師出戍，置巡海水師營壘」於廣南（即今廣東），「治舠魚入海戰艦」，「從屯門山用東風西南行，七日至九乳螺洲」。中華人民共和國外交部文件和廈門大學南海研究所林金枝教授將「九乳螺洲」解讀為西沙群島。這表明北宋時即已把西沙群島置於自己的管轄範圍內，且派海軍「戰艦」去該處巡邏。[28]

1178 年，周去非撰嶺外代答，書中提到「海南四郡之西南，其大海曰交阯，洋中有三合流，波頭噴湧而分流為三，其一南流通道於諸蕃國之海也，其一北流廣東福建江浙之海也，其一東流入於無際。所謂東大洋海也，南舶往來必衝三流之中，得風一息可濟，苟入險無風，舟不可出，必瓦解於三流之中。傳聞東大洋海有長砂、石塘數萬里，尾閭所洩，淪入九幽。昔嘗有舶舟為大西風所引至於東大海，尾閭之聲震洶無地，俄得大東風以免。」[29]周去非在書中所稱的「尾閭所洩」，指的是「長砂、石塘」的尾部。而「長砂、石塘」，可能即是指現在所稱的西沙群島和中沙群島，因為該兩群島較為接近，相連會有數萬里。

1203 至 1208 年，宋朝義太初作序的瓊管志（撰人不詳）提到中國廣南西路吉陽軍（今廣東崖縣）東有「千里長沙、萬里石塘」。該書記載：「吉陽，地多高山……。其外則烏里蘇密吉浪之洲，南與占城相對。西則真臘交趾，南則千里長沙、萬里石塘。上下渺茫，千里一色，舟舶往來，飛鳥附其顛頸而不驚。」[30]這裡指稱「千里長沙」和「萬里石塘」連起來

28　中華人民共和國外交部文件，「中國對西沙群島和南沙群島的主權無可爭辯」，載於西沙群島和南沙群島自古以來就是中國的領土，頁 1-14。林金枝，吳鳳斌，祖國的南疆：南海諸島，上海人民出版社，1985 年，頁 84。

29　〔宋〕周去非撰，嶺外代答，見王雲五主編，四庫全書珍本別輯，臺北市：臺灣商務印書館，嶺表錄異與嶺外代答，卷一，1975，頁 15-16。

30　〔宋〕王象之，輿地紀勝，粵雅堂刊本，卷一二七，「廣南西路、吉陽軍、風俗形勝」條。

千里，由於該著作與嶺外代答的年代接近，因此「千里長沙」可能為西沙群島，而「萬里石塘」為中沙群島。

宋會要一書在「真里富國」條說：「嘉定 9 年（1216 年）7 月 20 日，真里富國[31]……欲至中國者，自其國放洋，五日抵波斯蘭（約在柬埔寨南部沿海），次崑崙洋，經真臘國，數日至檳達椰（椰）國（即賓同龍，在越南南部的潘朗），數日至占城，十日過洋，傍東南有石塘，名曰萬里，其洋或深或淺，水急礁多，舟覆者十七八，絕無山岸。」[32]書中所說的「石塘」，有些學者認為位在今天的南沙群島或中沙群島，[33]然而，從其對航程的描述「數日至占城，十日過洋，傍東南有石塘，名曰萬里」來看，船隻越過占城往北航行十天才「過洋」，該「洋」應是指「七洲洋」，即船隻已越過七洲洋，則其東南方的「萬里石塘」，應即為西沙群島。

宋人趙汝适於寶慶元年（西元 1225 年）撰諸蕃志，書中記載：「貞元 5 年以瓊為督府，今因之，徐聞有遞角場。與瓊對峙，相去約三百六十餘里，順風半日可濟，中流號三合溜，涉此無風濤，則舟人舉手相賀。至吉陽（按：在朱崖郡），洒海之極，亡復陸塗，外有洲曰烏里，曰蘇吉浪，南對占城，西望真臘，東則千里長沙、萬里石床，渺茫無際，天水一色，舟舶來往，惟以指南針為則，晝夜守視唯謹，毫釐之差，生死繫焉。」[34]由於趙汝适沒有指出「千里長沙」和「萬里石床」的正確位置，以致有不同的推測，如霍斯（F. Hirth）和洛克希爾（W. W. Rockhill）即認為趙汝适所寫的萬里石床為萬里石塘之筆誤，而「千里長沙」和「萬里

---

[31] 泰國學者黎道綱認為真里富位在今天泰國佛統和夜功一帶的叻武里，波斯蘭位在泰國暹羅灣東側的春武里。參見〔泰〕黎道綱，泰國古代史地叢考，北京市：中華書局，2000年，頁 132、140。蘇繼卿認為真里富在泰國東部的尖竹汶（Chantaburi），而波斯蘭可能位在暹羅灣口。蘇繼卿，南海鈞沈錄，臺北市：臺灣商務印書館，民國78年，頁106。

[32] 〔清〕徐松，宋會要輯稿，真里富國條。

[33] 林榮貴、李國強，「南沙群島史地問題的綜合研究」，載於呂一然主編，南海諸島，地理、歷史、主權，哈爾濱市：黑龍江教育出版社出版，1992 年 10 月，頁 138-158。但韓振華主編的我國南海諸島史料匯編一書上卻認為是指中沙群島，見該書頁 42。

[34] 趙汝适撰，諸蕃志，卷下，海南條。見馮承鈞校注，諸蕃志校注，臺北市：臺灣商務印書館，民國 75 年，卷下，海南條，第 146 頁。

石床」應即分別為西沙群島和中沙群島。[35]有關諸蕃志書中對於「千里長沙、萬里石床」之描述和瓊管志接近，因此，該兩群島的地點分別為西沙群島和中沙群島。

1274 年，南宋吳自牧撰夢梁錄，書中首次使用七洲洋，用以指從海南島到西沙群島一帶的海域，該書卷十二中說：「若欲船泛外國買賣，則自泉州便可出洋，迤邐過七洲洋，舟中測水約有七十餘丈，若經崑崙、沙漠、蛇龍、馬豬等洋，神物多於此中行雨，上略起朵雲，便見龍現全身，目光如雷，爪角宛然，獨不見尾耳，傾刻大雨如注，風浪掀天，可畏尤甚，但海洋近山礁則水淺撞礁，必壞船，全憑南針，或有少差，即葬魚腹，自古舟人云，去怕七洲，回怕崑崙，亦深五十餘丈。」[36]

明朝馮琦編著的宋史紀事本末，則以「七里洋」稱海南島東南方海域。[37]以後的著作即把「七洲洋」指稱海南島以東的海域，特別是指海南島到西沙群島和中沙群島之間的海域。[38]

從新唐書之記載來看，中國在第八世紀末才比較明確的知道有西沙群島的存在，從而亦知當時船隻可以航行距離海岸較遠的深海。因為這些群島和沙洲對航行有害，所以有很長一段時間中文文獻都未再提起西沙群島。

在西方國家出版的地圖中，筆者發現最早的繪有西沙群島圖是由葡萄牙人（姓名不詳）在 1550 年畫的「東非、亞洲和西洋圖」，圖上在越南外海西沙群島處畫有三個小島，右小島右側有文字，但字跡模糊。

---

[35] F. Hirth and W. W. Rockhill, trs. and eds., *Chau Ju-kua: His Work on the Chinese and Arab Trade in the 12th and 13th Centuries*, Entitled Chu Fan Chi, St. Petersburg: Imperial Academy of Sciences, l9ll, p.176.

[36] 〔宋〕吳自牧撰，夢梁錄（下），卷十二，臺北：文海出版社重印，1981，第324-325頁。

[37] 〔明〕馮琦原編，陳邦瞻輯，宋史紀事本末（六），卷一〇八，臺北市：臺灣商務印書館，民國 54 年 5 月臺一版，頁 925。「元將劉深，攻帝（端宗）於淺灣，張世傑戰不利，奉帝走秀山，至井澳，陳宜中遁入占城，遂不返。十二月丙子，帝至井澳。颶風大作，舟敗幾溺，帝驚悸成疾，旬餘，諸兵士稍集，死者過半。元劉深襲井澳，帝奔謝女峽，復入海，至七里洋，欲往占城，不果。」

[38] 史棣祖稱，七洲洋指現在的西沙群島（見前引書）。而山繆爾斯（Marwyn S. Samuels）則用以指西沙群島和中沙群島，參見 Marwyn S. Samuels, *op. cit.*, p.l8.

資料來源：http://upload.wikimedia.org/wikipedia/commons/6/64/Asia_oce
　　　　ania_anonymous_c1550.jpg（2012 年 11 月 21 日瀏覽）。

圖 5-2：葡萄牙人於 1550 年畫的「東非、亞洲和西洋圖」

資料來源：http://tw01.org/group/terabithia/forum/topics/guo-ji-ming-ming-wei
　　　　（2012 年 11 月 21 日瀏覽）。

圖 5-3：1559 年 Andreas Homo 畫的世界地圖

　　葡萄牙人 Andreas Homo 在 1559 年畫的世界地圖，在越南外海畫了一個倒三角形的西沙群島，但沒有命名。葡萄牙人 Fernao Vaz Dourado 在 1571 年所繪的「遠東及南亞圖」，圖上標誌有 I. de Paracel。

　　荷蘭人 Petrus Plancius 在 1592 年繪的「摩鹿加群島（Insulae Moluccae）圖」，在越南中部外海畫了長條狀的沙洲地形，在沙洲東南方向標示有文字 Pracel，應即是西沙群島。最值得注意的是在 Pracel 的下方，有一塊點狀圖，上繪有一條魚，該點狀圖應即是南沙群島的位置。在

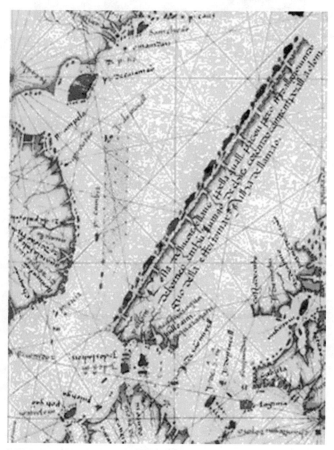

資料來源：http://www.worldmapsonline.com/far_east_1571.htm（2012年 11 月 20 日瀏覽）。

圖 5-4：Fernao Vaz Dourado 在 1571 年所繪的「遠東及南亞圖」

西沙群島的右方，延伸到呂宋島外海，有文字 Des Txxxx（字跡不清），上繪有一條魚，此點狀圖應即為中沙群島。（參見圖 5-5）從而可知，當時已知有南沙群島和中沙群島，惟並未予以命名。他在 1594 年畫的世界地圖（Orbis Terrarum），有畫出塊狀的南沙群島，但沒有畫出中沙群島。（參見圖 5-6）

資料來源：http://en.wikipedia.org/wiki/Petrus_Plancius
　　　　　http://en.wikipedia.org/wiki/File:1592_Insullae_Moluc._Plancius.jpg（2012 年 11 月 3 日瀏覽）。

圖 5-5：Petrus Plancius 在 1592 年畫的摩鹿加群島（Insulae Moluccae）圖中繪有 Pracel 群島

資料來源：http://en.wikipedia.org/wiki/Petrus_Plancius
　　　　　http://en.wikipedia.org/wiki/File:1594_Orbis_Plancius_2,12_MB.jpg（2012
　　　　　年 11 月 3 日瀏覽）。

圖 5-6：Petrus Plancius 在 1594 年畫的世界地圖（Orbis Terrarum）

　　1596 年，東方案內記（*Itinerario, voyage ofte schipvaert naer Oost ofte Portugaels Indien*, 1596）一書收錄了荷蘭人 Jan Huyghen van Linschoten（1563-1611）所畫的「東亞洲圖」，上面標繪了「I. de Pracel」島。

　　在中文地圖上標繪西沙群島最早的是義大利傳教士利瑪竇，他在 1605 年至北京，在上明神宗之表云：「謹以天主像一幅，天主母像二幅，天主經一本，珍珠鑲嵌十字架一座，報時鐘二架，坤輿萬國全圖一冊，西琴一張，奉獻於御前。」[39]表中所提及的坤輿萬國全圖，係 1602 年用中文在世界地圖上標繪各地地名，在該圖片上明顯可看到越南外海有「萬里長沙」四個字，換言之，在當時即已稱呼西沙群島為「萬里長沙」。但時間稍後的張燮的東西洋考，稱西沙群島為「萬里石塘」，而非「萬里長沙」，這是令人不解之處。至 1730 年，陳倫烔的海國聞見錄，才提及「萬里長沙」，以後的著作即以「萬里長沙」稱西沙群島，即使越

---

[39] 楊森富編，中國基督教史，臺北市：臺灣商務印書館發行，民國 61 年 7 月二版，頁 61。

資料來源：http://homepage3.nifty.com/boumurou/island/11/Manrigashima.html#Paracel
　　　　（2011/9/29 瀏覽）。

圖 5-7：荷蘭人 Jan Huyghen van Linschoten 畫的西沙群島

南於 1882 年出版的大南一統志，亦如是稱呼。[40]

　　關於中國將西沙群島和南沙群島海域納入巡邏範圍的記載，較完整的記錄是在清初。

　　清康熙 36 年（1697 年）廣東通志及雍正 9 年（1731 年）廣東通志、乾隆 39 年（1774 年）瓊州府志和道光 21 年（1841 年）瓊州府志等均把千里長沙和萬里石塘列入瓊州府疆域條中。如 1731 年郝玉麟的廣東通志

---

[40] 松本信廣編纂，大南一統志，卷之六，日本：日本印度支那研究會出版，昭和 16 年 3 月 15 日發行，頁 743。

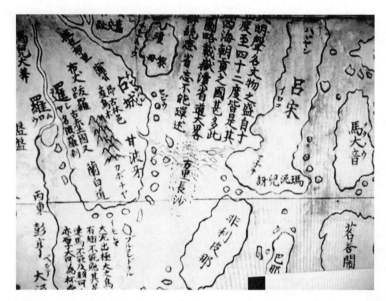

資料來源：http://upload.wikimedia.org/wikipedia/commons/7/71/Kunyu_Wanguo_Quantu_
%28%E5%9D%A4%E8%BC%BF%E8%90%AC%E5%9C%8B%E5%85%A8%
E5%9C%96%29.jpg（2012 年 11 月 8 日瀏覽）。

圖 5-8：利瑪竇坤輿萬國全圖中的萬里長沙

記載：「瓊以海為界，地饒食貨，黎峒介峙，郡邑環之。……萬州三曲水
環洋宮，六連山障，州治千里長沙、萬里石塘，煙波隱見。」[41]千里長沙
是西沙群島，而萬里石塘是南沙群島。

　　1710 年至 1712 年，吳陞任廣東水師副將時，曾率軍艦巡視西沙群
島，據 1870 年出版的由黃任、郭賡武修撰的泉州府志之記載：「吳陞，
字源澤，同安人，水性黃。為總旄，御賊于果塘。授千總，又從征金門、
廈門、澎湖、臺灣，以功授陝西游擊，擢廣東副將，調瓊州。自瓊崖，歷
銅鼓，經七州洋、四更沙，周遭三千里，躬自巡視，地方寧謐。」[42]

　　越南的文獻也有類似的記載，越南學者黎貴惇於 1776 年所著的撫邊
雜錄一書卷二記載：「黃沙渚，正近海南廉州府，船人辰遇北國漁舟，洋

---

[41]　〔清〕郝玉麟，廣東通志，卷四，瓊州府，形勝，頁 52。

[42]　黃任、郭賡武修，泉州府志，卷五十六，國朝武跡，頁 43-44。參見韓振華主編，前引
　　書，頁 67。

中相問。常見瓊州文昌縣正堂官查順化公文，內稱，乾隆十八年，安南廣義府彰義縣割鐮隊安平社軍人十名於七月往萬里長沙，採拾各物，八名登岸，尋覓各物，只存二名守船，狂風斷捉，漂入青瀾港，伊官查寔押送回籍，阮福潤令順化該簿識量侯為書以復。」[43]撫邊雜錄記載乾隆 18 年（西元 1753 年），瓊州文昌縣的正堂官巡察順化海域。

1832 年，清朝制定巡海會哨制度，規定每年 4 月和 10 月的 10 日為巡海會哨日期。在明誼所撰的瓊崖州府志記載：「崖州協水師營分管的洋面是東自萬洲東澳港起，西至昌化縣四更沙止，共巡洋面一千里。南面直接暹羅，占城夷洋。」徐家幹撰的洋防說略記載：「粵海海防範圍是自萬洲迤東直至南澳，又有千里石塘自萬洲迤東直至七洲洋。」

另外根據越南文獻之記載：「越南明命 15 年（1834 年）3 月，遣監城隊長張福仕與水軍二十餘人乘船往廣義黃沙處描取圖本。及還，帝問以所產物類，仕奏言：『此處海中沙渚廣漠無涯，惟有清人往來攻魚捕鳥而已。』因以所採禽鳥魚鱉螺蛤上進，多是奇物，人所罕見者，帝召侍臣觀之，賞在行人等銀錢有差。」[44]黃沙，即是越南人所稱的西沙群島。從該文敘述可知，在越人前往西沙群島前，即已有中國人在島上捕魚抓鳥。

1838 年，清代嚴如煜撰洋防輯要，書中記載：「海口有三路設巡海備倭，官軍以守之，春末夏初風汛之時，督發兵船出海防禦，中路自東莞縣南頭城出佛堂門、什字門、冷水角諸海澳，海船自東莞之南亭門，放洋至烏豬、獨豬、七洲三洋，星盤坤未針至外羅，坤申針則入占城，至崑崙洋，真子午收龍牙門港，則入暹邏，若蕃賊海寇，則入什字門打劫，故防之。」[45]很明顯的，清朝海軍巡邏的範圍遠至今天印尼廖內群島（Riau）的龍牙島（Lingga）（或譯為林伽島）、暹羅灣、越南中部外羅山、七洲洋和崑崙洋等地。

---

[43] Nguyen Khac Thuan 編譯，撫邊雜錄，Nha Xuat Ban Giao Duc 出版，河內，2007，頁 391。

[44] 〔越〕大南寔錄正編第二紀，卷一二一，許文堂、謝奇懿編，大南寔錄清越關係史料彙編，臺北市：中央研究院東南亞區域研究計畫，2000 年，頁 158。

[45] 〔清〕嚴如煜撰，洋防輯要，卷十四，廣東防海略（上），臺北市：臺灣學生書局，民國 64 年元月重印，第三冊，頁 1039。

　　西方人最早在西沙群島活動者為英國人，英國屬印度孟買
（Bombay）海軍 Ross 中尉和 Maughan 中尉兩人曾在 1808 年搭乘「研究
者號（Investigator）」和「發現號」（Discovery）前往西沙群島進行測
量。1815 年，Maughan 又率英船「研究者號」到土來塘島（即中建
島）。據李準巡海記所記載的，他在 1909 年 5 月前往西沙群島巡視時，
發現在一些島上的石頭上刻有德文字，落款時間為 1850 年，這可能是西
方勢力在西沙群島上留下的最早的記錄了。[46]其次的記載是在 1865 年，
Tizard 發表在林肯島（即東島）、登近島（即琛航島）及杜林門島（即晉
卿島）之調查報告。1867 年英船「Rifleman 號」船主李德（J. W. Reed）
赴香港經過中沙群島，又測量發現島（即華光礁）。[47] 1881 年，德國軍
艦「弗列拉（Frera）號」及炮艦「埃爾蒂斯（Iltis）號」至西沙群島永興
島進行勘測。陳天錫的著作中記載：「西人航海圖為 1883 年德國政府測
量（西沙島），1925 年復經 Iroquois 測量艦艦長 A. L. Jochson 修正；一
為西人 E. D. Existence 和 P. W. Position 編纂於 1884 年。」[48]

四、七到十二世紀從中國至臺灣之航線

　　在隋朝時，出現了流求國的地名，關於其位在今天何地，歷史學家有
不同的說法。列舉這些記載如下：

　　依據唐書地理志之記載：「泉州……自州正東海行二日至高華嶼，又
二日至黿鼊嶼，又一日至流求國。」[49]

　　「大業 3 年（607 年）3 月癸丑，遣羽騎尉朱寬使流求國。」[50]

---

[46] 李準巡海記，臺北市：臺灣學生書局，民國 64 年。

[47] 參見杜定友編，東西南沙群島資料目錄，臺北市：臺灣學生書局，民國 70 年，頁 63-
64。

[48] 陳天錫，西沙島成案彙編，海南出版社，海南，2004 年，頁 9。

[49] 〔清〕陳夢雷撰，古今圖書集成，唐書地理志五，方輿彙編坤輿典／輿圖部／彙考，坤
輿典，第 73 卷，第 057 冊第 17 頁之 2。

[50] 〔清〕陳夢雷撰，古今圖書集成，煬帝，明倫彙編皇極典／帝紀部／彙考，皇極典，第
52 卷，第 225 冊第 25 頁之 2。

煬帝即位，授驃騎將軍。大業三年，拜武賁郎將。後三歲，
與朝請大夫張鎮周發東陽兵萬餘人，自義安汎海，擊流求國，月
餘而至。流求人初見船艦，以為商旅，往往詣軍中貿易。稜率眾
登岸，遣鎮周為先鋒。其主歡斯渴剌兜遣兵拒戰，鎮周頻擊破
之。……渴剌兜自以軍疲，引入柵。稜遂填塹，攻破其柵，斬渴
剌兜，獲其子島槌，鹵男女數千而歸。[51]

隋書・流求國傳：流求國，居海島之中，當建安郡東，水行
五日而至。土多山洞。其王為可老羊，妻曰多拔荼。所居曰波羅
檀洞，塹柵三重，環以流水，樹棘為藩。[52]

隋書所講的流求國的方位和國情，姑且不論是否為臺灣或琉球，[53]可
以確定的是西元第 7 世紀初已有船隻可越過東海或臺灣海峽。以後將近
564 年沒有關於中國和臺灣來往之記錄。

直至第 12 世紀中葉，才有中國和臺灣來往的較確實的紀錄。宋朝人
周必大於 1201 年撰的文忠集，曾提及「毗舍耶」地名，在該書卷六十七
有「汪大猷的神道碑」上記載：「乾道 7 年（1171）……4 月，起知泉
州。海中大洲號平湖，邦人就植粟、麥、麻。有毗舍耶蠻，揚颿奄至，肌
體漆黑，語言不通，種植皆為所獲。調兵逐捕，則入水持其舟而已。俘民
為嚮導，劫掠近城赤嶼州。於是春夏遣戍，秋暮始歸，勞費不貲。公即其
地，造屋二百區，留屯水軍，蠻不復來。」[54]該文首次提及毗舍耶人在
1171 年至澎湖（宋代稱平湖）掠奪民家所種的粟、麥、麻。甚至抓了當

---

[51] 〔清〕陳夢雷撰，古今圖書集成，陳稜，明倫彙編官常典／將帥部／名臣列傳，官常
典，第 489 卷，第 294 冊第 48 頁之 1。

[52] 〔清〕陳夢雷撰，古今圖書集成，博物彙編草木典／棘部／紀事，草木典，第 271 卷，
第 552 冊第 38 頁之 1。

[53] 該一描述像臺灣的地方有：以酒祭山海神、酋長居處放置骷髏、殺人祭神、使用弓箭。
不同處為：以木柵圍居、累石繫幡以為神主、一個說水行月餘始至流求、一個說水行五
日而至。

[54] 引自臺灣史蹟研究會彙編，臺灣叢談，臺北市：幼獅文化事業公司印行，民國 73 年 11
月 3 版，頁 50。陳冠學認為赤嶼州即為臺南的赤嵌。見陳冠學，老臺灣，臺北市：東
大圖書公司，民國 70 年 9 月初版，頁 13。

地人作為嚮導，前往附近的赤崁州掠奪。汪大猷遂至澎湖造屋，囤駐水軍，以後毗舍耶人就不再來騷擾。

樓鑰撰的攻媿集卷八十八「汪大猷行狀」也有相關的記載，上說：「乾道 7 年（1171）……4 月，起知泉州，到郡；……郡實瀕海，中有沙洲數萬畝，號平湖。忽為島夷號毗舍耶者奄至，盡刈所種。他日又登海岸殺略，禽四百餘人，殲其渠魁，餘分配諸郡。初則每遇南風，遣戍為備，更迭勞擾。公即其地，造屋二百間，遣將分屯，軍民皆以為便；不敢犯境。」[55]文中提及的「每遇南風」，是指毗舍耶人來自澎湖南邊，趁吹南風時，乘小竹筏攻擊澎湖。因此，很有可能毗舍耶人是來自南臺灣。

在宋史亦有毗舍耶人寇掠泉州的記載。「孝宗淳熙　年，琉求入寇泉州。「按宋史‧孝宗本紀不載。按琉求本傳：琉求國，在泉州之東，有海島曰彭湖，煙火相望。其國塹柵三重，環以流水，植棘為藩，以刀槊弓矢劍鼓為兵器，視月盈虧以紀時。無他奇貨，商賈不通，厥土沃壤，無賦斂，有事則均稅。旁有毗舍邪國，語言不通，袒裸盱睢，殆非人類。淳熙間，國之酋豪嘗率數百輩猝至泉之水澳、圍頭等村，肆行殺掠。喜鐵器及匙箸，人閉戶則免，但刓其門圈而去。擲以匙箸則頫拾之，見鐵騎則爭刓其甲，駢首就戮而不知悔。臨敵用標鎗，繫繩十餘丈為操縱，蓋惜其鐵不忍棄也。不駕舟楫，維縛竹為筏，急則群異之泅水而遁。」[56]上述宋史所講的琉求應即是臺灣。

南宋人真德秀於 1218 年撰文集中「申樞密院措置沿海事宜狀」，曾記載：「永寧寨（地名水澳），去法石七十里。初乾道間，毗舍耶國人，寇殺官民，遂置寨於此。其地闞臨大海，直望東洋，一日一夜可至彭湖。彭湖之人，週夜不敢舉煙，以為流求國望見，必來作過。以此言之，置寨城得其地。」[57]真德秀所講的事，是毗舍耶國人寇掠泉州附近的永寧寨。

[55] 引自伊能嘉矩原著，溫吉編譯，臺灣番政志（一），臺北市：臺灣省文獻委員會出版，民國 46 年 12 月，頁 27。

[56] 〔清〕陳夢雷撰，古今圖書集成，方輿彙編邊裔典／琉球部／彙考，孝宗淳熙，邊裔典，第 100 卷，第 217 冊第 48 頁之 1。

[57] 引自臺灣史蹟研究會彙編，臺灣叢談，頁 55。

而流求國應是指臺灣，意思是指澎湖人晚上不敢生火，怕臺灣島上的毗舍耶國人看見而來騷擾。

葉適所編撰的水心集卷二十四，「周鎮伯墓誌銘」上曾記載：「永嘉人周鎮伯，字鼎臣，……白蒲延大掠流鵝灣，同巡檢輕戰而潰，君代尉，馳往，三日中生縛其酋二，剗賊無遺。」[58]該墓誌銘寫於嘉定 13 年（1220 年），文中所講的「白蒲延」大掠流鵝灣（在泉州附近），可能是與前述周必大文忠集中提及的毗舍耶蠻入侵彭湖一事不同。按「白蒲延」是位在今天呂宋島北面的 Babuyan 群島。換言之，當時入侵泉州沿海者為白蒲延人。

宋人趙汝适於 1225 年撰的諸蕃志，該書流求國條記載：「流求國當泉州之東，舟行約五六日程。……土人間以所產黃蠟、土金、犛尾、豹脯，往售於三嶼，旁有毗舍耶、談馬顏等國。」[59]該書所講的流求國，當指今天的臺灣。但值得注意的是，該書說流求（指臺灣）的土人將土產販售至三嶼，三嶼位在今天菲島中部的民多羅島（Mindoro）和巴拉望島（Palawan）之間的島嶼，[60]而三嶼旁邊有毗舍耶、談馬顏等國。換言之，毗舍耶地近三嶼，都應在菲島中部。今天菲島中部仍稱為米賽亞（即毗舍耶的另一種音譯）（Bisaya 或 Visaya）。

然而在該書亦有「毗舍耶國條」，上記載：「毗舍耶，語言不通，商販不及，袒裸盱睢，殆畜類也。泉有海島曰彭湖，隸晉江縣。與其國密邇，煙火相望。時至寇掠，其來不測，多罹生噉之害，居民苦之。淳熙間，國之酋豪常率數百輩猝至泉之水澳圍頭等村，恣行兇暴，戕人無數，淫其婦女，已而殺之。……不駕舟楫，惟以竹筏從事，可摺疊如屏風，急則群舁之，泅水而遁。」[61]該條目所講的「毗舍耶」的地貌，顯然與流求

---

[58] 〔宋〕葉適，水心集，卷二十四，臺北市：臺灣中華書局印，民國 55 年 3 月，頁 4-5。

[59] 馮承鈞校注，諸蕃志校注，頁 85-86。依據藤田八豐之註解，明以前所講之流求，概指臺灣，明朝以後，始稱今之琉球。見馮承鈞校注，同前書，頁 86，注 1。

[60] William Henry Scott, *Filipinos in China Before 1500*, Manila: De La Salle University, 1989, p.5.

[61] 馮承鈞校注，諸蕃志校注，頁 86-87。

條目所講的「毗舍耶」不同。趙汝适在同書中兩個條目提及相同的名稱，一般以為係指相同的地點，但細觀該兩條目之地理關係及前後文義，顯然是指不同的地點，而有相同的名稱。換言之，當時臺灣的土著自稱為毗舍耶人，他們可能來自菲島中部的米賽亞地區。

　　宋朝馬端臨撰的文獻通考亦有類似記載，「琉球國……在泉州之東，有島曰彭湖，煙火相望，水行五日而至。……旁有毗舍耶國，語言不通，袒裸盱睢，殆非人類。宋淳熙間，其國之酋豪嘗率數百輩猝至泉之水澳圍頭等村，多所殺掠。喜鐵器及匙筋。人閉戶，則免。但取其門環而去。擲以匙筋，則俯拾之，可緩數步。官軍擒捕，見鐵騎，則競刓其甲，遂駢首就僇。臨敵用鏢，鏢以繩十餘丈為操縱，蓋愛其鐵不忍棄。不駕舟楫，惟以竹筏從事，可摺疊如屏風，急則群異之，浮水而逃。」[62]馬端臨描述的「琉球國」，應在北臺灣，而「毗舍耶國」，應該是在臺灣西部或南部某地。

　　元朝汪大淵於 1349 年所著的島夷誌略中亦有琉球和毗舍耶之記載。汪大淵曾於 1330 年從泉州出海遊歷，1334 年返國。1337 年冬，他第二次由泉州出海遊歷，1339 年夏秋返國。但無法知道他係在哪一年到過琉球。書中所講的琉球，可能即是臺灣。他在琉球條中說：「〔琉球〕地勢盤穹，林木合抱……。其峙山極高峻，自澎湖望之甚近，余登此山，則觀海潮之消長。……俗與澎湖差異。水無舟楫，以筏濟之。……知番主酋長之尊，有父子骨肉之義。他國之人，倘有所犯，則生割其肉以啖之，取其頭懸木竿。」

　　從上述諸書的記載可得出下列的認知：

　　第一，中國人在 1171 年以前已知道越過臺灣海峽到澎湖的航路，並在澎湖從事農作。至第 13 世紀初，已有從中國泉州到澎湖、臺灣、白蒲延、菲律賓中部米賽亞的航線。

　　第二，臺灣的毗舍耶人在 1171 年越過臺灣海峽攻擊泉州。毗舍耶人是如何知道該一航路？如果他們從未到過泉州，應該不會知道該一航路。

---

[62]〔宋〕馬端臨撰，文獻通考，卷三百二十七、四裔考四、琉球。

換句話說，毗舍耶人之所以能夠航越臺灣海峽，是否得到當時的中國人的協助？或者，在攻擊泉州之前，毗舍耶人曾與中國人一起航越臺灣海峽到過泉州，所以知道該一航線。

第三，1220 年，菲律賓的白蒲延人大掠在泉州附近的流鵝灣。白蒲延是位在呂宋北端外海的島嶼，白蒲延人航越巴士海峽抵達南臺灣，而與毗舍耶人有來往，並從他們獲知航越臺灣海峽的航路。如果此一推論可靠的話，則有無可能在第十世紀中葉麻逸是循此航道到廣州？與此問題有關的，廣州很早就成為中國對外通商的重要港口，許多東南亞國家的使節或商人前往中國都是從廣州登岸，麻逸商人第一次前往中國就能到廣州，而非泉州，顯然麻逸商人是循其他東南亞國家的航海路線前往廣州。就此而言，麻逸商人可能不知道從呂宋經臺灣前往廣州之航路。

第四，汪大淵在 1330-1334、1337-1339 年兩次從泉州出海遊歷，曾到過臺灣，他的航路如何？沒有記載。不過，從島夷誌略一書的安排，略可窺見他的航程。該書第一個論述的地點是澎湖，他說：「自泉州順風二晝夜可至。」因此，很有可能他是先到澎湖。然後再前往「琉球」，即臺灣。在該條最後，他說：「海外諸國蓋由此始」，意即他以後前往其他國家旅行是從臺灣為起點。如果此一推論可靠，則當時應有環繞南海周邊國家的航線存在。該書三島條亦提到：「男子常附舶至泉州經紀，罄其資囊，以文其身，既歸其國，則國人以尊長之禮待之，延之上座，雖父老亦不得與爭焉。」據此可知，從菲島中部經由臺灣到泉州，已是當時的一條航路。

五、宋朝新開闢至呂宋之航路

在中國宋朝初年，約在第十世紀中葉，在中文文獻中記載了從越南中部的占城到呂宋的航程，該一記載主要是為了說明占城的方位，而介紹了占城和呂宋的距離和方位，這是很值得注意的紀錄。

宋朝太祖建隆二年（961 年）春正月，占城國王遣使來朝。根據宋史·占城本傳：「占城國在中國之西南，東至海，西至雲南，南至真臘

國，北至驪州界。汎海南去三佛齊五日程。陸行至賓陀羅國一月程，其國
隸占城焉。東去麻逸國二日程，蒲端國七日程。北至廣州，便風半月程。
東北至兩浙一月程。西北至交州兩日程，陸行半月程。」[63] 文中所講的
「麻逸」，是位在菲律賓中西部的民多羅島；[64]「蒲端國」是位在民達那
峨島北部的布端（Butuan），在阿古山河（Agusan River）的下游出海口
處。[65] 該記載沒有提及如何從占城航行至麻逸，在該航程中會經過南沙群
島，船隻如何避開該一危險區域而能在兩天內抵達麻逸，是令人質疑的。
無論如何，該項記載證實了從越南中部和菲律賓之間開始有船隻航行。

　　另外據食貨志之記載，宋朝「開寶四年（971 年），置市舶司於廣
州，後又於杭、明州置司。凡大食、古邏、闍婆、占城、勃泥、麻逸、三
佛齊諸蕃並通貨易，以金銀、緡錢、鉛錫、雜色帛、瓷器，市香藥、犀
象、珊瑚、琥珀、珠琲、鑌鐵、鼉皮、瑇瑁、瑪瑙、車渠、水精、蕃布、
烏林檣、蘇木等物。」

　　上述文獻提及除了麻逸國有商人到中國貿易外，亦有勃泥國的商人。
勃泥國即是位在今天婆羅洲的汶萊。從其港口詩里巴卡灣（Bandar Seri
Begawan）如何越過南海前往中國廣州？這是一個謎。至目前尚未發現任
何一項文件說明該項航程。無論如何，當時的船隻有可能直接越過南海
嗎？直接越過南海必然會經過南沙群島，其航行必然相當危險。當時是否
已知道有南沙群島的存在？缺乏文獻紀錄。如果船隻不是直接越過南沙群
島，那麼，船隻越過南海只有兩條路，一是往南航行，經由婆羅洲西北
角，再越過納土納島（Natuna）北面到越南南部，北上到占城，再前往中
國。二是從婆羅洲北部往北航行，經由呂宋，到臺灣南部，經由澎湖，越

63　〔清〕陳夢雷撰，古今圖書集成，曆象彙編乾象典，占城部，彙考，乾象典，第 103
　　卷，第 218 冊第 4 頁之 2。

64　摩逸國，又寫為麻逸國，今之菲律賓的呂宋島南部或明多羅島（Mindoro）。（參見蘇
　　繼卿，南海鉤沈錄，臺北市：臺灣商務印書館，民國 78 年，頁 416。）E. P. Patanne 亦
　　認為麻逸國是在明多羅島。（參見 E. P. Patanne, *The Philippines in the 6th to 16th
　　Centuries*, Quezon City, the Philippines: LSA Press Inc., 1996, p.66.）

65　Eufemio P. Patanñe, *The Philippines in the 6th to 16th Centuries*, Manila: LSA Press, Inc.,
　　1996, p.107. 但蘇繼卿認為是位在菲律賓群島中西部的班乃島（Panay）西岸 Dao 附近
　　的 Butuan。（參見蘇繼卿，前引書，頁 422。）

過臺灣海峽到中國。如果是走後者的航線，則可以間接證明在 971 年時已有越過臺灣海峽的航線。不過，在成文文獻中有關航越臺灣海峽的文獻要到 1170 年代才有確實的記載。為何從 971 年到 1170 年代之二百年之間缺乏越過臺灣海峽的紀錄？

有些考古發現認為在唐朝時即有中國瓷器經由阿拉伯人運往菲島，菲島有很多考古遺址發現唐朝的瓷器。在宋朝時，還從中國運送大型的陶罐到菲島，可能作為埋葬或裝飾之用。然而，這些考古記錄無法說明這些瓷器如何或走何航線運到菲島。

至於從中國到菲律賓中部的航線，有可能延伸到渤泥嗎？至少到 1370 年，還沒有有關這一航線的記載。例如明太祖在該年派遣使節到渤泥，航行路線是從泉州抵達東爪哇，再到渤泥，即今天的汶萊。「太祖洪武 3 年（1370 年），命福建行省都事沈秩詔諭浡泥國，其王遣使入貢。按明外史・浡泥傳：浡泥，於古無所考，宋太宗時始通中國。太祖洪武 3 年 8 月，命御史張敬之、福建行省都事沈秩往使。自泉州航海，閱半年抵闍婆，又踰月至其國。」[66] 顯然明朝使節是先航行到東爪哇，再前往渤泥。

值得注意的是，1372 年元月，呂宋遣使向中國朝貢。1405 年，合貓里（位在今天的呂宋東南方的沙瑪島）遣使向中國朝貢。1406 年 8 月，馮牙施蘭（峰牙絲蘭）之酋長玳瑁、里欲二人各率其屬朝貢。1410 年，復朝貢中國。1417 年 9 月 21 日，蘇祿東王、西王、峒王及眷屬、臣僚 340 人訪問中國，他們是如何前往中國的？是走從婆羅洲經爪哇到越南再到中國的航路嗎？還是從呂宋經臺灣再越過臺灣海峽到中國的航路？此是仍有待解開的謎題。

---

[66] 〔清〕陳夢雷撰，古今圖書集成，曆象彙編乾象典，浡泥部，彙考，乾象典，第 104 卷，第 218 冊第 10 頁之 2。

六、中國到東爪哇之航路

　　蒙古忽必烈入主中國後，數次遣使爪哇要求其派遣國王到中國朝貢，均遭拒絕，且將使節孟祺黥面放回，忽必烈感到受辱，所以在 1292 年 12 月派遣 6 千名軍人攻打爪哇。[67]

　　12 月，遠征軍從泉州後渚出發，沿著海岸南向航行，先經過七洲洋，次到萬里石塘，也就是西沙群島。再前行到越南交趾的邊界，進入越南中部的占城。占城的位置約在今天越南中部平定、歸仁一帶。

　　1293 年 1 月，史弼的遠征軍船隊經過東董山、西董山、牛崎等嶼。在元代，從中國往南洋各國船隻航行的方向，在張燮的東西洋考一書中曾提及東西洋針路，他說船隻到達越南南部後要轉往柬埔寨和爪哇者，需在鶴頂山分路，鶴頂山在今天的頭頓。[68]東西洋考又說：「鶴頂山，其洋中有玳瑁洲，宜防。若往柬埔寨，由此分路。」[69]而玳瑁洲，即位在頭頓外海。如要前往爪哇，則東西洋考舉出的航行路線是：「從玳瑁洲到東西董、失力大山、馬鞍嶼、塔林嶼、吉寧馬哪山、勿里洞山、吉里問大山、保老岸山、椒山、思吉港饒洞。」謝方認為上述地點大概在今天的位置：「從玳瑁洲（頭頓外海的沙洲）到東西董（越南南部海島或納土納島）、失力大山（卡里曼丹西端大山）、馬鞍嶼（卡里曼丹西部淡美蘭群島）、塔林嶼（淡美蘭群島）、吉寧馬哪山（卡利馬達島）、勿里洞山（勿里洞島）、吉里問大山（吉利門島）、保老岸山（中爪哇東北部布格角）、椒山（在廚閩附近）、思吉港饒洞（梭羅河下游的蘇吉丹）。」[70]

　　然而，值得注意的是，從一地到另一地當時所用的時間，例如從鶴頂山外海的玳瑁洲前往東西董，「用丁未針，三更」，按當時用法一更約二

---

[67]　楊家駱主編，〔明〕宋濂等撰，新校本元史并附編二種，卷十七，本紀第十七，世祖十四，臺北市：鼎文書局，1981，頁 359。

[68]　〔明〕黃省曾、張燮著，謝方點校，西洋朝貢典錄校注、東西洋考，北京市：中華書局，2000 年，頁 302。

[69]　〔明〕張燮，東西洋考，卷九，西洋針路。

[70]　〔明〕黃省曾、張燮著，謝方點校，西洋朝貢典錄校注、東西洋考，頁 180。

點四小時，[71]故三更約花了七點二小時時辰；而從東西董到失力大山，「用單丁，五更；丁未，三十更」，合起來共三十五更，約花了七十四小時；從失力大山到馬鞍嶼，「用巽巳，五更」，約花了 12 小時。從上述船行時間來推算，東西董應該還離越南海岸不遠之處，最可能的地方就是頭頓東方外海的小加堆克灘（Petite Gatwick）和大加堆克灘（Gde Gatwick）。而從東西董山到失力大山，共花了 74 小時，足見東西董山不可能是納土納群島，而失力大山才可能是納土納群島。

　　另外亦可從「混沌大洋」來瞭解東西董山的位置。元史說當遠征軍船隊經過東西董等島嶼後，即進入「混沌大洋」。「混沌大洋」應是一個形容海水混濁的名詞，湄公河河水流入南海，其夾帶的泥沙流入海中，造成海水混濁，當時也可能下過雨後，海水中混有泥沙而變成混濁，故名之為「混沌大洋」。從而可知，船隊仍然是在沿海岸邊航行，而非在遠離海岸的深海中航行。如果此一推測可靠的話，則上述把東董、西董山、牛崎等嶼解釋為崑崙群島，是不妥的。因為從北往南航行，如從頭頓外海往南航行，會先經過湄公河三角洲外海的所謂「混沌大洋」，再進入崑崙群島。崑崙群島位在湄公河三角洲的南側。因此，較可能的情況是東董、西董山、牛崎等嶼是前述頭頓外海的大小加堆克灘，從該處往南航行，即會經過湄公河出海的混濁海域。此外，宋史提及闍婆（即爪哇）時說：「闍婆國在南海中，其國東至海一月，泛海半月至崑崙國。」[72]宋會要番夷四之九九真里富國條，也說：「嘉定 9 年（1216 年）7 月 20 日，真里富國，……欲至中國者，自其國放洋，5 日抵波斯蘭，次崑崙洋，經真臘國，數日至賓達榔國，數日至占城界，……。」[73]明朝張燮的東西洋考一書中提及東洋針路和西洋針路時，也提到東董山和崑崙山兩個地名，分別

71　根據〔清〕施鴻保，閩雜記的說法，「海道不可里計，行舟者以籌為更漏篙，如酒壺狀，中實細沙懸之，沙從篙眼滲出，復以一篙承之，上篙沙盡，下篙沙滿，則上下更換，謂之一更。每一日夜共十更。」〔清〕施鴻保，閩雜記，福建：福建人民出版社，1985。

72　〔元〕脫脫，宋史，卷四百八十九，闍婆傳，頁 14。

73　參見〔清〕徐松，宋會要輯稿，第一百九十七冊，番夷四，真里富國條，臺北市：中華書局影印本，1957 年，頁 7763。

資料來源：作者自繪。

圖 5-9：元軍出兵爪哇路線圖

指不同的地點。[74]足見宋朝和明朝時已知有崑崙一地，不可能在元朝時把崑崙改為東西董山，二者應是兩個不同的地點和地名。

遠征軍船隊繼續前行至橄欖嶼、假里馬荅及勾欄等山。格羅尼維德特（W. P. Groeneveldt）則認為橄欖嶼在今天的坦比蘭島（Tambelan），假里馬荅在卡利馬達島，勾欄山在今天的勿里洞島（Billiton）。[75]遠征軍大軍在完成整備糧草、建造小船妥當後，即於 1293 年 2 月出兵前進爪哇島。遠征軍先抵達吉利門，[76]登陸爪哇的杜並足（即今天東爪哇北岸的杜板（Tuban），或廚閩）。

---

[74] 參見〔明〕張燮，東西洋考，卷九，舟師考。

[75] 格羅尼維德在書中第 26 頁提到的橄欖嶼和假里馬荅都沒有指出詳細位置，勾欄山則指今天的勿里洞島。但在該書最後一頁附了一張圖，圖上標示了 1293 年元軍進軍爪哇的幾個島嶼名稱。參見 W. P. Groeneveldt, *op.cit.*, p.26.

[76] 劉繼宣及束世澂認為是在今天的爪哇海中的 Kariman-Java 島。參見劉繼宣、束世澂，中華民族拓殖南洋史，臺北市：臺灣商務印書館，民國 60 年，頁 45。新元史對吉利門有一描述，說：「遐來物，即吉利門，至元中大兵攻爪哇，自构欄山進至吉利門，即此地也。俗尚怪妖，男女挽髻。人死以生腦慣其尸，欲葬而不腐。」見〔明〕柯劭忞撰，新元史，卷二百五十三，列傳，頁 11。謝方亦認為是在 Kariman-Java 島。參見謝方校注，西洋朝貢典錄校注，頁 19。印尼於 1988 年出版的地圖，將該地地名英文改為 Karimun Archipelago。

七、16 世紀的大帆船貿易

在大帆船貿易（指西班牙於 1565 年至 1815 年從菲島宿務、馬尼拉至墨西哥西海岸的阿卡普爾科（Acapulco）港口的大帆船貿易）時代開始以前，南海地區的貿易是以沿岸航行船隻為主，而此型船隻之航行受到該一地區一年兩次季節風向的影響頗大。也就是從中國啟程前往東南亞，必須趁著冬季吹東北季節風時揚帆往東南亞，而在夏季趁吹西南風時揚帆返回中國。值得注意的是，這個以馬尼拉為航運中心的新的大帆船貿易航路，為了將東亞各國的商品運到馬尼拉集中，而開闢了周圍的新航路，例如從馬尼拉到臺灣、再到日本的航路；從馬尼拉到廈門、澳門的航路；從馬尼拉到婆羅洲、越南南部、暹羅大城（Ayuthaya）的航路；馬尼拉到婆羅洲、摩鹿加群島（Molucca Islands）或東爪哇的航路。

在 1598 年以前，菲律賓和中國的貿易港口是廈門，但在該年西班牙船隻直接航抵澳門（葡萄牙人已在 1557 年長期居住澳門經商），要求通商，因違反過去通貢的往例而遭地方官拒絕。「萬曆 26 年（1598 年），呂宋國徑抵濠鏡澳，臺司官議逐之。」另依據廣東通志之記載：「呂宋國例由福建貢市，萬曆 26 年 8 月初 5 日，徑抵濠鏡澳，住舶索請開貢，兩臺司道咸謂其越境違例，議逐之。諸澳彝亦謹守澳門，不得入。九月移泊虎跳門，言候丈量，越十月又使人言，已至甲子門，舟破趨還，遂就虎跳門，徑結屋群居，不去海道，副使章邦翰飭兵，嚴諭焚其聚次。九月始還東洋，或曰此閩廣商誘之使來也。」[77]

荷蘭人於 1596 年 4 月進入爪哇萬丹港，因受到當地英國和中國商人的排擠，而轉移至摩鹿加群島尋求貿易據點。1601 年荷蘭人至廣東東部的香山澳（即今澳門）尋求通商互市，但未獲成功。1604 年 8 月，荷蘭人入侵澎湖。明朝派沈有容諭退荷蘭人。10 月 15 日，荷人退去。1609年，荷蘭人又派兩艘艦隻至澎湖。1619 年，荷蘭人將其據點從摩鹿加群

---

[77] 〔清〕陳夢雷撰，古今圖書集成，曆象彙編乾象典，臺灣府部，紀事，乾象典，第 105 卷，第 218 冊第 15 頁之 1。

島遷至雅加達，後將雅加達改名為巴達維亞城（Batavia）。1622 年 7 月，荷軍重新登陸澎湖，並築砲台駐守。荷人並從中國沿海抓捕壯丁 1 千 4、5 百人，經由澎湖分批送至巴達維亞，賣為奴役築城。[78]次年，福建巡檢司南居益率領海軍在白沙島東方鎮登陸，雙方戰鬥 8 個月，不分勝負。最後雙方經由談判達成協議，荷蘭放棄澎湖，明朝政府允許荷蘭佔領臺灣，不得提出異議。1624 年，荷蘭入據大員（今臺南）地區，並築城招募漢人移墾，展開了臺灣近代化的首頁。在荷蘭的想法裡，是將臺灣視為從巴達維亞前往中國東南沿海和日本貿易的一個中繼站，臺灣從 1624 年至 1662 年東寧政權統治為止，在荷蘭人的世界貿易需求下，而被一下子推向世界貿易的國際舞臺上。臺灣和巴達維亞之間開闢了新航線。

在荷蘭統治臺灣時期，與西班牙形成貿易競爭，故馬尼拉、臺灣、澎湖、廈門之間的航路中斷。當東寧政權統治時，清朝對臺灣又實施「海禁政策」，因此臺灣海峽兩岸之間的貿易又告中斷。1683 年起清國統治臺灣。郁永河在 1696 年前往臺灣採硫磺，後來在他所著的宇內形勢上的記載：「往呂宋者，由廈門渡彭湖，循臺灣南沙馬磯，[79]斜指東南巽方，經謝昆尾山、大小覆釜山，繞出東北，計水程七十二更；往蘇祿者，從覆釜直指正南，水程一百四十更。」[80]此一記載顯示當時恢復了中國經由臺灣前往呂宋的航路。

西班牙控制菲律賓群島後，大帆船貿易便成為西班牙在遠東推動貿易的重要機制。馬尼拉成為遠東的重要港口，周鄰國家的貨物都集中在馬尼拉再運至墨西哥。由於該航線的開闢，中國的商品，特別是絲織品、瓷器和日常器具等都賣至菲律賓和墨西哥。而從中國開往馬尼拉的港口，是福建的廈門。大帆船貿易促成了明朝時的「東洋針路」的發展。

明朝張燮於 1618 年撰的東西洋考一書提出「東洋針路」，其航路是

---

[78] 臺灣省文獻委員會編，臺灣史，臺北：眾文書局，1988 年，頁 67。

[79] 「古時之『沙馬磯』即為今日恆春的西南岬，亦即指『貓鼻頭』而言；而所謂『龜那禿』（即『龜仔角』，亦即西洋人所說之『Kualut』）則應是翻譯自此地之高砂族社名，乃是指『南灣』附近而言。」http://www.taiwan123.com.tw/LOCAL/name03-13.htm（2012 年 6 月 12 日瀏覽）。

[80] 〔清〕郁永河，「宇內形勢」，載於裨海紀遊，臺北市：成文書局，1983，頁 71。

「從太武山經過澎湖嶼、沙馬頭澳（即沙馬磯頭山，位在屏東的貓鼻頭）
[81]、筆架山（位在菲律賓北部巴布煙群島最北端的島嶼）[82]、大港（為呂
宋北部的阿巴里港（Aparri））[83]、哪哦山（老沃 Laoag）[84]、密雁港（維
干 Vigan）[85]、六藐山（位在聖費爾南多 San Fernando）[86]、郎梅嶼（位在
Tomas 港）[87]、麻里荖嶼（Manilao，位在蜂牙絲蘭省）[88]、玳瑁港（東是
傍佳絲蘭）（可能為林牙彦 Lingayen）、表山（呂宋島西岸的博利瑙
（Bolinao）角）[89]、里銀中邦（位在呂宋西岸的 Hermana Mayor）[90]、頭
巾礁（收呂宋國）（指呂宋的尾端，位在 Capones 島）[91]、貓里務國（位
在 Marinduque 島）[92]。又從呂宋入磨荖央港〔可能位在呂宋島西南岸的

---

[81] 按臺灣府志：「本郡四面環海，惟雞籠東南一帶，舟行約三更水程，則不可前，過此下
溜，乃罘水朝東之處，一下溜則不可復返，故宜慎之。浪嶠南戰，去沙馬溪頭一潮水，
遠視微茫，舟人罕至。昔有紅毛合慣熟，長年駕舟至彼，見有番人赤體牧羔羊，將羊一
群縛至海岸，與紅毛換布，紅毛出艇亦擲布於岸示之，如番來收布，紅毛方敢取羊，否
則趕回。今灣地之羔羊是其種也。
鳳山縣沙馬磯頭山，在郎嬌山西北，其山西臨於海。小琉球山，在鳳山西南海洋中，周
圍約有三十餘里。諸羅縣雞籠嶼在海洋中。」〔〔清〕高拱乾纂，臺灣府志，卷七，風
土志，「土番風俗」。沈雲龍主編，近代中國史料叢刊續編第五十一輯，臺北市：文海
出版社，民國45年重印）。

[82] 陳荊和，十六世紀之菲律賓華僑，香港：新亞研究所東南亞研究室刊，1963 年，頁
162。

[83] 謝清高口述，楊炳南筆錄，安京校釋，海錄校釋，北京：商務印書館，2002 年，頁
314。

[84] 謝清高口述，楊炳南筆錄，安京校釋，前引書，頁 314。但中山大學東南亞歷史研究所
認為哪哦山位在呂宋島北岸的布爾戈（Burgos）。參見中山大學東南亞歷史研究所編，
中國古籍中有關菲律賓資料匯編，北京市：中華書局，1980，頁 228，註 10。

[85] 謝清高口述，楊炳南筆錄，安京校釋，前引書，頁 314。

[86] 謝清高口述，楊炳南筆錄，安京校釋，前引書，頁 315。

[87] 謝清高口述，楊炳南筆錄，安京校釋，前引書，頁 315。

[88] 但安京認為是位在 Bolinao，參見謝清高口述，楊炳南筆錄，安京校釋，前引書，頁
315。

[89] 謝清高口述，楊炳南筆錄，安京校釋，前引書，頁 315。

[90] 陳荊和，前引書，頁 162。

[91] 陳荊和，前引書，頁 162。但安京認為是位在三描禮示省南端的 Cochinos。參見謝清高
口述，楊炳南筆錄，安京校釋，前引書，頁 315。

[92] 陳荊和，前引書，頁 162。

巴拉央（Balayan）〕[93]。又從呂宋過文武樓（可能為民多羅島），沿山至龍隱大山，為以寧港〔可能位在民多羅島南端的伊林（Ilin）島〕[94]。又從以寧港取漢澤山（可能位在班乃 Panay 島南部）[95]、海山（位在 Negros 島西南部）[96]。又從漢澤山取交溢〔可能在三寶顏（Sambonga）〕、魍根礁老港〔即馬金達諾（Magindano），位在古達描（Cotabato）〕、紹山（可能位在民答那峨島南面的 Sarangani 島）[97]、千子智港〔可能位在摩鹿加群島的德那地（Tenate）〕[98]、紹武淡水港（位在美洛居，舶人稱米六合）（即摩鹿加群島）。又從交溢、犀角嶼〔可能為巴西蘭島（Basilan）〕、蘇祿國〔位在和魯島（Jolo）〕。又從呂蓬（在馬尼拉外海西南部的 Lubang 島）、芒煙山（可能位在民多羅島南邊的 Mangarin）[99]、磨葉洋（即麻逸海域）、小煙山（可能位在 Calamian 群島一帶）[100]、七峰山〔可能位在巴拉望（Palawan）島東北一帶〕[101]、巴荖圓（可能為巴拉望島）、羅蔔山（指巴拉望島南面的 Balabac）[102]、聖山（可能為沙巴東北部的 Sampanmangio 角）[103]、崑崙山（指沙巴州的 Kota Belud）[104]、長腰嶼〔可能為文萊灣外的納閩島（Labuan）〕[105]、鯉魚塘（可能位在文萊 Muara 岸外）[106]、文萊國即婆羅國，此東洋最盡頭，西

---

[93] 參見謝清高口述，楊炳南筆錄，安京校釋，前引書，頁 315。

[94] 參見謝清高口述，楊炳南筆錄，安京校釋，前引書，頁 316。陳荊和亦作此推論。

[95] 陳荊和，前引書，頁 162。

[96] 陳荊和，前引書，頁 162。

[97] 參見謝清高口述，楊炳南筆錄，安京校釋，前引書，頁 316。

[98] 參見謝清高口述，楊炳南筆錄，安京校釋，前引書，頁 317。

[99] 中山大學東南亞歷史學研究所編，前引書，頁 231，註 8。

[100] 參見謝清高口述，楊炳南筆錄，安京校釋，前引書，頁 317。

[101] 參見謝清高口述，楊炳南筆錄，安京校釋，前引書，頁 317。

[102] 中山大學東南亞歷史學研究所編，前引書，頁 231，註 16。

[103] 中山大學東南亞歷史學研究所編，前引書，頁 231，註 17。

[104] 中山大學東南亞歷史學研究所編，前引書，頁 232，註 1。

[105] 參見謝清高口述，楊炳南筆錄，安京校釋，前引書，頁 317。中山大學東南亞歷史學研究所編的書認為是指亞庇港（Jesselton），參見中山大學東南亞歷史學研究所編，前引書，頁 232，註 2。

[106] 參見謝清高口述，楊炳南筆錄，安京校釋，前引書，頁 317。但陳荊和認為鯉魚塘位在沙巴北岸的 Jesselton。中山大學東南亞歷史學研究所編的書認為是指納閩島（Labuan）

洋所自起處也，故以婆羅終焉。」[107]

　　清朝呂調陽在 1870 年重刻海錄時寫的序，他說海錄一書有許多錯誤，他重新刪節、改訂、注釋，其修訂過的東洋針路內容與東西洋考稍有不同，茲將呂調陽序引述如下：「東洋針路自太武山，用辰巽針，七更，取彭湖嶼，漳、泉同一要害地也。用丙巳針，五更，取虎頭山。丙巳針，七更，取沙馬頭澳。用辰巽針，十五更，取筆架山。遠望紅豆嶼并浮甲山，進入為大港。用辛酉針，三更，取哪哦山，再過為白土山。用辛酉針，十更，取密雁港。南是淡水港，水下一灣有小港，是米呂荖。下一老古灣，是磨力目，再過山頭為岸塘。又從密雁港幞頭門，用丙午、單午針，十更，取六藐山，下有四嶼。用單巳針，四更，取郎梅嶼。單午針，四更，取麻里佬嶼。丁午針，五更，取表山。山甚高，為濤門之望故名。用丙午針及單午針，五更，取里銀中邦。用丙巳針，五更，取頭巾礁。用單午針，五更，取呂宋國。」[108]

　　呂調陽的序與東西洋考有幾個地點不同，虎頭山、紅豆嶼、浮甲山、白土山、米呂荖、磨力目、岸塘、幞頭門。據安京之校釋，上述地名在今天之地點如下：虎頭山在臺灣高雄。紅豆嶼位在巴布煙群島的達魯皮里（Dalupiri）。浮甲山位在呂宋島北部的富加島（Fuga）。白土山位在呂宋島西北岸的巴達（Badoc）。米呂荖位在瑪麗亞（Maria）港。磨力目為瑪麗亞港的舊港。岸塘為呂宋島西北岸的坎當（Condon）。幞頭門位在維干港附近。[109]兩書所講的從中國到馬尼拉的東洋針路航路是相同的，只是停靠的港口不同而已。

　　明朝著作順風相送一書亦提及從福建往呂宋的航路，「太武（指福建廈門南面對岸的鎮海角上，今屬龍海縣）開船，辰巽七更取彭湖山。巳丙五更見虎仔山。單丙及巳丙六更取沙馬歧頭。單丙二十更取筆架山，與大港口相對及紅頭嶼。丙午七更取射崑美山（指呂宋島北面的 Sanchez Mira）。

　　島。參見中山大學東南亞歷史學研究所編，前引書，頁 232，註 3。
[107] 〔明〕張燮，東西洋考，卷九，舟師考。
[108] 引自謝清高口述，楊炳南筆錄，安京校釋，前引書，頁 297-298。
[109] 謝清高口述，楊炳南筆錄，安京校釋，前引書，頁 314-315。

丙午及單巳十更取月投門（指 La Union 省的 San Fernando 港）。單丙三更、坤未三更取麻里荖表山，平長，遇夜不可貪睡，可防。丙午及單午五更取里銀大山（指三描禮示省的馬辛洛克港附近），二港相連開勢沙表，表生在洋中可防，表尾記之極仔細。巳丙五更取頭巾礁，單午五更取呂宋港口，雞嶼（指馬尼拉灣口的 Corregidor 島）內外俱可過船，無沉礁，有

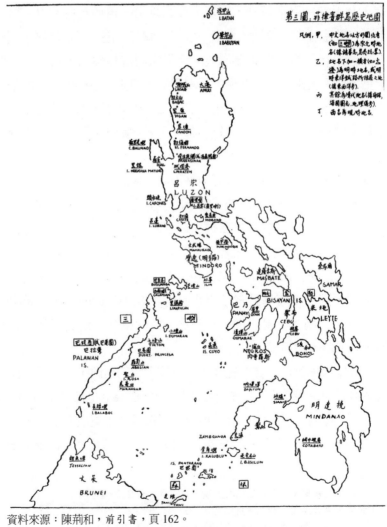

資料來源：陳荊和，前引書，頁 162。

圖 5-10：陳荊和標注的菲律賓古地名

流水。其船可從東北山邊入港為妙。」[110]

從前述可知，東洋航路有三條：第一條航路是從中國福建港口經由澎湖、臺灣南部、呂宋島北部、呂宋島西部到呂宋島南部。第二條航路是從呂宋島西部到民多羅島、內革羅島、三寶顏、蘇祿、摩鹿加群島。第三條航路則從呂宋到巴拉望、沙巴、汶萊。此外，尚有一條從臺灣到巴達維亞的航路。

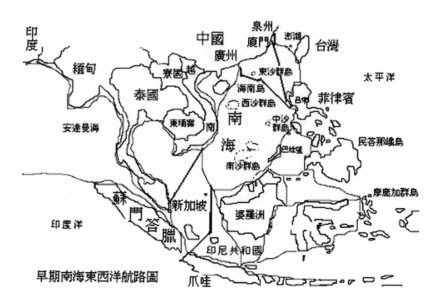

資料來源：作者自繪。

圖 5-11：早期南海東西洋航路圖

八、中沙群島之發現

如前所述，1178 年周去非撰嶺外代答書中所講的石塘，可能是最早指涉中沙群島的著作。

---

[110] 順風相送資料及相關港灣位置是參考中山大學東南亞歷史學研究所編，前引書，頁232，註 8、9、10、11。另參考向達校注，兩種海道針經，北京市：中華書局，2000年，頁88-89。

　　宋人趙汝适在諸蕃志書中記載：「千里長沙、萬里石床」，[111]他沒有指出「千里長沙」和「萬里石床」的正確位置，以致有不同的推測，如霍斯（F. Hirth）和洛克希爾（W. W. Rockhill）即認為趙汝适所寫的萬里石床為萬里石塘之筆誤，而「千里長沙」和「萬里石床」應即分別為西沙群島和中沙群島。[112]

　　格羅尼維德特（W. P. Groeneveldt）在 1876 年所著的馬來群島與馬六甲註解（Notes on the Malay Archipelago and Malacca）稱，元史・史弼傳之七洲洋，指今西沙群島所在海面，而萬里石塘則指今中沙群島。[113]蘇繼廎廎則認為「萬里石塘」是指西沙群島。[114]

　　1527 年明代顧岕著海槎餘錄，曾提到千里石塘和萬里長堤之地理位置，他說：「千里石塘在崖州海面之七百里外，相傳此石比海水特下八九尺，海舶必遠避而行，一墮即不能出矣。萬里長堤出其南，波流甚急，舟下迴溜中，未有能脫者，番舶久慣自能避，雖風汛亦無虞，……。」[115]如按地理特性來看，千里石塘在水面以下，則可能為中沙群島，而「萬里長堤」出其南，則可能為南沙群島，海槎餘錄應是中文文獻較明確提及中沙群島的書。

　　明代嘉靖 15 年（1536 年），黃衷撰海語，曾對「萬里石塘」與「萬里長沙」加以註釋，他說：「萬里石塘在烏瀦、獨瀦二洋之東，陰風晦景不類人世。」「萬里長沙在萬里石塘東南，即西南夷之流沙河也。弱水出其南，風沙獵獵，晴日望之，如盛雪，船誤衝其際，即膠不脫，必幸東南風勁，乃免陷溺。」[116]據 1620 年代完成的「約翰・雪爾登收藏的中國航

---

[111] 〔宋〕趙汝适撰，諸蕃志，卷下，海南條。見馮承鈞校注，諸蕃志校注，頁 143。

[112] F. Hirth and W. W. Rockhill, trs. And eds., *Chau Ju-kua: His Work on the Chinese and Arab Trade in the 12th and 13th Centuries*, Entitled Chu Fan Chi, St. Petersburg, Imperial Academy of Sciences, l911, p.176.

[113] W. P. Groeneveldt, *Notes on the Malay Archipelago and Malacca*, compiled from Chinese Sources, Batavia, W. Bruining, 1880, p.25.

[114] 蘇繼廎校釋，汪大淵原著，島夷志略校釋，北京市：中華書局，1981 年，頁 319。

[115] 〔明〕顧岕，海槎餘錄，臺北市：臺灣學生書局，民國 64 年元月重印，頁 408。

[116] 〔清〕黃衷撰，海語，卷三，臺北市：臺灣學生書局，民國 64 年元月重印，頁 34-35。

海圖」（Selden Map of China），圖上的「萬里石塘」指西沙群島，而「萬里長沙」指中沙群島。

　　1558 年出版由黃佐撰的廣東通志，曾記載：「石塘，在崖州海面七百里外，下陷八、九尺者也。」[117]從石塘位在海面下八、九尺來看，似乎應是指中沙群島。

　　然而，「約翰・雪爾登收藏的中國航海圖」上標繪的萬里石塘，卻是指西沙群島：而萬里長沙是指中沙群島。該圖是由英國律師約翰・雪爾登（John Selden, 1584-1654）收藏，據研究該圖約在 1620 年代完成，繪者不詳，是目前發現最完整的彩色中國航海圖。該圖的航海路線是從泉州做為起點，然後延伸到越南外海、馬來半島、印尼群島、婆羅洲和菲律賓群島的馬尼拉（呂宋王城），航線標示清楚。

　　1730 年，陳倫烱所著的海國聞見錄中的附圖「四海總圖」，標繪有三大群島的地名和位置。「南沙群島在線」之網站資料認為「氣沙頭」為東沙群島，西沙群島為「七洲洋」，南沙群島為「石塘」，中沙群島為「長沙」。[118]

　　但筆者認為該「四海總圖」中標繪的「氣沙頭」、「長沙」和「石塘」三大群島的地名和位置，與文字敘述的地名不同，文章說：「氣懸海中，南續沙垠，至粵海，為萬里長沙頭。南隔斷一洋，名曰長沙門。又從南首復生沙垠至瓊海萬州，曰萬里長沙。沙之南又生嶁岵石至七州洋，名曰千里石塘。」該段話的方位有點混亂，讓人搞不清楚。若按照圖中的地名標示，與該段文字相對照，則應可確定「長沙」就是「萬里長沙」，也就是西沙群島。「石塘」，應是「千里石塘」，可能是中沙群島。「七洲洋」是指海域，不是島嶼。

　　「四海總圖」的南海諸島名稱可能是參考「約翰・雪爾登收藏的中國航海圖」，二圖使用的地名很接近。

117　〔明〕黃佐，廣東通志，卷六十六，頁 30，外志，三，夷情，上，番夷，海寇條。
118　南沙群島在線之網站資料，http://www.nansha.org.cn/maps/1/si_hai_zong_tu.html（2012年 6 月 14 日瀏覽）。

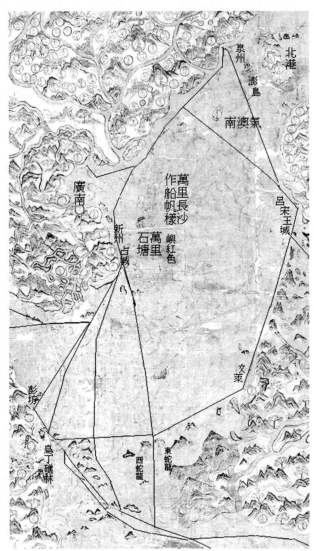

資料來源：http://seldenmap.bodleian.ox.ac.uk/map（2012 年 11 月 13 日瀏覽）。

說明：原圖放大不清楚，筆者在原地名旁重新標注地名和航線。

　　東蛇龍：應指納土納島（Natuna）。

　　西蛇龍：應指塔仁帕（Tarempa）島。

　　烏丁礁林：指今馬來西亞馬來半島上的柔佛（Johore）地區。

　　彭坊：即馬來西亞彭亨（Pahang）。

　　廣南：越南中部峴港（Da Nan）到會安（Hoi An）一帶。

　　新州：今之歸仁。

圖 5-12：約翰‧雪爾登收藏的中國航海圖

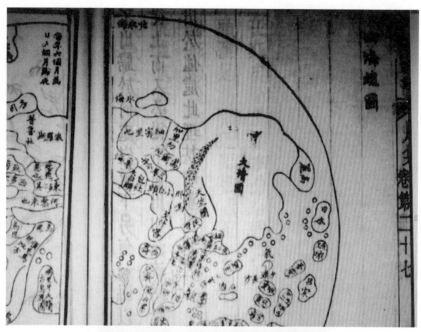

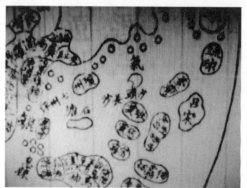

資料來源：〔清〕陳倫烱撰，海國聞見錄，欽定四庫全書總目，卷
第二十七，頁 36。

圖 5-13：海國聞見錄中的附圖「四海總圖」

　　1731 年，郝玉麟的廣東通志記載：「瓊以海為界，地饒食貨，黎峒
介峙，郡邑環之。……萬州三曲水環泮宮，六連山障，州治千里長沙、萬
里石塘，煙波隱見。」[119]郝玉麟使用的地名與陳倫烱不同，他使用的千

---

[119] 〔清〕郝玉麟，廣東通志，卷四，瓊州府，形勝，頁 52。

里長沙可能是指萬里長沙,即西沙群島;萬里石塘可能是指千里石塘,即中沙群島。

在西方人繪製的地圖中,1623 年荷蘭人 Willem Janszoon, Blaeu 繪的「印度與東方以及鄰近島嶼地圖」(*India quae orientalis dicitur*),圖中在中沙群島靠近呂宋島的黃岩島的位置標注為 P. d. Mandato(參見圖 5-14),此應為黃岩島最早的位置圖了。黃岩島是中沙群島唯一露出海面的岩礁。

英國人 Alexander Dalrymple 在 1774 年繪了一張有關南海的圖,圖上清楚的標示了中沙群島的英文名字 Macclesfield,此圖應是一張對南海諸島繪製最為清楚的地圖。

資料來源:http://library.ust.hk/info/exhibit/maps-9706/map-gallery6.html
(2012/8/16 瀏覽)。

圖 5-14:Alexander Dalrymple 在 1774 年繪的中沙群島

九、東沙群島之發現

　　1488 年，王佐的瓊臺外記輿地條記載萬州轄有長沙、石塘，文曰：
「（萬）州東長沙、石塘，環海之地，每遇鐵颶挾潮，浸屋淙田，則利害
中于民矣。」[120]該文稱，中國漁民當時在長沙、石塘修屋造田，從事農
業生產。石塘一名，與 1618 年明朝張燮撰東西洋考「東西南海夷諸國總
圖」上的「石塘」同名，可能是指同一個地點。此石塘應即為西沙群島，
因為若是中沙群島，則不可能種田。

　　1618 年，明朝張燮撰東西洋考，其考證「七州山七州洋」為：「瓊
州志曰，在文昌東一百里海中有山連起七峰，內有泉，甘洌可食，元兵劉
深追宋端宗，執其親屬俞廷珪之地也。俗傳古是七州沈而成，海舶過，用
牲粥祭海屬，不，則為祟，舟過此，極險。稍貪東，便是萬里石塘，即瓊
志所謂萬州東之石塘海也。舟犯石塘希脫者。」[121]據張禮千之註釋，指
「七州洋通作七洲洋，其名始於元代，顯因七洲浮海而得名，係指海南以
東，西沙群島以北之洋面。」他進而指出張燮所說的「稍貪東」，東是作
東南解，而且所說的「石塘」，西人稱 Paracels 群島，即西沙群島。萬州
即今海南島萬寧縣，按萬里石塘之名，並見元史史弼傳及黃衷所著的海
語，在後書中並謂塘在烏瀦、獨瀦二洋之東。又謂塘東南有萬里長沙，是
即西人所稱之 Macclesfield。準此，石塘與長沙不宜相混。」[122]

　　張禮千是將萬里石塘解做西沙群島，萬里長沙解做中沙群島。若與同
一時期的「約翰·雪爾登收藏的中國航海圖」相比較，則張禮千的推論相
當正確，該圖比張燮的圖更為精確，標出了萬里長沙和萬里石塘的位置。
圖上的南澳氣的位置在東沙群島，萬里長沙的位置在中沙群島，萬里石塘
的位置在西沙群島。

---

[120] 〔清〕胡端書、楊士錦，萬州志，卷三，輿地略，氣候，潮汐。道光 8 年複製本。
[121] 〔明〕張燮撰，東西洋考，卷之九，西洋針路條。
[122] 張禮千，東西洋考中之針路，新加坡：新加坡南洋書局印行，民國 36 年 6 月初版，頁
　　 12。

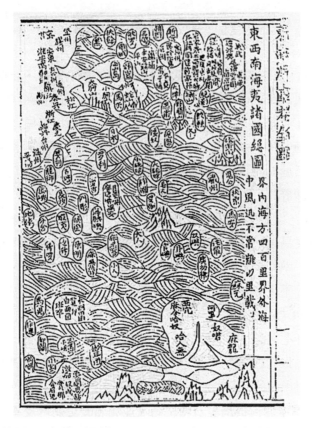

資料來源：〔明〕張燮撰，東西洋考，卷之九，西洋針路條。

圖 5-15：張燮撰東西洋考中的石塘

　　明朝茅元儀於 1628 年所寫的武備志中的鄭和航海圖卷 240 航海第五圖，標注了石星石塘和萬生石塘嶼、石塘，對於其今地，有不同的解讀，向達認為萬生石塘嶼、石塘都是指西沙群島，石星石塘是指東沙群島。文煥然、鈕仲勛則認為萬生石塘嶼是萬里石塘嶼之誤，是指南沙群島，而石星石塘是指中沙群島，其理由有二：一是其標示範圍較大；二是標示形狀與萬生石塘嶼、石塘不同，萬生石塘嶼、石塘是做島礁狀，而石星石塘以大圈和略大圈交錯形成暗沙狀。[123]吳鳳斌亦認為石星石塘是指中沙群

---

[123] 文煥然、鈕仲勛，「石塘長沙考」，載於韓振華主編，南海諸島史地考證論集，北京：

島。[124]

　　武備志晚於東西洋考十年出版，兩書都有「石塘」一名，可能不是指同一個地點，他另標出「石星石塘」作為區別，「石星石塘」應為東沙群島。

資料來源：http://www.pro-classic.com/ethnicgv/cmaps/monthly/cng2005-04_1.htm（2012
　　　　年 11 月 5 日瀏覽）。

圖 5-16：1628 年茅元儀武備志中的鄭和航海圖上的石星石塘

　　1730 年，陳倫烱撰海國聞見錄，在「南洋記」卷中說：「廈門至廣南，由南澳見廣之魯萬山、瓊之大洲頭，過七洲洋，取廣南外之咕嗶囉山，而至廣南；計水程七十二更。交阯由七州洋西繞北而進；廈門至交阯，水程七十四更。七州洋在瓊島萬州之東南，凡往南洋者，必經之所。……獨於七州大洋、大洲頭而外，浩浩蕩蕩，無山形標識；風極順利、對針，亦必六、七日始能渡過而見廣南咕嗶囉外洋之外羅山，方有準繩。偏東，則犯萬里長沙、千里石塘；偏西，恐溜入廣南灣，無西風不能

中華書局，1981 年，頁 149-160, 152。

[124] 吳鳳斌，「我國中沙群島的歷史沿革」，南洋問題，1979 年第 6 期，頁 91-99。

外出。」[125]

陳倫烱在「南澳氣」卷中亦說：「隔南澳水程七更，古為落漈。北浮沈皆沙垠，約長二百里，計水程三更餘。盡北處有兩山：名曰東獅、象；與臺灣沙馬崎對峙。隔洋闊四更，洋名沙馬崎頭門。氣懸海中，南續沙垠，至粵海，為萬里長沙頭。南隔斷一洋，名曰長沙門。又從南首復生沙垠至瓊海萬州，曰萬里長沙。沙之南又生嶁岵石至七州洋，名曰千里石塘。」[126]

陳倫烱所稱的「南澳氣」，應指東沙群島，至於「千里石塘」與元朝汪大淵所稱的「萬里石塘」是否為同一地點？則有不同說法，據蘇繼顧之說法，二者為異名同地，都是指西沙群島，[127]但山繆爾斯則根據陳倫烱所繪的海圖，認為萬里長沙和千里石塘二處島群相去很遠，因此千里石塘很可能是指南沙群島。他遂認為海國聞見錄可能是第一本指出南沙群島之位置的中文著作。[128]筆者認為「千里石塘」是靠近海南島東南方的七洲洋，應為中沙群島。至於是否指南沙群島？從方位來看，南沙和七洲洋不相連接，因此指南沙的可能性不大。不然就是作者對於方位的描述錯誤。

西方文獻最早有關東沙群島之記載是 1623 年荷蘭人 Willem Janszoon, Blaeu 繪的印度與東方以及鄰近島嶼地圖（India quae orientalis dicitur），該圖相當清楚畫出了西沙群島（El Pracel），也畫出了南沙群島（沒有名字）、中沙群島的黃岩島（P. d. Mandato）和東沙群島（Watob）。

---

[125] 〔清〕陳倫烱撰，海國聞見錄，「南洋記卷」，臺北市：臺灣銀行經濟研究室編印，民國 47 年 9 月出版，頁 15-16。

[126] 〔清〕陳倫烱撰，前引書，「南澳氣卷」，頁 31。

[127] 蘇繼顧校釋，汪大淵原著，島夷志略校釋，北京市：中華書局，1981 年，頁 319。鄭資約亦採此說，見鄭資約編著，南海諸島地理誌略，上海：商務印書館，民國 36 年，頁 75。

[128] Marwyn S. Samuels, *op. cit.*, p.36.

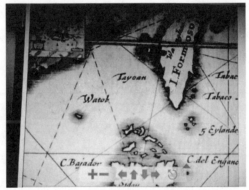

資料來源：http://pandora.nla.gov.au/pan/60542/20060914-0000/www.nla.gov.au/exhi
bitions/southland/maps-1623_Blaeu.html（2012 年 11 月 5 日瀏覽）。

圖 5-17：1623 年荷蘭人 Willem Janszoon, Blaeu 繪的東沙島圖

　　Willem Janszoon, Blaeu 在 1640 年畫的中國地圖（中國居民所提供）
（China Veteribus Sinarum Regio nunc Incolis Tame dicta），在東沙島的位
置上同時標注 Watob 和 I. Pratas 兩個名稱。此一標注法顯示東沙島開始有
不同人的命名，所以採合併命名法。

資料來源：http://alteagallery.com/stock_detail.php?ref=12234&search=c（2012
年 11 月 5 日瀏覽）。

圖 5-18：1640 年 Willem Janszoon, Blaeu 繪的東沙島圖

Willem Janszoon, Blaeu 在 1654 年畫的「中國帝國新地圖」（Imperii
Sinarum nova descriptio），圖上明確的在東沙島上寫著 I. Pratas。此後，
在西方地圖上，東沙島都標注為 I. Pratas。

資料來源：http://trove.nla.gov.au/work/31794700?c=map&q&l-zoom=Cou
ntry+level&l-decade=164&versionId=38575745（2012 年 11
月 5 日瀏覽）。

圖 5-19：1654 年 Willem Janszoon, Blaeu 繪的東沙島圖

　　J. L. Blussé、W. E. Milde、Ts' Ao Yung-Ho 所編的熱蘭遮城日誌（De Dagregisters Van Het Kasteel Zeelandia, Taiwan, 1629-1662），該書記載在 1654 年 5 月 22 日一艘從荷屬東印度巴達維亞出發的快艇「Uutrecht 號」於 6 月 22 日早晨在東沙島（Prata）擱淺，船隻沈沒，有 81 人登島獲救，大副及其他 10 人搭乘小船前往大員（即臺南）求救，荷蘭駐大員官員派遣船隻前往營救，有 76 人獲救。[129]該書稱東沙島為 Prata，顯然在這之前已有西方人抵達該島，稱之為「銀白色之島」（Prata）。

資料來源：http://www.cartography.henny-savenije.pe.kr/quality/（2012 年 6 月 20 日瀏覽）。

說明：該圖將東沙群島標示為 I. de Pruata。

圖 5-20：Herman Moll 於 1714 年繪的中國地圖

[129] J. L. Blussé, W. E. Milde, Ts' Ao Yung-Ho 主編，江樹生譯，*De Dagregisters Van Het Kasteel Zeelandia, Taiwan, 1629-1662*（熱蘭遮城日誌），第三冊，臺南市：臺南市政府發行，2003 年，頁 364-389。

1730 年，陳倫烱撰海國聞見錄，在「南澳氣」卷中說：「隔南澳水程七更，古為落漈。北浮沈皆沙垠，約長二百里，計水程三更餘。盡北處有兩山：名曰東獅、象；與臺灣沙馬崎對峙。隔洋闊四更，洋名沙馬崎頭門。氣懸海中，南續沙垠，至粵海，為萬里長沙頭。南隔斷一洋，名曰長沙門。又從南首復生沙垠至瓊海萬州，曰萬里長沙。沙之南又生嶁岵石至七州洋，名曰千里石塘。」[130]

陳倫烱所稱的「古為落漈」，是指古代為海水低陷之處，此乃因為東沙地區多礁灘以及暗沙，不會引發大海浪，跟大海相比，海水較為低平，故稱「落漈」。至於「氣懸海中」，應指距離南澳水程七更之處海中有一股氣旋，其地在東沙群島一帶，該處因為海風很強勁，故稱「南澳氣」。在陳倫烱的海圖中亦繪有東沙島，標示為「氣沙頭」。

1820 年，謝清高口述、楊炳南筆錄的海錄，曾記載：「千里石塘是在國（按指小呂宋國）西。船由呂宋北行，四、五日可至臺灣。若西北行，五、六日，經東沙；又日餘，見擔干山；又數十里，即入萬山，到廣州矣。」[131]楊炳南也明確的描述東沙群島，他指東沙群島上有一個小港口，可避暴風雨。他說：「東沙者，海中浮沙也。在萬山東，故呼為東沙。往呂宋、蘇祿者所必經。東沙有二，一東一西。中有小港，可以通行，西沙稍高，然浮于水面者，亦僅有丈許，故海船至此，遇風雨往往迷離至於破壞也。凡往潮閩江浙天津各船，亦往往被風至此，泊入港內，可以避風，掘井西沙亦可得水，沙之正南，是為石塘，避風於此者，慎不可妄動也。」[132]

130 〔清〕陳倫烱撰，海國聞見錄，「南洋記卷」，臺北市：臺灣銀行經濟研究室編印，民國 47 年 9 月出版，「南澳氣卷」，頁 31。
131 〔清〕楊炳南撰，前引書，小呂宋條。
132 〔清〕楊炳南撰，前引書，小呂宋條。

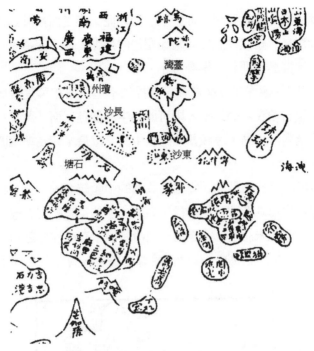

資料來源：楊炳南撰，海錄。

圖 5-21：海錄的亞洲總圖中的東沙、長沙和石塘

十、南沙群島之發現

元朝汪大淵所寫的島夷誌略，書上提及萬里石塘，他說：

「石塘之骨，由潮州而生。迤邐如長蛇，橫亙海中，越海諸國。俗云萬里石塘。以余推之，豈止萬里而已哉！舶由岱嶼門，掛四帆，乘風破浪，海上若飛。至西洋或百日之外。以一日一夜行百里計之，萬里曾不足，故源其地脈歷歷可考。一脈至爪哇，一脈至勃泥及古里地悶，一脈至西洋遐崑崙之地。蓋紫陽朱子謂海外之地，與中原地脈相連者，其以是歟！」[133]

---

[133] 〔元〕汪大淵，島夷誌略，欽定四庫全書，史部十一，地理類十（外紀之屬），臺北市：臺灣商務印書館重印，四庫全書珍本十集，第 105 冊，1980，頁 43-44。

　　汪大淵所講的萬里石塘延伸到爪哇和勃泥，應是西沙群島向南和東南
延伸到南沙群島。雖然他說二者地脈相連的觀點，並不確實，不過，另有
島群在今南沙群島，則是值得參考。

　　1527 年明代顧岕著海槎餘錄，曾提到千里石塘和萬里長堤之地理位
置，他說千里石塘在水面以下，則可能為中沙群島，而「萬里長堤」出其
南，則可能為南沙群島，海槎餘錄應是中文文獻最早較為準確的提及南沙
群島的書。

　　約在 1620 年代繪製的「雪爾登收藏的中國航海圖」上，在今天南沙
群島的位置畫出島礁形狀，但無標示名稱。顯然當時航海者已知道有南沙
群島的存在，但並未命名。這是第一張清楚標示有南沙群島的中國地圖。

　　1820 年，謝清高口述、楊炳南筆錄的海錄，曾記載：「千里石塘是

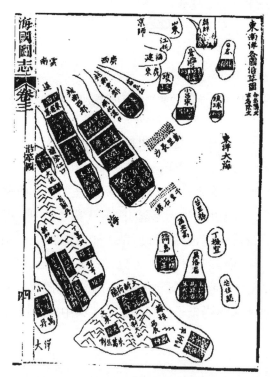

資料來源：〔清〕魏源，海國圖志，卷三，頁 3。

圖 5-22：海國圖志的千里石塘

在國（按指小呂宋國）西。」又說：「（東）沙之正南，是為石塘。」在同一段話中，出現「千里石塘」和「石塘」兩詞，在其書中的「亞洲總圖」中，僅標示「石塘」，此應即為「千里石塘」。仔細審視該圖，「石塘」是用門字形表示，下畫有山形符號，而沒有名稱，此可能為南沙群島。

魏源在 1844 年根據陳倫烱和楊炳南的著作，撰成海國圖志，書中所繪的地圖，在南沙群島的位置標示「千里石塘」。

在西方著作中，最早的有關南沙群島的紀錄是 1606 年西班牙航海家皮梭拉（Andreas de Pessora）抵達南沙群島西部，將其中較大的島礁命名為 Isla Santa Esmeralda Pequena，很可能它命名的島是今天的南威島（Spratly Island）。[134]

在西方印製的地圖中，最早標示有南沙群島的地圖是 1623 年荷蘭人 Willem Janszoon, Blaeu 繪的「印度與東方以及鄰近島嶼地圖」，該圖畫出了南沙群島（沒有名字）。（參見圖 5-17）荷蘭人 Henricus Hondius 於 1636 年繪的「東南亞圖」（India quae Orientalis dicitur et Insulae Adiacentes），他在巴拉望島西邊海上繪出南沙群島，而沒有名稱。該圖是根據 Blaeu 在 1635 年的地圖而繪出的。[135]

1791 年，Captain Spratly 航抵南沙群島，並以其名字命名該一群島。[136]該一資料與 1843 年的英國捕鯨船長 Richard Spratly 航抵南沙群島的記載不同。

十一、結論

南海自古為中國和印度之間的海運要道，船隻航行該一海域之速度和

---

[134] http://www.spratlys.org/history/spratly-islands-history-timeline.htm（2012 年 7 月 11 日瀏覽）。

[135] http://www.raremaps.com/gallery/detail/9756/India_quae_Orientalis_dicitur_et_Insulae_Adiacentes/Hondius.html（2012 年 7 月 10 日瀏覽）。

[136] http://www.spratlys.org/history/spratly-islands-history-timeline.htm（2012 年 7 月 11 日瀏覽）。

範圍，在每個歷史階段皆有所不同。由於受到船隻性能以及對於海洋知識之限制，船隻在南海海域航行之航路，歷經不同歷史階段的改變。而在這不同的航行階段，南海中的島礁遂逐一被探知，也成為航海者必須迴避的暗礁地帶，以及漁民前往捕魚的地點。

由於南海分佈了四大群島、礁石、沙洲和暗沙，而影響航路；再加上菲律賓和印尼群島島嶼散佈範圍過廣，港口分散，各島出口貨物有限，無法支撐長期定期的航運需求，所以東洋航路的記載，在中文文獻上零碎不完整，而且十分模糊。本文試圖從零散的文獻，拼湊出早期南海航行的大概情況。對南海航路的研究，有助於我們瞭解先民如何在南海活動，以及因為船員避開航海的危險海域地帶而知道四大群島的位置。

依據本文前述中文文獻所做的分析，南海航路和島礁之發現歷程大體上可分為下述五個階段：

第一階段，約在公元以前，船隻僅能以人力推動船行，其航行的路線只能沿著海岸前進，不敢向外海航行，所以未能發現西沙群島。

第二階段，約在公元初期到第十世紀中葉，船隻利用帆，船型改為尖底，更有利於在近海航行，所以在第 3 世紀發現了西沙群島，以及在第 7 世紀能越過臺灣海峽。

第三階段，約在第十世紀中葉到第十三世紀末，船隻構造更為先進，能抗拒澎拜的海浪，所以可以越過有激流的臺灣海峽，再從澎湖、經臺灣南部到呂宋島、菲島中部；以及從越南南部、經婆羅洲西部到東爪哇。

約在第十三世紀發現中沙群島，顯然是當時船員想直接從廣州、漳州、泉州、海南島、西沙群島到菲律賓或者想從呂宋往西北航行到中國時，才發現該一群島。

第四階段，約在第十五紀發現東沙群島，應是當時船隻從廣州、漳州、泉州往東南、或者從海南島往東航行所發現的。

第五階段，約在第十六世紀發現南沙群島。而南沙群島應是從越南中部往東航行，或者從婆羅洲往西北航行，或者從菲律賓中部往西航行而被發現。

從中國到臺灣的航路在第七世紀即已發現，自第十二世紀後，已發展

出從臺灣到菲律賓的航線。第十世紀中葉，有從越南中部的占城到呂宋的航線，當時能夠越過南海相互往來嗎？還是繞經婆羅洲西部再航向越南中部？無法得知。若後者可確定，則應該在同一個時期已有航線從越南南部直抵婆羅洲、菲律賓南部。若有此一航線，則亦應有可能從爪哇到婆羅洲的航線。然後再從菲律賓延伸到臺灣的航線。換言之，至第十世紀時，環南海周邊的航線大概已形構完成，而其發展的順序應是循逆時鐘方向進行的。族群和文化的發展，亦可能循此一模式進行。

總之，南海航路之開展和島礁之發現有密切之關係，沒有新航路之開拓，就沒有島礁之發現。惟由於中文文獻對於南海島礁之描述缺乏科學精確度，以致於今人要花許多時間解讀，研判及推論其位置所在，遂乃有不同之看法。古文獻所稱的「石塘」、「石堂」、「長堤」、「長沙」，或者在前面加上「萬里」、「千里」等形容距離的名詞，並無一定的指涉對象，有時被混用，此乃因為寫作者是在傳聞和傳抄的情況下為之，無法求證，以致於出現使用不同的名詞指涉同一個群島的現象。

當十六世紀西方國家勢力東進後，依賴其精進的航海技術，再加上使用現代之繪圖技術，益使南海島礁之位置更為清楚，有助於以後航行之安全。本文為了更清楚南海航路和島礁之發現，特別找了數張西方地圖，以與中國地圖相對照。無論如何，中文文獻對於南海航路及島礁之記載，與周邊國家所保存的文獻相較，實對於南海航行做出了一定之貢獻。

徵引書目

一、中文專書

J. L. Blussé, W. E. Milde, Ts' Ao Yung-Ho 主編，江樹生譯，*De Dagregisters Van Het Kasteel Zeelandia, Taiwan, 1629-1662*（熱蘭遮城日誌），第三冊，臺南市：臺南市政府發行，2003 年。

李準巡海記，臺北市：臺灣學生書局，民國 64 年。

〔元〕汪大淵，島夷誌略，欽定四庫全書，史部十一，地理類十（外紀之屬），臺北市：臺灣商務印書館重印，四庫全書珍本十集，第 105 冊，1980。

〔元〕脫脫，宋史，卷四百八十九，闍婆傳。

〔印尼〕薩努西‧巴尼著，吳世璜譯，印度尼西亞史，上冊，香港：商務印書館香港分館，1980 年。

〔宋〕王象之，輿地紀勝，粵雅堂刊本，卷一二七，「廣南西路、吉陽軍、風俗形勝」條。

〔宋〕吳自牧撰，夢梁錄（下），卷十二，臺北：文海出版社重印，1981。

〔宋〕李昉等人撰，太平御覽，卷六十，地部二十五，頁 400；卷六十九，地部三十四，臺北：新興書局重印，第二冊，1959 年，頁 437；卷七百八十六，四夷部七，第十冊，頁 3423；卷七八七引，元嘉起居注。

〔宋〕周去非撰，嶺外代答，見王雲五主編，四庫全書珍本別輯，臺北市：臺灣商務印書館，嶺表錄異與嶺外代答，卷一，1975。

〔宋〕馬端臨撰，文獻通考，卷三百二十七、四裔考四、琉球。

〔宋〕葉適，水心集，卷二十四，臺北市：臺灣中華書局，民國 55 年 3 月。

〔宋〕趙汝适撰，諸蕃志，卷下，海南條。

〔宋〕樂史，太平寰宇記，卷一五六，嶺南道一，廣州，東莞縣，木刻本。

〔宋〕歐陽修、宋祁撰，新唐書，第四冊，卷三七至卷四九（志），北京：中華書局，1974 年重印。

〔明〕柯劭忞撰，新元史，卷二百五十三，列傳。

〔明〕張燮，東西洋考，卷九，舟師考；西洋針路。

〔明〕馮琦原編，陳邦瞻輯，宋史紀事本末（六），卷一○八，臺北市：臺灣商務印書館，民國 54 年 5 月臺一版。

〔明〕黃佐，廣東通志，卷六十六，外志，三，夷情，上，番夷，海寇條。

〔明〕黃省曾、張燮著，謝方點校，西洋朝貢典錄校注、東西洋考，北京市：中華書局，2000 年。

〔明〕顧岕，海槎餘錄，臺北市：臺灣學生書局，民國 64 年元月重印。

〔東晉〕法顯，佛國記，北京市：中華書局，1991 年。

〔唐〕李延壽撰，南史，卷二，宋本紀中第二；卷七十八，列傳第六八。

〔唐〕姚思廉撰，梁書，第三冊，卷四一至卷五六（傳），北京市：中華書局，1974 年重印。

〔唐〕顏師古注，班固撰，漢書，地理志，粵地條。

〔泰〕黎道綱，泰國古代史地叢考，北京市：中華書局，2000 年。

〔梁〕沈約撰，宋書，卷九十七，列傳第五十七，夷蠻。

〔清〕徐松，宋會要輯稿，第一百九十七冊，番夷四，真里富國條，臺北市：中華書局影印本，1957 年。

〔清〕施鴻保，閩雜記，福建：福建人民出版社，1985。

〔清〕胡端書、楊士錦，萬州志，卷三，輿地略，氣候，潮汐。道光 8 年複製本。

〔清〕郁永河，「宇內形勢」，載於裨海紀遊，成文書局，臺北市，1983。

〔清〕徐松，宋會要輯稿，真里富國條。

〔清〕郝玉麟，廣東通志，卷四，瓊州府，形勝。

〔清〕高拱乾纂，臺灣府志，卷七，風土志，「土番風俗」。沈雲龍主編，近代中國史料叢刊續編第五十一輯，臺北市：文海出版社，民國 45 年重印。

〔清〕陳倫烱撰，海國聞見錄，「南洋記卷」，臺北市：臺灣銀行經濟研究室編印，民國

47 年 9 月。

〔清〕陳夢雷撰，古今圖書集成，方輿彙編邊裔典／琉球部／彙考，孝宗淳熙，邊裔典，第 100 卷，第 217 冊第 48 頁之 1。

〔清〕陳夢雷撰，古今圖書集成，明倫彙編人事典／掩骼部／紀事，人事典，第 94 卷，第 393 冊第 26 頁之 1。

〔清〕陳夢雷撰，古今圖書集成，唐書地理志五，方輿彙編坤輿典／輿圖部／彙考，坤輿典，第 73 卷，第 057 冊第 17 頁之 2。

〔清〕陳夢雷撰，古今圖書集成，陳稜，明倫彙編官常典／將帥部／名臣列傳，官常典，第 489 卷，第 294 冊第 48 頁之 1。

〔清〕陳夢雷撰，古今圖書集成，博物彙編草木典／棘部／紀事，草木典，第 271 卷，第 552 冊第 38 頁之 1。

〔清〕陳夢雷撰，古今圖書集成，煬帝，明倫彙編皇極典／帝紀部／彙考，皇極典，第 52 卷，第 225 冊第 25 頁之 2。

〔清〕陳夢雷撰，古今圖書集成，曆象彙編乾象典，占城部，彙考，乾象典，第 103 卷，第 218 冊第 4 頁之 2。

〔清〕陳夢雷撰，古今圖書集成，曆象彙編乾象典，海部，彙考，乾象典，第 309 卷，208 冊第 3 頁之 2。

〔清〕陳夢雷撰，古今圖書集成，曆象彙編乾象典，浡泥部，彙考，乾象典，第 104 卷，第 218 冊第 10 頁之 2。

〔清〕陳夢雷撰，古今圖書集成，曆象彙編乾象典，臺灣府部，紀事，乾象典，第 105 卷，第 218 冊第 15 頁之 1。

〔清〕黃任、郭賡武修，泉州府志，卷五十六，國朝武跡。

〔清〕黃衷撰，海語，卷三，臺北市：臺灣學生書局，民國 64 年元月重印。

〔清〕魏源，海國圖志，卷三。

〔清〕嚴如煜撰，洋防輯要，卷十四，廣東防海略（上），臺北市：臺灣學生書局，民國 64 年元月重印，第三冊。

〔越〕大南寔錄正編第二紀，卷一二一，許文堂、謝奇懿編，大南寔錄清越關係史料彙編，臺北市：中央研究院東南亞區域研究計畫，2000 年。

中山大學東南亞歷史研究所編，中國古籍中有關菲律賓資料匯編，北京市：中華書局，1980 年。

中華人民共和國外交部文件，「中國對西沙群島和南沙群島的主權無可爭辯」，載於西沙群島和南沙群島自古以來就是中國領土，北京市：人民出版社，1981 年 5 月，頁 1-14。

臺灣史蹟研究會彙編，臺灣叢談，臺北市：幼獅文化事業公司印行，民國 73 年 11 月 3 版。

臺灣省文獻委員會編，臺灣史，臺北市：眾文書局，1988 年。

伊能嘉矩原著，溫吉編譯，臺灣番政志（一），臺北市：臺灣省文獻委員會出版，民國 46 年 12 月。

向達校注，兩種海道針經，北京市：中華書局，2000 年。

呂一然主編，南海諸島，地理、歷史、主權，哈爾濱市：黑龍江教育出版社出版，1992 年。

杜定友編，東西南沙群島資料目錄，臺北市：臺灣學生書局，民國 70 年。

松本信廣編纂，大南一統志，卷之六，日本：日本印度支那研究會出版，昭和 16 年 3 月
　　15 日發行。

林金枝、吳鳳斌，祖國的南疆：南海諸島，上海人民出版社，1985 年。

張禮千，東西洋考中之針路，新加坡：南洋書局印行，民國 36 年 6 月初版。

陳天錫，西沙島成案彙編，海南：海南出版社，2004 年。

陳冠學，老臺灣，臺北市：東大圖書公司，民國 70 年 9 月初版。

陳荊和，十六世紀之菲律賓華僑，香港：新亞研究所東南亞研究室刊，1963 年。

馮承鈞，中國南洋交通史，臺北市：臺灣商務印書館，民國 58 年 5 月臺四版。

馮承鈞校注，諸蕃忐校注，臺北市：臺灣商務印書館，民國 75 年，卷下，海南條。

楊家駱主編，〔明〕宋濂等撰，新校本元史并附編二種，卷十七，本紀第十七，世祖十
　　四，臺北市：鼎文書局，1981。

楊森富編，中國基督教史，臺北市：臺灣商務印書館發行，民國 61 年 7 月二版。

劉繼宣、束世澂，中華民族拓殖南洋史，臺北市：臺灣商務印書館，民國 60 年。

鄭資約編著，南海諸島地理誌略，上海市：商務印書館，民國 36 年。

謝清高口述，楊炳南筆錄，安京校釋，海錄校釋，北京市：商務印書館，2002 年。

韓振華編，南海諸島史地考證論集，北京：中華書局，1981 年。

韓振華主編，我國南海諸島史料匯編，北京市：東方出版社，1988 年。

蘇繼卿，南海鈎沈錄，臺北市：臺灣商務印書館，民國 78 年。

蘇繼廎校釋，汪大淵原著，島夷志略校釋，北京市：中華書局，1981 年。

Nguyen Khac Thuan 編譯，撫邊雜錄，Nha Xuat Ban Giao Duc 出版，河內，2007 年。

二、中文論文

文煥然、鈕仲勛，「石塘長沙考」，載於韓振華編，南海諸島史地考證論集，北京：中華
　　書局，1981 年，頁 149-160。

別技篤彥著，潘明智譯，「西洋地圖學史對馬來西亞的認識」，東南亞研究（新加坡），
　　1966 年第 2 卷，頁 103-110。

林榮貴、李國強，「南沙群島史地問題的綜合研究」，載於呂一然主編，南海諸島，地
　　理、歷史、主權，哈爾濱市，黑龍江教育出版社出版，1992 年 10 月，頁 138-158。

陳鴻瑜，「西元初期至第七世紀環馬來半島港市國家、文明和航線之發展」，政大歷史學
　　報，第 28 期，2007 年 11 月，頁 131-188。

三、英文專書

Groeneveldt, W. P., *Notes on the Malay Archipelago and Malacca*, compiled from Chinese
　　Sources, Batavia: W. Bruining, 1880.

Hall, Kenneth R., "Economic History of Early Southeast Asia," in Nicholas Tarling (ed.), *The
　　Cambridge History of Southeast Asia*, Vol. One, From Early Times to C.1500, UK:
　　Cambridge University Press, 1999 , pp.182-275.

Hirth, F. and W. W. Rockhill, trs. And eds., *Chau Ju-kua: His Work on the Chinese and Arab
　　Trade in the 12th and 13th Centuries*, Entitled Chu Fan Chi, St. Petersburg: Imperial
　　Academy of Sciences, l9ll.

Klerck, Eduard Servaas de, *History of the Netherlands East Indies*, Rotterdam: W. L. & J. Brusse, 1938.

Needhan, Jospe, *Science and Civilization in China*, Cambridge, England: Cambridge University Press, 1971,Vol.4, pt.3, p.459, note E.

Patanñe, Eufemio P., *The Philippines in the 6ᵗʰ to 16ᵗʰ Centuries*, Manila: LSA Press, Inc., 1996.

Ray, Himanshu P., *The Winds of Change, Buddhism and the Maritime Links of Early South Asia*, New Delhi: Oxford University Press, 1994.

Samuels, Marwyn S., *Contest for the South China Sea*, Methuen, New York and London: Methuen & Co., 1982.

Scott, William Henry, *Filipinos in China Before 1500*, Manila: De La Salle University, 1989.

四、英文期刊

Meulen, S. J., W. J van der, "In search of Ho-ling," *Indonesia*, 23(1977):87-111.

五、報紙

史棣祖，「南海諸島自古就是我國領土」，人民日報，1975 年 11 月 25 日，第 2 版。

六、網路資料

http://www.spratlys.org/history/spratly-islands-history-timeline.htm（2012 年 7 月 11 日瀏覽）。

http://www.taiwan123.com.tw/LOCAL/name03-13.htm（2012 年 6 月 12 日瀏覽）。

南沙群島在線之網站資料，http://homepage3.nifty.com/boumurou/island/11/Manrigashima.html#Paracel（2011 年 9 月 29 日瀏覽）。

http://library.ust.hk/info/exhibit/maps-9706/map-gallery6.html（2012/8/16 瀏覽）。

http://www.raremaps.com/gallery/detail/9756/India_quae_Orientalis_dicitur_et_Insulae_Adiacentes/Hondius.html（2012 年 5 月 24 日瀏覽）。

http://www.cartography.henny-savenije.pe.kr/quality/（2012 年 6 月 20 日瀏覽）。

http://www.antiquemaps.com/asia/seasia.htm（2010 年 3 月 29 日瀏覽）。

http://www.raremaps.com/gallery/detail/9756/India_quae_Orientalis_dicitur_et_Insulae_Adiacentes/Hondius.html（2012 年 5 月 25 日瀏覽）。

http://en.wikipedia.org/wiki/Petrus_Plancius（2012 年 11 月 3 日瀏覽）。

http://en.wikipedia.org/wiki/File:1594_Orbis_Plancius_2,12_MB.jpg（2012 年 11 月 3 日瀏覽）。

http://en.wikipedia.org/wiki/Petrus_Plancius

http://en.wikipedia.org/wiki/File:1592_Insullae_Moluc._Plancius.jpg（2012 年 11 月 3 日瀏覽）。

http://pandora.nla.gov.au/pan/60542/20060914-0000/www.nla.gov.au/exhibitions/southland/maps-1623_Blaeu.html（2012 年 11 月 5 日瀏覽）。

http://alteagallery.com/stock_detail.php?ref=12234&search=c（2012 年 11 月 5 日瀏覽）。

http://trove.nla.gov.au/work/31794700?c=map&q&l-zoom=Country+level&l-decade=164&versio

nId=38575745（2012 年 11 月 5 日瀏覽）。

http://www.pro-classic.com/ethnicgv/cmaps/monthly/cng2005-04_1.htm（2012 年 11 月 5 日瀏覽）。

http://upload.wikimedia.org/wikipedia/commons/7/71/Kunyu_Wanguo_Quantu_%28%E5%9D%A4%E8%BC%BF%E8%90%AC%E5%9C%8B%E5%85%A8%E5%9C%96%29.jpg（2012 年 11 月 8 日瀏覽）。

http://seldenmap.bodleian.ox.ac.uk/map（2012 年 11 月 13 日瀏覽）。

http://www.worldmapsonline.com/far_east_1571.htm（2012 年 11 月 20 日瀏覽）。

http://tw01.org/group/terabithia/forum/topics/guo-ji-ming-ming-wei（2012 年 11 月 21 日瀏覽）。

http://upload.wikimedia.org/wikipedia/commons/6/64/Asia_oceania_anonymous_c1550.jpg（2012 年 11 月 21 日瀏覽）。

The Discovery of Early Sea Lanes and Islands in the South China Sea

Abstract

The oldest written record concerning sailing on the South China Sea dates back to the 2nd century B.C. At the time, the boats were only capable of voyage along the coast. Therefore, the main route was along the coast of China, Indochina, the Malay Peninsula and the Indonesia Islands. The sailors dared not voyage far from the coast. In the 3rd century, the Paracel Islands were discovered. In the 5th century, as nautical and navigational skills became more advanced, it became possible to sail directly from Guangzhou to Java island, and then to Borneo in the southern Philippines. In the 7th century, the first voyage from China across the Taiwan Strait to the Reuchieu Island was recorded.

During the 10th century, advances were made in the construction of ships. The vessels could now resist stronger waves and sail for further distances, crossing the Taiwan Straits to Penghu (Pescardos), Southern Taiwan, Luzon, the central part of the Philippines and from southern Vietnam through Borneo to East Jaya. In the mid-16th century, the Macclesfield Islands and the Nansha Islands (Spratlys) were discovered. The islands were discovered by crews sailing directly from China or Vietnam to the Philippines or northwest from Luzon to China. At the end of the 15th century, the Pratas Islands were discovered.

Researching the early voyages in the South China Sea contributes to our understanding of the movement of people, as well as the trade and the exchange of cultures in this area. Furthermore, there is currently a conflict of sovereignty in the South China Sea. These historical records of the discovery and utilization of the islands in the South China Sea can help with these claims of sovereignty.

Keywords: South China Sea   China   Vietnam   Luzon   Wanli
Tchansa, Chenli Shitang

（本文原刊登在國立政治大學歷史學報，第 39 期，2013 年 5 月，頁 25-
92。）

第六章　中華民國政府繪製南海諸島範圍線之決策過程及其意涵

摘　要

　　1947 年中華民國政府在繪製南海諸島範圍線時，繪圖者可能僅是表示線內島嶼都是接收的島嶼，當時中華民國政府是持三海里領海制，不可能會將廣大南海海域都納入接收的範圍。然而隨著時光的改變，國際間對於島嶼和海域的觀念也隨之改變，特別是自 1982 年聯合國海洋法公約通過後，南海諸島範圍線的法律意義成為各界討論的議題，它是否僅是島嶼歸屬線或是國境線？抑或其他意涵的線？本文想利用當年內政部在繪製該範圍線圖時的檔案資料，還原當時繪製該範圍線的本意。

關鍵詞：中華民國　南海諸島　南沙群島　西沙群島　範圍線　Ｕ形線

一、前言

　　南海諸島範圍線之引發國際衝突，緣起自聯合國海洋法公約規定沿岸國需在 2009 年 5 月 13 日以前向大陸礁層界線委員會（Commission on the Limits of the Continental Shelf, CLCS）申報其大陸礁層界線。越南和馬來西亞在 2009 年 5 月 6 日向聯合國大陸礁層界線委員會申報兩國在南海南部地區的大陸礁層外界線。中華人民共和國於 2009 年 5 月 7 日向聯合國秘書長潘基文提出照會，謂中華人民共和國擁有南海諸島以及鄰近海域的無可爭辯的主權，反對馬國和越南提出的在南海南部地區的大陸礁層外界線主張。中華人民共和國並提出一張南海地圖，用九段線劃出其南海疆域。[1]

　　越南在 5 月 8 日又對聯合國大陸礁層界線委員會提出照會，認為中國九段線內的黃沙群島（西沙群島）和長沙群島（南沙群島）是屬於越南的領土，中國的主張是無效的、不符合歷史的和非法的。[2]

　　5 月 20 日，馬來西亞也向聯合國大陸礁層界線委員會提出照會，沒有正面對中國提出的九段線表示反對，而是重申馬國係根據聯合國海洋法公約之規定，和越南聯合提出大陸礁層外界線，也依據該公約第 76(10)及公約附錄二第九條等規定劃定兩國在南海南部的大陸礁層外界線。[3]

---

[1] "The Permanent Mission of the People's Republic of China submits a communication to H. E. Mr. Ban Ki-Moon, Secretary-General of the United Nations," CML/17/2009, the United Nations, New York, 7 May 2009, http://www.un.org/Depts/los/clcs_new/submissions_files/mysvnm33_09/chn_2009re_mys_vnm_e.pdf（2014/5/23 瀏覽）。

[2] Oceans and Law of the Sea, United Nations, "Submissions, through the Secretary-General of the United Nations, to the Commission on the Limits of the Continental Shelf," http://www.un.org/Depts/los/clcs_new/submissions_files/mysvnm33_09/vnm_chn_2009re_mys_vnm_e.pdf（2014/5/25 瀏覽）。

[3] Oceans and Law of the Sea, United Nations, "Submissions, through the Secretary-General of the United Nations, to the Commission on the Limits of the Continental Shelf," http://www.un.org/Depts/los/clcs_new/submissions_files/mysvnm33_09/mys_re_chn_2009re_mys_vnm_e.pdf（2014/4/23 瀏覽）。

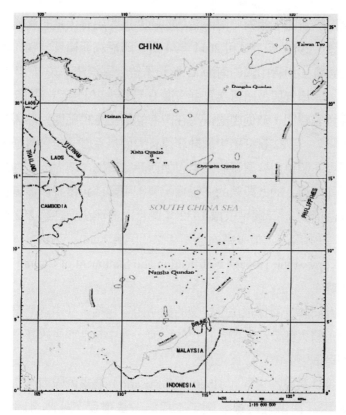

資料來源：“The Permanent Mission of the People’s Republic of China submits a communication to H. E. Mr. Ban Ki-Moon, Secretary-General of the United Nations,” CML/17/2009, the United Nations, New York, 7 May 2009, http://www.un.org/Depts/los/clcs_new/submissions_files/mysvnm33_09/chn_2 009re_mys_vnm_e.pdf（2014/5/23 瀏覽）。

圖 6-1：中華人民共和向聯合國大陸礁層界線委員會提出南海九段線圖

　　印尼在 2010 年 7 月 8 日向聯合國大陸礁層界線委員會提出一項照會，指出中國提交給聯合國大陸礁層界線委員會的 U 形線欠缺國際法基礎，牴觸聯合國海洋法公約。其次，中國應採取符合聯合國海洋法公約之行為，對於南海之岩塊和洋中島嶼不應主張專屬經濟區和大陸礁層的權利。[4]

---

[4] “Indonesia submits a communication to H. E. Mr. Ban Ki-Moon, Secretary-General of the

　　隨後國際新聞媒體對於南海諸島的範圍線開始有大量的報導，各種意見層出不斷。2010 年 7 月和 2011 年 4 月，印尼和菲律賓分別向聯合國秘書長提交照會，指責中國的南海 U 形線不符合國際法。2011 年 5 月東協高峰會上，菲律賓與越南再次質疑南海 U 形線。2011 年 6 月 20 日，新加坡外交部發表聲明，敦促中國澄清在南海的領土主權範圍。菲國外交部繼之於 2013 年 1 月 22 日交給中國駐菲律賓大使馬克卿一份包含通知和聲明的普通照會，照會內容質疑中國對包括西菲律賓海（南海）在內的整個南中國海（即南海）的九段線的主張權，要求中國停止侵犯菲律賓主權和管轄權的違法活動。[5]菲國是依據 1982 年聯合國海洋法公約第 287 條及附件 VII，將菲國對南海主權爭議之通知和聲明照會（note verbale on the UN suit and a copy of the 19-page Notification and Statement of Claim）提交聯合國仲裁法庭。

　　菲律賓向聯合國仲裁法庭提交的聲明內容包括，「中國所謂的『假想九段線』，將大部分海域標為自己的領海，其中包括與中國鄰國距離很近的海域和島嶼。」

　　菲律賓外長羅沙里歐（Albert del Rosario）要求國際海洋法仲裁法庭裁定中國用「南海九段線」劃定主權的做法違反了「聯合國海洋法公約」，因此是無效的，應該要求中國做出修改。[6]

　　2013 年 11 月，海南省第五屆人民代表大會常務委員會第五次會議審議通過「海南省實施中華人民共和國漁業法辦法」，規定外國人、外國漁船進入海南管轄水域進行漁業生產或漁業資源調查活動，應當經國務院有關主管部門批准。該「辦法」於 2014 年 1 月 1 日起生效實施。而中國新

United Nations," No. 480/POL-703/VII/10, the United Nations, New York, 8 July, 2010. http://www.un.org/depts/los/clcs_new/submissions_files/mysvnm33_09/idn_2010re_mys_vnm_e.pdf（2014/4/22 瀏覽）。

5　「菲律賓已就黃岩島爭議將中國告上國際法庭(2)」（2013 年 1 月 23 日），收錄於「新浪軍事 軍事前沿」：http://www.qianyan001.com/junshi/20130123/1358903867_26345600_1.html（2014/5/26 瀏覽）。

6　「菲律賓聲稱已將中國『告上』聯合國 中方回應」（2013 年 1 月 23 日），收錄於「人民網」：http://world.people.com.cn/BIG5/n/2013/0123/c1002-20291653.html（2014/6/12 瀏覽）。

規定要求，外國船舶在海南省管轄的海域內捕魚或調查時，須獲中國批准。[7]惟該「辦法」對於海南省管轄的海域之範圍並未做出規定，而引發越南和菲律賓的抗議。

面對中國一連串對於南海海域的執法聲明，2014 年 2 月 5 日，美國東亞和太平洋事務助理國務卿羅素（Danny Russel）在國會委員會上表示：「根據國際法的島嶼主張，應基於地形地貌。」中國應澄清其在南海之主張，呼籲和平解決。他贊同菲國將爭端提送聯合國仲裁法庭。中國未能澄清其南海主張，已造成該一地區的不確定性，以及限制相互協議解決之遠景或平等聯合開發之協議。但他強調美國對於島礁領土主權問題沒有特定立場。[8]

中華民國是在 1947 年劃定及公布南海十一段線（簡稱 U 形線），是否違反聯合國海洋法公約之規定？該範圍線是在海洋法公約生效前就存在的，中華民國政府從未對該 U 型線之法律地位做出聲明。國內外學者曾對於該 U 形線之法律地位進行了分析研究，有稱之為疆界線、島嶼歸屬線或歷史性水域線。

由於時空環境已有變化，當年劃定的範圍線，在 1982 年聯合國海洋法公約下，是否構成違法？它具有何種法律意涵？是為本文之主旨。本文擬利用當年內政部在繪製該 U 行線圖時的檔案資料，研析其決策過程，對於該一線段所涉及的相關問題作一探討。

二、文獻檢閱

關於南海諸島範圍線的討論，臺灣的學者發表論文者並不多見，中國學者則有數十篇相關著作。2014 年美國國務院亦有研究員發表專文討論。

---

[7]　「中國加強南海『警察權』彰顯三大真實意圖」（2014 年 1 月 13 日），收錄於「中華網」：http://big5.china.com/gate/big5/military.china.com/critical3/27/20140113/18282362.html（2014/5/23 瀏覽）。

[8]　"US contests China sea claim," *Manila Times*, February 6, 2014.

　　中國各學者對於 U 形線之性質提出各種不同的主張和論述，綜括而言，這些主張包括島嶼歸屬線[9]、歷史性權利線[10]、歷史性水域線[11]、未定疆界線[12]、中國領海界線[13]、初期的大陸礁層線[14]，他們試圖將該 U 形線做出各種可能的引伸解釋，而新加坡學者新加坡國立大學國際法研究中心主任貝克曼（Robert C Beckman）在 2011 年寫的「南中國海爭端：國際法學者的觀點」（The South China Sea Dispute: An International Lawyer's View）一文，[15] 以及西方學者，例如佛羅里安（Florian Dupuy）、皮爾馬里（Pierre-Marie Dupuy）[16]、基文（Kevin Baumert）和布里安（Brian Melchior）[17]，除了沒有批評 U 形線為島嶼歸屬線外，嚴屬批評其他如歷史性水域線等各種主張。東西方對於 U 形線之論戰，可

[9]　中國社會科學網，「南海斷續線：產生背景及其法律地位」（2013 年 5 月 24 日），收錄於「中國社會科學網」：http://www.hprc.org.cn/leidaxinxi/zz/201305/t20130524_222048.html（2014/5/2 瀏覽）。

[10]　姜麗、李令華，「南海傳統九段線與海洋劃界問題」，中國海洋大學學報（社會科學版），2008 年，第 6 期，頁 7-8。

[11]　Zhiguo Gao and Bing Bing Jia, "The Nine-Dash Line in the South China Sea: History, Status, and Implications," *The American Journal of International Law*, 107:1 (January 2013), pp. 98-124.

[12]　徐志良，「民國海疆版圖演變與南海斷續國界線的形成」，太平洋學報，第 18 卷第 4 期（2010 年 4 月），頁 92-97。管建強，「南海九段線的法律地位研究」，國際觀察，第 4 期（2012），頁 15-22。

[13]　司徒尚紀，「南海九段線的形成及其意義」，新東方，第 4 期（2011），頁 17-21。

[14]　Zhiguo Gao and Bing Bing Jia, "The Nine-Dash Line in the South China Sea: History, Status, and Implications," *The American Journal of International Law*, Vol. 107, No. 1 (January 2013), pp.98-124.

[15]　Robert C Beckman, "The South China Sea Dispute: An International Lawyer's View," 18 February 2011, unpublished. http://cil.nus.edu.sg/wp/wp-content/uploads/2009/09/Beckman-Paper-on-SCS-Dispute-ISEAS-ASC-18-Feb-2011-final.pdf（2014/5/23 瀏覽）。

[16]　Florian Dupuy and Pierre-Marie Dupuy, "A Legal Analysis of China's Historic Rights Claim in the South China Sea," *The American Journal of International Law*, Vol. 107, No. 1 (January 2013), pp.124-141.

[17]　Kevin Baumert and Brian Melchior, "China: Maritime Claims in the South China Sea," Limit in the Seas, No. 143, Office of Ocean and Polar Affairs, Bureau of Oceans and International Environmental and Scientific Affairs, U. S. Department of State, December 5, 2014. http://www.state.gov/documents/organization/234936.pdf（2015/1/23 瀏覽）。

謂涇渭分明。而該論戰涉及提出該 U 形線之源頭，中華民國政府當年制訂該線之決策考慮。

　　本文將從民國以來至 1947 年為止中華民國政府官方繪製南海諸島範圍線之源起、變革和定案的官方檔案做一歷史論述，然後針對上述學術論文對於該一範圍線之論點做一檢視分析。

三、決策過程概述

　　中國清朝時為了防範日本人入侵西沙島，粵督張人駿在光緒 33 年（1907 年）派補用道王秉恩率文武官員多人前往西沙島查勘，[18]未留下圖籍。

　　1909 年 3 月底，有外電報導稱有某外國兵船在西沙群島派兵登岸測勘。[19]此事引起廣東總督張人駿之注意，因為東沙島在 1907 年即因不注意而遭到日本入侵。因此廣東總督張人駿隨即派委王仁棠、林國祥、吳敬榮三員乘坐關船前往西沙群島調查，經查得西沙共十五島，東八西七，大

---

[18]　廣東省政府西南沙群島誌編纂委員會於 1947 年 3 月 15 日提出的「西沙群島主權問題之初步研究報告」稱：「在光緒 33 年（1907 年）粵督張人駿曾派補用道王秉恩率文武官員多人，於查勘東沙後即至西沙群島復勘，樹立國旗而歸，有查勘西沙群島小紀報告。」（見「西沙群島主權問題之初步研究報告」（1947 年），檔名：「進駐西南沙群島案」，內政部檔案，地政類，方域綱國界目，404.13/1，第一宗，第二冊。）據此紀錄，王秉恩是在 1907 年（光緒 33 年）前往西沙。該文件所講的查勘西沙群島小紀報告，應即是刊登在申報的「西沙群島調查記」。
上海申報於 1923 年 3 月 21 日刊登一得所撰的「西沙群島調查記」，該文說：「西沙群島在瓊崖榆林港之東南，起崖縣迄陵萬，大小十餘島，距海岸約一百四十餘里，當香港與新加坡往來之孔道，實扼歐亞交通之咽喉，隸屬於崖縣，向為瓊崖沿海居民採捕水產之區。以島上居民少，未設官管理。前清光緒末葉日人佔我東沙島，交涉結果以十萬元與日人，始得收回該島。隨派補用道王秉恩率文武官員多人乘軍艦查勘。勘畢，即至西沙群島擇要履勘，殆為亡羊補牢計也。事後各樹國旗、標幟而歸。東沙島茇回後，即派人前往畜牧。西沙群島則以扼於經費，行其荒棄，此西沙群島之形勢及其略史也。」（一得，「西沙群島調查記」，申報（上海），1923 年 3 月 21 日，頁 10。）
陳天錫編的西沙島東沙島成案匯編一書，將該年張人駿派遣前往西沙島勘查的人寫為副將吳敬榮。參見陳天錫，西沙島東沙島成案匯編，西沙島成案匯編（上海：商務印書館，1928 年），頁 10。

[19]　香港華字日報，1909 年 3 月 25 日，頁 3。

者五六英里，小者二英里。[20]總督張人駿在 4 月 28 日電覆外務部略云，
「接奉來電飭查之件，當即札屬詳查。茲據覆稱，並無外國兵船停泊西沙
島上岸測勘之事云。」[21]

　　總督張人駿有意開發西沙群島，以取得該島之天然資源鳥糞磷礦，因
此在 1909 年 5 月 17 日早上，命李準率吳敬榮、道臺王秉恩、補用道李哲
濬從廣州出發前往西沙群島進行復勘。[22]廣金（Kuong Kang）號因為噸位
數較小，李準擔心它的安全，所以在榆林港就命它返回廣州，因此開往西
沙的是伏波號（Fook Po）和琛航號（King Hong）。這次勘探是在 6 月
10 日返回廣州。[23]

　　宣統元年（1909 年）6 月 19 日，總督張人駿在「籌辦東西沙各島事
宜由」之奏摺中稱：「查日人佔據東沙島，迭經臣與日本領事據理力爭，
彼已認為中國屬土，刻正派員前往會勘，不久即可將該島收回。茲又查有
西沙島者，在崖州屬榆林港附近，先經飭據副將吳敬榮等勘得該島共有十
五處，內分西七島，東八島，其地居瓊崖東南，適當歐洲來華之要衝，為
南洋第一重門戶。若任其荒而不治，非惟地利之棄，甚為可惜，亦非所以
重領土而保海權。爰派藩運兩司暨現調廣東高雷陽道王秉恩、補用道李哲
濬會同，將開辦該島事宜妥為籌辦。一面移商署水師提督臣李準督派兵
輪，由該道李哲濬帶同文武官員弁等前往覆勘情形。茲據分別勘明，將各
島逐一命名，以便書碑，並繪具總分圖呈核前來。」[24]

　　最早中國官方有關南海諸島的地圖是 1909 年 5 月兩廣總督張人駿命
廣東水師提督李準、廣東補用道李哲濬、署赤溪協副將吳敬榮等分別搭乘
伏波、琛航、廣金三兵艦前往西沙群島復勘，查西沙十五個島，並命名繪

[20] 香港華字日報，1909 年 4 月 20 日，頁 4。

[21] 香港華字日報，1909 年 4 月 29 日，頁 3。

[22] *The Hongkong Telegraph*, May 18, 1909, p.4.

[23] "Inspection of Paracel Islands," *The Hongkong Weekly Press*, June 21, 1909, p.28. 該報報導
李準船隊是在 5 月 21 日從廣州出發。

[24] 「張人駿奏報籌辦東西洋各島事宜」（1909 年 6 月 19 日），清代宮中檔奏摺及軍機處
檔摺件，國立故宮博物院藏，文獻編號：179408；中央研究院近代史研究所檔案館，
「具奏派員籌辦東西沙各島事宜抄稿咨呈由」，館藏號：02-10-001-01-052。

圖。張人駿曾於 1909 年 3 月 21 日設立西沙籌辦處。但 8 月張人駿去職，由袁樹勛繼任總督，由於李準等官員調職，及西沙籌辦處尚未切實舉行，故在同年 9 月 10 日予以裁撤，歸併入勸業道。[25]李哲濬在復勘時雖曾繪圖，可惜未留下任何圖。以後中華民國官方第一張西沙群島的地圖，是由廣東省政府於 1928 年派人前往調查及繪製西沙在中國海位置圖。[26]

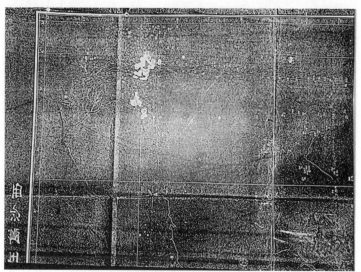

圖 6-2：西沙在中國海位置圖（一）

---

[25] 陳天錫編，西沙島成案匯編，載於南海諸島三種，鄭天順點校（海口市：海南出版社，2004 年），頁 11,17,24。沈鵬飛編，調查西沙群島報告書（臺北市：臺灣學生書局，1995 年，3 版），頁 97。

[26] 「廣東省政府代電內政部，案由：准電囑調查東沙西沙等島嶼人口面積經濟交通文化等情形電復查照由。附西沙群島調查報告書和西沙在中國海位置圖（民國 17 年 6 月 13 日）」（1946 年 8 月 30 日），「進駐西南沙案」，內政部檔案，地政類，方域綱，檔號：404.13/1。

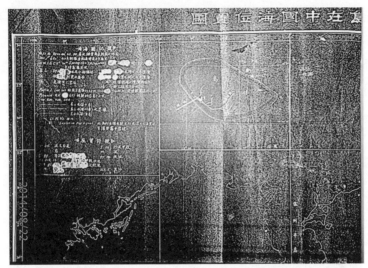

資料來源：「廣東省政府代電內政部，案由：准電囑調查東沙西沙等島嶼人口面積經濟
交通文化等情形電復查照由。附西沙群島調查報告書和西沙在中國海位置圖
（民國 17 年 6 月 13 日）」（1946 年 8 月 30 日），「進駐西南沙案」，內政
部檔案，地政類，方域綱，檔號：404.13/1。

圖 6-3：西沙在中國海位置圖（二）

　　法國為了擴張其在越南的勢力範圍，其外交部於 1931 年 12 月 4 日致
中國駐法使館節略，挑戰中國對西沙群島之主權，[27] 1933 年 1-4 月，法
國相繼佔領南沙群島九個小島。由於受到法國在南海地區之擴張及挑戰之
影響，中華民國政府內政部在 1933 年 6 月成立「水陸地圖審查委員
會」，對中華民國之領土疆域進行審查及確定。「水陸地圖審查委員會」
在 1934 年 12 月 21 日舉行的第 25 次會議上，審定了南海各島礁的中英文
地名，將南海諸島分為 4 個島群：東沙島、西沙群島、南沙群島（今中沙
群島）和團沙群島（亦稱珊瑚群島，今南沙群島）。1935 年 1 月，由
「水陸地圖審查委員會」編印的水陸地圖審查委員會會刊第 1 期，公佈
「中國南海各島嶼華英名對照表」，首次將這四個島群命名，東沙島 1

---

27 「轉呈關於七洲島問題法外部來文並請示我國意見，法字第 872 號」（1932 年 1 月 7
日），收入俞寬賜、陳鴻瑜主編，外交部南海諸島檔案彙編（上冊）（臺北：外交部研
究設計委員會編印，1995 年 5 月），第 II(2):001 號檔案，頁 145。

個，西沙群島有 28 個，南沙群島有 7 個，團沙群島有 96 個，總數有 132 個島礁灘洲的地名。同時標示中國最南的領土是曾姆灘（James Shoal），此應該是中國官方首次將曾母暗沙納入版圖。[28] 4 月，水陸地圖審查委員會會刊第 2 期刊出一張中國南海各島嶼圖。[29]該圖未使用斷續的 U 形線，跟以後使用虛線的畫法不同。

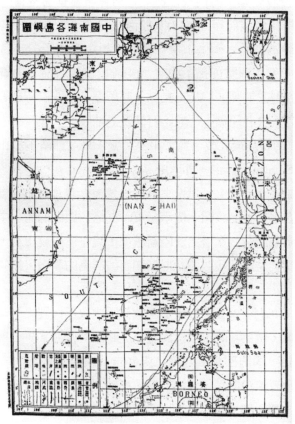

資料來源：水陸地圖審查委員會編印，水陸地圖審查委員會會刊，第 2 期
　　　　　（1935 年 4 月），頁 68 之下一頁。

圖 6-4：1935 年中國南海各島嶼圖

---

[28] 水陸地圖審查委員會編印，水陸地圖審查委員會會刊，第 1 期（1935 年 1 月），頁 25-29。

[29] 水陸地圖審查委員會編印，水陸地圖審查委員會會刊，第 2 期（1935 年 4 月），頁 68 之下一頁。

　　廣東省陸地測量局推動廣東全省五萬分一測量計劃，該局於 1937 年 9 月繪製成南海團沙群島地形圖，總數有 22 張南沙群島各島群的圖，並無完整的南沙群島圖。

　　二戰結束後，行政院於 1946 年 9 月 19 日令內政部籌商協助接收南海諸島，內政部於 9 月 25 日邀集外交部、國防部和海軍總司令部會商，決議：(1)關於接收範圍依據內政部擬製之南海諸島位置略圖所示範圍，呈由鈞院核令廣東省政府辦理。(2)關於南海各島礁、灘、沙名稱暫照西圖譯名，由部製為詳圖，備供依據，接收後再由部重予擬定名稱，公布週知。(3)接收軍艦由國防部迅予派定。(4)於出發接收前，由廣東省政府預製石碑，以備豎立於團沙群島之長島、雙子島、斯普拉特島等處及其他適當島上，俾顯示為我國領土，並將石碑豎立地點、式樣及碑文等函內政部備查。[30]上述的長島後來改名為太平島；雙子島，即南子島和北子島；斯普拉特島是 Spratly 之譯名，即南威島。

　　內政部並於 10 月 4 日呈送中華民國領南海諸島位置略圖給行政院，作為接收範圍之參考。該圖上標示了東沙群島、西沙群島、中沙群島和南沙群島。在南海地區首次畫出八段斷續線，沒有使用經緯度，該斷續線的意義非常清楚就是顯示接收西沙群島和南沙群島的範圍，指的是島嶼的範圍。

　　1946 年 10 月 12 日，行政院同意依照內政部擬製之中華民國領南海諸島位置略圖，做為我國接收南海諸島之範圍與依據。[31]

　　在同一日，國防部第二廳第二處亦自行繪製東西南沙三群島位置要圖，圖中標示有東沙群島、西沙群島、南沙群島和團沙群島之位置。另亦繪製南海諸島圖，圖上標示有西沙群島和南沙群島。[32]這兩張圖同時見於

---

[30] 「內政部會呈行政院，事由：關於接收團沙群島事奉令會商議決辦法三項檢同會議紀錄呈請鑒察由，方字第 0100 號」（1946 年 10 月 16 日），「進駐西南沙案」，內政部檔案，地政類，方域綱，檔號：404.13/1。

[31] 「（極密）行政院指令，同意內政部呈為會商決議接收東沙西沙團沙群島辦法」（1946 年 10 月 12 日），「進駐西南沙案」，內政部檔案，地政類，方域綱，檔號：404.13/1。

[32] 「參謀總長陳誠簽呈蔣中正主席」（1946 年 12 月 17 日），「一般資料——民國 35 年（九）。蔣中正總統文物，國史館藏，典藏號：002-080200-00312-033。

12 月 17 日參謀總長陳誠簽呈蔣中正主席的公文中，該公文主要是桂永清
海軍代總司令向國防部報告進駐西南沙群島的情形，報告中稱 12 月 28 日
（按：日期有誤，應是 11 月 28 日）由姚汝鈺副指揮官率領進駐西沙群島
的武德島，由林遵指揮官率太平、中業兩艦於 12 月 12 日抵達南沙群島的

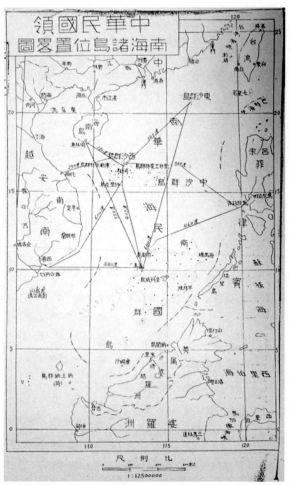

資料來源：「（極密）行政院指令，同意內政部呈為會商決議接收東沙
　　　　　西沙團沙群島辦法」（1946 年 10 月 12 日），「進駐西南沙
　　　　　案」，內政部檔案，地政類，方域綱，檔號：404.13/1。

圖 6-5：1946 年中華民國領南海諸島位置略圖

長島。[33]這兩張圖有一個最大的差別是，圖 6-5 稱南沙群島為團沙群島，而圖 6-6 稱南沙群島就是後來的南沙群島。兩張圖都沒有畫出西沙和南沙群島的範圍線，也未畫出最南的曾母暗沙。圖 6-7，是海軍在完成接收西南沙後所畫的接收與進駐西沙、南沙群島航線圖，該圖標示有南海諸島範圍線，而且畫出最南的詹姆沙（曾母暗沙）。

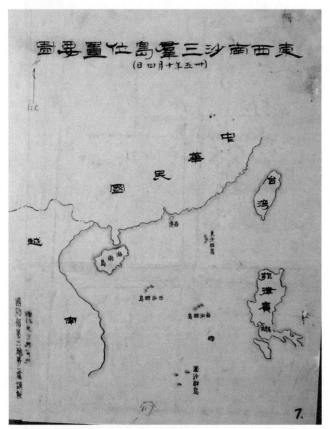

資料來源：「參謀總長陳誠簽呈蔣中正主席」（1946 年 12 月 17
　　　　　日），「一般資料——民國 35 年（九）。蔣中正總統
　　　　　文物，國史館藏，典藏號：002-080200-00312-033。

圖 6-6：1946 年東西南沙三群島位置要圖

---

[33] 同上註。

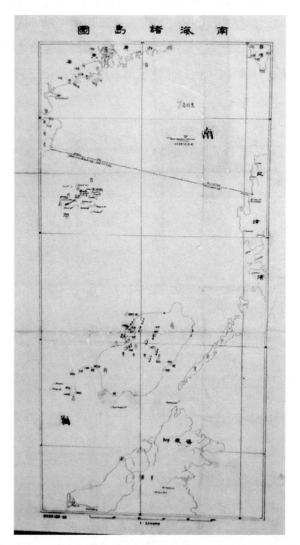

資料來源：「參謀總長陳誠簽呈蔣中正主席」（1946 年 12 月 17
　　　　　日），「一般資料——民國 35 年（九）。蔣中正總統文
　　　　　物，國史館藏，典藏號：002-080200-00312-033。

圖 6-7：1946 年南海諸島圖

　　不過，中華民國領南海諸島位置略圖有三種版本，圖 6-5 是內政部呈送行政院的圖，圖上沒有註明製圖單位，但標示有航線。中華民國領南海諸島位置略圖等字是標示在圖的上端。圖 6-8 圖下左側註明製圖單位是內政部方域司，沒有標示航線。圖 6-9 是中華民國領南海諸島位置略圖等字標示在上端，標示有航線，在右側標示為海軍司令部第三署海事處繪。

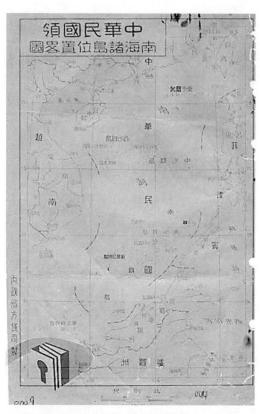

說明：圖上註明製圖單位是內政部方域司。
資料來源：「海軍總司令部加強西南沙群島兵力及建設實施籌備會
　　　　　議紀錄」（1947 年 2 月 25 日），「進駐西南沙群島
　　　　　案」，國防部史政編譯局檔案：海軍總部，檔案管理局
　　　　　藏，檔號：35/061.8/3030。

圖 6-8：1947 年內政部方域司繪製的中華民國領南海諸島位置略圖

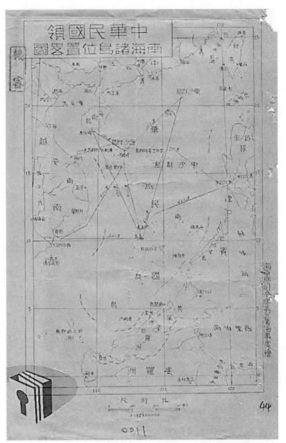

說明：此圖為海軍司令部第三署海事處繪，為航行方便圖上有標註
　　　航線。
資料來源：「海軍總司令部加強西南沙群島兵力及建設實施籌備會
　　　　　議紀錄」（1947 年 2 月 25 日），「進駐西南沙群島
　　　　　案」，國防部史政編譯局檔案：海軍總部，檔案管理局
　　　　　藏，檔號：35/061.8/3030。

圖 6-9：1947 年海軍司令部第三署海事處繪製的
「中華民國領南海諸島位置略圖」

　　此外，有一張圖名稱為南海諸島位置略圖，見圖 6-10，它最為特別之處是將南海諸島範圍線劃為十一段，對西沙群島和南沙群島的各島礁名稱標示很清楚，但沒有標示繪圖機關。該圖將南海諸島位置略圖等字標示在圖的下端，也畫出最南的曾母暗沙（詹姆沙）。

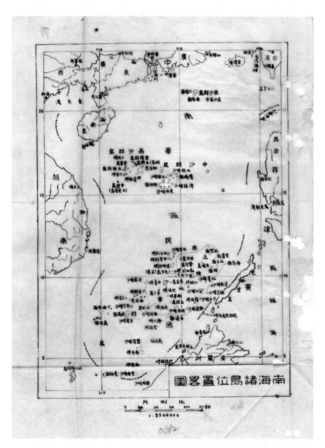

資料來源：「海軍總司令部加強西南沙群島兵力及建設實施籌備會
　　　　　議紀錄」（1947 年 2 月 25 日），「進駐西南沙群島
　　　　　案」，國防部史政編譯局檔案：海軍總部，檔案管理局
　　　　　藏，檔號：35/061.8/3030。

圖 6-10：1947 年繪製的「南海諸島位置略圖」

　　中華民國海軍派遣永興、中建、太平、中業等四艘軍艦分別於 1946 年 11-12 月間接收西沙群島（前兩艘軍艦負責接收）和南沙群島（後兩艘軍艦負責接收）後，第一次進駐南沙群島指揮官林遵在 1947 年 2 月 25 日向海軍總司令部提出報告，關於西南沙群島檔案之蒐集，他建議除要求廣東省政府將相關檔案送南京外，亦應蒐集各國出版之南中國海航行指南載明中國漁民每年常川前往南沙之資料，另聞臺灣長官公署有完全檔案，亦應電飭送至南京。

　　關於西南沙群島之範圍，該報告稱：

　　(1)西沙群島離我海南島榆林港僅百餘至二百海里，我國軍艦、漁船甚常前往，其全部主權應屬我有，實屬天經地義，應宣布全部屬為我有。

　　(2)南沙群島範圍甚廣，其主要之太平島已離榆林港五百餘海浬，而離菲列賓則僅有二百餘海浬，故其公布範圍，似應加以研究。

　　茲擬具三案如下：

　　(A)以日人之新南群島為範圍，即凡屬北緯 7 度至 12 度、東經 111 度至 117 度所有之島嶼礁石均屬我有，此案範圍恐過近於菲列賓之巴拉望島。

　　(B)以北緯 7 度至 12 度、東經 111 度至 115 度半為範圍。

　　(C)以北緯 10 度至 12 度、東經 114 度至 115 度為範圍。[34]

　　林遵當時應該知悉日本所繪製的新南群島，他所提出的第一案的範圍就是當時新南群島的範圍，參見圖 6-11 的 ABCDEF 點。其第二案的範圍較小，參見圖 6-11 的 AGHF。

　　(2)ABCDEF 是日本劃定的新南群島範圍線。AGHF 為林遵建議的接收第二案之範圍線。需注意曾母暗沙並不在此一紅框範圍內，曾母暗沙的經緯度如下：3°58'26"N 112°20'56"E。

　　內政部即於 3 月 31 日請行政院秘書處將臺灣行政長官公署呈送之新南群島調查報告、新南群島概觀、前臺灣總督府告示 122 號譯文各一份及

---

[34] 「內政部會呈行政院，事由：關於接收團沙群島事奉令會商議決辦法三項檢同會議紀錄呈請鑒察由，方字第 0100 號」（1946 年 10 月 16 日），「進駐西南沙案」，內政部檔案，地政類，方域綱，檔號：404.13/1，1947 年。

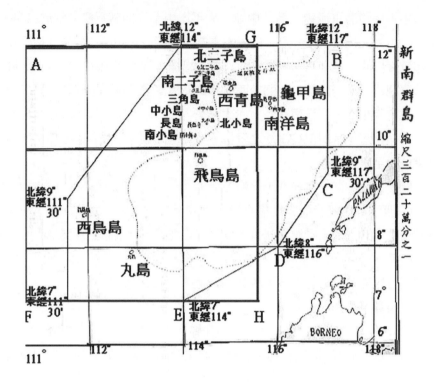

說明：(1)原圖字體過小，看不清楚，筆者在原圖上重新標示較大字體。
資料來源：「臺灣省政府代電內政部，事由：電送南沙群島資料請察收由，陸申府民字第
　　　　　64650 號」（1947 年 9 月 13 日），「進駐西南沙群島」，內政部檔案，檔號：
　　　　　404.13/1。

圖 6-11：日本劃定的新南群島範圍

新南群島全圖一份抄送參考。[35]國防部並派員到內政部洽借內政部所搜獲
之日本外務省有關西南沙群島檔案。[36]

　　國防部於 4 月 8 日函請內政部抄送海軍總司令部轉據第一次進駐西南

---

[35]　「行政院秘書處函內政部，事由：函送新南群島資料，從陸字第 14164 號」（1947 年 4
　　　月 17 日），「進駐西南沙案」，內政部檔案，地政類，方域綱，檔號：404.13/1，
　　　1947 年。

[36]　「內政部函國防部第二廳，事由：派員洽借西南沙群島資料由，字第 0448 號」（1947
　　　年 4 月 23 日），「進駐西南沙案」，內政部檔案，地政類，方域綱，檔號：
　　　404.13/1，1947 年。

沙群島指揮官林遵有關西南沙群島範圍及主權之確定與公布之建議，擬請內政部召集各部會研討。

內政部於 4 月 14 日召集國防部、外交部、海軍總司令部代表開會，討論「西南沙範圍及主權之確定與公佈案」，決議如下：

(1)南海領土範圍最南應至曾姆灘，此項範圍抗戰前我國政府機關、學校及書局出版物均以此為準，並曾經內政部明定呈奉有案，仍照原案不變。

(2)西南沙群島主權之公布由內政部命名後附其圖說呈請國民政府備案，仍由內政部通告全國周知。在公布前並由海軍總司令部將各該群島所屬各島，盡可能予以進駐。

(3)西南沙群島漁汛將屆，前往各該群島漁民由海軍總司令部及廣東省政府予以保護及運輸通訊等便利。[37]

內政部在開會前曾擬具對於西南沙群島範圍如何確定之問題的意見，如下：

「除西沙群島以全部為範圍外，關於南沙群島原建議(B)以東部過於接近菲律賓領海，將其放棄，可宣布北緯 7 度至 12 度、東經 111 度至 115 度半內之群島為我收復。按菲律賓最近脫離美獨立，過去美國以三海浬為範圍，現菲律賓對其領海尚未作若何規定，但無論其領海如何規定，依照國際慣例，一國之領海涉及他國領海時，由關係國就海面協商決定或由兩國平分之，故本案之確定不涉及領海問題。至原擬範圍猶不及日本佔領時代所謂『新南群島』北緯 7 度至 12 度、東經 111 度 30 分至 117 度，似不足採擇。仍應以該群島全部島嶼為範圍。」[38]內政部的意見還是以全部南沙群島為範圍，其意見成為跨部會會議的決議之一，亦可看出來西沙和南沙群島的收復範圍限於島嶼，並不包括海域的觀念，而且不認為南沙

---

[37] 「內政部函國防部等五機關，事由：為西南沙群島範圍及主權之確定與公佈一案函請查照。第 0434 號」（1947 年 4 月 17 日），「進駐西南沙案」，內政部檔案，地政類，方域綱，檔號：404.13/1，1947 年。

[38] 「內政部函國防部等三部，准國防部代電關於西南沙群島範圍及主權之確定與公佈一案。第 0411 號」（1947 年 4 月 11 日），「進駐西南沙案」，內政部檔案，地政類，方域綱，檔號：404.13/1，1947 年。

群島的領海會與菲國的領海相衝突。

　　林遵對於上項決議可能感到不滿或有其他原因，所以在 5 月中旬呈送「進駐西南沙群島艦隊指揮官林遵五月不列日報告書」給國民政府主席蔣中正，該項報告建議收復全部西沙群島，不過將收復南沙群島改為兩案，即(1)宣布南沙全部群島已由我國收復。(2)如以最東之群島，過近菲律賓領海內，將其放棄，則可宣布北緯 7 度至 12 度、東經 111 度至 115 度 30 分內之群島，均為我收復。[39]蔣主席指示召集內政、外交、國防三部會同核議。因此行政院秘書處於 6 月 2 日函請內政部、外交部和國防部派員在 6 月 10 日在行政院開會。[40]

　　內政部代表傅角今司長在會中表示，同意林遵所提議的收復全部西沙群島，但對於南沙群島，他仍主張以戰前中國機關學校所出版之關於南海領土範圍之刊物，經由該部呈院核准者為標準。國防部代表甘禮經認為林遵的意見係其個人之意見，其主張放棄南沙群島東部與菲國鄰近之小島，範圍甚大，包括公海在內，對於管理國際航行，似多不便。日本原對南沙群島訂有範圍，中國既然自日人手中接收，自仍可照此範圍。若照林遵提案放棄東部島嶼，不啻默認菲國擁有此些島嶼。[41]

　　最後行政院召開的跨部會的審查會議，通過如下的審查意見：

（一）就確定西南沙群島之範圍言：

　　(1)西沙群島：原提議應以全部為範圍，此點與內政部所定該群島之

---

[39] 「革命文獻——對法、越外交，林遵呈蔣中正進駐西南沙群島情形」（1947 年 5 月 16 日），蔣中正總統文物，國史館藏，典藏號：002-020400-00050-058-001~004。機秘 20 第 99898 號，字第 55 號計四頁。
　　「一般資料——呈表彙集（112），薛岳呈參軍長張群。內容摘要：奉交核議進駐西南沙群島艦隊指揮官林遵建議公佈我國收復西南沙群島並確定其範圍一案，遵經召集內政、外交、國防三部，審查如次。」（1947 年 7 月 4 日），蔣中正總統文物，國史館藏，典藏號：002-080200-00539-017-001。

[40] 「行政院秘書處函內政部，事由：密。從辰字第 20789 號」（1947 年 6 月 2 日），「進駐西南沙案」，內政部檔案，地政類，方域綱，檔號：404.13/1，1947 年。

[41] 「奉派出席行政院秘書處關於審查公佈西南沙群島為我收復之會議報告」（1947 年 6 月 11 日），收入俞寬賜、陳鴻瑜主編，外交部南海諸島檔案彙編（上冊），第 II(2):332 號檔案，頁 595-597。

範圍相同。

(2)南沙群島內政部原定為全部,該群島之最東島嶼與菲律賓相距尚在一百海里以外,菲方並無據有之表示,是南沙群島亦應以全部為範圍。

(二)關於宣布各島嶼為我收復一節:

(1)西沙群島全部我國已迭次聲明主權屬我,似無宣布收復之必要(其中拔陶兒島,現尚為法國派兵侵佔,外交部正在交涉中。)(作者按:拔陶兒島,或譯為白托島,即珊瑚島。)

(2)南沙群島(我國僅實際佔領其中之一即太平島)目前似無宣布其全部或部分屬我之必要。

(三)迄現為止,我國在西南沙群島中,僅實地佔領永興(在西沙)、太平(在南沙)兩島,似應由國防部再就各該群島中較重要島嶼如:雙子島、斯普拉特島等迅即實行派兵駐守。

(四)將來應於何時?及運用何種方式表示各該群島屬我或為我收復,應視西南沙群島中島嶼之佔領實際情形,由內政部會商有關機關決定之。[42]

行政院於 6 月 24 日第九次會議,決議:「照審查意見通過」。

內政部於 7 月 24 日呈報行政院和函知(代電)廣東省政府、臺北臺灣省政府、廣州中山大學、國立編譯館、中央研究院歷史語言研究所有關南海諸島位置圖、西沙群島圖、中沙群島圖、南沙群島圖、太平島圖、永興島及石島圖、南海諸島新舊名稱對照表。[43]根據南海諸島新舊名稱對照表,東沙群島有 3 個島,西沙群島有 31 個島礁,中沙群島有 29 個島礁,南沙群島有 96 個島礁,總數是 159 個島礁、灘、沙洲。最南邊的領土是曾母暗沙。

---

[42] 「行政院訓令,(36)七外字第 27781 號」(1947 年 7 月 15 日),「進駐西南沙案」,內政部檔案,地政類,方域綱,檔號:404.13/1,1947 年。

[43] 「內政部呈行政院、代電廣東省政府三機關,第 0740 號」(1947 年 7 月 24 日),「進駐西南沙案」,內政部檔案,地政類,方域綱,檔號:404.13/1,1947 年。

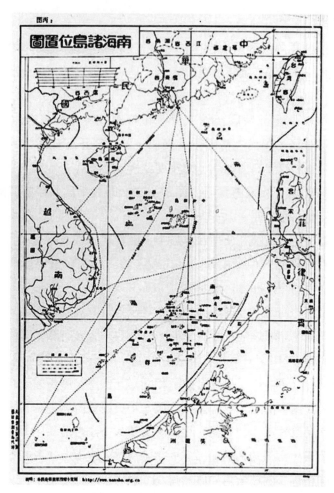

資料來源：「內政部呈送南海諸島位置圖等件核屬可行轉呈核備由，發文字號
(卅六)四內字第 30844 號」（1947 年 8 月 7 日），「南海諸島位置
圖」，總統府檔案，國史館藏，典藏號：50082355。

圖 6-12：1947 年南海諸島位置圖

　　行政院於 8 月 8 日以(36)四內字第 30844 號呈國民政府主席，「附抄
呈內政部原呈一件檢南海諸島位置圖」（內政部方域司編繪、國防部測量
局代印），國民政府以 36 年 8 月 16 日處字第 1371 號令准備案。[44]內政

---

[44] 「行政院指令，事由：據呈送南海諸島位置圖等件業經呈准備案仰知照轉知有關機關

部接著於 9 月 4 日將上述有關地圖和表函送廣東省政府、臺灣省政府、各院秘書處（除行政院）、行政院下各部會、國防部測量局、國立編譯館、國立中央大學、國立中山大學、國立臺灣大學、國立北平師範學院、國立西北師範學院、國立蘭州大學、廣州行轅、陸軍總司令部、海軍總司令部、空軍總司令部。

　　至此，南海諸島的範圍和圖示完成法律公告程序。1948 年 2 月，內政部公佈了中華民國行政區域圖，其附圖包括南海諸島位置圖。

　　內政部地政司長傅角今在 1947 年 10 月 1 日為鄭資約編著的南海諸島地理誌略一書寫序，該書附了一張由內政部方域司繪製的如圖 6-4 的「南海諸島位置略圖」，[45]顯示當時內政部繪製的南海諸島位置圖是出自該圖，然後從該時間起到 1948 年 2 月正式公告南海諸島位置圖止，內政部修改了原圖，將南海諸島位置略圖上的圖名從下端移到上端，並將「略」字刪除。

四、討論

　　在所有內政部官方檔案中，所公佈的各種南海諸島圖，從北部灣到臺灣以南的巴士海峽的十一段斷續線，均未有根據何種原則劃定的文字紀錄。

　　為了重新解讀當年劃定南海諸島範圍線的意涵，將分別從下述幾個層面加以討論。

第一，截至 1947 年為止中華民國的海域主張。

　　中華民國在 1930 年派代表出席在海牙舉行的國際公法編纂會議，同意採納領海 3 海里原則。[46] 1931 年 3 月，內政、外交、財政、海軍、實

由。(36)四內字第 33861 號」（1947 年 8 月 25 日），「進駐西南沙案」，內政部檔案，地政類，方域綱，檔號：404.13/1，1947 年。

[45] 鄭資約編著，南海諸島地理誌略（上海市：上海商務印書館，民國 36 年）。

[46] 「為錄送關於西沙群島案本館文件請查核由（民國 36 年 1 月 20 日法 34 字第 17 號），駐法大使館代電外交部」，收入俞寬賜、陳鴻瑜主編，外交部南海諸島檔案彙編（上冊）（臺北市：外交部研究設計委員會編印，民國 84 年 5 月，第 II(2):199 號檔案），

業五部呈請行政院規劃領海界線，以保主權，第十四次國務會議決議領海界線擬定為 12 海里。[47]國民政府將該案送交中國國民黨中央執行委員會政治會議，4 月 7 日，該會召開第 265 次會議，決議交由政治報告、經濟、外交、軍事、財政、法律各組審查，結果認為關於緝私及漁業應以 12 海里為領海範圍，經中央政治會議第 269 次會議決議，先規定海關緝私以 12 海里為範圍，關於漁業界線交王寵惠、王正廷、孔祥熙三位委員再行審查。[48] 4 月 11 日，國民政府將上述決議以訓令第 202 號令行政院遵辦。[49]

　　1931 年 6 月 24 日，行政院第 21 次國務會議決定：「領海範圍定為 3 海里，緝私界程定為 12 海里，由財政部擬具緝私界程之實施及宣告辦法呈核，並均報告國民政府。」[50]

　　從上述敘述可知，中華民國政府至 1947 年公佈南海諸島位置圖時為止，採取 3 海里領海及 12 海里海關緝私範圍的制度。當時國際海洋法觀念尚無「歷史性水域」或「歷史性權利名義」等的水域觀念，中華民國法令中自然沒有類似的海洋觀念。

　　第二，進駐南沙群島指揮官林遵原主張以經緯度劃出接收南沙群島的範圍，但此議不為內政部傅角今司長接受，傅角今司長認為林遵主張的南

頁 422-461,449。

[47] 「6，民國 20 年 3 月。行政院呈國民政府。據內政、外交、財政、海軍、實業五部呈為大局已定，請轉呈賡續前案，規劃領海界線，以保主權等情，經提出第十四次國務會議，決議領海界線擬定為 12 海里，轉呈國府核定，關於勘界事宜交海軍部辦理，照案轉呈鑑核令遵」（1931 年 3 月 6 日），「領海界線暨海關緝私範圍案」，國民政府檔案，國史館藏，檔號：財 03.1。

[48] 「6，民國 20 年 3 月。中央政治會議密函國民政府，事由：函復關於行政院轉呈規劃領海界線暨海關緝私範圍案經交審查復提出本會議第 269 次會議決議，先規定海關緝私以 12 海里為範圍。」（1931 年 4 月 9 日），「領海界線暨海關緝私範圍案」，國民政府檔案，國史館藏，檔號：財 03.1。

[49] 「6，民國 20 年 3 月。國民政府訓令行政院，事由：中央政治會議函復關於行政院轉呈核定領海界線暨海關緝私範圍案經決議，先規定海關緝私 12 海里為範圍。字第 498 號，訓令第 202 號」（1931 年 4 月 11 日），「領海界線暨海關緝私範圍案」，國民政府檔案，國史館藏，檔號：財 03.1。

[50] 黃剛，中華民國的領海及其相關制度（臺北市：臺灣商務印書館，1986 年），頁 53。

沙群島範圍比以前的主張縮小了，故主張以戰前中國機關學校所出版之關於南海領土範圍之刊物，經由該部呈院核准者為標準。而該戰前核定的南海諸島圖是沒有使用經緯度線，以致於以後公佈的南海諸島圖就沒有經緯度線。儘管海軍和內政部對於如何畫線有歧見，不過，二者想表達的是線內的島嶼屬於中華民國所有，觀點是相同的。

第三，南海諸島範圍線公佈、通報及外國地圖刊載。

美國國務院的專家基文和布里安批評中華民國當年公佈 U 形線時沒有做到國際通報。然而，歷來中華民國政府有關南海諸島的地圖（包括 U 形線圖）都曾公佈在各有關官方文書或代表官方立場的黨營報紙上。1935 年 1 月，中國水陸地圖審查委員會會刊第一期公佈「中國南海各島嶼中英地名對照表」。同年 4 月，中國水陸地圖審查委員繪製中國南海各島嶼圖，並由該審查委員會會刊第二期發行。「中國水陸地圖審查委員會」是官方機構，因此其公佈的是第一份公開發行的官方的南海諸島地圖。1947 年 1 月 31 日，中央日報刊登了「南海浩瀚」一文，文中附了一張「我們的南海」的地圖，以九段線劃出南海諸島的範圍（參見圖 6-13）。1947 年 12 月 1 日，內政部方域司印製「內政部公佈南海諸島新舊名稱對照表」。它並公佈了六幅地圖，包括：南海諸島位置圖、南沙群島圖、西沙群島圖、中沙群島圖、太平島圖、永興島圖。同日在中央日報上刊登南海諸島名稱。[51] 12 月 16 日，中央日報刊登南海諸島位置略圖。[52]

當時中華民國政府曾將該南海 U 形線圖公佈在新聞媒體上，任何外國新聞社皆可取得該一公開訊息，而且當時中文也是聯合國公認的聯合國官方語文，並無規定一定要使用英文才算是做了充足的國際通報。

回顧當時重要海權國家，包括美國、英國，甚至與中國有西沙群島之爭的法國對該一南海 U 形線並未提出反對意見，甚至有不少官方地圖標示該南海 U 形線及標明其屬於中國，例如：1960 年越南人民軍總參地圖處編繪的世界地圖，1972 年越南總理府測量和繪圖局印製的世界地圖

51　「南海諸島整頓竣事，內政部公佈各島名」，中央日報，1947 年 12 月 1 日，版 4。
52　承紀雲主編，「地圖週刊：南海群島」，中央日報，1947 年 12 月 16 日，版 9。

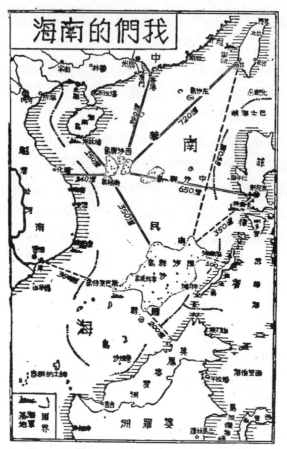

資料來源：「南海浩瀚」，中央日報，1947 年 1 月 31 日，版 12。

圖 6-13：「我們的南海」圖

集，1973 年的蘇聯大百科全書，1954 年至 1975 年蘇聯政府部門出版的世界地圖集等。[53]

　　從上述的敘述可知，世界各國，包括周邊的越南、菲律賓、馬來西亞和印尼等國，長期以來默認該南海 U 形線之存在，即使從 1956 年聯合國在日內瓦召開第一次海洋法會議以來，從未有國家或專家學者針對南海 U

---

[53] 賈宇，「南海問題的國際法理」，中國法學，第六期（2012 年），註 33，頁 26-35,32。李占才，「南海古今話主權」，文史天地，第 8 期（2012 年）。http://www.wenshitiandi.com/html/77/3/3202/1.htm（2015/2/23 瀏覽）。

形線表示異議。直至中華人民共和國北京政權在 2009 年向聯合國大陸礁層委員會提出該 U 形線，才遭到印尼之質疑。同樣地，美國從 1947 年到 2014 年 2 月一直都未對該線表示反對意見。換言之，該南海 U 形線已存在很長一段時間，已長期獲得國際社會之默認。

第四，南海諸島範圍線與 1982 年聯合國海洋法公約之關連性。

檢視那些質疑南海 U 形線之西方學者佛羅里安、皮爾馬里、基文和布里安之論點，大都根據 1982 年聯合國海洋法公約之規定而提出批評，其焦點大都圍繞在南海 U 形線內水域是否屬於「歷史性水域」？U 形線內之傳統捕魚權是有拘限性等等。中華民國行政院曾在 1993 年 4 月 13 日以臺 82 內字第 09692 號函核定「南海政策綱領」，曾規定：「南海歷史性水域界線內之海域為我國管轄之海域，我國擁有一切權益。」惟該綱領已在 2005 年 12 月 5 日停止適用，說明中華民國政府不採用南海歷史性水域之概念。

中華民國政府在 1998 年 1 月 21 日公佈中華民國領海及鄰接區法，基本上採用聯合國海洋法公約之規定。

南海諸島是屬於洋中島嶼，關於此，聯合國海洋法公約第 121 條有「島嶼制度」（regime of islands）之規定，亦即可針對洋中島嶼採用「島嶼制度」加以劃定。從該公約之精神來看，「島嶼制度」可依據該公約一般島嶼之規定劃定其領海及相關的水域範圍。中華民國政府在 1999 年 2 月 10 日公告第一批領海基線、領海及鄰接區外界線。[54]基本上，東沙群島是採用聯合國海洋法公約劃定領海之原則劃定其領海基點和基線。黃岩島則只公佈領海和鄰接區範圍。南沙群島則因遭鄰國入侵而未劃定領海基點和基線。就聯合國海洋法公約之條文而言，它是規定依照領海基點畫出領海、專屬經濟區和大陸礁層的範圍，而中華民國之南海 U 形線並非依據基點畫出的海域範圍線，基本上，如上所述，它是島嶼歸屬

---

[54] 「中華民國第一批領海基線、領海及鄰接區外界線」，收錄於中華民國內政部網站，http://maritimeinfo.moi.gov.tw/marineweb/LayFrom0.aspx?icase=T02&pid=0000000009（2015/1/23 瀏覽）。

線，故其存在並未對聯合國海洋法公約造成干擾或違反之情況，因為島嶼之歸屬問題並非該公約規範之對象。

聯合國仲裁法庭於 2015 年 10 月對於菲律賓告中國案做出初步決定，對於菲國訴請中國之 U 形線違反聯合國海洋法公約訴點，仲裁法庭鑑於該一問題涉及「不具有完全初步性質之問題之審議」（involve consideration of issues do not possess an exclusively preliminary character），而決定保留不予受理。[55]從而可證，U 形線並不違反聯合國海洋法公約。

五、結論

中華民國在 1935 年公佈其第一張南海諸島圖，未使用 U 形線，至 1947 年再度公佈南海諸島圖，採用十一段虛線畫出南海諸島的所在位置。基本上，該一線段之目的在呈現南海四沙屬於中華民國之領土，是島嶼歸屬線。它至多涵蓋當時中華民國所採用的 3 海里領海和 12 海里海關緝私範圍，與日後發展出來的海洋法新觀念，例如歷史性水域、專屬經濟區等概念無關。

海洋法概念是與時俱進的，增加了許多新觀念，1982 年聯合國海洋法公約有歷史性水域、專屬經濟區和大陸礁層等概念，但並未禁止使用島嶼歸屬線，除非當事國對於島嶼歸屬線另賦予其他法律地位，而該法律地位與聯合國海洋法公約有所牴觸。

中華民國政府曾一度將南海 U 形線定義為「歷史性水域」，後來取消了。中華民國雖然不是聯合國海洋法公約簽字國，但其所制訂公佈的領海與鄰接區法以及專屬經濟區和大陸礁層法，基本上是依照聯合國海洋法公約之規定。南海 U 形線與聯合國海洋法公約之規定和精神並無扞格之處。南海所發生的衝突和爭端，是島礁的領土主權問題，而非南海 U 形線問題。

---

[55] "Seventh Press release, arbitration between the Republic of the Philippines and the People's Republic of China," Permanent Court of Arbitration, October 29, 2015, p.8. http://www.pcacases.com/web/sendAttach/1503（2016 年 1 月 23 日瀏覽）。

徵引書目

中文部分

一、檔案

內政部檔案（臺北，內政部藏）
　　「進駐西南沙案」。
　　「進駐西南沙群島案」。
清代宮中檔奏摺及軍機處檔摺件（臺北，國立故宮博物院藏）。
國民政府檔案（臺北，國史館藏）
　　「領海界線暨海關緝私範圍案」。
國防部史政編譯局檔案（臺北，檔案管理局）
　　「進駐西南沙群島案」。
蔣中正總統文物（臺北，國史館藏）。「一般資料——民國 35 年（九）」。
總統府檔案（臺北，國史館藏）
　　「南海諸島位置圖案」。

二、史料彙編

俞寬賜、陳鴻瑜主編，外交部南海諸島檔案彙編，上冊。臺北市：外交部研究設計委員
　　會，1995 年 5 月。

三、報紙

中央日報，臺北，1947 年 1-12 月。

四、專書

沈鵬飛編，調查西沙群島報告書。臺北市：臺灣學生書局，1995。
陳天錫編，西沙島成案匯編。載於南海諸島三種，鄭天順點校。海口市：海南出版社，
　　2004。
黃剛，中華民國的領海及其相關制度。臺北市：臺灣商務印書館，1986。
鄭資約編著，南海諸島地理誌略。上海市：上海商務印書館，1947。

五、期刊論文

水陸地圖審查委員會編印，水陸地圖審查委員會會刊，第 1 期，1935 年 1 月。
水陸地圖審查委員會編印，水陸路地圖審查委員會會刊，第 2 期，1935 年 4 月。
司徒尚紀，「南海九段線的形成及其意義」，新東方，第 4 期（2011）。
姜麗和李令華，「南海傳統九段線與海洋劃界問題」，中國海洋大學學報（社會科學
　　版），第 6 期（2008）。
徐志良，「民國海疆版圖演變與南海斷續國界線的形成」，太平洋學報，第 18 卷第 4 期
　　（2010 年 4 月）。
賈宇，「南海問題的國際法理」，中國法學，第 6 期（2012）。

管建強，「南海九段線的法律地位研究」，國際觀察，第 4 期（2012）。

英文部分

期刊論文

Dupuy, Florian and Pierre-Marie Dupuy, "A Legal Analysis of China's Historic Rights Claim in the South China Sea," *The American Journal of International Law*, Vol. 107, No. 1 (January 2013), pp.124-141.

Gao, Zhiguo and Bing Bing Jia, "The Nine-Dash Line in the South China Sea: History, Status, and Implications," *The American Journal of International Law*, Vol. 107, No. 1 (January 2013), pp.98-124.

報紙

Manila Times, "US contests China sea claim," 2014/2/6.

網際網路

中文部分

「中國加強南海『警察權』彰顯三大真實意圖」，收錄於「中華網」：http://big5.china.co m/gate/big5/military.china.com/critical3/27/20140113/18282362.html。

中國社會科學網，「南海斷續線：產生背景及其法律地位」，收錄於「中國社會科學 網」：http://www.hprc.org.cn/leidaxinxi/zz/201305/t20130524_220248.html。

李占才，「南海古今話主權」，文史天地，2012 年第 8 期，全文網址：http://www.wenshiti andi.com/html/77/3/3202/1.htm。

「中華民國第一批領海基線、領海及鄰接區外界線」，收錄於「中華民國內政部網站」， 全文網址：http://maritimeinfo.moi.gov.tw/marineweb/LayFrom0.aspx?icase=T02&pid=0 000000009。

「菲律賓已就黃岩島爭議將中國告上國際法庭(2)」，收錄於「新浪軍事 軍事前沿」：http: //www.qianyan001.com/junshi/20130123/1358903867_26345600_1.html。

「菲律賓聲稱已將中國『告上』聯合國 中方回應」，收錄於「人民網」：http://world.peop le.com.cn/BIG5/n/2013/0123/c1002-20291653.html。

英文部分

"The Permanent Mission of the People's Republic of China submits a communication to H. E. Mr. Ban Ki-Moon, Secretary-General of the United Nations," CML/17/2009, the United Nations, New York, 7 May 2009, 網址：http://www.un.org/Depts/los/clcs_new/subm issions_files/mysvnm33_09/chn_2009re_mys_vnm_e.pdf。

Oceans and Law of the Sea, United Nations, "Submissions, through the Secretary-General of the United Nations, to the Commission on the Limits of the Continental Shelf," 網址：http://www.un.org/Depts/los/clcs_new/submissions_files/mysvnm33_09/vnm_chn_2009re _mys_vnm_e.pdf。

Oceans and Law of the Sea, United Nations, "Submissions, through the Secretary-General of the

United Nations, to the Commission on the Limits of the Continental Shelf," 網址：http://www.un.org/Depts/los/clcs_new/submissions_files/mysvnm33_09/mys_re_chn_2009re_mys_vnm_e.pdf。

Baumert, Kevin and Brian Melchior, "China: Maritime Claims in the South China Sea," Limit in the Seas, No. 143, Office of Ocean and Polar Affairs, Bureau of Oceans and International Environmental and Scientific Affairs, U. S. Department of State, December 5, 2014. http://www.state.gov/documents/organization/234936.pdf。

Beckman, Robert C., "The South China Sea Dispute: An International Lawyer's View," 18 February 2011, unpublished. http://cil.nus.edu.sg/wp/wp-content/uploads/2009/09/Beckman-Paper-on-SCS-Dispute-ISEAS-ASC-18-Feb-2011-final.pdf。

"Indonesia submits a communication to H. E. Mr. Ban Ki-Moon, Secretary-General of the United Nations," No. 480/POL-703/VII/10, the United Nations, New York, 8 July, 2010. http://www.un.org/depts/los/clcs_new/submissions_files/mysvnm33_09/idn_2010re_mys_vnm_e.pdf（2014/4/22 瀏覽）。

"Seventh Press release, arbitration between the Republic of the Philippines and the People's Republic of China," Permanent Court of Arbitration, October 29, 2015, p.8. http://www.pcacases.com/web/sendAttach/1503（2016 年 1 月 23 日瀏覽）。

ROC's Decision-Making Process of Drawing the U-shaped Line Map in the South China Sea and Its Implications

Abstract

When the government of Republic of China drew the U-shaped line map of the Islands in the South China Sea, the decision-makers may only refer it to the islands within this line. Because ROC held 3 nautical mile of territorial waters, they would not possible to think of including the sea areas of the U-shaped line in the South China Sea. However, with the development of international law of sea, especially the pass of 1982 United Nations Convention on the Law of the Sea, the nature of legal status of the U-shaped Line arise heated discussions. It had been regarded as the islands attribution line, historic waters line, historical rights line or state boundary line. In any rate, this paper tries to use official archives to trace the original thinking of decision-makers and infer its meaning.

Keywords: Republic of China　　South China Sea　　Spratly Islands
　　　　　　　Paracel Islands　　U-shaped Line

（本文原刊登在國史館館刊，第 47 期，2016 年 3 月，頁 91-118。）

第七章　舊金山和約下西沙和
南沙群島之領土歸屬問題

摘　要

　　1939 年，日本佔領南沙群島、西沙群島、東沙群島，並將南沙群島置於臺灣高雄市的行政管轄之下。日本戰敗後，由中華民國軍隊接收日軍在西沙群島和南沙群島的投降。中華民國從 1945 年 11 月起即陸續完成對西沙群島和南沙群島這兩個群島的佔領及行政建制，並派官治理。1951年 9 月 8 日舊金山和約簽署到隔年 4 月 28 日生效，在這一段時間中華民國擁有這兩個群島的主權一直有效存在，在舊金山和議時關於中華人民共和國和越南擁有這兩個群島的提案都遭到反對或不予討論。從舊金山和約和中日和約生效日起，中華民國是第一個繼續保持佔有及先占該兩個被放棄的領土。

關鍵詞：舊金山和約　南沙群島　西沙群島　中國　日本　南海

一、前言

從 1920 年代中葉以來，南海島礁爭端問題，擾攘已有 80 多年了，2009 年為了因應聯合國海洋法公約規定在該年 5 月 13 日之前申報各沿岸國大陸礁層外界線，菲律賓、馬來西亞和越南三國分別、以及馬來西亞和越南聯合申報了各國的大陸礁層外界線，再度引發南海衝突各造的抗議。隨著南海各爭端國競相以法律手段宣稱其南海島礁之主權，南海爭端似乎沒有稍戢止爭之跡象。

目前對南海爭端的研究，大都將焦點放在各爭端國提出的佔領南海島礁的法理論據，或者提出過去長期以來發現及佔領南海島礁的歷史論據。無論是有效管轄主義者或歷史主義者，在過去二十、三十多年間，他們提出了眾多的著作和討論。不過，在這些討論中，卻忽略了日本在二戰前對西沙群島和南沙群島的控制以及戰後依據舊金山和約之規定放棄此兩群島的研究。由於日本在戰前佔領西沙群島和南沙群島及將之置於臺灣行政管轄下，以及日本在舊金山和約中放棄該兩群島，對於日後南海島礁之爭端具有相當的重要性，此為本文研究之緣起想法。

關於日本佔領及行政管轄南海諸島之檔案資料，日本國立公文書館亞洲歷史資料中心（Japan Center for Asian Historical Records）已將戰前日本內閣、外務省、陸軍和海軍的檔案公開上網，可透過國際網路系統查詢相關的檔案資料。此為史無前例的壯舉，可媲美美國將其外交關係檔案數位化並予以公開上網的行動，有助於對戰前日本與亞洲各國之關係之研究。由於該一檔案之公開，可幫助研究者探查及瞭解當年日本佔領西沙群島和南沙群島的經緯以及其與中國和法國就西沙群島和南沙群島所引發的領有權爭議。此外，臺灣日日新報日文版及漢文版亦已數位化，在搜尋上甚為方便，該一報紙對於西沙群島和南沙群島亦有諸多報導，對於該一階段之南海問題研究甚有幫助。

基此，本文擬利用已公開之臺灣之官方檔案和日本官方檔案及報紙資料，對於日本在二戰前後佔領和放棄西沙群島和南沙群島及其效果進行歷史和國際法層次的探討。

二、問題意識

日本自 1910 年代即對東沙群島和西沙群島、在 1910 年代末亦對南沙群島的磷礦有興趣，並利用各種機會登陸這三個群島進行採掘，進而在 1930 年代末出兵將這三個群島以武力兼併，並納入臺灣管轄。

日本該一兼併行動，在國際法意義上，涉及新領土取得，日本與中國、法國發生領土爭議。在過去，這一方面的討論都是使用中文和英文文獻，日文文獻主要是以臺灣出版的日文報紙為主，很少使用日本官方文獻。

依據 1951 年 9 月 8 日舊金山對日本和約第二條第(f)款之規定，「日本放棄其在南沙群島和西沙群島之所有權利、名義和主張。」（Japan renounces all right, title and claim to the Spratly Islands and to the Paracel Islands.）該約在 1952 年 4 月 28 日生效。

因此，本文將深入探討的問題有三個層面：

第一，1925 年法國軍艦入侵西沙群島，1938 年法國和中國發生對於西沙群島領有權之爭執。

第二，1933 年以後日本、法國和中國對於南沙群島領有權之爭執。

第三，日本在 1951 年舊金山和約中放棄南沙群島和西沙群島這兩個群島，在國際法上具有何種意義？舊金山和約在 1952 年 4 月 28 日和中日和約同時生效，該簽約日和生效日是否可作為「關鍵日期」（critical date）[1]，以作為判別南沙群島和西沙群島歸屬的基準日？

「關鍵日期」是領土爭端國之間發生衝突的關鍵日，該日之前各方之行為或所持的證據成為判斷領土歸屬的依據，該日以後所發生的行為或證據將不被接受。但亦有認為以後發生的行為若有助於加強當事國所主張的領土的法律地位，亦應予採用。關於「關鍵日期」之概念，仍須取決於法

---

[1] Anthony Aust, *Handbook of International Law* (New York: Cambridge University Press, 2010), p.35; Robert.Yewdall. Jennings, *The Acquisition of Territory in International Law* (Manchester: Manchester University Press ND, 1963), p.31.

庭法官的決定，法庭法官可以考慮關鍵日是在哪個時間。[2]

然而，舊金山和約和中日和約均在 1952 年 4 月 28 日同時生效，該日可否做為「關鍵日期」？該日是西沙群島和南沙群島被放棄日，其所造成的法律效果如何？因為一塊土地被放棄後所造成的法律效果應值得重視。本文之論證是以 1952 年 4 月 28 日為「關鍵日期」作為討論之基礎。

本文選擇 1952 年 4 月 28 日為「關鍵日期」之主要理由如下：

第一，舊金山和會是一個國際會議，其所做的決議具有國際法意義的約束力。

第二，在會議中曾對西沙群島和南沙群島有所爭議。在會議進行前即分發有和約草案，當中曾規定日本放棄西沙和南沙群島。除了蘇聯、捷克和波蘭三個共黨國家之代表外，大會投票以 48 對 3 票通過會議規則，規定每名代表發言不得超過一小時，以及只能對和約草案發言但不得修改。蘇聯代表格羅米柯（Andrei A. Gromyko）於 1951 年 9 月 5 日在會中提出應邀請中華人民共和國參加會議以及應將臺灣、澎湖、西沙和南沙群島歸還給中國等修正案，[3]越南代表也主張擁有西沙和南沙群島，法國代表沒有對該兩群島表示意見，菲律賓代表也沒有表示意見。換言之，在該會上針對日本放棄西沙和南沙群島等一個即將「被放棄」的領土，蘇聯的所有修正案沒有被接受，越南代表只是發言，沒有國家附議。

第三，日本放棄其在戰爭期間佔領的西沙和南沙群島，表示在法律意義上，無論其是合法或非法佔有，日本確實領有這兩個群島，其放棄必然使得該兩島變成「無主地」（terra nullius）。

第四、由於中華民國和中華人民共和國未受邀出席會議，在舊金山和會進行中，中國「外長」周恩來在 1951 年 8 月 15 日曾對金山和約草案提出不滿的抗議聲明，強調該兩群島屬於中華人民共和國。1952 年 2 月 5

---

[2] Monique Chemillier-Gendreau, *Sovereignty Over the Paracel and Spratly Islands* (The Hague, Netherlands: Kluwer Law International, 2000), pp.94-95.

[3] "Russian attitude on Peace Treaty still uncertain," *The Camberra Times*, September 7, 1951, p.1; "Russian's long list of proposals at San Francisco, September 6," *The Sydney Mormoring Herald*, September 7, 1951, p.3; "Russian bid to wreck peace plan," *The Mercury* (Australia), September 7, 1951, p.1.

日，中華民國外長葉公超在記者會表示：中日簽訂中日和約需以舊金山和約為藍本。[4]也就是其中要包括有關西沙群島和南沙群島的規定。中華民國在 1952 年 4 月 28 日與日本簽訂和平條約，第 2 條規定：「日本業已放棄對於臺灣及澎湖群島以及南沙群島及西沙群島之一切權利、權利名義與要求。」

第五，舊金山和約之簽署，法國和越南兩個爭端國皆是簽署國，其法律效果猶如意見表示，而臺灣和中國另分別表示意見，換言之，當時爭議四方都在同一個時間分別提出爭端意見。在國際法意義上，當舊金山和約正式生效時，該兩個群島變成被放棄之「無主地」，這四國同時成為爭端之一造，各方開始新的爭端。

三、西沙群島之設治管理

（一）中華民國對西沙群島設治管理

日本在 1907 年入侵東沙島，引起清朝開始關注沿岸的島嶼。粵督張人駿在光緒 33 年（1907 年）派補用道王秉恩率文武官員多人前往西沙島查勘，[5]張人駿於 1909 年 4 月 4 日（農曆）（西曆 1909 年 5 月 15 日）派廣東水師提督李準，乘伏波、琛航、廣金三艦自瓊州起碇前往西沙群島覆勘，吳敬榮為伏波管帶，劉義寬為琛航管帶。因避風，11 日（西曆 5 月 22 日）始自榆林港出發。翌午抵一珊瑚島，命名為伏波島。繼續巡行，共發現甘泉島、珊瑚島、琛航島、鄰水島、霍邱島、歸安島、鳥程島、寧波島、新會島、華陽島、陽湖島、休寧島、番禺島、豐潤島（將林肯島改

---

[4]　「中日簽訂雙邊和平條約，須以舊金山和約為藍本」，臺灣民聲日報，1952 年 2 月 6 日，版一。

[5]　廣東省政府西南沙群島誌編纂委員會於 1947 年 3 月 15 日提出的「西沙群島主權問題之初步研究報告」稱：「在光緒 33 年（1907 年）粵督張人駿曾派補用道王秉恩率文武官員多人，於查勘東沙後即至西沙群島復勘，樹立國旗而歸，有查勘西沙群島小紀報告。」（見「西沙群島主權問題之初步研究報告」（1947 年），檔名：「進駐西南沙群島案」，內政部檔案，地政類，方域綱國界目，404.13/1，第一宗，第二冊。）據此紀錄，王秉恩是在 1907 年（光緒 33 年）前往西沙島。

為此名）等 14 島，各為勒石豎旗命名。以後西沙群島歸由廣東省崖縣管理。[6]

1945 年 12 月 8 日，臺灣省氣象局派遣救濟船一艘前往西沙群島接收測候所，調查攝影，並豎立臺灣省接收木標。[7] 12 日，臺灣省政府派人登上西沙群島，並豎立中國國旗。1946 年 1 月 7 日，中國對外宣佈接收西沙群島。1 月 10 日下午 20 時 15 分，一架法國飛機侵入西沙群島之武德島（Woody Island）（即永興島）上空盤旋兩匝後向東南逸去。1 月 13 日，法大使館致中國外交部節略，對中國於 1 月 7 日公佈接收西沙群島事表示異議。1 月 17 日上午 11 時法艦「東京人（Tonkinois）」號至武德島，限守軍於 18 日上午 10 時答覆撤兵，否則法軍將登陸。中國軍隊奉令死守抵抗，拒絕撤兵。法軍於 18 日拂曉在西沙群島發射信號砲彈多發，天明駛去，在 50 海里之遙的白托島（Pattle I）（即珊瑚島）登陸，留駐軍 20 人。[8]中國立即向法國駐華大使館提出抗議，並電請中國駐法大使館查明真相。

1946 年 7 月 12 日，臺灣行政長官公署民政處電覆交通處，所詢「新南群島」之長島（即太平島）屬何縣管轄乙案，民政處答覆稱長島等十二島擬由高雄縣政府接管，已電請行政院核示，應俟核准後再行接收。[9]故

6　陳天錫，西沙島東沙島成案匯編，西沙島成案匯編（上海：商務印書館，1928 年），頁 3-4。

7　「臺灣省行政長官陳儀函請代覓本省氣象局失蹤人員林奉來、山添保次、金井晉二等三名由，民國 35 年 4 月 19 日，卯皓 35 暑氣字第 03569 號」，俞寬賜、陳鴻瑜主編，外交部南海諸島檔案彙編（上冊），外交部研究設計委員會編印，臺北市，民國 84 年 5 月，第 II(2):148 號檔案，頁 399。
　　「行政院秘書處函外交部查接收西沙、東沙及新南三群島事，民國 35 年 4 月 19 日，節陸字第 123 號」，俞寬賜、陳鴻瑜主編，外交部南海諸島檔案彙編（上冊），第 II(2):149 號檔案，頁 400。

8　「關於我國軍官與法艦長交涉之情形，民國 36 年 1 月 21 日，第 230 號」，俞寬賜、陳鴻瑜主編，外交部南海諸島檔案彙編（上冊），第 II(2):206 號檔案，頁 467。

9　國史館臺灣文獻館藏，臺灣省行政長官公署檔案，卷名：「未劃定之島案」，件名：新南群島之長島歸屬電復案，典藏號：00315800010001，臺灣省行政長官公署民政處致交通處函，事由：函覆新南群島案經電院請示尚未奉復致難接收希查照由，致午文署民字第 5884 號，民國 35 年 7 月 12 日。http://163.29.208.22:8080/adminShowImage/connect_img.php?s=496100350003&e=2。

戰後南海諸島是暫時由臺灣省行政長官公署管轄。1946 年 7 月，中國行政院決定將南沙、西沙群島改歸廣東省政府管轄。8 月 1 日，行政院訓令外交部已令飭廣東省政府暫行接收東沙、西沙、南沙、團沙各島群。當時所稱的南沙係指中沙群島，而團沙係指南沙群島。為順利接收西沙群島和團沙群島，還由「外交部電駐日代表團朱團長商洽麥帥轉飭菲島美軍總部協助接收。」[10]惟最後並未獲美軍協助。

8 月 12 日，臺灣省臺灣拓殖株式會社接收委員會函臺灣省肥料公司派員接收西沙群島燐礦。[11]

9 月 27 日，傳聞法軍撤出白托島（珊瑚島）。中國海軍於該年 11 月 18 日登陸該島，島上仍有法軍 30 人駐守。[12] 11 月 29 日，由海軍總司令部派指揮官林遵率太平艦、中業艦，海軍姚汝鈺副指揮官率永興、中建二艦進抵西沙武德島（永興島），12 月 4 日，永興艦並巡視甘泉島和珊瑚島。12 月 9 日，太平、中業二艦出發前往南沙群島，12 日，太平艦登陸長島。

1947 年 1 月，內政部、國防部舉行西沙、南沙群島建設實施會議，討論這兩群島的行政隸屬問題，決議「俟海南行政特別區奉准成立，即歸該區統轄。目前暫由海軍管理。」在經國民政府批准後，由海軍總司令部在南沙群島和西沙群島分別設立「南沙群島管理處」和「西沙群島管理處」，派遣官兵駐守。3 月 26 日，行政院令將西沙群島的武德島改名為

10　內政部檔案，「行政院秘書長蔣夢麟交辦內政部，檔號：404.12/1」，事由：外交部呈送「新南群島歸屬問題」及該島地圖請轉飭注意」，民國 35 年 9 月 2 日，禮京六字第 27116 號。

11　國史館臺灣文獻館藏，日據時期與光復初期檔案，臺灣行政長官公署檔案，卷名：「接收日產清理」，件名：飭請肥料公司接收原臺拓會社南方部所屬西沙群島燐礦案，典藏號：00326620171023，臺灣省臺灣拓殖株式會社接收委員會函臺灣省行政長官公署工礦處，事由：「函請轉飭本省肥料公司派員來處辦理接收西沙群島燐礦手續由」，民國 35 年 8 月 12 日，致未文處清字第 0192 號。http://163.29.208.22:8080/adminShowImage/connect_img.php?s=260600350061&e=6。

12　「為帛托島法軍尚未撤退特電查照由，民國 36 年 11 月 18 日，藋驅縠字第 31871 號」，俞寬賜、陳鴻瑜主編，外交部南海諸島檔案彙編（上冊），第 II(2):370; II(2):373 號檔案，頁 629-630。

永興島、南沙群島之長島改名為太平島。[13] 8 月 7 日，行政院長張群將內政部呈送南海諸島位置圖、西沙群島圖、中沙群島圖、南沙群島圖、太平島、永興島及石島圖、南海諸島新舊名稱對照表等件呈請國民政府主席蔣中正核備。[14] 8 月 16 日，國民政府令行政院同意准予核備。[15]

8 月 25 日，奉行政院核定南海諸島位置圖及新舊名稱對照表。審定地名時，沿用甘泉島、珊瑚島和琛航島三個地名，伏波島改為晉卿島、豐潤島改為和五島（後中共改為東島）。12 月 1 日，中國政府把南海諸島劃歸廣東省政府管轄。

1949 年 6 月 6 日，成立海南特別行政長官公署，南海諸島改隸海南特別行政區。

由於中共在 1949 年 10 月 1 日取得政權，所以中華民國守軍基於戰略關係，於 1950 年 5 月 8 日暫時從西沙群島撤退至臺灣，中華民國政府並未聲明放棄西沙群島。

（二）日人在西沙群島之活動

日本人對於西沙群島的鳥糞肥感到興趣的時間相當早。1911 年，一名日本技師率一探險隊至西沙群島，費時 50 餘日之調查，發現磷礦藏量約有 56 萬餘噸，價格 3 千餘萬元。1917 年 6 月，「開洋興業株式會社」常務取締役平田末治（居住臺灣高雄）前往西沙群島從事沈船打撈，發現該一群島有豐富的磷礦，在「鹽水港製糖株式會社」社長槙哲氏之援助下成立「南興實業公司」，開始在該一群島採掘。1918 年 3 月，日商平田末治、小柳七四郎和齋藤莊四郎等私自前往西沙群島調查磷礦。1920 年 9

---

[13] 「為西南沙群島之武德島改名永興島及長島更名太平島經呈奉國民政府核准函達查照由，民國 36 年 4 月 3 日方字第 0379 號」，俞寬賜、陳鴻瑜主編，外交部南海諸島檔案彙編（上冊），第 II(2):303 號檔案，頁 575。

[14] 國史館收藏，國民政府檔案，檔名：「南海諸島位置圖，檔號：031，案號：24」，行政院呈，事由：內政部呈送南海諸島位置圖等件核屬可行轉呈核備由，發文(36)四內字第 30844 號，民國 36 年 8 月 7 日。

[15] 國史館收藏，國民政府檔案，檔名：「南海諸島位置圖，檔號：031，案號：24」，國民政府指令行政院，事由：據呈為據內政部呈送南海諸島位置圖等件核屬可行呈請鑑核備案等情指令准予備案由，府字第 15243 號，民國 36 年 8 月 16 日。

月 20 日，「南興實業公司」向法屬印度支那政府和香港政廳詢問西沙群島歸何國所有。駐西貢的法屬印支政府海軍部答覆稱：「法國海軍的官方文獻中沒有有關西沙群島歸於何國之記載。然而，我可以保證它不屬於法國所有，此一觀點僅是憑我的記憶，我無法提供任何確定的文獻來支援此一觀點。」[16] 香港政府亦回稱該一群島所屬不明。[17] 平田末治遂以為該群島為「無主地」。

1920 年 9 月，日人臺灣總督府專賣局長池田幸甚利用何瑞年、羅叔雅、衛志清等出面以西沙群島實業公司名義瞞准廣東政府承辦西沙群島墾殖採礦漁業各項，由崖縣發給承墾證書，同時併案請領昌江港外浮水洲開辦漁墾，惟其實際上經營者為日人所組織之「南興實業公司」。[18] 12 月，崖縣委員陳明華會同該商人，乘日輪南興丸前往測量群島地圖，採取鳥糞肥料等，始發現該公司資本為日本人所有。事為粵省人士所聞，批評何等有勾結外人喪權辱國情事，經粵省查明屬實，即於 1921 年 11 月將承墾案撤銷。1922 年，何瑞年等不知以何手段，復呈准粵省署，恢復礦權。

1922 年，臺灣總督府派出一個科學調查隊前往西沙群島，有兩位技師參加，包括小野勇五郎和高橋春吉，返回臺灣後還提出西沙群島調查報告書，對西沙群島的地理位置和資源做了詳細的報告。[19]

1926 年 6 月，廣東發生「623 沙基慘案」後，西沙群島上日人恐慌，於 7 月間大都乘恭陽丸離開返日，僅留少數工人繼續工作，直至 1928 年

---

[16] Monique Chemillier-Gendreau, *op.cit.*, p.105.

[17] 參見「西沙群島の政治和經濟の重要性」，東亞（日本），第 11 卷第 7 號，昭和 13 年 7 月 1 日，頁 25-30。

[18] 何瑞年於大正 14 年 4 月 3 日向日本資本家齋藤藤四郎借款 89 萬 7 千 2 百 89 元 35 錢。其中 41 萬 7 千 2 百 89 元 35 錢年息 7 分。參見日本外務省外交史料館藏，件名：「パラセル」群島磷鉱関係一件，檔名：「『パラセル』群島磷鉱関係一件」，影像編碼：B04011138700。「借款契約書」，1-1876，日本國立公文書館，亞洲歷史資料中心（アジア歷史資料センター），影像編號：0342。http://www.jacar.go.jp/DAS/meta/listPhoto?IS_STYLE=default&ID=M2006092114400410629&。

[19] 參見「西沙群島の政治和經濟の重要性」，東亞（日本），第 11 卷第 7 號，昭和 13 年 7 月 1 日，頁 25-30。

中國「海瑞號艦」至西沙群島之前，始結束在西沙群島採礦活動。[20] 1928 年，由於瓊崖人氏何瑞年攻訐甚力，由粵省府核明，將該島磷礦撥歸中山大學保管，中大接管後，會同廣東南區善後公署組織西沙群島調查委員會，以沈鵬飛為主席，乘「海瑞號艦」，前往調查。

然而，日本人還是偷偷前往西沙群島盜採磷礦，例如大阪大西宇兵衛與小畑政一於 1928 年 6 月至西沙群島盜取磷礦 3,700 多噸，運回大阪銷售。至 1929 年 9 月，因世界經濟危機，磷礦業也受到影響，日商在西沙群島盜採磷礦始告結束。

日本對於西沙群島的覬覦，引起法國的關注。1927 年 12 月 25 日，法國駐印度支那總督寫了一封信給法國殖民部，信中提及日本駐越南總領事告訴他日本政府對於西沙群島沒有興趣。1934 年 8 月，日本和法國在巴黎會談，日本重申對於西沙群島沒有興趣。[21]

不過，隨著中國和日本戰爭的迫近，日本軍艦悄悄登陸西沙群島進行偵察。1937 年 4、5 月間，據瓊東縣第三區安庶鄉漁民報告稱：「在西沙群島以南之令個島（即東島）捕魚，發現有數島被日人佔居，每島搭架守望樓一座，並有士敏土造碑一柱，上書：『海軍停息處，昭和 11 年』字樣。且常有日本兵艦來往停泊其間，我漁船經過，即開砲及以機關槍射擊。」[22]從該報告可知，日本從昭和 11 年，即西元 1936 年就已開始入侵西沙群島的若干島礁。

據廣東第九區行政督察專員公署黃強於 1937 年 8 月 17 日致外交部的調查報告稱：「1.廣東綏靖主任公署密令，以特派調查組第四組組長雲振中赴瓊負責主持此項密察事宜，於 6 月 20 日至 24 日乘海周艦從海口出發進行調查。先後到林島、石島、玲洲島、北島，均未發現日人蹤影，調查

20 「外交部關於西沙群島之說帖，民國 48 年 2 月 25 日」，俞寬賜、陳鴻瑜主編，外交部南海諸島檔案彙編（上冊），第 II(2):401 號檔案，頁 662。

21 Monique Chemillier-Gendreau, *op.cit*, p.112. 該書說日本在 1937 年將西沙群島和南沙群島併入臺灣，時間有誤。該書又說日本看中這兩個群島的是權力大於法律主張。參見該書第 112 頁。

22 「關於日人占據西沙群島砲擊我國漁民案，民國 26 年 8 月 17 日」，俞寬賜、陳鴻瑜主編，外交部南海諸島檔案彙編（上冊），第 II(2):119 號檔案，頁 364。

完畢。據當地漁民稱，日本漁船每月來西沙群島 3、4 次，放魚炮捕魚，並強奪魚貨而去。法國戰艦亦常到該地。」[23]

　　1937 年 9 月 24 日，日軍軍艦砲擊海南島海口市。1938 年 7 月 4 日，法軍先下手佔領西沙群島若干島礁，任命行政官及數十名安南巡警駐守島上。法國並向日本表示，在島上採取海草及磷礦的數十名日人的利益會受到應有的尊重。日本在 7 月 7 日提出抗議，外務省堀內謙介次官向法國大使說明：「日本方面以往認為該群島為中國領有，過去日本國民接受該群島事業上的權利時，獲得中國方面的承認，您應該也知道；對於法國方面對於領土單方面的主張難以承認……。」[24]日本並認為法國主張從安南王國起就擁有西沙群島主權，在法律上是有疑問的，而且法國派安南員警駐守西沙群島也影響在該地作業的日本漁民的權利。[25] 7 月 18 日，中華民國駐法大使以節略送交法國外交部，聲明西沙群島屬於中國，中國保留一切權利。[26] 9 月 3 日，日軍佔領東沙島。10 月 12 日，日軍登陸珠江口灣。21 日，廣東全省陷落。10 月 26 日，佔領金門島，作為封鎖中國沿海航運線之根據地。

　　1939 年 2 月 10 日，日軍登陸海南島。3 月 1 日，日軍驅逐佔領西沙群島的若干小島的法國人。[27]日本佔領西沙群島，在戰略上具有重大意

---

[23] 「關於日人占據西沙群島砲擊我國漁民案，民國 26 年 8 月 17 日」，俞寬賜、陳鴻瑜主編，外交部南海諸島檔案彙編（上冊），第 II(2):119 號檔案，頁 364。

[24] 日本外務省外交史料館藏，件名：1 昭和１３年６月２８日から昭和１４年５月２３日，檔名：「各國領土発見及帰屬関係雑件／南支那海諸礁島帰屬関係 第三卷」，影像編碼：B02031160700。「昭和 13 年 7 月 7 日パラセル群島問題關スル堀內次官在京佛國大使會談要旨」，REEL, No.A-0448，影像編號：0347-0348。http://www.jacar.go.jp/DAS/meta/listPhoto?IS_STYLE=default&ID=M2006092115163639885&。

[25] 日本外務省外交史料館藏，件名：3 昭和１３年７月１０日から昭和１３年８月１２日，檔名：「各國領土発見及帰屬関係雑件／南支那海諸礁島帰屬関係 第三卷」，影像編碼：B02031160900。「昭和 13 年 7 月 10 日杉村大使呈宇垣外務大臣，特情，巴里第 59 號」，REEL, No.A-0448，影像編號：0419。http://www.jacar.go.jp/DAS/meta/listPhoto?IS_STYLE=default&ID=M2006092115163639887&。

[26] 「法方表示將以友誼解決西沙群島問題，日方無權過問，民國 27 年 7 月 19 日，第 800 號」，俞寬賜、陳鴻瑜主編，外交部南海諸島檔案彙編（上冊），第 II(2):146 號檔案，頁 398。

[27] 參見日本國際政治學會太平洋戰爭原因研究部編，太平洋戰爭の道：開戰外交史，第六

義,因為除了切斷中國政府經由海陸前往南洋的通道,也切斷了法國在西太平洋與英國結合的可能性,在中南半島的法軍陷入孤立,在很短的時間內也難以抵禦日軍的入侵。

3 月 2 日,日軍相繼佔領了西沙群島 9 個島。日本將西沙群島改名為平田群島(Hirata Cunto)。馬公要港部派出陸戰隊、氣象情報部以及通信派遣隊進駐西沙的林島(今永興島)和南沙的長島(今太平島)。

(三)法國入侵西沙群島

當廣東政府在 1921 年表示西沙群島是中國領土時,法國政府並未提出異議。

1925 年 4 月和 7 月,設在越南芽莊(Nha Trang)的海洋研究所(Oceanographic Institute)所長 A. Kremp 率法國科學家搭乘砲艦「拉尼沙號」(De Lanessa)到西沙群島勘測,法國海軍登陸永興島。1926 年 7 月,A. Kremp 又乘法國軍艦到西沙群島測量海域和島嶼。一家法國公司「東京新磷礦公司」(New Phosphates Company of Tonkin)向印度支那總督申請前往西沙群島開採鳥糞,印度支那總督於 1928 年 12 月 17 日致函法國殖民部,稱:「中國民族主義增長是種誇大說詞」,信中明確說:「此應為採取主動並表明我們的主張的時候了(按:指法國應主張擁有西沙群島),此在歷史文獻和地理實際上皆已獲得承認。」[28]法國駐印度支那總督為支持其主張,請法國駐安南統督(Chief Resident)蒐集資料。安南統督在 1929 年 1 月 22 日提供一份檔案說明安南長期以來就主張擁有西沙群島,現在安南沿岸漁民不再到該群島。法國外長達歐賽(Quai D'Orsay)於 2 月 26 日發出一份正式照會給法國駐印度支那總督,表示法國採取與1921 年不同的立場,並請法屬印度支那提提供進一步的資料。[29]

卷南方進出,東京朝日新聞社出版,東京,昭和 38 年 4 月 20 日,頁 3-17。

[28] Monique Chemillier-Gendreau, *op.cit*., p.107. 但 Stein Tonnesson 認為此項開發西沙群島之請求遭法國政府拒絕。請參見 Stein Tonnesson, "The South China Sea in the Age of European Decline," *Modern Asian Studies*, 40,1, February 2006, pp.1-57, p.4.

[29] Monique Chemillier-Gendreau, *op.cit*., p.108.

　　1929 年，法艦「馬里修號」（La Malicieu se）測量西沙群島中的中建島（Triton Island）、北礁（North Reef）、東島（Lincoln Island）和蓬勃礁（Bombay Island）。

　　法國外交部於 1931 年 12 月 4 日致中國駐法使館節略，稱：「西沙群島自古為安南領土。據嗣德（Tu-Due）國王時期所撰的大南一統志卷六記載，阮朝初年設黃沙隊以永安村（Vint On）70 人組成，每年 3 月乘船至七洲島魚釣，8 月回國，將所得貢諸京師。1816 年嘉隆王正式管領該島並樹立旗幟。1835 年，明命王遣人至該島建佛寺及石碑。1889 年，法國船隻『貝羅納』（Bellona）號及日本船隻『宇野字丸』（Unoji Maru）兩船沈沒，中國漁人竊售船身破銅，駐瓊州海口英領向中國政府抗議並請懲治罪犯，中國政府答稱七洲島非中國領土不由中國管轄等語。法政府希望中國政府注意安南對七洲島之先有權，並以最友誼之精神與法政府共同解決此項領土之法律問題。」[30]法國對於西沙群島的主張是繼承安南的權利。

　　1932 年 4 月 29 日，法國駐華使館照會中國外交部，對於 3 月初廣東政治會議決定將西沙群島積存之鳥糞招商投標開採，表示異議。[31]

　　法國聽說海南島當局擬前往西沙群島視察研究開發之計畫，外長戴爾柏斯（Yvon Delbos）為阻止中國在西沙群島的開發，乃於 1937 年 2 月 18 日致送中國駐法國顧維鈞公使節略，表示法國希望在巴黎或南京就西沙群島問題舉行談判，如不能成功則不得不提交常設仲裁法院（Permanent Court of Arbitration）仲裁。[32]中國外交部於 4 月 26 日覆電重申西沙群島主權確實屬中國，根本無庸常設仲裁法院仲裁。[33]

---

[30] 「轉呈關於七洲島問題法外部來文並請示我國意見，民國 21 年 1 月 7 日，法字第 872 號」，俞寬賜、陳鴻瑜主編，外交部南海諸島檔案彙編（上冊），第 II(2):001 號檔案，頁 145。

[31] 「關於七洲島問題事請即詳細見復由，民國 21 年 5 月 14 日，歐字第 2599 號」，俞寬賜、陳鴻瑜主編，外交部南海諸島檔案彙編（上冊），第 II(2):022 號檔案，頁 165。

[32] 「關於西沙群島案宜交由仲裁解決，民國 26 年 4 月 19 日，南字第 50 號」，俞寬賜、陳鴻瑜主編，外交部南海諸島檔案彙編（上冊），第 II(2):103 號檔案，頁 324。

[33] 參見「西沙群島案（民國 26 年 4 月 26 日），外交部致法國大使館節略」，俞寬賜、陳鴻瑜主編，外交部南海諸島檔案彙編（上冊），第 II(2):106 號檔案，頁 345-346。

　　1938 年 6 月 15 日，法國印支總督下令在西沙群島建立「西沙群島行政代表署」（De'le'gation des Paracels），隸屬於承天省（Thua Thien）（在順化地區）。1939 年 5 月 5 日，此一行政代表署劃分為二個仍然屬於承天省的行政署：月形彎（Crescent）（永樂群島）行政署和安斐特爾德（Amphitrites）（宣德群島）行政署。法國在該兩個行政署派駐代表，分別駐守在珊瑚島（Pattle）和永興島。[34]

　　但此後法國出版的地圖從未將西沙群島劃入法國的版圖，甚至未提及西沙群島。Monique Chemillier-Gendreau 認為主要原因有二：一是法國有很長的時間未能確定是否擁有西沙群島，以致於不能創造一個有利的環境來繪製地圖，支持法國對於西沙群島主權的主張。二是當時沒有人認為地圖製作很重要，對於帕爾瑪斯島（Island of Palmas）（主要爭端國是美國和荷蘭）和柏威夏古廟（Temple of Preah Vihear）（主要爭端國是泰國和柬埔寨）等案例的領土主權爭端的仲裁都取決於成文法律，地圖不具官方的價值。[35]其實該種說法是種遁詞，法國印支總督將西沙群島劃入版圖不過是片面的行政命令，根本未獲法國政府和國會的同意。此一處理方法顯然與法國在 1933 年兼併南沙九小島並公佈在官報的作法不同，法國顯然是有所顧忌，所以未這樣做。

　　7 月 3 日，法國印支總督宣佈派兵進入西沙群島，並準備在永興島和珊瑚島上建燈塔、颱風預警站以及派駐安南員警。但日軍已在該年 1 月佔領永興島，在 4 月佔領東島（Lincoln）。所以當法軍抵達該島時，獲得日軍同意其登島。法軍擬豎立法國國旗，遭日軍制止，日軍稱日本控制永興島已有六年，該島屬於日本所有。日軍允許法軍留在永興島上，而島上原有日軍 150 人。在珊瑚島上只有法軍和安南軍隊駐守。1939 年 6 月，新任法國遠東海軍司令戴古（Admiral Jean Decoux）訪問這兩島。隔年，戴古升任法屬印度支那總督。[36]在這兩島上的法軍可能一直停留到 1945

---

[34] 「越南對 Paracels 群島的主權」，越南新聞，越南共和國駐臺北大使館出版，臺北市，1959 年 3 月 15 日，第 9 期，頁 1-7。Monique Chemillier-Gendreau, *op.cit.*, p.110.

[35] Monique Chemillier-Gendreau, *op.cit.*, p.113.

[36] Stein Tonnesson, *op.cit.*, p.12.

年 3 月 9 日才被遣送回印度支那，因為日本在該天控制法屬越南。[37]

　　1938 年 7 月 5 日，傳聞法兵登陸西沙群島，中國外交部電請駐法大使館查覆此一消息。7 月 6 日，顧維鈞公使致外交部電證實法越兵佔領西沙群島，據法外交部稱所以派越南保安隊駐守西沙群島，目的是阻止日本窺伺及制止其侵佔海南島，此舉純係為保護越南安全及越南之海上航線，與中、法雙方所持立場毫無影響，該群島主權之根本問題仍待將來依照法律解決。[38]在 7 月 7 日顧公使致外交部電文中提及，日本對於法國出兵占領西沙群島曾提出抗議，日本外次向駐日法國大使面交抗議書，謂該島係屬中國所有，中、日戰事初起時法國曾向日本表示對中、法爭議的島嶼不採取任何行動，今法國違反上項默契，由於該島屬於日本海軍封鎖區域內，故日本深以為憾。日本駐法大使曾與法國外交部交涉，結果會談沒有結果。[39]

　　二戰結束後，臺灣省行政長官公署於 1945 年 12 月 12 日派人登上西沙群島，豎旗接收。1946 年 5 月 21 日至 6 月 7 日，法國派遣「前哨戰號」（Escarmouche）軍艦巡邏並駐留西沙群島，沒有發現任何居民。[40] 11 月 25 日，法國派遣偵察機到西沙群島，沒有發現中國人。11 月 28 日，法國外交部下令法屬印支高級專員阿堅留（Georges-Thierry d'Argenlieu）立即佔領西沙群島，阿堅留因天候不佳及實際情況（法國和胡志明的軍隊在河內爆發戰爭）有困難而未能出兵佔領西沙群島。[41]中國軍隊在隔日即登陸西沙群島的永興島。

　　1947 年 1 月 4 日，中國派兵登陸珊瑚島，上有法軍數人，隨即退

---

[37] Stein Tonnesson, *op.cit.*, p.15.

[38] 「法方稱越軍佔領西沙群島在阻日侵佔海南島，民國 27 年 7 月 6 日，第 674 號」，俞寬賜、陳鴻瑜主編，外交部南海諸島檔案彙編（上冊），第 II(2):133 號檔案，頁 386。

[39] 「對法佔西沙群島我究應持何立場，巴黎顧大使致漢口外交部電，民國 27 年 7 月 7 日，第 675 號」，俞寬賜、陳鴻瑜主編，外交部南海諸島檔案彙編（上冊），第 II(2):138-139 號檔案，頁 394-395。

[40] 「照譯法大使館 1947 年 1 月 13 日關於西沙群島致本部節略，民國 36 年 1 月 13 日」，俞寬賜、陳鴻瑜主編，外交部南海諸島檔案彙編（上冊），第 II(2):178 號檔案，頁 423。

[41] Stein Tonnesson, *op.cit.*, p.26.

出。中國向法國提出抗議，促其顧全中、法友誼，撤退法軍。1 月 7 日，中國對外宣佈接收西沙群島。1 月 10 日下午 2 時 55 分一架法國飛機在西沙群島上空盤旋二匝。1 月 13 日，法大使館致中國外交部節略，對中國於 1 月 7 日公佈接收西沙群島事表示異議。法國抗議函說它是代表「越南」而非「安南」而擁有西沙群島主權。[42]法國統治越南後，不再稱「越南」，而使用「安南」來稱呼越南國王所控制的越南中部一帶。1 月 15 日拂曉，法艦 F43 號（即東京人號 Tonkinois）在永興島外海發射信號彈多發，天明離去，12 時返回永興島，派遣副艦長及翻譯官登陸，限期駐軍於次日 8 時離去。中國駐軍表示如法軍登陸，將抵抗。[43]1 月 17 日上午 11 時法國單桅小軍艦 F43 號航至永興島，限中國守軍於 18 日上午 10 時答覆撤兵，否則法軍將登陸。中國守軍奉令死守抵抗，拒絕撤兵。

　　中國向法國提出抗議，法國外交部答覆此係法艦艦長之個人行為，並非法國政府之命令。法軍於 18 日拂曉在西沙群島發射信號砲彈多發，天明駛去，12 時返回永興島，限守軍在 19 日上午 8 時撤離。[44]18 日，中國外長王世杰召見法國駐中國大使，要求法艦離開永興島。經中國政府交涉後，法艦在 19 日撤離永興島，隨後登陸在 50 海里之遙的白托島（Pattle I.）（即珊瑚島），留駐軍 20 人。[45]20 日，法大使面見王部長，稱法軍在永興島之行動，法政府並不知情，且對該島並無直接行動之意。[46]21 日和 25 日，中國政府向法國抗議其侵佔珊瑚島。

---

[42] Stein Tonnesson, *op.cit.*, p.26.

[43]「法艦在西沙群島情形，民國 36 年 1 月 15 日，第 80 號」，俞寬賜、陳鴻瑜主編，外交部南海諸島檔案彙編（上冊），第 II(2):184 號檔案，頁 431。

[44]「外交部致巴黎錢大使電，希向法政府交涉速飭西沙群島法艦撤退由，民國 36 年 1 月 20 日」，俞寬賜、陳鴻瑜主編，外交部南海諸島檔案彙編（上冊），第 II(2):198 號檔案，頁 441。

[45]「關於我國軍官與法艦長交涉之情形，民國 36 年 1 月 21 日，第 230 號」，俞寬賜、陳鴻瑜主編，外交部南海諸島檔案彙編（上冊），第 II(2):206 號檔案，頁 467。Monique Chemillier-Gendreau 的書說留在珊瑚島的法軍包括軍官 2 人、歐洲人 10 人、越南人 17 人。參見 Monique Chemillier-Gendreau, *op.cit.*, p.116.

[46]「外交部致國防部、海軍總司令部代電，密（電達法政府對西沙群島主權上爭執，並無直接行動之意），民國 36 年 1 月 21 日」，俞寬賜、陳鴻瑜主編，外交部南海諸島檔案彙編（上冊），第 II(2):202 號檔案，頁 462。

　　2 月 18 日，「越盟」廣播，謂法國總理已宣佈廢除 1946 年 3 月 6 日法、越協定，「越盟」將永不加入法國聯邦，「越盟」將為獨立作戰到底，斥法國爭西沙群島為無理之行動。[47]

　　中國駐法國大使錢泰於 1947 年 7 月 11 日致電中國外交部稱，法國願意從西沙群島撤兵，以換取在上海、漢口租借房屋數幢。[48] 11 月 18 日，中國派遣「中基艦」前往珊瑚島察看，陳副艦長登島，發現該島有法越兵 30 人，兵舍、燈塔、電臺、碼頭等設備均有。[49]

　　1949 年 4 月 25 日下午 3 時，法砲艦「A07 號」在永興島附近下錨，當晚發射照明彈一枚。該艦並砲擊甘泉島，驅逐島上漁民，並將該島漁民住屋及捕魚木船 2 艘焚燬，禁止中國漁船向珊瑚島接近。1950 年 5 月 8 日，中華民國軍隊暫時從永興島撤至臺灣，由中華人民共和國軍隊進據。5 月，法軍 6 百多人趁中國軍隊從中國大陸及西沙群島撤退之際，入侵西沙群島南邊的永樂群島，包括珊瑚島、金銀島、甘泉島、琛航島和晉卿島。10 月 14 日，法國將珊瑚島之控制權移轉給越南保大政府，實際上仍由法軍控制。[50]

　　1952 年，中華人民共和國在永興島上建房舍，但似乎尚未派駐軍隊長期駐守。

---

[47]　「越盟廣播，將獨立作戰到底，斥法爭西沙群島無理」，民報（臺灣），1947 年 2 月 19 日，版 1。

[48]　「法願以從西沙撤兵換取其在上海漢口租借房屋，民國 36 年 7 月 11 日，第 456 號」，俞寬賜、陳鴻瑜主編，外交部南海諸島檔案彙編（上冊），第 II(2):338 號檔案，頁 601。

[49]　「為帛托島法軍尚未撤退特電查照由，民國 36 年 11 月 18 日，鞏驅轂字第 31871 號」，俞寬賜、陳鴻瑜主編，外交部南海諸島檔案彙編（上冊），第 II(2):370 號檔案，頁 629。

[50]　浦野起央和田澤佳昭，前引文，頁 3(221)。

四、南沙群島之設治管理

（一）中華民國對南沙群島設治管理

　　1934 年 12 月 21 日，中國水陸地圖審查委員會第 25 次會議作出了審定中國南海各島嶼中、英島名的決議。1935 年 1 月出版的水陸地圖審查委員會會刊第一期，刊登「中國南海各島嶼華英名對照表」，審定公佈了 132 個島礁名稱，將南海諸島分成四部分：東沙島（今東沙群島）、西沙群島、南沙群島（今中沙群島）和團沙群島（今南沙群島）。1935 年 4 月出版的會刊第二期刊印了「中國南海各島嶼圖」，將中國海疆擴展至團沙群島，最南至曾母灘。此應為中華民國首次將南沙群島納入版圖。

　　第二次世界大戰結束後，臺灣行政長官公署於 1945 年 11 月派遣人員前往太平島調查，截至 12 月 1 日發現該島有臺灣總督府派遣的氣象局技工 1 人、雇員 2 人、傭人 1 人，總數有 4 人。[51] 1946 年 12 月 9 日，派遣太平、中業二艦出發前往南沙群島，12 日，太平艦登陸長島（後改名為太平島）。太平艦巡視了南鑰島、中業島、雙子群礁和中建島等地。1947 年 12 月 1 日，內政部方域司審定南海諸島地名 172 個，由內政部公佈。同年方域司又刊印「南海諸島位置略圖」，將團沙群島改稱南沙群島，將南沙群島改稱中沙群島。1948 年初，內政部將上述的南海諸島標繪範圍收入公開發行的「中華民國行政區域圖」中。

　　由於中共取得政權，所以中華民國守軍基於戰略關係，於 1950 年 5 月 8 日暫時從南沙群島撤退至臺灣，但沒有宣布放棄之意思。

（二）日本入侵及佔領南沙群島

　　日本對於南沙群島的興趣也是起源於開採磷礦。1917 年 8 月，住在

---

[51] 國史館臺灣文獻館藏，日治時期與光復初期史料檔案，卷名：「蒐集西沙群島政治經濟資料」，件名：高雄市庋藏新南群島文卷呈送案，典藏號：00301300022003，臺灣行政長官公署民政處代電高雄市連市長，事由：摘錄調查新南群島經過電請派員接管由，發文民甲字第 259 號，民國 34 年 12 月 11 日。附「調查新南群島經過」。http://163.29.208.22:8080/adminShowImage/connect_img.php?s=541400350027&e=4。

基隆的池田金造、小松重利亦前往南沙群島探險。在太平島上留有「大日本帝國ラサ磷礦會社 1917 年 8 月」。[52] 1918 年 10 月 7 日，神山閏次和橋本圭三郎向內田康哉外務大臣建議將南沙群島編入日本版圖。[53] 11 月 23 日，日本海軍退伍軍人海軍中佐小倉卯之助應日本「拉薩（ラサ）島磷礦株式會社」（成立於 1913 年 5 月）（以下簡稱「拉薩公司」）之邀，率隊計 20 多人搭乘「報效丸」從東京出發前往南沙群島調查磷礦資源，12 月 30 日抵北子島，在島上遇見三位海南島人，雙方用筆寫交談。其次，登陸南子島。1919 年 1 月 8 日登陸西月島，在該島上還寫下「大正 8 年（按：為 1919 年）1 月 10 日佔有本島，大日本帝國帆船報效丸乘組員海軍中佐小倉卯之助等人立」字樣的標語。1 月 11 日，登陸三角島（即中業島）。1 月 13 日，登陸長島（太平島）。該探險隊於 3 月 24 日返回高雄。[54]「拉薩公司」後來向日本海軍省及外務省亞洲局報告，發現北雙子島、南雙子島、西青ヶ島（即西月島）、三角島和長島（太平島）等五個島。同年 6 月 10 日，該磷礦公司向東京地方裁判所登記採礦權。此應為南沙群島首次被納入行政管轄，而且是由日本政府發出採礦許可。

　　1919 年 11 月 15 日，因小倉生病改由副島村八海軍中佐率隊 21 人搭乘「第二和氣丸」從東京出發進行第二次南沙探險。12 月 5 日，抵中小島（Loaita）（即南鑰島），23 日抵丸島（Amboyna）（即安波沙洲）、西鳥島（Spratly）（即南威島），以後還到南小島（Nam-yit）（即鴻庥島）。「大正 9 年」（1920 年）11 月中旬，「拉薩公司」社長桓藤規隆

52　內政部檔案，進駐西南沙群島案，檔號：404.13/1，第 4 宗，連 5 冊，民國 36 年。行政院訓令，事由：據臺灣省行政長官公署電送新南群島影片等有關我國領權之證據請察核參考案令仰知照由。坿金件 8591 號，民國 36 年 3 月 10 日。

53　日本外務省外交史料館藏，件名：12 昭和 18 年 7 月 5 日，檔名：「各國領土発見及帰屬関係雑件／南支那海諸礁島帰屬関係／新南群島関係　第二卷」，影像編碼：B02031163200，「政務局第二課長致函東京刑事地方裁判所檢事局原田檢事」，昭和 18 年 7 月 5 日。亞洲歷史資料中心（アジア歷史資料センター），REEL, No. A-0449，影像編號：0496。http://www.jacar.go.jp/DAS/meta/listPhoto?IS_STYLE=eng&ID=M2006092115163839910。

54　山下太郎，「新南群島探險の記錄」（上），臺灣時報（臺灣）（日文），昭和 14 年 6 月號，頁 190 至 195。

博士前往南沙群島探查，除探查前述北雙子島、南雙子島、西青ヶ島、三角島和長島等五島外，另外探查中小島、南小島、西鳥島和丸島等四島，於 1921 年 3 月 13 日返回高雄。[55]「拉薩公司」認為南沙群島除了採礦之外，亦具有豐富的水產資源，乃決定進行殖民事業，1921 年 3 月 28 日向東京地方裁判所登記，開始在南沙群島採礦。

　　1921 年（大正 10 年）6 月，「拉薩公司」獲得海軍軍令部參謀井出光輝少將協助計畫作業，並獲得加藤大臣、島村軍令部長、井出次官、山梨軍務局長等的支持，派遣預備海軍中佐副島村八在長島（太平島）建設事務所、棧橋、倉庫、軌道及其他建築物。該公司亦在附近的南雙子島建設。[56] 1922 年（大正 11 年）11 月 23 日，「拉薩公司」向東京府知事取得燐礦運輸許可證。同年 12 月，開始在南子島經營採礦。[57]

　　該公司於 1923 年 6 月 5 日向橫濱稅關長神鞭常孝請願，表示該公司已在「新南群島」（南沙群島）殖民，希望日本政府將「新南群島」併入版圖，並請求該公司從「新南群島」運回磷礦至橫濱港能否從近海關稅改變適用內航關稅。[58]該公司進而於 1925 年 2 月 17 日，向海軍大臣請求保

---

[55] 日本外務省外交史料館藏，件名：23・新南群島磷鉱採掘権関係，檔名：「南洋ニ於ケル帝國ノ利権問題関係雑件／鉱山関係 第二巻」，影像編碼：B09041015900。「大正 14 年 2 月 17 日ラサ島磷礦株式會社取締役社長恆藤規隆致函海軍大臣財部 嚴」，亞洲歷史資料中心（アジア歷史資料センター），E-1761，影像編號：0418。http://www.jacar.go.jp/DAS/meta/listPhoto?IS_STYLE=default&ID=M2009052915461551527&。

[56] 日本外務省外交史料館藏，件名：5 大正 15 年 11 月 26 日から昭和 2 年 4 月 9 日，檔名：「各國領土發見及帰屬関係雑件／南支那海諸礁島帰屬関係 第一巻」，影像編碼：B02031158500。「外務省歐美局長致函駐美松平大使、駐西班牙太田公使、駐馬尼拉總領事，昭和 2 年 4 月 13 日」，亞洲歷史資料中心（アジア歷史資料センター），REEL, No.A-0447，影像編號：0164-0166。http://www.jacar.go.jp/DAS/meta/listPhoto?IS_STYLE=default&ID=M2006092115163439863&。

[57] 「南沙諸島は日本固有の領土」，https://twitter.com/shinnangun。

[58] 日本外務省外交史料館藏，件名：1 大正 12 年 6 月 21 日から昭和 8 年 8 月 18 日，檔名：「各國領土發見及帰屬関係雑件／南支那海諸礁島帰屬関係／新南群島関係 第一巻」，影像編碼：B02031161400。「大正 12 年 6 月 5 日ラサ島磷礦株式會社取締役社長恆藤規隆致函橫濱稅關長神鞭常孝」，亞洲歷史資料中心（アジア歷史資料センター），REEL, No.A-0449，影像編號：0007-0008。http://www.jacar.go.jp/DAS/meta/listPhoto?IS_STYLE=default&ID=M2006092115163639892&。

護其在「新南群島」的工作人員的安全。[59]

　　除了「拉薩公司」外，亦有其他團體對於在南沙群島之磷礦抱有濃厚興趣。大正 9 年（1920 年）4 月，日本東京人齋藤英吉、臺灣基隆人野沃專藏、日本東京人山崎彪前往南沙群島探查，返日後提出發現「新南群島」報告。1921 年 4 月，齋藤英吉等人第二次前往南沙調查，登陸太平島。他們在 1923 年 2 月 22 日向日本海軍省水路部提出發現無人島的報告，並向日本外務大臣子爵內田康哉提出起業目論見書（開業說明書）、收支平等書（即預算書）、礦量調查書、礦石分析表，預備在ナムイット（鴻庥島）、イツアバ（太平島）、サワサキ、ロワイタ（南鑰島）、サイ島開採磷礦。[60]

　　山崎彪再度於大正 14 年（1925 年）2 月 7 日向外務省提出開採請願。[61]他們派遣 5-7 名職員、一名醫生、礦工 60-130 人，在太平島投入巨額資金開採磷礦，建設碼頭棧橋、倉庫、軌道、事務所、宿舍。從 1922 年到 1929 年，汽船來回於南沙群島到橫濱共 21 次，運回磷礦 2 萬 6 千公噸。[62]

---

[59] 日本外務省外交史料館藏，件名：23・新南群島磷鑛採掘權關係，檔名：「南洋ニ於ケル帝國ノ利權問題關係雜件／鑛山關係 第二卷」，影像編碼：B09041015900。「大正 14 年 2 月 17 日ラサ島磷礦株式會社取締役社長恆藤規隆致函海軍大臣財部 嚴」，亞洲歷史資料中心（アジア歷史資料センター），E-1761，影像編號：0418。http://www.jacar.go.jp/DAS/meta/listPhoto?IS_STYLE=default&ID=M2009052915461551527&。

[60] 日本外務省外交史料館藏，件名：1 大正 12 年 6 月 21 日から昭和 8 年 8 月 18 日，檔名：「各国領土発見及帰属関係雑件／南支那海諸礁島帰属関係／新南群島関係 第一卷，南洋無人島ニ於ケル發現磷礦起業願，大正 12 年 7 月 28 日」，影像編碼：B02031161400。亞洲歷史資料中心（アジア歷史資料センター），REEL, No.A-0449，影像編號：0013-0017，http://www.jacar.go.jp/DAS/meta/listPhoto?IS_STYLE=default&ID=M2006092115163639892。

[61] 日本外務省外交史料館藏，件名：1 大正 12 年 6 月 21 日から昭和 8 年 8 月 18 日，檔名：「各国領土発見及帰属関係雑件／南支那海諸礁島帰属関係／新南群島関係 第一卷，南洋無人島ニ於ケル發現磷礦起業願，大正 12 年 7 月 28 日」，影像編碼：B02031161400，亞洲歷史資料中心（アジア歷史資料センター），REEL，No.A-0449，影像編號：0013。http://www.jacar.go.jp/DAS/meta/listPhoto?IS_STYLE=default&ID=M2006092115163639892。

[62] 日本外務省外交史料館藏，件名：1 大正１２年６月２１日から昭和 8 年 8 月１8 日，檔名：「大使ニ電報シ佛國政府ニ申入レシメタリ」，影像編碼：B02031161400，亞洲

從 1921 年 6 月開始，「拉薩公司」在太平島進行採礦，於 10 月在南雙子島進行採礦。大正 12 年（1923 年）9-10 月，「拉薩公司」又發現龜甲島（Flat）（即費信島）和飛鳥島（Sin Cowe）（即景宏島）。在太平島和南雙子島建有棧橋碼頭、房舍設施，在太平島上築有輕便鐵道。該公司在南沙採礦共 7 年，總共投下日幣 107 萬 7,000 圓。

1922 年間，日本報紙宣傳說某一農學博士在臺灣與馬來半島之間發現了無人島，林木參天，海鳥極多，又有農學士福島自該島載鳥糞 2 千噸歸日本，稱該島為「新南群島」。[63] 1923 年 7 月 1 日，副島中佐第二次前往南沙調查，因中途遇颱風，避風至馬尼拉，未前往南沙群島，於 12 月 31 日返回東京。

昭和 3 年（1928 年）4 月，琉球「拉薩公司」的三名職員和 20 名工人搭乘川崎汽船會社的「東裕丸」前往南沙群島的無人島，挖掘 1,550 公噸的磷礦，於 26 日返回橫濱港。他們稱這些無人島為「新南群島」。[64]

1928 年採礦達到最高峰時，在太平島上的工人人數約達 600 人。如再加上從日本、臺灣及其他地方來此捕魚的漁民，島上人數達千人。

日本海軍在 1929 年派遣一艘運輸艦「膠州（Koshu）號」前往南沙群島測量。3 月，齋藤英吉、鈴木圭二名儀向外務大臣及海軍大臣陳情將南沙群島併入日本版圖。4 月，日本在南沙群島上設立石碑，以取代 1917 年豎立的木碑。該月，因受到世界經濟不景氣之影響，「拉薩公司」遂停止採礦，社員 3 人及礦工 130 人皆撤返日本。[65]由於日本「拉薩公司」退

歷史資料中心（アジア歷史資料センター），REEL，No.A-0449，影像編號：0029。http://www.jacar.go.jp/DAS/meta/listPhoto?IS_STYLE=default&ID=M2006092115163639892。

[63] 「准電詢新南群島與團沙群島是否同地兩名，茲將有關資料電送參考由」，俞寬賜、陳鴻瑜主編，外交部南海諸島檔案彙編（下冊），第 III(1):012 號檔案，頁 778。

[64] 「比島の西の無人島に 無盡藏の磷礦發見 新南群島と命名す」，萬朝報（日本），昭和 3 年 4 月 27 日。

[65] 關於日人在南沙群島的活動，請參見山本運一編，新南群島，一進堂印刷所，臺北市，昭和 14 年 5 月 24 日），頁 9-11；藤井豐政，「新南群島之領有」，中央公論（日本），卷 5 第 622 號，1939 年 6 月，頁 154-158；若林修史，「新南群島の今昔」，臺灣時報（臺灣），第 234 號，1939 年 5 月 20 日，頁 190-203；山下太郎，「新南群島探險の記錄」（上）、（下），臺灣時報（臺灣）（日文），昭和 14 年 6 月號，頁

出南沙群島，才導致法國政府派遣「Malicieuse 號」軍艦於 1930 年 4 月
13 日佔領南威島及其鄰近島嶼，法國藉此主張對這些島礁之主權。在昭
和 8 年（1933 年）7 月 24 日致函日本駐巴黎大使館宣稱先占南沙群島。
日本政府於 8 月 15 日做成內閣決議，對法國提出抗議聲明，強調日本
「拉薩公司」從大正 7 年（1918 年）以來就在南沙群島開採磷礦，日本
政府並給予協助，日本在南沙群島已進行管理和開發多年，「新南群島」
並非「無主地」（terra nullius）。[66]

　　當法國在 1930 年 9 月 23 日發佈公報，聲稱法國已佔領南沙群島時，
英國駐西貢總領事向英國外交部（Foreign Office）報告稱，有些南沙群島
的島礁已由英國人在 1877 年佔領，當時還獲得英國駐婆羅洲總領事之同
意。雙方書信往返討論此事，並諮詢法律專家。但英國決定不對南沙島礁
做出主張，主要原因是若只由英國人民佔領島礁，則構成「初步權利名
義」（inchoate title）的法律基礎顯得薄弱。[67] 據東尼生（Stein
Tonnesson）之著作，1877 年，英國在北婆羅洲的殖民地納閩（Labuan）
島發出一張執照給一家商業公司，允其前往南沙群島的南威島和附近的安
波沙洲（Amboyna Cay）豎立英國國旗及從事商業活動。後因發生謀殺案
而使該項探險活動停止。事件起因是英國商人雇用華人在安波沙洲開採鳥
糞，華人抱怨糧食不足，而起來攻擊英國人。英國人開槍殺死兩名華人，
另兩名華人則被納閩英國代理總領事判處兩年監禁並罰做苦工。此事件
後，英國商人就沒有興趣在南威島和安波沙洲開採鳥糞，也沒有豎立英國
國旗。[68]

190-195：7、8 月號，頁 165-175。

[66] 日本外務省外交史料館藏，件名：3 昭和 11 年 1 月 18 日から昭和 12 年 12 月 4 日，檔
名：「閣議決定案」，影像編碼：B02031161600，亞洲歷史資料中心（アジア歷史資
料センター），REEL，No.A-0449，影像編號：0082。http://www.jacar.go.jp/DAS/meta/
listPhoto?IS_STYLE=default&ID=M2006092115163639894。

[67] Monique Chemillier-Gendreau, *op.cit.*, p.112.

[68] 參見 Stein Tonnesson, "The South China Sea in the Age of European Decline," *Modern Asian
Studies*, Vol.40,No.1, 2006, pp.1-57, at p.3.
　　據 Alan Collins 之著作，英國主張的島嶼為南威島和安波沙洲。參見 Alan Collins,
Security and Southeast Asia: Domestic, Regional, and Global Issues, Institute of Southeast

　　1931 年 12 月 4 日，法國外交部向中華民國駐法使館面遞節略稱，七洲島係屬安南等語，中華民國駐法公使於 1932 年 7 月 26 日向法國外交部致送節略，從我國漁民長期居住西沙群島、1887 年中、法越南續議界務專條之規定、民初以來我國廣東省政府核准開礦、宣統元年在西沙群島設置燈塔、民國 19 年 4 月在香港召集遠東觀象會議，安南觀象臺臺長法人勃魯遜（E. Bruzon）及上海徐家匯觀象臺主任勞積勛（L. Froc）亦共同建議我國代表在西沙群島建設觀象臺等理由，強調七洲島為我國所屬的西沙群島。[69]

　　1933 年 4 月 10 日，法國通報艦「阿勒魯號」到北雙子島，法人在島上建有木牌，上書「1933 年 4 月 10 日法國通報艦阿勒魯號到此」等字樣，木牌西側則寫「Les Deux Iles」（即雙子島）。在三角島上也發現法軍留下的「1933 年 4 月 12 日法國通報艦阿勒魯號到此」字樣的木牌。

　　7 月 15 日，法國宣佈佔領南海九小島，包括西鳥島、丸島、長島、雙子島、中小島、三角島及附近的小島礁。在發生法國佔領九小島後，中國稱南沙群島為「粵南九島」或「南洋珊瑚島」。7 月 26 日，法國政府公佈政府公報（Official Gazette），宣佈佔領南沙九小島。

　　法國佔領南沙島礁，是以「無主地」加以佔領。該一主張如同放棄安南的權利，因為該一主張反映了南沙島礁並不屬於安南所有。不過 Monique Chemillier-Gendreau 認為應尊重越南人的權利，不能因此就使得越南人的主張失效。[70]換言之，越南仍可依其歷史性權利對南沙群島提出要求，而法國則以「無主地」對南沙群島提出主張。

　　8 月 4 日，我國外交部向法國駐華公使韋禮德（Monsieur A. Wilden）提出外交抗議照會，[71]並訓令駐法公使顧維鈞繼續向法國交涉。中國各地

Asian Studies, Singapore, 2003, p.192.

[69]　「中國駐法使館為抗議法國陰謀侵略我西沙群島事致法國外交部節略」（1932 年 7 月 26 日），載於中國第二歷史檔案館編，中華民國史檔案資料彙編，第五輯第一編，外交（二），江蘇古籍出版社，南京，1994 年 5 月，頁 1301-1302。

[70]　Monique Chemillier-Gendreau, op.cit., p.114.

[71]　關於中國對法國政府提出的外交抗議照會，可參閱外交部南海諸島檔案彙編，第 II(1):022 號檔案，中華民國外交部研究設計委員會編印，民國 84 年 5 月。

還發起保衛南疆的運動，各省市民間團體紛紛向政府反應，呼籲保衛中國最南的領土南沙群島。

8 月 18 日，日本大阪每日新聞社記者三好武三和照相課員松尾邦藏兩位特派員搭乘 47 噸小汽船「愛媛丸」自高雄港出發前往南沙群島探尋日人遺跡，於 25 日抵北雙子島，在該島遇見 3 位海南島中國人，也發現法人建立的木牌。該探查隊續抵南雙子島、中小島、南小島和長島（即太平島），在太平島上發現日人所建拉薩神社廢址及拉薩島磷礦會社，有一石碑上書「大日本帝國ラサ磷礦株式會社 1917 年 8 月」字樣。[72]偵巡隊於 9 月 5 日返回臺灣。從上述偵巡南沙各島的情況來看，都未看到法軍的蹤影，反而見到中國漁民，顯然法軍只登陸而未有長期佔領的打算。

8 月 22 日，日本外務省向法國遞交抗議照會，其內容為：「法國政府以無主地之理由宣佈佔領南海九小島，事實上日本自從大正 7 年（1918年）即已在該島群進行探查，拉薩島磷礦株式會社在該島群開採磷礦、鳥糞肥及其他資源，島上設有永久設施。目前是暫時停工，將等待世界經濟景氣後復工。日本政府對於拉薩株式會社從一開始即給予承認和援助，日本人在該島群多年來投入人力和資本是一事實。從各方面來看，日本人在該島繼續的佔有及使用證據確實。過去四年，日本人在該島暫時停止經營工作，僅是暫時的停止，並非島嶼的佔有及使用之放棄。誠如前述日本政府對於日本人會社之承認及援助，以及佔有及使用該島之事實，他國政府應有尊重日本政府擁有該島之權利和利益之義務。期望法國政府慎思，勿引起日、法關係緊張。」[73]

8 月 30 日，菲律賓上議院多數黨院內總務奇利奴氏提案設立一個委員會，調查「新南群島」是否屬於菲律賓所有。[74] 11 月 13 日，美國國務

---

[72] 「據臺灣省行政長官公署電送新南群島影片等有關我國之領權案，令仰知照由」，行政院訓令外交部，民國 36 年 3 月 7 日，從陸字第 8591 號。俞寬賜、陳鴻瑜主編，外交部南海諸島檔案彙編（下冊），第 III(1):014 號檔案，頁 789。

[73] 「新南群島　仏國政府への抗議全文　我が外務省発表通告全文」，讀賣新聞（日本），1933 年 8 月 23 日，版 2。

[74] 「新南群島主權調查宜任命委員會　比島議會提案審議」，臺灣日日新報，昭和 8 年 9 月 1 日，版 8。

院稱：「1898 年美西巴黎條約第三條規定的菲律賓領域中，新南群島位在北緯 7 度 40 分、東經 116 度至北緯 10 度、東經 118 度，並不在菲律賓的領域範圍內，所以不是美國的領土。」[75] 12 月 21 日，法國駐印度支那總督 J. Krautheimer 簽署一項命令將法國宣佈的南沙九小島併入交趾支那的巴地（Baria）（後來改為 Bac Ria）省。[76]

1935 年，日本海軍派遣「龍田（Tatsuta）號」前往南沙群島巡邏。在海軍之協調及臺灣總督府之援助下由平田末治設立了「開洋興業會社」，在南沙地區從事漁業及採礦活動。

日本在 1936 年佔領黃山島，並禁止中國漁民登島。據廣東第九區行政督察專員公署黃強於 1937 年 8 月 17 日致外交部的調查報告稱：「距林島（即永興島）約 2 日水程，有黃山島，有淡水及椰樹百株，於民國 25 年為日人佔領，建有燈塔及房屋 20 餘間，並立有石碑一方，上書：「大日本昭和 11 年水路部臺灣高雄，不許支那漁民登陸」字樣。該島又稱羅挨打島，在小呂宋之西，經線 114 度 30 分 15 秒、北緯 10 度 30 分 20 秒。該島係法佔 9 小島之一。」[77]昭和 11 年即為 1936 年，顯然在臺灣高雄的水路部官員曾抵達黃山島。羅挨打島即是位在南沙群島的南鑰島。

1937 年底，法國軍艦「杜蒙迪爾威爾（Dumont d Urville）號」至長島，重建石碑，並向在場的日本員工遞交聲明書。[78] 1938 年 4 月再至該島。1938 年 7 月，南沙群島之磷礦採礦權移轉給日人經營的「開洋興業會社」。日本在 1936、1937、1938 年 8 月派遣佈雷艦「勝力號」（Katruriki）軍艦至太平島，在島上建紀念碑，並從臺灣總督府派遣一名警官駐守在該島。[79] 1938 年 10 月 30 日及 12 月 7 日，日軍再派軍艦運送

---

[75] 「新南群島は米領に非ず 米國務省の解釋」，臺灣日日新報（臺灣）（日文），昭和 8 年 11 月 14 日，版 7。

[76] Monique Chemillier-Gendreau, *op.cit*., p.111.

[77] 「關於日人占據西沙群島砲擊我國漁民案，民國 26 年 8 月 17 日」，俞寬賜、陳鴻瑜主編，外交部南海諸島檔案彙編（上冊），第 II(2):119 號檔案，頁 364。

[78] 檔號 0036/061.8/6010，案名：日本經營我南沙群島之經過，來源機關：國防部史政編譯局，管有機關：國發會檔管局。

[79] "The Japanese Embassy to the Department of State," in Glennon, John P., (ed.), United States Department of State / *Papers Relating to the Foreign Relations of the United States, Japan:*

軍隊及臺灣工人至太平島，法國都分別提出抗議。

12 月 23 日，日本外交與拓展兩大臣請議將「新南群島」納入日本領土，其建議內容為：

「（一）位於南支那海北緯 7 度至 12 度，東經 111 度至 117 度，即法國領印度支那（法屬印度支那）和菲律賓群島中間的新南群島為無主的礁島，從大正 6 年（1917 年）以來，帝國政府投入了巨額的資本去持續的建設設施，在昭和 4 年（1929 年）經濟狀況不好，那些從事建設的本邦人（日本人）從群島撤回。在昭和 8 年（1933 年）法國政府突然派遣軍艦占領國際法上無主的土地為其法國主權的歸屬，宣稱為法國領印度支那政廳所管轄。

（二）如前面所述，原本此次文件提及的礁島，實際上應該是屬於（日本）帝國領土的所屬物，也被認同是帝國政府的領土，但基於不要刺激微妙的國際關係，因此沒有像法國政府那樣做出佔領宣言。帝國政府如果做出上述的宣言，應該能夠使法國政府考慮撤回占領宣言，持友誼性的態度去申請島嶼的占領權，並同時確保直至今日帝國政府所採取的各種措施。昭和 11 年（1936 年）本邦人再度至群島從事開發，而法國政府也數次對本案件中的島嶼主張法國的主權。且無視於我方建設、派遣商船到島嶼的設施等顯著且實效性的佔領行為，因此儘快確認領土權是帝國政府必要做的事情。」[80]

1939 年 1 月 7 日，法國對日本出兵佔領南沙群島提出抗議。2 月 18 日，法國提出將該爭端交由海牙常設仲裁法院仲裁之建議，但未獲日本接

1931-1941 (in two volumes) (1931-1941), pp.278-280.

[80] 日本外務省外交史料館藏，件名：新南群島ノ所屬ニ関スル件ヲ決定ス，檔名：「公文類聚・第六十二編・昭和十三年・第二卷・政綱二・法例〜雜載」，亞洲歷史資料中心（アジア歷史資料センター），影像編碼：A02030022900。http://www.jacar.go.jp/DAS/meta/listPhoto?IS_STYLE=default&ID=M2006090417541325170&。

受，日本按其既定方針，於 3 月 20 日決定將「新南群島」交由臺灣總督府管轄。[81]

　　3 月 30 日，臺灣總督府以第 122 號告示將「新南群島」（南沙群島）納入臺灣總督府管轄，編入高雄州高雄市「新南群島區」。「新南群島」的範圍是由下述各點所包圍的群島，(1)北緯 12 度、東經 117 度；(2)北緯 9 度、東經 117 度 30 分；(3)北緯 8 度、東經 116 度；(4)北緯 7 度、東經 114 度；(5)北緯 7 度、東經 111 度 30 分；(6)北緯 9 度、東經 111 度 30 分；(7)北緯 12 度、東經 114 度。[82]「新南群島」主要島礁有 13 個，包括：南雙子島（North Danger S. W., 即南子島）、北雙子島（North Danger N. E., 即北子島）、西青島（West York）（即西月島）、龜甲島（Flat）（即費信島）、三角島（Thi Tu）（即中業島）、中小島（Lo Aita）（即南鑰島）、長島（Itu Aba，即太平島）、西鳥島（Spratly，即南威島）、丸島（Amboyna，即安波那沙洲）、南小島（Nam-yit，即鴻麻島）、飛鳥島（Sin Cowe，即景宏島）、北小島（Sand Cay，即敦謙沙洲）、南洋島（Nanshan）（即馬歡島）。[83]

　　3 月 31 日，日本政府將兼併新南群島一事通知法國駐日大使。在該日日本外務省聲明：「新南群島為一長期無主地的群島，日本人從大正六年即已在該群島開發，在該島投下鉅資，建有永久設施，日本政府給予該等日本人承認，海軍亦給予日本公司援助，對於日本人的生命、財產和事業給予保護，進行行政管轄。為免法國在該一期間造成無謂的紛爭，決定將新南群島併入臺灣總督府管轄。」[84]

---

[81] 鹿島和平研究所編，日本外交史，二二卷（南進問題），松本俊一、安東義良監修，鹿島和平研究所出版會，日本，昭和 50 年 8 月 30 日，第二刷，頁 27-32。

[82] 內政部藏，檔名：進駐西南沙群島案，檔號：404.12/1，行政院秘書長蔣夢麟函內政部，事由：函送新南群島資料，從陸字第 14164 號，民國 36 年 4 月 17 日。

[83] 藤井豐政，「新南群島の領有」，中央公論（日本），卷 5 第 622 號，1939 年 6 月，頁 154-158。

[84] 「新南群島　南支那海のサンゴ礁　臺灣總督府管轄下にアンリー仏大使へ通告」，讀賣新聞（日本），1939 年 4 月 1 日，版 1。

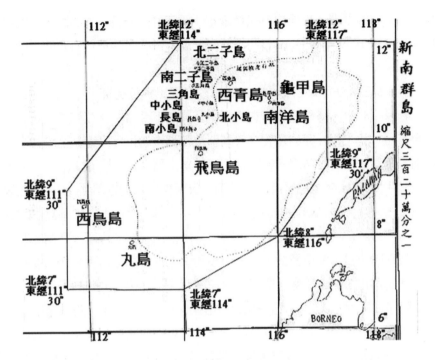

說明：原圖字體過小，看不清楚，筆者在原圖上重新標示較大字體。

資料來源：內政部檔案，檔名：進駐西南沙群島，檔號：404.13/1，民國 36 年。第 7
　　　　宗，連 8 冊。臺灣省政府代電內政部，事由：電送南沙群島資料請察收
　　　　由，陸申府民字第 64650 號，民國 36 年 9 月 13 日。

圖 7-1：日據時期劃入臺灣的新南群島範圍

　　法國駐日本大使立即在 3 月 31 日拜訪日本外務省次官澤田，請日本
就兼併「新南群島」一事提出解釋。[85] 4 月 1 日，日本駐英大使重光葵並
將日本兼併「新南群島」的備忘錄（Aide Memoire）致送英國政府，強調
法國趁 1929 年經濟不景氣而日本在「新南群島」開發人員暫時撤離時，
於 1933 年宣佈佔領「新南群島」的若干島礁，並不符合國際法，日本反
對法國此一佔領的主張。日本為保護在該群島的開發者的安全以及該群島
的利益和權利，要求法國撤銷此一主張。日本政府現在認為為了不與法國

---

[85]　「新南群島問題は考慮の餘地なし佛の抗議に對し回答」，臺灣日日新報，昭和 14 年
　　（1939）4 月 8 日，版 1。

發生不必要的爭端,最佳的方式是確定「新南群島」與日本的關係,因此日本政府在 1939 年 3 月 30 日將「新南群島」併入臺灣總督府管轄下的領土。[86]

4 月 5 日,法國駐日本大使向日本政府提出嚴重抗議。

4 月 18 日,臺灣總督府在官報中公佈如下令命:「茲修正大正九年府令第 47 號,州、廳的位置、管轄區域及郡市的位置、管轄區域如下:特別告示高雄州高雄市之管轄區域中增加新南群島。」[87]

5 月 24 日,臺灣總督府派遣一個「新南群島」調查團共 21 人,在太平島上樹立「高雄市新南群島」字樣的石碑一座。[88]日本在太平島上建碼頭、防坡提、輕便鐵軌、電臺、宿舍、蓄水池、水井、倉庫。在第二次世界大戰期間,日本還準備把太平島建設為水上飛機基地,用來作為從臺灣到印度支那和荷屬東印度(印尼)巴達維亞(雅加達)之間的停靠站。[89]

除了法國對日本之占領行動提出抗議外,英國亦提出抗議。英國駐日本代辦將他在 1939 年 4 月 10 日給日本外交大臣的照會,致送給美國駐日本大使 Joseph Grew,該照會提及英國政府對於日本控制南沙群島的立場,其最後一段內容如下:「本人奉令知會閣下,英國王國政府不承認日本政府主張擁有南沙群島之法律理由以及對於該一問題所採取的行動,因為此一作法只有使遠東情勢更為複雜。」[90]

---

[86] 日本外務省外交史料館藏,件名:6 昭和 14 年 2 月 13 日から昭和 1 4 年 4 月 1 日,檔名:「領土発見、帰屬、讓渡/各國領土発見及帰屬関係雜件/南支那海諸礁島帰屬関係/新南群島関係 第二卷」,亞洲歷史資料中心(アジア歷史資料センター),影像編碼:B02031162600。http://www.jacar.go.jp/DAS/meta/listPhoto?IS_STYLE=default&ID=M2006092115163739904&。

[87] 「新南群島所屬きょう官報公示」,讀賣新聞(日本),1939 年 4 月 19 日,版 1。

[88] G. E. Hubbard, *British Far Eastern Policy*, International Secretariat, Institute of Pacific Relations, New York, 1943, p.54.

[89] 日本外務省外交史料館藏,件名:9 昭和 14 年 9 月 6 日から昭和 15 年 4 月 11 日,檔名:「各國領土発見及帰屬関係雜件/南支那海諸礁島帰屬関係/新南群島関係 第二卷」,影像編碼:B02031162900。「水上機基地トシテノ新南群島」。亞洲歷史資料中心(アジア歷史資料センター),REEL,No.A-0449,影像編號:0448。http://www.jacar.go.jp/DAS/meta/listPhoto?IS_STYLE=default&ID=M2006092115163739907&。

[90] United States Department of State, "The Ambassador in Japan (Grew) to the Department of

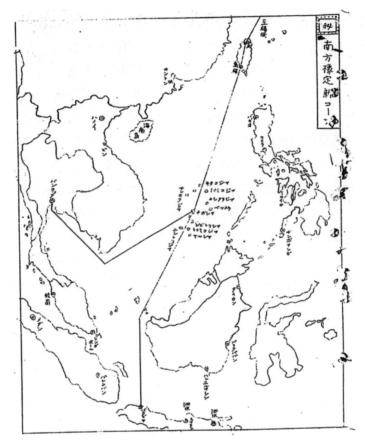

資料來源：件名：9 昭和 14 年 9 月 6 日～昭和 15 年 4 月 11 日，レファレン
スコード　B02031162900。http://jacar.go.jp/jpeg/djvu2jpeg?item=ba
0069a%2Fa-0449%2F00000415&p=36。

圖 7-2：以太平島為中繼站之水上飛機基地計畫圖

　　1939 年 5 月 24 日，臺灣總督府派遣內務局地理課池田一德等 5 人搭
乘日本水產有限公司所有的汽船「田村丸」從高雄出發，前往「新南群
島」，調查中島、中小島、三角島、南二子島、北二子島等五個島，於 6

State, Tokyo, 17 April, 1939," in Glennon, John P., (ed.), Foreign Relations of the United
States Diplomatic Papers, 1939. The Far East (1939), p.117. http://digicoll.library.wisc.edu/c
gi-bin/FRUS/FRUS-idx?type=goto&id=FRUS.FRUS1939v03&isize=M&submit=Go+to+page
&page=117。

月 19 日返回高雄。[91] 6 月 23 日，日本從高雄州派遣 3 名警官搭乘「開洋興業株式會社」的船隻「朝日丸」前往「新南群島」駐守。[92] 1940 年 1 月 30 日，日本新派警官前往「新南群島」更換舊任警官。[93]

　　1939 年 6 月 22 日，英、法在新加坡舉行戰略協調會議，有來自印度、香港、上海、印支、緬甸、錫蘭、馬來亞、澳洲約 50 名英、法高級海、陸、空軍代表出席會議。[94]當日本宣佈兼併南沙群島時，英國撤銷擁有南沙群島的主張，而另支持法國領有南沙群島，以抗衡日本。[95] 1940 年 4 月 6 日，英國外交部次長巴特拉（バトラ，R A Butler）在平民院接受曼德（マンダ，Geoffrey Mander）議員之質詢時，曼德議員表示：「英國對於法國的海外領土應持有保護的義務，我們應該幫助法國一起向日本抗議嗎？」巴特拉次長表示：「下議院對於此一法國政府的問題已經同意，但也認為英國政府應該就在英、法的共同利益關係下和法國政府多保持密切聯絡。」該次長承認南海諸島具有戰略重要性，他表示向日本抗議兼併該島嶼之目的，主要是為了法國政府。[96]

　　1939 年 9 月 11 日，法國派了「梅林號」至太平島，其中安南人有 17 人登陸上岸，但該船觸礁沈沒。次日，法國再派軍艦救難及對附近水域進行測量。法國「安利號」汽船亦在此時在「新南群島」觸礁，法國再派軍

---

[91]　內政部藏，檔名：進駐西南沙群島案，檔號：404.12/1，行政院秘書長蔣夢麟函內政部，事由：函送新南群島資料，從陸字第 14164 號，民國 36 年 4 月 17 日。附件：「新南群島概觀：昭和 14 年 7 月 17 日復命報告書」。

[92]　「新南群島へ警官派遣」，臺灣日日新報，昭和 14 年（1939）6 月 26 日，版 5。

[93]　「新南群島の員警官交替」，臺灣日日新報，昭和 15 年（1940）1 月 31 日，版 5。

[94]　G. E. Hubbard, op.cit., p.54.

[95]　"The Ambassador in Japan (Grew) to the Department of State, Tokyo, 31 March, 1939," in Glennon, John P., (ed.), United States Department of State / Foreign Relations of the United States Diplomatic Papers, 1939. The Far East (1939), pp.111-112. http://digicoll.library.wisc. edu/cgi-bin/FRUS/FRUS-idx?type=goto&id=FRUS.FRUS1939v03&isize=M&submit=Go+to +page&page=111。

[96]　日本外務省外交史料館藏，件名：內閣情報部 4.7，情報第八號，英國眾議院新南群島問題，檔名：「英下院と新南群島問題」，影像編碼：A03024433900。亞洲歷史資料中心（アジア歴史資料センター）。http://www.jacar.go.jp/DAS/meta/listPhoto?IS_STYLE=default&ID=M2006090420445555129&。

艦來救。日本於 9 月 28 日向駐東京法國大使提出抗議，謂法國軍艦須先獲日本許可，才能至「新南群島」。

　　1940 年，小倉卯之助的遺著暴風之島：新南群島發現記出版，關於 1918 年他初抵南沙群島遇見三位中國漁民時的談話有值得注意之處，因為這些談話證明中國漁民經常在南沙群島活動。他問這些漁民從何處來，漁民們答以每年陰曆 12 月至隔年 1 月從海南島開大船來，約 3 月或 4 月間有其他的漁民來此接替他們。小倉又問他們什麼時候來的，他們答以來此兩年了。漁民們還向小倉繪了一張南沙附近諸島的地圖，在暴風之島一書中，就有一張中國漁民的地圖，在小倉所探查的 13 個小島中，有 11 個附有當時漁民告訴他的中文稱呼，例如羅孔（即日人稱龜甲島）、紅草峙（即西青島）、雙峙（即南二子島及北二子島）、鐵峙（即三角島）、第三峙（即中小島）、黃山馬峙（即長島）、南乙峙（即南小島）、第峙（即飛鳥島）、同章峙、鳥仔峙（西鳥島）。中國漁民還給他上述島嶼的方位圖，內容為：黃山馬峙，牙子有多。紅草峙，生石不白土。烏子峙，在西南。雙峙上紅草四里，紅草上羅孔五里，雙峙下鐵峙二里，鐵峙下第三峙二里二，第三峙下黃山馬二里，黃山馬下南乙峙一里。（小倉推斷中國漁民所稱的 1 里約等於 10 海里。）[97]

　　1940 年 2 月 1 日，日本派遣栗本氏為新南群島代區長。[98] 6 月 11 日，日本在長島（太平島）設置氣象觀測所，在該年撥款日幣 4 萬元建設費。[99] 1945 年 4 月 1 日，太平島遭美軍飛機轟炸，氣象觀測所遭炸毀。

（三）法國入侵南沙群島

　　法國擔心日本對南沙群島的野心，所以在 1927 年法艦「拉內桑號」

---

[97] 參見曾達葆，「新南群島是我們的！」，上海大公報，民國 35 年 8 月 4 日。小倉卯之助、小倉久仁子、橋本博，暴風之島，小倉中佐遺稿刊行會，東京市，1940 年，頁 262-264。

[98] 「新南群島初代區長栗本氏任命さる」，臺灣日日新報，昭和 15 年（1940）2 月 2 日，版 5。

[99] 「新南群島の長島に　觀測所を設置　豫算四萬圓で本年中に」，臺灣日日新報，昭和 15 年（1940）6 月 12 日，版 7。

（De Lanessan）首度在南沙群島進行偵查。1927 年 12 月，日本駐河內領事向法國當局詢問南沙群島的法律地位。1929 年 3 月 23 日，法國駐交趾支那總督決定（未公開）將南威島置於交趾支那之巴地省的行政管轄下。交趾支那是安南於 1874 年割讓給法國的領土，屬於法國屬印度支那聯邦的一部分，故南威島不屬於安南國王所控制的安南（首府在順化的中越）所有。[100]

1930 年 4 月 13 日，法國炮艦「馬里修號」（Malicieuse）佔領唐培德島（de La Tempete，即南威島），及附近小島礁。法艦還拯救了在島上的四名飢餓的中國人。原先法國外交部對於「馬里修號」的佔領行動，並不贊同，後來不得不接受既成事實。[101]法國新聞報導法國佔領北緯 7-12 度、東經 111-117 度之間的島嶼。

1932 年 4 月 24 日，法國外交部發函中國駐法使館，提出關於七洲島管轄權屬問題的節略。[102]法國主張根據大南一統志史記卷六中所載，安南嘉隆王朝早於 1816 年就已正式管理該島並樹立旗幟，且以 1898 年英國領事向中國政府抗議並請懲治中國漁民竊售失事英船破銅一事，中國政府卻以七洲島非中國領土非屬管轄為由不予受理等歷史事件，因此法國外交部表示我國應注意七洲島之主權確屬安南。[103]

---

[100] Stein Tonnesson, *op.cit,*, p.4. 該文將法國兼併南威島的時間寫為 1925 年，實際為 1929 年，故更改之。見 F. G. Gorton, British Consulate-General, Saigon to His Majesty's Principal Secretary of State, Foreign Office, March 9th,1932. (Copy W4148/178/17), No.17. National Archives of the United Kingdom, *Spratley (or Storm) Island and Amboyna Cay Island, Borneo: establishment of British claim to sovereignty*, Treasury Solicitor and HM Procurator General: Treasury and Miscellaneous; Registered Files (T & M Series). Collection: Records created or inherited by the Treasury Solicitor and HM Procurator General's Department, Date range: 01 January 1931 - 31 December 1933. Reference: TS 27/808.

[101] Stein Tonnesson, *op.cit.*, p.5.

[102] 檔號：0045/019.3/0001，案名：南沙群島（中越部分），來源機關：外交部，管有機關：國發會檔管局。（「關於查明註銷於民國 22 年向法方交涉南海九島事件經過情形事」，外(45)東二字第 012235 號，民國 45 年 10 月 31 日。）

[103] 檔號：020/049904/0001，案名：西沙群島案，來源機關：外交部，管有機關：國史館（「轉呈關於七洲島問題法外部來文並請示我國意見」，法字第 872 號，民國 21 年 2 月 13 日）。

1933 年法國報知艦（或稱通報艦）「星盤（Astrolabe）號」及「警報（Alerte）號」於南沙群島之北部諸島豎立法國國旗。同年 4 月 6 日，上述兩艦及越南海洋調查艦「拉內桑號」（De Lanessan）」前往唐培德島，有中國人 3 人住於島上，彼等被迫樹立法國旗。4 月 7 日，「阿司托洛辣浦」號佔領安浦阿奴島（Amboyne）（即安波島）、起柴兒島（或譯為堤閘，Tizard）（鄭和群礁）。1933 年 4 月 10 日，法軍佔領太平島（Itu Aba）和雙子島（Deux-Iles），在太平島上設置佔領紀念石碑，上刻字如下：「France, Ile Itu Aba, Et, de Pendances, 10 Avril 1933, 39141237」。4 月 11 日，佔領南鑰島（Loaita）。4 月 12 日，佔領中業島（Thitu）及其他附屬島嶼。

1933 年 7 月 15 日，法國公佈佔領南沙群島九個小島，包括安波島（Caye d'Amboine）、斯柏拉島（Spratly）（即南威島）、伊都阿巴島（Itu Aba）（即太平島）、南伊島（Namyit）（即鴻庥島）、羅灣島（Loaita）（即南鑰島）、蘭家島（Lan Kian Cay）（即楊信沙洲）、帝都島（Thitu）（即中業島）、東北島（N. E. Caye）（即北子礁）、西南島（S. W. Caye）（即南子礁）。7 月 26 日，法國將上述兼併島礁之訊息刊登在法國共和國官報（Journal Officiel de la Republique Francaise）；12 月 21 日，法國將這些兼併的南沙群島劃歸巴地省管轄。[104]

日本政府對於法國侵佔南沙群島，於 8 月 3 日發表正式聲明如下：

「一、關於華南九島嶼問題，在我方實業家中陳明先占事實之間，僅拉薩島磷礦股份公司所主張之六島，足當成為問題之九島嶼，其餘之主張，在九島嶼以外者，與本問題無關。

二、對於法國政府之領有宣言，我方承認邦人（按指日本人）先占之事實，且有保護其財產權之必要，同時該島嶼與日本領土最為接近，並得認為軍事上及海運上之要地，故沿上項見解之方針（line），我方保留某種之權利，近將與法國當局開始交涉。」[105]

---

[104] Ulises Granados, "As China Meets the Southern Sea Frontier: Ocean Identity in the Making, 1902-1937," *Pacific Affairs*, Vol. 78, No. 3, Fall, 2005, pp. 443-461, at p.451.

[105] 「為法占九島事，民國 22 年 8 月 14 日，歐字第 1457 號」，俞寬賜、陳鴻瑜主編，外

　　8 月 5 日，中國行政院訓令外交部切實交涉法佔九島事。

　　8 月 19 日，日本政府向法國政府提出抗議。

　　英國為了圍堵日本在南海的擴張，在 1936 年曾秘密意圖向法國租借法國所控制的太平島和中業島，擬開闢機場使用。[106]英國在 1877 年曾佔領南威島，在該年即退出。

　　1937 年 12 月 4 日，法國軍艦 D Umont d Urvidle 訪問太平島，島上有「開洋興業會社」人員，法軍人員表示此次登島目的在調查法軍在該年 4 月 10 日在島上設置佔領紀念碑是否存在，將毀損處重新修補，並表示此為法國領土。法國艦長表示他之發言係代表政府，其對日本公司人員所講的話，猶如公文書，須請日本公司人員就其發言的紀錄簽字。「開洋興業會社」人員表示該公司在二十年前已繪製該群島的地圖，並已在該島採礦，此島應屬於日本所有。法艦在 6 日離開太平島。[107]

　　1938 年 4 月，英國鼓勵法國在南沙群島尋找建設機場的地方，以防阻日軍進佔南沙群島。英國並派遣測量艦「H.M.S. Herald 號」到南沙群島尋找建立機場的地點。[108] 4 月 11 日，法屬印度支那一艘軍艦航抵太平

交部南海諸島檔案彙編（上冊），第 II(1):041 號檔案，頁 70。

[106] Head of Military Branch, Minute on "The Possibility of Spratly, Itu Aba, and Thiu Tu Islands as Suitable Landing Grounds," October 23, 1937, Secret (M.05664/37). National Archives of the United Kingdom, *Sovereignty of Islands in South China Seas*, Admiralty: Record Office: Cases. INTERNATIONAL LAW (51). Collection: Records of the Admiralty, Naval Forces, Royal Marines, Coastguard, and related bodies. Date range: 01 January 1937 - 31 December 1939. Reference:ADM 116/3936.

[107] 日本外務省外交史料館藏，件名：5 昭和 12 年 12 月 17 日から昭和 13 年 1 月 11 日，檔名：「各國領土発見及帰屬関係雑件／南支那海諸礁島帰屬関係／新南群島関係 第一巻」，影像編碼：B02031161800。「昭和 12 年 12 月 27 日臺灣總督官房外事課長加藤三郎呈外務省歐亞局長井上庚二郎」，亞洲歷史資料中心（アジア歷史資料センター），REEL，No.A-0449，影像編號：0151。http://www.jacar.go.jp/DAS/meta/listPhoto?IS_STYLE=default&ID=M2006092115163739896。

[108] Captain of H.M.S. Herald, W. C. Jenk to Military Branch, Admiralty, "Report on Suitability of Islands in China Sea for Landing Grounds," April 18, 1938 (Copy, most secret, No.3203/20(2)). National Archives of the United Kingdom, *Sovereignty of Islands in South China Seas*, Admiralty: Record Office: Cases. INTERNATIONAL LAW (51). Collection: Records of the Admiralty, Naval Forces, Royal Marines, Coastguard, and related bodies. Date range: 01 January 1937 - 31 December 1939. Reference:ADM 116/3936.

島，上午包含艦長等 12 名法軍登陸，下午有 40 名士兵登陸，將過去法國留下的標誌重新粉刷。28 日，法艦離開太平島。[109] 7 月 22 日，一艘法國船隻靠近太平島東方 400 公尺下錨，法國人 3 人和越南人 30 人運載木材、鐵材、無線電機、糧食、豬 30 頭（20 頭已宰殺）、鴨子 100 隻至島上，據越南人稱準備從事漁業活動。25 日，該船離開。[110] 8 月 7 日，日本派遣佈雷艦「勝力號」（1,500 噸）駐守太平島，並在島上建紀念碑。8 月 23 日，一艘從西貢起程的法國商船「加尼爾號」（Francis Garnier）在太平島東端 800 公尺處下錨，船上裝載建築材料以及工人 33 人，遭日本軍艦「勝力號」警告禁止登陸後於 24 日離去。[111]至 8 月為止，在太平島上有法國無線電技師 1 人、越南人 16 人。[112]

　　1939 年 2 月 27 日，法國政府曾向日本政府建議將南沙問題提交海牙常設仲裁法院仲裁，但遭日本拒絕。4 月 4 日，法國對於日本在 3 月底宣

[109] 日本外務省外交史料館藏，件名：2 昭和 13 年 3 月 22 日から昭和 13 年 5 月 21 日，檔名：「各國領土発見及帰屬関係雑件／南支那海諸礁島帰屬関係／新南群島関係 第二卷」，影像編碼：B02031162200。「新南群島前進機地主事代理致電軍令部部長、軍務局長，昭和 13 年 4 月 11 日」，亞洲歷史資料中心（アジア歷史資料センター），REEL，No.A-0449，影像編號：0202。http://www.jacar.go.jp/DAS/meta/listPhoto?IS_STYLE=default&ID=M2006092115163739900&。

[110] 日本外務省外交史料館藏，件名：3 昭和 13 年 7 月 24 日から昭和 13 年 8 月 13 日，檔名：「各國領土発見及帰屬関係雑件／南支那海諸礁島帰屬関係／新南群島関係 第二卷」，影像編碼：B02031162300，「新南群島前進機地主事代理致電軍務局長，昭和 13 年 7 月 24 日」，亞洲歷史資料中心（アジア歷史資料センター），REEL，No.A-0449，影像編號：0222。http://www.jacar.go.jp/DAS/meta/listPhoto?IS_STYLE=default&ID=M2006092115163739901&。

[111] 日本外務省外交史料館藏，件名：4 昭和 13 年 8 月 15 日から昭和 13 年 8 月 25 日，檔名：「各國領土発見及帰屬関係雑件／南支那海諸礁島帰屬関係／新南群島関係 第二卷」，影像編碼：B02031162400。「昭和 13 年 8 月 23 日勝力艦長致電軍務局長」，REEL，No.A-0449，影像編號：0273-0277。http://www.jacar.go.jp/DAS/meta/listPhoto?IS_STYLE=default&ID=M2006092115163739902&。

[112] 日本外務省外交史料館藏，件名：3 昭和 13 年 7 月 24 日から昭和 13 年 8 月 13 日，檔名：「各國領土発見及帰屬関係雑件／南支那海諸礁島帰屬関係／新南群島関係 第二卷」，影像編碼：B02031162300。「昭和 13 年 8 月 11 日勝力艦長致電軍務局長」，亞洲歷史資料中心（アジア歷史資料センター），REEL，No.A-0449，影像編號：0247-0249。http://www.jacar.go.jp/DAS/meta/listPhoto?IS_STYLE=default&ID=M2006092115163739901&。

佈兼併南沙群島提出抗議。4 月 10 日，英國駐日本代理大使 James L. Dodds 致函日本外相有田八郎（Hachiro Arita），表示英國政府不承認日本兼併新南群島，日本之行為將使遠東情勢更為複雜。[113]美國國務卿赫爾（Cordell Hull）亦在 5 月 17 日致函日本駐華府大使堀內謙介，認為日本所宣稱的新南群島並不能完全包括南沙群島的所有島礁，而且建議該一問題最好提交國際仲裁，否則日本所做的領土兼併決定缺乏國際有效性。[114]

9 月 11 日，法國派「梅林號」至太平島，17 名安南人登陸上岸，但該船觸礁沈沒。次日法軍再派軍艦救難及對附近水域進行測量。法國「安利號」汽船亦在此時在新南群島觸礁，法國再派軍艦救援。此時島上已有日軍駐守，所以法軍登陸，兩軍是友好相處。日本於 9 月 28 日向駐東京法國大使提出抗議，謂法國軍艦須先獲日本許可，才能至新南群島。1940 年 3 月 1 日，法國軍艦「瑪內號」（Marne）航抵南沙群島，並登陸一島嶼。日本守軍表示須經申請才能入港登陸。10 月 10 日，在太平島上的日軍將法軍遣送至印度支那，完全控制該島。[115]

1945 年 8 月 15 日，日軍戰敗投降，依聯軍統帥部之規定，所有在北緯 16 度以北的日軍，都應向聯軍最高統帥部投降，西沙群島包括在內，歸由中國負責接受投降。中國也命令在南沙群島的日軍向海南島的榆林港駐軍投降。但當日軍集中榆林港候令遣送時，法國又趁中國尚未派軍進駐西沙群島和南沙群島之前，占領西沙群島西南面的若干島嶼，並派軍艦經常在西沙群島和南沙群島巡邏。

---

[113] 日本外務省外交史料館藏，件名：7 昭和 14 年 4 月 2 日から昭和 14 年 4 月 13 日，檔名：「各國領土発見及帰屬関係雑件／南支那海諸礁島帰屬関係／新南群島関係 第二卷」，影像編碼：B02031162700，亞洲歷史資料中心（アジア歷史資料センター），REEL，No.A-0449，影像編號：0366-0367。http://www.jacar.go.jp/DAS/meta/listPhoto?IS_STYLE=default&ID=M2006092115163739905&。

[114] 日本外務省外交史料館藏，件名：8 昭和 14 年 4 月 16 日から昭和 14 年 8 月 5 日，檔名：「各國領土発見及帰屬関係雑件／南支那海諸礁島帰屬関係／新南群島関係 第二卷」，影像編碼：B02031162800，亞洲歷史資料中心（アジア歷史資料センター），REEL，No.A-0449，影像編號：0396-0398。http://www.jacar.go.jp/DAS/meta/listPhoto?IS_STYLE=default&ID=M2006092115163739906&。

[115] Stein Tonnesson, *op.cit.*, p.15.

1946 年 7 月 27 日，有不明國籍之船隻侵據南沙群島，「中央社」發佈消息稱：「我海軍總部決定派軍艦在南中國海作接收後的第二次巡邏。」此一神秘不明國籍船隻，於數日內自動離開。10 月 5 日，復有法艦「希福維號」（Chevreud）入侵南威島和太平島，在太平島立水泥界碑。中國政府與法國政府為西沙群島和南沙群島之主權問題，曾先後於 1946 年 10 月和 1947 年 1 月進行談判，最後因法國提不出有力之主權證據及越南戰事告緊，而中止雙方之談判。

1950 年 4 月 10 日，菲國眾議院外交委員會主席提議菲政府取得巴拉望島以西及西南諸島。5 月 8 日，中華民國軍隊從太平島撤退至臺灣。中華民國駐菲律賓大使館於 5 月 18 日電外交部稱：「海南島陷匪手後菲方對西沙、東沙、南沙等群島情況至為關切，輿論主張派兵佔領，菲總統昨對記者稱各該群島雖影響菲國安全，但主權屬於中國國府，菲國與國府有友好關係，不便採取何種行動。」[116] 1951 年 5 月 17 日，菲國總統季里諾（Elpidio Quirino）表示南沙群島距離菲國較近（proximity），故應屬於菲國所有。8 月 24 日，中華人民共和國「新華社」刊文反駁法國和菲國對南沙群島的主張。

1953 年 9 月，法國外交部說南沙群島屬於法國，而非越南，當 1949 年法國將交趾支那移交給越南國（State of Vietnam）（保大為國家元首）時，並不包括南沙群島。因此，南沙群島歸由法國海外領土部（Ministry of Overseas France）管轄。[117]

從 1951 年到 1955 年間，法國外交部尋求不主張南沙群島屬於越南，主張該群島過去之所以被併入交趾支那是出於行政的考慮，其實應屬於法國海外領土部管轄下的領土。1955 年 6 月 16 日，法國駐印度支那總專員（Commoner General）General Jacquot 提及致函越南國王保大有關 1949 年 3 月 15 日協議的密信，該信提及高級專員談到 1949 年 3 月 8 日法、越

---

[116] 「菲對我撤守南沙之反應，駐菲大使館來電專號第 205 號，民國 39 年 5 月 18 日」，俞寬賜、陳鴻瑜主編，外交部南海諸島檔案彙編（下冊），第 III(2):017 號檔案，頁 804。

[117] Stein Tonnesson, *op.cit.*, p.39.

協議時承認越南擁有西沙群島主權，但對南沙群島卻隻字未提。法國亞洲及大洋洲部（Department of Asia-Oceania）在 1955 年 7 月 11 日發出的一項照會重申南沙群島應屬於法國所有。[118] 1956 年 3 月，法國政府承認南越對西沙群島的主張，但不承認南沙群島由法國移交給南越，南沙群島仍是屬於法國的領土。[119]

五、對「放棄」之分析

美國國務院遠東事務局（Bureau of Far Eastern Affairs）的東北亞事務辦公室（Office of Northeast Asian Affairs）主任之特別助理 Robert A. Fearey 於 1950 年 10 月 26 日致送遠東事務局副局長 John M. Allison 一份備忘錄，其中提到如何處理日本佔領的領土問題，該備忘錄說：「琉球群島最北部應屬於日本，琉球群島中部和南部和小笠原群島（the Bonins）（Ogasawara-shoto），後者包括 Rosario Island、the Volcanos、Parece Vela、Marcus，應置於以美國為行政當局（Administering Authority）的聯合國託管之下。由於琉球有相當多的人口以及可以確定該項戰略託管會遭到蘇聯的否決，所以美國將尋求對這些島嶼的一般託管（ordinary trusteeships）。日本可能接受聯合國安理會於 1947 年 4 月 2 日的決議將託管制度延伸至日本以前所佔領的島嶼（Japanese Mandated Islands）。對日和約將不涉及東沙群島，因為中國已在 1947 年正式重確定其對該群島之主權；亦不涉及西沙群島和南沙群島，因為中國和法國對此兩個群島有爭端。雖然日本在戰前也主張南沙群島這個無人居住的島嶼，但不相信其重要性會在和約上提及。」[120]

---

[118] Monique Chemillier-Gendreau, *op.cit*., p.118.

[119] *Keesing's Contemporary Archives*, October 6-13, 1956, p.15131.

[120] "Undated Memorandum by Mr. Robert A. Fearey of the Office of Northeast Asian Affairs," in Glennon, John P., (ed.), *United States Department of State* / Foreign Relations of the United States Diplomatic Papers, 1950. East Asia and Pacific (1950), p.1328. http://digicoll.libra ry.wisc.edu/cgi-bin/FRUS/FRUS-idx?type=turn&entity=FRUS.FRUS1950v06.p1342&id=FR US.FRUS1950v06&isize=M。

　　英國對南沙群島和西沙群島的立場是讓這兩個群島維持曖昧，使其與英國過去一貫的主張一致。1947 年 10 月，英國外交部已開始準備參加舊金山會議的英國立場，其內部檔案已表明日本應放棄南威島和安波沙洲的權利和主張。但無須指出島礁的名字以及日本應該放棄給誰。英國政府無意和法國競爭南沙群島的主權，在英國未正式放棄領有南沙群島下，也不會同意法國領有南沙群島，所以最好就是讓南沙群島主權未確定。1949年，負責研擬英國對外政策的外交部的 R. S. Milward 曾明確表示英國對於南沙群島的立場如下：

　　「英國已經決定其官方立場是：和平會議中給予日本的條件是，在文字中應載明日本放棄該群島的主張，應開放主權給英國、法國和未來對於該群島有興趣的國家，直至該真空被填補，以及某些聲索國能夠行使更為真實的和長久的主權為止。」[121]

　　澳洲政府曾在 1950 年非正式詢問英國有關是否由國際託管南威島及周邊島礁的看法，英國外交部在該年 10 月 24 日答覆稱：「在我們的觀點，處理這些島礁的主要考慮是其戰略重要性。從該觀點出發，我們不能反對由法國擁有這些島礁，但我們不希望由日本、菲律賓、民族主義的中國、或特別是中央人民政府的中國擁有這些島礁。」[122]

　　1951 年 9 月 8 日，有 51 個國家參加舊金山對日本之和平會議，美國支持中華民國參加，英國則支持中華人民共和國參加，最後妥協皆不邀請中華民國和中華人民共和國的代表參加會議。與西沙群島和南沙群島有爭端的法國和越南則有代表參加。

　　在舊金山和會上，蘇聯第一副外長葛羅米柯於 9 月 5 日在全會上提出13 項修正案，其第 1 項修正是將對日和約草案第二條 b 和 f 款合併，條文改為：「日本承認中華人民共和國擁有滿州、臺灣及其附屬島嶼、澎湖、東沙群島、西沙群島、中沙群島和南沙群島，包含南威島的充分主

[121] Stein Tonnesson, *op.cit.*, p.42.

[122] Geoffrey Marston, "Abandonment of Territorial Claims: The Cases of Bouvet and Spratly Islands," *The British Yearbook of International Law* 1986, LVII, pp. 337-356. in http://groups. yahoo.com/group/diendan_binhluan/messages/4187?threaded =1&m=e&var=1&tidx=1。

權，放棄前述諸領土之權利、權利名義和要求。」[123] 9 月 7 日，越南國的首相兼外長陳文友（Tran Van Huu）在舊金山和會上宣稱南沙和西沙群島是屬於越南的領土。[124]主席阿奇生（Dean Acheson）表示先前請問葛羅米柯是在陳述或要提修正案，葛羅米柯回說是在陳述。阿奇生乃表示此次會議沒有修正案。但葛羅米柯堅持認為他是在陳述，亦可視為修正案，故要付諸討論和表決。阿奇生說，在會上動議提出修正案及討論修正案是違反大會議事規則的，[125]即大會議事規則第十七條規定，會議代表只能發言陳述，而不得對和約文本提出修正案。又說，對日和約之目的不是在談判或提出新建議，而是針對已達成協議的和約文本簽署。[126]

葛羅米柯堅持大會討論其修正案，批評阿奇生自作主張，是非法的和無效的，於是阿奇生要求大會表決他的裁決，結果以 46 對 3 票支持阿奇生之裁決（1 票棄權），取消了蘇聯代表重啟表決其修正案之努力。[127]故上述蘇聯和越南有關西沙群島和南沙群島之發言，沒有在會上討論及表決。

最後日本與 48 國簽訂和約，波蘭、捷克和蘇聯沒有簽署。最為人所訾議的是和約第 2 條第 2 款之規定：「日本放棄對於臺灣及澎湖群島之一切權利、權利名義與要求。」及第 6 款之規定：「日本放棄對於南沙群島及西沙群島之一切權利、權利名義與要求。」由於該二條款只規定日本「放棄」對於西沙群島及南沙群島的權利，而末指明接受該權利之國家，再加上中華民國非舊金山和約簽字國，因此極易導致誤會「被放棄」的西沙群島及南沙群島變成無所屬的狀態。

關於舊金山和約中條款的缺失，中華民國與中華人民共和國皆曾做出

---

[123] *Conference for the Conclusion and Singature of the Treaty of Peace with Japan, Record of Proceedings*, San Francisco, California, September 4-8, 1951, Department of State Publication, USA, 1952, p.119.

[124] *Conference for the Conclusion and Singature of the Treaty of Peace with Japan, Record of Proceedings*, San Francisco, California, September 4-8, 1951, p.263.

[125] *Ibid.*, pp.284,286.

[126] *Ibid.*, p.292.

[127] *Ibid.*, p.292; Frederick S. Dunn, *Peace-making and the Settlement with Japan*, Princeton University Press, Princeton, New Jersey, 1963, p.185.

反應。中華人民共和國外長周恩來在 1951 年 8 月 15 日曾對舊金山和約草案提出不滿的抗議聲明，他說：「……草案又故意規定日本放棄對南威島和西沙群島的一切權利而亦不提歸返主權問題。實際上，西沙群島和南威島正如整個南沙群島及中沙群島、東沙群島一樣，向為中國領土，在日本帝國主義發動侵略戰爭時雖曾一度淪陷，但日本投降後已為當時中國政府全部接收。中華人民共和國中央人民政府於此聲明：中華人民共和國在南威島和西沙群島之不可侵犯的主權，不論英、美對日和約草案有無規定及如何規定，均不受任何影響。」[128]

中華民國在 1952 年 4 月 28 日與日本簽訂和平條約，第 2 條規定：「茲承認依照公曆 1 千 9 百 51 年在美利堅合眾國金山市簽訂之對日和平條約……第 2 條，日本業已放棄對於臺灣及澎湖群島以及南沙群島及西沙群島之一切權利、權利名義與要求。」[129]

茲對於舊金山對日和約之規定，所引發的相關問題，分析討論如下：

第一，在 1936 年以前，西沙群島之島嶼爭端國有中國、法國，1936 年加上日本，日本在該年佔領西沙群島其中數島。中國清朝在 1909 年將西沙群島歸由廣東省崖縣管理。法國印支總督在 1938 年 6 月 15 日將西沙群島納歸越南承天省（Thua Thien）（在順化地區）管轄。日本在 1939 年出兵佔領東沙群島、西沙群島和南沙群島，並將之納入臺灣管轄，此應為歷史上第一次將這三個島群納入行政體系。

1919 年 6 月 10 日，日本拉薩島磷礦公司向東京地方裁判所登記在南沙群島的採礦權。此應為南沙群島首次被納入行政管轄，而且是由日本發出採礦許可。1929 年 3 月 23，法國駐交趾支那總督決定（未公開）將南威島置於交趾支那之巴地省的行政管轄下。

在 1939 年之前，當時中國和法國在西沙群島、中國、法國和日本三

[128] 「外交部長周恩來關於英美對日和約草案及舊金山會議的聲明（1951 年 8 月 15 日）」，載於中華人民共和國對外關係文件集（1951～1953），第 2 集，世界知識出版社，北京，1958 年，頁 32。

[129] 外交部編，中外條約輯編（中華民國 16 年至 46 年），中華民國外交部印，臺北市，1958 年，頁 2。

國在南沙群島雖有爭論，但沒有一國完全及持久佔領西沙群島和南沙群島任一島礁，各爭端國都是在登島後設置佔領碑或簡易房舍不久即離開。所以在 1939 年以前各爭端國在西沙群島和南沙群島皆無以長期駐守為目標之建物和駐軍。

第二，自日本在 1939 年佔領西沙群島和南沙群島後，開始有建築永久性房舍及派官治理。

第三，臺灣行政長官公署於 1945 年 11 月派遣人員前往太平島調查；1945 年 12 月，中華民國派遣臺灣氣象人員接收西沙群島；1946 年 11-12 月，中華民國派遣軍隊接收西沙群島和南沙群島。1947 年 1 月，決議西沙群島和南沙群島「俟海南行政特別區奉准成立，即歸該區統轄。目前暫由海軍管理。」隨後由海軍總司令部在南沙群島和西沙群島分別設立「南沙群島管理處」和「西沙群島管理處」，派遣官兵駐守。當中華民國做此決議時，西沙群島西邊的永樂群島的珊瑚島為法國佔領，東邊的宣德群島的永興島為中華民國佔領，南沙群島為中華民國軍隊佔領。

第四，1951 年 9 月，51 國在舊金山開會討論對日和約，該項會議不是聯合國的會議，中華民國當時是聯合國會員國，但因政治考慮，所以中華民國和中華人民共和國都沒有受邀參加會議。西沙和南沙群島爭端國的法國、越南國（保大領導）和日本都參加會議。這三國受該和約之拘束，應無疑義。中華民國和中華人民共和國皆非舊金山和約簽約國，自不受該約約束。惟因中華民國與日本簽定的和約中有日本放棄西沙群島和南沙群島的詞句，所以等同中華民國也須遵守舊金山和約中有關西沙群島和南沙群島條款之規定。

第五，在舊金山和約中日本放棄的領土，是規定在第二條，總共分六款列舉放棄領土之清單，除了西沙群島和南沙群島外，尚有臺灣、澎湖群島、千島群島（the Kuril Islands）、部分庫頁島（part of Sakhalin）。

由於在和議前以及協商過程中，與會各國對於上述諸島有所爭議，和議的目的在解決日本領土的範圍以及尋求和平，以重建國際和平。因此，和議對於有爭議的領土採取不做決議的方式來處理，當時有決策權的大國們將該一問題留諸將來解決，美國國務院顧問杜勒斯（John Foster

Dulles）在會後曾表示：「某些盟軍領袖提議說和約第二條不是僅依據波茨坦宣言來約束日本主權，而是用來正確規範日本以前的領土的最後處分。需承認的，該一提法是頗適切的，但問題是目前沒有達成共同的答案。」[130]因此僅能規定日本放棄領土一途。

第六，在中日和約中為何記載西沙群島和南沙群島？

在日本和中華民國的和約談判中，在條文中僅涉及放棄臺灣、澎湖群島、西沙群島和南沙群島，而不涉及千島群島和部分庫頁島，這是否表示日本僅將與中華民國有關的領土放棄？Daniel J. Dzurek 就認為「在中日談判記錄中，日本堅持其宣佈放棄的條款是僅與中國領土有關。此顯示中華民國和日本皆視臺灣、澎湖群島、西沙群島和南沙群島具有相同的地位，即屬於中國。」[131]

在中日和約中，為何要特別提及西沙群島和南沙群島？而不是像舊金山和約一樣列舉出日本放棄有關領土的清單？原因有二：第一，日本在 1895 年取得臺灣和澎湖的領土，這兩地是條約割讓地。而日本佔領南海三個群島，是採取武力兼併，並無條約關係。舊金山和約規定日本必須放棄臺灣，是出於盟國在開羅宣言和波茨坦宣言的要求；日本必須放棄南海的西沙群島和南沙群島，是出於英國的主張。日本在 1939 年曾將東沙群島、西沙群島和南沙群島合併歸由臺灣管轄，是臺灣的地方政府之一部分，日本放棄臺灣和澎湖，必然連帶要放棄這三個群島。第二，日本與中華民國談判放棄臺灣、澎湖及南海三個群島，應該暗示這些領土與中華民國有關連，否則不必在和約中提及西沙群島和南沙群島。[132]

---

[130] 引自 D. P. O'Connell, "The Status Of Formosa And The Chinese Recognition Problem," *The American Journal of International Law*, Vol. 50, No. 2, Apr., 1956, pp.405-416, at p.406.

[131] Daniel J. Dzurek, *The Spratly Islands Dispute: Who's on First?*, University of Durham, International Boundaries Research Unit, UK, 1996, p.16.

[132] 在中日和約談判過程中，中華民國談判代表胡慶育表示西沙和南沙群島曾隸屬中華民國領土，且在日據時期併入臺灣高雄州管轄，所以堅持將西沙群島和南沙群島寫入和約條文中，最後日本同意了。參見中華民國外交問題研究會編纂，「民國四十一年三月五日中日和約談判記錄」，中華民國對日和約（中日外交史料彙編（九）），中華民國外交問題研究會發行，臺北市，民國 55 年，頁 52-53；「民國四十一年三月二十八日日本提出之第三次約稿」，頁 190。

　　問題在於該日本放棄的領土，是否等於「無主地」？在國際法的意義上，「無主地」是指不屬於任何一個國家的領土，也不屬於任何主權國家或機構管轄的土地。

　　在中日和約簽署後，是否表示日本已將南沙群島和西沙群島交給臺灣，法國曾就此一問題與日本交涉，日本外務省在 1952 年 5 月 23 日致函法國外交部，函稱：「我與你的瞭解一致，即日本和中華民國於 4 月 28 日簽訂的和平條約第 2 條，除了舊金山和約第二條第 f 款之意含外，不具任何特別意義或意思。」Stein Tonnesson 對於該句話的解讀是，法國認為該一說法已使中華民國擁有南沙和西沙群島歸於無效。[133]日本是沒有立場做出超過和平條約之內容的答覆。英國首相艾登（Sir Anthony Eden）於 1955 年 2 月 4 日對平民院議員之質詢答覆稱：「日本依據 1952 年 4 月正式放棄臺灣和澎湖的權利、名義和要求，但這不能說是移轉給中國主權，無論是中華人民共和國或中國國民黨當局。因此，在英國政府之觀點，臺灣和澎湖的領土之事實主權是不確定的或尚未決定的。」[134]其論點可適用於日本放棄南沙群島和西沙群島。

　　然而，無論在事實上和法律上，中華民國已於 1945 年 12 月從日本手中取得對西沙群島和南沙群島之控制權，1947 年 1 月將西沙群島、南沙群島、中沙群島和東沙群島劃入中華民國版圖，屬於海南特別行政區管轄。至 1949 年撤出中國大陸，1950 年 5 月因為兵力不足，從西沙群島和南沙群島撤兵，但並未宣佈放棄西沙群島和南沙群島的領有權。此一主權之行使，直至 1952 年 4 月 28 日舊金山和約生效及中日和約簽訂生效，都沒有中斷，因此對西沙群島和南沙群島之主權主張是持續連貫的。日本在 1951 年舊金山和約宣佈放棄西沙群島和南沙群島，此一「放棄」是否可以對抗中華民國對西沙和南沙群島的實際管轄權？一個最重要的觀點是，雖然說日本放棄西沙群島和南沙群島，在理論上使該兩群島變成「無主地」，但事實上和法理上，這兩個群島無從出現「無主地」情況。

---

[133] Stein Tonnesson, *op.cit.*, p.43.
[134] 引自 D. P. O'Connell, *op.cit.*, p.409.

國際法學者丘宏達依據勞特派特（Hersch Lauterpacht）所主編的奧本海國際法（*Oppenheim's International Law*）第二卷第一版提出的「繼續保持佔有主義（或原則）」（principle of uti possidetis），主張中華民國可依據「先占」而取得對臺灣和澎湖的領有權，奧本海國際法一書說：「除締約國雙方另有規定外，和約的效力是使一切保持締結和約時的狀態。因此，所有可移動的國家財產，諸如軍需品、糧食、武器、金錢、馬匹、交通工具等，被入侵的交戰一方所攫奪，仍屬於其財產，就如同他所攫奪的不動產之成果一樣。進而言之，除和約對於被征服的領土另有規定外，這種領土繼續由占領者保有，占領者可將其兼併。不過，在今天，一個征服者如果想保有它所征服的領土，通常雖然在法律上並非必要，但總是在和約中認定這塊土地的割讓。」[135]在該段文字後的註解 3 中，舉述了一個實際案例，就是 1912 年土耳其和義大利戰爭結束後關於的黎波里（Tripoli）和西里奈卡（Cyrenaica）的隱藏的割讓（concealed cession），土耳其不願明文（expressis verbis）規定割讓這些領土，義大利堅持要取得這些領土，於是雙方於 1912 年 10 月 15 日簽署議定書，規定土耳其應在三天內允許這兩塊領土內的人民自主，並宣佈放棄這兩塊領土的主權。土耳其這樣做了，於是雙方在 10 月 18 日簽署和平條約。義大利乃宣佈兼併這兩塊領土。但 Diena 認為這不是隱藏性割讓，而是土耳其放棄土地，由義大利佔領（先占）無主的土地。[136]

這個原則通常稱為「繼續保持佔有主義（或原則）」（principle of uti possidetis，即如已擁有就繼續擁有）。據此而言，戰勝國中華民國可不經

---

[135] 「Unless the parties stipulate otherwise, the effect of treaty of peace is that conditions remain as at the conclusion of peace. Thus, all moveable State property, such as munitions, provisions, arms, money, horses, means of transport, and the like, seized by an invading belligerent, remain his property, as likewise do the fruits of immoveable property seized by him, Thus further, if nothing is stipulated regarding conquered territory, it remains in the hands of the possessor, who may annex it. But it is nowadays usual, although not at all legally necessary, for a conqueror desirous of retaining conquered territory of secure its cession in the treaty of peace.」 Hersch Lauterpacht (ed.), *Oppenheim's International Law, Vol..II, 7th. ed.*, Longmans, Green and Co Ltd., London, 1952, p.611.

[136] Hersch Lauterpacht (ed.), *op.cit.*, p.611, note 3.

和約的明文規定，依「繼續保持佔有原則」，合法取得戰敗國日本的領土。[137]

不過，「繼續保持佔有主義（或原則）」是否能適用於日本放棄的西沙群島和南沙群島？試比較的黎波里和西里奈卡與西南沙群島案例之異同：

相同點：二者皆為被放棄的領土。

差異點：

(1)義大利逼迫土耳其在三天內宣佈放棄的黎波里和西里奈卡的領土。中華民國並沒有逼迫日本在一定時間內放棄西南沙群島。但舊金山和約在 1951 年 9 月 8 日簽署至 1952 年 4 月 28 日生效，在生效日完成放棄效果。

(2)義大利在與土耳其簽署和平條約後立即宣佈兼併的黎波里和西里奈卡的領土。中華民國在與日本簽署和約後並未立即宣佈兼併西南沙群島。

(3)的黎波里和西里奈卡在被土耳其放棄前，並未納入其版圖，不屬於義大利所有。在日本與中華民國簽約同意放棄西南沙群島之前，西南沙群島已由中華民國納入版圖六年了。

舊金山和約規定日本放棄西沙群島和南沙群島，主要是受到英國的主張所致，英國主張「應開放主權給英國、法國和未來對於該群島有興趣的國家，直至該真空被填補，以及某些聲索國能夠行使更為真實的和長久的主權為止。」英國的目的就是讓有興趣的國家佔領及有效管轄西沙群島和南沙群島。此一「放棄」領土的規定，將引發對國際秩序的破壞，引發更多的爭端，此顯非參加和議諸國的本意，因此和約中「放棄」之規定，得以援引「繼續保持佔有主義（或原則）」，才能維持國際秩序。無論如何，中華民國政府對於日本放棄的西沙、南沙群島採取的是繼續佔有及先占之作法。

---

[137] 丘宏達，「臺灣澎湖法律地位問題的研究」，刊載於丘宏達，關於中國領土的國際法問題論集，臺灣商務印書館，臺北市，2004 年，頁 1-16，9。

　　第七，在舊金山和約和中日和約簽訂前後，只有中華民國管轄及實際控制西沙群島和南沙群島，並制訂官方地圖，法國並沒有在南沙群島佔領任一島礁，亦無任何官方地圖顯示南沙群島屬於法國統治的越南。法國自1946 年占領西沙群島的珊瑚島等幾個小島，雖然將其佔領的島礁納入行政體制內，但並無任何官方地圖顯示珊瑚島等島礁屬於法國統治的越南。菲律賓對於南沙群島並未實施佔領，越南仍是法國保護國，是附屬國（Associated State）的地位，[138]並未完全獨立。越南亦未實際佔領任何西沙群島或南沙群島的島礁。越南之取得西沙群島的珊瑚島是從法國移轉過去的，法國是以武力侵佔珊瑚島，該種移轉並不發生國際法上領有權之移轉效果。

　　就國際法「關鍵日期」的觀點來看，若將舊金山和約和中日和約正式生效日 1952 年 4 月 28 日訂為「關鍵日期」，[139]則對於爭端是否有效之判準，將僅計及至該「關鍵日期」為止的爭端，意即在該「關鍵日期」前發生爭端的爭端國，才是有效的爭端國，可做為法庭考慮之用，而在該「關鍵日期」後新增的爭端國將不計入，他們是無權的爭端國。無論是法國、菲律賓、越南或中華人民共和國在該「關鍵日期」之後提出的對南沙群島的領土主張，不應再成為有效的主張。換言之，當舊金山和約和中日和約正式生效之「關鍵日期」確定後，僅有中華民國擁有西沙群島和南沙群島的完全主權。無論從「先占」（occupation）或承接日本放棄領土或持續領有的觀點來看，中華民國應是擁有南沙群島和西沙群島最大充分主權的國家。

　　D. P. O'Connell 以蘇聯在戰後先占南庫頁島及千島群島比喻臺灣的案例。在雅爾達協議（Yalta Agreement）上，蘇聯要求於日本投降後，需歸還蘇聯南庫頁島及鄰近的島嶼、大連國際化、以及恢復承租亞瑟港（Port

---

[138] 越南國從 1949 年 3 月 8 日成為法國附屬國，呈半獨立地位。Monique Chemillier-Gendreau 認為仍具有國際人格。參見 Monique Chemillier-Gendreau, *op.cit.*, p.90.

[139] Monique Chemillier-Gendreau 提的「關鍵日」有三：一是 1884 年越南成為法國保護國，越南民族取得自決權；二是 1937 年法國向中國提議將爭端送國際仲裁；三是 1954/56 年法國退出越南，越南重新登上國際舞臺。參見 Monique Chemillier-Gendreau, *op.cit.*, p.124.

Arthur），將千島群島歸還蘇聯。戰後南庫頁島及千島群島這兩地因為日本放棄而被蘇聯佔領（先占），蘇聯遂取得這兩地的領土。中華民國也是因為日本放棄臺灣而先占取得臺灣領土主權的例子，可依此比照。因此以「先占」而取得被放棄領土的理論可適用於臺灣。他表示，在日本放棄對臺灣島的權利後，他不相信有任何國際法上的理論能反對（中華民國）將此被放棄土地（terra derelicta）福爾摩沙自軍事占領改為確定主權。[140]該一推論亦可適用於中華民國「先占」取得西沙群島和南沙群島。

第八，舊金山和約要解決的是日本在戰前因為侵略所取得的土地，要求其放棄。該一精神應可適用於法國的侵略行為。但法國在舊金山和約生效後還出兵佔領西沙群島若干島礁，已嚴重違反舊金山和約的基本精神。直至 1954 年 5 月法國在奠邊府戰爭失敗後才離開越南，他們過去所侵佔的西沙島礁應該等待和平談判解決，不能片面移轉給越南。越南是不能從法國侵略的領土取得繼承權，因為在舊金山和議時，與會國家沒有支持越南的主張。

第九，在舊金山和約生效後，法國沒有再佔領南沙群島任一島礁，因此無從產生法國將其佔領的南沙群島移轉給越南的問題。法國曾在 1953 年 9 月表示南沙群島屬於法國，而非越南。從而可知，越南無法說是繼承法國在南沙群島的主權。在 1970 年代侵佔南沙群島的菲律賓和 1980 年代侵佔南沙群島的馬來西亞更無權領有南沙群島的島礁，因為他們都不是舊金山和約簽訂之「關鍵日期」以前的爭端國。

六、結論

舊金山和約之本來目的在解決與日本和平相處，以及剝奪其在戰前或戰時侵佔的領土，惟因為各有關國家對於西沙群島和南沙群島有不同的意見，會中沒有做成決議，反而以要求日本放棄作為解決問題的方式，此猶如將西沙群島和南沙群島置於無政府的蠻荒場域，任由強國擭奪。固然舊

---

[140] D. P. O'Connell, *op.cit.*, p.414.

金山和議之目的不在判別領土的歸屬，不過，一個國際會議的機制，應該載明不確定領土應交由國際法院仲裁或者暫交聯合國託管。不過，這兩個島礁涉及法國、英國以及中國之間的爭端，所以未能採取前述的處理方法。

　　中華民國從 1945 年 12 月起即陸續完成對西沙群島和南沙群島這兩個群島的佔領及行政管轄，並派官治理。1951 年 9 月 8 日舊金山和約簽署到隔年 4 月 28 日生效，在這一段時間中華民國擁有這兩個群島的主權一直有效存在，在舊金山和議時關於中華人民共和國和越南擁有這兩個群島的提案都遭到反對或不予討論。從舊金山和約生效和中日和約簽署日起，中華民國是第一個繼續保持佔有及先占該兩個被放棄的領土。無論如何，舊金山和約之決議和生效並不能使中華民國事實上及法律上管轄這兩個群島的行政及法律建制歸於無效。

徵引書目

中文部分

專書

中華民國外交問題研究會編纂，「民國四十一年三月五日中日和約談判記錄」，1966。中華民國對日和約（中日外交史料彙編（九））。臺北市：中華民國外交問題研究會發行。

丘宏達，2004。關於中國領土的國際法問題論集。臺北市：臺灣商務印書館。

陳天錫，1928。西沙島東沙島成案匯編，西沙島成案匯編。上海：商務印書館。

專書論文

丘宏達，2004。「臺灣澎湖法律地位問題的研究」，丘宏達，關於中國領土的國際法問題論集。臺北市：臺灣商務印書館，頁 1-16。

「外交部長周恩來關於英美對日和約草案及舊金山會議的聲明（1951 年 8 月 15 日）」，1958。中華人民共和國對外關係文件集（1951～1953），第 2 集。北京：世界知識出版社。

期刊論文

「越南對 Paracels 群島的主權」，越南新聞，臺北市：越南共和國駐臺北大使館出版，第

9 期，1959 年 3 月 15 日，頁 1-7。

官方文件

內政部，1946/9/2。「行政院秘書長蔣夢麟交辦內政部，檔號：404.12/1」，事由：外交部
　　呈送「新南群島歸屬問題」及該島地圖請轉飭注意」，民國 35 年 9 月 2 日，禮京六
　　字第 27116 號。

內政部檔案，進駐西南沙群島案，檔號：404.13/1，第 4 宗，連 5 冊，民國 36 年。行政院
　　訓令，事由：據臺灣省行政長官公署電送新南群島影片等有關我國領權之證據請察
　　核參考案令仰知照由。坿金件 8591 號，民國 36 年 3 月 10 日。

內政部，1947。檔名：「進駐西南沙群島案」，「西沙群島主權問題之初步研究報告」
　　（1947 年），地政類，方域綱界目，404.13/1，第一宗，第二冊。

內政部，1947/4/17。檔名：進駐西南沙群島案，檔號：404.12/1，行政院秘書長蔣夢麟函
　　內政部，事由：函送新南群島資料，從陸字第 14164 號。

內政部，1947/4/17。檔名：進駐西南沙群島案，檔號：404.12/1，行政院秘書長蔣夢麟函
　　內政部，事由：函送新南群島資料，從陸字第 14164 號。附件：「新南群島概觀：
　　昭和 14 年 7 月 17 日復命報告書」。

內政部，1947/9/13。檔名：進駐西南沙群島，檔號：404.13/1，臺灣省政府代電內政部，
　　事由：電送南沙群島資料請察收由，陸申府民字第 64650 號。

外交部編，1958。中外條約輯編（中華民國 16 年至 46 年），臺北：中華民國外交部印，
　　頁 2。

國史館，1947/8/16。國民政府檔案，檔名：「南海諸島位置圖，檔號：031，案號：
　　24」，國民政府指令行政院，事由：據呈為據內政部呈送南海諸島位置圖等件核屬
　　可行呈請鑑核備案等情指令准予備案由，府字第 15243 號。

國史館，1947/8/7。國民政府檔案，檔名：「南海諸島位置圖，檔號：031，案號：24」，
　　行政院呈，事由：內政部呈送南海諸島位置圖等件核屬可行轉呈核備由，發文(36)
　　四內字第 30844 號。

俞寬賜、陳鴻瑜主編，1995/5。「外交部致國防部、海軍總司令部代電，密（電達法政府
　　對西沙群島主權上爭執，並無直接行動之意），民國 36 年 1 月 21 日」，外交部南
　　海諸島檔案彙編，第 II(2):202 號檔案，頁 462。

俞寬賜、陳鴻瑜主編，1995/5。「臺灣省行政長官陳儀函請代覓本省氣象局失蹤人員林奉
　　來、山添保次、金井晉二等三名由，民國 35 年 4 月 19 日，卯皓 35 暑氣字第 03569
　　號」，外交部南海諸島檔案彙編（臺北市：外交部研究設計委員會編印，第
　　II(2):148 號檔案），頁 399。

俞寬賜、陳鴻瑜主編，1995/5。「外交部致巴黎錢大使電，希向法政府交涉速飭西沙群島
　　法艦撤退由，民國 36 年 1 月 20 日」，外交部南海諸島檔案彙編，第 II(2):198 號檔
　　案，頁 441。

俞寬賜、陳鴻瑜主編，1995/5。「外交部關於西沙群島之說帖，民國 48 年 2 月 25 日」，
　　外交部南海諸島檔案彙編，第 II(2):401 號檔案，頁 662。

俞寬賜、陳鴻瑜主編，1995/5。「行政院秘書處函外交部查接收西沙、東沙及新南三群島
　　事，民國 35 年 4 月 19 日，節陸字第 123 號」，外交部南海諸島檔案彙編，第
　　II(2):149 號檔案，頁 400。

俞寬賜、陳鴻瑜主編，1995/5。「法方表示將以友誼解決西沙群島問題，日方無權過問，民國 27 年 7 月 19 日，第 800 號」，外交部南海諸島檔案彙編，第 II(2):146 號檔案，頁 398。

俞寬賜、陳鴻瑜主編，1995/5。「法方稱越軍佔領西沙群島在阻日侵佔海南島，民國 27 年 7 月 6 日，第 674 號」，外交部南海諸島檔案彙編，第 II(2):133 號檔案，頁 386。

俞寬賜、陳鴻瑜主編，1995/5。「法願以從西沙撤兵換取其在上海漢口租借房屋，民國 36 年 7 月 11 日，第 456 號」，外交部南海諸島檔案彙編，第 II(2):338 號檔案，頁 601。

俞寬賜、陳鴻瑜主編，1995/5。「法艦在西沙群島情形，民國 36 年 1 月 15 日，第 80 號」，外交部南海諸島檔案彙編，第 II(2):184 號檔案，頁 431。

俞寬賜、陳鴻瑜主編，1995/5。「為西南沙群島之武德島改名永興島及長島更名太平島經呈奉國民政府核准函達查照由，民國 36 年 4 月 3 日方字第 0379 號」，外交部南海諸島檔案彙編，第 II(2):303 號檔案，頁 575。

俞寬賜、陳鴻瑜主編，1995/5。「為帛托島法軍尚未撤退特電查照由，民國 36 年 11 月 18 日，蓳驅觳字第 31871 號」，外交部南海諸島檔案彙編，第 II(2):370; II(2):373 號檔案，頁 629-630。

俞寬賜、陳鴻瑜主編，1995/5。「為法占九島事，民國 22 年 8 月 14 日，歐字第 1457 號」，外交部南海諸島檔案彙編，第 II(1):041 號檔案，頁 70。

俞寬賜、陳鴻瑜主編，1995/5。「准電詢新南群島與團沙群島是否同地兩名，茲將有關資料電送參考由」，外交部南海諸島檔案彙編，第 III(1):012 號檔案，頁 778。

俞寬賜、陳鴻瑜主編，1995/5。「菲對我撤守南沙之反應，駐菲大使館來電專號第 205 號，民國 39 年 5 月 18 日」，外交部南海諸島檔案彙編，第 III(2):017 號檔案，頁 804。

俞寬賜、陳鴻瑜主編，1995/5。「照譯法大使館 1947 年 1 月 13 日關於西沙群島致本部節略，民國 36 年 1 月 13 日」，外交部南海諸島檔案彙編，第 II(2):178 號檔案，頁 423。

俞寬賜、陳鴻瑜主編，1995/5。「對法佔西沙群島我究應持何立場，巴黎顧大使致漢口外交部電，民國 27 年 7 月 7 日，第 675 號」，外交部南海諸島檔案彙編，第 II(2):138-139 號檔案，頁 394-395。

俞寬賜、陳鴻瑜主編，1995/5。「據臺灣省行政長官公署電送新南群島影片等有關我國之領權案，令仰知照由」，行政院訓令外交部，民國 36 年 3 月 7 日，從陸字第 8591 號。外交部南海諸島檔案彙編，第 III(1):014 號檔案，頁 789。

俞寬賜、陳鴻瑜主編，1995/5。「轉呈關於七洲島問題法外部來文並請示我國意見，民國 21 年 1 月 7 日，法字第 872 號」，外交部南海諸島檔案彙編，第 II(2):001 號檔案，頁 145。

俞寬賜、陳鴻瑜主編，1995/5。「關於七洲島問題事請即詳細見復由，民國 21 年 5 月 14 日，歐字第 2599 號」，外交部南海諸島檔案彙編，第 II(2):022 號檔案，頁 165。

俞寬賜、陳鴻瑜主編，1995/5。「關於日人占據西沙群島砲擊我國漁民案，民國 26 年 8 月 17 日」，外交部南海諸島檔案彙編，第 II(2):119 號檔案，頁 364。

俞寬賜、陳鴻瑜主編，1995/5。「關於日人占據西沙群島砲擊我國漁民案，民國 26 年 8 月 17 日」，外交部南海諸島檔案彙編，第 II(2):119 號檔案，頁 364。

俞寬賜、陳鴻瑜主編，1995/5。「關於西沙群島案宜交由仲裁解決，民國 26 年 4 月 19 日，南字第 50 號」，外交部南海諸島檔案彙編，第 II(2):103 號檔案，頁 324。

俞寬賜、陳鴻瑜主編，1995/5。「關於我國軍官與法艦長交涉之情形，民國 36 年 1 月 21 日，第 230 號」，外交部南海諸島檔案彙編，第 II(2):206 號檔案，頁 467。

俞寬賜、陳鴻瑜主編，1995/5。「關於我國軍官與法艦長交涉之情形，民國 36 年 1 月 21 日，第 230 號」，外交部南海諸島檔案彙編，第 II(2):206 號檔案，頁 467。

報紙

曾達葆，1946/8/4。「新南群島是我們的！」，上海大公報。

1947/2/19。「越盟廣播，將獨立作戰到底，斥法爭西沙群島無理」，民報（臺灣），版 1。

網際網路

國史館臺灣文獻館，1945/12/11。日治時期與光復初期史料檔案，卷名：「蒐集西沙群島政治經濟資料」，件名：高雄市庋藏新南群島文卷呈送案，典藏號：00301300022003，臺灣行政長官公署民政處代電高雄市連市長，事由：摘錄調查新南群島經過電請派員接管由，發文民甲字第 259 號。附「調查新南群島經過」。http://163.29.208.22:8080/adminShowImage/connect_img.php?s=541400350027&e=4。

國史館臺灣文獻館，1946/7/12。臺灣省行政長官公署檔案，卷名：「未劃定之島案」，件名：新南群島之長島歸屬電復案，典藏號：00315800010001，臺灣省行政長官公署民政處致交通處函，事由：函覆新南群島案經電院請示尚未奉復致難接收希查照由，致午文署民字第 5884 號。http://163.29.208.22:8080/adminShowImage/connect_img.php?s=496100350003&e=2。

國史館臺灣文獻館，1946/8/12。日據時期與光復初期檔案，臺灣行政長官公署檔案，卷名：「接收日產清理」，件名：飭請肥料公司接收原臺拓會社南方部所屬西沙群島燐礦案，典藏號：00326620171023，臺灣省臺灣拓殖株式會社接收委員會函臺灣省行政長官公署工礦處，事由：「函請轉飭本省肥料公司派員來處辦理接收西沙群島燐礦手續由」，致未文處清字第 0192 號。http://163.29.208.22:8080/adminShowImage/connect_img.php?s=260600350061&e=6。

英文部分

專書

Collins, Alan, 2003. *Security and Southeast Asia: Domestic, Regional, and Global Issues*. Singapore: Institute of Southeast Asian Studies.

Conference for the Conclusion and Singature of the Treaty of Peace with Japan, Record of Proceedings, San Francisco, California, September 4-8, 1951, Department of State Publication, USA, 1952.

Dunn, Frederick S., *Peace-making and the Settlement with Japan*, Princeton University Press, Princeton, New Jersey, 1963.

Dzurek, Daniel J., 1996. *The Spratly Islands Dispute: Who's on First?*. University of Durham,

UK: International Boundaries Research Unit.

Hubbard, G. E., 1943. *British Far Eastern Policy.* New York: International Secretariat, Institute of Pacific Relations.

Lauterpacht, Hersch (ed.), 1952. *Oppenheim's International Law, Vol..II, 7th. ed.,* London: Longmans, Green and Co Ltd.

Monique Chemillier-Gendreau, 2000. *Sovereignty Over the Paracel and Spratly Islands.*The Hague, Netherlands: Kluwer Law International.

期刊論文

"The Japanese Embassy to the Department of State," Glennon, John P., (ed.), United States Department of State / *Papers Relating to the Foreign Relations of the United States, Japan: 1931-1941 (in two volumes)*, 1931-1941, pp.278-280.

Granados, Ulises, "As China Meets the Southern Sea Frontier: Ocean Identity in the Making, 1902-1937," *Pacific Affairs*, Vol. 78, No. 3, Fall 2005, pp.443-461.

Keesing's Contemporary Archives, October 6-13, 1956, p.15131.

O'Connell, D. P., "The Status Of Formosa And The Chinese Recognition Problem," *The American Journal of International Law*, Vol. 50, No. 2, Apr., 1956, pp.405-416.

Tonnesson, Stein, "The South China Sea in the Age of European Decline," *Modern Asian Studies*, Vol.40,No.1, 2006, pp.1-57.

"Russian attitude on Peace Treaty still uncertain," *The Camberra Times*, September 7, 1951, p.1.

"Russian's long list of proposals at San Francisco, September 6," *The Sydney Mormoring Herald*, September 7, 1951, p.3.

"Russian bid to wreck peace plan," *The Mercury* (Australia), September 7, 1951, p.1.

官方文件

Head of Military Branch, Minute on "The Possibility of Spratly, Itu Aba, and Thiu Tu Islands as Suitable Landing Grounds," October 23, 1937, Secret (M.05664/37). National Archives of the United Kingdom, *Sovereignty of Islands in South China Seas*, Admiralty: Record Office: Cases. INTERNATIONAL LAW (51). Collection: Records of the Admiralty, Naval Forces, Royal Marines, Coastguard, and related bodies. Date range: 01 January 1937 - 31 December 1939. Reference: ADM 116/3936.

F. G. Gorton, British Consulate-General, Saigon to His Majesty's Principal Secretary of State, Foreign Office, March 9th,1932. (Copy W4148/178/17), No.17. National Archives of the United Kingdom, *Spratley (or Storm) Island and Amboyna Cay Island, Borneo: establishment of British claim to sovereignty*, Treasury Solicitor and HM Procurator General: Treasury and Miscellaneous; Registered Files (T & M Series). Collection: Records created or inherited by the Treasury Solicitor and HM Procurator General's Department, Date range: 01 January 1931 - 31 December 1933. Reference:TS 27/808.

Captain of H.M.S. Herald, W. C. Jenk to Military Branch, Admiralty, "Report on Suitability of Islands in China Sea for Landing Grounds," April 18, 1938 (Copy, most secret, No.3203/20(2)). National Archives of the United Kingdom, *Sovereignty of Islands in South*

China Seas, Admiralty: Record Office: Cases. INTERNATIONAL LAW (51). Collection: Records of the Admiralty, Naval Forces, Royal Marines, Coastguard, and related bodies. Date range: 01 January 1937 - 31 December 1939. Reference: ADM 116/3936.

網際網路

Marston, Geoffrey, 1986. "Abandonment of Territorial Claims: The Cases of Bouvet and Spratly Islands," *The British Yearbook of International La*w 1986, LVII, pp. 337-356. http://group s.yahoo.com/group/diendan_binhluan/messages/4187?threaded=1&m=e&var=1&tidx=1。

"The Ambassador in Japan (Grew) to the Department of State, Tokyo, 31 March, 1939," in Glennon, John P., (ed.), 1939. *United States Department of State* / Foreign Relations of the United States Diplomatic Papers,. The Far East (1939), pp.111-112. http://digicoll.libra ry.wisc.edu/cgi-bin/FRUS/FRUS-idx?type=goto&id=FRUS.FRUS1939v03&isize=M&sub mit=Go+to+page&page=111。

"Undated Memorandum by Mr. Robert A. Fearey of the Office of Northeast Asian Affairs," in Glennon, John P., (ed.), 1950. *United States Department of State* / Foreign Relations of the United States Diplomatic Papers, 1950. East Asia and Pacific (1950), p.1328. http://d igicoll.library.wisc.edu/cgi-bin/FRUS/FRUS-idx?type=turn&entity=FRUS.FRUS1950v06. p1342&id=FRUS.FRUS1950v06&isize=M。

日文部分

專書

小倉卯之助、小倉久仁子、橋本博，1940。暴風之島。東京市：小倉中佐遺稿刊行會。

山本運一編，1939/5/24。新南群島。臺北市：一進堂印刷所。

日本國際政治學會太平洋戰爭原因研究部編，1963/4/20。太平洋戰爭の道：開戰外交史，第六卷南方進出。東京：東京朝日新聞社出版。

鹿島和平研究所編，1975/8/30。日本外交史，二二卷（南進問題），松本俊一、安東義良監修。日本：鹿島和平研究所出版會，第二刷。

期刊論文

「西沙群島の政治和經濟的重要性」，東亞（日本），第 11 卷第 7 號，1938 年 7 月 1 日，頁 25-30。

山下太郎，「新南群島探險の記録」（上）、（下），臺灣時報（臺灣）（日文），昭和 14 年 6 月號，頁 190-195；7、8 月號，頁 165-175。

若林修史，「新南群島の今昔」，臺灣時報（臺灣），第二三四號，1939 年 5 月 20 日，頁 190-203。

藤井豐政，「新南群島の領有」，中央公論（日本），卷 5 第 622 號，1939 年 6 月，頁 154-158。

報紙

「比島の西の無人島に　無盡藏の磷礦發見　新南群島と命名す」，萬朝報（日本），昭和

3 年 4 月 27 日。

「問題の平田群島に　權利者また登場」，東京朝日新聞，東京，1933 年 7 月 30 日，版 11。

「新南群島　南支那海のサンゴ礁　臺灣総督府管轄下にアンリー仏大使へ通告」，讀賣新聞（日本），1939 年 4 月 1 日，版 1。

「新南群島　仏國政府への抗議全文　我が外務省発表通告全文」，讀賣新聞（日本），1933 年 8 月 23 日，版 2。

「新南群島の長島に　觀測所を設置 豫算四萬圓で本年中に」，臺灣日日新報，昭和 15 年（1940）6 月 12 日，版 7。

「新南群島の員警官交替」，臺灣日日新報，昭和 15 年（1940）1 月 31 日，版 5。

「新南群島は米領に非ず 米國務省の解釋」，臺灣日日新報（臺灣）（日文），昭和 8 年 11 月 14 日，版 7。

「新南群島へ警官派遣」，臺灣日日新報，昭和 14 年（1939）6 月 26 日，版 5。

「新南群島主權調查宜任命委員會 比島議會提案審議」，臺灣日日新報，昭和 8 年 9 月 1 日，版 8。

「新南群島所屬きょう官報公示」，讀賣新聞（日本），1939 年 4 月 19 日，版 1。

「新南群島初代區長栗本氏任命さる」，臺灣日日新報，昭和 15 年（1940）2 月 2 日，版 5。

「新南群島問題は考慮の餘地なし佛の抗議に對し回答」，臺灣日日新報，昭和 14 年（1939）4 月 8 日，版 1。

網際網路

日本外務省外交史料館藏，件名：1 昭和 13 年 6 月 28 日から昭和 14 年 5 月 23 日。檔名：「各國領土発見及帰屬関係雑件／南支那海諸礁島帰屬関係 第三卷」，影像編碼：B02031160700。「昭和 13 年 7 月 7 日パラセル群島問題關堀內次該在京佛國大使會談要旨」，REEL, No.A-0448，影像編號 0347-0348。http://www.jacar.go.jp/DAS/meta/listPhoto?IS_STYLE=default&ID=M20060921151636339885&。

日本外務省外交史料館藏，件名：3 昭和 13 年 7 月 10 日から昭和 13 年 8 月 12 日。檔名：「各國領土発見及帰屬関係雑件／南支那海諸礁島帰屬関係 第三卷」，影像編碼：B02031160900。「昭和 13 年 7 月 10 日杉村大使呈宇垣外務大臣，特情，巴里第 59 號」，REEL, No.A-0448，影像編號 0419。http://www.jacar.go.jp/DAS/meta/listPhoto?IS_STYLE=default&ID=M20060921151636339887&。

日本外務省外交史料館藏，件名：23・新南群島磷鑛採掘權関係。檔名：「南洋ニ於ケル帝國ノ利權問題関係雑件／鑛山関係 第二卷」，影像編碼：B09041015900。「大正 14 年 2 月 17 日ラサ島磷礦株式會社取締役社長恆藤規隆致函海軍大臣財部嚴」，亞洲歷史資料中心（アジア歷史資料センター），E-1761，影像編號 0418。http://www.jacar.go.jp/DAS/meta/listPhoto?IS_STYLE=default&ID=M2009052915461551527&。

日本外務省外交史料館藏，件名：12 昭和 18 年 7 月 5 日。檔名：「各國領土発見及帰屬関係雑件／南支那海諸礁島帰屬関係／新南群島関係 第二卷」，影像編碼：B02031163200，「政務局第二課長致函東京刑事地方裁判所檢事局原田檢事」，昭和 18

年 7 月 5 日。亞洲歷史資料中心（アジア歴史資料センター），REEL, No. A-044
9，影像編號：0496。http://www.jacar.go.jp/DAS/meta/listPhoto?IS_STYLE=eng&ID=
M2006092115163839910。

日本外務省外交史料館藏，件名：「パラセル」群島磷鑛関係一件。檔名：「『パラセ
ル』群島磷鑛関係一件」，影像編碼：B04011138700。「借款契約書」，1-1876，
日本國立公文書館，亞洲歷史資料中心（アジア歴史資料センター），影像編號：0
342。http://www.jacar.go.jp/DAS/meta/listPhoto?IS_STYLE=default&ID=M2006092114
400410629&。

日本外務省外交史料館藏，件名：5 大正 15 年 11 月 26 日から昭和 2 年 4 月 9 日。檔名：
「各國領土発見及帰屬関係雑件／南支那海諸礁島帰屬関係 第一卷」，影像編碼：
B02031158500。「外務省歐美局長致函駐美松平大使、駐西班牙太田公使、駐馬尼
拉總領事，昭和 2 年 4 月 13 日」，亞洲歷史資料中心（アジア歴史資料センタ
ー），REEL, No.A-0447，影像編號 0164-0166。http://www.jacar.go.jp/DAS/meta/list
Photo?IS_STYLE=default&ID=M2006092115163439863&。

日本外務省外交史料館藏，件名：1 大正 12 年 6 月 21 日から昭和 8 年 8 月 18 日。檔名：
「各國領土発見及帰屬関係雑件／南支那海諸礁島帰屬関係／新南群島関係 第一
卷」，影像編碼：B02031161400。「大正 12 年 6 月 5 日ラサ島磷礦株式會社取締
役社長恆藤規隆致函横濱稅關長神鞭常孝」，亞洲歷史資料中心（アジア歴史資料
センター），REEL, No.A-0449，影像編號 0007-0008。http://www.jacar.go.jp/DAS/
meta/listPhoto?IS_STYLE=default&ID=M2006092115163639892&。

日本外務省外交史料館藏，件名：23‧新南群島磷鑛採掘権関係。檔名：「南洋ニ於ケル
帝國ノ利権問題関係雑件／鑛山関係 第二卷」，影像編碼：B09041015900。「大
正 14 年 2 月 17 日ラサ島磷礦株式會社取締役社長恆藤規隆致函海軍大臣財部
嚴」，亞洲歷史資料中心（アジア歴史資料センター），E-1761，影像編號 0418。
http://www.jacar.go.jp/DAS/meta/listPhoto?IS_STYLE=default&ID=M200905291546155
1527&。

日本外務省外交史料館藏，件名：1 大正 12 年 6 月 21 日から昭和 8 年 8 月 18 日。檔名：
「各国領土発見及帰属関係雑件／南支那海諸礁島帰属関係／新南群島関係 第一
卷，南洋無人島ニ於ケル發現磷礦起業願，大正 12 年 7 月 28 日」，影像編碼：B0
2031161400。亞洲歷史資料中心（アジア歴史資料センター），REEL, No.A-044
9，影像編號 0013-0017，http://www.jacar.go.jp/DAS/meta/listPhoto?IS_STYLE=defaul
t&ID=M2006092115163639892。

日本外務省外交史料館藏，件名：1 大正 12 年 6 月 21 日から昭和 8 年 8 月 18 日。檔名：
「各国領土発見及帰属関係雑件／南支那海諸礁島帰属関係／新南群島関係 第一
卷，南洋無人島ニ於ケル發現磷礦起業願，大正 12 年 7 月 28 日」，影像編碼：B0
2031161400，亞洲歷史資料中心（アジア歴史資料センター），REEL No.A-0449，
影像編號 0013。http://www.jacar.go.jp/DAS/meta/listPhoto?IS_STYLE=default&ID=M
2006092115163639892。

日本外務省外交史料館藏，件名：1 大正 12 年 6 月 21 日から昭和 8 年 8 月 18 日。檔名：
「大使ニ電報シ佛國政府ニ申入レシメタリ」，影像編碼：B02031161400，亞洲歷
史資料中心（アジア歴史資料センター），REEL No.A-0449，影像編號 0029。htt

p://www.jacar.go.jp/DAS/meta/listPhoto?IS_STYLE=default&ID=M20060921151636398
92。

日本外務省外交史料館藏，件名：3 昭和 11 年 1 月 18 日から昭和 12 年 12 月 4 日。檔
　名：「閣議決定案」，影像編碼：B02031161600，亞洲歷史資料中心（アジア歷史
　資料センター），REEL No.A-0449，影像編號 0082。http://www.jacar.go.jp/DAS/m
　eta/listPhoto?IS_STYLE=default&ID=M2006092115163639894。

日本外務省外交史料館藏，件名：6 昭和 14 年 2 月 13 日から昭和 14 年 4 月 1 日。檔名：
　「領土発見、帰屬、譲渡／各國領土発見及帰屬関係雑件／南支那海諸礁島帰屬関
　係／新南群島関係 第二卷」，亞洲歷史資料中心（アジア歷史資料センター），影
　像編碼：B02031162600。http://www.jacar.go.jp/DAS/meta/listPhoto?IS_STYLE=defaul
　t&ID=M2006092115163739904&。

日本外務省外交史料館藏，件名：新南群島ノ所屬ニ関スル件ヲ決定ス。檔名：「公文類
　聚・第六十二編・昭和十三年・第二卷・政綱二・法例～雑載」，亞洲歷史資料中
　心（アジア歷史資料センター），影像編碼：A02030022900。http://www.jacar.go.jp/
　DAS/meta/listPhoto?IS_STYLE=default&ID=M2006090417541325170&。

日本外務省外交史料館藏，件名：內閣情報部 4.7，情報第八號，英國眾議院新南群島問
　題。檔名：「英下院と新南群島問題」，影像編碼：A03024433900。亞洲歷史資料
　中心（アジア歷史資料センター）。http://www.jacar.go.jp/DAS/meta/listPhoto?IS_ST
　YLE=default&ID=M2006090420445555129&。

日本外務省外交史料館藏，件名：9 昭和 14 年 9 月 6 日から昭和 15 年 4 月 11 日。檔名：
　「各國領土発見及帰屬関係雑件／南支那海諸礁島帰屬関係／新南群島関係 第二
　卷」，影像編碼：B02031162900。「水上機基地トシテノ新南群島」。亞洲歷史資
　料中心（アジア歷史資料センター），REEL, No.A-0449，影像編號 0448。http://w
　ww.jacar.go.jp/DAS/meta/listPhoto?IS_STYLE=default&ID=M2006092115163739907
　&。

日本外務省外交史料館藏，件名：5 昭和 12 年 12 月 17 日から昭和 13 年 1 月 11 日。檔
　名：「各國領土発見及帰屬関係雑件／南支那海諸礁島帰屬関係／新南群島関係 第
　一卷」，影像編碼：B02031161800。「昭和 12 年 12 月 27 日臺灣總督官房外事課
　長加藤三郎呈外務省歐亞局長井上庚二郎」，亞洲歷史資料中心（アジア歷史資料
　センター），REEL No.A-0449，影像編號 0151。http://www.jacar.go.jp/DAS/meta/lis
　tPhoto?IS_STYLE=default&ID=M2006092115163739896。

日本外務省外交史料館藏，件名：2 昭和 13 年 3 月 22 日から昭和 13 年 5 月 21 日。檔
　名：「各國領土発見及帰屬関係雑件／南支那海諸礁島帰屬関係／新南群島関係 第
　二卷」，影像編碼：B02031162200。「新南群島前進機地主事代理致電軍令部部
　長、軍務局長，昭和 13 年 4 月 11 日」，亞洲歷史資料中心（アジア歷史資料セン
　ター），REEL, No.A-0449，影像編號 0202。http://www.jacar.go.jp/DAS/meta/listPh
　oto?IS_STYLE=default&ID=M2006092115163739900&。

日本外務省外交史料館藏，件名：3 昭和 13 年 7 月 24 日から昭和 13 年 8 月 13 日。檔
　名：「各國領土発見及帰屬関係雑件／南支那海諸礁島帰屬関係／新南群島関係 第
　二卷」，影像編碼：B02031162300，「新南群島前進機地主事代理致電軍務局長，
　昭和 13 年 7 月 24 日」，亞洲歷史資料中心（アジア歷史資料センター），REEL,

No.A-0449，影像編號 0222。http://www.jacar.go.jp/DAS/meta/listPhoto?IS_STYLE=default&ID=M2006092115163739901&。

日本外務省外交史料館藏，件名：4 昭和 13 年 8 月 15 日から昭和 13 年 8 月 25 日。檔名：「各國領土発見及帰屬関係雑件／南支那海諸礁島帰屬関係／新南群島関係 第二巻」，影像編碼：B02031162400。「昭和 13 年 8 月 23 日勝力艦長致電軍務局長」，REEL, No.A-0449，影像編號 0273-0277。http://www.jacar.go.jp/DAS/meta/listPhoto?IS_STYLE=default&ID=M2006092115163739902&。

日本外務省外交史料館藏，件名：3 昭和 13 年 7 月 24 日から昭和 13 年 8 月 13 日。檔名：「各國領土発見及帰屬関係雑件／南支那海諸礁島帰屬関係／新南群島関係 第二巻」，影像編碼：B02031162300。「昭和 13 年 8 月 11 日勝力艦長致電軍務局長」，亞洲歷史資料中心（アジア歷史資料センター），REEL, No.A-0449，影像編號 0247-0249。http://www.jacar.go.jp/DAS/meta/listPhoto?IS_STYLE=default&ID=M2006092115163739901&。

日本外務省外交史料館藏，件名：7 昭和 14 年 4 月 2 日から昭和 14 年 4 月 13 日，檔名：「各國領土発見及帰屬関係雑件／南支那海諸礁島帰屬関係／新南群島関係 第二巻」，影像編碼：B02031162700，亞洲歷史資料中心（アジア歷史資料センター），REEL, No.A-0449，影像編號 0366-0367。http://www.jacar.go.jp/DAS/meta/listPhoto?IS_STYLE=default&ID=M2006092115163739905&。

日本外務省外交史料館藏，件名：8 昭和 14 年 4 月 16 日から昭和 14 年 8 月 5 日，檔名：「各國領土発見及帰屬関係雑件／南支那海諸礁島帰屬関係／新南群島関係 第二巻」，影像編碼：B02031162800，亞洲歷史資料中心（アジア歷史資料センター），REEL, No.A-0449，影像編號 0396-0398。http://www.jacar.go.jp/DAS/meta/listPhoto?IS_STYLE=default&ID=M2006092115163739906&。

The Status of the Paracel and Spratly Islands Under San Francisco Peace Treaty

Abstract

Japan occupied the Paracel and Spratly Islands in 1939, and annexed the Spratly Islands into the administrative jurisdiction of Kaohsiung, Taiwan. After World War II, the military of the Republic of China was responsible to receive the surrender of Japanese army of both two Islands. According to the San Francisco Peace Treaty of 1951, it stipulates that Japan renounced the right, title and claim of the Paracel and Spratly Islands. In the principle of uti possidetis and occupation, the Republic of China has the priority right of occupation to hold the sovereignty right of both two islands hereon the critical date.

Keywords: San Francisco Peace Treaty　　Spratlys　　Paracel　　Republic of China　　South China Sea

（本文部分內容刊登在遠景基金會季刊，第 12 卷，第 4 期，2011 年 10 月，頁 1-50。）

第八章　英國對於南沙群島之主張及其影響（1930-1951）[*]

摘　要

　　英國人在 1877 年首先在南沙群島的南威島和安波沙洲進行鳥糞開採，並獲得英國駐婆羅洲代理總領事特里車（William W. Treacher）之採礦許可。1930 年代法國宣布佔領南沙群島，引發英國之抗議，英國曾就此一問題與法國進行交涉，惟英國遭法國反駁其領有南沙島礁在國際法上站不住腳，指其未派官治理及實質控制。直至 1947 年英國在準備參加舊金山和議時，英國即主張日本應放棄南威島和安波沙洲。1949 年英國進而主張日本應放棄西沙群島和南沙群島，且應開放主權給英國、法國和未來對於該群島有興趣的國家。英國對於南沙群島的立場，成為舊金山和約規定的條文，導致今天南沙群島發生糾紛。

關鍵詞：英國　南威島　安波沙洲　舊金山和會　中國

---

* 本文獲得行政院科技部 104 年度研究計畫案補助（計畫編號：MOST 104-2410-H-032-030），謹致謝忱。

一、前言

　　1920 年代末，受到世界經濟不景氣之影響，日本拉薩礦業公司從南沙群島撤退採礦人員，法國繼之宣布佔領南沙群島，自後引發法國和英國對於該島礁的爭奪，隨後中國也加入爭執。

　　南沙群島因其距離周邊國家遙遠，長期以來幾乎不引起任何衝突和爭端。即使自 18 世紀以來，該一地區先後有不少西方國家船隻航經該一島礁，例如葡萄牙、荷蘭和英國等國的船隻，也沒有因為佔領而引發衝突，主因就是南沙群島分布過於廣袤，而且島礁面積狹小，不適合人居住。

　　為何到了 1930 年代，這一孤立的、不利於航行的危險的南沙群島才受到青睞，成為日、法、英、中四國爭奪的對象？當時國際法對於領土主權主張的法理，剛在萌芽，且已有數起國際仲裁案的判例，這些判例影響到英國對於南沙群島的主張，使其不同意與法國就爭端提交常設國際仲裁法院（Permanent Court of International Justice）。因此，瞭解當時各爭端國的法理主張，亦可藉此瞭解領土法理主張的演變。有關於中國、法國和日本對於南沙群島的主張，筆者以及其他學者皆有文章討論，故本文不再處理該一問題。本文擬探討研究的是英國對南沙群島之開發和與法國之爭端，因為該一議題很少有專文論列，此為本文選擇此一議題的理由之一。

　　其次，1930 年代英國在與法國爭奪南沙群島時，採取低調作法，自認為其領有南沙島礁在國際法上仍不十分站得住腳，所以採取退讓作法。直至 1947 年英國在準備參加舊金山和議時，即主張日本應放棄南威島（Spratly Island）和安波沙洲（Amboyna Cay）。1949 年英國進而主張日本應放棄西沙群島和南沙群島，且應開放主權給英國、法國和未來對於該群島有興趣的國家。英國對於南沙群島的立場，成為日後舊金山對日和約規定的條文，導致今天南沙群島發生糾紛，未能妥適解決，英國之立場有以致之。英國此一主張之理由和背景，為本文研究理由之二。

二、問題意識

在一般討論南沙領土爭端的論著中，大都以為涉及爭端的國家只有中國和法國，即使在中國外交部官方檔案中，也只提及中國政府向法國政府提出外交交涉，而不提日本。至於英國，則根本不在中國政府考慮交涉之列。

為何會出現該一問題？為何英國只與法國交涉？英國的外交政策為何？在南沙爭端中，英、法雙方對於南沙主張之法理理由為何？這是本文擬探討的重點。

戰後印度支那和南海地區一直紛擾不斷，都與英國的主張息息相關。1945 年 7 月 17 日美、英、蘇三國首長（包括杜魯門（Harry S. Truman）總統、邱吉爾（Winston Churchill）首相和史達林（Joseph Stalin）國家主席）在柏林附近的波茨坦（Potsdam）舉行會議，英國首相邱吉爾藉英、美聯合參謀團會商東南亞作戰計劃之時機，提議將北緯 16 度以南的越南歸入東南亞戰區作戰地境內，而將北緯 16 度以北歸入中國戰區內。[1]此一會議決定了日後越南分裂的關鍵因素。

同樣地，二戰前後英國主張日本應放棄其佔領的南沙群島，而未指明放棄給誰，導致以後南沙群島陷入各國爭奪的局勢。從而可知，英國對於印度支那和南沙群島之主張，影響戰後該一地區之情勢至鉅。

三、文獻檢閱

關於本文之議題，報章雜誌專文或書籍討論者少，目前為止筆者僅找到一篇文章，是由汶萊大學古恩（Geoffrey C. Gunn）教授在 1990 年 12 月 4-6 日參加香港大學亞洲研究中心舉辦的「南海領土主張國際學術研討會」（International Academic Conference on Territorial Claims in the South

---

[1]　朱匯森主編，中華民國史事紀要（初稿）——民國 34 年 8 至 9 月份，國史館，臺北縣，1988 年，1945 年 8 月 2 日，頁 15-16。

China Sea）所發表的「英法對於南沙群島之爭（1930-1937）：重編入世界歷史之觀點」（Anglo-French Rivalry over the Spratlys (1930-1937): An Aspect of World Historical Incorporation）。

　　該文略述早期英國船隻發現以及訪問南沙島礁的經過，接著敘述英國和法國對於南沙島礁的爭執，該文表示英國對於法國在 1930 年 4 月 23 日對南沙群島發表主張後，英國立即抗議，當時英國希望將該問題提交常設國際仲裁法院審理。法國認為英國官員從未登陸南威島和安波沙洲，亦未正式控制該兩個島，所以不能擁有該兩島主權。1933 年，法國正式宣佈兼併南沙 13 個小島，英國並未提出積極主張，主要理由是英國並未實質控制南威島和安波沙洲，在國際法上法理基礎薄弱。英國這樣的考慮是受到兩個仲裁判例的影響，一個是 1928 年 4 月 4 日常設國際仲裁法院對美國和荷蘭對於無人島帕爾瑪斯（Palmas）島的仲裁，第二個是 1931 年 1 月 23 日義大利國王對法國和墨西哥對於科里柏頓島（Clipperton Island）的仲裁。

　　該文所使用的英國文獻，大都取自新加坡國家檔案館典藏的資料，較少參考英國國家檔案館的文獻，也許二者有若干文獻是重複的。該文提及當時英國希望將該問題提交常設國際仲裁法院審理，也與事實有出入。提出仲裁要求的是法國，不是英國。

　　其次，據湯尼生（Stein Tonnesson）在 2006 年所撰的「歐洲衰微年代的南中國海」（The South China Sea in the Age of European Decline）一文，該文說，在 1877 年，英國在北婆羅洲的殖民地納閩（Labuan）島發出一張執照給一家商業公司，允其前往南沙群島的南威島和附近的安波沙洲豎立英國國旗及從事商業活動。後因發生謀殺案而使該項探險活動停止。事件起因是英國商人雇用華人在安波沙洲開採鳥糞，華人抱怨糧食不足，而起來攻擊英國人。英國人開槍殺死兩名華人，另兩名華人則被納閩英國代理總領事判處兩年監禁並罰做苦工。此一事件後，英國商人就沒有興趣在南威島和安波沙洲開採鳥糞，也沒有豎立英國國旗。[2]

---

[2]　參見 Stein Tonnesson, "The South China Sea in the Age of European Decline," *Modern Asian*

湯尼生的著作使用了法國和英國的官方檔案資料，該文論述的範圍包括南沙和西沙群島，而且討論的時間到 1956 年，前面部分是有關於歐洲強權入侵南沙和西沙的歷史經過，後面討論戰後南海局勢。該文提及納閩殖民地發出開礦許可執照，這是錯誤的。因為最初是由納閩殖民地發出，後來改由婆羅洲總領事館發出及由其管轄。1889 年又改由納閩殖民地管轄。

日本學者原貴美惠（Kimie Hara）所寫的亞太冷戰邊界：舊金山體系下的分裂領土（*Cold War Frontiers in the Asia-Pacific, Divided Territories in the San Francisco System*）一書，使用美國和英國的官方檔案資料，分析二戰前到 1952 年有關美國、英國和法國各方對於南沙群島的立場和主張，該書最重要的論點是法國在 1951 年 5 月 31 日與英國談判時提議要求日本放棄西沙群島和南沙群島而不說明放棄給誰。法國該一立場是根據美國的對日和約草案之規定。[3]然而，回顧 1947 年英國外交部就已擬定要求日本放棄南威島和安波沙洲的計畫。二戰後英國官方檔案亦多處提及要求日本放棄南沙群島。因此，此並非是由法國提議要求日本放棄西沙群島和南沙群島，而是由英國提議。

上述三文都是引用官方史料寫的論文，但在參考引用時有疏漏，以致於出現錯誤。本文利用英國國家檔案館的資料，對於英國的主張和立場重新論述和解讀，以期對於南沙群島的歷史演變有一個更為客觀和正確的瞭解。

四、英國人發現及使用南威島及安波沙洲

在西方著作中，最早的有關南沙群島之紀錄是 1606 年西班牙航海家

Studies, Vol.40,No.1, (2006), pp. 1-57, at p.3.

據 Alan Collins 之著作，英國主張的島嶼為南威島和安波沙洲。參見 Alan Collins, *Security and Southeast Asia: Domestic, Regional, and Global Issues* (Singapore: Institute of Southeast Asian Studies, 2003), p.192.

[3] Kimie Hara, *Cold War Frontiers in the Asia-Pacific, Divided Territories in the San Francisco System* (New York: Routledge, 2007), pp.150-151.

皮梭拉（Andreas de Pessora）抵達南沙群島西部，將其中較大的島礁命名為 Isla Santa Esmeralda Pequeña，很可能它命名的島是今天的南威島（Spratly Island）。[4]

　　在西方繪製的地圖中，最早標示有南沙群島的地圖是 1623 年荷蘭人布勞（Willem Janszoon, Blaeu）繪製的「印度與東方以及鄰近島嶼地圖」，該圖畫出了南沙群島（沒有名字）的位置。（參見圖 8-1）[5]

　　根據英國海軍部之資料，1744 年，「哈德威克號」（Hardwicke）軍艦發現大現礁（Discovery Reef）。1767 年，「海豚號」（Dolphin）軍艦

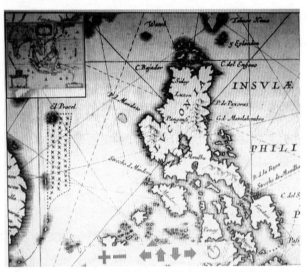

資料來源："India quae orientalis dicitur by Willem Blaeu," 收入於「South Land to New Holland, Dutch Charting of Australia 1606-1756」：http://pandora. nla.gov.au/pan/60542/20060914-0000/www.nla.gov.au/exhibitions/south land/maps-1623_Blaeu.html（2015/6/5 瀏覽）。

圖 8-1：1623 年荷蘭人布勞（Willem Janszoon, Blaeu）繪製的南沙群島圖

---

[4]　"Spratly Islands History Timeline,": http://www.spratlys.org/history/spratly-islands-history-timeline.htm（2015/7/11 瀏覽）。

[5]　"Henricus Hondius: *India quae Orientalis dicitur et Insulae Adiacentes*," 收入於「Barry Lawrence Ruderman Antique Mapa Inc.」：http://www.raremaps.com/gallery/detail/9756/ India_quae_Orientalis_dicitur_et_Insulae_Adiacentes/Hondius.html（2015/7/10 瀏覽）。

重抵大現礁。1762 年，「南海城堡號」（HMS South Sea Castle）軍艦首度發現北子島（North Danger Reef）。「魯坎塔號」（Lucanta）軍艦於 1764 年再度抵該島。1762 年，「埃塞克斯號」（Essex）軍艦和「法爾茅斯號」（Falmouth）軍艦、1767 年「海豚號」軍艦發現中業島和南鑰島（Loai-Ta Bank）。1786 年，「倫敦號」（London）軍艦發現西礁（含東礁）（London Reef）。1783 年，「沃波爾號」（Walpole）軍艦發現安波沙洲（Amboyna Cay）。1802 年，「布里格號」（Brig）軍艦發現安波沙洲。1843 年 3 月 29 日，英國捕鯨船「賽勒斯號」（Cyrus）船長斯普拉特里（Richard Spratly）首度發現南威島（Spratly Island），並將之命名為 Spratly Island。1864 年，「步槍兵號」（HMS Rifleman）艦長華德（Commander Ward R. N.）再度前往南威島和安波沙洲測量，設置航標、栽種椰子和蔬菜。該項行動刊載在「1867 年英國海軍部圖」（British Admiralty Charts of 1867）。1821 年，英國亦將北子島的測量資料刊載在「英國海軍部圖」。[6]該一地區被標示為霍士堡的西北危險區（Horsburgh's N. W. Dangers）。

　　法國在 1745 年出版的官方的「東方海王星（La Neptune Orientale）地圖」，並無標示類似上述英國標示在地圖上的島礁及名稱，但在稍北方的中沙群島則標示有 anglais 等字，即「英國管」之意思。1821 年「中國海地圖」及霍士堡（James Horsburgh）利用印度孟買海軍（Bombay Marine）所繪製的地圖，對這些島礁只標示英文名稱，沒有法文名稱。由

---

[6]　Geoffrey C. Gunn, "Anglo-French Rivalry over the Spratlys (1930-1937): An Aspect of World Historical Incorporation," presented at International Academic Conference on Territorial Claims in the South China Sea, organized by Centre of Asian Studies, University of Hong Kong, December 4-6, 1990, pp.6-7. 該文將 Commander Ward 登島的時間寫為 1867 年，但根據英國國家檔案之記載，改為 1864 年。"France: W8753/178/17/1931, Foreign Office to the Law Officers of the Crown," (July 29, 1932), *Spratley Island and Amboyna Cay: Claim to Sovereignty*, Colonial Office: Straits Settlements Original Correspondence. Spratley Island and Amboyna Cay: Claim to Sovereignty. Collection: Records of the Colonial Office, Commonwealth and Foreign and Commonwealth Offices, Empire Marketing Board, and related bodies, Date range: 01 January 1932 - 31 December 1932, National Archives of the United Kingdom（以下簡稱 NAUK），Reference:CO 273/580/6, p.1, point 3.

英國船隻對這些島礁進行測量和命名的海圖，現在存放在英國海軍部。

英國在 1846 年從汶萊蘇丹手裡取得納閩島控制權。1877 年 9 月，美國人葛拉漢（George Frank Graham）和英國人辛普生（William Simpson）聯合在香港經商的英國人詹姆士（H. G. James）前往南威島和安波沙洲，發現該兩島礁無人居住，他們挖了鳥糞，送到納閩，尋求英國當局同意在該兩島上豎立英國國旗，並登記其主張，反對任何人取得該兩島的土地和產物。

納閩代理總督兼英國駐婆羅洲代理總領事特里車（William W. Treacher）於 1877 年 10 月 25 日簽署一份文件，該文件記載該項主張是在納閩殖民地登記，許可是給予葛拉漢和辛普生在該兩島上豎立國旗，並經英國外交部國務卿批准。但該文件規定，假如從 1877 年 10 月 25 日以後的十年，若未能適當地開發利用和交易，以及在以後連續有五年完全沒有開發，則該文件失效。

1878 年 1 月 7 日，英國外交部函請殖民部對此一事件表示意見，殖民部在 18 日覆函表示同意這些商人在該兩島礁採取鳥糞。29 日，外交部再去函殖民部詢問這些商人是否要向納閩代理總督兼英國駐婆羅洲代理總領事特里車登記他們的主張及允許他們豎立英國國旗。殖民部答覆稱該兩島礁不屬於納閩殖民地管轄，可考慮向婆羅洲總領事館登記，而且還重申不反對他們在該兩島礁開採鳥糞。2 月 13 日，特里車致函外交部稱沒有人反對詹姆士、葛拉漢和辛普生在英國駐婆羅洲總領事館登記他們對於南威島和安波沙洲之主張，也沒有人反對他們在這些島上豎立英國國旗。當時英國外交部經過研究後，認為該兩島礁距離英屬婆羅洲和馬來半島很遠，所以不能基於鄰近性（contiguity）和地理位置而將該兩島礁納為該兩殖民地的附屬島礁。[7]

---

[7]　"France: W8753/178/17/1931, Foreign Office to the Law Officers of the Crown," (July 29, 1932), *Spratley Island and Amboyna Cay: Claim to Sovereignty*, Colonial Office: Straits Settlements Original Correspondence. Spratley Island and Amboyna Cay: Claim to Sovereignty. Collection: Records of the Colonial Office, Commonwealth and Foreign and Commonwealth Offices, Empire Marketing Board, and related bodies, Date range: 01 January 1932 - 31 December 1932, NAUK, Reference:CO 273/580/6, p.1, point 4.

1879 年 10 月 30 日，駐婆羅洲總領事致英國外交部首席國務卿
（Principal Secretary of State for Foreign Affairs）的一封電報，報告稱詹姆
士、葛拉漢和辛普生等人已在同年 5 月在安波沙洲開始採礦，他們從香港
搭乘法國的帆船，帶了 30 名中國苦力。他們很快裝載了一船的鳥糞，然
後在 9 月再度返回安波沙洲裝載第二次。該船後來將葛拉漢和辛普生及苦
力載往納閩，然後駛往英國。後來詹姆士對於此一採礦事業沒有興趣，葛
拉漢和辛普生在香港的代理商是藍德茲田公司（Landstein and
Company），鳥糞則交由倫敦的東方代理公司（Eastern Agency
Company）銷售。由於南美現在正在戰爭，故此時是將鳥糞賣至英國的好
時機。特里車在該封電報中表示，由於沒有方法將詹姆士等人採礦的主張
在納閩公開，他已請求香港總督和「海峽殖民地」（Straits Settlements）[8]
總督將他在 1877 年簽字的文件刊載在各殖民地的政府公報中。從該電報
可知，葛拉漢和辛普生等人分別在 1879 年 5 月和 9 月到安波沙洲，運了
兩船的鳥糞，葛拉漢和他的助理黑爾密（Helme）[9]在安波沙洲遭到華人工
人的攻擊，葛拉漢和辛普生開鎗打死兩名中國苦力、傷一人。船返回納閩
後，葛拉漢指控 19 名苦力企圖謀殺他，18 名苦力在納閩殖民地一般法庭
（General Court）接受審判，由納閩代理總督特里車主審，另有華人陪審
員參加。兩名首謀者被判兩年徒刑，外加勞役。其他 16 人無罪開釋。陪
審員表示苦力是因為沒有足夠的食物，才會發生衝突。[10]

納閩代理總督兼駐婆羅洲代理總領事特里車在 1879 年 11 月 19 日請
求新加坡殖民部官員將給予美國公民葛拉漢和英國人辛普生在南威島和安

---

[8]　海峽殖民地，指英國於 1826 年將新加坡、馬六甲和檳榔嶼三地合併的殖民地。

[9]　在英國檔案中，Helme 只有姓，沒有名字，而且有 Helene、Helere、Heleem 等不同拼
　　法。

[10]　"Acting Consul General W. H. Treacher, British Consulate General of Borneo, Labuan to Her
　　Majesty's Principal Secretary of State for Foreign Affairs," (30th October, 1879), *Spratley (or
　　Storm) Island and Amboyna Cay: Query about Ownership*, Colonial Office: Straits
　　Settlements Original Correspondence. Collection: Records of the Colonial Office,
　　Commonwealth and Foreign and Commonwealth Offices, Empire Marketing Board, and
　　related bodies. Date range: 01 January 1931 - 31 December 1932, NAUK, Reference: CO
　　273/573/23.

波沙洲開採鳥糞的許可刊登在海峽殖民地政府公報（*Straits Settlements Government Gazette*）上，11 月 21 日該公報刊登此一訊息。

　　1888 年 11 月 24 日，英國外交部收到英國駐汶萊總領事李斯（Peter Leys）的電報，表示 1877 年給予葛拉漢和辛普生的採礦許可權已屆期，新加坡人伊佛雷特（E. E. Everett）申請在該兩島開礦，納閩殖民地給他一年的期間組織公司開發該島嶼之鳥糞，但一年過了，伊佛雷特未能組織公司，他將開採權移轉給中央婆羅洲公司（Central Borneo Company）。中央婆羅洲公司向婆羅洲代理總領事漢米爾頓（Arthur Shirley Hamilton）申請 5 年採礦權。漢米爾頓懷疑葛拉漢和辛普生的採礦權已過期。雖然李斯提及納閩代理總督曾懷疑葛拉漢和辛普生的採礦許可權可能已屆期，但他還是建議應給予中央婆羅洲公司 5 年採礦許可權，條件如同 1877 年給予葛拉漢和辛普生的採礦許可。[11]

　　英國外交部收到這些電報後，於 1888 年 12 月將之轉送殖民部，並表示，若葛拉漢和辛普生的採礦許可權已屆期，而沒有人提出更好的主張，則外交部不反對發出許可給中央婆羅洲公司，條件一如給葛拉漢和辛普生。該項文件應向納閩行政官登記，而非向婆羅洲總領事。殖民部依據外交部之建議，指示納閩代理總督辦理，並通知中央婆羅洲公司，假如有充分證據葛拉漢和辛普生已撤出該群島，則將給予採礦許可。

　　但中央婆羅洲公司表示他們沒有進一步證據葛拉漢和辛普生已撤出該群島，殖民部遂請求海軍部派遣克爾上尉（Captain Kerr）率「流浪者號」（H.M.S. Wanderer）軍艦於 1889 年 5 月前往南威島和安波沙洲。該艦長報告稱，這兩島沒有人住，也未被佔領或開採鳥糞。

　　1889 年 3 月 28 日，納閩代理總督漢米爾頓函請新加坡殖民地秘書辦公室，發出一項通告，即任何人有意前往南威島和安波沙洲開礦者，需在 4 月 30 日以前向納閩政府申請。該項通告刊登在 3 月 29 日海峽殖民地政府公報。

---

[11] "P. Leys to Foreign Office, Enclosure in No.147, Memorandum respecting Spratley Island and Amboyna Cay," (November 24, 1888), *Spratley (or Storm) Island and Amboyna Cay: Query about Ownership*, NAUK, Reference: CO 273/573/23.

　　由於沒有人提出申請，所以漢米爾頓授權給中央婆羅洲公司佔領及開發該兩島，條件如同 1877 年給予葛拉漢和辛普生的採礦許可。1889 年 9 月 3 日，外交部和殖民部意見一致，建議給予中央婆羅洲公司在該兩島的採礦許可。因此發給該公司 3 年採礦許可，從 1889 年 7 月 1 日起始，每年租金 15 英鎊。

　　1892 年 12 月 10 日，殖民部詢問中央婆羅洲公司是否要延長許可執照，因為它已在該年 7 月 30 日屆期，該公司答覆稱無意延長。英屬北婆羅洲公司（British North Borneo Company）乃將該事實通知納閩政府。以後英國各政府機關就無有關該兩島的記載。據信中央婆羅洲公司並未前往該兩島開礦。

　　1891 年殖民部刊載了官方資料殖民部名錄——關於英國殖民地之歷史和統計資訊彙編（*Colonial Office Lists* (comprising (inter alia) historical and statistical information respecting the Colonial Dependencies of Great Britain)）中的第 310 頁有如下的記載：

　　「介紹該兩島的經緯度，1877 年被兼併入納閩，出租收集鳥糞。每年有中國帆船到此採集鳥龜。1889 年新租約發給中央婆羅洲公司。」

　　以後每年殖民部都有相同的官方資料記載。以下年代出版的地圖也標示南威島屬於英國。例如，1929 年「義大利旅遊俱樂部國際地圖集」（Atlante Internationale del Touring Club Italians）地圖上的南威島和安波那沙洲明顯使用紅字印有 BRIT（即屬於英國）字樣。倫敦地理研究所（London Geographical Institute）出版的「馬來群島地圖」，在南威島上標示有 BR（即屬於英國）字樣。1931 年「菲律普國際地圖集」（Phillips International Atlas）在暴風島（Storm）或南威島（Spratley Island）上標示 BR 字樣。[12]

---

[12] 關於早期英國開發南威島和安波沙洲之歷史，請參見 "C. Howard Smith, Foreign Office to His Majesty's Attorney General and Solicitor General, W 8093/17A/17, March 16, 1932. W 8093/17A/17," (March 16, 1932), *Spratley (or Storm) Island and Amboyna Cay Island, Borneo: Establishment of British Claim to Sovereignty*, Treasury Solicitor and HM Procurator General: Treasury and Miscellaneous; Registered Files (T & M Series). Collection: Records created or inherited by the Treasury Solicitor and HM Procurator General's Department, Date

　　1919 年 9 月 18 日，英王喬治五世（George V）和柔佛的阿曼（Batu Aman）的葛梅爾物產公司（Gomail Estate）的古吉翁（Louis Gudgeon）簽署一份契約，另外兩個合夥人是貝爾（Wilfrid Carruthers Bell）和雪利－湯普生（Albert James Shelley-Thompson），他們尋求去佔領屬於英王而不屬於其他殖民國家的島礁，包括北子島（Northeast Cay）、南子島（South West Cay）、中業島和太平島。該份合約的目的在收集、出口烏龜蛋、海參、珍珠母貝、鳥糞。該份合約在 1919 年 12 月 4 日在倫敦簽字及蓋印。一份新加坡政府於 1919 年 12 月 12 日發出的照會指出，在這些島嶼的開採工作不可晚於 1920 年 1 月 1 日開始。但英國檔案對於該案是否進行並無下文。

　　相較而言，日本人在南沙群島的開發工作比英國人早，日本人在 1917 年 8 月，住在基隆的池田金造、小松重利亦前往南沙群島探險。在太平島上留有刻有「大日本帝國ラサ磷礦會社 1917 年 8 月」等字的木碑。[13] 1918 年 10 月 7 日，神山閏次和橋本圭三郎向內田康哉外務大臣建議將南沙群島編入日本版圖。[14] 11 月 23 日，日本海軍退伍軍人海軍中佐小倉卯之助應日本「拉薩（ラサ）島磷礦株式會社」（成立於 1913 年 5 月）（以下簡稱「拉薩公司」）之邀，率隊計 20 多人搭乘「報效丸」從東京出發前往南沙群島調查磷礦資源，12 月 30 日抵北子島，在島上遇見三位海南島人，雙方用筆寫交談。其次，登陸南子島。1919 年 1 月 8 日登陸西月島，在該島上還寫下「大正 8 年（按：為 1919 年）1 月 10 日佔有本島，大日本帝國帆船「報效丸」乘組員海軍中佐小倉卯之助等人立」字樣的標語。1 月 11 日，登陸三角島（即中業島）。1 月 13 日，登陸長

---

range: 01 January 1931 - 31 December 1933, NAUK, Reference: TS 27/808.

[13] 「行政院訓令，事由：據臺灣省行政長官公署電送新南群島影片等有關我國領權之證據請察核參考案令仰知照由。坿金件 8591 號」（1947 年 3 月 10 日），「進駐西南沙群島案」，內政部檔案，檔號：404.13/1。

[14] 「政務局第二課長致函東京刑事地方裁判所檢事局原田檢事」（昭和 18 年 7 月 5 日），「各國領土発見及帰屬關係雑件／南支那海諸礁島帰屬關係／新南群島關係 第二巻」，日本亞洲歷史資料中心檔案（東京：日本國立公文書館藏），影像編碼：B02 031163200：http://www.jacar.go.jp/DAS/meta/listPhoto?IS_STYLE=eng&ID=M200609211 5163839910（2015/8/20 瀏覽）。

島（太平島）。該探險隊於 3 月 24 日返回高雄。[15]「拉薩公司」後來向日本海軍省及外務省亞洲局報告，發現北雙子島、南雙子島、西青ヶ島（即西月島）、三角島和長島（太平島）等五個島。同年 6 月 10 日，該磷礦公司向東京地方裁判所登記採礦權。此應為南沙群島首次被納入行政管轄，而且是由日本政府發出採礦許可。

　　1919 年 11 月 15 日，因小倉生病改由副島村八海軍中佐率隊 21 人搭乘「第二和氣丸」從東京出發進行第二次南沙探險。12 月 5 日，抵中小島（Loaita）（即南鑰島），23 日抵丸島（Amboyna）（即安波沙洲）、西鳥島（Spratly）（即南威島），以後還到南小島（Nam-yit）（即鴻麻島）。大正 9 年（1920 年）11 月中旬，「拉薩公司」社長桓藤規隆博士前往南沙群島探查，除探查前述北雙子島、南雙子島、西青ヶ島、三角島和長島等五島外，另外探查中小島、南小島、西鳥島和丸島等四島，於 1921 年 3 月 13 日返回高雄。[16]「拉薩公司」認為南沙群島除了採礦之外，亦具有豐富的水產資源，乃決定進行殖民事業，1921 年 3 月 28 日向東京地方裁判所登記，開始在南沙群島採礦。1921 年（大正 10 年）6 月，在太平島設立拉薩島燐礦株式会社新南群島出張所、事務所，並建設棧橋。1922 年（大正 11 年）11 月 23 日，拉薩島燐礦株式会社向東京府知事取得燐礦運輸許可證。同年 12 月，開始在南子島經營採礦。[17]

　　從 1921 年 6 月開始，「拉薩公司」在太平島進行採礦，於 10 月在南雙子島進行採礦。大正 12 年（1923 年）9-10 月，拉薩公司又發現龜甲島（Flat）（即費信島）和飛鳥島（Sin Cowe）（即景宏島）。該公司在太平島和南雙子島建有棧橋碼頭、房舍設施，在太平島上築有輕便鐵道。該

[15]　山下太郎，「新南群島探險の記錄」（上），臺灣時報（臺灣）（日文），昭和 14 年 6 月號，頁 190-195。

[16]　「ラサ島磷礦株式會社取締役社長恆藤規隆致函海軍大臣財部 嚴」（大正 14 年 2 月 17 日），「南洋ニ於ケル帝國ノ利權問題関係雑件／鉱山関係　第二巻」，日本亞洲歷史資料中心檔案（東京：日本國立公文書館藏），影像編碼：B09041015900：http://www.jacar.go.jp/DAS/meta/listPhoto?IS_STYLE=default&ID=M2009052915461551527&（2015/8/20 瀏覽）。

[17]　「南沙諸島は日本固有の領土」，https://twitter.com/shinnangun（2015/8/20 瀏覽）。

公司在南沙採礦共 7 年，總共投下日幣 107 萬 7,000 圓。

日本海軍在 1929 年派遣一艘運輸艦「膠州號」（Koshu）前往南沙群島測量。3 月，齋藤英吉、鈴木圭二名儀向外務大臣及海軍大臣陳情將南沙群島併入日本版圖。4 月，日本在南沙群島上設立石碑，以取代 1917 年豎立的木碑。該月，因受到世界經濟不景氣之影響，「拉薩公司」遂停止採礦，社員 3 人及礦工 130 人皆撤返日本。[18]由於日本「拉薩公司」退出南沙群島，才導致法國政府派遣「馬里修號」（Malicieuse）軍艦於 1930 年 4 月 13 日佔領南威島及其鄰近島嶼，法國藉此主張對這些島礁之主權，但還未納入印度支那任何省分。同時法國駐印度支那總督帕司吉爾（Pierre Marie Antoine Pasquier）曾在 1929 年 3 月下令（不等於公告或行政決定（arrété））將來擁有執照的公司可以到這些島群工作。這些命令的效果是將這些島礁納入印度支那的巴地（Baria）省管轄。英國駐西貢總領事郭通（F. G. Gorton）在 1932 年 3 月 9 日給英國外交部的信函中表示，雖然「法國下令的日期是在 1925 年 3 月 8 日，而官方通訊的記載，日期是在 1929 年 3 月，因此 1925 年的日期應該改正。」[19]

此一記錄是很重要的，說明法國開始入侵南沙群島是在 1929 年 3 月，不是在 1925 年 3 月，而此時剛好是日本燐礦公司從太平島撤退之時間。

---

[18] 關於日人在南沙群島的活動，請參見山本運一編，新南群島（臺北市：一進堂印刷所，昭和 14 年 5 月 24 日），頁 9-11；藤井豐政，「新南群島之領有」，中央公論（日本東京），卷 5 第 622 號（1939 年 6 月），頁 154-158；若林修史，「新南群島の今昔」，臺灣時報（臺灣），第 234 號（1939 年 5 月 20 日），頁 190-203；山下太郎，「新南群島探險の記錄」（上）、（下），臺灣時報（臺灣）（日文），昭和 14 年 6 月號，頁 190-195；7、8 月號，頁 165-175。

[19] "F. G. Gorton, British Consulate-General, Saigon to His Majesty's Principal Secretary of State, Foreign Office, March 9th,1932. (Copy W4148/178/17), No.17," *Spratley (or Storm) Island and Amboyna Cay Island, Borneo: Establishment of British Claim to Sovereignty*, NAUK, Reference:TS 27/808.

五、英國對於法國主張之回應

英國駐香港總領事在 1930 年 4 月 23 日致函英國外交部稱，法國已決定佔領南沙群島。法國單桅帆船「馬里修號」軍艦已在 4 月 13 日登陸南沙數個島礁，其中包括南威島。據報導當法國軍艦抵達南威島時，發現島上有四名中國人。隨後法國以法國共和國之名宣布擁有這些島礁的主權的公報，宣稱位在北緯 7 度到 12 度、美國和西班牙於 1898 年 12 月 10 日簽署的巴黎條約第三條規定的長方形框框以西區域的島礁屬於法國所有。法國宣布兼併南沙群島的小島礁，包括：永登暗沙（Les récifs du Trident, Trident Reef）、光星仔礁（le banc Ardoisier, Ardasier Bank）、南薇灘（le banc di Rifleman, Rifleman Bank）、中業島（l'île Thi-Thai）、南鑰島（l'île Loai Ta）、太平島（le récif Tizard, Tizard Bank）、南威島、大現礁（le récif de la Découverte, Discovery Reef）、永暑礁（la Croix de Feu, Fiery Cross，或 North West Investigator Reef）、西礁（les récifs London, London Reefs）、安波沙洲（l'île Amboine）、彈丸礁（le récif de la l'Hirondelle, Swallow Reefs）。[20]

英國駐法大使坎貝爾（Rt. Hon. Sir Ronald H. Campbell, G.C.M.G.）在英國外交部之指示下，於 1930 年 5 月 21 日向法國外交部致送照會，表示：

> 葛拉漢、辛普生、詹姆士等三人在 1877 年向納閩殖民地註冊，獲得英國外交部之同意。經過調查，決定該兩島位在納閩殖民地範圍之外，因此婆羅洲代理總領事於 1878 年 2 月 13 日通知說，英國政府不反對上述三人向婆羅洲總領事登記該兩個島礁的主張，及豎立英國國旗。英王給予許可執照，這三人在 1877 年之主張獲得確認。該兩個島礁屬於英國的領土，除非經過英國之

---

[20] "France: W8753/178/17/1931, July 29, 1932, Foreign Office to the Law Officers of the Crown," *Spratley Island and Amboyna Cay: Claim to Sovereignty*, NAUK, Reference: CO 273/580/6, p.5, point 20.

放棄。本大使館因此受命請求法國外交部通知法屬印度支那當局，南威島是屬於英國的領土。[21]

法國外交部於 7 月 13 日對於英國大使館之照會回覆稱：

據 5 月 21 日之英國大使館之照會，英國已知悉法國印度支那當局在 4 月 23 日兼併南威島或風暴（Tempête）島，該島位在印度支那和婆羅洲之間。英國大使館稱最早是英國人葛拉漢、辛普生和詹姆士於 1877 年向納閩殖民地申請採礦許可，並獲英國外交部同意。英國大使館又補充說，經過調查後，該兩個島不屬於納閩殖民地，英國政府於 1878 年 2 月 13 日要求前述三人向英國駐婆羅洲總領事館登記註冊其採礦權，並在該兩島豎立英國國旗。因此英國認為前述三人之主張是經過英國國王同意及命令，該兩島是屬於英國領土，除非英王明確放棄。但英王從未宣佈放棄。英國大使館要求法國外交部通知法屬印度支那當局，南威島是英國領土。……法國外交部經過研究後，下結論說，法國在 4 月 13 日兼併南威島是法國主權之領土，因為之前從未有國家兼併該島，英國大使館說英國政府官員曾在該島行使公權力（l'autorité publique, public authority），衡諸現行的國際法，這是不能接受的。一是前述三人之登記註冊，僅是私人行為（caractère privé, private）。二是英國政府雖不反對前述三人在該兩島豎立英國國旗，儘管他們曾在該島豎立國旗，但並不能因此說他們獲英王授權控有該島或實際擁有該島。[22]

---

[21] "British Embassy to Ministry for Foreign Affairs of France, May 21st, 1930, No.287 (514/3/30)," *Spratley Island and Amboyne Cay: question of Sovereignty*, Dominions Office and Commonwealth Relations Office: Original Correspondence. Collection: Records created or inherited by the Dominions Office, and of the Commonwealth Relations and Foreign and Commonwealth Offices. Date range: 01 January 1930 - 31 December 1936, NAUK, Reference: DO 35/171/4.

[22] "Ministère Des Affaires Etrangères, Republique Française to Ambassade de Sa Majeste Britannique, Paris le 13 Juillet 1930," *Spratley (or Storm) Island and Amboyna Cay: Query*

法國外交部繼之於 1931 年 3 月 28 日照會英國外交部，強調英國所主張的兩個島礁並未正式併入英國的殖民地或保護地，葛拉漢等人在 1877 年向納閩殖民地登記，但該兩島並不屬於納閩殖民地的領土。葛拉漢等人只向英屬婆羅洲總領事館登記，該種登記之唯一效果是只取得私法上個人的權利，即私有財產之優先權（d'établir une priorité de droit privé de propriété au bénéfice de particuliers），並不能因此認為該兩島礁屬於英國帝國的領土。除非英國在行政上將該兩島納入香港、海峽殖民地和受保護的砂拉越國，否則難以認為它們屬於英國領土。因為沒有證據證明英國曾對該兩個島礁行使行政管轄權力，而法國是第一個將該島納入交趾支那一個省分之下，並於 1930 年 4 月 13 日在該島豎立國旗。法國佔領該兩島並非基於歷史性權利（droits historiques, historical rights），當法國佔領該兩個島礁時，它是「無主地」。[23]

基於法國的反對意見，英國外交部於 1931 年 4 月 28 日將該一問題送請殖民部表示意見，並附了一份備忘錄。該信函強調英國若要取得南威島和安波沙洲之主權，必須以英王之名予以擁有（possession），而此擁有需以有效佔領為之。而英國唯一能「擁有」的是 1877 年 10 月 25 日葛拉漢和辛普生之登記以及 1878 年 2 月 13 日英國外交部許可其登記及豎立英國國旗，並分別在 1899 年 3 月和 4 月在「海峽殖民地」政府和香港政府公報中刊登。這些登記許可之文件，難以證明該兩島在行政上已納入英國的殖民地或保護地政府，或事實上證明英國國旗豎立在兩個島上。英國政府不能引用島嶼使用者以及葛拉漢等人或婆羅洲公司對這兩個島的有效佔領之證據。在該信函所附的備忘錄中，指出英國外交部的立場是不採用海軍部所主張的將該案送請仲裁，除非海軍部和殖民部提出新的有效佔領的

---

about Ownership, NAUK, Reference: CO 273/573/23.

[23] "France: W8753/178/17/1931, July 29, 1932, Foreign Office to the Law Officers of the Crown," *Spratley Island and Amboyna Cay: Claim to Sovereignty*, NAUK, Reference: CO 273/580/6, p.6, point 23.

"Ministère Des Affaires Etrangères, Republique Française to Ambassade de Sa Majeste Britannique, Paris le 28 mars 1931," *Spratley (or Storm) Island and Amboyna Cay: Query about Ownership*, NAUK, Reference: CO 273/573/23.

證據，否則將可能放棄該島。[24]

5 月 12 日，英國外交部再致函殖民部，說明外交部對於該案的看法：

> 法國認為英國在行政上未將南威島納入英王領土、自治領或保護地，故未能屬於英國領土。要對領土取得名義，需實施行政管理，因此，需採取下述兩種方式之一，一是為行政管理之目的，將該島併入其他領土；二是對此有疑問的新領土實施特殊的行政管理措施。我們對於南威島和安波沙洲並未採取第二種方式。因此，是否要採取第一種方式？我國將島名列入**英國自治領領土名錄和殖民地名錄**內，雖然可證明主權之主張，但因為未能顯示實際行政管轄和佔領，而未能更臻於完美。

> 英國外交部長亨德生（Arthur Henderson）認為葛拉漢等人向納閩殖民地登記，不能視為南威島和安波沙洲併入英國殖民地，因為該項登記是由特里車以婆羅洲總領事身份為之，而非以代理納閩總督為之，因為殖民部官員認為南威島和安波沙洲位在納閩殖民地範圍之外，故是在殖民部的利益範圍之外。即使是由特里車以代理納閩總督給予許可執照，亦無法顯示該兩島已置於納閩總督的行政管轄之下。[25]

英國殖民部部長帕斯費爾德（Lord Passfield）同意英國外交部信上所說，認為如果未能將兩個島礁納入殖民地，則難以對抗法國之主張。因此他認為需儘早將英國主張的其他小島併入英國的殖民地或保護地。他表示將聽聽國王的法律官員（Law Officers of the Crown）對於該一問題的意

---

[24] "Foreign Office, C. Howard Smith to The Under Secretary of State, Colonial Office, 28th April, 1931, No.W.4686/2378/17," *Spratley (or Storm) Island and Amboyna Cay: Query about Ownership*, NAUK, Reference: CO 273/573/23.

[25] "Foreign Office to The Under Secretary of State, Colonial Office, 12th May, 1931, Copy (W4951 / 2578 /17)," *Spratley (or Storm) Island and Amboyna Cay: Query about Ownership*, NAUK, Reference: CO 273/573/23.

見。[26]財政部（Treasury Chambers）官員霍普金斯（Sir Richard Valentine Nind Hopkins）亦表示應聽取國王的法律官員的意見。[27]

英國外交部為了因應法國對於南威島和安波沙洲的主張，先由外交部法律顧問進行研究，於 1931 年 11 月 10 日提出「關於治理獲取南威島和安波沙洲領土主權問題備忘錄」（Considerations governing acquisition of territory, with reference to the question of Sovereignty over Spratly Island and Amboyna Cay），該項研究先針對 1928 年常設國際仲裁法院對於美國和荷蘭關於帕爾瑪斯島之爭端之判決以及 1931 年義大利國王伊曼紐爾三世（King Victor Emanuel III）對於法國和墨西哥關於科里柏頓島之爭端之仲裁結果進行研究分析，然後根據這兩個判例來說明英國如何因應南威島和安波沙洲領土問題。該法律顧問提出的研究報告說：

> 為了佔領無主地以獲取主權，必須有某種形式的兼併和某種「實際所有權」（physical appropriation）之行為。對於南威島例子，我們不能仰賴比 1877 年更早的正式兼併的行為。我們必須仰賴 1877-1878 年授權商人前往南威島豎立國旗、1889 年給予婆羅洲公司開採執照，以及殖民部的歷次聲明。葛拉漢和辛普生的註冊登記可視為「實際所有權」之行為。我們不能仰賴「步槍兵號」軍艦於 1864 年抵達南威島，因為艦長華德（Captain Ward）在島上沒有豎立英國國旗。此僅能視為發現該島的初步權利（inchoate right）。
>
> 因此，我們的主張是，關於「實際所有權」必須是繼給予這些人執照後所採取之行為。就此而言，擁有安波沙洲的主權比南威島更強，因為葛拉漢在 1879 年 5 月到安波沙洲，停留一段時

---

[26] "Colonial Office to The Under Secretary of State, Foreign Office, 16th June, 1931, Copy (Ref.82082/31)," *Spratley (or Storm) Island and Amboyna Cay: Query about Ownership*, NAUK, Reference: CO 273/573/23.

[27] "Treasury Chambers, R.V.N. Hopkins to The Under Secretary of State, Foreign Office, 28th July, 1931, Copy Ref.S.35407," *Spratley (or Storm) Island and Amboyna Cay: Query about Ownership*, NAUK, Reference: CO 273/573/23.

間，且豎立英國國旗，而葛拉漢、辛普生及其他獲得執照的英國人都沒有前往南威島。克爾上尉在 1889 年 5 月去過這兩個島，因此克爾上尉在南威島的行為可算是唯一的「實際所有權」。此次訪問，是我們主張南威島的一個強大論點。英國是否擁有南威島和安波沙洲，取決於下述兩個問題：第一，英國是否經由佔領獲取這兩個島的主權。第二，假如是如此的話，則英國是否在 1930 年之前因為放棄或未能持續佔領該兩島，以致於喪失主權權利？

　　對於第一個問題，我們若持肯定，鑑於一旦獲取主權，就有必要維持權利名義，雖有不同意見，我們可能可以正確的說，對我們有利者，在第二個問題卻是不利。[28]

上述法律顧問的意見，很明確的指出，即使英國在 1877 年有佔領的事實，但以後缺乏實際有效管轄，在佔領的島上沒有實際管轄的機關和行為，猶如放棄一樣，在國際法上是有缺陷的。

法國外交部在 1931 年 11 月 30 日照會英國駐法國大使，回覆英國的要求，法國表示法國兼併該兩個島礁並沒有發佈正式公告，法國只與法屬印度支那總督聯繫，已請法屬印度支那總督提供任何兼併這些島礁的公告的副本。法國只給英國兼併這些島礁的官方通知（official notification）。[29] 1932 年 3 月 9 日，英國駐西貢總領事郭通回覆英國外長在去年 12 月 5 日的信函，他報告稱：關於法國兼併南威島和安波沙洲並無正式公告或兼併該兩島礁入法屬印度支那之文件。法屬印度支那總督帕斯吉爾只是下命令，並不等於公告或行政決定（arrété），其目的在讓一家公司取得執

---

[28] "Considerations governing acquisition of territory, with reference to the question of Sovereignty over Spratly Island and Amboyna Cay, (Memorandum by the Legal Advisers of Foreign Office), November 10,1931, (Confidential (14102)), W 12921/2378/17, (1931)," *Spratley Island and Amboyne Cay: question of Sovereignty*, NAUK, Reference: DO 35/171/4.

[29] "France: W8753/178/17/1931, July 29, 1932, Foreign Office to the Law Officers of the Crown," *Spratley Island and Amboyna Cay: Claim to Sovereignty*, NAUK, Reference: CO 273/580/6, p.6, point 24.

照，然後到這些島礁進行資源開採。此一命令之效果是使得這些島礁被視為屬於交趾支那巴地省之一部分。根據新聞報導，法屬印度支那公佈該項兼併命令的時間是在 1925 年 3 月 8 日，但據官方的資料正確時間是在 1929 年 3 月，同時也難以取得該命令之副本。[30]

英國政府為了更慎重處理對於南威島和安波沙洲的法律見解，外交部次長史密斯（C. Howard Smith）於 1932 年 3 月 16 日提請國王的法律官員、總檢察長和檢察長表示意見。該信函再度敘述英國軍艦訪問該島群、實際利用和佔領之經過。1864 年艦長華德（Commander Ward）率「步槍兵號」軍艦訪問該兩島。1877 年，葛拉漢和辛普生訪問該兩島。1879 年，在安波沙洲採礦半年。在該兩島豎立英國國旗。1889 年，克爾上尉搭乘「流浪者號」軍艦前往該兩島。沒有證據英國國旗在南威島上豎立。中央婆羅洲公司並未派人前往該兩島開礦。

接著該信函提出英國政府在該兩島擁有主權之假設。即英國政府在 1877 年兼併、授權開礦、豎旗、登記、政府公報公告、發出採礦許可、從 1891 年起在殖民部名錄（*Colonial Office Lists*）刊登有關兩島之訊息等作為。1879 年納閩代理總督對在安波沙洲犯案之中國苦力進行審判。若安波沙洲不屬於納閩的附屬島，則納閩代理總督對該案無管轄權。1879 年，殖民部曾明白否認企圖將該兩島納為納閩之附屬島礁。葛拉漢和辛普生當時是向婆羅洲總領事特里車聲請登記。基於該一理由，由特里車來審判該案應屬合理。惟英國未能將該兩島礁納入殖民地或保護地之行政版圖，也是法國挑戰的原因。最後提請注意，務必使外交部、殖民部和海軍部協調將該兩島納入殖民地或保護地。[31]

英國國王之法律官員在對於南威島和安波沙洲之法理主張進行研究

---

[30] "British Consulate-General, Saigon to His Majesty's Principal Secretary of State for Foreign Affairs, March 9th 1932", *Spratley Island and Amboyna Cay: Claim to Sovereignty*, NAUK, Reference: CO 273/580/6.

[31] "C. Howard Smith, Foreign Office to His Majesty's Attorney General and Solicitor General, W 8093/17A/17, March 16, 1932. W 8093/17A/17, March 16, 1932," *Spratley (or Storm) Island and Amboyna Cay Island, Borneo: Establishment of British Claim to Sovereignty*, NAUK, Reference: TS 27/808.

後，於 1932 年 7 月 29 日將其結論致送外交部長西蒙（John Simon）。其結論可摘要以下數點：

(1)對於法國在 1930 年 4 月宣布擁有南威島等島礁主權，本質上英國之主張是很有疑問的，向常設國際仲裁法院提起訴訟，並不樂觀。

(2)對主權的「初步權利」也許可經由發現或接近發現的合理的環境取得，但該「初步權利」之取得需在合理的時間內經由公開的和持續的行使主權來完成，事實上其共同的形式就是佔領。

(3)不能從 1877-79 年獲取主權之「初步權利」的一些事件推論，因為仍缺少事實的佔領或某些其他國家權力的公開展示（open display of state authority）。「流浪者號」軍艦在 1889 年的訪問以及在該年租給中央婆羅洲公司，繼之在 1891 年在殖民部名錄刊載該項消息，都說明一項事實，該群島是無人居住的群島，雖然上述一些作為會被認為是持續展示國家權力之充分證據，以反證因為放棄而喪失主權之說法，但我們認為該種論點是不足的。

(4)法國的理由是英國殖民地或保護國並未將該等島礁納入行政管轄內。事實上因為該等島礁沒有居民，故沒有行政機構。我們認為最需要做的是，在有疑問的各島設立行政管轄是必要的。該種關連性將提供持續行使國家權力之良好證據。

(5)注意科里柏頓島的判例之推論的基礎，在該案，法國採取了明白不含混的兼併行為。一旦兼併事實建立後，像一個沒有人居住的島嶼，就不難去主張依賴兼併取得權利，此一兼併作法是完美的，而且是不會喪失的。[32]

接著，英國外交部將國王之法律官員有關對於南威島和安波沙洲之法理見解，於 1932 年 8 月 12 日發函各有關機關，請他們表示意見。

海軍部官員巴尼斯（J. S. Barnes）於 11 月 14 日致函外交部，對於上

---

[32] "T.W.H. Inskip, F.B. Merriman, Law Officers' Department, Royal Courts of Justice to The Right Honourable Sir John Simon , 29th July 1932," *Spratley (or Storm) Island and Amboyna Cay Island, Borneo: Establishment of British Claim to Sovereignty*, NAUK, Reference: TS 27/808.

述法律官員之觀點提出下述意見：

(1)檢視早期的報告，南威島是在 1843 年被發現，並非 1843 年再度被發現。捕鯨船「賽勒斯號」的報告，最早出現在 1843 年航海雜誌（*Nautical Magazine*）第十二卷，其記載如下：「1843 年 3 月 29 日，站著朝東南方看，有一股穩定的微風，是好天氣；早上九點，從桅頂東南方 4 里格（league）（每一里格約三哩）看到一個低平沙島，位在北緯 8 度 40 分，東經 111 度 56 分，位在西礁（West London Shoal）以西 16 英哩處。」該文稱該島為司帕拉特里沙島（Spratley's Sandy Island）。

(2)以發現為名對該島主張擁有主權，是可以成立的。在過去對於該些島礁進行測量，並繪製地圖，這些地圖是公開販售的。在過去多年已對該等島嶼進行水文調查，而未指出最近幾年英國曾進行測量工作，因此可以提出一項主權主張之聲明。[33]

外交部次長史密斯於 1932 年 11 月 25 日致函海軍部，對於上述海軍部的意見答覆如下：

> 西蒙爵士注意到各位官員們現在對英國捕鯨船「賽勒斯號」於 1843 年發現南威島提出了證據，他們表示這種發現似乎可對擁有南威島之主權給予明確的主張。
>
> 如西蒙爵士之理解，英王之法律官員認為英國政府對於南威島沒有權利名義，因為特別是英國沒有做出正式的兼併，或公開表示擁有主權；僅有發現是不夠的，它僅有「初步權利」。有人建議西蒙爵士，認為你信中所提出的新資訊不可能會引起法律官員去改變他們已做出的意見。
>
> 假如英國官員想再度將問題交給法律官員，西蒙爵士建議，兩個機關的代表最好商議，以得出共同的意見。[34]

---

[33] "Admiralty, J. S. Barnes to Under Secretary of State, Foreign Office, C. Howard Smith, 14th November 1932, Admiralty Ref. NO.M.02075/32," *Spratley (or Storm) Island and Amboyna Cay Island, Borneo: Establishment of British Claim to Sovereignty*, NAUK, Reference: TS 27/808.

[34] "Foreign Office, C. Howard Smith to Admiralty, November 25, 1932," Spratley (or Storm)

海軍部官員巴尼斯於 1933 年 2 月 8 日再度致函外交部次長史密斯，提出下列的法理主張：

(1)我的長官想指出，英國捕鯨船「賽勒斯號」在 1843 年發現南威島是一明確的主權之主張，此一說法是不正確的。此一說法之觀點，僅在說這種發現就能產生明確的主張。我的長官認為只有發現不能產生明確的主張。

(2)對於英王之法律官員之見解感到失望，因為他們不能提出有利於英國主張的意見。我的長官認為法律官員提出英國在 1889 年以及以後的作為可作為繼續表達國家權力之充分證據，以作為因為放棄而致主權喪失之反證。

(3)應提出充分的主權證據向法國抗議，在抗議函中應敘明英國船隻在該一地區發現這些島礁、進行調查和測量，還應敘明英國所以沒有宣布擁有這些島礁，乃因為這些島礁不適合居住的特性，但無論如何，我們不能默認法國整批兼併該一地區，而該一地區是我們長期以來感到有興趣及進行過危險的測量工作。[35]

法國砲艦「馬里修號」在 1930 年 4 月 13 日正式兼併南威島，同樣地，法國的「星盤號」（Astrolobe）軍艦和「警戒號」（Alerte）軍艦也在 1933 年 4 月 7-12 日分別佔領安波沙洲、太平島、雙子島（Deux Iles）、南鑰島、中業島。當英國政府內部對於如何因應法國佔領南威島問題還無法得出一致意見的情況下，法國外交部於 1933 年 7 月 24 日致送英國一項照會，宣布兼併南沙群島的 13 個小島，包括：永登暗沙（Trident Reef）、北子島（North Danger Reefs）、光星仔礁（Ardasier Bank）、南薇灘（Rifleman Bank）、中業島、南鑰島、太平島（Tizard Bank）、南威島、大現礁（Discovery Reef）、永暑礁（Fiery Cross）或榆

Island and Amboyna Cay Island, Borneo: Establishment of British Claim to Sovereignty, NAUK, Reference: TS 27/808.

[35] "Admiralty, J. S. Barnes to The Under Secretary of State, Foreign Office, C. Howard Smith, M.03109/32, February 8, 1933," *Spratley (or Storm) Island and Amboyna Cay Island, Borneo: Establishment of British Claim to Sovereignty*, NAUK, Reference: TS 27/808.

亞暗沙（North West Investigator Reef）、西礁（London Reefs）、安波沙
洲、彈丸礁（Swallow Reefs）。（參見圖 8-2）

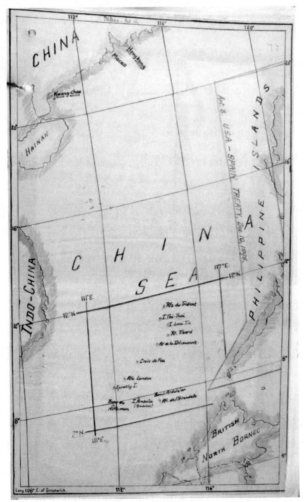

資料來源："Foreign Office, prepared for defense of UK over Spratley Paper No.12,
Confidential (7262), No.1. Sir J. Pauncefote to the Marquess of
Salisbury, (Received January 16, 1899, Related to the Paris Peace Treaty
between the United States and Spain," *Spratley (or Storm) Island and
Amboyna Cay: Query about Ownership*, NAUK, Reference: CO
273/573/23.

圖 8-2：法國宣布擁有主權的南沙群島中的 13 個島礁

　　1933 年 3 月 6 日，英國外交部次長史密斯致函海軍部長，對於海軍部 2 月 8 日有關南威島和安波那沙洲之主張的來函，奉西蒙爵士部長之指示，做進一步的解釋。英國外長西蒙爵士認為該一問題涉及三個問題：

　　(1)無論英國政府對該一問題有無主張，對該群島應有一合理的好的主張。

　　(2)假如英國沒有主張，則無論法國在 1930 年兼併該群島及其他島嶼而獲取主權，都包含在送交給國王的法律官員的參考資料中的法國公報第二十段。

　　(3)假如英國政府對這些群島之主權沒有提出合理的好的主張，則無論是否有合法理由，英國政府可以藉此抗議法國兼併這些群島，是侵犯英國的權利。

　　關於前述第一個問題，國王的法律官員提出諮詢意見為，英國主張要取得南威島和安波那沙洲之主權主張是很弱的，所以提到常設國際仲裁法院獲勝的機會很小。海軍部長現在說，他們發現有關南威島新事實，即南威島是由英國捕鯨船「賽勒斯號」在 1843 年發現，明顯地該項發現可使英國擁有該島的「初步權利」。西蒙爵士不太清楚的是，是否閣下意指發現、英國船隻「流浪者號」於 1889 年抵達該島、中央婆羅洲公司將該島出租、殖民地官員對該島的聲明等，足以作為擁有主權之辯護？假如他們要用此理由，則西蒙爵士認為該種理由是支持不住的，因為它僅是發現以及僅是正式兼併之形式（造成「初步權利」）；在某特定時間內，「初步權利」是有效的，但在一個合理的時間內沒有完成佔領，則「初步權利」是無效的。國王的法律官員之意見是，在形式兼併之外需有完全佔領。

　　因此，西蒙爵士接受下述林德里（M. F. Lindley）所撰寫的「國際法上對落後領土之取得和治理」（The Acquisition and Government of Backward Territory in International Law）一文的第 136 頁之見解：「現在可以明確的解決，發現，無論其是在何時間，並不足以使得領土取得充分的主權。但是發現，當繼之以正式兼併，可引用委內瑞拉對英國屬蓋亞那（Guiana）的疆界仲裁案，委內瑞拉主張『正式的佔領』（ceremonial occupation），即指『有佔領之意圖的宣布』（announcement of the intention to occupation），才能給予初步權利一種權利。如瓦特爾（Emmerich de Vattel）似乎是第一個指出此一觀點，該一觀點經常受到尊重，因為它繼之以快速的真實佔有（real possession）──一種對發現領土之佔領給予權利。但該種權利是容易消失的（evanescent），因為假如佔領不是在合理的時間內實施，它將會隨時間喪失；其他國家將可自由兼併和佔領該領土。」

因此，關於第一個問題，西蒙爵士的結論是，英國政府將不對南威島或安波沙洲或其他島礁提出一個好的主權主張，不向國際任何形式的決定（指仲裁法院之仲裁）提呈英國的主張。

關於第二個問題，即法國在 1930 年宣布兼併南威島和安波沙洲目前是否擁有充分主權之權利，則尚未呈送給國王的法律官員。明顯地法國炮艦訪問該島，繼之以「紙面」兼併，不能充足構成法國領土之主權。就佔領之本質而言，需要更多的要素。因此，就目前情況而言，法國並未對該等島嶼擁有充分的主權權利。此將視法國在 1930 年後對該等島嶼採取何種佔領措施。假如法國未能採取進一步的佔領措施，則可以在法律上公開英國政府的立場，告訴法國，英國不同意法國獲取該等島嶼之主權；英國仍可自由佔領及兼併所有或部分該等島礁，且自行進行某種形式的兼併或佔領。結果可能變成種族問題，形成某種形式的國際爭端。

關於第三個問題，假定英國政府沒有擁有這些島嶼的主權，英國政府是否有法律理由向法國抗議兼併那些島礁，認為是侵犯英國政府的權利？此引起一個問題，當一國未能對該等島礁宣布主權時，是否有任何環境（條件）賦予該國權力基於法律理由去反對另一個國家兼併島礁？要使得該種抗議可行的唯一環境（條件），必須是該國具有發現之「初步權利」，繼之以兼併，經過一段時間的佔領及完善其「初步權利」。但目前的情況並非如此。缺乏這些條件，除了事先擁有主權權利，沒有一個國家可以反對他國兼併領土。

根據上述的分析，西蒙爵士不贊成以法律理由去抗議法國兼併該等島礁，或提出外交交涉。除非英國擁有充足的證據，然後將該問題提交常設國際仲裁法院，假如法國也同意這樣做。他與國王的法律官員的意見相

左，他傾向不提出這些島礁的主權主張或不反對法國兼併這些島礁。

根據上述的說明，西蒙爵士認為海軍部提出的新事實，並不影響國王的法律官員之意見。[36]

從上述英國外交部的解釋函可知，英國政府知道其對於南威島和安波沙洲的主張很弱，審視當時的國際法，若在一定的時間內沒有採取實際佔領，則其因發現而取得的「初步權利」將會消失。英國知道其從未實際佔領南威島和安波沙洲。但英國也知道法國也是「紙上兼併」（paper annexation）。英國不僅不同意就爭端送交常設國際仲裁法院，而且也不挑戰法國佔領南沙群島的 13 個小島。一個最大的原因是雖然這些小島具有重要的戰略價值，但太小不適於人居，法國亦將因無法有效管理而使其主張無效。而且當法國宣布佔領南沙群島時，都引發中國和日本的抗議，該一爭端已變成複雜的國際問題，而且將牽動當地的國際局勢。

1933 年 7 月 24 日，法國外交部長歐西恩尼（Asie-Oceanie）致函英國駐法國大使館稱：「外交部長謹通知英國大使館，法國政府已於 1930 年 4 月 13 日，由砲艦『馬里修號』佔領南威島，從 4 月 7 日至 12 日單桅帆船『星盤號』和『警戒號』抵達若干島嶼，其位置如附件所示。因此，此一有爭議性的領土現在已置於法國主權之下。」該一附件列舉了附屬於法國主權之下的島嶼，包括：南威島、安波沙洲、太平島、雙子島（Deux-Iles）、南鑰島（Loita）、中業島。[37]

---

[36] "Treasury Solicitor's Department, Office No. T. & M. 15699, 1 May 1931, From: Secretary Treasury. Title: Spratley (or Storm) Islands and Amboyna Cay Island- off coast of Borneo, question of Ownership as to Establishment of a British Claim to Sovereignty over the islands.File: TS 27/808," *Spratley (or Storm) Island and Amboyna Cay Island, Borneo: Establishment of British Claim to Sovereignty*, NAUK, Reference: TS 27/808.

[37] "Ministère Des Affaires Etrangères, Republique Française to Ambassade de Sa Majeste Britannique, Paris le 24 Juillet 1933," *International Status of Spratley and Neighbouring Islands in South China Seas*, Colonial Office and Commonwealth Office: Far Eastern Department and successors: Registered Files (FED Series). International Status of Spratley and Neighbouring Islands in South China Seas. Collection: Records of the Colonial Office, Commonwealth and Foreign and Commonwealth Offices, Empire Marketing Board, and related bodies, Date range: 01 January 1955 - 31 December 1956, NAUK, Reference: CO 1030/396.

　　法國駐印度支那總督於 1933 年 12 月 21 日發出第 4762 號令，將南沙群島併入越南的巴地（Bac Ria）省。中國和日本對於法國的宣布佔領南沙島礁，分別提出抗議。

　　1935 年，日本海軍派遣「龍田號」（Tatsuta）前往南沙群島巡邏。日本在 1936 年佔領黃山島，並禁止中國漁民登島。黃山島即是南鑰島。由於日本海軍積極在南沙活動，引起英國的關注，英國開始評估南沙群島的戰略重要性。1937 年 4 月 13-17 日，英國派遣「先鋒號」（H.M.S. Herald）軍艦從香港駛往新加坡途經訪問北子島（North Danger）、中業島、太平島和南威島，主要目的是調查哪些島礁可做為飛機起降場。該艦在太平島遇見日本掃雷艇「和力號」（Katsuriki）正在當地進行測量。在所有島礁上豎立測量標幟，也使用小型浮動的標幟。在岸邊有大量的測量倉庫、標幟、浮標和其他設備，可推論日本正在利用該島做為基地。島上有一家漁業公司，雇用 40 名工人，大多數是臺灣人，從事捕捉烏龜工作。該艦最後報告稱，這些小島沒有足夠的跑道、沙質過軟、整地需大量人力和物力等理由，而認為沒有適合建立機場的條件。[38] 10 月 15 日，英國外交部對此一問題舉行相關部會的會議，決議外交部將繼續與法國政府交涉，將取得南沙群島其中的一個島嶼作為維護英國在遠東的利益之用。空軍部認為太平島、中業島和南威島都可做為飛機停降場。只要與法國的談判成功，空軍部將選擇可停靠飛機的島嶼。假如法國政府同意割讓一地，包括太平島給英國，太平島是最佳的加油地點，則英國政府可能拋棄對南威島和安波沙洲之主張。英國政府不想從嚴格的法律立場來檢視這些島嶼的主權問題，而是想找出一個方法以保護英國和法國在遠東的重要利

---

[38] "The Commanding Officer, H.M.S. Herald at Singapore to Commander-in-Chief, China Station, Visits to Thiu Tu and Itu Aba Islands, 3rd May, 1937 (No.H.D.1323/2A)," *Spratley Island and other Islands in the China Sea*, Colonial Office: Straits Settlements Original Correspondence. Collection: Records of the Colonial Office, Commonwealth and Foreign and Commonwealth Offices, Empire Marketing Board, and related bodies, Date range: 01 January 1937 - 31 December 1938, NAUK, Reference: CO 273/635/2.
"Foreign Office to Ambassador Sir Eric Phipps, Paris, 20 December 1937, copy (F11063/4499/61), No.2384," *Spratley (or Storm) Island and Amboyna Cay Island, Borneo: Establishment of British Claim to Sovereignty*, NAUK, Reference: TS 27/808.

益。[39]

英國外長艾登（Anthony Eden）在 1937 年 12 月 20 日指示英國駐法國大使向法國商量在南沙群島租一個島，俾建設機場。[40]英國駐巴黎大使遂向法國交涉，請求法國讓出南沙群島一個島嶼給英國，俾建設一個機場，讓英、法飛機可以起降，當時英國提議在太平島或中業島建機場。而英國將會放棄對南威島和安波沙洲的主張，作為交換條件。法國外長德爾波斯（Yvon Delbos）答覆稱，割讓島嶼是違憲的，國會不會同意。一小部分島嶼出租，只能作為加油公司之用，但不能以法國主權作為交換。[41]

英國外交部對於法國的答覆感到不滿，而且擔心法國與日本的談判可能觸及南沙群島的控制權問題，於是在 1938 年 2 月 19 日致電給英國駐巴黎大使菲普斯（Sir Eric Phipps），要求他繼續與法國交涉，主要爭取租用太平島和中業島，希望租給英國政府，而非某一英國私人公司。假如不能獲得法國的租借，退而求其次，可考慮由私人公司承租，英國將利用該島嶼作為偵察日軍活動之用。因此反對法國將南沙群島權利讓予日本或交給日本使用。[42]

英國駐巴黎大使再度與法國交涉，法國外交部答覆稱，法國海洋部（Ministry of Marine）現在計畫在太平島上建設水上飛機場。因此法國不

---

[39] "Head of Military Branch, Minute on 'The Possibility of Spratly, Itu Aba, and Thiu Tu Islands as Suitable Landing Grounds', October 23, 1937, Secret (M.05664/37)," *Sovereignty of Islands in South China Seas*, Admiralty: Record Office: Cases. INTERNATIONAL LAW (51). Collection: Records of the Admiralty, Naval Forces, Royal Marines, Coastguard, and related bodies. Date range: 01 January 1937 - 31 December 1939, NAUK, Reference: ADM 116/3936.

[40] "British Ambassador Eric Phipps to The Right Honourable, The Viscount Halifax, K. C., G.C.S.I., G.C.I.E., March 15, 1938, Copy (F.2965/956/61), No.314 (172/9/38)," *Spratley Islands: question of Sovereignty*, Collection: Records of the Colonial Office, Commonwealth and Foreign and Commonwealth Offices, Empire Marketing Board, and related bodies. Date range: 01 January 1938 - 31 December 1939, NAUK, Reference: CO 273/646/5.

[41] "British Ambassador, Paris, Sir E. Phipps, to Foreign Office, December 22nd, 1937," *Sovereignty of Islands in South China Seas*, NAUK, Reference: ADM 116/3936.

[42] "Foreign Office to Ambassador of the British Embassy to Paris, Sir E. Phipps, No.40 (by bag), 19th February, 1938," *Spratley Island and other Islands in the China Sea*, NAUK, Reference: CO 273/635/2.

可能如以前所說，將太平島租給英國公司。至於中業島能否出租之問題，他回答說兩個島是連在一起的，不可能分開出租。惟若英國飛機有需要停靠，法國樂意讓英國飛機使用該島上之機場。[43]

英國見到法國無意讓其租用南沙群島的島礁，於是在 1938 年 4 月 4 日再度派遣「先鋒號」軍艦訪問南沙群島的太平島、南威島、中業島、西月島（West York）、馬歡島（Nanshan）、費信島（Flat）、美濟礁（Mischief Reef）。由於法國外長德爾波斯在 1937 年 12 月 22 日曾對英國駐巴黎大使菲普斯表示不反對英國對南沙群島進行調查，故這次「先鋒號」軍艦對上述島嶼進行調查。結論是除了太平島和中業島外沒有一個島適合建機場，但要花費大量人力物力。美濟礁可做為水上飛機或飛艇（flying boats）之基地及加油基地。[44]

日本從 1938 年 10 月開始派遣軍隊進駐南沙群島，1939 年 3 月 30 日，將南沙群島併入臺灣高雄州管轄，英國和法國停止對於南沙群島的交涉，轉而將砲口轉向日本，抗議日本佔領南沙群島。

鑑於遠東戰局對日本愈趨不利，美國國務院為了準備在波茨坦會議上讓蘇聯支持開羅宣言的領土安排，預擬了第 606 號簡報文件，該文件首先敘明開羅宣言有關領土的主張，其引述開羅宣言之內容為：「應剝奪日本自 1914 年第一次世界大戰以後在太平洋地區奪取或佔領的島嶼（包括委託日本管理島嶼和南沙群島）。」[45]美國國務院此項紀錄註明係採用自國

---

[43] "British Embassy to Paris, Sir Eric Phipps to Foreign Office, 28th Feb. 1938. (Secret, copy F2296/956/61) No.251, (172/5/38)," *Spratley Island and other Islands in the China Sea*, NAUK, Reference: CO 273/635/2.

[44] "Captain of H.M.S. Herald, W. C. Jenk to Military Branch, Admiralty, 'Report on Suitability of Islands in China Sea for Landing Grounds', April 18, 1938 (Copy, most secret, No.3203/20(2))," *Sovereignty of Islands in South China Seas*, NAUK, Reference: ADM 116/3936.

[45] "No.606, Briefing Book Paper, Soviet Support of the Cairo Declaration, 1.The Substance of the Cairo Declaration," *The United States Department of State / Foreign Relations of the United States: diplomatic papers: the Conference of Berlin* (the Potsdam Conference), (Undated)1945, p.926: http://digicoll.library.wisc.edu/cgi-bin/FRUS/FRUS-idx?type=goto&id=FRUS.FRUS1945Berlinv01&isize=M&su bmit=Go+to+page&page=926 （2015/7/23 瀏覽）。

務院公報（*The Department of State Bulletin*）第 9 卷第 393 頁，然而查該
公報之記載，其內容跟中華民國國史館典藏的開羅會議文件相同，並無有
關「包括委託日本管理島嶼和南沙群島」等字眼。[46]該簡報第三節是蘇聯
支持的結果，其中第四點記載：「蘇聯政府應會願意支持剝奪日本這些島
嶼。開羅宣言沒有規定其處置。」[47]該項簡報文件有關開羅宣言的內容，
當係有所本，只是不知出自何處。

　　根據國史館典藏的開羅會議檔案中，有一份王寵惠呈蔣委員長的「開
羅會議日誌（政治問題商談經過和軍事問題商談經過）」，該日誌中僅提
及 11 月 23 日蔣委員長和羅斯福總統曾口頭討論，雙方同意(1)日本攫取
中國之土地應歸還中國；(2)太平洋上日本所強佔之島嶼，應永久予以剝
奪。[48]該日誌並未針對太平洋上的島嶼列舉，所以未提及日本要放棄南沙
群島。

　　國史館的檔案還紀錄了英國外交次長賈德幹（Sir Alexander George
Montagu Cadogan）在開羅會議上的主張，1943 年 11 月 26 日，在討論由
美國代表所草擬的「開羅會議公報草案」時，賈德幹對於條文中「日本由

該一文件載明 "The Cairo Declaration contains the following territorial commitments: …
Japan shall be stripped of all the islands in the Pacific which she has seized or occupied since
the beginning of the first world war in 1914 (the Japan mandated Islands and the Spratly
Islands)." 註 1 載明資料出處是 *The Department of State Bulletin*, ix:232 (December 4,
1943), p.393. 但該一資料並無「the Japan mandated Islands and the Spratly Islands」等
字，顯然有誤植。筆者曾去函 University Archives, University of Wisconsin-Madison 詢問
該一資料之出處，負責人表示資料是有錯誤，但未知是從何處轉引而來。

[46] "The War: Conference of President Roosevelt, Generalissimo Chiang Kei-Sheik, and Prime
Minister Churchill in North Africa," *The Department of State Bulletin*, ix:232　(December
4,　1943),　p.393:　https://archive.org/stream/departmentofstatx943unit#page/392/mode/2up
（2015/7/23 瀏覽）。

[47] "No.606, Briefing Book Paper, Soviet Support of the Cairo Declaration, 1.The Substance of
the Cairo Declaration," *The United States Department of State / Foreign Relations of the
United States: diplomatic papers: the Conference of Berlin* (the Potsdam Conference),
(Undated) 1945, p.927.

[48] 「王寵惠呈蔣委員長「開羅會議日誌（附政治問題及軍事問題商談經過）」（1943 年
11 月），蔣中正總統文物，國史館藏，卷名：革命文獻──同盟國聯合作戰：開羅會
議，典藏號：002-020300-00023-021。

中國攫去之土地，例如滿州、臺灣與澎湖列島當然應歸還中國。凡係日軍以武力或侵略野心所征服之其他土地，一概須使其脫離其掌握。」主張將之修改為：「日本由中國攫去之土地，例如滿州、臺灣與澎湖列島當必須由日本放棄。凡係日軍以武力或侵略野心所征服之其他土地，一概須使其脫離其掌握。」在會上中國代表堅持維持原來文字，獲得美國駐蘇聯大使哈立曼（William Averell Harriman）之支持，才維持原草案文字不變。[49]從而可知，英國主張日本放棄其在戰前所攫奪之領土是有其一貫的政策思考。

六、二戰後英國對南沙群島的政策主張

二戰結束後，中國陷入內戰、法國陷入越南戰爭、印尼和荷蘭進行爭取獨立戰爭、朝鮮半島形成南北對立，因此對日和平條約遲未進行。英國外交部約從 1946 年開始準備參加舊金山會議的英國立場。英國外交部官員權克（D. J. Cheke）在 1947 年 8 月 16 日致函英國殖民部官員瓦特（I. Watt），信內提及瓦特曾在 1946 年 9 月 27 日致函權克，討論對日和約中有關南威島和安波沙洲的處置問題，10 月 21 日，權克覆函表示同意將來對日和約應包括日本放棄南威島和安波沙洲的群島之主張和權利。信中表示雙方對於對日和約有事先協商的立場，是很好的。信內還附了外交部有關該一問題的備忘錄草案。[50]

1947 年 8 月 18 日，英國外交部擬定了一項「外交部備忘錄：日本放棄對南威島和安波沙洲的群島之主張或權利」（Foreign Office

---

[49] 同上註。

[50] "(Secret) Foreign Office, Letter of D. J. Cheke to Colonial Office, I. Watt, August 16th, 1947," *Japanese Claims and rights to the Islands of Spratley and Amboyna Cay*, Dominions Office and Commonwealth Relations Office: Original Correspondence. Japanese Peace Settlement. Japanese Claims and rights to the islands of Spratley and Amboyna Cay, Collection: Records created or inherited by the Dominions Office, and of the Commonwealth Relations and Foreign and Commonwealth Offices, Date range: 01 January 1947 - 31 December 1950, NAUK, Reference: DO 35/2827.

Memorandum, Renunciation by Japan of any Claims or Rights to the Islands of Spratley and Amboyna Cay），明示對日和平條約中應包含一個條款，即日本應放棄對南威島和安波沙洲的群島之主張和權利。也許無須提及這些島名，但要注意使用的文字需包括，除了「日本四大島及附近小島」外，要放棄其他佔領的領土之權利和主張。該文件之主要內容如下：

> 英國政府主張擁有南威島和安波沙洲，從未宣佈放棄。但不準備和法國競爭對南沙群島的主權主張。在法律上，這樣做較好。因此，假如在和平會議上提及南威島和安波沙洲，如果可能的話，則法國應採取主動提出詳細的建議。[51]

英國外交部此一備忘錄，是以英國的立場為出發點，就是只限於英國在 1930 年代所主張的南威島和安波沙洲，而不是指整個南沙群島。但是到了 1949 年底，英國的立場有了很大的轉變，將日本放棄的範圍擴大到西沙和南沙群島。

1949 年 12 月 30 日，英國外交部研究處（Research Department）官員密爾華德（R. S. Milward）在其所寫的「南威島和安波沙洲備忘錄」（Minutes: Spratley Island and Amboyna Cay）中，曾明確表示英國對於南沙群島的立場如下：「在官方層級，已同意對日和平條約的文字須載明日本放棄南沙群島的主張；但條約需規定該一群島的主權需開放給英國、法國和其他未來對於該群島有興趣之國家，直到空檔被填滿，某些主張國能行使更真實的和長期的主權為止。」「日本未來將被排除對西沙群島之主張。」[52]

---

[51] "Commonwealth Relations Office, J.H.C. James, 'Spratley Islands Trusteeship', C.O.S.(50)273, 27th July, 1950. '(Top Secret) Appendix II, Foreign Office Memorandum attached to F.E.(O)(47)69 dated 14th October, 1947, Renunciation by Japan of any Claims or Rights to the Islands of Spratley and Amboyna Cay', 18th August, 1947," *Japanese Claims and rights to the Islands of Spratley and Amboyna Cay*, NAUK, Reference: DO 35/2827.

[52] "R. S. Milward, 'Minutes: Spratley Island and Amboyna Cay, December 30, 1949 (F18458/1082/61)'," *Sovereignty of Spratley Island and Amboyna Cay and the Paracel Islands*, Code 61, file 1082 Foreign Office: Political Departments: General Correspondence from 1906-1966. POLITICAL: FAR EASTERN (F): General (61). Collection: Records

英國之政策為何會做如此大轉變？應該是受到中國政局轉變之影響，中國共產黨在 1949 年 10 月 1 日控制中國，建立新政權，英國擔心中國勢力進入南海，控制南海諸島，將監控南海航路。而且英國還特別預設未來日本放棄西沙群島和南沙群島後，英國亦有機會取得這些群島的權利。英國在此時之前曾對南沙群島進行數次調查，找尋適合建設機場的島嶼，以英國的軍事實力要取得南沙群島的控制權應非困難。不過英國對於這些島礁的看法，仍以戰略需要做考慮，若與中國維持邦交，則就不必擔心中國控制這些群島。英國這種看法跟澳洲不同，澳洲在亞太的戰略考慮跟美國接近，擔心中國勢力進入南海地區。

澳洲駐倫敦高級專員公署（Australia House）（即大使館）的高級專員奎英（J. P. Quinn）在 1950 年 6 月 21 日致函英國大英國協關係部（Commonwealth Relations Office）的助理部長梅特克爾福（Maurice Rupert Metcalf）（No.L.50/3/1/23），該信說澳洲政府非常關切南海諸島一旦被共產中國控制，將影響該地區的戰略情勢，鑑於國民黨軍隊從西沙群島北邊島嶼（宣德群島）撤走，該群島不久將來會被中共軍隊佔領。歡迎英國政府託管南沙群島，如果該建議未能被英國接受，則澳洲政府將準備支持由法國託管。6 月 29 日，英國外交部官員湯林生（F. S. Tomlinson）回覆英國大英國協關係部官員羅斯（R. Ross），說英國對於南沙群島的立場是在 1947 年 10 月 14 日坎培拉會議（Canberra Conference）已有決議，即日本放棄對南威島和安波沙洲的群島之主張或權利。英國大英國協關係部在 1947 年 12 月 9 日以電報 D No.605 通知加拿大、澳洲、紐西蘭、南非政府。對於澳洲政府的建議，將取決於下述兩項因素：第一，殖民部有意願承擔在該一地區進一步的責任；第二，這些島礁的戰略價值。[53]

---

created and inherited by the Foreign Office, Date range: 01 January 1949 - 31 December 1949, NAUK, Reference: FO 371/76038.

[53] "Commonwealth Relations Office, R. Ross to Foreign Office, F. S. Tomlinson, June 26,1950; Tomlinson to R. Ross, June 29," *Dispute about Claims to Spratley Islands and the Paracels. Code F file 1081. Foreign Office: Political Departments: General Correspondence from 1906-1966. Collection: Records created and inherited by the Foreign Office. Date range: 01 January*

英國是否託管南沙群島，是屬於殖民部的權責，對於該一託管問題，殖民部官員惠加曼（N. B. J. Huijaman）於 7 月 17 日函覆羅斯說：

> 將無人居住的島礁交由託管，並不妥當，將此問題提交聯合國討論，也是不智的。建議由英國或法國託管這些群島，將引起反殖民主義國家的強烈反對，包括菲律賓（是一個可能的主張國）。以目前聯大的氣氛，要獲得三分之二的同意，是不太可能的。該建議的結果，很難達到由英國或法國託管的目的。有一種風險是，聯大可能將這些群島直接交由聯合國託管或交由菲律賓託管。我們認為這兩種方法，澳洲政府將不會同意。假如共產中國取代國民黨中國，則一旦該群島交由聯合國託管，則蘇聯和共產中國將成為託管理事會成員。若由菲律賓託管，又無法保護這些群島。從殖民部的觀點來看，是反對由菲律賓託管，因為此將引發菲律賓對於北婆羅洲（按：指沙巴）的野心。目前該問題還未爆發。總之，建議由英國或法國託管還沒有啟動，我們反對將該問題提交聯合國討論。
>
> 英國對南沙群島的法律立場如同 1932 年 7 月 29 日法律官員的報告（F. O. print W.8753/178/17/1932），即我們不承認法國主張南沙群島（因為我們有我們的主張），但我們不準備競爭該南沙群島，因為我們認為在法律上這樣做是好的（because we consider it to be good in law）。承認法國的權利名義及說服法國用各種形式予以有效佔領，至少考慮用來因應共產中國的直接威脅，此有實際的可能性嗎？[54]

英國大英國協關係部助理次長馬克連南（I. M. R. Maclennan）於 1950 年 10 月 24 日致函澳洲駐英國倫敦高級專員奎英，表明英國上述的立場，強

1950 - 31 December 1950, NAUK, Reference: FO 371/83022.

[54] "Colonial Office, N.B.J. Huijaman to R. Ross, July 17, 1950 (25181/50)," *Dispute about Claims to Spratley Islands and the Paracels*, NAUK, Reference: FO 371/83022.

調此時推動英國託管南沙群島並非合時宜。[55]

英國殖民部的立場，其實與英國外交部差不多，就是不認為佔領南沙群島可用以對付共產中國。英國不承認法國主張南沙群島，但不反對法國佔領南沙群島，而反對日本、菲律賓、國民黨中國或共產中國擁有南沙群島。英國還認為只要民主國家控制南海，即使共產中國佔領這些島礁，也不足構成嚴重的戰略威脅。基本上英國和澳洲之差別，在於英國在 1950 年 1 月與共產中國建交，而澳洲沒有。

英國大英國協關係部曾詢問參謀首長委員會（Chiefs of Staff Committee）有關南沙群島的戰略重要性，參謀首長委員會在與殖民部和外交部協商後提出其研究報告，結論如下：

(1)盟軍不認為南沙群島具有戰略價值，唯一有的就是不願該群島為潛在的敵人佔領。

(2)在和平時期，共產中國佔領南沙群島，也許可被認為可縮小與同盟國的冷戰對立。

(3)只要我們控制南海，南沙群島在戰時若為敵人佔領，則不致會造成嚴重的戰略威脅。

(4)英國不應反對法國佔有南沙群島。但反對日本、菲律賓、國民黨中國或中央人民政府的中國擁有南沙群島。

(5)南沙群島尚未重要到要採取行動讓英國託管，以目前遠東局勢來看，英國若這樣做，將與共產中國關係惡化。[56]

---

[55] "Commonwealth Relations Office, I.M.R. Maclennan to Australia House, J. P. Quinn, October 24, 1950," *Dispute about Claims to Spratley Islands and the Paracels*, NAUK, Reference: FO 371/83022.

關於英國回覆澳洲的信函內容，Geoffrey Marston 的著作的說法與原信內容不同，其說法是：「在我們的觀點，處理這些島礁的主要考慮是其戰略重要性。從該觀點出發，我們不能反對由法國擁有這些島礁，但我們不希望由日本、菲律賓、民族主義的中國、或特別是中央人民政府的中國擁有這些島礁。」Geoffrey Marston, "Abandonment of Territorial Claims: The Cases of Bouvet and Spratly Islands," *The British Yearbook of International Law* 1986, LVII, pp.337-356: http://groups.yahoo.com/group/diendan_binhlu an/messages/4187?threaded=1& m=e&var=1&tidx=1（2015/8/25 瀏覽）。

[56] "Report by Chiefs of Staff Committee, Joint Planning Staff to Ministry of Defence, 'Strategic

　　該報告提及英國對於南沙群島的立場為：1947 年，英國提議對日和平條約應包括某些條款，即日本放棄對南沙群島的主張。此外，英國雖然從未正式放棄對南威島的主張，但現在不準備與法國競爭南沙群島的主權主張。英國對於南沙群島爭端國的態度為：有五個國家提出對南沙群島的主張，英國、法國、日本、菲律賓和中國的北京和臺灣政權。目前這些爭端國中，除了共產中國外，都與英國是友好國家。英國不準備讓日本重新獲得南沙群島。菲律賓若取得南沙群島，將引發中國的攻擊佔領。因此我們也不準備支持菲國之主張。國民黨中國沒有立場保護南沙群島，因此法國是唯一我們支持其主張的國家。[57]

　　英國外交部係在 1947 年 8 月 18 日提出要求日本放棄南威島和安波沙洲，此一規定可能沒有事先跟美國商量。美國國務院在 1947 年 3 月 19 日草擬的對日和約，第四條規定日本放棄對東沙群島、西沙和南沙群島以及南海其他島嶼的主張。1949 年 9 月 7 日、11 月 2 日、12 月 29 日等版本草案，都無有關西沙和南沙的規定。美國國務院東北亞事務處（Office of Northeast Asian Affairs）處長特別助理費爾瑞（Robert A. Fearey）在答覆澳洲政府的問題時，提及西沙群島，因此在 1950 年 8 月 7 日的對日和約草案上加上日本要放棄西沙群島。

　　從美國國務院在 1950 年 10 月之內部文件顯示，對日和約不包含東沙群島，因為中國已在 1947 年確定其對該島的主權，也不涉及西沙群島和南沙群島，中國和法國對此兩群島有爭端。雖然日本在戰前也主張南沙群島，該群島是無人島，不相信該群島之重要性會在條約中被提及。[58]

　　Importance of the Spratley Islands', 25th August, 1950," *Japanese Claims and rights to the Islands of Spratley and Amboyna Cay*, NAUK, Reference: DO 35/2827.

[57] "(Top Secret) Annex to J.P.(50)104 (Final), Report on 'Strategic Importance of the Spratley Islands', p.2," *Japanese Claims and rights to the Islands of Spratley and Amboyna Cay*, NAUK, Reference: DO 35/2827.

[58] "Undated Memorandum by Mr. Robert A. Fearey of the Office of Northeast Asian Affairs," (Secret), attached to a memorandum of October 25, not printed, from Mr. Fearey to Mr.Allison, (694.001/ 10-2650), *FRUS, East Asia and the Pacific (1950)*, p.1328: http://dig icoll.library.wisc.edu/cgi-bin/FRUS/FRUS-idx?type=turn&id=FR US.FRUS1950v06&entity=FRUS.FRUS1950v06.p1342&q1=spratly（2015/7/12 瀏覽）。

1951 年 2 月 3 日，由杜勒斯代表團（Dulles Mission）準備的「對日談判之臨時備忘錄」（Provisional Memorandum），在 2 月 5 日交給日本副外長井口貞夫（Sadao Iguchi），裡面談及日本放棄的領土沒有提及南沙群島和西沙群島。[59]英國駐美國代辦在 3 月 12 日以手寫的書函致送美國國務院顧問杜勒斯（John Foster Dulles），有關處理日本領土問題，亦未提及南沙群島。[60] 3 月 23 日，美國提出對日和約草案，亦未提及南沙群島。美國和英國在 1951 年 4 月 25 日在美國華府舉行對日和約第一回合雙邊會談，5 月 2 日舉行第七回合雙邊會議，聯合討論對日和約草案，美國提出的和約草案中沒有有關日本放棄南沙群島的條文。[61]但英國在這次會談所準備的和約草案即要求日本放棄南威島和西沙群島，「第二條：除了本條重新安排外，有兩項補充。第一，南庫頁島和千島群島現在和將來不能割讓給蘇聯。第二，日本將放棄其對南威島（Spratley Island）和西沙群島的主張。」[62]

在此值得注意的有三事：

---

[59] "Memorandum prepared by the Dulles Mission, Provisional Memorandum (Tokyo)," *FRUS, Asia and the Pacific (in two parts) (1951)*, (February 3, 1951), pp.849-850: http://digicoll.library.wisc.edu/cgi-bin/FRUS/FRUS-idx?type=goto&id=FRUS.FRUS1951v06p1&isize=M&submit=Go+to+page&page=849（2015/7/12 瀏覽）。

[60] "The British Embassy to the Department of State (aide-mémoire), original note reads: March 12th 1951 Handed John Foster Dulles by HMG Chargé d'Affaires," *FRUS, Asia and the Pacific (in two parts)*, Vol.VI (1951), pp.909-920: http://digicoll.library.wisc.edu/cgi-bin/FRUS/FRUS-idx?type=goto&id=FRUS.FRUS1951v06p1&isize=M&submit=Go+to+page&page=909（2015/7/20 瀏覽）。

[61] "Join United States-United Kingdom Draft Peace Treaty, Joint United States-United Kingdom Draft Prepared during the discussions in Washington, April-May 1951," *FRUS, Asia and the Pacific (in two parts)*, Vol.VI (May 3, 1951), pp.1024-1026: http://digicoll.library.wisc.edu/cgi-bin/FRUS/FRUS-idx?type=goto&id=FRUS.FRUS1951v06p1&isize=M&submit=Go+to+page&page=1024（2015/7/20 瀏覽）。

[62] "'Record Type: Memorandum Former Reference: CP (51) 166 Title: Japanese', Secret C.P.(51)166, 19th June, 1951," *Cabinet: Japanese Peace Treaty, Memorandum by the Secretary of State for Foreign Affairs*, NAUK, Reference: CAB 129/46/16 (19 June 1951), "Appendix A, Note of changes made in the latest draft of the Japanese Peace Treaty as a result of the talks with Mr. Dulles, 14th June 1951," p.4: http://discovery.nationalarchives.gov.uk/details/r/D7656320#imageViewerLink（2015/7/12 瀏覽）。

一是英國外交部官員密爾華德於 1951 年 4 月 17 日寫的備忘錄，記載：「建立主權和阻卻敵對主張者的唯一安全方法就是有效佔領和行政管轄。可以理解的，我們也許可以促使法國以越南軍隊和漁民佔領南沙群島，但鑑於他們在其他地方的承諾，他們不可能同意這樣做。假如他們這樣做，則他們無法在島上維持佔有。我看不到我們可以做到如費雪（Admiral R. L. Fisher）所說的『確保使這些島嶼不會送給潛在的不友好的敵人。』對日和平條約很難做過超過迫使日本放棄其對這些領土的主張。不能強迫中國人放棄他們有意去主張的領土。也不可能法國或他國在沒有佔領或有效行政管轄的情況下建立其所有權。」[63]

二是英國和法國在 1951 年 5 月 31 日舉行對日和約會談，「法國外長羅克斯（Jacques Roux）表示，法國政府想要看到日本放棄西沙群島和南沙群島。美國草案中有此一一般性的放棄主張的規定，因此，法國政府予以贊同。」[64]日本學者原貴美惠的著作即據此認為是法國向英國提議日本放棄西沙群島和南沙群島。[65]此一看法顯然跟事實有出入，理由如下：英國在 1947 年就有要求日本放棄南威島和安波沙洲的想法，以後美國起草的對日和約的 1947 年 3 月 19 日版本第四條規定日本放棄對東沙群島、西沙和南沙群島以及南海其他島嶼的主張。1949 年 9 月 7 日、11 月 2 日、12 月 29 日等版本草案，則無有關西沙和南沙的規定。1949 年 12 月，英國外交部開始主張日本要放棄西沙和南沙群島。1950 年 8 月 7 日美國的對日和約草案上加上日本要放棄西沙群島。根據英國的檔案，英國在 1951 年 4 月和 5 月與美國會談時就向美國提議在和約草案中加上日本應放棄南威島和西沙群島，故應是法國看見美國之對日和約草案中有要求日本放棄西沙和南沙群島，而給予贊同，而不是由法國建議將條文寫為日本放棄西、南沙群島。

---

[63] "Minutes of R. S. Millward, April 17, 1951," Status of Spratley and Paracel Islands: Chinese claims to the islands; report of visit of HMS DAMPIER to the islands. Code F file 1082, Date range: 01 January 1951 - 31 December 1951, NAUK, Reference: FO 371/92075.

[64] 引自 Kimie Hara, *op.cit.*, p.150.

[65] Kimie Hara, *op.cit.*, p.150.

　　三是中華民國駐美國大使顧維鈞在 1951 年 4 月 14 日致電外交部，建議將「團沙群島」（後來改名為南沙群島）寫入對日和約第三條，由日本一併聲明放棄。[66]惟外長葉公超於 4 月 19 日覆函提出兩點反對理由：

　　(1)團沙群島我向認係我國領土，日軍於 1939 年 4 月佔領，並將其劃歸臺灣高雄縣管轄。但投降後，即由我派艦接收，並經我劃歸廣東省管轄。日軍之佔領我似宜視為戰時佔領性質，故無須日本和約內放棄。

　　(2)菲、法兩國對該群島現仍覬覦，將其加入第三條，不僅無益，且將招致糾紛。[67]

　　在同一天葉公超部長將顧大使之意見呈報行政院長陳誠，除敘明前述兩點外，又補充前述第一點說：「日軍之佔領我似宜視為戰時佔領性質，並不賦予任何權力或權利名義，故無需日本在和約內聲明放棄對該群島之任何要求。」另外補加一點：「日本既已將該群島劃歸臺灣管轄，自係隨同臺灣之放棄而放棄。此後當不能再有異詞。」[68]然而中華民國政府反對在和約中載明日本放棄南沙群島之主張，並未獲得美國同意。

　　6 月 1 日，各國代表在美國華府參加對日和約工作會議，由美國國務院準備的對日和約草案，亦無有關南沙群島的條文。[69] 6 月 7 日，英國舉行內閣會議，只提到外相摩里森（Herbert Morrison）將和美國國務院顧問杜勒斯會談，會議中討論了對日和約，但都沒有提及西沙群島和南沙群

---

[66] 「顧維鈞致電外交部，續第 913 號」（1951 年 4 月 14 日），「對日和約」，外交部檔案，中央研究院近代史研究所檔案館藏，館藏號：11-01-02-10-03-045，舊檔號：012.6/0040。

[67] 「外交部致電顧維鈞，外(40)東一字第 258 號」（1951 年 4 月 19 日），「對日和約」，外交部檔案，中央研究院近代史研究所檔案館藏，館藏號：11-01-02-10-03-045，舊檔號：012.6/0040。

[68] 「外交部長葉公超呈行政院長陳誠，外(40)東 1 字第 259 號」（1951 年 4 月 19 日），「對日和約」，外交部檔案，中央研究院近代史研究所檔案館藏，館藏號：11-01-02-10-03-045，舊檔號：012.6/0040。

[69] "Japanese Peace Treaty: Working Draft and Commentary Prepared in the Department of State," *FRUS, Asia and the Pacific (in two parts)*, Vol.VI, (Washington) (June 1, 1951), pp.1055-1058: http://digicoll.library.wisc.edu/cgi-bin/FRUS/FRUS-idx?type=goto&id=FRUS.FRUS1951v06p1&isize=M&submit=Go+to +page&page=1055（2015/7/12 瀏覽）。

島。[70] 6 月 8 日，美國國務院顧問杜勒斯至英國與摩里森舉行會談，雙方同意在對日和約草案中列入日本將放棄西沙群島和南威島之利益。[71] 6 月 11 日，杜勒斯轉到法國，向法國外長羅克斯匯報了他與英國談判有關對日和約之草案內容。法國外交部秘書長帕羅迪（Alexandra Parodi）表示法國將遵從美國和英國達成的對日和約草案之內容。法國外交部遠東事務局長貝顏斯（Jaques Beyens）詢問杜勒斯說，在海南島東方有兩個半隱伏的島群，一個現由共產中國約 50 人佔領，另一個由越南約 20 人佔領，日本是否該放棄這兩個島群？杜勒斯回答稱，他不熟悉這個領土問題，請給他一份該一問題的照會。[72]貝顏斯所講的島群應是西沙群島。6 月 12 日，在倫敦舉行的美國國務院顧問杜勒斯和英國外相摩里森對日和約修正草案會議，6 月 14 日達成協議，美國修改了對日和約草案，在第二章領土第二條(f)款規定：「日本放棄對南威島（Spratly Island）和西沙群島的所有權利、名義和主張」。[73]在此之前美國的對日和約草案中都無此類似文字，直至此時與英國開會後才加上這些詞句，顯然該一條款的文字是英國

---

[70] "'Record Type: Memorandum Former Reference: CP (51) 155 Title: Japanese', Secret C.P.(51)155, 7th June,1951," *Cabinet: Japanese Peace Treaty: Talks with Mr.Dulles, Memorandum by the Secretary of State for Foreign Affairs*, NAUK, Reference: CAB 129/46/5 (7 June 1951): http://discovery.nationalarchives.gov.uk/details/r/D7656309 （2015/7/12 瀏覽）。

[71] Kimie Hara, *op.cit.*, p.151.

[72] "Memorandum of Conservations, by the Consultant to the Secretary (Dulles) and the Second Secretary of the Embassy in France (Utter), Paris, June 11, 1951," *FRUS, Asia and the Pacific (in two parts)*, Vol.VI (1951), pp.1110-1111, 1114: http://digicoll.library.wisc.edu/cgi-bin/FRUS/FRUS-idx?type=goto&id=FRUS.FRUS1951v06p1&isize=M&submit=Go+to+page&page=1110 （2015/7/12 瀏覽）。

[73] "Revised United States-United Kingdom draft of a Japanese Peace Treaty, (London)," *FRUS, Asia and the Pacific (in two parts)*, Vol.VI (June 14, 1951), pp.1119-1120: http://digicoll.library.wisc.edu/cgi-bin/FRUS/FRUS-idx?type=goto&id=FRUS.FRUS1951v06p1&isize= M&submit=Go+to+page&page=1119 （2015/7/ 12 瀏覽）。
"'Record Type: Memorandum Former Reference: CP (51) 166 Title: Japanese', Secret C.P.(51)166, 19th June,1951," *Cabinet: Japanese Peace Treaty, Memorandum by the Secretary of State for Foreign Affairs*, NAUK, Reference: CAB 129/46/16 (19 June 1951), "Appendix B, Draft Japanese Peace Treaty, 14th June 1951," p.4: http://discovery. nationalarchives.gov.uk/details/r/D7656320#imageView erLink （2015/7/12 瀏覽）。

建議加上去的，所以才會寫為南威島，而非南沙群島。

6 月 28 日，美國國防部長馬歇爾（G. C. Marshall）致函給美國國務卿魯斯克（Dean Rusk），附了一份美國聯合參謀首長（Joint Chiefs of Staff）會議主席布拉德里（Omar N. Bradley）於 6 月 26 日給國防部長之備忘錄，其中第五點說：「應確定，寫入條約的條文，無論明示或暗示，應規定共產中國無合法主張臺灣、澎湖、南沙群島和西沙群島之權利，以及第三條所規定的現在是由美國控制的其他島嶼的財產，以及以前由中國政府或其公民在這些地區所擁有的真正財產，諸如領事館、建築物和商業。以目前第四條(a)之條文來看，假如共產中國簽署及批准該條約，則將使其有權對這些領土提出有效主張。」[74]最值得注意的是，該文件將臺灣、澎湖、南沙群島和西沙群島並列，顯示在美國國防部的官員眼中，這四個島嶼跟中國是有關連的。

7 月 13 日，雪梨早晨論壇報（The Sydney Morning Herald）報導美國和英國草擬對日和約草案已公開，並分送澳洲、加拿大、法國、印度、印尼、荷蘭、紐西蘭、巴基斯坦、菲律賓和蘇聯等國表示意見，美國並將草案送給臺北。該草案第二章第二條(f)款規定：「日本放棄對南威島和西沙群島的所有權利（Japan renounces all right to Spratly Island and the Paracel Islands.）」。[75]

7 月 13 日，美國國務院情報研究辦公室（Office of Intelligence Research）地理特別顧問波哥斯（S. W. Boggs）告訴美國國務院東北亞事務辦公室（Office of Northeast Asian Affairs）官員費爾瑞說，今早你來電詢問，請將下述文字補在和約草案上：

---

[74] "The Secretary of Defense (Marshall) to the Secretary of State, Secret, Washington, 28 June 1951, [Enclosure] Memorandum for the Secretary of Defense, Washington, 26 June 1951," *FRUS, Asia and the Pacific (in two parts)*, Vol.VI (1951), pp.1156-1159, at p.1157. http://digicoll.library.wisc.edu/cgi-bin/FRUS/FRUS-idx?type=turn&entity=FRUS.FRUS1951v06p1.p1175&id=FRUS.FRUS1951v06p1&isize=M（2015/7/12 瀏覽）。

[75] "Terms of Draft Peace Treaty Text Circulated to Ten Nations," *The Sydney Morning Herald*, July 13, 1951, p.2.

1.南威島和西沙群島：

　　我建議在和約上補上第二條第 f 款，其文字如下：

　　第二條第 f 款：日本放棄南威島和西沙群島及在南海的其他島嶼的所有權利、名義和主張。

　　你將可能會問，有關「西沙群島」一詞的群島之應用，會搞混。有疑問的西沙群島由兩個島群組成，它位在中國廣東省海南島東南方 120-200 海里處。這兩個島群包括宣德環礁（Amphitrite Group）和永樂環礁（Cressent Group）。西沙群島有時會與南威島（風暴島 Storm Island）所屬的 Shorian Islands 搞混，靠近菲律賓巴拉望（Palawan）以西的危險地區（Dangerous Ground）……。

　　有疑問的西沙群島，據報中國在 1909 年提出主張，法國在 1932 年、日本在 1933 年。為了方便參考，附上一篇由昆司特博士（Dr. J. Kunst）在 1933 年 8 月 27 日發表在日本時報（*Japan Times*）的一篇文章（在此備忘錄末後只附上該文重新繕打版本的最後兩段，當時沒有說明為何只繕打該兩段。）[76]

　　9 月 4 日，舊金山對日和約開議時的草案文字，有關對南沙群島和西沙群島的文字又改為「日本放棄其在南沙群島和西沙群島之所有權利、名義和主張。」（Japan renounces all right, title and Claim to the Spratly Islands and to the Paracel Islands.）

　　1951 年 9 月 4-8 日，51 國代表齊聚美國舊金山，討論對日和約。蘇聯代表葛羅米柯（Andrei A. Gromyko）於 1951 年 9 月 5 日在全會上提出 13 項修正案，其第 1 項修正是將對日和約草案第二條 b 和 f 款合併，條文改為：「日本承認中華人民共和國擁有滿州、臺灣及其附屬島嶼、澎湖、東沙群島、西沙群島、中沙群島和南沙群島，包含南威島的充分主

---

[76] “*United States Government Office Memorandum*, from S. W. Boggs to Robert A. Fearey,” *Spratly Island and the Paracels, in Draft Japanese Peace Treaty* (July 13, 1951), p.11: http://en.wikisource.org/wiki/Draft_Treaty_of_Peace_With_Japan#mediaviewer/File:19519713_boggs1.jpg（2015/7/12 瀏覽）。

權，放棄前述諸領土之權利、名義和主張。」[77]由於大會議事規則第十七條規定，會議代表只能發言陳述，而不得對和約文本提出修正案，故上述蘇聯有關臺灣及其附屬島嶼、澎湖、東沙群島、西沙群島、中沙群島和南沙群島之修正案，主席艾奇遜（Dean Acheson）裁決不在會上討論及表決，獲大會 46 對 3 票之支持（1 票棄權），取消了蘇聯代表重啟表決其修正案之努力。[78]最後有 48 國在 9 月 8 日簽署和約，蘇聯、波蘭和捷克三國沒有簽字。

七、結論

從上述英國對於南威島和安波沙洲的主張的簡史，英國主張領有南威島和安波沙洲純屬偶然的意外，一名英國人加上一名美國人到南威島和安波沙洲採掘鳥糞，而向英國駐婆羅洲總領事館登記開採許可，但該兩小島過小，不適合人居，所以英國並未將之納入領土版圖或進行行政管轄。直至 1930 年，法國主張擁有南威島等 11 個島礁，1933 年又主張南沙群島的 13 個小島，其中包括南威島和安波沙洲，英國與法國一邊交涉，一邊進行內部研究確定英國的基本政策，是繼續主張該兩小島礁，但不同意法國將爭端訴諸常設國際仲裁法院。

至 1937 年，遠東局勢趨於緊張，英國向法國交涉擬租用太平島或中業島，未獲法國首肯。1939 年，日本佔領南沙群島，英國對日本提出抗議。1943 年，在開羅會議後的宣言中，載明剝奪日本自 1914 年後所佔領的太平洋島嶼，包括日本委託管理島嶼和南沙群島。1947 年英國擬定對日和約的政策方向，還主張日本要放棄南威島和安波沙洲。1949 年 10 月中共建立政權，該年底英國才主張日本應放棄西沙群島和南沙群島。從而

---

[77] *Conference for the Conclusion and Signature of the Treaty of Peace with Japan, Record of Proceedings*, San Francisco, California, September 4-8, 1951 (USA: Department of State Publication, 1952), p.119.

[78] *Ibid.*, p.292; Frederick S. Dunn, *Peace-making and the Settlement with Japan* (Princeton, New Jersey: Princeton University Press, 1963), p.185.

可知，英國對於南沙群島之主張，是隨著遠東局勢之變化而變化。

其次，英國提出對南威島和安波沙洲的法律見解，值得重視。英國政府雖認為基於發現、許可商人在該兩島開礦、豎立國旗、招商及許可採礦登錄在政府公報中，已具備「擁有」領土的「初步權利」，但還是認為不夠完整，因為英國政府並未將該兩島併入其行政版圖內，也未持續對該兩島行使有效的行政管理、英國官員並未登陸該兩島、三名商人向英屬婆羅洲領事館登記註冊開礦猶如私人財產登記，英國無法因此取得領土主權。相對來看，法國宣布佔領南沙群島 13 個島，將這些島礁納入法國屬地越南地方政府管轄。但情況跟英國一樣，法國並未在這些島礁上設立常駐行政官署、頒佈行政管轄辦法及長住人民，直至日本在 1939 年宣布佔領南沙群島為止，法國亦未實際派軍佔領英國主張的南威島和安波沙洲。從法律層面來看，法國之法律理由未必比英國充足。然而，英國並未挑戰法國對於南沙群島的主張，而且從其內部文件來看，英國採取低姿態，不願將該領土爭端提交常設國際仲裁法院，反而在 1937 年向法國交涉有意租用太平島或中業島，等於間接承認法國擁有南沙群島。

至 1949 年底，英國主張日本應放棄西沙群島和南沙群島，而沒有指明放棄給誰。該一主張在 1951 年成為舊金山對日和約的內容。為何英國要將該兩群島置於未確定的狀態？就當時的國際局勢而言，英國不要日本繼續佔有該兩群島，也不樂見北京政權控制該兩群島，臺北政權失去國際地位，不在英國考慮之列，也不願由菲律賓控制，儘管英國支持法國控制該兩群島，但法國已陷入越南戰爭泥淖，無力顧及該兩群島。此外，英國並不看重該兩群島對英國具有重要性，英國認為只要海軍力量夠強，足以控制南海，則這兩群島並非一定要佔領。在此情況下，英國只有主張日本放棄該兩群島，而等待以後有能力的國家重加以佔領。

英國雖主張日本放棄西沙群島和南沙群島，但卻一直堅持它並沒有放棄對南威島和安波沙洲的主張，甚至到 1956 年臺灣軍隊重新佔領太平島及其他小島時，英國仍然表示：

> 我們對於南威島之主張從未放棄，但由於沒有有效管理，法

理過弱，在國際法院未必獲勝。至今仍持此一立場。我們不想捲入臺灣、北京、菲律賓和越南對南沙群島的糾紛中。偵察艦「Dampier 號」不應在南沙群島任一島礁豎立英國國旗或佔領。據英國駐淡水領事館 64 號電報，國民黨軍隊已駐守南沙群島，為避免意外，英國船隻不得再運送婆羅洲殼牌石油公司（Shell Company of Borneo）的地質學家到南沙群島。[79]

總之，英國和法國受到南沙群島島礁過小不適合人類居住之限制，並無長期久佔之意圖，惟該群島的戰略地位重要，若其由共產中國控制，將會牽動東亞局勢，故操弄南沙群島之議題，使之在 1951 年舊金山對日和約中規定日本放棄西沙群島和南沙群島，以致於種下日後之紛爭。

徵引書目

中文部分

一、檔案

內政部檔案（臺北，內政部藏）
　　〔進駐西南沙群島案〕。
蔣中正總統文物（臺北，國史館藏）
外交部檔案（臺北，中央研究院近代史研究所檔案館藏）
朱匯森主編，中華民國史事紀要（初稿）——民國 34 年 8 至 9 月份（臺北縣：國史館）。

英文部分

一、英國官方檔案

National Archives of the United Kingdom (NAUK) (London, U. K.), *Spratley (or Storm) Island and Amboyna Cay: Query about Ownership*, Reference: CO 273/573/23.

National Archives of the United Kingdom, *Spratley (or Storm) Island and Amboyna Cay Island, Borneo: Establishment of British Claim to Sovereignty*, Reference: TS 27/808.

---

[79] "From Foreign Office to Singapore (Commissioner General for the United Kingdom in South East Asia), June 12, 1956, (Priority Secret, No.646)," *International Status of Spratley and Neighbouring Islands in South China Seas*, NAUK, Reference: CO 1030/396.

National Archives of the United Kingdom, *Spratley Islands: Question of Sovereignty*, Reference: CO 273/646/5.

National Archives of the United Kingdom, *Sovereignty of Islands in South China Seas*, Reference:ADM 116/3936.

National Archives of the United Kingdom, *Spratley Island and Amboyna Cay: Claim to Sovereignty*, Reference: CO 273/580/6.

National Archives of the United Kingdom, *Spratley Island and Amboyne Cay: Question of Sovereignty*, Reference: DO 35/171/4.

National Archives of the United Kingdom, Spratley Island and other Islands in the China Sea, Reference: CO 273/635/2.

National Archives of the United Kingdom, *Sovereignty of Islands in South China Seas*, Reference: ADM 116/3936.

National Archives of the United Kingdom, *Dispute about Claims to Spratley Islands and the Paracels*, Reference: FO 371/83022.

National Archives of the United Kingdom, *Japanese Claims and rights to the Islands of Spratley and Amboyna Cay*, Reference: DO 35/2827.

National Archives of the United Kingdom, *International Status of Spratley and Neighbouring Islands in South China Seas*, Reference: CO 1030/396.

National Archives of the United Kingdom, *Cabinet: Japanese Peace Treaty: Talks with Mr. Dulles, Memorandum by the Secretary of State for Foreign Affairs*, Reference: CAB 129/46/5 (7 June 1951): http://discovery.nationalarchives.gov.uk/details/r/D 7656309.

National Archives of the United Kingdom, *Sovereignty of Spratley Island and Amboyna Cay and the Paracel Islands*, Reference: FO 371/76038.

National Archives of the United Kingdom, *Cabinet: Japanese Peace Treaty, Memorandum by the Secretary of State for Foreign Affairs*, Reference: CAB 129/46/16. http://discovery.na tionalarchives.gov.uk/details/r/D7656320#imageVie werLink.

二、美國官方檔案

Foreign Relations of the United States (FRUS),

East Asia and the Pacific (1950), "Undated Memorandum by Mr. Robert A. Fearey of the Office of Northeast Asian Affairs," (Secret), attached to a memorandum of October 25, not printed, from Mr. Fearey to Mr.Allison, (694.001/ 10-2650), Vol.VI: http://digicoll. library.wisc.edu/cgi-bin/FRUS/FRUS-idx?type=turn&id=FRUS.FRUS1950v06&entity=FR US.FRUS1950v06.p1342&q1=spratly。

Asia and the Pacific (in two parts) (1951), "Memorandum prepared by the Dulles Mission, Provisional Memorandum (Tokyo)," (February 3, 1951), Vol.VI: http://digicoll.library. wisc.edu/cgi-bin/FRUS/FRUS-idx?type=goto&id=FRUS.FRUS1951v06p1&isize=M&sub mit=Go+to+page&page=849。

Diplomatic papers: the Conference of Berlin (the Potsdam Conference), "No.606, Briefing Book Paper, Soviet Support of the Cairo Declaration, 1.The Substance of the Cairo Declaration," (Undated 1945),: http://digicoll.library.wisc.edu/cgi-bin/FRUS/FRUS-idx?

type=goto&id=FRUS.FRUS1945Berlinv01&isize=M&submit=Go+to+page&page=926。

Asia and the Pacific (in two parts) (1951), "The British Embassy to the Department of State (aide-mémoire), original note reads: March 12th 1951 Handed John Foster Dulles by HMG Chargé d'Affaires," Vol.VI: http://digico ll.library.wisc.edu/cgi-bin/FRUS/FRUS-idx?type=goto&id=FRUS.FRUS1951v06p1&isize=M&submit=Go+to+page&page=909。

Asia and the Pacific (in two parts) (1951), "Join United States-United Kingdom Draft Peace Treaty, Joint United States-United Kingdom Draft Prepared during the discussions in Washington, April-May 1951," Vol.VI: http://digicoll.library.wisc.edu/cgi-bin/FRUS/FRUS-idx?type=goto&id=FRUS.FRUS1951v06p1&isize=M&submit=Go+to+page&page=1024。

Asia and the Pacific (in two parts) (June 1, 1951), "Japanese Peace Treaty: Working Draft and Commentary Prepared in the Department of State," Vol.VI: http://digicoll.library.wisc.edu/cgi-bin/FRUS/FRUS-idx?type=goto&id=FRUS.FRUS1951v06p1&isize=M&submit=Go+to+page&page=1055。

Asia and the Pacific (in two parts) (1951), "Memorandum of Conservations, by the Consultant to the Secretary (Dulles) and the Second Secretary of the Embassy in France (Utter), Paris, June 11, 1951," Vol.VI: http://digicoll.library.wisc.edu/cgi-bin/FRUS/FRUS-idx?type=goto&id=FRUS.FRUS1951v06p1&isize=M&submit=Go+to+page&page=111 0。

Asia and the Pacific (in two parts) (June 14, 1951), "Revised United States-United Kingdom draft of a Japanese Peace Treaty, (London)," Vol.VI: http://digicoll.libra ry.wisc.edu/cgi-bin/FRUS/FRUS-idx?type=goto&id=FRUS.FRUS1951v06p1&isize=M&s ubmit=Go+to+page&page=1119。

Spratly Island and the Paracels, in Draft Japanese Peace Treaty, "United States Government Office Memorandum, from S. W. Boggs to Robert A. Fearey," (July 13, 1951): http://en. wikisource.org/wiki/Draft_Treaty_of_Peace_With_Japan#mediaviewer/File:19519713_bo ggs1.jpg.

The Department of State Bulletin, "The War: Conference of President Roosevelt, Generalissimo Chiang Kei-Sheik, and Prime Minister Churchill in North Africa," ix:232 (December 4, 1943): https://archive.org/stream/departmentofstatx943unit# page/392/mode/2up.

三、英文書籍

Collins, Alan, *Security and Southeast Asia: Domestic, Regional, and Global Issues*, Singapore: Institute of Southeast Asian Studies, 2003.

Conference for the Conclusion and Signature of the Treaty of Peace with Japan, Record of Proceedings, San Francisco, California, September 4-8, 1951, USA: Department of State Publication, 1952.

Dunn, Frederick S., *Peace-making and the Settlement with Japan*, Princeton, New Jersey: Princeton University Press, 1963.

Hara, Kimie, *Cold War Frontiers in the Asia-Pacific, Divided Territories in the San Francisco System*, New York: Routledge, 2007.

四、英文期刊及論文

Gunn, Geoffrey C., "Anglo-French Rivalry over the Spratlys (1930-1937): An Aspect of World Historical Incorporation," presented at International Academic Conference on Territorial Claims in the South China Sea, organized by Centre of Asian Studies, University of Hong Kong, December 4-6, 1990.

Marston, Geoffrey, "Abandonment of Territorial Claims: The Cases of Bouvet and Spratly Islands," *The British Yearbook of International La*w 1986, LVII, pp.337-356: http://groups.yahoo.com/group/diendan_binhluan/messages/4187?threaded=1&m=e&var=1&tidx=1.

Tonnesson, Stein, "The South China Sea in the Age of European Decline," *Modern Asian Studies*, 40:1, 2006.

五、英文報紙

"Terms of Draft Peace Treaty Text Circulated to Ten Nations," *The Sydney Morning Herald*, 1951/7/13.

日文部分

一、官方檔案

日本亞洲歷史資料中心（アジア歴史資料センター）檔案（東京：日本國立公文書館藏）
「各國領土発見及帰屬関係雑件／南支那海諸礁島帰屬関係／新南群島関係 第二卷」，影像編碼：B02031163200：http://www.jacar.go.jp/DAS/meta/listPhoto?IS_STYLE=eng&ID=M2006092115163839910（2015/8/20 瀏覽）。
「南洋ニ於ケル帝國ノ利權問題関係雑件／鉱山関係 第二卷」，影像編碼：B09041015900：http://www.jacar.go.jp/DAS/meta/listPhoto?IS_STYLE=default&ID=M2009052915461551527&（2015/8/20 瀏覽）。

二、日文專書

山本運一編，新南群島。臺北市：一進堂印刷所，昭和 14 年 5 月 24 日。

三、日文期刊

山下太郎，「新南群島探險の記錄」（上）、（下），臺灣時報（臺灣）（日文），昭和 14 年 6 月號；7、8 月號。
若林修史，「新南群島の今昔」，臺灣時報（臺灣），第 234 號，1939 年 5 月 20 日。
藤井豐政，「新南群島之領有」，中央公論（日本），卷 5 第 622 號，1939 年 6 月。

網際網路

英文部分

"Spratly Islands History Timeline,": http://www.spratlys.org/history/spratly-islands-history-timeline.htm.

"Henricus Hondius: *India quae Orientalis dicitur et Insulae Adiacentes*," 收入於「Barry Lawrence Ruderman Antique Mapa Inc.」：http://www.raremaps.com/gallery/detail/9756/India_quae_Orientalis_dicitur_et_Insulae_Adiacentes/Hondius.html。

"India quae orientalis dicitur by Willem Blaeu," 收入於「South Land to New Holland, Dutch Charting of Australia 1606-1756」：http://pandora.nla.gov.au/pan/60542/20060914-0000/www.nla.gov.au/exhibitions/southland/maps-1623_Blaeu.html。

日文部分

「南沙諸島は日本固有の領土」，https://twitter.com/shinnangun。

The arguments of the United Kingdom on the Spratly Islands and Its Influence (1930-1951)

Abstract

The British went to Spratly Island and Amboyna Cay to collect the Guano in 1877, and they got the license from the Deputy Consul-General of British Borneo. France claimed the ownership of the Spratly Islands in 1930, which caused the opposition of the U. K. The British government negotiated the territorial disputes with French government. But French government argued that the U. K. do not send her officers to govern over those two islands (Spratly Island and Amboyna Cay) and without de facto control it. There was no result of negotiation. Until 1947, while the U. K. prepared for the San Francisco peace conference, she decided that Japan should abandon the claim and title of the Spratly Island and Amboyna Cay. In 1949, the U. K. stated further for Japanese renouncement of the Paracels and Spratly Islands, and opening power vacancy of the South China Sea to U. K., France or other interesting countries. Then, the arguments of the U. K. were realized as the articles of San Francisco Peace Treaty. The position of the U. K. influenced actually on the current situations in the South China Sea.

Keywords: United Kingdom　　Spratly Island　　Amboyna Cay　　San Francisco Peace Conference　　China

（本文原刊登在國史館館刊，第 48 期，2016 年 6 月，頁 53-104。）

第九章　臺灣與菲律賓之間巴丹群島主權歸屬問題[*]

摘　要

　　日本據領臺灣時曾在 1895 年與西班牙簽訂協議，劃分臺灣和菲島的疆界線，當時規定係以巴士海峽可以航行線而與緯度平行線作為兩方分界線。由於該協議並非以經緯度為界，對巴士海峽的定義存有疑義，故引起困擾。後來，1898 年美國和西班牙簽訂巴黎條約時，其中第三條規定西班牙係將北緯 20 度以南的島群割讓給美國。而巴丹群島是位在北緯 20-21 度之間。因此，依據該一條約，巴丹群島並不包括在割讓的範圍之內，自然也不包括在菲國今天的領土範圍內。從該兩個條約來看，西班牙應該是遵守日西協議，未將巴丹群島割讓給美國。而美國係在談判交涉不成後，簽署巴黎條約，承認以北緯 20 度作為割讓菲島的北界。就此而言，我國是否有主張擁有巴丹群島的權利？若無，就國際法領土取得的意義而言，菲國取得巴丹群島的領土，亦是有瑕疵的，也是可以挑戰的。

關鍵詞：巴丹群島　臺灣　菲律賓　領土　主權　巴黎條約

[*] 　本文獲行政院國家科學委員會九十三年度研究獎助，計畫編號為：NSC93-2414-H-004-023，原計畫名稱為「巴丹群島領土主權問題之研究」。本文之西班牙文部分，承蒙西班牙馬德里大學博士班研究生柳嘉信之翻譯，以及私立淡江大學拉丁美洲研究所副教授兼所長王秀琦和國立臺北師範大學社會教育系助理教授方真真之審校，特致謝忱。

一、巴丹群島的位置

臺灣和菲律賓呂宋島之間有兩個群島，靠近臺灣一邊的叫巴丹群島（Batan Islands，Batanese Islands），相距 190 公里；靠近呂宋島的叫巴布煙群島（Babuyan Islands）。（參見圖 9-3）巴丹群島位在東經 121 度 45 分到 122 度 15 分、北緯 21 度 15 分。巴丹群島又稱巴坦尼斯群島（Batanese），總共有 10 個小島組成，最大的島叫伊特巴亞特（Itbayat），其次為巴丹島（Batan）。群島中只有三個小島有人居住，包括巴丹島（面積 35 平方公里）（首府 Vasay (Basco)）位在該島、沙布坦島（Sabtang）（41 平方公里）和伊特巴亞特（95 平方公里）。[1]靠近沙布坦島 1.5 公里的 Ivuhos 島有少數人家養牛。至於其它的雅米島（Yami）、北島（North）、馬武迪斯（Mavudis）、西亞揚島（Siayan）、迪能島（Di-nem）、迪貴島（Dequey）、伊布霍斯島（Ibuhos）和迪歐哥島（Diogo）等島則無人居住。巴丹群島總土地面積為 230 平方公里。[2] 1990 年人口普查總人口為 15,026 人，1980 年總人口為 12,091 人，約增加 24%。[3]

據研究其島上住民族群具有獨特的族群特性，他們自稱屬於伊凡坦族（Ivatan），說的方言是伊凡坦語（Ivatan）。[4]有一種說法是，他們可能從臺灣移去，後來有些人與西班牙征服者混血，因此，他們具有臺灣土著的杏眼和西班牙人的鷹鉤鼻。[5]他們的語言、種族和文化較接近臺灣土著，而非菲律賓人。他們說的語言有三種，包括伊凡坦語、伊契巴雅騰語（Ichbayaten）和伊羅干諾語（Ilocano），前二者屬於臺灣土著語言系

---

[1] http://www.malapascua-island.com/Volcanoe-Map/Batan_Islands/hauptteil_batan_islands.html（2007 年 9 月 3 日瀏覽）。

[2] Francisco A. Datar, "The Batanes Islands," in http://www.ncca.gov.ph/about_cultarts/com articles.php?artcl_Id=226（2007 年 9 月 7 日瀏覽）。

[3] http://www.ncca.gov.ph/about_cultarts/comarticles.php?artcl_Id=226（2007 年 9 月 5 日瀏覽）。

[4] http://www.thebatanesislands.com/art_histrical_descriptive_profile_foreword.html（2007 年 9 月 5 日瀏覽）。

[5] http://home.online.no/~erfalch/batanesa.htm（2007 年 9 月 5 日瀏覽）。

統。[6]另有一種說法，認為從該島土著的語言來看，顯示它孤立很長一段時間，外界對它所知有限，很可能當地土著是華人海盜移居者的後代。[7]巴丹群島靠近臺灣，從雅米島可以看到臺灣。人們說在某一個時期巴丹群島甚至是屬於臺灣。[8]在 1884 年清日戰爭後，新聞報導曾臆測清朝可能將巴丹群島和巴布煙群島割讓給日本。

貝爾武德（Peter Bellwood）曾對巴丹島進行過兩次考古研究，分別在 2002 年和 2005 年，他認為新石器時代的人應是最早定居在巴丹島的住民，他們是現在伊瓦坦（Ivatan）人和伊特巴亞特人（Itbayaten）的祖先。他將族群移入巴丹群島分為三階段，第一階段稱為 Sunget，約在公元前 3500-2500 年，可發現與臺灣東海岸新石器時代貝南時期（Neolithic Beinan Phase）同樣的器物，例如軟玉（nephrite）和軟玉板、有高的重直的把手的紅色細長的和非繩索狀花紋的陶器、兩面烘烤黏土紡錘整速輪（biconical baked clay spindle whorls）、雙凹痕的石製釣魚錘子（binotched stone fishing sinkers）。宋吉特也出現豬。

第二階段稱為奈迪時期（Naidi Phase），時間約在西元前 2500 年到西元前 1500/1000 年。該一時期的陶器周邊與前一時期不同，較短，且較複雜。

第三個階段是拉克偉迪時期（Rakwaydi Phase），時間約從西元前 1000 年到西元初。

在伊特巴亞特島的考古發現，在公元前 2500 年到 1500 年，可發現一些文物與蘭嶼和臺灣有關連，可知伊特巴亞特人遷移到巴丹島，再到蘭嶼。[9]

明朝張燮於 1618 年撰的東西洋考一書提出「東洋針路」，其航路是

6　http://www.answers.com/topic/batanes（2007 年 9 月 5 日瀏覽）。

7　"Our Philippines Possessions: Facts Concerning the Mid-Ocean Isles Where the Flag Waves Highest," *The Brooklyn Daily Eagle* (New York), October 21, 1901, p.10.

8　http://www.malapascua-island.com/Volcanoe-Map/Batan_Islands/hauptteil_batan_islands.html（2007 年 9 月 3 日瀏覽）。

9　Peter Bellwood and Eusebio Dizon, "The Batanes Archaeological Project and the 'Out of Taiwan' Hypothesis," *Journal of Austronesian Studies* 1(1) June 2005, pp.1-32.

「從太武山經過澎湖嶼、沙馬頭澳（即沙馬磯頭山，位在屏東的貓鼻頭）[10]、筆架山（位在菲律賓北部巴布煙群島最北端的島嶼）[11]、大港（為呂宋北部的阿巴里港 Aparri）[12]、哪哦山（老沃 Laoag）[13]，然後到馬尼拉。

　　清朝呂調陽在 1870 年重刻海錄時寫的序，他說海錄一書有許多錯誤，他重新刪節、改訂、注釋，其修訂過的東洋針路內容與東西洋考稍有不同，茲將呂調陽序引述如下：「東洋針路自太武山，用辰巽針，七更，取彭湖嶼，漳、泉同一要害地也。用丙巳針，五更，取虎頭山。丙巳針，七更，取沙馬頭澳。用辰巽針，十五更，取筆架山。遠望紅豆嶼并浮甲山，進入為大港。」[14]

　　陳荊和根據前述著作，將巴丹群島標注為浮甲山，巴布煙群島為筆架山。[15]據明朝的東洋航路可知，從中國廈門到呂宋島的早期航路是經由臺灣南部的巴丹群島和巴布煙群島，因此這兩個群島應有華人居住。以後隨著呂宋島到廈門的航路改變，可直接越過南海，不再經由巴丹群島，所以華人前往巴丹群島才減少。

　　1685 年，西班牙傳教士抵達巴丹群島傳教，後退出。1687 年，英國

---

[10] 按臺灣府志：「本郡四面環海，惟雞籠東南一帶，舟行約三更水程，則不可前，過此下溜，乃眾水朝東之處，一下溜則不可復返，故宜慎之。浪嶠南嶼，去沙馬溪頭一潮水，遠視微茫，舟人罕至。昔有紅毛合慣熟，長年駕舟至彼，見有番人赤體牧羔羊，將羊一群縛至海岸，與紅毛換布，紅毛出艇亦擲布於岸示之，如番來收布，紅毛方敢取羊，否則趕回。今灣地之羔羊是其種也。
　　鳳山縣沙馬磯頭山，在郎嬌山西北，其山西臨於海。小琉球山，在鳳山西南海洋中，周圍約有三十餘里。諸羅縣雞籠嶼在海洋中。」（〔清〕高拱乾纂，臺灣府志，卷七，風土志，「土番風俗」。沈雲龍主編，近代中國史料叢刊續編第五十一輯，文海出版社，臺北市，民國 45 年重印）。

[11] 陳荊和，十六世紀之菲律賓華僑，新亞研究所東南亞研究室刊，香港，1963 年，頁 162。

[12] 謝清高口述，楊炳南筆錄，安京校釋，海錄校釋，商務印書館，北京，2002 年，頁 314。

[13] 謝清高口述，楊炳南筆錄，安京校釋，前引書，頁 314。但中山大學東南亞歷史研究所認為哪哦山位在呂宋島北岸的布爾戈（Burgos）。參見中山大學東南亞歷史研究所編，中國古籍中有關菲律賓資料匯編，中華書局，北京市，1980，頁 228，註 10。

[14] 引自謝清高口述，楊炳南筆錄，安京校釋，前引書，頁 297-298。

[15] 陳荊和，前引書，頁 162。

人 William Dampier 曾航抵巴丹群島，居住三個月就離開。1718 年，西班牙傳教士再度前往巴丹群島傳教。1783 年 6 月 26 日，西班牙兼併該群島，在該群島設置康西普薰省（Provincia dela Concepcion）。菲律賓新聞局則說西班牙總督 Jose Vargas Basco 在 1782 年將巴斯科（Basco）納入控制，所以將此地命名為巴斯科。巴丹群島土地面積總共有 210 平方公里。[16]

西班牙統治末期，廢除省治，將該群島改隸北呂宋卡加揚省（Cagayan）。[17]島上原住民原來居住在山上，西班牙政府強迫他們遷到平地，並將北呂宋的伊洛康諾斯族（Ilocanos）遷至巴丹群島。以後又因為該群島原住民難以管控，西班牙將該群島土著遷移到呂宋島北部。

紐西蘭人（*New Zealander*）報紙在 1846 年 1 月 24 日報導稱，英國軍艦蒸汽船「驅動（Driver）」號在 1845 年 9 月 27 日早上從香港出發，預備前往紐西蘭鎮壓當地土著的反抗。9 月 30 日，該船航抵巴士群島（Bashee group）（即巴丹群島早期之地名）最大的巴丹島，在此補充木柴。巴丹島是該群島的首府，當地居民包括西班牙人和馬來人，人口數約有 5,000 人。馬尼拉總督每三年派遣一名軍事和政治駐紮官以及軍人到巴丹島，該地之駐軍包括一名軍官和 30 名士兵。該島生產有蔬菜、玉米、煙草和麵包樹，還有羊、牛和家禽。這些產品價廉而豐富。該地水質亦不錯。土著大都信奉天主教，受神父之精神指導。巴丹島上有一所女修道院（Convent）。整個群島的居民有 11,000 人。島民相當快樂、和平、懶散，但喝蔗酒而有酗酒惡習。該船在巴丹島上裝上 100 公噸的木柴後，於 10 月 3 日離開該島前往關島。[18]

---

[16] http://www.pia.gov.ph/info/provinces/batanes.pdf（2007 年 9 月 7 日瀏覽）。

[17] "Batanes," http://en.wikipilipinas.org/index.php/Batanes（2007 年 9 月 5 日瀏覽）。

[18] "Shipping Intelligence," *New Zealander* (New Zealand), Volume 1, Issue 34, 24 January 1846, p. 2. in http://paperspast.natlib.govt.nz/cgi-bin/paperspast?a=d&srpos=9&cl=sea rch&d=NZ18460124.2.3&e=-------en--1----0batan-all（2007 年 11 月 3 日瀏覽）。

二、問題緣起

日本據領臺灣時曾在 1895 年與西班牙簽訂協議，劃分臺灣和菲島的疆界線，當時規定係以巴士海峽可以航行線而與緯度平行線作為兩方分界線。由於該協議並非以經緯度為界，對巴士海峽的定義存有疑義，故引起困擾。

1898 年美國和西班牙簽訂巴黎條約時，其中第三條規定西班牙係將北緯 20 度以南的島群割讓給美國。而巴丹群島是位在北緯 20-21 度之間。因此，依據該一條約，巴丹群島並不包括在割讓的範圍之內，自然也不包括在菲國今天的領土範圍內。

從上述兩項條約或協議來看，巴丹群島的歸屬確屬有疑義。此即為本文擬加研究的目的。

三、舊地圖之分析

紐約時報於 1896 年 9 月 3 日報導稱，菲律賓的範圍從北緯 4 度 40 分到北緯 20 度之間，從東經 116 度 40 分到東經 126 度 30 分，島嶼有 1,200-1,400 個，土地面積約有 115,528 平方英里。[19]該一報導最值得注意，因為西班牙和日本在 1895 年簽訂兩國的海界範圍協議，該報導明確指出菲律賓北界在北緯 20 度。接著，紐約時報於 1898 年 5 月 4 日報導稱，菲律賓的範圍從北緯 5 度到北緯 20 度之間，南北距離有 1050 英里；東經 110-117 度之間，東西距離有 700 英里。[20]該報導仍將菲律賓的北界定在北緯 20 度。

另外據布魯克林每日鷹報（*Brooklyn Daily Eagle*）在 1901 年 10 月 21 日之報導，巴丹群島和巴布煙群島總共有 38 個小島，面積有 260 平方英里，人口有 10959 人。其人民可能係臺灣華人海盜的後代。西班牙從未在

---

[19]　"The Philippine Island," *New York Times*, September 3, 1896.

[20]　"Extent of the Philippines," *New York Times*, May 4, 1898.

這兩個群島設立民事政府，美國在 1900 年 1 月 10 日派遣普林斯頓號汽船登陸巴丹群島的巴斯科（Santo Domingo de Basco）港，以後該港變成美國海軍巡邏的一個港口。[21]

從上述報導可知，西班牙統治期間，至 1845 年西班牙在巴丹群島尚派有軍隊駐守，但根據布魯克林每日鷹報的報導，西班牙並未在巴布煙群島和巴丹群島設立民事政府，在 1845 年到 1898 年之間，是否仍有駐軍？無法查考。該兩個島群可能後來成為海盜、漁民居住的地方，可能有許多來自臺灣南部的漁民到此居住，所以俄國聖彼得堡的電報稱中國清朝準備割讓巴布煙群島和巴丹群島給日本。紐西蘭的北歐塔哥時報（*North Otago Times*）和美國的紐約時報轉載該項報導。

北歐塔哥時報在 1895 年 3 月 28 日報導稱：「來自聖彼得堡的電報稱，李鴻章已獲授權將對日本賠款，將由現在日本軍隊暫時佔領的中國領土作為支付的保證。他也獲授權割讓琉球群島（Loo Chow）、宮古群島（Majicosima）、巴丹（Batan）、Badnyan、福爾摩沙（Formosa），但受指示反對割讓遼東半島，雖然中國將同意作為一種緩衝國地位，假如中國置於俄羅斯、法國和英國的共同保護之下。」[22]該文將 Badnyan 的名稱寫錯了，應為 Babuyan 島。紐約時報報導的名稱是正確的。

[21] *Brooklyn Daily Eagle* (New York), October 21, 1901, p.10.

[22] "Late Cable. By Electric Telegraph. – Copyright. (Per Press Association.)," *North Otago Times*, Volume XXXVII, Issue 8145, 28 March 1895, p.2. in http://paperspast.natlib.govt.nz/cgi-bin/paperspast?a=d&srpos=8&cl=search&d=NOT1895 0328.2.13&e=-------en--1----0batan-all（2007 年 11 月 3 日瀏覽）。

LONDON, March 27.

Telegrams from St. Petersburg assert that Li Hung Chang has been authorised to offer Japan an indemnity, the payment of which is to be guaranteed by the temporary occupation of the Chinese territory now occupied by Japanese troops. He is also empowered to offer the cession of Loo Chow, Majicosima, Batan, Badnyan, and Formosa, but is instruced to oppose the cession of Liatong Peninsula, although the Chinese will agree to its being created a buffer State if placed under the joint protection of Russia, France, and Great Britain.

資料來源：“Late Cable. By Electric Telegraph. – Copyright. (Per Press Association.),” *North Otago Times*, Volume XXXVII, Issue 8145, 28 March 1895, p.2. in http://paperspast.natlib.govt.nz/cgi-bin/paperspast?a=d&srpos=8&cl=search &d=NOT18950328.2.13&e=-------en--1----0batan-all（2007 年 11 月 3 日 瀏覽）。

圖 9-1：北歐塔哥時報有關清朝割讓巴丹群島之報導

紐約時報在 1895 年 3 月 28 日有一則跟北歐塔哥時報相同內容的報導，其內容稱：「聖彼得堡 3 月 27 日訊：此間據稱李鴻章除了付給日本金錢賠償外，亦授權割讓琉球群島、八重山群島（Majicosima）、巴丹、巴布煙（Babuyan）和福爾摩沙等島。

中國將奮力阻止割讓 Li-An-Tong（按：應指遼東半島）領土，最後的作法是建議中國成為緩衝國，接受俄國、法國和英國的聯合保護。」

ST. PETERSBURG, March 27.—It is
stated here that besides paying pecuniary
indemnity to Japan, Li Hung Chang is au-
thorized to cede the Islands of Loo Choo,
Majiosina, Batan, Babuyan, and Formosa.
Strenuous efforts will be made to prevent
the cession of the territory of Li-An-Tong,
and as a last resort the suggestion will be
made that it be converted into a buffer
State, under the joint protection of Russia,
France, and England.·

資料來源："Article 10-- No Title," *The New York Times*, March 28, 1895.

圖 9-2：紐約時報有關清朝割讓巴丹群島之報導

上述消息是在日本與清朝談判期間傳聞的消息，值得注意的是，該傳聞說清朝將割讓琉球（Loo Choo）、八重山群島（Majiosina）（北歐塔哥時報寫為 Majiosima）、巴丹（Batan）、巴布煙（Babuyan）和福爾摩沙等五個島給日本，此一說法指當時清朝擁有這五個島才能割讓，當時清朝是否擁有除了福爾摩沙之外的其他四個島？

此一問題可從以下數張地圖加以理解，這些地圖是將巴丹群島劃入臺灣的附屬島嶼或者將之和菲律賓群島分隔開來。

在西班牙統治菲律賓時期，各國出版了若干有關菲律賓群島之地圖，不過，這些地圖對於巴丹群島卻有不同的標繪方式。

Nicolas Sanson 在 1683 年所繪的菲律賓群島圖，最北邊只到巴布煙群島。1688 年，Rob Morden 所寫的 *Of the Isles in Indian Sea* 一書第 436 頁繪的菲律賓群島圖上最北疆界清楚的標示 Babuyanes。1752 年，Bellin, Nicolaus 所繪的菲律賓群島圖，最北邊只到巴布煙群島。[23] 1760 年，英國 Kitchin, Thomas 所繪的 A New Map of the Philippine Islands，圖上菲律賓最北邊的疆界到 Babuyanes。1785 年，義大利威尼斯（Venice）Antonio

---

23　參見 "Antique Maps: Southeast Asia," *Antiquariat*, http://www.bergbook.com/htdocs/Cache316.htm（2018 年 7 月 5 日瀏覽）。

Zatta 所繪的 Isole Filippine 圖，最北邊到巴布煙群島。1880 年，Johnson 所劃的菲律賓群島，最北邊只到巴布煙群島南邊的三個小島。[24] 1890 年，Ferdinand Blumentritt 繪的 Map of the Philippines，其最北邊的疆域只到巴布煙群島南邊的三個小島。1890 年代從英國的百科全書（*ENGLISH ENCYCLOPEDIA. 1890s COLORED. VOL. XVII. PLATE XI.*）刊載的菲律賓地圖，其最北邊的疆域只到巴布煙群島南邊的三個小島。（參見圖 9-3）

在已知的地圖中，最早標繪巴丹群島的地圖是 1753 年 van Keulen 所繪的菲律賓群島地圖（Nieuwe Afteekening van de Philippynse Eylanden），但圖上的巴丹群島名稱是 Vyf Eylanden，而巴布煙群島並沒有整體群島的島名，只有個別島名。（參見圖 9-4）

1771 年和 1788 年，Rigobert Bonne 所繪的菲律賓群島有巴丹群島和巴布煙群島。但巴丹群島標示為 I. de Bashee。[25] 1798 年，J. Robinson (La Perouse) 所繪的 Chart of Discoveries 地圖上面標繪有巴丹群島。James Gilbert 在 1840 年繪的菲律賓群島清楚標示巴丹群島和巴士海峽（Strait of Bashee）。1890 年，J. H. Stuart & Co. 出版的菲律賓群島圖標示最北界在巴丹群島。Rand, McNally & Co. 在 1902 年出版的 Universal Atlas of The World，標示巴丹群島和巴士水道（Bashee Channel）。

---

[24] 參見 http://www.antiquemaps-online.com/scripts/showpic.pl?mapref=SEAS87（2008 年 4 月 5 日瀏覽）。

[25] 參見 "Antique Maps: China," *Antiquariat*, http://www.bergbook.com/htdocs/China.htm （2018 年 7 月 5 日瀏覽）。

資料來源：http://cgi.ebay.com/OLD-MAP-PHILIPPINE-ISLANDS-1890s_W0QQit
emZ180217035342QQihZ008QQcategoryZ37961QQrdZ1QQssPageNa
meZWD1VQQ_trksidZp1638.m118.l1247QQcmdZViewItem#ebayphoto
hosting（2008 年 4 月 5 日瀏覽）。

圖 9-3：1890 年代英國百科全書刊載的菲律賓地圖

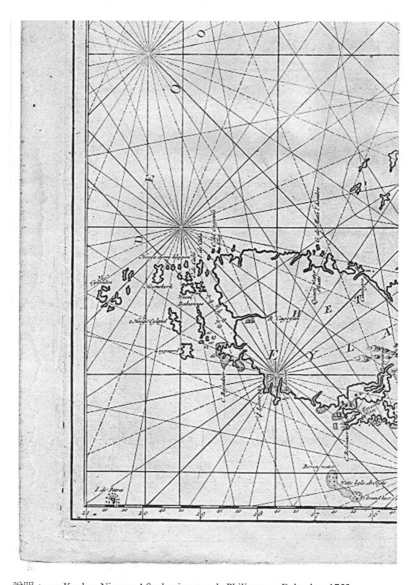

說明：van Keulen, Nieuwe Afteekening van de Philippynse Eylanden, 1753.
資料來源：http://www.helmink.com/Antique_Map_van_Keulen_Philippines/（2007
　　　　年 12 月 27 日瀏覽）。

圖 9-4：van Keulen 所繪的菲律賓群島地圖

1901 年，Mast, Crowell & Kirkpatrick 所繪的菲律賓群島，在其最北界畫在北緯 20 度 40 分巴丹群島稍北處，在線上寫著「US Boundary by Peace Treaty」。（參見圖 9-5）

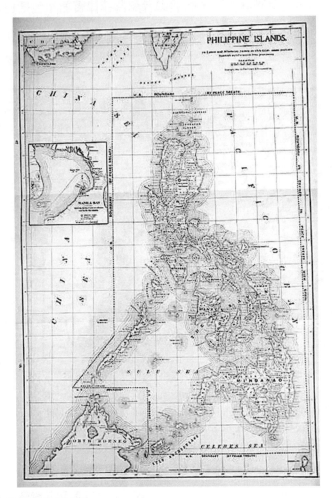

Title: Philippine Islands
　　Mapmaker: Mast, Crowell & Kirkpatrick
　　Published: 1901

資料來源：http://www.oldmapgallery.com/catalog/product_info.php?manufacturers_i
　　　　　d=120&products_id=565（2007 年 12 月 27 日瀏覽）。

圖 9-5：Mast, Crowell & Kirkpatrick 所繪的菲律賓群島

　　在舊地圖中最值得注意的是法國人 Nicolas De Fer 於 1705 年所繪的
東印度和菲律賓地圖，在菲律賓圖上用褐色線條標示它的範圍，臺灣東南
部有一個島嶼，沒有註明其名稱，可能就是巴丹群島（也可能是巴布煙群
島）。它的顏色與臺灣相同，顯然畫者認為菲律賓並不包括巴丹群島。
（參見圖 9-6）

說明：[Map of East Indies with Philippines] Nicolas De Fer.
　　　Les Isles Philippines et celles Des Larrons oude Marianes, Les Isles Moluques et de la
　　　Sonde, avec la Presqu'isle de L'Inde de la le Gange ou Orientale.
　　　Paris, 1705. 235 x 340mm. Original colour.

資料來源：http://www.leejacksonmaps.com/ferphil.htm（2007 年 12 月 27 日瀏覽）。

圖 9-6：Nicolas De Fer 於 1705 年所繪的東印度和菲律賓地圖

　　荷蘭人 Admiral George Anson 在 1750 年畫的菲律賓地圖，菲律賓群島最北邊只到呂宋島，沒有劃出巴丹群島和巴布煙群島。（參見圖 9-7）

說明：[Anson Philippines map] **Admiral George Anson.**
　　　Carte du Canal des Iles Philippines Par lequel passe le Galion de Manille, et les Isles voisins de ce canal.*Amsterdam, c.1750.*
　　　　A large map of the Philippines from a Dutch edition of Anson's account of his circumnavigation, one of the last great buccaneering voyages. He captured a Spanish galleon laden with so much silver that they needed thirty-two wagons to transfer it to the Tower of London.
資料來源：http://www.leejacksonmaps.com/ansophil.htm（2007 年 12 月 27 日瀏覽）。

圖 9-7：Admiral George Anson 在 1750 年畫的菲律賓地圖

　　1787 年法國巴黎的 Rigobert Bonne 所繪的臺灣和菲律賓群島有明顯
的不同的顏色，臺灣為綠色，菲律賓為黃色，夾在中間的巴丹群島、巴布
煙群島和臺灣一樣為綠色。圖上顯示不同顏色的領土代表不同的國家。
（參見圖 9-8）

Map Maker: Rigobert Bonne, Paris / 1787

資料來源：https://www.raremaps.com/cgi-bin/gallery.pl/enlarge/13040

圖 9-8：Rigobert Bonne 1787 年所繪的臺灣和菲律賓群島

　　1788 年法國巴黎的 Rigobert Bonne 所繪的臺灣和菲律賓群島有明顯的不同的顏色，臺灣為淡紅色，菲律賓為綠色，夾在中間的巴丹群島和臺灣一樣為淡紅色，巴布煙群島跟呂宋島一樣為綠色。圖上顯示不同顏色的領土代表不同的國家。（參見圖 9-9）

Rigobert Bonne, 1788
資料來源：http://www.leejacksonmaps.com/bonnindo.htm（2007 年 12 月 27 日瀏覽）。

圖 9-9：Rigobert Bonne 1788 年所繪的「中國地圖」

　　義大利威尼斯的 Antonio Zatta 於 1785 年畫的菲律賓地圖，最北邊只
到巴布煙群島。（參見圖 9-10）

說明：[Map of the Philipppines] **Antonio Zatta.** Isole Filippine. *Venice, 1785*
資料來源：http://www.leejacksonmaps.com/zattphil.htm（2007 年 12 月 27 日瀏覽）。

圖 9-10：Antonio Zatta 於 1785 年畫的菲律賓地圖

　　Robert Wilkinson 在 1791 年所製作的地圖，菲律賓群島是綠色，臺灣和巴丹群島、巴布煙群島是淺黃色，是兩個不同的顏色標示。（參見圖9-11）

Map Maker: Robert Wilkinson, London / 1791.
資料來源：http://www.raremaps.com/cgi-bin/gallery.pl/detail/1829（2008 年 4 月 5 日瀏
　　　　覽）。

圖 9-11：Robert Wilkinson 所繪的菲律賓圖

　　1795 年美國費城 Carey, Mathew/ Tanner, B 出版的中國地圖，上面標繪臺灣南邊有三個小島，包括蘭嶼、巴丹島和巴布煙島。雖然該地圖沒有註明中國領土包括上述三個小島，但在圖面上中國南方只標繪出中、越邊境為止來判斷，臺灣南邊出現的三個小島應也是屬於臺灣所有。（參見圖 9-12）

說明：Carey, Mathew/ Tanner, B. China Divided Into Its Great Provinces According To The
　　　Best Authorities. Philadelphia. 1795.
資料來源：http://www.murrayhudson.com/antique_maps/countries_maps/03302m.jpg（2007
　　　年 12 月 27 日瀏覽）。

圖 9-12：Carey, Mathew / Tanner, B 出版的中國地圖

　　另一幅地圖也有類似的標繪。1801 年英國的 Richard Wilkinson 出版的一幅「中國疆域圖」，圖上中國領土包括臺灣，同時也將臺灣南部的巴丹群島中較大的島納入臺灣的範圍。（參見圖 9-13）

說明：Richard Wilkinson. "China, Contains 15 Subject Provinces, including two Islands of Hainan, Formosa, and the Tributary Kingdoms of Corea, Tonkin." London: Richard Wilkinson, 1801. 該圖將巴丹群島畫為臺灣附屬島嶼。

資料來源：http://www.philaprintshop.com/images/wilkchina.jpg（2007年12月25日瀏覽）。

圖 9-13：1801 年 Richard Wilkinson 的「中國疆域圖」

　　1815 年，John Thomson 所繪的 Map of China & Formosa (Taiwan)圖，標繪了巴丹群島和巴布煙群島，但值得注意的是，巴丹群島的顏色是灰白色的，而巴布煙群島的顏色與呂宋島都是綠色，顯然該圖將巴布煙群島視為菲律賓群島的一部分。至於巴丹群島的顏色為何與臺灣的蛋黃色不同？是否表示巴丹群島為無所屬狀態？（參見圖 9-14）

資料來源：http://www.geographicus.com/Merchant2/merchant.mvc?page=G/PROD/JAPAN/China-t-15（2007 年 12 月 25 日瀏覽）。

圖 9-14：John Thomson 所繪的 Map of China & Formosa (Taiwan) 圖

　　1833 年倫敦 Perkins & Bacon 出版的中國地圖，在臺灣南部標繪有 Bashee Islands，就是巴丹群島，該圖也是將巴丹群島視為臺灣的附屬島嶼。（參見圖 9-15）

說明：*London, Perkins & Bacon 1833 [ca. 9 x 14 cm]*
　　　　Steel engraving, hand colored in outline and wash when published.
資料來源：http://www.bergbook.com/images/19299-01.jpg（2007 年 12 月 25 日瀏覽）。

圖 9-15：Perkins & Bacon 出版的中國地圖

　　James Gilbert 於 1840 年所畫的菲律賓地圖，呂宋島是用綠色劃出範圍，巴布煙群島也是一樣使用綠色，但臺灣島是用黃色，巴丹群島則以黑字標示，看不出顏色。但從該圖可以確知巴丹群島不是屬於菲律賓所有。（參見圖 9-16）

説明：Gilbert's Modern Atlas of the Earth with a descriptive letterpress by Robert
　　　Mudie. James Gilbert,1840. 圖中菲律賓是綠色，巴丹群島沒有著綠色。
資料來源：http://www.rare-maps.com/details.cfm?type=maps&auto_key=1566289
　　　　　（2007 年 12 月 25 日瀏覽）。

圖 9-16：James Gilbert 於 1840 年所畫的菲律賓地圖

1840 年，維也納（Vienna）Mollo, Tranquillo 出版的中國地圖
（Chinesisches Reich），圖上面標繪的臺灣南部有巴丹群島，應也是將該
群島視為臺灣的屬島。（參見圖 9-17）

說明：Mollo, Tranquillo, **Chinesisches Reich,** Vienna, c1840.
　　　該圖將臺灣、巴丹群島和宮古群島畫為中國版圖。
資料來源：http://www.murrayhudson.com/antique_maps/countries_maps/13900m.jpg （2007
　　　年 12 月 25 日瀏覽）。

圖 9-17：Mollo, Tranquillo 出版的「中國地圖」（hinesisches Reich）

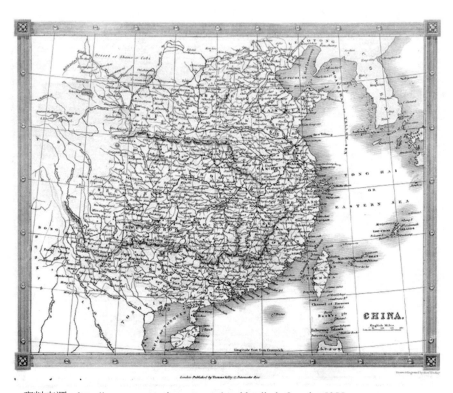

資料來源：http://www.ancestryimages.com/proddetail.php?prod=g5055。

圖 9-18：由 Alex Findlay 鐫刻的「中國圖」，
刊載在 Thomas Kelly 於 1841 年在倫敦出版的
A New and Complete System of Universal Geography

　　1856 年，紐約的 J. H. Colton 所畫的中國地圖，標繪了臺灣附近的巴
丹群島、巴布煙群島、宮古群島和琉球群島都屬於中國所有。前面提及紐
約時報引述聖彼得堡消息稱，中國清朝擬將臺灣、巴丹群島、巴布煙群
島、宮古群島和琉球群島割讓給日本，可能是根據該一地圖而做的報導。
（參見圖 9-19）

說明：*New York, J. H. Colton 1856 [28,5 x 37,1 cm]*
　　　Steelengraving, handcolored when published.
資料來源：http://www.bergbook.com/images/18414-01.jpg（2007 年 12 月 26 日瀏
　　　　覽）。

圖 9-19：J. H. Colton 所畫的中國地圖

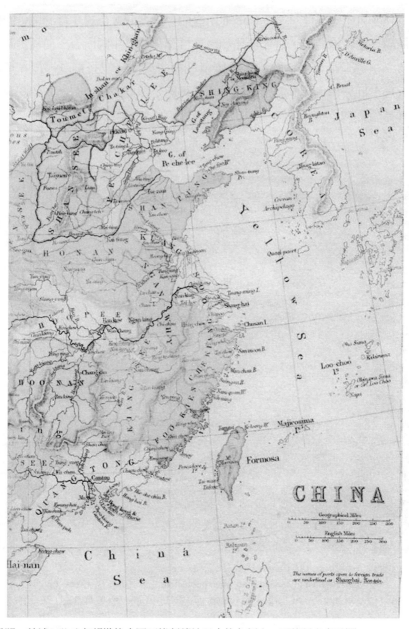

說明：前述紐約時報報導的中國可能割讓給日本的各領土，可能係參考該圖。
資料來源：英國，Robert K. Douglas 於 1887 年繪製。http://blogs.yahoo.co.jp/fumitomoto
mu/5192042.html。

圖 9-20：Robert K. Douglas 於 1887 年繪製的中國地圖

如果將上述許多沒有標繪巴丹群島的地圖加以比較，也許可以推測在1753 年以前，西班牙並未完全控制巴布煙群島和巴丹群島。從 1753 年到1801 年期間，西班牙勢力可能進入巴布煙群島，而巴丹群島還屬於臺灣。至於菲國學者或政府單位新聞局稱菲國是在 1782 年或 1783 年兼併巴丹群島，是有疑問的，最大可能僅是有傳教士抵達巴丹島傳教。

如何對上述的發展給予合理的解釋？我們必須從歷史上臺灣到馬尼拉的傳統航線加以理解。從第 13 世紀起臺灣和菲律賓呂宋島馬尼拉港之間的海上交通，是經過巴丹群島和巴布煙群島，因為商務航海的往來，所以這些島嶼上可能有臺灣人居住或停留。從 1801 年後，因為船隻噸位數增大，航行路線改變，不再經由傳統的逐島航行，從馬尼拉往北航行的船隻抵達巴布煙水道時從西往東穿越該水道，然後折北航行到臺灣或日本，而不再停靠巴丹群島。同樣地，從臺灣到馬尼拉的船隻可能也是航經巴丹群島和巴布煙群島，直接到呂宋島北端的阿巴里港（Appari），再航行到馬尼拉。由於船隻不再停靠在巴丹群島和巴布煙群島，所以居住在這兩個群島的臺灣人逐漸撤走，剩下零星的臺灣人居留在這些島上。

有若干的報導稱，巴丹群島的土著的形貌類似臺灣的土著。例如有一則報導說，巴丹群島的土著可能從臺灣移去，後來有些人與西班牙征服者混血，因此，他們具有臺灣土著的杏眼和西班牙人的鷹鉤鼻。[26]他們的語言、種族和文化較接近臺灣土著，而非菲律賓人。他們說的語言有三種，包括伊凡坦語、伊契巴雅騰語（Ichbayaten）和伊羅干諾語（Ilocano），前二者屬於臺灣土著語言系統。[27]伊羅干諾語是呂宋西北部土著的語言。另有一種說法，認為從該島土著的語言來看，顯示它孤立很長一段時間，外界對它所知有限，很可能當地土著是華人海盜移居者的後代。[28]這裡稱是華人海盜，應是誤解，因為該記者不知道早期臺灣到呂宋的航程中需經過巴丹群島和巴布煙群島，因此停留在這些島嶼上的華人不是海盜，可能

---

[26] http://home.online.no/~erfalch/batanesa.htm（2008 年 4 月 5 日瀏覽）。

[27] http://www.answers.com/topic/batanes（2008 年 4 月 5 日瀏覽）。

[28] "Our Philippines Possessions: Facts Concerning the Mid-Ocean Isles Where the Flag Waves Highest," *The Brooklyn Daily Eagle* (New York), October 21, 1901, p.10.

是臺灣的商人、旅行者或漁民。

就此而言，是否在日本和西班牙進行海界談判前，巴丹群島就是臺灣人和當地土著混居的島嶼。而西班牙在該群島派有神父傳教，並沒有正式設治管理，而可能是一個三不管地區。所以在許多的地圖將巴丹群島畫入臺灣，成為臺灣的一部分。在日本控制臺灣後，臺灣人前往巴丹群島受到限制，日本也不知道巴丹群島曾是臺灣漁民或旅行者居住的地區，因此才會出現美西巴黎談判時西班牙談判代表說該島屬於日本所有，而日本卻不知道的矛盾現象。

四、日本和西班牙談判劃分海疆之經過

1885 年 4 月 17 日，李鴻章正式簽署馬關條約中並未包括巴丹群島和巴布煙群島。該約第二款有關割讓臺灣和澎湖的規定如下：

「二、臺灣全島及所有附屬各島嶼。

三、澎湖列島，即英國格林尼次東經百十九度起至百二十度止，及北緯二十三度起至二十四度之間諸島嶼。」

為何北歐塔哥時報和紐約時報會報導清朝可能割讓巴布煙群島和巴丹群島給日本？該兩報都是根據聖彼得堡的消息，當時俄國為何做此報導？它是根據何方資訊？在清朝的文獻中，尚無有關早期臺灣的附屬島嶼包括巴布煙群島和巴丹群島的記載。

日本在 1894 年因戰勝清朝而於次年 4 月 17 日與清朝簽訂馬關條約，依據該約日本取得臺灣和澎湖群島的領土主權。6 月 1 日，日本派樺山、水野遵抵基隆，清政府派全權大臣李經方於 6 月 2 日登上樺山搭乘的「橫濱丸」，簽署交割臺灣文件，日本完成佔領臺灣的法律程序。[29]

6 月 2 日，臺灣總督府以民政局長水野遵之名義向各國駐臺領事發出聲明謂：「奉日本天皇陛下所任命之臺灣澎湖島及其所屬地總督之命令，本官榮譽地通知下列事項：總督閣下奉敕命以日本天皇陛下之名領有臺灣

---

[29] 林衡道主編，臺灣史，臺灣省文獻委員會，臺中市，民國 66 年，頁 489-490。

澎湖島及其所屬地，且執行其行政事務，並聲明對於居住管內之外國人民，深望儘量予以保護。」是年閏 5 月 27 日（陽曆 7 月 19 日），日本外務大臣向俄、德、法公使，除闡明臺灣割讓事由外，並以口頭聲明謂：

「日本政府為考慮一般國際通商之利益聲明如左：

日本政府承認臺灣海峽完全為各國公共之航路，故該海峽並非日本國一國之專有或屬其管轄者。日本政府亦宣約決不將臺灣及澎湖島讓與他國。」[30]

西班牙駐橫濱的臨時代理公使卡羅（Jose Caro）在 6 月 7 日致電日本臨時代理外務大臣西園寺公望，請求就兩國疆界問題舉行雙方會談。[31]雙方乃於 6 月 12 日舉行會談。西班牙臨時代理公使卡羅向西園寺表達了西班牙政府下述的意見：

「西班牙代辦卡羅先生（Mr. Caro）於 1895 年 6 月 12 日在外務省會見西園寺（H. E. Marquis Saionzi），並代表其政府做如下的聲明：

一、西班牙政府加入其他國家向帝國政府恭賀日本達成和平，特別是日本取得臺灣和澎湖群島。

二、為期維持日西兩國政府既有的友好關係，以及進一步避免未來可能減損該友好關係的每一困難，西班牙政府希望日本政府宣布它無意宣稱，或偽稱擁有位在巴士水道（Channel of Bashee）中央線以南及東南方的太平洋上的群島。」[32]

臨時代理外務大臣西園寺與西班牙臨時代理公使卡羅於 6 月 20 日再度舉行會談，雙方確定了兩國疆界線的範圍，日本還發佈「關於在西太平洋兩國領界宣言通告文件」，其內容如下：

「日本帝國臨時代理外務大臣西園寺於 1895 年 6 月 20 日在官邸

---

[30] 引自張炳南監修，臺灣省通志，卷三，政事志外事篇，第二冊，臺灣省文獻委員會出版，民國 60 年 6 月，頁 141。

[31] 「西太平洋ニ於ケル領海ニ關シ日西兩國宣言書交換ノ件」，第 176 號，6 月 7 日，西班牙臨時代理公使致臨時代理外務大臣西園寺函，載於日本外交文書，東京，明治 28 年，第一冊，頁 292。

[32] 日本外交文書，第 179 號，6 月 12 日，西班牙臨時代理公使致臨時代理外務大臣西園寺「西太平洋ニ於ケル領界ニ關シ通告ノ件」，明治 28 年，第一冊，頁 293。

（Gaimusho）會晤西班牙臨時代理公使卡羅，表達帝國政府高度讚賞西班牙政府恭賀日本達成和平，特別是日本取得臺灣和澎湖群島之意。

西園寺向卡羅保證帝國政府完全分享與西班牙政府一樣的願望來維持兩國既存的無損傷的和友好的關係。他補充說，帝國政府認為，沒有一件事比兩國間對於領土疆界之主題有相互瞭解更能強而有力地有助於完全實現該願望。他因此向卡羅宣稱，請西班牙政府理解者，若西班牙皇帝陛下的政府對於位在巴士海峽中央線以北和東北方的太平洋的群島做出主張的話，則此時日本皇帝陛下的政府不會厭煩做出相同的宣稱。」[33]

在 6 月 21 日，針對在該疆界線以北的蘭嶼的歸屬問題，日本海軍省水路部長肝付致函臨時代理外務大臣西園寺，提出了解釋說明，證明該島屬於臺灣。該函說：

「敬啟：

致臨時代理外務大臣西園寺

上次會談時提到臺灣東方之離島蘭嶼島（Botel Tobago Island）（載於上次交付之中國海水路誌第二卷附錄第 86 頁）乙事，雖ァリヒンドレー（人名）（Hindrey）所著的水路誌中有紅頭嶼之漢字名稱，並記載它不屬於呂宋的屬島，而係臺灣的屬島。但英國海軍水路誌內記載其不屬於呂宋或臺灣，而為獨立島。

依中國海水路誌附錄所載來看，該地土人不是中國人，而係一種蠻族。從地位上來論，儘管它歸屬臺灣，但因大清一統誌上未記載，所以提出自己所發現之事實，盼您加以注意。

6 月 21 日

水路部長　肝付兼行」[34]

7 月 16 日，臨時代理外務大臣西園寺致伊藤總理大臣院，請求內閣

---

[33] 日本外交文書，第 180 號，6 月 20 日，「臨時代理外務大臣西園寺與西班牙臨時代理公使舉行會談，日本發佈「關於在西太平洋兩國領界通告文件」，明治 28 年，第一冊，頁 294-296。

[34] 日本外交文書，第 181 號，6 月 21 日，「海軍省水路部長肝付致臨時代理外務大臣西園寺，臺灣南方離島有關文件」，明治 28 年，第一冊，頁 296。

會議討論日本和西班牙兩國對巴士海峽劃界宣言之文件，其內容如下：

「內閣總理大臣：

本年 6 月 12 日我駐西班牙臨時代理公使接受本國政府訓令，聲明以太平洋南部之巴士海峽中央（線）為日西兩國之界線，盼表明我政府無意將該線以南及東南方之島嶼視為本國所有，如附件甲號。內閣會議時，本人曾就此事提出口頭聲明，並請總理裁示。因西國政府已對該水道中央線以北及東北之島嶼發表相同之宣言，故有關右述內容，將採相互聲明之方式。經內閣會議通過後，已將右述意見經我駐西國代理公使交由西國政府協議。由於西國政府對右述內容未有異議，故經本國駐西國公使向西國交換附件乙號之宣言。

以上乞請內閣討論。

附件甲：6 月 20 日我西國公使會見西國外務大臣時，提出之協議案抄本。

附件乙：7 月 5 日，奉本野外務參事官大臣之命令，我駐西國公使面會並交付該文件給西國外務部，經過五天的談判完成修正本之宣言書譯文。」[35]

8 月 2 日，伊藤博文總理大臣院致函臨時代理外務大臣西園寺，同意「日西兩國關於在西太平洋兩國版圖境界宣言」換文。該函內容如下：

「附屬書　宣言書

內閣送第 22 號　　8 月 2 日接受

關於日西兩國在西太平洋兩國版圖境界宣言書，另外呈奏裁可。

明治二十八年八月二日

內閣總理大臣公爵　伊藤博文（印）

臨時代理外務大臣、文部大臣侯爵　西園寺公望殿

（附屬書）

日本國皇帝陛下之政府及西班牙皇帝陛下之政府，均希望增進兩國間

35　日本外交文書，第 182 號，7 月 16 日，「臨時代理外務大臣西園寺致伊藤總理大臣院」，7 月 16 日發文第 78 號，外務大臣致內閣總理大臣親展，明治 28 年，第一冊，頁 296-297。

現存之友誼，並相信明確認清太平洋西部兩國版圖之所領權，實為求達此項希望之一切。為此兩國政府所委全權，即日本國皇帝陛下之文部大臣臨時代理外務大臣侯爵西園寺公望，及西班牙皇帝陛下之特命全權大臣加尼沃（Don Jose de la Rica y Calvo），協議並決定左列宣言：

　　第一、以通過巴士海峽可以航行海面中央之緯度並行線，為太平洋西部日本及西班牙兩國版圖之境界線。

　　第二、西班牙宣言決不主張該境界線之北方及東北方之島嶼為其所有領土。

　　第三、日本國政府宣言決不主張該境界線之南方及東南方之島嶼為其所有領土。

　　明治 28 年 8 月 7 日，即西元 1895 年 8 月 7 日，在東京作成宣言書兩份。

侯　爵　　西園寺公望

全權公使　　加尼沃」³⁶

　　在該項宣言中，日本和西班牙皆提出了一份地圖，日本在宣言中附了一份由英國海軍出版（British Admiralty Chart No2408）的巴旦列島（Batan Islands）圖，西班牙則附了一張手繪的巴士水道（Canal Des Bashée）和巴林坦水道（Canal Balintang）圖。³⁷（參見圖 9-20 和圖 9-21）唯一可惜的是這些地圖僅是海域地區圖，而沒有雙方達成協議的劃界經緯度圖。

　　上述文件已定好在 8 月 7 日與西班牙政府換文，所以在該日兩國完成簽約手續並換文。8 月 12 日，日本將上述日本和西班牙境界線宣言通知

36　日本外交文書，第 183 號，8 月 2 日，伊藤總理大臣致臨時代理外務大臣西園寺，「日西兩國關於在西太平洋兩國版圖境界宣言換文」，明治 28 年，第一冊，頁 297-298。宣言之中文譯本，參見張炳南監修，前引書，頁 141-142。從當時西班牙所畫的地圖以及相關的解釋來看，「巴士水道」是指可以航行的水道，故該書將「巴士水道」譯為「巴士海峽」並不妥。

37　這些地圖請參見日本公文書館アジア歴史資料センター，件名：西太平洋ニ於ケル領界ニ関シ日西両国宣言書交換一件，編碼：B03041169400，微卷 Reel 1-0334，0427-0438 頁。

英國、俄羅斯、美國、德國、奧地利、荷蘭、清朝和朝鮮等國的公使。日本政府並在 8 月 17 日在官報中正式刊載上述日西協議內容。

日西簽署的協議是使用法文本，法文本附件二，編號 2，對「巴士水道」（Canal des Bashée）做了解釋，其內容為：「巴丹（Batan）陸地極北端點緯度為 21°05'30"。南岬（Nan-sha）燈塔或福爾摩沙最南端岬角（即福爾摩沙或蘭嶼群島最盡頭之端點）緯度為 21°55'30"。兩緯度平均中線為北緯 21°30'30"。根據地圖上所標記，北起維勒雷特（Vele Rete）礁岩群（北緯 21°45'30"），或七星岩（Gad）（北緯 21°43'），南迄巴士礁岩群（les roches des Bashee）（北緯 21°12'）（不確定是否存在）之間，只被認定為航海危險區域，不具任何領土價值。以地理觀點來看，巴士航道寬 57 海浬，北起小蘭嶼島（Petit Botel），南迄塔米島（Tami），平均中線為 21°31'30"；以航海觀點來看，其水道寬度為 40 海浬，係介於七星岩（位於水面下）及不確定位置之巴士礁岩群（亦為水面下礁石）之間。」[38]

法文本附件三附了一張西班牙文標示的巴士水道圖。（參見圖 9-22）該圖清楚的標示了巴士水道的中央線，剛好位在七星岩稍南方，即在北緯 21 度 30 分左右。

前述法文二項附件中所提出的島礁名稱，有幾處與西班牙文和現在用語不同，例如南岬，西班牙文又稱為 Cape Sud；七星岩，西班牙文稱為 Cadd；塔米島，西班牙文稱為 Yami。不過，該兩項文件已清楚的指出巴士水道的範圍在小蘭嶼和雅米島之間。該法文附件彌補了日西協議中不明確的巴士水道的缺點。

---

[38] "Declaración Sobre Demarcación de Limites Entre España y Japón, Anejo n°2, Negociación Siglo XIX, Japón 482, TR 300, Expediente:08, Año:1895," in Marzuis De Olivart, par le, *Recueil des Traites, Conventions: Et Documents Internationaux*, Regence de Dona Maria Cristina (Tome III, 1894-1896), De la Collection volume onzieme, Librairie De Fernando Fe, Mcmii, Madrid. 「1895 年 8 月 7 日西班牙與日本簽訂『在西太平洋之相對領土邊界劃定聲明』條文以及會議協商文件」，載於國際條約、協議暨文件彙編，第 11 冊，Fernando Fe 書局，馬德里，1902，頁 247-248。資料來源：西班牙國家檔案館。

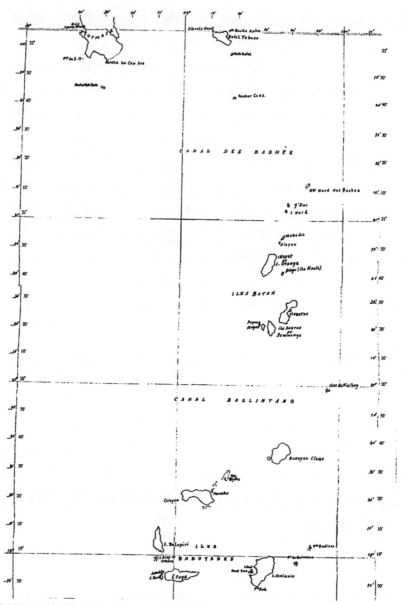

資料來源：日本國立公文書館アジア歷史資料センター，件名：西太平洋ニ於ケル領界ニ
　　　　　関シ日西両国宣言書交換一件，編碼：B03041169400，微卷 Reel 1-0334，頁
　　　　　0437-0438。http://jacar.go.jp/DAS/meta/image_B03041169400?IS_STYLE= default
　　　　　&IS_KEY_S1=F20060921114113388359&IS_KIND=MetaFolder&IS_TAG_S1=Fold
　　　　　erId&

圖 9-21：西班牙談判代表提示之巴士水道和巴丹群島略圖

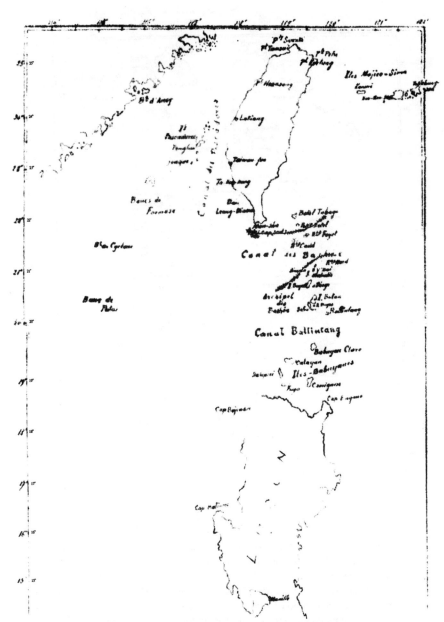

資料來源：西班牙外交部檔案館藏，Titulo: Negociación Siglo XIX,
　　　　Serie: Japón 482, Signatura: TR 300, Expediente: 008
　　　　Año: 1895　　　圖上原文為法文

圖 9-22：西班牙談判代表提示之法文巴士水道略圖

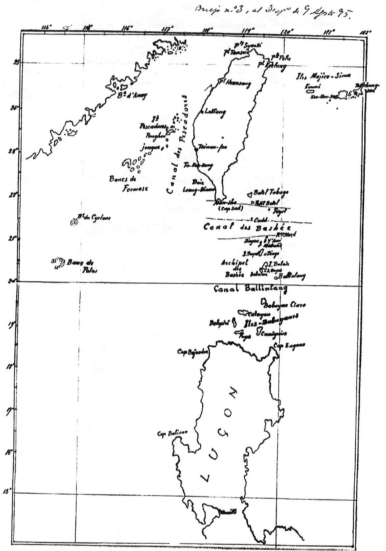

資料來源："Declaración Sobre Demarcación de Limites Entre España y Japón, Anejo n°2, Negociación Siglo XIX, Japón 482, TR 300, Expediente:08, Año:1895," in Marzuis De Olivart, par le, *Recueil des Traites, Conventions: Et Documents Internationaux*, Regence de Dona Maria Cristina (Tome III, 1894-1896), De la Collection volume onzieme, Librairie De Fernando Fe, Mcmii, Madrid. 「1895 年 8 月 7 日西班牙與日本簽訂『在西太平洋之相對領土邊界劃定聲明』條文以及會議協商文件」，載於國際條約、協議暨文件彙編，第 11 冊，Fernando Fe 書局，馬德里，1902，頁 247-248。西班牙國家檔案館收藏。

圖 9-23：法文本附件三所附法文巴士水道示意圖

　　其中最大的問題是日文本用「巴士海峽」，西班牙文本用「Canal navigable de Bachi」，日西兩國對於該名詞的理解是否相同？二者是否為同一個地理範圍？這可能須回到當時日本的文獻，何謂巴士海峽？才能有一個正確的理解。至 1898 年西班牙和美國代表在巴黎談判時，西班牙談判代表清楚表明西班牙和日本曾訂有境界協議，為何對於該協議之內容有不同的理解？如果當時能拿出上述的法文本地圖，則當可避免巴黎條約第三條的「不正確」記載。

五、美西巴黎條約的疆界規定

　　美國和西班牙在 1898 年 6 月發生戰爭，美軍在馬尼拉灣擊敗西班牙艦隊，結果西班牙戰敗，雙方先在華府由美國國務卿威廉戴（William R. Day）和經由西班牙政府授權談判的法國駐華府大使侃朋（Jules Cambon）舉行談判，於 8 月 12 日達成和平議定書（Peace Protocol），其中第三條規定：「美國將佔領和控有馬尼拉的城市、港灣和港口，未來將簽訂的和平條約，將決定菲律賓的控制、掌有處分和治理。」（Article 3 -- The United States will occupy and hold the city, bay and harbor of Manila pending the conclusion of a treaty of peace which shall determine the control , disposition and government of he Philippines.）[39]

　　同時，美、法議定以法國巴黎作為舉行美西和平談判之地點。美國派遣的談判代表為：前國務卿威廉戴（談判代表團主席）、參議院外交委員會主席戴維斯（Cushman K. Davis）、參議員福瑞（William P. Frye）、參議員葛雷（George Gray）、主編李德（Whitelaw Reid）（前美國駐法國公使）。西班牙談判代表為：參議院主席李歐士（Don Eugenio Montero Rios）（代表團主席）、參議員阿巴朱沙（Buenaventura Abarzuza）、最高法院副法官（Associate Justice）加尼卡（Jose de Garnica）、西班牙駐

[39] "Complete copy of the document given out at Washington," *The Brooklyn Daily Eagle*, November 5, 1898, p1.

比利時全權部長（Minister Plenipotentiary to Belgium）維拉烏魯悌亞
（Wenceslao Ramirez de Villa-Urrutia）和山茲（Rafael Cerero y Saenz）將
軍。[40]

　　11 月 25 日，美國談判代表團法律顧問巴斯特‧摩爾（John Bassett
Moore）向國務卿約翰海（John Hay）致送一份電報，報告美國談判代表
團之間對於西班牙的建議出現不同的意見，因此請國務卿裁奪。巴斯特‧
摩爾致電國務卿約翰海說：

　　「我方談判代表團主席昨晚收到西班牙談判代表的一封信，推翻我方
上星期一提出的最後建議，要求我方就下述三項建議擇一，該三項建議如
下：

　　西班牙放棄對古巴的主權，割讓波多黎各和其他安地斯群島，在拉德
龍群島的關島、菲律賓群島，包括民答那峨（Mindanao）、蘇祿割讓給
美國，美國付給西班牙一億美元作為西班牙統治這些群島的主權和公共建
設的補償費。

　　將位在卡羅林納群島的古沙耶島（Kusaie）割讓給美國，將這些島或
馬里亞納群島上鋪設電纜線權利讓給美國，但仍置於西班牙的統治之下，
割讓菲律賓群島本部——即從北方開始，包括巴丹群島、巴布煙群島、呂
宋、米賽亞群島、以及所有延伸到南方的島嶼，最遠到蘇祿海。西班牙維
持控有蘇祿海以南的民答那峨島和蘇祿島，後兩島並未形成菲律賓群島本
部的一部分。美國支付上述諸島鋪設電纜線權利費以及西班牙在上述諸島
統治期間的公共建設費等的補償費，總共 5 千萬美元。

　　西班牙放棄對古巴的主權，除了波多黎各、其他西印度群島和關島之
外，並無償地將菲律賓群島本部割讓給美國，西班牙以割讓作為補償自上
一次古巴暴動以來美國付出的戰費和美國公民受傷的賠償。美國和西班牙
將提交仲裁法院，判決殖民地政府欠多少債務以及義務，以及殖民地政府

---

[40] "The Treaty of Peace with Spain," in *The Collected Papers of John Bassett Moore*, In Seven
Volumes II, Yale University Press, New Haven, 1944, p.144; Gregorio F. Zaide, *Philippine
Political and Cultural History*, Vol. II, The Philippines Since the British Invasion, Philippine
Education Company, Manila, 1956, p.191.

應將西班牙放棄和割讓的土地，移轉其（這些島嶼的）主權給美國。

關於上述三項建議，我方代表們持下述觀點：威廉戴、戴維斯和李德認為我們應主張上星期一的最後的建議；福瑞和葛雷主張提出一項建議將民答那峨和蘇祿留給西班牙，另獲取卡羅林納群島的烏亞蘭（Ualan）或師傳島（Strong Island），只付給西班牙 2 千萬美元。假如該建議是原先的建議，則威廉戴先生將會贊成該建議。他相信民答那峨和蘇祿群島可以與其他島群分開來，由於這些島嶼的人民的關係，可能成為麻煩和花大錢的來源，對我們是不需要的。他認為烏亞蘭或師傳島可能對我們更有價值，他主張獲取該兩島。他也認為此一利權可能可以簽訂一條約，此也規定在我們提出的最後通牒中；但如前所述，他認為現在我們唯一應堅持的作法是堅持該最後通牒。惟葛雷代表較偏好第三項建議。

我方代表想在明天答覆西班牙談判代表。

星期五下午 4 時 30 分。

巴斯特‧摩爾」[41]

值得注意的是，西班牙提出的第二項建議中，曾提及「割讓菲律賓群島本部——即從北方開始，包括巴丹群島」等句子，顯然西班牙政府當時還有意將巴丹群島割讓給美國，但後來為何談判的結果未將巴丹群島包括在割讓的領土內？讓人疑惑不解。

11 月 25 日，國務卿約翰海致電威廉戴，說：「總統已考慮了西班牙代表交給你的三項建議。他認為沒有理由不堅持他上次的指示以及你依此所提的建議。他的指示是你應遵守上次的建議，謝絕西班牙代表的建議。他重提他在 11 月 13 日的指示，假如割讓卡羅林納群島的一個島嶼，以及福瑞和李德所提及的其他利權而要支付額外的補償時，你據此而獲有授權。假如關於菲律賓的談判是成功的，你將與總統溝通取得師傳島需要支

---

[41] "Mr. Moore to Mr. Hay [Telegram], Paris, November 25, 1898," in 55th Congress, 3rd Session, House of Representatives, Document No. L., *Papers Relating to the Foreign Relations of the United States, with The Annual Message of the President Transmitted to Congress*, December 5, 1898, Washington: Government Printing Office, 1901, pp.958-959.

付多少費用，他會給你指示。」[42]

11 月 26 日，威廉戴將美國總統的上述指示轉告西班牙談判代表李歐士。他強調應以 11 月 23 日他交給西班牙談判代表的信作為談判的基礎，[43]即以支付西班牙 2 千萬美元作為割讓菲律賓群島的代價。

11 月 26 日，西班牙談判代表團主席李歐士通知其政府，美國要求割讓蘇祿群島。[44]但 11 月 27 日，威廉戴致電國務卿約翰海說：「今天巴黎先鋒報（*Paris Herald*）報導一封來自華府的電報稱：我方增加了對西班牙要求蘇祿島。該項不正確的報導給人增加一種印象，即我方在最後通牒後又增加領土要求。」[45]該封電報透露了一個很奇怪的信息，美國政府提出新的領土要求，欲將蘇祿島納入割讓範圍，顯然並未事先讓威廉戴知道。

11 月 28 日，美西代表再度舉行談判，西班牙代表表示接受美國所提出的條件，雙方將就古巴、波多黎各、菲律賓群島的協議條款再進一步協商，然後由雙方的秘書起草條款再交由聯合委員會同意或修改。

美西談判達成協議，但當時並未披露雙方協議條約的內容，因此報紙報導推測當時美國要求的菲律賓群島的範圍是：「據信美國要求菲律賓群島疆界的定義將如下：從北緯 5 度 32 分到 19 度 38 分，從東經 117 度到126 度，因此南北約 1 千英里，東西約 600 英里。」[46]據此報導可知，當時美國談判代表所要求的菲律賓群島最北邊疆界在北緯 20 度以南。

---

[42] "Mr. Hay to Mr. Day [Telegram],Washington, November 25, 1898," in 55th Congress, 3rd Session, House of Representatives, Document No. L., *op.cit.*, p.960.

[43] 西班牙外交部檔案館藏。William R. Day to E. Montero Rios, November 26, 1898. Annex 4 to Protocol N°16. Documentos, Protocolos de Conferencias (Seleccionado) Para el Tratado de Paz, Entre Los Estados Unidos de America y Espana, Conferencias de 31 Octubre, 28 y 30 de Noviembre, 2 5 y 10 de Diciembre de 1898, Fuente de: Archivo General , Ministerion de Asuntos Exteriores de Espana.

[44] "Secretary Ojeda says no instructions have reached Spanish Board," *The Brooklyn Daily Eagle*, November 26, 1898, p.1.

[45] "Mr. Day to Mr. Hay [Telegram], Paris, November 27, 1898," in 55th Congress, 3rd Session, House of Representatives, Document No. L., *op.cit.*, p.960.

[46] "Spain accedes to our terms, acceptance verbally announced by Her Envoys," *The Brooklyn Daily Eagle*, November 28, 1898, pp.1-2.

　　11 月 30 日，美西談判代表再度舉行會議，美方由談判代表團秘書和法律顧問巴斯特‧摩爾提出和平條約草案，但會議因時間不夠而延至 12 月 2 日繼續開會。該和平條約草案第三條的文字為：「沿著或靠近北緯 20 度由西向東劃一直線，經過可航行的巴士水道的中線」。而此一條文後來未再修改，與正式條文一致。

　　值得注意的是，在美西雙方的正式會議記錄中，無法查到為何美國在 10 月 31 日建議割讓菲律賓群島的範圍從北緯 21 度 30 分改變為 11 月 30 日和平條約草案的北緯 20 度。關於此一疑點，可從曾擔任 1898 年美國談判代表團秘書和法律顧問巴斯特‧摩爾法官在 1899 年 1 月 12 日寫信給美國國務卿約翰海看出端倪，該信內容為：

　　「致尊崇的國務卿先生：

　　布拉德福特司令（Command Royal. B. Bradford）〔按：當時為裝備局局長（Chief of the Bureau of Equipment）〕要求注意美國和西班牙簽訂的和平條約第三條菲律賓疆界的開頭條款的『不一致（inconsistency）』之處。

　　該條款內容如下：

　　『沿著或靠近北緯 20 度由西向東劃一直線，經過可航行的巴士水道的中線』。

　　布拉德福特司令觀察到北緯 20 度『經過一百英里到巴士（Bachi 或 Bashee）水道西南，約在巴丹群島南方，巴丹群島是屬於菲律賓群島的重要島群。』他建議該有疑問的條款可以下述詞句予以替代，即以『北緯 21 度 30 分』取代『北緯 20 度』，因此，該條款文字為：

　　『沿著或靠近北緯 21 度 30 分由西向東劃一直線，經過巴士水道的可航行部分的中線』，等等。

　　布拉德福特司令所指出的目前美西條約中的條款的不一致之處，他是對的，該案緣起我將加以解釋。

　　美國參加割讓菲律賓談判會議的代表們在 1898 年 10 月 31 日會議上向西班牙代表們提出建議，由美國代表布拉德福特司令建議菲律賓的疆界劃分如下：

『沿著北緯 21 度 30 分北方，從格林威治東經 118 度到 127 度』，等等。

在 11 月 21 日的會議上，美國代表向西班牙代表提出一項『最後的建議』：『它要求割讓菲律賓整個群島』。

這項建議在 11 月 28 日的會議上為西班牙的代表所接受，而且同意確定的條約內容應按此訂定。

西班牙代表的秘書長隨後立即交給我一份西班牙和日本在 1895 年 8 月 7 日簽訂的協議的複本以及一份地圖。該項文件顯示菲律賓北部疆界已由西班牙和日本經由協議解決了。他表示我方原先提議的疆界線內包含的群島，西班牙已承認屬於日本，因此他無法將該群島割讓給美國。

交給我的原先的西班牙和日本的協議和地圖，一併附在本函。我將這些文件提示給美國代表們，他們立即和自然地表示我們北方的疆界線必須符合西班牙和日本的協議。

似乎西班牙和日本協議的內容為：『以通過巴士海峽可以航行海面中央之緯度線，為太平洋西部日本及西班牙兩國版圖之境界線。』日本不宣布擁有該線以南的群島，而西班牙不宣布擁有該線以北的群島。

似乎在西班牙的地圖上，菲律賓主群島以北的唯一的水域形成水道（海峽）的樣子，它位在一個叫著巴丹（Batan）的小群島以南的地方，該水道剛好位在北緯 20 度。在西班牙的地圖上，該小群島沒有標示名稱，它標示著巴士水道，如西班牙和日本協議上所說的。

掛在美國代表們的會議室牆上的菲律賓地圖，並沒有向北延伸〔菲律賓〕群島涉及日本所擁有的群島，亦沒有給予菲律賓以北或群島以北部分的任何水道命名。

西班牙代表根據西班牙和日本的協議和地圖的說明，主張此被接受為具有權威的和正確的〔協議和地圖〕，因此美國所建議的疆界線被修改了。該條經過修改的疆界線已於 12 月 3 日以電報（telegraph）呈給國務卿，並用以回應國務院的海底電報的聲明（cabled statement），報紙也刊載美國代表建議的疆界線明顯是不正確的。

然而，西班牙代表的主張是不正確的。

由布拉德福特司令交給我的地圖，一併附在本函，顯示在西班牙地圖上位在北緯20度的無名字的水道是巴林坦水道（Balintang Channel）。並沒有顯示在西班牙地圖上的巴士水道，係位在巴丹群島以北；明顯地，沿著或接近巴士水道中線的緯度是北緯21度30分。

關於疆界的法律的原則，若疆界的走向和距離與自然界線相衝突，則後者優先於前者。因此，被採用為疆界的一條水流（stream）可能被認為構成該疆界，雖然其經緯度描述錯誤或改變，如經常發生的。

在目前的例子裡，簽約雙方的目的是採用巴士水道可航行的水道中線作為菲律賓群島北方疆界，是沒有疑問的。美國代表們被勸使改變他們原先的建議，其目的在於水道也許可以被採用，以符合西班牙和日本的解決方案。

在所有情況之下，現在可以考慮的改正不正確的最方便的途徑如下所述：

現在的條款為：

『沿著或靠近北緯 20 度由西向東劃一直線，經過可航行的巴士水道的中線』，等等。

將『沿著或靠近北緯20度』一句刪除，則條款改為：

『由西向東劃一直線，經過可航行的巴士水道的中線』，等等。

這樣該條款將符合西班牙和日本的協議，因為該協議並沒有特別規定經由水道的緯度。

可以觀察到的，假如該疆界線應被認為必須正確地符合該緯度（按：指北緯 20 度），則這不可能由美國和西班牙以條約（treaty）為之，而可能可以由菲律賓的主權者和日本簽訂協議（convention）為之。

此地所提出的修正建議，西班牙政府可能不會，無疑地不會反對。我認為可以合宜的說，我相信西班牙代表的主張是出於誠信（good faith），無意於誤導。也許他們是受到所提供的文件的誤導，而該文件沒有正確的解釋。在馬德里負責該問題的官員所提供的文件是錯誤的，此並非不可能。如本函所附的與西班牙和日本協議有關的西班牙地圖，完全是誤導。

敬呈

巴斯特‧摩爾」[47]

根據巴斯特‧摩爾上述信函的內容來看，可以有以下幾點認識：

第一，美國和西班牙在談判簽訂和平條約時，即已注意到條約第三條菲律賓疆界的經緯度有疑問，而且要求從北緯 20 度延伸到北緯 21 度 30 分，但遭到西班牙談判代表拒絕。

第二，西班牙談判代表說，北緯 20 度是 1895 年與日本達成的兩國疆界線。該線以北的島嶼歸屬日本，以南的島嶼歸屬西班牙。西班牙無法將該線以北的群島（即指巴丹群島）交給美國。

第三，在西班牙代表交付給美國代表的地圖上，標繪著巴丹群島的位置，但沒有標示名稱。此外，圖上將北緯 20 度以北的海域標示為巴士水道。美國代表認為西班牙提供的地圖有錯誤。

第四，巴斯特‧摩爾認為群島的自然地形具有構成疆界的優先權。

第五，巴斯特‧摩爾建議將美西巴黎條約第三條局部改為『由西向東劃一直線，經過可航行的巴士水道的中線』，等等。以符合西班牙和日本的協議，因為該協議並沒有特別規定經由水道的緯度。

然而，值得注意的是，巴斯特‧摩爾一再指稱西班牙提供的地圖有錯誤，但他也指出美國談判代表在會議室中也掛了一張菲島地圖，他說：「掛在美國代表們的會議室牆上的菲律賓地圖，並沒有向北延伸〔菲律賓〕群島涉及日本所擁有的群島，亦沒有給予菲律賓以北或群島以北部分的任何水道命名。」顯然當時牆上掛圖也跟西班牙談判代表提供的地圖一樣。

第六，在 1895 年時，西班牙並沒有指出巴士水道可以航行的中線在何處，至 1898 年時即明白指出係位在北緯 20 度，而且公開承認該線以北島嶼屬於日本，西班牙並沒有要將北緯 20 度以北的群島割讓給美國的意思。因此，即使 1895 年西班牙尚無明確意思將巴丹群島歸屬日本，但 1898 年西班牙以國際條約方式明示將巴丹群島劃歸日本，應毋庸質疑。

---

[47] "John Bassett Moore to John Hay, January 12, 1899," Department of State, Washington.

儘管美國質疑西班牙地圖的錯誤，但並無法因此減損西班牙將巴丹群島劃歸日本的意思表示的效力。

第七，該文提及「可以觀察到的，假如該疆界線應被認為必須正確地符合該緯度（按：指北緯 20 度），則這不可能由美國和西班牙以條約（treaty）為之，而可能可以由菲律賓的主權者和日本簽訂協議（convention）為之。」從而顯示美國當時有意與日本談判解決該一劃界問題。但後來美國並沒有這樣做，而直接以武力兼併巴丹群島。

第八，至於日本從 1898 年西班牙政府之意思表示中是否即明白它擁有巴丹群島？是另一個問題。畢竟，日本當時可能正忙於鎮壓臺灣島內的反抗勢力，而未注意或顧及此一問題。

經過兩個月的談判，美西雙方於 12 月 10 日在巴黎簽署條約。該約第三條規定西班牙依據經緯度將其所佔領的菲律賓群島割讓給美國，該第三條內容如下：

「西班牙割讓名為菲律賓群島的列島以及包含在以下疆界線內的島嶼給美國：

沿著或靠近北緯 20 度由西向東劃一直線，經過可航行的巴士水道的中線，從格林威治東經 118 度到 127 度，從那裡沿著東經 127 度到北緯 4 度 45 分，從那裡沿著北緯 4 度 45 分到東經 119 度 35 分交叉點，從那裡沿著東經 119 度 35 分到北緯 7 度 40 分，從那裡沿著北緯 7 度 40 分到東經 116 度交叉點，從那裡劃一直線到北緯 10 度與東經 118 度交叉點，從那裡沿著東經 118 度到起始點。

美國將於本條約互換批准書後三個月內付給西班牙 2000 萬美元。」

該約相當明確地規定美國所擁有的菲律賓群島的範圍，但值得注意的有三點：

第一，西班牙割讓給美國的最北界線是在北緯 20 度。以當時條文內容來看，不可能是誤寫或測量錯誤。換言之，在北緯 20 度以北的巴丹群島並不在割讓的領土之列。

第二，約文中規定北緯 20 度是「巴士水道可以航行線之中央線」（the middle of the navigable channel of Bachi）。值得注意的是，該一文字

規定與日西協議中的「巴士海峽可以航行海面中央之緯度並行線」相近。
換言之，當西班牙在與美國簽署巴黎條約時，它遵守了 1895 年日西協議
的規定。

第三，「巴士海峽可以航行線之中央線」與北緯 20 度有何關連？巴
士海峽的位置，是否包括從臺灣到巴布煙群島之間的水道？抑或指臺灣到
巴丹群島之間的水道？如指前者，則巴士海峽的中央線即落在北緯 20
度。如指後者，則巴士海峽的中央線與北緯 20 度沒有關連。就現在的意
義言，巴士海峽「可以航行」的地方有兩個，一個是臺灣和巴丹群島之

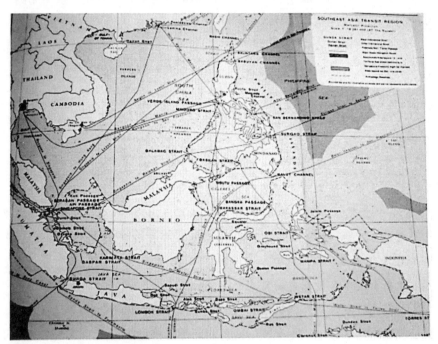

原圖出自：*Navigational Restrictions within the New LOS Context, Geographical Implications
for the United States*, 1986, p 290.

本圖翻攝自：Vivien Jane Evangelio Cay, "Archipelagic sea lanes passage and maritime security
in archipelagic Southeast Asia," World Maritime University Dissertations, 443,
2010, p.67. http://commons.wmu.se/all_dissertations/443.

資料來源：http://commons.wmu.se/cgi/viewcontent.cgi?article=1442&context=all_dissertations
（2017 年 4 月 9 日瀏覽）。

圖 9-24：菲律賓北部航道圖

間，另一個是在巴丹群島和巴布煙群島之間的巴林坦水道（Balintang Channel）。但回到 1895-1898 年的時光來看，當時可以航行的巴士海峽是否在臺灣和巴士水道之間？由於當時船隻動力較小，由南海航入巴士水道，再轉往日本，將在水道遇到從東往西流的黑潮支流的強勁逆海流，並非適宜的航行路線。若由菲島西海岸的南海從南往北航行航經今天的巴林坦水道，從西往東進入太平洋後折北航抵臺灣南部或直接前往日本，都是順著黑潮潮流，應是當時主要的航行路線。當時許多書上劃的航行路線圖，都是如此。（參見圖 9-24）就此而言，當時西班牙無論與日本談判時或與美國談判時，應都是以當時認為可航行的航道觀念為之，巴士海峽的可航行的中央線應即指北緯 20 度的水道，今天稱巴林坦水道的地方。

六、美國入侵巴丹群島

（一）媒體之報導

關於美西巴黎和約中的瑕疵，在 1899 年 11 月經報紙之報導後，才引發美國和西班牙的注意。

紐約時報（*The New York Times*）在 1899 年 11 月 1 日有一則報導稱：「一個敏感的問題今天在參議院引發，此乃因為阿敏納斯公爵（Count d'Almenas）宣稱西班牙和美國和平談判代表的無知所引起，他說菲律賓群島中的三個島，包括位在呂宋島以北的兩個巴丹島和卡拉揚島（Calayan）都未包括在條約的範圍內。他主張這些島嶼應作為釋放西班牙戰俘的談判籌碼。」[48]

同一天又報導稱：「在馬德里公布的菲律賓群島中的島嶼，它並未包括在條約中割讓給美國的島嶼，菲律賓委員會（Philippine Commission）（按：是指美國統治菲島初期設立的委員會）的委員不認為它有何重要性，因為它太小，不用遺憾，這些委員說，需要知道該聲明是否正確。

委員之一今晚說，所提及的群島不值得談判，因為它們不具物質利

---

[48] "Island not all cede ?," *The New York Times*, November 1, 1899.

益。它們人煙稀少，不具商業利益，也非正常航運必經之地。和平條約的
條件，將割讓的北界訂在沿著或接近北緯二十度，與緯度之平行線。

巴丹群島位在北緯二十度以北，假如平行線剛好在該線上，則巴丹群
島不位在條約範圍內。屬於巴布煙群島的卡拉揚島（Calayan Isalnd）位在
該二十度平行線以南，所以位在條約範圍內。」[49]

上述兩則報導顯示以下之意義：

第一，位在呂宋島以北的兩個巴丹島和卡拉揚島（Calayan）都未包
括在條約的範圍內。

第二，「菲律賓委員會」的委員認為巴丹群島太小，不具有何重要
性。

第三，「菲律賓委員會」的委員認為巴丹群島人煙稀少，不具商業利
益，也非正常航運必經之地，所以不值得為它進行談判。

第四，巴丹群島位在北緯 20 度以北，假如平行線剛好在該線上，則
巴丹群島不位在條約範圍內。

1899 年 11 月 1 日，美國紐約市布魯克林地區出版的布魯克林每日鷹
報（The Brooklyn Daily Eagle）刊載了一則消息稱：「華府，11 月 1 日。
此間當局作了一個正面的聲明，即西班牙沒有繼續擁有菲律賓群島中的一
個島嶼。昨天西班牙國會由阿敏納斯公爵（Count d'Almenas）發表一項
聲明，說由於無知，根據群島疆界條約的定義，美國和平談判代表允許群
島最北邊的三個島嶼由西班牙控制。從關於條約條款規定割讓整個群島的
充足性來看，上述說法是豪無疑問的。關於阿敏納斯公爵的此一觀點，若
有瑕疵的話，就是事實上此將不會對西班牙有利，因為西班牙官方認為菲
律賓群島北方的群島屬於日本。」[50]

莽蛇標準報（The Anaconda Standard）在 11 月 1 日也報導：「10 月
31 日，今天參議院阿敏納斯公爵的聲明引發了一個敏感問題，由於西班
牙和美國和平條約談判委員的無知，菲律賓群島的三個島，位在呂宋島北

---

[49] "Island not all cede ?," *The New York Times*, November 1, 1899.

[50] "Spain and the Philippines: not a single island in the Archipelago remains in Her Possession,"
The Brooklyn Daily Eagle, November 1, 1899, p.12.

邊的兩個巴丹島和卡拉揚島，沒有被包括在條約內。他認為這些島是應作為釋放囚犯之談判之基礎。」[51]

11 月 2 日，美國華盛頓時報（*Washington Times*）也做了標題為「主張明顯不能支持（Claims clearly untenable）」的報導：

「政府並不關心西班牙參議院在星期二所做的巴丹群島和卡拉揚島（Calayán）兩個島群，由於條約簽訂者的無知所造成，並不包含在西班牙移轉給美國的菲律賓群島內的主張。該項主張，早在條約簽訂時已為政府所知。美國代表團對於這些群島是否不包含在條約所規定的群島的疆界內的問題，已給予充分的考慮，最後與西班牙代表團達成一致意見的安排，即這些島嶼應包含在美國的管轄之下，儘管簽約者所劃定的地圖證實為有缺點。

然而，為提供反駁巴丹群島和卡拉揚群島沒有移轉給美國的主張的偶發事件，美國代表團提議菲律賓群島的北方邊界應在北緯 21 度 30 分。條約的第一個草案包含此一條款。但西班牙代表團建議說，此一疆界明顯侵犯日本的領土，並且主張說菲律賓群島的北方疆界經常是位在巴士水道的中央線。這個水道位在北緯 20 度北方，但在北緯 21 度 30 分之南邊。批准的條約包含一個條款，即西班牙移轉給美國的領土的北方疆界應是『沿著或靠近北緯 20 度由西向東劃一直線，經過可航行的巴士水道的中線。』

此可明白地包含了美國依條約獲自西班牙的三個有疑問的群島。

昨天西班牙參議員的主張被解釋為，西班牙政府應證實一位參議員星期二在馬德里所做的主張，西班牙可自承犯了不誠實的罪，因為是根據西班牙和平代表團提出的西班牙官方地圖，美國和平代表團同意將菲律賓北方疆界從北緯 21 度 30 分改變為北緯 20 度。在提出該項改變時，西班牙代表團主張說，一條經過北緯 20 度和巴士水道的線，可能會將巴丹群島和卡拉揚群島納入新的美國領土內，因此在道德上對他們有約束，即使條約中所述的北方界線不是位在這些群島的北邊，致不能把巴丹群島和卡拉

---

[51] "Three Islands omitted," *The Anaconda Standard*, Vovember 1, 1899, p.1.

揚群島移轉給美國。

　　立即否決西班牙對這些群島的權利,可由這個(指西班牙)政府做出,假如西班牙政府贊同馬德里參議員阿敏納斯公爵的主張,則〔我們〕可以柔軟的外交辭令來質問,西班牙政府意欲何為?」[52]

　　紐約論壇報(*New York Tribune*)亦在 11 月 2 日刊出消息稱:「華府 11 月 1 日消息:此間當局(指華府)正面陳述說西班牙並不擁有菲律賓群島中任一島嶼。昨天西班牙參議員阿敏納斯公爵提出主張說,由於無知,根據美國和平代表所簽訂的群島疆界的條約,美國和平代表已允許菲律賓群島最北邊的三個群島置於西班牙控制之下。據稱,關於割讓整個群島的條約條款的充足性,是毫無疑問的。假如關於此一論點有失敗,則事實上對西班牙不見得有利,因為官方的說法是菲律賓群島北方的島群是屬於日本。」[53]

　　太陽報(*Sun*)亦於 11 月 1 日刊出消息稱:「馬德里 10 月 31 日消息:阿敏納斯公爵今天自參議院提出一個敏感的話題,他說由於西班牙和美國談判代表的無知,菲律賓群島北邊的三個島群,即兩個巴丹島嶼和卡拉揚島嶼,並不包括在和平條約的範圍內。他說此應作為與美國談判釋放被菲律賓人囚禁的西班牙囚犯的基礎。」[54]

　　紐約時報在 1899 年 11 月 2 日報導稱:「華府 11 月 1 日報導:此間當局正面聲明,西班牙政府並沒有擁有菲律賓群島任一島嶼。昨天西班牙國會(Spain Cortes)議員阿敏納斯公爵宣稱由於美國和平談判的代表的無知,他們對和平條約疆界之界定,使得菲律賓北部三個小島仍置於西班牙的控制之下。關於割讓整個菲律賓群島給美國之條約條款是充足的,此一說法是無庸懷疑的。假如關於該一論點有失敗的話,則實際上並非對西班牙有利,因為官方的說法是菲律賓群島北邊的島嶼是屬於日本所有。

[52] "Claims clearly untenable," *The Times* (Washington D. C.), 2 November, 1899, p.4.

[53] "Spain retains no islands, statement of Count d'Almenas officially denied in Washington," *New York Tribune*, 2 November, 1899, p.5.

[54] "Did we get all the Philippines? Count de Almenas says three islands were not included in the treaty," *Sun* (New York), 1 November, 1899, p.1.

（If there has been a failure on this point, that fact will not redound to Spain's benefit, for it is held officially that the islands north of the Philippine archipelago belong to Japan.）」[55]該報導清楚的指出，如果西班牙沒有將巴丹群島割讓給美國，則它並非屬於西班牙所有，西班牙官方說是歸屬於日本所有。

　　紐約時報在 1899 年 11 月 4 日發佈時報的論題之一，它報導稱：「如果要這樣說的話，窮究將菲律賓群島割讓給美國的條約的文字，是十分不必要的，而且愚蠢，此對於阿敏納斯公爵主張的有三個島嶼未包括在割讓之列，仍掌握在西班牙手裡，可作為與菲律賓叛軍（按：是指抗美的亞奎那多 Aguinaldo）或其他國家談判之基礎之說法而言，仍不夠堅實。條約第三條開頭說：『西班牙將菲律賓群島割讓給美國』。此清楚的顯示，西班牙有意給，而我們取得整個菲律賓群島──關於該群島的位置和範圍沒有任何疑問或爭議。但委員們不想事情就此打住，而想將它弄清楚，他們犯了錯誤，沒有實際的重要性。反而可能開啟無用的詭辯。在上述的文字後他們補加上下述一段話：『包括位在該線以南的群島』，他們描述北方疆界是一條『從西到東沿著或接近北緯二十度、與緯度平行之線，經由可航行的巴士水道之中間線』。巴士水道是臺灣以南的島嶼和呂宋以北的島嶼之間自然疆界，無疑地是我們在該一方向擁有的島嶼的界線，而其中間線是位在北緯二十度和二十一度某地，不是『沿著或接近北緯二十度』。阿敏納斯公爵所提及的島群，在西班牙參議院裡是一個敏感話題，Calayan 島是位在北緯二十度以南，而另兩個巴丹島是位在其北邊，但所有這三個島礁，以及巴士群島（按：即巴丹群島）和巴布煙群島之其他島礁都是位在巴士水道以南。在西班牙統治時期，它們在這些群島設立第二級省政府，並對行政長官和其他 6 名小官支付 4,000 美元。主張說這些島礁仍屬於西班牙所有，也許可以透過『政治專斷』（politicastro）加以確立，但法律解釋的基本原則使該種立論變成不可能。」[56]

---

[55] "Spain retains no islands: the entire Archipeloga was ceded by the Peace Treaty," *The New York Times*, November 2, 1899.

[56] "Topic on the Times," *The New York Times*, November 4, 1899.

　　紐約時報在 1899 年 11 月 15 日報導稱：「今天在西班牙參議院，參議員李歐士在答覆阿敏納斯公爵時說，所提及的島嶼並沒有割讓，因為它們屬於日本，不是美國人所主張的島嶼。阿敏納斯公爵最近曾表示由於西班牙和美國和平談判代表的無知，菲律賓群島呂宋以北的三個島嶼，包括兩個巴丹島和卡拉揚島，並不包含在條約範圍內。李歐士要求總理 Señor Silvela 在該條約下與美國協商給予西班牙在菲律賓商業利益。Señor Silvela 答覆稱該條約之執行有困難，此乃因為美國在菲律賓群島尚未充分建立統治權。」[57]

　　李歐士是西班牙和平談判代表團的主席，他說巴丹群島並未割讓給美國，而是屬於日本的領土。但他在參議院內作證時說，「巴丹群島是在我們的管轄統治範圍之內」，而且「**巴丹群島就在我們割讓的範圍之內**」。[58]李歐士的說法前後反覆。

　　對於上述的各項報導，可以做如下的分析：

　　(1)美國已明確知道巴黎條約並沒有包含北緯 20 度以北的巴丹群島。

　　(2)從華盛頓時報的報導可知，西班牙代表根本拒絕美國代表團所做的「一條經過北緯 20 度和巴士水道的線」的解釋，認為此與事實不符，而且會將巴丹群島和卡拉揚群島劃入美國領土內。

　　(3)美國政府反駁阿敏納斯公爵的論點，不認為西班牙會因此得利，因為西班牙政府承認巴丹群島屬於日本所有。

　　(4)紐約時報的觀點開始轉變，批評「菲律賓委員會」的委員窮究巴黎條約的文字，並無實質意義，反而會造成紛歧。

　　(5)將臺灣和菲律賓之中間線定位在北緯二十度和二十一度某地，不是「沿著或接近北緯二十度」。

　　(6)強調在西班牙統治時期，就在巴丹群島設立第二級省政府，並對行政長官和其他 6 名小官支付 4,000 美元。表明自西班牙時期起就已在巴

---

[57] "Unceded Philippines Islands, Spanish Senator says three left out beong to Japan," *The New York Times*, November 15, 1899.

[58] 參見陳鴻瑜撰，臺灣與菲律賓之間巴丹群島歸屬問題研究報告，內政部委託研究，民國 93 年 5 月 15 日，頁 30。

丹群島實施有效行政管轄權。

　　(7)強調以政治主張巴丹群島屬於西班牙所有，尚為可行，但從法律而言，該種主張無法成立。

（二）西班牙參議院之辯論

　　關於西班牙參議員阿敏納斯公爵的說法，西班牙參議院於 1899 年 11 月 14 日（星期二）參議院院會中邀請西班牙談判代表團主席李歐士針對該問題進行一場辯論，其內容摘要如下：

「**Montero Ríos 先生：**

　　『透過每日經常性的研究，……以格林威治子午線標示的菲律賓群島地圖，也就是在決議將菲律賓諸島從西班牙手中割讓給美國的巴黎和約第三條當中，作為劃分界線之用的地圖；而割讓的島嶼則涵蓋在以下界線範圍之內（請各位參議員先生注意：一條由西向東，接近北緯 20 度巴士（Bachi）水道的線，等等）。』（*Baschí*，如果 Las Almenas 公爵先生沒有用錯的話）『我不打算繼續朗讀一長串對於這些界線的描述來叨擾各位，這裡面讓我們蒙羞，但是我建議你們去（讀這些），因為在地圖上嚴謹且明確地界定了，我所發現的，事實上，<u>名叫巴丹（Batenes）群島係位於巴士水道中間，作為割讓範圍的北界，是完全在巴黎和約的範圍之外</u>，然後，沿著南邊與東邊的線向上』（往臺下走）〔這裡指 Montero Ríos 正往臺下走〕，我想參議員先生想要說話）『在靠近婆羅洲，我們可以發現一個非常美麗的島嶼，位於 Joló 諸島之外，以 120 海里的距離，而非 3 或 4 西班牙海里（譯按：1 西班牙海里等於 3 海里）的距離與該諸島相隔。』

　　『那些島嶼，特別是最後一個，那個名叫 Cagayán de Joló 的島嶼，誠如我先前所說，是該區中最為富饒的島嶼之一，也是西班牙國旗一直飄揚的島嶼之一，讓我們羞愧的是國旗仍飄揚著，而那些 Joló 回教徒卻從來沒有想要承認其他的主權。』

　　如果您先前曾經瀏覽過那本紅皮書，您就應該會了解美國代表團，以

該國政府之名義，向西班牙代表團提議，要求割讓當時仍隸屬於西班牙主權的領土，也就是菲律賓群島的主權割讓。

但這樣並無法讓美國代表團滿意，他們決定以地理上的經緯度來標示和符合（續 1137 頁）他們的要求；而該項提案，在紅皮書當中也有印載，然而毫無疑問地，阿敏納斯公爵先生並沒有閱讀到，美國代表團主席是這樣說的：

『美國代表團主席聲明，根據剛剛通過的協議，美國代表團準備提出他們對於菲律賓的提案。』

提案是以英文提出，隨後以西班牙文，並提交給西班牙代表團。

內容如下：

『美國代表團，在上次會談中應西班牙代表團所請，針對菲律賓群島遞交一項提案，有關此議題以下列條文請求允許納入：

西班牙，依據此條文，將名為菲律賓群島之諸島嶼割讓予美利堅合眾國，相對位置係位於以下範圍之內：一條沿著北緯 21 度 30 分的線，介於格林威治子午線以東 118 度至 127 度之間。』

因此美國向西班牙要求割讓直到北緯 21 度 30 分線的疆域。我不需要對阿敏納斯公爵先生說那些是格林威治子午線，或是聖費南多（San Fernando）子午線，抑或是其他的子午線，它與經度無關，而是與緯度有關；因為經度是一樣的，而只要是子午線，都可以構成製作地圖的基本要件。

西班牙代表團接受這項提案（取得了阿敏納斯公爵先生的允許，而這將向您顯示這件事情對於代表團來說並不陌生）；我在這邊說，西班牙代表團，完完全全地記得西班牙曾經在 1895 年與日本舉行會議，協議中劃定領海界線，並且在那協議說明了西班牙的領海並未包含巴士水道（Baschi）全部，而僅及於巴士水道的中心線以南，而從巴士水道的中心線以北，也就是說，直到福爾摩沙島南端，則是屬於日本的領海。美國代表團劃定為緯度 21 度 30 分，而我們當時沒有辦法，我相信當時也沒有人會有辦法，把握確定巴士水道的中心軸線就剛好在緯度 21 度 30 分上，這是我們當時所擔心的。美國怎麼可以要求我們割讓那些在 1895 年協議中

西班牙承認屬於日本，而不屬於我們的領地？

　　因而我們對美國代表團提出了這個問題。美國代表團也沒有把握巴士水道的中心點就剛好是在北緯21度30分，美國代表團說：『非常慶幸；西班牙割讓屬於她所擁有的；如果沒有到21度30分，那就到應該到的位置』；這也就是說，就到巴士水道的中心線，也就是根據與日本的會談，西班牙所擁有的範圍。也因此，在西班牙代表團要求之前，美國代表團便自己修改了它的條文，說明大約直到20度，但是就是直到巴士水道的中心軸線。

　　那好；我不知道公爵先生是如何研究這件事情的，既然他很肯定的話，那麼，結論是，他至少沒看過地圖，他未能觀察到巴士水道並不是位於巴布煙群島和巴丹群島之間，因為位於這兩島之間的並不是這個（譯按：指巴士水道），而是更為南邊名叫巴林坦水道；蓋巴士水道是位於巴丹群島以及福爾摩沙島極南點之間。

　　所以，很明顯地美國來跟我們要巴丹群島，因為那是在我們的管轄統治範圍之內，因為巴丹群島更靠此方，我不是指21度30分，而是指20度，而西班牙代表團基於配合對方的指示以及顧及自身國家的利益，決議根據美國代表團強迫西班牙代表團接受的最後通牒通過此案，以免為自己的國家再次帶來一場新戰爭的浩劫，西班牙代表團必須接受那樣的提案，並且配合這項提案，顯然所有屬於我們的，直到巴士水道中心軸線為止，我們都已經割讓了。和約中的條文已經很篤定地說明了。並且既然也是很明顯地，巴丹群島就在我們割讓的範圍之內，何來阿敏納斯公爵先生為了堅持一項與和約條文相牴觸的事情而在此為自己的國家挑起、製造新的麻煩？沒有理由也沒有原因挑起新的災難，他覺得這些降臨在我們身上的災難還不夠多嗎？

Las Almenas 公爵先生：

　　參議員先生（按指 Montero Ríos 先生）您剛聲明在紅皮書上將21度30分定為劃分（菲律賓）諸島範圍的邊線。您也已經確認這個事實。（Montero Ríos 先生：北緯21度30分。）很好，我早已獲悉關於這項數據錯誤的新聞，並立刻設法取得這本在美國出版的書（就是我手中拿的

書），而我花了大約 3 個月時間接到這本書。這本書的標題為美西戰爭，在紐約出版，並由一些直接參與美西戰爭的人所撰寫，且 Woodford 替這本書作序簽字。這是一本引人好奇且有趣的作品，從這本書中我取得了許多消息，對現在的爭論正好派上用場。

但我們現在來談這個問題。在這本著作中，我必須承認那些寫作以及署名的人是如此地有風骨而可敬，且必然是誠實的，我找到巴黎和約逐字逐句的條文複印本，在第三條的文字上是這樣說的，各位參議員先生們請聽：『西班牙割讓予美利堅合眾國以菲律賓群島為名之諸島嶼且涵蓋在以下界線之內的諸島嶼：一條由西往東分割，沿著或接近北緯 20 度。』各位參議員先生們請聽好，緯度 20 度。

參議員先生確定在紅皮書和在巴黎會談當中，界定那條應劃的界線是定在緯度 21 度 30 分，但是我已經被這些文字上所告訴我的不同緯度給搞混了，我需要求助於正式的內文，因為正式的內文不是書籍，而是和約本身。

Montero Ríos 先生發言：

西班牙代表團看到，誠如它應當做到的，這項提案（請參議院允許我必須重複剛剛我所聲明的事，因為剛才阿敏納斯公爵先生並不想用心注意傾聽）西班牙代表團察覺我國的統治區是否到達 21 度 30 分緯度是存在疑義的，因為西班牙曾經在 1895 年 8 月 7 日與日本簽定一項協議，協議為『因應此項聲明需要，茲聲明通過可航行之巴士水道中線的緯度，作為西班牙與日本在西太平洋上領海的分界線』，很顯然西班牙的控制權並未超過巴士水道的中央線，因為西班牙政府已經在 1895 年與日本的會議中承認且聲明了這件事情。

也由於害怕緯度 21 度 30 分會超過（續 1145 頁）那條並沒有透過地理上確認過的巴士水道中央線，但根據地圖，這條線可能會超過 21 度 30 分，西班牙代表團有必要對美國代表團說明：『各位，因為您們的獲勝，您們可以向西班牙要求屬於西班牙的東西；然而您們不能向西班牙要求屬於日本的東西。』

這件事到後來的結果，美國代表團同意，由於不確定西班牙的統治權

及於 21 度 30 分，所以在條文中置入『接近 20 度』字眼；但為了確保能向西班牙索得屬於西班牙的部分，又寫上『直到巴士水道中心點』，也就是使用和西班牙與日本之間協議的相同文字。

參議員先生您怎麼能說西班牙所割讓的範圍未及於巴士水道的中心點？您提到哥塔（Gotha）地圖，您若是曾經看過西班牙水文地圖，一份官方的地圖，您就會在那上面看到這樣的事實。

北緯 21 度 30 分，通過巴士水道，顯然西班牙管轄及於巴丹群島。雖然按照阿敏納斯公爵先生所推論出來的方式，〔對您而言有點奇怪〕，巴丹群島不屬於西班牙；因為阿敏納斯公爵先生說：我們所有的（僅）及於緯度 20 度，再過去的部分，就不是（屬於我們所有）。而這並不是事實；我們必須割讓的範圍直到巴士水道的中心點為止，而巴士水道的中心點，根據西班牙官方的地圖，以及根據各種類的地圖，通過 21 度 30 分，或者是 21 度 25 分，抑或者是 21 度 40 分，但也就是 21 度多。尤有甚者：巴丹群島，根據阿敏納斯公爵先生所說，位置在緯度 20 度以南（譯按：此處明顯有誤，巴丹群島位在北緯 20 度以北），且根據您的解釋，這些群島也不屬於西班牙所有；這些島嶼位於緯度 10 度至 20 度之間，但沒有任何一個島及於緯度 20 度（譯按：這句話也是錯誤的，因為巴丹群島即位在北緯 20 度以北）。

Las Almenas 公爵先生發言：

你們試想，這條長條線（發言者說話時有附帶動作）是緯度 20 度；在這條緯度下面則是構成菲律賓諸島範圍的經線。這條是緯度 21 度，而這條則是 22 度。在緯度 20 度與 22 度之間，也就是巴士水道之所在。這樣對嗎？李歐士先生？（李歐士先生：不對；是在 21 度與 22 度之間。）很好，這樣對我的說明更有利。巴黎和約當中說了：『接近緯度 20 度』。也就是說，這一條線。我們往上一點，還不要到緯度 21 度，因為和約當中說接近緯度 20 度，結果很清楚巴丹群島雖然是位在巴士水道的中間，但是位在這條線之外。」[59]

---

[59] 西班牙國會議程議事錄，1899 年院會會期，第 64 號，1899 年 11 月 14 日，原件頁數

　　從上述參議院院會中參議員阿敏納斯公爵和西班牙代表團主席李歐士的對話可知：

　　(1)係美國主動提議以北緯 21 度 30 分以南割讓給美國。經西班牙代表表示：「西班牙代表團，完完全全地記得西班牙曾經在 1895 年與日本舉行會議，協議中劃定領海界線，並且在那協議說明了西班牙的領海並未包含巴士水道（Baschi）全部，而僅及於巴士水道的中心線以南，而從巴士水道的中心線以北，也就是說，直到福爾摩沙島南端，則是屬於日本的領海。美國代表團劃定為緯度 21 度 30 分，而我們當時沒有辦法，我相信當時也沒有人會有辦法，把握確定巴士水道的中心軸線就剛好在緯度 21 度 30 分上，這是我們當時所擔心的。美國怎麼可以要求我們割讓那些在 1895 年協議中西班牙承認屬於日本，而不屬於我們的領地？」

　　(2)在會上，李歐士說：「美國代表團對西班牙之意見的答覆說：『非常慶幸；西班牙割讓屬於她所擁有的；如果沒有到 21 度 30 分，那就到應該到的位置』；這也就是說，就到巴士水道的中心線，也就是根據與日本的談判，西班牙所擁有的範圍。也因此，在西班牙代表團要求之前，美國代表團便自己修改了它的條文，說明大約直到 20 度，但是就是直到巴士水道的中心軸線。」換言之，退到北緯 20 度是美國主動修改的建議。而且認定北緯 20 度就是巴士水道的中心軸線。

　　(3)但李歐士卻說：「巴丹群島是在我們的管轄統治範圍之內」，而且「巴丹群島就在我們割讓的範圍之內」。李歐士又說：「西班牙代表團察覺我國的統治區是否到達 21 度 30 分緯度是存在疑義的，因為西班牙曾經在 1895 年 8 月 7 日與日本簽定一項協議，協議為『因應此項聲明需要，茲聲明通過可航行之巴士海峽中線的緯度，作為西班牙與日本在西太平洋上領海的分界線』，很顯然西班牙的控制權並未超過巴士海峽的中央線，因為西班牙政府已經在 1895 年與日本的會議中承認且聲明了這件事情。也由於害怕緯度 21 度 30 分會超過那條並沒有透過地理上確認過的巴

　　1135-1146，http://www.senado.es/brsweb/IDSH/idsh_index.html。

　　資料來源：西班牙國會參議院歷史資料全文影像掃描庫。

　　http://www.senado.es/brsweb/IDSH/idsh_index.html。

士水道中央線，但根據地圖，這條線可能會超過 21 度 30 分，西班牙代表團有必要對美國代表團說明：『各位，因為您們的獲勝，您們可以向西班牙要求屬於西班牙的東西；然而您們不能像西班牙要求屬於日本的東西。』這件事的結果，美國代表團同意，由於不確定西班牙的統治區及於緯度 21 度 30 分，所以在條文中列入『接近緯度 20 度』字眼；但為了確保能向西班牙索得屬於西班牙的部分，又寫上『直到巴士水道中央』，使用了西班牙與日本協議中的相同文字。」

　　按照李歐士上述的說法，由於他無法確定巴士水道的中心軸線是在北緯 21 度 30 分，所以反對美國如此明訂以北緯 21 度 30 分為界，所以採取妥協折衷的作法，就是將條文寫為『接近緯度 20 度』。但就如同該詞句顯示的不明確，何謂『接近緯度 20 度』？如從圖面來看，「接近緯度 21 度」會比「接近緯度 20 度」更接近巴士水道的中心軸線，為何當時不用此一文字？顯然寫為『接近緯度 20 度』應不是疏忽，而是故意造成的混淆。李歐士在參議院上的談話並沒有清楚表達西班牙割讓菲島北疆的範圍，反而顯出是故意將錯就錯，硬拗不願承認錯誤。

　　(4)阿敏納斯公爵堅持「巴丹群島是在北緯 20 度劃界範圍之外」，即便它位在巴士水道的中心處。他根據條文文字堅持北緯 20 度以北的巴丹群島的地位是有疑義的，並不包含在割讓給美國的範圍。

　　紐約時報在 11 月 15 日的報導說：「11 月 14 日，今天在西班牙參議院，參議員李歐士在答覆阿敏納斯公爵時說，所提及的島嶼並沒有割讓，因為它們屬於日本，不是美國人所主張的島嶼。阿敏納斯公爵最近曾表示由於西班牙和美國和平談判代表的無知，菲律賓群島呂宋以北的三個島嶼，包括兩個巴丹島和卡拉揚島，並不包含在條約範圍內。李歐士要求總理 Señor Silvela 在該條約下與美國協商給予西班牙在菲律賓商業利益。Señor Silvela 答覆稱該條約之執行有困難，此乃因為美國在菲律賓群島尚未充分建立統治權。」[60]

---

[60] "Unceded Philippine Islands," *The New York Times*, November 15, 1899.

（三）美西交涉

巴斯特‧摩爾是在 1899 年 1 月 12 日寫信給美國國務卿約翰海，他認為此項爭議可以與日本談判以協議解決。事實上，美國政府並沒有接受巴斯特‧摩爾的建議，而是在 1900 年 2 月 12 日由「普林斯頓號」（Princeton）軍艦出兵佔領巴丹島和卡拉揚群島（Kalagan Groups），並在該兩島豎立美國國旗，但 Bayat 島仍豎立日本國旗。[61]時代報（The Times）該一報導很重要，可以確定當時巴丹群島已有日本控制的證據，所以才會豎立有日本國旗。只是未知這些島嶼何時被日本佔領及豎立國旗。

然而，波士頓晚報（Boston Evening Transcript）在 2 月 13 日的報導說，新聞報導稱巴黎條約忽略了將巴丹島和卡拉揚群島割讓給美國，這是錯誤的。「經國務院和海軍部之調查，對條約進行研究，如條約所示，西班牙割讓給美國之東部領土之北疆是在北緯 20 度與經由可航行的巴士海峽之中線，巴士海峽位在巴丹群島以北，因此很明顯的是位在美國菲律賓領土疆界線內。Bayat 島假定即為 Ibayat 島，它不僅位在巴士海峽以南，而且在北緯 20 度以南，此間官員懷疑報導所稱日本曾佔領該島。」[62]其實該報導有錯誤，Ibayat 島位在北緯 20 度以北，在巴丹島以北。

紐約時報在 2 月 13 日報導稱：「華府下令普林斯頓號佔領菲律賓群島北方諸島，是由 Admiral Watson 執行該任務，而非由 General Otis 執行。猜測該命令是由華府下的。據稱所訪問或佔領的北緯 20 度以北的島嶼是位在割讓領土的疆界範圍之內。和平條約並沒有將北方疆界定在北緯 20 度，而是規定經由在北緯 20 度的巴士水道，該群島位在該水道之

---

[61] "New Islands Acquired, The Flag flying over the Batanes and Kalagan Groups," *The Times*, February 13, 1900, p.1. http://chroniclingamerica.loc.gov/lccn/sn85054468/1900-02-13/ed-1/seq-1/#date1=1836&sort=relevance&rows=20&words=Batans+Islands&searchType=basic&sequence=1&index=19&state=&date2=1922&proxtext=batan+island&y=7&x=7&dateFilterType=yearRange&page=2.

[62] "Not omitted by Paris Treaty, Calagan and Batanes were ceded United States," *Boston Evening Transcript*, February 13, 1900, p.12.

南。」[63]該一報導顯然有錯誤，因為巴黎條約本文並不是如此寫的。

1900 年 2 月 14 日，西班牙駐美國公使 El Duque De Arcos 向西班牙政府報告說：

「內閣大臣先生閣下：

昨天我有榮幸致閣下一封電報，通知閣下美國已佔領菲律賓群島北部的巴丹群島（Batanes）和卡拉揚群島（Calagán）。似乎明顯的，從這裡（按指美國）發出命令立即佔領那些群島，根據〔巴黎〕條約所規定的分界線，立即佔領那些群島是有疑問的。最近〔美國〕佔領的群島，我知道有不同的稱呼，包括 Tatanes，Batanes，和 Calayán，我確定這些群島是位在巴士水道（Canal de Bachi）之南邊。如和平條約第三條規定的包含菲律賓的線，是一條位在接近北緯 20 度、經過可航行的巴士水道之中央的線，這些群島因此明確地被理解為屬於被割讓的領土……。

El Duque De Arcos（簽名）」[64]

該西班牙公使的報告有幾點值得討論：

第一，他明白指出美國出兵佔領巴丹群島和卡拉揚群島，是有疑問的。

第二，他認為美國佔領的巴丹群島和卡拉揚群島是位在一條接近北緯 20 度通過巴士水道可航行水道中央的界線以南。此一描述顯然有錯誤，因為巴丹群島是位在北緯 20 度以北。

由於美國出兵佔領巴丹群島並非依據條約規定，乃引發美國內部關於美國在菲島的最北疆界在何處的疑問。

1936 年 8 月 25 日，美國政府一份標題為：「菲律賓北方領土」

63　*The New York Times*, February 13, 1900.

64　西班牙國家檔案館藏，內閣大臣提交國會文件（紅皮書），1900 年會期，「Sibutu 島和 Cagayan de Jolo 兩島嶼割讓美國之條約協商（含地圖）」，Est. Tiporafico Sucesores de Rivadeneyra 皇家印刷廠，馬德里，1900。El Presidente Del, Consejo De Ministros，Ministro De Estado, Al Ministro De S. M En Wshington, Madrid 15 de Enero de 1900, in *Documentos, presentados A Las Cortes, En La Legislatura De 1900*, pop El Ministro De Estado (Marques De Aguilar De Campoo), Madrid, Est. Tiporafico Sucesores de Rivadeneyra, Impresores De La Real Casa, Pasco de San Vicente, num, co, 1900, p.5.

（Northern Boundary of the Philippines）的報告中說：

「一封發自 1936 年 8 月 13 日代理商務部長的信，詢問是否有權對有關於菲律賓北方疆界做出聲明，該菲律賓北方疆界出現在美國海岸航行指南：菲律賓群島——第一部分（*United States Coast Pilot, Philippines Islands -- Part I*）。該書出版（1927 年）的第二版第一頁中曾記載如下一段話，包括附註在內：

『……在美國和西班牙戰爭後，根據 1898 年 12 月 10 日在巴黎簽訂的和平條約，西班牙將菲律賓群島割讓給美國，在自願的考慮下，美國付給西班牙 2 千萬美元。根據該項條約，菲律賓群島包含下述界線內的所有島嶼：沿著或靠近北緯 20 度由西向東劃一直線，經過可航行的巴士水道的中線；（註 1）（接近北緯 21 度 25 分）從東經 118 度到 127 度，……。』

註 1：在描述北方疆界時，經由可航行的巴士水道的線，不能聲稱說（governs as against the statement）它將沿著或接近北緯 20 度。

該項詢問原先是用電話，我認為應以書面答覆。該問題提交給華府海岸及測量署（Office of the Coast and Geodetic Survey）馬尼拉分署；新版的航線指南正在菲律賓準備，明顯地在馬尼拉有關於北方疆界問題的資訊是不足的。

1898 年 12 月 10 日與西班牙在巴黎簽署的和平條約第三條的規定如下：

『西班牙割讓名為菲律賓群島的列島以及包含在以下疆界線內的島嶼給美國：

沿著或靠近北緯 20 度由西向東劃一直線，經過可航行的巴士水道的中線，從格林威治東經 118 度到 127 度，從那裡沿著東經 127 度到北緯 4 度 45 分，……。』

可航行的巴士水道的中線，約位在北緯 20 度以北 85-90 海里，將近 100 法定哩（1 法定哩等於 1609.3 公尺）。

　　1899 年 1 月 12 日，巴斯特‧摩爾致函國務卿，即提到與菲律賓北部疆界有關的條約之意義的問題。回顧巴斯特‧摩爾法官曾擔任 1898 年巴黎談判會議美國談判代表的秘書和法律顧問。他所寫的信併同美西簽署的條約原件存放在國務院檔案；其複本如附件。

　　巴斯特‧摩爾法官的信說，在巴黎時，西班牙代表的秘書長曾交給他一份 1898 年 8 月 7 日西班牙和日本協議和一份地圖；以及布拉德福特司令交給他一份地圖。西日協議不在檔案中，經過仔細搜查檔案，亦未見其蹤影。巴斯特‧摩爾法官的信上面蓋有羅爾斯局和圖書館（Bureau of Rolls and Library）的橡皮圖章，日期為 1906 年 8 月 12 日；與美西條約放在一起的地圖，也有相同的橡皮圖章，因此，該份地圖被假定是布拉德福特司令交給巴斯特‧摩爾法官的那一份地圖；該份地圖的直接複印版見附件。

　　<u>1895 年西日協議</u>

　　巴斯特‧摩爾法官信中引述的西日協議部分條款是於 1898 年 8 月 7 日在東京簽署的。相關的條文法文版引述如下：

　　以通過巴士水道可以航行海面中央之緯度並行線，為太平洋西部日本及西班牙兩國版圖之境界線。

　　西班牙宣言決不主張該境界線之北方及東北方之島嶼為其所有領土。

　　日本國政府宣言決不主張該境界線之南方及東南方之島嶼為其所有領土。

全權公使　加尼沃
侯爵　西園寺公望

　　資料來源：Spain, *Coleccion de los Tratados, Convenies y Documentos Internationales*, por el Marqués de Clivart, Vol.III, 1894-1896 (Vol.II of the complete collection), Madrid 1902, pages 247-248.

　　法文版是根據西班牙的「Traducción del colector」（翻譯集）。西班牙文的附註的翻譯如下：

　　『巴士（Bachi 或 Baschi）水道是分隔巴士群島或稱為巴丹

（Batanes）群島與福爾摩沙島之間的水道。關於將首次命名的群島包含在依據巴黎條約割讓給美國的菲律賓群島，參見 1900 年之紅皮書，西布杜（Sibutú）島與卡加揚蘇祿（Cagayán de Joló）島兩島割讓美國之條約協商（過程）（*Libro Rojo de 1900, Negociaciones de un tratado de cesión a los Estados Unidos de las Islas de Sibutú y Cagayán de Joló*），特別是第一和第四號。』

1900 年 11 月 7 日美西條約

關於在附註中提及的『紅皮書』的西班牙文獻的翻譯，見於華盛頓政府出版局於 1905 年出版的 1896-1900 年西班牙外交通訊和文件（Spanish Diplomatic Correspondence and Documents），第 375-398 頁。底下的摘要是適切的。

第 1 號

部長會議的主席（國務部長）致西班牙駐華府公使閣下

〔翻譯〕

Madrid, 1900 年 1 月 15 日

閣下：

我國政府已獲知，美國報紙已反應李歐士和阿敏納斯公爵參議員關於菲律賓群島部分群島位在巴黎條約第三條規定的分界線之外的聲明。

北美的報紙犯了錯誤，它們假定參議員所稱的群島是位在北緯 20 度以北，但根據 1895 年 8 月 1〔7〕日西班牙與日本的條約，它完美地界定西班牙過去在太平洋擁有的群島。

該群島實際上位在巴黎條約第三條所規定的分界線之外，是位在菲律賓群島之南部，而非在北部，叫著 Cagayan de Joló 和 Sibutú，閣下將從所附的草圖上見到，以綠色墨水標示處（不是印上去的），……。（第 1 號，第 375 頁。）

第 4 號

華府公使閣下致部長會議主席（國務部長）

〔翻譯〕

華府，1900 年 2 月 14 日

『閣下：昨天我有榮幸致閣下一封電報，通知閣下美國已佔領菲律賓群島北部的巴丹群島（Batanes）和卡拉揚群島（Calagán）。似乎明顯的，從這裡發出命令立即佔領那些群島，根據〔巴黎〕條約所規定的分界線，立即佔領那些群島是有疑問的。最近〔美國〕佔領的群島，我知道有不同的稱呼，包括 Tatanes，Batanes，Clangán，和 Calayán，我確定這些群島是位在巴士水道（Canal de Bachi）之南邊。如和平條約第三條規定的包含菲律賓的線，是一條位在接近北緯 20 度、經過可航行的巴士水道之中央的線，這些群島因此明確地被理解為屬於被割讓的領土……。（第378 頁）

因此，在西班牙部長的觀念中，明顯地，巴丹群島（位在北緯 20 度以北，巴士水道以南）是包含在 1898 年割讓給美國的菲律賓群島，1900年美西條約談判時，曾考慮此一問題，美西條約主要是為了割讓 Sibutu 和 Cagayan Sulu 群島。然而，1900 年美西條約消除有關該問題的疑慮。

位在呂宋以北的巴丹和巴布煙群島，如同現在情況一樣，它構成卡加揚（Cagayan）省的一部分。（參見 *Atlas of the Philippines Islands*, Senate Document No.138, 58th Cong., 1st sesc., plate No.2；also Bureau of Insular Affairs: Pronouncing Gazetteer and Geographical Dictionary of the Philippines Islands, 1902, pp.5, 401.）北美報紙所犯的錯誤（上述所引的 1900 年 1 月 15 日的附註），也許是因為將靠近婆羅洲沿岸的 Cagayan Sulu 島與呂宋島的 Cagayan 省弄混了。』

1898 年巴黎會議議定書

巴斯特‧摩爾法官的信函提及 1898 年 10 月 31 日和 11 月 21、28 日巴黎會議。這些會議的議定書刊載在第 55 屆國會第三會期參議院第 52 號第 2 部分，稱為美國第 3732 號。為方便參考，引用文如下所述：

1898 年 10 月 31 日會議，頁 107-9；

1898 年 11 月 21 日會議，頁 196-211；

1898 年 11 月 28 日會議，頁 211-232；

也許可觀察到的，西班牙代表團的主席蒙特洛‧李歐士（Montero Rios）於 1898 年 11 月 23 日給美國代表團主席的照會中（同上，第 221 頁），在關於割讓菲律賓的三個命題中的第二個，特別提到『開始在北方，巴丹群島，巴布煙群島，呂宋，……。』

巴士水道的緯度

從巴斯特‧摩爾法官的信以及從上述引用的事實，可以清楚的知道，菲律賓的北部疆界是位在可航行的巴士水道的中線，而非位在北緯 20 度。在美國海岸指南，菲律賓群島（第一部分，第 13 頁。）一書中，巴士水道被描述為：

『巴士水道是位在巴丹群島和臺灣島之間，它溝通太平洋和中國海。此一水道經常有船隻川行，當有船隻向東穿越到中國和馬尼拉時，有時汽船川行美國、日本和馬尼拉之間都會使用該水道，該水道從巴丹群島北端的雅米（Yami）島到臺灣東南方的小蘭嶼島（Little Botel Tobago Island）寬約 52 英里，但它可航行的寬度受到限制，因為中間有危險的七星岩（Cadd Rock），必須記住，海員必須避免颱風的行跡。』

巴士水道可航行的中線，有時指北緯 21 度 30 分，有時指北緯 21 度 25 分，如底下指出的。

在條約檔案中的地圖，假定是布拉德福特司令致巴斯特‧摩爾法官的那張地圖，顯示菲律賓北部疆界是位在北緯 21 度 30 分，用紅色標示，如同標示在菲律賓其他疆界的同樣顏色（他反對的疆界線，則是在北緯 20 度用藍色標示。）

布拉德福特司令於 1898 年 10 月 14 日在巴黎和平會議時對美國代表團表示：『菲律賓群島從北緯 4 度 45 分往北延伸到北緯 21 度 30 分。（Senate Document, No.62.）』

在 1898 年 10 月 31 日美西會議上，美國提出的條約草案並沒有提及巴士水道，但提出一條疆界線：

『一條沿著北緯 21 度 30 分，從格林威治東經 118 度到 127 度的

線，……。（上所引 Senate Document, p.108.）』

島嶼事務局（Bureau of Insular Affairs）於 1903 年出版的菲律賓群島宣稱的地名詞典和地理字典（*Pronouncing Gazetteer and Geographical Dictionary of the Philippine Islands*）一書，有如下一段話（p.3.）：

『西班牙割讓給美國的名為菲律賓群島，包括位在下述線內的島嶼：

北方。……『一條沿著或靠近北緯 20 度〔將近北緯 21 度 25 分；格林威治東經 118 度，在中國海〕由西向東劃一直線，經過可航行的巴士水道的中央，從格林威治東經 118 度到 127 度，……。』

在標題頁上附有一張地圖，在北緯 21 度 25 分顯示一條黑色並著有橘色的疆界線。

菲律賓群島海岸航行指南（*Philippine Islands Coast Pilot*）一書第一頁（同上，第一頁。）也註明：

『經由可航行的巴士水道之中線（將近北緯 21 度 25 分）。』

我在今天以電話聯繫海岸與測量調查局（Coast and Geodetic Survey），瞭解進一步的有關巴士水道的資訊，並與海圖司（Chart Division）的主席科爾柏特船長（Captain L. O. Colbert）談話，他在菲律賓群島的海岸與測量調查局工作。

他呼籲注意一項事實，可航行的水道是寬闊的，其中心軸不能正確地界定：正確的說，它不是一條直線，其一般的趨勢並非東西向，而是東北─西南向。然而，科爾柏特船長說可航行的水道的中線，其最窄處（在巴丹群島的雅米島到北方的七星岩 Cadd Rock，將近 40 英里）是位在北緯 21 度 25 分。

作為經過可航行的水道之中央的傳統的線，因此可以顯示北緯 21 度 25 分也許可作為描述和地圖目的之用，也符合 1898 年 12 月 10 日條約的意義。當然，可以理解的，位在菲律賓傳統條約疆界內的土地，超過 3 英里的所有海域，構成公海。

結論

在菲律賓群島海岸指南性質公佈後，它主要目的在為航海者使用，似乎有需要不要讓讀者搞混『一條沿著或靠近北緯 20 度由西向東劃一直

線』的條款的意思，而只要提及第二句話『經由可航行的巴士水道的中央線』即可。因此，在所附的答覆代理商務部長的信函之草稿函，建議將北緯 20 度這幾個字加以刪除。

　　信內附

　　巴斯特・摩爾法官的信

直接複印地圖。」[65]

　　上述文件有幾點值得探討：

　　第一，在美西巴黎和談時，美國即曾向西班牙談判代表建議將割讓的北界往北延伸到北緯 21 度 30 分，但遭到西班牙代表團秘書長的反對，「西班牙代表團的秘書長隨後立即交給我一份西班牙和日本在 1895 年 8 月 7 日簽訂的協議的複本以及一份地圖。該項文件顯示菲律賓北部疆界已由西班牙和日本經由協議解決了。他表示我方原先提議的疆界線內包含的群島，西班牙已承認屬於日本，因此他無法將該群島割讓給美國。」因此如所看到的，美西巴黎和約即將割讓的菲島北界定在北緯 20 度。

　　第二，以後美國還曾向西班牙提出交涉，但仍沒有結果。西班牙部長會議主席（內閣大臣）在 1900 年 1 月 15 日致函西班牙駐華府公使，特別澄清美國參議員李歐士和阿敏納斯公爵說法的錯誤，這兩位參議員把位在巴黎條約第三條規定的分界線之外的卡加揚群島（Cagayan）認為是位在北緯 20 度以北，故應列入菲律賓群島。該信函指出該兩個群島實際上是位在菲律賓群島之南部，而非在北部，叫著 Cagayan de Joló 和 Sibutú。

　　該信函的全文如下：

　　「公使先生閣下：

　　我國政府已經獲悉美國媒體對於參議員李歐士以及阿敏納斯公爵先生的聲明，就有關菲律賓群島某些島嶼未在巴黎條約第三條中所涵蓋的劃界範圍之事，做出回應。

---

[65] 該份文件存放在美國地理學者及全球議題處（Office of the Geographer and Global Issues），由該處官員 Leo Dillon 提供給美國國務院東亞和太平洋事務法律顧問局（Office of the Legal Adviser For East Asian and Pacific Affairs），再轉給我國駐美代表處。

美國媒體犯了錯誤，推論上述島嶼係位於北緯 20 度以北；然而事實是在 1895 年 8 月 7 日與日本的劃界聲明當中的緯度，完整地界定了西班牙過去在太平洋的領土範圍。

很明確地，未在巴黎條約第三條中所涵蓋劃界範圍的島嶼，是位於菲律賓諸島南部，而非北部，就叫 Cagayán de Joló 和 Sibutú，您可以根據所附上的草圖上看到，以綠色墨水標示處即是。

巴黎會談西班牙代表們一致接受美國代表方面所強制提出的疆界劃分；這領土的自然疆界的確定，迫使西班牙放棄其主權，因此也默許那些未被特別提及要割讓予美國的領土繼續歸於西班牙主權之下。這樣的例子出現在過去已割讓給德國的馬里亞納群島，其中不包含關島以及卡羅林納群島範圍，而在 Sibutú 和 Cagayán de Joló 兩島嶼也有同樣的情形。毫無疑問地，上述島嶼，根據其未被涵蓋在巴黎條約第三條之疆界劃分範圍內之事實，仍繼續屬於西班牙主權所有。

大不列顛政府若能證明 Sibutú 距離婆羅洲海岸少於 3 西班牙海浬（1 西班牙海浬=5.5 公里），將可以引證 1885 年 5 月 7 日於馬德里所簽署，Joló 公報第三條所作成的協議，主張 Sibutú 島某些權利，但是美國政府不能針對同一問題提出主張，蓋此（島）係位於經由美方巴黎和會代表團自己所劃定的範圍之外。至於 Cagayán de Joló 島，英國或任何人都無法主張任何形式的要求。

我國政府，依法堅持，如果未曾看到過報載有關美國駐菲律賓政府已經據有並派兵佔領 Sibutú 島的消息，不會考慮必須對於美國政府作任何形式表達特別的抗議。面對這樣的事實，我國政府認為必須授權給您，以正式途徑，向該國國務卿重申西班牙對於上述兩島的主權，以及對於該國佔領 Sibutú 島表達抗議。

在執行上述任務時，您必須以正確且尊重的方式表達，我國政府確信不必因美國政府之主張而否認自己的合法權利。

　　　　　　　　　　　　　　　　　　　Francisco Silvela 簽名」[66]

---

[66] 西班牙國家檔案館，內閣大臣提交國會文件（紅皮書），1900 年會期，Sibutu 島和

　　1900 年由於美國和西班牙曾就美西條約第三條規定的界線外而未包括在割讓給美國的島嶼重新談判，兩國在當年 11 月 7 日簽署「美西菲律賓偏遠島嶼割讓條約」（Cession of Outlying Islands of Philippines），該約訂定唯一條款，即將菲島南部的卡加揚蘇祿（Cagayan Sulu）（現在稱為 Taganak 島）和西布杜島（Sibutu）（現在稱為 Turtle Island）[67]及其附屬島嶼割讓給美國。明顯地，該約並未將北緯 20 度以北的島嶼割讓給美國。假如美國認為西班牙的地圖有錯誤，西班牙和日本分界線不應在北緯 20 度，則美國應在該項條約中要求西班牙修改，但西班牙並沒有這樣做，顯然西班牙仍一直認為西班牙和日本分界線是在北緯 20 度。

　　關於上述論點，尚可參考西班牙於 1902 年出版的國際條約、協議暨文件彙編第十二冊對於美西和約所做的注釋，注釋 b 說：「此項劃界，是以〔地圖〕右上角開始，並向內部縮小，以避免涵蓋婆羅洲，然後在避開了該英屬地（指婆羅洲）之後又向外擴大，以便能夠涵蓋 Paragua 島（按：即巴拉望島）。很明顯地，緊鄰婆羅洲海岸的兩個小島 Cagayán de Joló 島與 Sibutú 島並未涵蓋在劃界範圍之內，而根據報導前者已經為美軍所佔領，據此 1900 年 2 日 6 日我駐華盛頓公使提醒我政府注意此一已被證實的事實，可以推測，上述島嶼係位於經度 119 度 35 分以西以及緯度 7 度 40 分以南，如同在巴黎條約中所提到割讓予美國的界線。美國國務卿於 4 月 7 日回應，若他們國家的船隻曾經從事這樣的行為，那會是在道德上履行維護整個菲律賓群島的秩序，對於一些西班牙已經割讓的地方亦無例外。然而問題的重心，在於說法不明確，且條款並非無可爭辯的，這可能會讓企圖取得整個菲律賓群島的談判者佔上風。經過短暫的交涉之

Cagayan de Jolo 兩島嶼割讓美國之條約協商（含地圖），Est. Tiporafico Sucesores de Rivadeneyra 皇家印刷廠，馬德里，1900。El Presidente Del, Consejo De Ministros，Ministro De Estado, Al Ministro De S. M En Wshington, Madrid 15 de Enero de 1900, in *Documentos, presentados A Las Cortes, En La Legislatura De 1900*, pop El Ministro De Estado (Marques De Aguilar De Campoo), Madrid, Est. Tiporafico Sucesores de Rivadeneyra, Impresores De La Real Casa, Pasco de San Vicente, num, co, 1900, pp.1-2.

[67] Madge Kho, "Jolo - Chronology of Moro Resistance," from Jolo, the Philippines, http://jolo.htm.

後，美國方面並沒有放棄自己的看法，而西班牙本身也沒有達成共識，透過 1900 年 11 日 7 日的條約，最後的『放棄主權』對前者（指美國）有好處：『所有可以涵蓋菲律賓群島的任何一島嶼的權益，除了 1898 年 12 月 10 日條約第三條所界定範圍之外的島嶼，在簽訂該條約時，特別是指那名為 Cagayán de Joló 島與 Sibutú 島』，西班牙承諾『拋棄』，而在批准該約 6 個月之內，美國允諾付給西班牙 10 萬美元。此賠償係於 1901 年 3 月執行。所謂的放棄主權的一般條款，並不限於那兩個爭議中的島嶼，因為對於位於菲律賓北部，以 20 度為界，名為 Batanes 的兩個島嶼也存在著一些疑義。」[68]

從上述的注釋可知，直至 1902 年，雖然美國已在 1900 年初以武力兼併巴丹群島，但西班牙政府仍認為巴丹群島的問題尚未解決，堅持以北緯 20 度為界，並不承認美國對巴丹群島的佔領。

美國為了遮掩巴黎條約第三條規定的北緯 20 度所帶來的困窘，甚至動弄手腳，從上述文件說：「在所附的答覆代理商務部長的信函之草稿函，建議將北緯 20 度這幾個字加以刪除。」即可知道美國已知巴黎條約對美國的菲島領土北界主張是不利的。

（四）美國將巴丹群島納入菲島行政管轄

布魯克林每日鷹報（*The Brooklyn Daily Eagle*），於 1901 年 10 月 21 日刊載了一篇沒有署名的文章「我們的菲律賓屬地：關於海中島嶼國旗高掛飄揚的事實」（Our Philippines Possessions: Facts Concerning the Mid-Ocean Isles Where the Flag Waves Highest）一文，文章內容係引用「美國國防部島嶼事務局」（Division of Insular Affairs of the War Department）的資料，該文說：「美國和西班牙的和平條約，描述了美國所獲得的屬地的疆界，它規定北方界線在『從格林威治東經 118 度到 127 度，經過可航行的巴士水道的中線。』該線以南約 24 英里，聳立著巴丹群島最北邊的

---

[68]　西班牙國家檔案館收藏，Marques De Olivart, ed., *Colección de los Tratados Convenios y Documentos Internacionales*, Vol.12, CDXXI(661), Estados Unidos De America, Libreria De Fernando Fe, Madrid,1902, p.472.

岩塊高峰。在巴林坦水道向南一方位在美國管轄內，它連接著相同的海域，是屬於『五個島嶼』的巴布煙群島。」[69]

該文又說：「西班牙在巴丹群島上沒有文事政府，沒有建立正式的統治權力。1900 年 1 月 10 日，美國汽船『普林斯頓號』正式佔有首府巴斯科。此後，該港成為美國海軍船隻巡曳站之一。」[70]

上述報導，值得注意的是：

(1)在西班牙時期，並未對巴丹群島實施有效的文事統治，也沒有建立政府組織，可能只有傳教士在島上活動。

(2)美國是在 1900 年 1 月 10 日派遣軍艦登陸巴丹群島，並開始實施統治。

(3)該文發表於美國出兵佔領巴丹群島之後 9 個月，對於美西巴黎條約第三條所規定的北緯 20 度界線皆未提及，而僅稱「可航行的巴士水道的中線」。對巴丹群島沒有指出是否條約規定歸屬美國，僅指出美國派軍艦佔領該島；但該文卻明確指出美國的管轄地區在巴林坦水道以南地區。這樣的文字敘述已反應巴丹群島係美國以武力佔領的事實。

1902 年由美國國會通過、總統批准的美國與民事政府法、菲律賓群島公佈的公報和地理字典（Pronouncing Gazetteer and Geographical Dictionary of the Philippine Islands, the United States of America and the Law of Civil Government），其第 3 頁記載菲律賓的條約疆界線（Treaty Limits）為：

「西班牙割讓給美國的菲律賓群島，包括下述範圍：

北方——『沿著或接近北緯 20 度（接近在中國海的格林威治北緯 21 度 25 分；東經 118 度）由西向東的直線，經由可航行的巴士水道的中央線，從東經 118 度到 127 度。』」[71]

---

[69] "Our Philippines Possessions: Facts Concerning the Mid-Ocean Isles Where the Flag Waves Highest," *The Brooklyn Daily Eagle*, October 21, 1901, p.10.

[70] *Ibid.*

[71] 日本國立公文書館アジア歷史資料センター，件名：7 地図返送ノ件 2，編碼：B02 031158700，微卷 Reel A-0447，頁 0199-0200。http://jacar.go.jp/DAS/meta/image_B0203 1158700?IS_STYLE=default&IS_KEY_S1=F2006092115163439857&IS_KIND=MetaFolde

　　在上述文件中，美國自行加上括弧並更改經緯度，充分顯示美國政府對於菲島的範圍作了錯誤的界定，強將條約疆界線的北界從北緯 20 度延伸到 21 度 25 分。

　　1903 年，美國再度對菲島範圍做出調查，出版菲律賓群島調查報告（*Census of the Philippines Island*s, 1903, Vol. I, p.49），該調查報告稱：「菲律賓群島構成稱之為東印度群島的大群島的一部分。它們位在亞洲大陸的東南方，幾乎位在日本群島的南方，婆羅洲和西里伯斯島的北方；位在東經 116 度 40 分和 126 度 34 分之間，北緯 4 度 40 分和 21 度 10 分之間，完全位在熱帶。該群島的疆界和範圍是定在 1898 年 12 月 10 日美國和西班牙簽訂的巴黎條約第三條。……除了上述範圍的土地之外，美國接著從西班牙獲得婆羅洲北海岸之外的 Cagayan Sulu 小群島以及其他 9 個小島。」[72] 在此次調查後，美國重新繪製菲島全圖，將菲島北界延伸到北緯 21 度 10 分。[73]

　　從而可知，美國在出兵佔領巴丹群島後，隨即透過法律程序，將菲律賓北界延伸到北緯 21 度 10 分，有時又寫為北緯 21 度 25 分，以後美國的文件可見到這兩種不同的紀錄。

　　至 1936 年，美國國內尚為菲律賓群島北邊疆界出現爭議。1936 年 9 月 3 日，美國國務院助理國務卿華爾頓・摩爾（R. Walton Moore）致函美國商業部長羅普（Daniel C. Roper）說：

「　　　　　　　　　　　　　　　　　　　1936 年 9 月 3 日

尊敬的部長先生：

1936 年 8 月 13 日詹森上校（Colonel Johnson）的信已收悉，信上提及菲律賓群島北邊疆界，如同美國有關菲律賓群島海岸航行指南（*United States Coast Pilot for the Philippines Islands*）一書第一部分所述。

---

r&IS_TAG_S1=FolderId&。

[72] 日本國立公文書館アジア歷史資料センター，件名：7　地図返送ノ件　2，編碼：B02031158700，微卷 Reel A-0447，頁 0205。

[73] 參見日本國立公文書館アジア歷史資料センター，件名：7　地図返送ノ件　2，編碼：B02031158700，微卷 Reel A-0447，頁 0210-0211 所附的地圖。

在 1898 年 12 月 10 日與西班牙簽訂的和平條約，西班牙將一定疆界線內的菲律賓群島割讓給美國，最北方的疆界線為：

『一條沿著或靠近北緯 20 度由西向東劃一直線，經過可航行的巴士水道的中線……。』

1895 年 8 月 7 日，西班牙和日本在東京簽訂條約，界定了西班牙和日本在西太平洋的疆界線，其條款為『經過可航行的巴士水道的中線。』

美西於 1898 年 12 月 10 日簽訂和平條約，而在巴黎會議的記錄上明顯地顯示該條約有意確定菲律賓北方疆界，以及因應前面所述的西班牙和日本簽訂的條約。然而，巴黎會議的特定會議中，錯誤地採用北緯 20 度經過巴士水道的線，如你所知道的，該線是經過巴林坦水道。此一不一致已受到注意，在條約簽署後立即提請國務院注意。西班牙官方出版品指出，西班牙政府也知道此一不一致之處，而且亦視此條款延伸其意（denote）指決定性條款所說的巴士水道中央線，而非指北緯 20 度。

因此，對於出現在菲律賓海岸指南一書第一頁的附註的說明，如你信上所引述的，應有一個明確的根據。事實上，假如你如此想，將條約第三條的意圖，明顯地解釋為『一條由西向東劃一直線，經過可航行的巴士水道的中線，從格林威治東經 118 度到 127 度』，則就不會去反對任何省略北緯 20 度的字眼了。

敬頌時綏

　　　　　　　　　　　　　　　　　　　　　　　　助理國務卿

　　　　　　　　　　　　　　　　　　　　　　　R. Walton Moore」[74]

1939 年 10 月 26 日，美國國務卿赫爾（Cordell Hull）致函美國駐菲律賓高級專員塞伊瑞（Francis E. Sayre），信中說：

「尊敬的塞伊瑞先生：

聯絡辦事處官員於 1939 年 8 月 9 日致函美國內政部領土與島嶼擁有

---

[74] R. Walton Moore to Daniel C. Roper, September 3, 1936. 該份文件存放在美國地理學者及全球議題處（Office of the Geographer and Global Issues），由該處官員 Leo Dillon 提供給美國國務院東亞和太平洋事務法律顧問局（Office of the Legal Adviser For East Asian and Pacific Affairs），再轉給我國駐美代表處。

處（Division of Territories and Island Possessions of the Department of the Interior）處長，信中附了一封菲律賓總統秘書 Senor Jorge B. Vargás 於 1939 年 7 月 28 日的信，信中提及菲律賓群島和臺灣之間的疆界，敬覆如下。

菲律賓北方疆界規定在 1898 年 12 月 10 日美國和西班牙在巴黎簽訂的和平條約第三條，其內容如下：

『西班牙割讓名為菲律賓群島的列島以及包含在以下疆界線內的島嶼給美國：

沿著或靠近北緯 20 度由西向東劃一直線，經過可航行的巴士水道的中線，從格林威治東經 118 度到 127 度，從那裡沿著東經 127 度到北緯 4 度 45 分……。』

明顯地，『經過可航行的巴士水道的中線』的條款在意義上較為明確，而其前面的條文『沿著或靠近北緯 20 度』則較不明確，而且明顯地意圖有相同的內涵。因為巴士水道的緯度可以感知是不在北緯 20 度，故可相信『可航行的巴士水道的中線』是關鍵性條款。事實上，北緯 20 度經過巴林坦水道，而非巴士水道。此一解釋據信可由條約本文以及 1895 年 8 月 7 日日本和西班牙協議的名詞加以支持。日西協議的相關的條文被引用在 1936 年 8 月 25 日國務院歷史顧問辦公室所準備的一項備忘錄中，該文件的副本亦置放在菲律賓自治國總統的檔案中，這是對於 1939 年 7 月 28 日 Senor Vargás 的信函所做的覆函。

環繞菲律賓群島的疆界線，如 1898 年 12 月 10 日條約第三條所規定的，包括一連串的直線，被認為直線內屬於西班牙的所有島嶼割讓給美國。美國因此獲得條約線內所有島嶼和小島之領海的正常帶狀（normal belt）地區。

應注意一項事實，即對於美國商務部『海岸及測量署（Office of the Coast and Geodetic Survey）』於 1938 年 8 月 30 日出版美國菲律賓群島海岸航行指南，提出了一份補充資料，在第一頁中對菲律賓的疆界做了如下的敘述：

『菲律賓群島包括，除了帕爾馬斯島（Palmas Island）外，所有下述

界線內的島嶼：

由西向東劃一直線，經過可航行的巴士水道的中線（接近北緯 21 度 25 分），從格林威治東經 118 度到 127 度……。』

該一聲明符合美國和西班牙於 1898 年簽訂的條約的目的，而且也符合 1895 年 8 月 7 日本和西班牙簽訂的協議的條文。

鑑於前述看法，國務院認為不可避免的結論是，可航行的巴士水道的中線（接近北緯 21 度 25 分）是菲律賓適當的北方疆界。由於本政府已對於北緯 20 度和巴士水道可航行中央線之間，以及東經 118 度和 127 度之間的島嶼，行使一貫的（consistently）主權，沒有外國曾質疑該種行為的正當有效性（validity）或適宜性（propriety）。Senor Vargas 建議提出一項聲明，是沒有必要的。

如你不反對，則可將本信致送自治國政府當局。

敬頌時綏

赫爾」[75]

從上述信函可知，美國政府扭曲美西和約第三條的內涵，強將北緯 20 度改為 21 度 25 分，而且國務卿赫爾認為美國一貫佔領巴丹群島即具有法理基礎，並反對公佈該項佔領，其所持的理由即是當時並無其他國家提出異議。總之，從該信函的字裡行間即透顯出美國強佔巴丹群島的意圖。

美國國務院法律顧問 Jack Furmanm 於 1954 年 8 月 17 日以電話向美國國務院情報研究辦公室（Office of Intelligence Research）的地理特別顧問（GE, Special Advisor of Geography）S. W. Boggs 調閱有關菲律賓北方疆界的檔案，主要涉及東南亞防衛問題。Boggs 在借出檔案後，並附上一份辦公室備忘錄，上面說：「我建議，你可以回想：沿著北緯 21 度 30 分的線，經過巴士水道的中線。這是我唯一持有的 John Bassett Moore 於

---

[75] Cordell Hull to Francis E. Sayre, October 26, 1939. 該份文件存放在美國地理學者及全球議題處（Office of the Geographer and Global Issues），由該處官員 Leo Dillon 提供給美國國務院東亞和太平洋事務法律顧問局（Office of the Legal Adviser For East Asian and Pacific Affairs），再轉給我國駐美代表處。

1899 年 1 月 12 日呈給國務卿的備忘錄本，它是有關於 1898 年美西條約第三條菲律賓北方疆界。我懷疑有數點與目前情況有關，你或許有興趣知道。閱後請將該備忘錄歸還給我。」[76]

從該辦公室備忘錄可知，其所說的巴士水道的中間緯度與赫爾的說法不同，而且它要求調閱資料者，不要忘記菲律賓北方疆界是在「沿著北緯 21 度 30 分的線」。此一作法告訴我們，如果條文規定非常明確，何須再做此提醒？顯然美國官員知道個中的疑問所在。

七、臺菲之間捕魚疆界之談判

從第十六世紀開始，臺菲海域成為中國明朝的東洋航路的主要航道，中國福建沿岸港口，主要是廈門、泉州航行到呂宋的航路是經過澎湖、臺灣南部、巴丹群島、巴布煙群島、呂宋島北端的阿巴里港、林牙彥灣、馬尼拉港。因此該條航線有許多中國人活動，包括商業和捕魚。

在日本統治臺灣時，曾在昭和七年（1932 年）7 月 2 日以府令第 33 號修改大正 13 年（1924 年）1 月 17 日公布臺灣總督府令第 11 號漁業法施行規則，在第 35 條第 1 項第 10 號後增加下列一號，

第 11 號：機船延繩釣漁業（但是，以北緯 21 度以南的海面作為作業區域的人（或船）為限。）

在附則中作如下之規定：

「本令施行時，以北緯 21 度以南的海面作為作業區域，使用總噸數 20 噸以上的船舶，實際上，對於從事機動船延繩釣漁業者，因為特別的事由而受到臺灣總督認可者，不適用本令的規定。」[77]

---

[76] Office Memorandum of S. W. Boggs to Mr. Furman, August 18, 1954. 該份文件存放在美國地理學者及全球議題處（Office of the Geographer and Global Issues），由該處官員 Leo Dillon 提供給美國國務院東亞和太平洋事務法律顧問局（Office of the Legal Adviser For East Asian and Pacific Affairs），再轉給我國駐美代表處。

[77] 臺灣總督府，府報，第千五百六十二號，昭和 7 年 7 月 2 日，頁 9-10。「本令施行の際、北緯 21 度以南の海面を操業区域とし、総トン数二十トン以上の船舶を使用して、現に機船延繩漁業を営む者に対して特別の事由に因り、台湾総督の認可を受けた

　　美國駐菲律賓總督羅斯福（Theodore Roosevelt）於 1932 年 8 月 15 日致函美國戰爭部島嶼事務局（Bureau of Insular Affairs, War Department）局長 Parker 將軍，對於其在 7 月 8 日來函，提及對於日本漁船在菲律賓群島水域的活動所做的因應準備。檢視來自警察情報處（Constabulary Intelligence Office）、陸軍情報署（Army Intelligence Office）、海島海關（Insular Customs Office）、行政局（Executive Bureau）的資訊，可得知下述情況：過去十年來，日本機動漁船非法進入菲律賓海域非常頻繁，1928-1931 年間就有 20 起事件的紀錄，大多數是發生在巴丹群島和巴布煙群島附近水域，一兩個案例是在米賽亞（Visaya）群島，一個案例是在更為南邊的 Cagayan de Sulu。臺灣漁船常假借船隻失去動力而被飄到呂宋北部海域。因應此一局勢的方法有二，一是與日本合作，阻止這些非法漁船侵入菲律賓海域；二是經常巡邏，逮捕非法漁船及沒收漁獲。[78]

　　8 月 19 日，美國駐臺北領事 John B. Ketcham 致函美國駐菲律賓總督，表示他曾與臺灣總督府交涉，臺灣總督府回應說他們對於在臺灣登記的日本漁船沒有特別的控制，以致他們在菲律賓以南海域捕魚。因為這種沒有控制，而導致發生海事意外事件和國際糾紛。為解決此一問題，已於 1932 年 7 月 2 日以府令第 33 號修改漁業法施行規則，其新規定是：「機動船延繩釣漁業者在北緯 21 度以南的海面作業者，應獲得臺灣總督之同意。」該法令從 1932 年 7 月 2 日起生效，但不適用於該法令公布時在北緯 21 度以南捕魚的 20 噸以上的漁船，直至它們回到其登記港為止。

　　臺灣地方首長也被告知此一新法令。高雄縣長亦接獲指示將組織漁民協會，俾便在菲律賓群島以南海域捕魚，以減少海事意外和糾紛。在菲律賓領海非法捕魚或貿易，不在臺灣總督府管轄範圍內，但應呼籲各方遵守

るものに対しては本令の規定を適用せず。」

[78] "Control of Activities of Japanese Vessels in Philippine Jurisdictional Waters, The Governor General of the Philippines Islands (Roosevelt) to the Chief of the Bureau of Insular Affairs, War Department, Manila, August 15, 1932," *Foreign Relations of the United States*, 1932, The Far East, Vol. IV, pp.740-742.

此一新規定。[79]

　　美國駐菲律賓總督羅斯福於 10 月 4 日致函美國戰爭部島嶼事務局局長 Parker 將軍，說：「信內附了一封美國駐臺灣領事於 8 月 19 日的信，報告『1932 年 7 月 2 日臺灣總督府令』。該令規定在北緯 21 度以南，這是錯誤的。根據 1898 年美西巴黎條約第三條之規定，「沿著或靠近北緯 20 度由西向東劃一直線，經過可航行的巴士水道的中線」；以及根據美國菲律賓群島海岸航行指南第 1 部分第 1 頁之規定，菲律賓群島之北界（可航行巴士水道之中間線）在 21 度 25 分，雅米島（Yami）和北子島（North Island）都屬於巴丹群島之一部分。請向臺灣要求將法令修改為北緯 21 度 25 分以南，即菲律賓群島之北界。」[80]

　　美國國務卿卡索（W. R. Castle Jr.）在 11 月 18 日訓令美國駐臺灣領事進行交涉，並向國務院報告。美國駐臺灣領事 John B. Ketcham 於 1933 年 2 月 21 日向國務院報告稱：

　　「本人曾與臺灣總督府產業局局長和其他官員會談，他們厭惡承認將菲律賓北界的問題和第 33 號府令搞在一起。他們堅持該法令之目的是在防止船隻觸礁和國際糾紛。我要指出的，將北緯 21 度界定為漁船在南邊作業的界線，在該線以南捕魚是需要取得許可執照。該點很接近實際上菲律賓疆界，而第 33 號府令易於被瞭解為允許在該緯度以北進行沒有歧視的捕魚，事實上，美國駐菲律賓總督將該緯度解釋為菲律賓群島的北界。經過數天思考後，該產業局局長答覆我，臺灣總督府無權界定外國的疆界，不同意修改第 33 號府令，當該府令在起草時不認為存在有疆界問題。接著我提議應通知漁民，位在北緯 21 度以北的雅米島和北子島都屬於菲律賓群島，日本政府官員同意該項提議。我引述一封代理行政長官（Acting Director General of Administration）給臺灣各縣首長的信的翻譯

[79] "The Consul at Taihoku (Ketcham) to the Governor General of the Philippine Islands (Roosevelt), Taihoku Taiwan, August 19, 1932," *Foreign Relations of the United States*, 1932, The Far East, Vol. IV, pp.742-743.

[80] "The Governor General of the Philippines Islands (Roosevelt) to the Chief of the Bureau of Insular Affairs, War Department (Parker), Manila, October 4, 1932," *Foreign Relations of the United States*, 1932, The Far East, Vol. IV, pp.743-744.

文，『然而，事實上，北緯 21 度被界定為需要執照或不需要執照的界線，此一緯度被某些人誤解為菲律賓群島的北界。據稱位在該緯度以北的雅米島和北子島屬於菲律賓群島。』

可以理解的，談判的結果不完全符合國務院所希望的，但據信在目前情況下只能如此處理。信內附代理行政長官於 1933 年 2 月 18 日給臺灣各縣首長的信，譯文如下：『關於最近修正漁業法施行規則來規範漁船的作業，請你注意該規範的執行和控制。我很遺憾的說，該項控制不夠落實，經常據報有沒有執照的漁船的捕魚行動。因此請你們加強控制。如前所述，本法之目的在防止船隻觸礁和國際糾紛。然而，事實上，北緯 21 度被界定為需要執照或不需要執照的界線，此一緯度被某些人誤解為菲律賓群島的北界。據稱位在該緯度以北的雅米島和北子島屬於菲律賓群島。問題是本府令不應應用於外國的領海，無論所提及的緯度以北或以南涉及外國的領海與否。因此，請瞭解此一情況，以免誤解。』」[81]

昭和 11 年（1936 年）11 月 25 日臺灣總督府以府令第 94 號修改大正 13 年（1924 年）1 月 17 日公布臺灣總督府令第十一號漁業法施行規則，第 35 條第 1 項第 1 號後增加下列一號，

第 13 號：機船採貝漁業（但是，以北緯 21 度 30 分以南的海面作為作業區域的人（或船）為限。）

在附則中作如下之規定：

「本令施行之際，對於正在到北緯 21 度 30 分以南的海面區域去捕魚的機船採貝漁業者以及其僱員，在該機船回到卸貨港之前，本令不適用。但昭和 12 年（1937 年）1 月 1 日以後不在此限。」[82]

---

[81] "The Acting Director General of Administration of the Government General of Taiwan (Kiyokane Kohama) to the Local Governors of Taiwan, Taihoku, February 18, 1933," *Foreign Relations of the United States*, 1932, The Far East, Vol. IV, p.746.

[82] 日本國立公文書館亞洲歷史資料中心，拓物省，殖農第 904 號，昭和 11 年 12 月 26 日，「臺灣總督府府令」，第 94 號，昭和 11 年（1936 年）11 月 25 日，頁 1-5。影像編號：C05035198000。http://www.jacar.go.jp/DAS/meta/image_C05035198000?IS_STYLE=default&IS_KIND=SimpleSummary&IS_TAG_S1=InfoD&IS_KEY_S1=%E6%AE%96%E8%BE%B2%E7%AC%AC904%E8%99%9F&IS_LGC_S32=&IS_TAG_S32=&。

從上述美國和臺灣總督府對於臺菲之間海域捕魚問題的交涉經過，可得下述的結論：

第一，從 1932 年起，臺灣的機動船延繩釣漁船在北緯 21 度以南的海面作業，需經臺灣總督府之同意，目的在納入管制，以維護臺灣漁船的安全。

第二，從 1936 年起，臺灣的機動船採貝漁船在北緯 21 度 30 分以南的海面作業，需經臺灣總督府之同意。

第三，從前述可知，臺灣漁船經過臺灣總督府同意即可在北緯 21 度以南捕魚作業。當時美國實施三海里制，美國卻要在菲律賓北部強行實施「菲律賓北界在 21 度 25 分」，要求臺灣總督府禁止漁船越過該北界。但臺灣總督府不接受美國該種主張，不承認北緯 21 度 25 分作為日本和菲律賓之間的海界。臺灣漁船仍繼續在該線以南作業。

第四，臺灣總督府不承認巴丹島和北子島屬於美屬菲律賓所有。

八、結論

從日西協議和美西巴黎條約兩項文件來看，有一個歧異點，就是出現「巴士海峽可以航行線之中央線」和「巴士水道可以航行線之中央線」等詞句，而對於巴士海峽和巴士水道是否為同一個地理範圍，可能有所爭議。假定該線就是在北緯 20 度，就法律意義而言，巴丹群島不應屬於美國所有，也就不應屬於後來脫離美國而獨立的菲律賓所有。那麼，巴丹群島的地位如何呢？試提出幾種可能的狀況並分析如下。

第一種情況：巴丹群島在法律上包含在日西協議內，它應屬於臺灣所有。日本雖在 1895 年 6 月在法律上取得臺灣的領土主權，但實際上因受到臺灣人民的抵抗，雙方發生戰鬥，一直持續到 1902 年游擊戰才告結束。[83]日本據臺之初忙於肅清反對勢力，其力量根本無法迅速延伸到臺灣南部，更無法延伸控制巴丹群島。而 1898 年 12 月西班牙又將菲島割讓給

---

[83] 林衡道主編，前引書，頁 670。

美國。換言之，在日本沒有來得及實踐日西協議時，巴丹群島已為美國佔領了。以後日本亦未再向美國交涉巴丹群島歸屬問題。而美國亦未向日本協商巴丹群島歸屬問題，而逕予佔領。

第二種情況：巴丹群島在日西協議中，沒有明示劃歸日本所有，但在美西巴黎條約談判中卻明示該群島歸屬日本所有。西班牙政府如此作，很可能並未對該群島行使有效管轄權。然而，純就法律而言，美西巴黎條約既然為國際條約，西班牙代表明示美國代表巴丹群島屬於日本所有，且美國代表亦知悉此一信息，西班牙代表曾交付美國代表相關的文件和地圖，即具有法律效力，美西均應遵守，他國亦須予以尊重。不過，問題是，西班牙此時將巴丹群島明示劃歸日本所有，但日本政府似乎對此無所知悉，以後亦未根據美西巴黎條約主張擁有巴丹群島。因此，在美國於 1900 年 1 月出兵佔領巴丹群島以前，在 1898-1900 年之間，巴丹群島地位不明確。在國際法意義上，巴丹群島屬於日本，而在實際上，卻沒有任何國家佔領。一個最大的可能是，西班牙在 1898 年以前可能並未完全在巴丹群島實施有效統治，因此無從發生將它未統治的土地割讓的可能。而這種未能實施有效統治的情況，是否與 1895 年日西協議簽訂後所造成的結果有關？即在西班牙的認知裡，巴丹群島已歸屬日本所有，所以沒有實施有效統治管理。

第三種情況：在 1897 年 7 月，曾傳言西班牙和日本將建立聯盟關係以對抗美國，因為美國企圖干預古巴事務和兼併夏威夷群島，西、日將同時宣布在大西洋和太平洋對美國宣戰。日本還派遣特使前往西班牙會見阿豐索國王（King Alfonso），授予「〔日本〕帝國菊花勳章（Imperial Order of the Chrysanthemum）」。[84]是否西班牙與日本有此特別關係，以至於西班牙故意在談判時對美方代表表示巴丹群島已屬於日本所有，意圖將日本勢力引入菲島，對美國進行報復？或牽制美國？關於這一方面的推論，無法從日本和西班牙的文獻檔案中獲悉。

根據西班牙巴黎談判代表團主席李歐士於 1899 年 11 月 14 日在西班

---

[84] "The rumored Spanish-Japanese alliance," *The Brooklyn Daily Eagle*, July 17, 1897, p.6.

牙參議院中所做的證詞說：「由於不確定西班牙的統治區及於緯度 21 度 30 分，所以在條文中列入『接近緯度 20 度』字眼；但為了確保能向西班牙索得屬於西班牙的部分，又寫上『直到巴士水道中央』，使用了西班牙與日本協議中的相同文字。」顯然他是有意將此紛爭導引至日本的介入，因為他不可能不知道日西協議中兩國疆界線的所在，北緯 21 度 30 分和北緯 20 度不僅文字不同，還相差 1 度 30 分。

第四種情況：美國在 1900 年初派軍佔領該群島，是否屬於有權佔領？如上所述，巴丹群島並非「無主地」，應屬於「有主但沒有被日本實際佔領」的領土，美國恐無法依「無主地」方式予以佔領。美國如此作，就形同入侵。不過，即使美國出兵巴丹群島是「入侵」，卻無任何一國提出異議，包括日本均無提出異議，是否表示該項佔領也是被許可的？但這項佔領顯然令美國不安，此可以從上述美國政府花很長的時間利用各種方式來為其佔領巴丹群島辯護，包括修改巴黎條約第三條的內容意涵和解釋在內。

第五種情況：臺灣過去是日本的領有地，在第二次世界大戰後，日本在 1951 年簽訂舊金山和約放棄臺灣和澎湖，而由中華民國政府控有臺灣和澎湖，巴丹群島是因為日本控有臺灣和澎湖而發生的領有權問題，雖在地理上非屬於臺澎的附屬島嶼，但有法律意義上關聯性存在，臺灣應有權繼承過去日本和西班牙簽訂的協議，意即臺灣有權依據該項日西協議主張臺菲的海界線而擁有巴丹群島。由於西班牙談判代表是在美西談判時證實巴丹群島屬於日本所有，臺灣可否依據該西班牙談判代表的證詞而主張擁有巴丹群島？美國所主張的從佔領巴丹群島起即未有他國提出異議，是否即可取得該群島的領土主權？我國就此向菲律賓提出擁有巴丹群島的主張，是否有時效的問題？

從已蒐集的文獻資料來看，日本與西班牙協議的文字資料充分顯示不夠明確，因為沒有使用經緯度作為劃界之依據。但在法文本附件三附了一張西班牙文標示的巴士水道圖。該圖清楚的標示了巴士水道的中央線，剛好位在七星岩稍南方，即在北緯 21 度 30 分左右。

然而，令人疑惑的，為何西班牙在 1898 年和美國談判時，沒有拿出

西班牙和日本協議的海界圖？卻拿出島礁位置標示不清楚的地圖，並迫使美國接受以北緯 20 度作為割讓的分界線？西班牙談判代表並表示北緯 20 度以北已屬於日本所有。西班牙談判代表的動機並非我們所問，其在談判時的意思表示已為美國談判代表所接受，美國對於西班牙談判代表所提示的地圖已做出反應，最後還是接受西班牙談判代表的意見，美國談判代表自應負完全責任。美西雙方最後達成一致意見，並經兩國國會批准，顯示沒有欺騙或虛偽之意思表示，此應為國際社會認可接受的法律行為。

　　無論如何，從國際法而言，西班牙在 1898 年對巴丹群島的主張，而且以文字明確表明在國際條約中，其較 1895 年模糊的西班牙和日本協議更具約束力。

　　我國在 1945 年 10 月 25 日後正式管轄臺灣，則基於領土法權繼承原則，我國自可據此主張擁有巴丹群島。

　　其次的問題是，就目前所獲得的文獻只證明西班牙在 1898 年向美國表示已在 1895 年日西協議中將該群島劃給日本，而日本根本不知道該群島屬於其所有，從該年起日本亦無聲索巴丹群島的動作，日本的反應可能有三：第一，已知日西海界已劃定，不須再去進行聲索。第二，日本不知道西班牙做出巴丹群島屬於日本的主張，因此沒有做出回應。第三，日本可能知道，但無意捲入西、美紛爭。最值得注意的是，1932 年臺灣總督府對於美國要求其承認巴丹群島的巴丹島和北子島兩個島屬於美國所有，是拒絕承認的。無論如何，日本對於西班牙的主張，無論作為或不作為，是否會影響巴丹群島的歸屬？美國政府的立場即是由於一直沒有他國提出異議，所以就繼續統治巴丹群島，美國也無意與日本進行談判。

　　儘管美國在 1900 年以武力佔領巴丹群島，仍無法對抗談判時西班牙政府官員的公開表示以及 1898 年美西巴黎條約，從日後美國政府一直想尋找佔領巴丹群島的法理理由，即可瞭解美國想補救美西巴黎條約之嚴重瑕疵。

　　總之，在日、西協議和美、西巴黎條約中，因為條文規定不清楚和瑕疵，致引發對巴丹群島之領土主權歸屬問題的討論。我國是當事國，自應

重視該一領土問題。過去菲國經常利用聲索南沙群島和蘭嶼島的策略，[85]
以與我國進行外交交涉，尋求其本國的利益，我國能否從中學習，作為反
制，以謀求我國在巴丹群島的利益，應是值得思考的課題。

徵引書目

檔案、史料

"Declaración Sobre Demarcación de Limites Entre España y Japón, Anejo n°2, Negociación Siglo XIX, Japón 482, TR 300, Expediente:08, Año:1895," in Marzuis De Olivart, par le, *Recueil des Traites, Conventions: Et Documents Internationaux*,Regence de Dona Maria Cristina (Tome III, 1894-1896), De la Collection volume onzieme, Librairie De Fernando Fe, Mcmii, Madrid. 西班牙國家檔案館收藏。

"Cordell Hull to Francis E. Sayre," October 26, 1939. 該份文件存放在美國地理學者及全球議題處（Office of the Geographer and Global Issues），由該處官員 Leo Dillon 提供給美國國務院東亞和太平洋事務法律顧問局（Office of the Legal Adviser For East Asian and Pacific Affairs），再轉給我國駐美代表處。

"E. Montero Rios to William R. Day," (November 23, 1898), in *Documentos, Protocolos de Conferencias (Seleccionado) Para el Tratado de Paz, Entre Los Estados Unidos de America y Espana*, Conferencias de 31 Octubre, 28 y 30 de Noviembre, 2 5 y 10 de Diciembre de 1898, Fuente de: Archivo General , Ministerion de Asuntos Exteriores de Espana, pp.16-17. 西班牙外交部檔案館收藏。

"El Presidente Del, Consejo De Ministros , Ministro De Estado, Al Ministro De S. M En Wshington, Madrid 15 de Enero de 1900," in *Documentos, presentados A Las Cortes, En La Legislatura De 1900*, pop El Ministro De Estado (Marques De Aguilar De Campoo), Madrid, Est. Tiporafico Sucesores de Rivadeneyra, Impresores De La Real Casa, Pasco de San Vicente, num, co, 1900.

"El Presidente Del, Consejo De Ministros , Ministro De Estado, Al Ministro De S. M En Wshington, Madrid 15 de Enero de 1900," in *Documentos, presentados A Las Cortes, En La Legislatura De 1900*, pop El Ministro De Estado (Marques De Aguilar De Campoo), Madrid, Est. Tiporafico Sucesores de Rivadeneyra, Impresores De La Real Casa, Pasco de

---

[85] 1958 年 5 月，菲國巴丹省（Batanes）省長馬綠巴表示「發現」一個臺灣南部的「新島」布迪巴哥島（The Botel Tobago Island），且有意加以兼併。我國外交部發言人江易生於 5 月 9 日發表聲明說：「查布迪巴哥島即係我國之蘭嶼島，該島位於臺灣之東南，約東經 121 度 35 分，北緯 22 度 05 分，該島並非新發現之島嶼，而向係中華民國領土之一部分，中華民國對該島之主權從未引起爭執。」參見國史館主編：中華民國史事紀要——民國 47 年 4 至 6 月份，頁 359-360。

San Vicente, num, co, 1900.

"Instructions to the Peace Commissioners, Executive Mansion, Washington, September 16, 1898," 55th Congress, 3rd Session, House of Representatives, Document No. L., *Papers Relating to the Foreign Relations of the United States, with The Annual Message of the President Transmitted to Congress*, December 5, 1898, Washington: Government Printing Office, 1901, pp.904-908.

"John Bassett Moore to John Hay, January 12, 1899," Department of State, Washington. 該項文件為美國國務院保存的文件。

"Mr. Day to Mr. Hay [Telegram], Paris, November 27, 1898," in 55th Congress, 3rd Session, House of Representatives, Document No. L., *Papers Relating to the Foreign Relations of the United States, with The Annual Message of the President Transmitted to Congress*, December 5, 1898, Washington: Government Printing Office, 1901, p.960.

"Mr. Hay to Mr. Day [Telegram], Washington, November 25, 1898," in 55th Congress, 3rd Session, House of Representatives, Document No. L., *op.cit.*, p.960.

"Mr. Moore to Mr. Hay [Telegram], Paris, November 25, 1898," in 55th Congress, 3rd Session, House of Representatives, Document No. L., *op.cit.*, pp.958-959.

"Office Memorandum of S. W. Boggs to Mr. Furman," August 18, 1954. 該份文件存放在美國地理學者及全球議題處（Office of the Geographer and Global Issues），由該處官員 Leo Dillon 提供給美國國務院東亞和太平洋事務法律顧問局（Office of the Legal Adviser For East Asian and Pacific Affairs），再轉給我國駐美代表處。

"Peace Commissioners to Mr. Hay [Telegram], Paris, October 25, 1898, Received on 25th and 26th," in 55th Congress, 3rd Session, House of Representatives, Document No. L., *op.cit.*, pp.932-933.

"R. Walton Moore to Daniel C. Roper," September 3, 1936.該份文件存放在美國地理學者及全球議題處（Office of the Geographer and Global Issues），由該處官員 Leo Dillon 提供給美國國務院東亞和太平洋事務法律顧問局（Office of the Legal Adviser For East Asian and Pacific Affairs），再轉給我國駐美代表處。

"William R. Day to E. Montero Rios," (November 23, 1898), Annex 2 to Protocol N°16, in *Documentos, Protocolos de Conferencias (Seleccionado) Para el Tratado de Paz, Entre Los Estados Unidos de America y Espana*, Conferencias de 31 Octubre, 28 y 30 de Noviembre, 2 5 y 10 de Diciembre de 1898, Fuente de: Archivo General , Ministerion de Asuntos Exteriores de Espana. 西班牙外交部檔案館收藏。

"William R. Day to E. Montero Rios," (November 26, 1898), Annex 4 to Protocol N°16, in *Documentos, Protocolos de Conferencias (Seleccionado) Para el Tratado de Paz, Entre Los Estados Unidos de America y Espana*, Conferencias de 31 Octubre, 28 y 30 de Noviembre, 2 5 y 10 de Diciembre de 1898, Fuente de: Archivo General , Ministerion de Asuntos Exteriores de Espana. 西班牙外交部檔案館收藏。

「1895 年 8 月 7 日西班牙與日本簽訂『在西太平洋之相對領土邊界劃定聲明』條文以及會議協商文件」，載於國際條約、協議暨文件彙編（*ColecciÓn de los Tratados Convenios y Documentos Internacionales*），第 11 冊，Fernando Fe 書局，馬德里，1902，頁 247-248。

「巴黎和約美國代表團提交西班牙代表團資料」（列入 1898 年 10 月 31 日巴黎和約談判第 11 回合議事錄文字），西班牙外交部檔案館收藏。*Documentos, Protocolos de Conferencias (Seleccionado) Para el Tratado de Paz*, Entre Los Estados Unidos de America y Espana, Conferencias de 31 Octubre, 28 y 30 de Noviembre, 2 5 y 10 de Diciembre de 1898, Fuente de: Archivo General , Ministerion de Asuntos Exteriores de Espana, 1898.

1898 年會期「內閣大臣提交國會文件」（紅皮書），*Documentos Presentados A Las Cortes, En La Legislatura De 1898*, pop El Ministro De Estado (Duque De Almodóvar Del Río), Est, Tipográfico, Sucesores De Rivadeneyra, Impresores De La Real Casa, Paseo de San Vicente, num, co., 1898, p.119. 西班牙國家檔案館收藏。

1898 年會期「內閣大臣提交國會文件」（紅皮書），in *Documentos Presentados A Las Cortes, En La Legislatura De 1898*, pop El Ministro De Estado (Duque De Almodóvar Del Río), Est, Tipográfico, Sucesores De Rivadeneyra, Impresores De La Real Casa, Paseo de San Vicente, num, co., 1898, pp.232-233. 西班牙國家檔案館收藏。

內閣大臣提交國會文件（紅皮書），西班牙國家檔案館，1900 年會期，Sibutu 島和 Cagayan de Jolo 兩島嶼割讓美國之條約協商（含地圖），Est. Tiporafico Sucesores de Rivadeneyra, Royal Print, Madrid,1900.

A Treaty of Peace Between the United States and Spain, Message from the President of the United States, 55th Congress, 3rd Session, Senate, Dec. No.62, Part 2, Washington, Government Printing Office, 1899, pp.108-109.

Olivart, Marques De, ed., *Colección de los Tratados Convenios y Documentos Internacionales*, Vol.12, CDXXI(661), Estados Unidos De America, Libreria De Fernando Fe, Madrid,1902, p.472. 西班牙國家檔案館收藏。

Treaty of Peace Between the United States and Spain, Message from the President of the United States, 55th Congress, 3rd Session, Senate, Dec. No.62, Part 2, Washington, Government Printing Office, 1899, p.221.

U. S., Department of State, *Papers Relating to Foreign Affairs*, 1898, pp. 904-908.

日本外務省編，日本外交文書，第 1 冊（東京：日本外務省出版，明治 28 年）。

日本國立公文書館アジア歷史資料センター，件名：西太平洋ニ於ケル領界ニ関シ日西両国宣言書交換一件，編碼：B03041169400，微卷 Reel 1-0334，0427-0438 頁。

日本國立公文書館アジア歷史資料センター，件名：7　地図返送ノ件　2，編碼：B02031158700，微卷 Reel A-0447，頁 0199-0200。

日本國立公文書館アジア歷史資料センター，件名：7　地図返送ノ件　2，編碼：B02031158700，微卷 Reel A-0447，頁 0205。

日本國立公文書館アジア歷史資料センター，件名：7　地図返送ノ件　2，編碼：B02031158700，微卷 Reel A-0447，頁 0210-0211 所附的地圖。

「日西兩國關於在西太平洋兩國版圖境界宣言換文」，第 183 號，8 月 2 日，伊藤總理大臣致臨時代理外務大臣西園寺公望，載於日本外交文書，頁 297-298。

「外務大臣致內閣總理大臣親展」，第 182 號，7 月 16 日，臨時代理外務大臣西園寺致伊藤總理大臣院，7 月 16 日發文第 78 號，載於日本外交文書，頁 296-297。

「西太平洋ニ於ケル領界ニ關シ通告ノ件」，第 179 號，6 月 12 日，西班牙臨時代理公使

致臨時代理外務大臣西園寺函，載於日本外交文書，第 1 冊（東京：日本外務省出版，明治 28 年），頁 293。

日本國立公文書館亞洲歷史資料中心，拓物省，殖農第 904 號，昭和 11 年 12 月 26 日，「臺灣總督府府令」，第 94 號，昭和 11 年（1936 年）11 月 25 日，頁 1-5。影像編號：C05035198000。http://www.jacar.go.jp/DAS/meta/image_C05035198000?IS_ST YLE=default&IS_KIND=SimpleSummary&IS_TAG_S1=InfoD&IS_KEY_S1=%E6%AE %96%E8%BE%B2%E7%AC%AC904%E8%99%9F&IS_LGC_S32=&IS_TAG_S32=&

「西太平洋ニ於ケル領海ニ關シ日西兩國宣言書交換ノ件」，第 176 號，6 月 7 日，西班牙臨時代理公使致臨時代理外務大臣西園寺函，載於日本外交文書，第 1 冊（東京：日本外務省出版，明治 28 年），頁 292。

「臺灣南方離島有關文件」，第 181 號，6 月 21 日，海軍省水路部長肝付致臨時代理外務大臣西園寺，載於日本外交文書，頁 296。

臺灣總督府，府報，第千五百六十二號，昭和 7 年 7 月 2 日，頁 9-10。

「關於在西太平洋兩國領界通告文件」，第 180 號，6 月 20 日，臨時代理外務大臣西園寺與西班牙臨時代理公使舉行會談，載於日本外交文書，頁 294-296。

西班牙國會議程議事錄，1899 年院會會期，第 64 號，1899 年 11 月 14 日，原件頁數 1135-1146，刊載於 http://www.senado.es/brsweb/IDSH/idsh_index.html。

"Control of Activities of Japanese Vessels in Philippine Jurisdictional Waters, The Governor General of the Philippines Islands (Roosevelt) to the Chief of the Bureau of Insular Affairs, War Department, Manila, August 15, 1932," *Foreign Relations of the United States*, 1932, The Far East, Vol. IV, pp.740-742.

"The Consul at Taihoku (Ketcham) to the Governor General of the Philippine Islands (Roosevelt), Taihoku Taiwan, August 19, 1932," *Foreign Relations of the United States*, 1932, The Far East, Vol. IV, pp.742-743.

"The Governor General of the Philippines Islands (Roosevelt) to the Chief of the Bureau of Insular Affairs, War Department (Parker), Manila, October 4, 1932," *Foreign Relations of the United States*, 1932, The Far East, Vol. IV, pp.743-744.

"The Acting Director General of Administration of the Government General of Taiwan (Kiyokane Kohama) to the Local Governors of Taiwan, Taihoku, February 18, 1933," *Foreign Relations of the United States*, 1932, The Far East, Vol. IV, p.746.

報紙

"Article 10-- No Title," *The New York Times*, March 28, 1895.

"Chairman Rios ends negotiations: Announcement by President of Spanish Peace Board," *The Brooklyn Daily Eagle* (New York), November 21, 1898, p.1.

"Claims clearly untenable," *The Times* (Washington D. C.), 2 November, 1899, p.4.

"Complete copy of the document given out at Washington," *The Brooklyn Daily Eagle*, November 5, 1898, p1.

"Did we get all the Philippines? Count de Almenas says three islands were not included in the treaty," *Sun* (New York), 1 November, 1899, p.1.

"Extent of the Philippines," *New York Times*, May 4, 1898.

"Our Philippines Possessions: Facts Concerning the Mid-Ocean Isles Where the Flag Waves Highest," *The Brooklyn Daily Eagle*, October 21, 1901, p.10.

"Topic on the Times," *The New York Times*, November 4, 1899.

"Secretary Ojeda says no instructions have reached Spanish Board," *The Brooklyn Daily Eagle*, November 26, 1898, p.1.

"Sensational stories afloat," *The Brooklyn Daily Eagle*, October 7, 1898, p.1.

"Spain accedes to our terms, acceptance verbally announced by Her Envoys," *The Brooklyn Daily Eagle*, November 28, 1898, pp.1-2.

"Spain and the Philippines: not a single island in the Archipelago remains in Her Possession," *The Brooklyn Daily Eagle*, November 1, 1899, p.12.

"Spain retains no islands, statement of Count d'Almenas officially denied in Washington," *New York Tribune*, 2 November, 1899, p.5.

"Spain retains no islands: the entire Archipeloga was ceded by the Peace Treaty," *The New York Times*, November 2, 1899.

"The rumored Spanish-Japanese alliance," *The Brooklyn Daily Eagle*, July 17, 1897, p.6.

"The Philippine Island," *New York Times*, September 3, 1896.

"Unceded Philippines Islands, Spanish Senator says three left out beong to Japan," *The New York Times*, November 15, 1899.

Honolulu Star Bulletin, September 28, 1925.

The New York Times, February 13, 1900.

專書

中山大學東南亞歷史研究所編，中國古籍中有關菲律賓資料匯編，中華書局，北京市，1980。

沈雲龍主編，近代中國史料叢刊續編第五十一輯，文海出版社，臺北市，民國 45 年重印。

〔明〕張燮，東西洋考。

林衡道主編，臺灣史，臺灣省文獻委員會，臺中，民國 66 年。

陳荊和，十六世紀之菲律賓華僑，新亞研究所東南亞研究室刊，香港，1963 年。

國史館主編，中華民國史事紀要（初稿）——民國 47 年 4 至 6 月份，國史館，臺北，民國 48 年。

張炳南監修，臺灣省通志，第 2 冊，卷 3，政事志外事篇，臺灣省文獻委員會，臺中，民國 60 年 6 月。

〔清〕高拱乾纂，臺灣府志，卷七，風土志，「土番風俗」。

〔清〕謝清高口述，楊炳南筆錄，安京校釋，海錄校釋，商務印書館，北京，2002 年。

戴天昭原著，李明峻譯，臺灣國際政治史，前衛出版社，臺北，1996 年。

英文資料

"The Treaty of Peace with Spain," in *The Collected Papers of John Bassett Moore*, in Seven Volumes II, Yale University Press, New Haven, 1944, p.144.

Hazeltine, Mayo W., "What shall be done about the Philippines?" *The North American Review*, Vol.167, Issue 503, October 1898, pp.385-393.

Zaide, Gregorio F., *Philippine Political and Cultural History*, Vol. II, The Philippines Since the British Invasion, Philippine Education Company, Manila, 1956.

網路資料

http://edl.library.cornelledu/cgi-bin/pageviewer?coll=moa&root=%2Fmoa%2Fnora%2F.

http://home.online.no/~erfalch/batanesa.htm.

http://www.answers.com/topic/batanes.

http://www.thebatanesislands.com/art_histrical_descriptive_profile_foreword.html.

http://www.thebatanesislands.com/art_histrical_descriptive_profile_pre_history.html.

http://www.thebatanesislands.com/art_histrical_descriptive_profile_the_batan_islands.html.

Madge Kho, "Jolo - Chronology of Moro Resistance," from Jolo, the Philippines, http://jolo.htm.

Vivien Jane Evangelio Cay, "Archipelagic sea lanes passage and maritime security in archipelagic Southeast Asia," World Maritime University Dissertations, 443, 2010, p.67. http://comm ons.wmu.se/all_dissertations/443.

http://commons.wmu.se/cgi/viewcontent.cgi?article=1442&context=all_dissertations（2017 年 4 月 9 日瀏覽）。

The Pending Territorial Sovereignty of the Batan Islands

Abstract

When Japan occupied the territory of Taiwan in 1895 from the Quin Dynasty, the Japanese government immediately held a talk with Spain to delimit the boundary of Spain and Taiwan. According to the agreement of Japan and Spain, the boundary of both countries was in the middle of navigable channel of Bashi. For it had not referred to the latitude, thus it produced the confusion. What is the meaning of "in the middle of navigable channel of Bashi"? If there were no accurate definition of Channel of Bashi, there would be no right boundary over that area. After then, the United States concluded an agreement with Spain in 1898, Spain ceded the Philippines archipelagoes in the south of North Latitude 20 degree to the United States. In fact, the Batan Islands locates on the 20-21 North Latitude. Of course, Batan Islands is not included in the agreement between the United States and Spain. It is very interested that why Spain didn't ceded the territory to the north of North Latitude 20 degree to the United States? And, what is the nature of the Batan Islands? Is it a res mullius? Taiwan has the right to claim the Batan Islands? This is the purpose of the paper to explore the rationale of Taiwan's standpoint.

Keywords: Batan Islands   Taiwan   Philippines Sovereignty Territory Paris Peace Treaty

（本文部分內容刊登在國史館學術集刊，第 7 期，2006 年 3 月，頁 131-191。）

第十章　菲律賓之領土和海域主張與臺菲海域衝突

摘　要

　　菲國自從獨立以後，其所持的領土和海域主張，迥異於它國，例如將美國和西班牙在 1898 年簽訂的巴黎條約所規定的疆界稱之為「條約疆界」（Treaty Limits），將該「條約疆界」內的水域視同國家水域（猶如內水），以後又於 1961 年通過其領海基線法，1978 年公布其 200 海里專屬經濟區，2009 年又通過群島基線法。而我國則依據 1947 年的十一段線（俗稱 U 形線）、1979 年公布其 200 海里專屬經濟區、1998 年公布中華民國領海及鄰接區法、1998 年中華民國專屬經濟海域及大陸礁層法。兩國對於在臺、菲之間的重疊海域從未舉行劃界談判。因為未劃分海域，引發以後一連串的捕魚活動的糾紛。

關鍵詞：菲律賓　臺灣　條約疆界　南海仲裁案　群島基線法　U 形線

　　菲國自從 1946 年獨立以後，其所持的領土和海域主張，迥異於它國，例如將美國和西班牙在 1898 年簽訂的巴黎條約所規定的疆界稱之為「條約疆界」（Treaty Limits），將該「條約疆界」內的水域視同國家水域（猶如內水），以後又於 1961 年通過其領海基線法，1978 年公布其 200 海里專屬經濟區，2009 年又通過群島基線法（Archipelagic Baseline Act）。而我國則依據 1947 年的十一段線（俗稱 U 形線）、1979 年公布其 200 海里專屬經濟區。臺、菲兩國對於在臺、菲之間的重疊海域從未舉行劃界談判。因為未劃分海域，引發以後一連串的捕魚活動的糾紛。

　　本文擬針對菲國的領土和海域主張作一分析，俾能知己知彼，妥為因應將來可能再度面臨的問題。

一、條約疆界

　　臺灣和菲律賓呂宋島之間有兩個群島，靠近臺灣一邊的叫巴丹群島（Batan Islands，Batanese Islands），相距 190 公里；靠近呂宋島的叫巴布煙群島（Babuyan Islands）。巴丹群島又稱巴坦尼斯群島（Batanese），總共有 10 個小島組成，最大的島叫伊特巴亞特（Itbayat），其次為巴丹島。巴丹群島面積很小，只有 20,928 公頃（210 平方公里）。據研究其島上住民族群具有獨特的族群特性，他們自稱屬於伊凡坦族（Ivatan），說的方言是伊凡坦語（Ivatan）。有一種說法是，他們可能從臺灣移去，後來有些人與西班牙征服者混血，因此，他們具有臺灣土著的杏眼和西班牙人的鷹鉤鼻。

　　巴丹群島因為靠近臺灣，自古以來臺灣漁民經常在該群島海域從事捕魚活動，為臺灣漁民的傳統捕魚區。也由於兩地人民經常往來，亦有臺灣漁民常居該群島上，亦有通婚者，以至於當地人也稍懂閩南語。

　　陳荊和在十六世紀之菲律賓華僑一書對於早期菲律賓群島的古地名標示現在的地點，他將巴丹群島標示為浮甲山，巴布煙群島為筆架山。[1]

---

[1]　陳荊和，十六世紀之菲律賓華僑，新亞研究所東南亞研究室刊，香港，1963 年，頁 162。

　　依據 1898 年美西巴黎條約第三條之規定，西班牙將北緯 20 度以南的菲律賓群島割讓給美國，作為求和的條件。北緯 20 度以南是指在巴林坦水道以南的位置，因此，巴丹群島並不在該條約範圍之內。

　　對於該項疑義，我們必須回到 1895 年西班牙和日本曾簽訂的日西海界協議。

　　日本佔據臺灣時曾在 1895 年 8 月 7 日與西班牙簽訂協議，劃分臺灣和菲島的疆界線，當時規定係以「以通過巴士海峽可以航行海面中央之緯度並行線（the middle of the navigable channel of Bashi parallel to the latitude），為太平洋西部日本及西班牙兩國版圖之境界線。」由於該協議並非以經緯度為界，而協議文對「巴士海峽」又無定義，其地理範圍之模糊性，也導致後來美西談判的困擾。

　　美國和西班牙在 1898 年 11 月 28 日談判達成協議，但當時並未披露雙方協議條約的內容，因此報紙報導推測當時美國要求的菲律賓群島的範圍是：「據信美國要求菲律賓群島疆界的定義將如下：從北緯 5 度 32 分到 19 度 38 分，從東經 117 度到 126 度，因此南北約 1 千英里，東西約 600 英里。」（It is believed that the definition of the limits of the Philippine group in the American demands will be as follows: From 5 degrees 32 minutes north latitude to 19 degrees 38 minutes north latitude and from 117 east longitude to 126 degrees east longitude, thus covering about 1,000 miles north and south and 600 miles east and west.）[2]據此報導可知，當時經西班牙同意美國所取得的菲律賓群島最北邊疆界在北緯 20 度以南。以後正式條約證實此項傳言。

　　美西雙方於 12 月 10 日在巴黎簽署和平條約。該約第三條規定西班牙依據經緯度將其所佔領的菲律賓群島割讓給美國，該第三條內容如下：

　　「西班牙割讓名為菲律賓群島的列島以及包含在以下疆界線內的島嶼給美國：

---

[2]　"Spain accedes to our terms, acceptance verbally announced by Her Envoys," *The Brooklyn Daily Eagle*, November 28, 1898, pp.1-2.

　　沿著或靠近北緯 20 度由西向東劃一直線，經過可航行的巴士水道的中線，從格林威治東經 118 度到 127 度，從那裡沿著東經 127 度到北緯 4 度 45 分，從那裡沿著北緯 4 度 45 分到東經 119 度 35 分交叉點，從那裡沿著東經 119 度 35 分到北緯 7 度 40 分，從那裡沿著北緯 7 度 40 分到東經 116 度交叉點，從那裡劃一直線到北緯 10 度與東經 118 度交叉點，從那裡沿著東經 118 度到起始點。」

　　「Spain hereby cedes to the United States the archipelago knows as the Philippines Islands, and comprehending the islands lying within the following line:

　　A line running from West to East along or near the Twentieth parallel of North latitude, and through the middle of the navigable channel of Bachi, from the one hundred and eighteenth (118th) to the one hundred and twenty-seventh (127th) degree meridian of longitude East of Greenwich, thence along the one hundred and twenty-seventh (127th) degree meridian of longitude East of Greenwich to the ......」[3]

　　在 1895 年時，西班牙並沒有指出巴士海峽可以航行的中線在何處，至 1898 年與美國談判時即明白指出係位在北緯 20 度，而且公開承認該線以北島嶼屬於日本，西班牙談判代表要求美國談判代表僅能將北緯 20 度以南的群島割讓給美國。美國談判代表也接受西班牙談判代表的意見，即以北緯 20 度為界。

---

[3] "Treaty of Peace Between the United States and Spain; December 10, 1898," http://ava lon.law.yale.edu/19th_century/sp1898.asp（2017 年 5 月 7 日瀏覽）。

資料來源：Limit in the Seas, "Straight Baselines of the Philippines," Bureau of Intelligence and Research, Department of State, USA, No.33, March 22, 1973, issued by the Geographer, http://www.state.gov/documents/organization/61546.pdf（2017 年 1 月 22 日瀏覽）。

圖 10-1：菲國政府公佈的菲國直線基線圖

巴士海峽可以航行線之中央線

　　無論巴士海峽的定義範圍如何，當美西談判時，西班牙談判代表表示，不可能將不屬於她的領土割讓給美國，乃堅持以北緯 20 度為界，而且值得重視的是，當西班牙在與美國簽署巴黎條約時，她遵守了 1895 年日西協議的規定。

　　此外，「巴士海峽可以航行線之中央線」與北緯 20 度有何關連？就當時西班牙談判代表的理解，巴士海峽的位置，應是指包括從臺灣到呂宋島之間的海峽，所以它的中央線即落在北緯 20 度。西班牙談判代表反對美國談判代表要將北緯 21 度 30 分以南劃歸美國所有的主張。

　　就當時航行的意義言，巴士海峽「可以航行」的地方有兩個，一個是臺灣和巴丹群島之間的巴士水道，另一個是在巴丹群島和巴布煙群島之間的巴林坦水道。就 1895-1898 年的時光來看，當時的巴士水道並非是經常使用的「可以航行的」水道。由於當時船隻動力較小，由南海航向臺灣和日本的船隻，在航經菲律賓呂宋島西海岸時通常會航經巴林坦水道，進入太平洋後折北航抵臺灣南部或直接前往日本，此一航行路線是順著黑潮潮流，應是當時主要的航行路線。當時許多書上畫的航行路線圖，都是如此。船隻不會越過巴林坦水道到達巴士水道，再轉東越過巴士水道進入太平洋，因為這樣的航行路線將會遇到從東往西流的黑潮支流的強勁逆海流，並非適宜的航行路線。

　　就此而言，當時西班牙無論與日本談判時或與美國談判時，應都是以當時認為可航行的航道觀念為之，巴士海峽的可航行的中央線應即指北緯20 度的水道，今天稱巴林坦水道的地方。

美國入侵巴丹群島

　　美國談判代表團法律顧問巴斯特‧摩爾（John Bassett Moore）在1899 年 1 月 12 日寫信給美國國務卿約翰海（John Hay），他認為北緯 20度以北的巴丹群島歸屬的爭議可以與日本談判，以協議解決。事實上，美國政府並沒有接受巴斯特‧摩爾的建議，而是在 1900 年 1 月 10 日派兵佔領巴丹群島。美國在 1900 年初派軍佔領該群島，是否屬於有權佔領？如上所述，巴丹群島並非「無主地」，應屬於「有主但沒有被日本實際佔領」的領土，美國恐無法依「無主地」方式予以佔領。美國如此作，就形同入侵。

　　菲律賓政府在 1961 年 6 月 17 日公佈第 3046 號共和國法（Republic Act No.3046, Act to define the baseline of the territorial sea of the

Philippines），在未與臺灣協商之情況下，片面將其北疆從北緯 20 度延伸到北緯 21 度，其牴觸美西巴黎條約的規定，至為明顯。

無論如何，從國際法而言，西班牙和美國在 1898 年以條約方式對巴丹群島做出安排，確定它歸屬於日本所控制的臺灣的領土之一部分，國際條約的效力應較 1895 年模糊的西班牙和日本協議更具約束力。1961 年菲律賓的片面行動亦無法使美西巴黎條約歸於無效，因為 1898 年的美西巴黎條約的規定涉及第三國的領土，菲律賓不能自行劃定其北界而不與第三國協商。從法理可知，菲律賓佔據巴丹群島的合法性是有疑義的。

二、菲國將「條約疆界」的水域界定為其內水

考察 1898 年美、西巴黎條約的精神，是劃定經緯線作為西班牙將群島割讓給美國的範圍，依據當時以及現在的觀念，西班牙割讓給美國的是經緯線內的島嶼，並不包括水域。菲律賓不顧一般國際法的認知和習慣，硬將水域也納入割讓的對象。以致於堅持不讓外國船隻經過該一「條約疆界」的水域。菲國將線內水域視同其內水，禁止外國船隻通行以及排除外國漁船在該水域捕魚。菲國在 1982 年簽署 1982 年聯合國海洋法公約時作此保留聲明。

菲律賓駐聯合國常設代表於 1955 年 3 月 7 日致聯合國秘書長節略（Note Verbale dated 7 March 1955 from the Permanent Delegation of the Philippines to the United Nations），內容如下：

「菲律賓駐聯合國常設代表向聯合國秘書長致意，並回覆聯合國秘書長前邀請菲律賓政府對國際法委員會提出的領海制度之條款草案提出看法而於 1955 年 2 月 3 日發出之第 LEG.292/9/01 號電報。

菲律賓對於其領海之政策，摘要如下：所有環繞、介於及連接屬於菲律賓群島的各個島嶼間的水域，不管其寬度和大小面積，都是菲律賓陸地領土之必然附屬物，構成菲律賓國家或內陸水域之完整部分，隸屬於專屬主權之下。所有在菲律賓自治國法案第 4003 號第六節及菲律賓憲法第二條中所規定的 1898 年 12 月 10 日巴黎條約、1900 年 11 月 7 日美國與西

班牙在華盛頓簽訂的公約、1930 年 1 月 2 日美國與英國簽訂的條約、1932 年 7 月 6 日美國與英國簽訂的條約中所述的界線內的其他水域，都被視為菲律賓的海上領土水域，其目的在保護菲律賓的捕魚權，維護其漁業資源，執行其稅收和反走私法律，國防和安全，以及保護菲律賓認為對其國家幸福和安全有重要性的其他利益，但不侵害友好外國船隻無害通過此一水域之權利。在領海內、或大陸架上、或在群島的相似物上的公有及（或）私有地的所有石油或天然氣的自然蘊藏或出產，以及從菲律賓海岸向海的方向而不屬於外國領土內的海域，是不可讓渡地及不因時效而消失地屬於菲律賓，友好外國船隻通過該水域擁有無害通過權利。

關於鄰接菲律賓海上領海之公海，菲律賓政府認為捕魚權之行使應與有關國家簽訂協議或條約加以規定。」[4]

上述節略明白指出菲國主張其「條約疆界」內之水域為其「國家或內陸水域」」。菲國使用的名詞異於一般國際社會通常使用的名詞，「內陸水域」可以理解，屬於國境內的內水水域。至於「國家水域」何所指？是否等同於「內水」？

菲國 1973 年憲法第 1 條對此有更為明確的界定，該條說：「國家領土包括菲律賓群島，包括所有的島嶼和水域，以及其他依歷史性權利或法律名分應屬於菲律賓的所有領土，包括領海、領空、底土、島嶼礁層及其他海底區域，菲國對此均有主權或管轄權。環繞、介於及連接群島的各個島嶼間之水域，不管其寬度和大小面積，都構成**菲律賓內水**之一部分。」[5]

基於上述的規定，菲律賓於 1982 年 12 月 10 日在簽署 1982 年聯合國海洋法公約時發表了保留性的宣言（The Philippines' Declaration Upon Signing the 1982 Law of the Sea Convention, 10 December 1982）：

---

[4]　The United Nations, *Yearbook of the International Law Commission*, the International Law Commission, 1955, Vol. II, pp.52-53. http://legal.un.org/ilc/documentation/english/a_cn4_90. pdf（2017 年 7 月 25 日瀏覽）。

[5]　https://www.comelec.gov.ph/?r=References/RelatedLaws/Constitution/1973Constitution（2017 年 7 月 25 日瀏覽）。

「2.簽署亦不能侵害或損害……根據 1898 年 12 月 10 日及 1930 年 1 月 2 日所簽訂之條約，菲律賓共和國作為美國之繼承人所應享有之『主權權利』。

………………

6.海洋法公約對於經由海線通行群島之規定，不能損害菲律賓作為群島國控制海線之主權或使之無效，亦不能剝奪其制定法律保障其主權、獨立和安全之權力。

7.群島水域之概念是類似於菲律賓憲法所規定的內水概念，連接這些水域與經濟區或公海的海峽，外國船隻不能以國際航行為理由而享有過境通行權。」[6]

該項保留聲明最主要的內容是：

第一，菲國要保留「條約疆界」。菲國對於「條約疆界」享有「主權權利」。

第二，菲國群島水域是內水性質。

第三，菲國禁止外國船隻在「連接這些水域與經濟區或公海的海峽」享有過境通行權。

菲國在 1987 年頒佈的憲法第 1 條亦作類似的規定：「第一條：國家領土包括菲律賓群島以內的一切島嶼和水域，以及菲律賓擁有主權或管轄權的一切領土，由其陸上的、河中的和空中的領域構成，包括其領海、海床、底土、島嶼礁層和其他海底的區域。**群島四周之間和連接各島的水域，不管其幅員如何，皆是菲律賓之內水的組成部分。**」[7]

1988 年 8 月 3 日，澳洲對於菲國此一保留聲明提出反對意見，其內容為：

---

[6] "Understanding made upon signature (10 December 1982) and confirmed upon ratification (8 May 1984) by the Philippines," in the United Nations Convention on the Law of the Sea: Declarations made upon signature, ratification, accession or succession or anytime thereafter, Oceans & Law of the Sea, http://www.un.org/depts/los/convention_agreements/convention_declarations.htm#Philippines（2017 年 7 月 25 日瀏覽）。

[7] http://hrlibrary.umn.edu/research/Philippines/PHILIPPINE%20CONSTITUTION.pdf（2017年 7 月 25 日瀏覽）。

第一，菲國之聲明不符合聯合國海洋法公約第 309 條有關禁止保留之規定和第 310 條有關保留聲明不可排除或修改本公約之法律效果。菲國說簽署公約不能剝奪其制定法律保障其主權、獨立和安全之權力。此一說法顯示菲國正在尋求修改本公約之法律效果。

第二，菲國說公約的群島水域的概念類似於菲國舊憲法和 1987 年憲法第一條所講的內水的概念。然而，公約對於應用於群島水域和內水的權利和義務之規定是不同的。特別是公約規定外國船隻通行群島水域享有無害通過和群島海線的權利。[8]

1988 年 10 月 26 日，菲律賓對於澳洲反對菲律賓簽署及批准公約時所作之諒解提出如下之聲明（聯合國秘書處第 C.N.254.1988. Treaties-2 號文件）（Declaration by the Philippines concerning an objection by Australia to the Understanding recorded upon signature by the Philippines and confirmed upon ratification, C.N.254.1988. Treaties-2, the United Nations Secretariat）：

「菲律賓所作的宣稱是符合聯合國海洋法公約第 310 條。此一宣稱也符合公約中有關特定條款之解釋聲明。

菲律賓政府有意調和其國內立法與海洋法公約之規定。

有必要採取步驟制定法律，以規範群島海線通行，以及依照海洋法公約之規定，對群島水域行使菲律賓主權權利。

因此，菲律賓政府希望使澳洲政府及海洋法公約簽署國放心，菲律賓將遵守上述公約之規定。」[9]

根據聯合國海洋法公約第五十條規定，「群島國可按照第九、十和十一條，在其群島水域內用封閉線劃定內水的界限。」而第九條是指河口、第十條是指海灣、第十一條是指港口，換言之，菲律賓只能在河口、海灣和港口三處地點劃定內水。菲國將「條約疆界」內的水域界定為其內水，

---

[8] Office for Ocean Affairs and the Law of the Sea, United Nations, "Objection by Australia to the Understanding recorded upon signature by the Philippines and confirmed upon ratification," *The Law of the Sea, Current Developments in State Practices*, No.II, p.95. http://www.un.org/depts/los/LEGISLATIONANDTREATIES/PDFFILES/publications/E.89.V.7%20(Eng.)State%20Practice%20No.%20II.pdf（2017 年 4 月 8 日瀏覽）。

[9] *Ibid.*, p.96.

或者將其群島水域也界定為是其內水，禁止外國船隻通行，是不符合聯合國海洋法公約之規範，至今沒有任何國家給予承認。

三、菲國主張南沙群島

1946 年 7 月 23 日，菲律賓外交部長聲明說，菲國擬將南沙群島合併入其國防範圍之內。1948 年，馬尼拉海事學校校長克洛瑪（Tomas Cloma）組織探險隊前往太平島探險。

1949 年 4 月 13 日，馬尼拉公報（*Manila Bulletin*）報載菲內閣會議決議派菲海軍司令安德拉達（Jose V. Andrada）前往太平島視察，有閣員建議鼓勵巴拉望島漁民移民太平島，以便將來併入菲國版圖。中華民國駐菲公使照會菲國外交部查詢該項報導是否真實，菲外交部 5 月 1 日覆稱：「當日菲內閣會議僅討論菲漁民在太平島附近捕魚需多加保護，並稱：菲政府對貴國聲明太平島為中國領土一節，業經予注意，惟關於此案之詳細事實，如貴國主張主權之理由暨該島以前及現在與臺灣之關係，尚希惠予見復以資參考等由。」[10]中華民國外交部乃將其主張南沙群島主權之由來、歷年管治情形及設備現狀、及南海諸島位置圖、南沙群島圖各 1 幅、*南海諸島地理誌略* 1 冊轉飭駐菲使館，妥為交涉。

1950 年 4 月 10 日，菲國眾議院外委會主席提議菲政府取得巴拉望島以西及西南諸島。5 月，中共軍隊進入海南島後，菲國論壇報於 5 月 13 日呼籲菲國政府與美國應出兵佔領西沙群島與南沙群島，以保障菲國的安全。

1951 年 5 月 17 日，菲國總統季里諾（Elpidio Quirino）表示南沙群島距離菲國較近（proximity），故應屬於菲國所有。8 月 24 日，中國「新華社」刊文反駁法國和菲國對南沙群島的主張。

---

[10] 「呈報菲內閣議派海軍司令視察太平島交涉經過，駐菲公使電外交部（民國 38 年 5 月 19 日，公字第 3063 號）」，載於俞寬賜和陳鴻瑜主編，外交部南海諸島檔案彙編（下冊），第 III(2):007 號檔案，外交部研究設計委員會編印，臺北市，民國 84 年，頁 795-796。

　　1955 年 6 至 7 月間，菲國一架兩棲巡邏偵察機至南沙群島上空進行偵查。1956 年 3 月 1 日，克洛瑪組探險隊前往南沙群島探險。4 月 29 日，菲律賓航海學校 4 號船侵入太平島活動。5 月 11 日，克洛瑪與其弟和 40 名船員前往南沙群島探險，在太平島等島上升菲國國旗，宣布「正式擁有」南沙群島，並將所佔領的島嶼改名為「卡拉揚群島（Kalayaan）」，意即「自由地群島（Archipelago of Freedomland）」。5 月 15 日，克洛瑪致函菲國副總統兼外交部長賈西亞（Carlos Garcia），表示已佔領南沙群島。在他所附的地圖上，標示的「卡拉揚群島」包括南沙群島中重要的島嶼，如南威島、太平島、中業島、鴻庥島、南海礁等。他強調是基於「發現和佔領之權利」而宣佈「卡拉揚群島」是「自由之地」，因為這些島嶼位在「菲律賓海域之外，不屬於任何國家管轄之內」，他丈量這些島嶼距離巴拉望島以西 300 海里，有 64,976 平方英里。

　　5 月 19 日，菲國副總統兼外長賈西亞公然宣稱菲國在南海中發現「既無所屬又無居民」的島嶼，因此菲國繼發現之後，有權予以佔領。5 月 21 日，克洛瑪又向菲國外長發出第二封信函，表示「此一領土主張乃係菲公民所為，並不『代表菲政府』，因為我們並未獲菲政府授權。因為若經菲政府授權，將可能使該群島變成菲律賓領土之一部分的後果。基此理由，我希望及請求菲政府支援及保障我們的主張，不要在聯合國提出另一個主張，以免招引他國的反對。」[11] 6 月 27 日，克洛瑪派赴太平島人員返菲，攜回中華民國國旗 1 面，經臺灣外館人員交涉，要求其將國旗交還臺灣使館。6 月 29 日，克洛瑪函臺灣駐菲使館，表示歉意，惟該函妄稱臺灣人員將彼在太平島上之標誌毀壞與移動亦屬不當。7 月 2 日，菲駐臺灣使館函臺灣外交部，菲國政府對克洛瑪之行為事前不知情，亦未予同意，已告知克洛瑪將國旗交還臺灣駐菲使館並面致歉意。7 月 7 日，克洛瑪率菲海事學校學員 3 人，攜回中華民國國旗 1 面，至臺灣駐菲使館表示

---

[11] Marwyn S. Samuels, *Contest for the South China Sea*, Methuen, New York and London Methuen & Co., 1982, p.82.

歉意。[12] 7 月 6 日，克洛瑪宣佈建立「自由地自由土（Free Territory of Freedomland）」政府，首都設在中業島（菲名為 Pag-asa），自任國家最高委員會主席。

10 月，國際民航組織（International Civil Aviation Organization）在馬尼拉召開會議，會後第 24 項決議是請求臺灣在南沙群島設立氣象觀測站，沒有其他國家表示反對。

1956 年 5 月底和 7 月初，南越西貢政府和臺北分別向菲國提出正式抗議，中共亦透過「新華社」，抨擊克洛瑪之「發現」主張是毫無意義的。6 月 2 日，臺灣派海軍組成立威部隊巡視南沙諸島，曾登陸太平島、南威島、西月島，進行立碑升旗、測繪地圖等工作；此外，並自海上巡視南子島、北子島、敦謙沙洲、鴻麻島、南鑰島、永登暗沙、中業群礁、渚碧礁、鄭和群礁、大現礁、小現礁、福祿寺礁、逍遙暗沙、尹慶群礁、中礁、西礁、東礁、華陽礁、日積礁、楊信沙州、相生礁、長瀨礁等。總計此次南巡 13 天中，共登陸 3 個島、巡察 5 個島，1 個沙洲，經過 3 個暗沙、3 個群礁、12 個礁。[13]這次南巡結果，在太平、南威和西月等島上沒有發現人跡，惟在各該島上發現有菲人遺留之字跡（最近日期為 1956 年 5 月 27 日）。

6 月 9 日，法國駐馬尼拉代辦照會賈西亞副總統，表示南沙群島與西沙群島不同，法國從未將之移交給越南共和國，所以應屬法國領土。越南共和國立即反駁法國的主張。英國也透過駐馬尼拉大使館數度正式向菲政府提出照會。甚至荷蘭也介入這項紛爭，她要求英國洩露一份「機密報告」，內容為荷蘭在英國支持下，將隨時提出對爭議島嶼之主權主張。[14]馬尼拉迅即對臺北和西貢表示，對於南沙群島並無主權要求。22 日，克洛瑪致送中華民國駐馬尼拉大使館之照會說：「我們的第二支探險隊實地調查了在自由地群島中除了南威島之外的其他主要島嶼，並在太平島上設

---

[12]　「克洛瑪再入侵南沙及攜回我國國旗，陳大使電（民國 45 年 6 月 27 日來電專號第 788 號）」，載於俞寬賜和陳鴻瑜主編，前引書，第 III(5):007-017 號檔案，頁 895。

[13]　海軍巡弋南沙海疆經過，臺灣學生書局，臺北市，民國 61 年，頁 93-130。

[14]　Marwyn S. Samuels, *op. cit.*, p.84.

立電臺。移徙者也在島上定居及進行整建工作，種植香蕉和其他菲律賓植物。」他在照會上補充說，為了尊重中華民國，所以沒有探查南威島。25日，菲副總統兼外長賈西亞向麥格塞塞（Ramón del Fierro Magsaysay）總統提出關於南沙群島的建議，他建議將南沙群島分為三大部分：(1)東經118度沿菲領海範圍西南迤至116度，北緯12度到7度之間所有島嶼，菲國請求列入菲國領土範圍。(2)東經116度至114度，北緯12度到7度之間所有島嶼（包括太平島在內），菲國請求二戰中對日戰爭盟邦將之劃歸菲國所有。(3)東經114度以西之所有島嶼（包括南威島在內），菲國無企圖。但該項建議在27日的內閣會議沒有討論。**15**

　　7月6日，臺灣第2度派海軍組威遠部隊巡弋南沙群島，登陸太平島、中業島、西月島、鴻麻島、南威島、南鑰島、南子礁、北子礁等島，發現在太平島、中業島、敦謙沙洲、鴻麻島、北子礁等島上有菲人克洛瑪所留木牌，上書「該島為菲律賓馬尼拉克洛瑪等人宣佈所有，是自由地之部分領土」（This island is claimed by Atty Tomas Cloma and party Manila, Philippines and forms part of Freedom Land）。這次南巡主要任務是派軍進駐太平島（7月11日進駐）、在太平島設立航道標竿、在雙子礁勘察設立燈塔之地點、在南威島掘取鳥糞1至2噸，將1平方公尺之表土及下層土帶回。

　　7月6日，克洛瑪宣布在其發現的群島成立「自由邦」，首都在中業島，並成立政府，將派代表請求成為菲律賓共和國的「保護國」。克洛瑪並未就此停止活動，他在8月10日至日本活動，企圖招誘日本漁業界從事經營南沙群島之漁業。

　　9月24日，臺灣又派海軍組寧遠部隊巡弋南沙群島，先後登陸太平島、鴻麻島、敦謙沙洲、南鑰島、中業島、南子礁及北子礁，偵巡鄭和群礁、道明群礁、中業群礁等島嶼。在中業島上復發現克洛瑪所留字跡，而威遠部隊在7月14日已將島上菲人所寫字跡塗毀，顯見克洛瑪又曾再度

15 「菲兼外長向菲總統之建議，陳大使致外交部長密函（民國45年6月28日）」，載於俞寬賜和陳鴻瑜主編，前引書，第Ⅲ(5):018號檔案，頁904-905。

登陸該島。10 月 2 日，寧遠部隊在雙子礁附近截獲 1 艘菲海事學校訓練船「P.M.I.-IV」號，船長為克洛瑪校長之弟費里隆・克洛瑪（Filemon Cloma）。我國海軍對該船實施臨檢，並請費里隆・克洛瑪及輪機長鄧斯柯（B. Danseco）到太和艦上接受偵訊，在收繳其船上所攜帶之槍械（後由臺灣政府轉交菲駐臺灣使館）後，[16]即將船員和船釋放，並警告他們不得侵犯我國領土。嗣後，克洛瑪特為此事到紐約，希望菲國駐聯合國大使能向聯合國提出有關此事件之議案，結果失敗。[17]

1956 年 12 月，菲副總統賈西亞答覆克洛瑪說：

「外交部關切的是，除了一般國際所知道名為南沙群島的 7 個島群外，外交部視你所稱的『自由地』內的島、小島、珊瑚礁、沙洲和灘為無主地（res nullius），其中有些島礁是新出現的，有些尚未標示在國際地圖上，其存在是有疑問的，而大多數這些島礁都未曾被占領過，也沒有人居住過；換言之，它們對菲人之經濟開發和定居是開放的，只要任何國家對這些島的專屬主權尚未依一般可接受的國際法之原則或國際社會所承認之原則而建立起來的話，菲人在國際法下享有跟其他國家之公民在從事該項活動時同樣多的權利。

關於國際上已知的南沙群島的 7 個島群，菲政府認為這些由戰後勝利的盟軍所『事實』託管的島嶼，乃是 1951 年 9 月 8 日在舊金山簽字的日本和平條約之結果，在此條約中，日本宣佈放棄所有其對南沙群島和西沙群島的權利、名義和主張，直至目前，盟軍並沒有解決這些島群的歸屬問題。因此，只要這個島群仍維持其現狀，則它是平等地開放給菲國國民或盟軍成員國，他們在社會、經濟和商業之機會和待遇平等之基礎上，可以從事經濟開發和定居。」[18]

賈西亞副總統最後下結論說：「從這些包括在自由地之內的群島和小

---

[16] 見海軍巡弋南沙海疆經過，頁 170。寧遠部隊奉海軍總部電指示，收繳菲船上武器，並轉告菲人該武器將轉交菲使館，以免其與我駐島守軍發生誤會。海軍總部同時電示需取得菲船上任何物件及未予騷擾之證明，但山繆爾斯卻說我海軍沒收菲船上的武器和部分彈藥，而未提及我國政府的處理方式。（見 Marwyn 5. Samuels, *op. cit.*, p.85.）

[17] *Ibid.*, p.85.

[18] *Ibid.*, pp.82-83.

島的地理位置來看,它們除了有漁產、珊瑚、海產和磷酸肥等經濟潛力外,因其接近菲律賓西邊的疆界,與菲律賓群島有歷史和地理關係,對我國國防和安全有重大戰略價值,所以只要菲國國民依法行事的話,菲政府不會不關心他們在這些無人居住和未被占領的島群上的經濟開發和徙居的問題。」[19]

從賈西亞的說法可知,他有意把「國際上所知的南沙群島的 7 個島群」與克洛瑪所說的「自由地群島」弄混,其目的是只要把南沙群島的專屬主權弄成地位不明,那麼菲律賓就可承認克洛瑪所主張的「自由地群島」具有主權之合法性。菲政府且明示克洛瑪等菲公民之探險活動,自應受到菲政府的「關切」。明顯地,賈西亞的看法是,從「占領」與「鄰近」這兩個觀點來看,沒有理由不把這些島群納歸為菲國主權管轄之下。[20]

1957 年 2 月 15 日,菲外長賈西亞致克洛瑪函,稱南沙為「無主地」。信函全文如下:

> 你在 1956 年 12 月 14 日上給麥格塞塞總統關於你在包括屬於你謂南威群島之若干島嶼在內的「自由邦」的開礦活動的信函收悉。
>
> 就外交部而論,本部視這些島嶼、小島、珊瑚礁、淺洲及沙灘,包括你所稱的「自由邦」,除那些屬於國際稱為南沙群島的 7 個島嶼而外,均為無主之島,其中有些是新出水的,另一些在國際地圖中標明為未列入航海圖及其存在尚有疑問的,它們均未被佔領,沒有人居住,換言之,這無異說它們均可由菲律賓國民作經濟開發與移居。在任何國家尚未依照國際法公認之原則對此等島嶼設定獨有之主權,也未經國際間予以承認之前,則在國際法下,菲律賓國民有和任何其他國家同樣進行該種活動的權利。至於國際上稱為南沙群島七個島嶼,由於 1951 年 9 月 8 日在舊

---

[19] *Ibid.*, p.83.

[20] Milton Walter Meyer, *A Diplomatic History of the Philippine Republic*, University of Hawaii Press, 1965, p.198.

金山締訂的對日和約，菲政府認為這些島嶼是在第 2 次世界大戰
勝利的盟國事實上的託管之下，因為在該和約中，日本放棄對此
等島嶼的一切權利與主張，而迄今為止，盟國未作有關它們處置
事項的領土處理。因之，只要這群島嶼仍處該種狀態，則盟國的
任何一國國民均同等地基於有關社會經濟與商業事項的機會與待
遇的平等，可對該等島嶼作經濟的開發與移居。

　　菲律賓為第 2 次世界大戰中打敗日本的盟國之一，也是對日
和約的簽字國之一。

　　鑒於「自由邦」包括之此等島嶼與小島的地理位置，它們的
鄰近菲律賓西疆，它們與菲律賓列島的歷史與地理關係，它們對
我國國防與安全的巨大戰略價值，縱使除開在漁業、珊瑚與海產
及岩燐方面的經濟潛在價值不談，菲政府只要菲律賓人民從事推
進他們的合法追求一天，就不會對菲律賓人民在此等無人民住與
佔領的島嶼從事經濟開發與移居一事，漠然視之。[21]

　　1957 年 5 月 13 日，克洛瑪登陸南子礁（Southwest Cay）時曾在島上
遇美軍測量隊 13 人，旋即撤走。[22] 6 月 6 日，東京一家東洋貿易公司與
克洛瑪合作計畫開發南沙的燐礦，準備輸往日本，曾組 8 人代表團前往南
沙，到過某島遇到在島上設立雷達站的美軍。[23] 1958 年 6 月 30 日，我國
完成第 11 次揚威特遣支隊編組，7 月 6 日啟航，11 日抵達太平島。18
日，永豐艦、永定艦偵巡鴻庥島、敦謙沙洲，並登陸鴻庥島。19 日，離
太平島返航，途中順道偵巡南鑰島、中業島及雙子礁，偵巡中均無情況發
生。1959 年 1 月 3 日，成立第 13 次揚威支隊運補及偵巡南沙任務。1 月

---

[21] 「妄稱南沙群島為無主島嶼，加西亞致克洛馬函全文（民國 46 年 2 月 15 日，央秘參
(46)0160 號）」，載於俞寬賜和陳鴻瑜主編，前引書，第 III(5):046 號檔案，頁 939-
940。

[22] 「密（南沙群島案），外交部致駐菲大使館電（民國 46 年 5 月 16 日，去電專號第 628
號）」，載於俞寬賜和陳鴻瑜主編，前引書，第 III(5):055 號檔案，頁 948。

[23] 「克洛馬主張美人駐南沙群島（民國 46 年 5 月 31 日，央秘參(46)722 號」，載於俞寬
賜和陳鴻瑜主編，前引書，第 III(5):059 號檔案，頁 953-954。

23 日，海軍登陸南子礁，將建築雷達反射塔之材料及人員卸下，即駛往太平島。24 日，抵太平島。29 日，駛返雙子礁，登陸南子礁，察看雷達反射塔建立情形及測繪該塔位置。該塔之雷達探測有效距離為 15 海里。另外永勝艦和永康艦亦於 1 月 27 日巡弋敦謙沙洲、鴻庥島、西南礁，並派人登陸偵察，均無任何發現。（見國防部南沙群島檔微縮片）1968 年 4 月 5 日，菲國一艘 SF 型軍艦到南沙太平島附近，臺灣守軍發信號燈查問，未獲答覆，遂對空射擊示警，菲國軍艦始離去。[24]

1970 年 8 月 23 日，菲國派軍艦佔領馬歡島，將之改名為「拉瓦克島」，並派駐軍隊。1971 年 4 月 14 日，又侵佔南鑰島，改名為「科塔島」（Kota），並派駐軍隊。4 月 18 日，侵佔中業島，改名為「巴格沙島」，駐軍 30 多人。

1971 年 7 月 10 日，菲國政府指稱中華民國的軍艦在南沙群島向 2 艘無武裝的菲國海軍船隻「開火」，馬可仕（Ferdinand Marcos）總統立即召開菲國家安全會議，討論南沙群島之地位問題，結果宣稱，除了南沙群島外，有 53 個島嶼屬於菲國，這些島嶼是克洛瑪在 1947~59 年之間進行探險及占領過的島嶼。馬可仕總統表示：「這些島嶼被認為是無主地，也許可依國際法所承認的取得之方式，如占領和有效管理，而取得這些島嶼。」馬可仕總統藉口南沙群島是「被棄的無主地及有爭議的土地」，因此菲國加以占領和控制，對其擁有這些島嶼之主權是有充足理由的。馬可仕似乎相信占有即具有法律的效力。

菲國在 1971 年 7 月派海軍占領南沙群島的馬歡島、中業島，並要求中華民國從太平島撤軍。臺北立即宣佈拒從太平島撤軍，及否認向菲國船隻開火。7 月 12 日，中華民國外交部發出正式抗議函，聲明我國對南海諸島擁有主權。中共也在 7 月 16 日重申對南海諸島擁有主權。越南也提

---

[24] 「密（關於菲侵擾我南沙群島情事），外交部致菲大使館代電（民國 57 年 5 月 4 日，外(57)亞太二字第 08694 號）」，載於俞寬賜和陳鴻瑜主編，前引書，第 III(5):066 號檔案，頁 962。「密（菲艦入侵我南沙海域）駐菲大使館致外交部代電（民國 57 年 5 月 24 日，菲政(57)字第 2294 號）」，載於俞寬賜和陳鴻瑜主編，前引書，第 III(5):067 號檔案，頁 963。

出主權主張。然而，菲政府企圖把其占領的島嶼開放給多國石油公司進行探勘，藉國際干涉達到占領的目的。據 1971 年 7 月馬尼拉紀事報（*Manila Chronicle*）之報導稱，具有影響力的美國石油公司已與克洛瑪談判，將探勘和開發這些可能產油的地區，而且一旦克洛瑪與美國石油公司簽訂合同，可能計劃把這個地區轉變為美國的軍事基地。[25]但美國政府並不支持美國石油公司在這個有爭論的地區進行石海探勘活動。

1971 年 7 月 30 日，菲國派軍侵佔西月島（改名為利卡斯島 Likas）和北子島（改名為帕洛拉島 Parola），並派駐軍隊。至該年 10 月，菲國在南沙佔領了 5 個島，且都派駐了軍隊。

菲國副外長英格里斯（Jose D. Ingles）在 1972 年 3 月舉行的「聯合國海床委員會」會議上重申：「我們不贊同中共所提出的領土主張，特別是馬歡島（Nan Chiao Island）（作者按：此處英文有誤，應為 Nashan），菲人稱之為拉瓦克島（Lawak Island），它構成自由地群島之一部分。自由地群島由 53 個島組成，但不包括南威島。這些島群過去是、現在也是菲政府之有效占領和控制之下，我說占領即是反對他國的主權主張。」[26] 1972 年 4 月，菲國正式把這些島嶼併為巴拉望省之一部分，稱為「卡拉揚」，成為 1 個村鎮（Poblacion）的行政單位。菲國設特別顧問委員會負責管理「卡拉揚」之行政事務，委員會由巴拉望省擇 11 名委員組成，另任命克洛瑪為該委員會之主席。[27]

1973 年 6 月，菲國派調查船「研究者」號前往南子島、北子島、南鑰島和中業島進行測量。1974 年 2 月初，菲政府宣稱已控制南沙群島五個島嶼，包括馬歡島（菲名 Lawak）、北子島（菲名 Parola）、南鑰島（菲名 Kota）、西月礁（菲名 Likas）、中業島（菲名 Pag-asa）（希望島）。2 月 5 日，克洛瑪見風轉舵地主張，菲國除了南威島外擁有「卡拉

---

[25] "Leon Howelland and Michael Morrow, Formidable task for Peking," *Far Eastern Economic Review,* VoI.82, No.52, December 31, 1973, pp.39-40.

[26] 引自 Marwyn S. Samuels, *op. cit.*, pp.90-91.

[27] 關於菲國在何時把自由地群島併為菲國領土，山繆爾斯（Marwyn S. Samuels）的著作中有 2 種不同說法，在他所著書的第 91 頁，指出是在 1972 年 4 月，但在第 96 頁註 60，卻說是在 1978 年 6 月 11 日。（Marwyn S. Samuels, *op. cit.*, pp.91, 96, Note 60.）

揚群島」之主權。菲國外長羅慕洛（Carlos P. Romulo）也在同一天做相同的主張。同時，菲政府對西貢和臺北發出抗議照會，在致西貢之抗議照會中明確指出，菲國是依「占領原則」而取得「卡拉揚群島」之主權，「據稱越軍登陸卡拉揚地區，菲政府對此深表關切，因為菲政府在過去已宣佈依占領權而取得該島群。由菲國占領的島嶼有馬歡島、費信島、西月島、北子礁、中業島。這些島嶼並不構成南沙群島之一部分。事實上，它們住在南威島東北部，距離有 200 英里之遠。它們距離位在東邊的巴拉望首府普林斯沙（Puerto Princesa）有 250 英里，距中華民國直線距離有 950 英里。它們距越南海岸線有 350 英里。基此而言，卡拉揚群島對菲律賓之戰略重要性是很明顯的。我們所以占領這些島嶼，乃因為它們是無主地及不屬於任何國家。因此，可依占領而取得這些島嶼之主權。」[28]在致臺北的照會上，補加下列一段：「前已指出（1972 年 7 月 28 日致臺北照會），卡拉揚群島對菲律賓安全有戰略上之重要性，事實上，在 2 次世界大戰時，這些島嶼曾被日本皇軍利用做侵略菲律賓的跳板。基此理由，菲律賓有獲取該地區做為保護安全之必要的每一種權利。」[29]

　　然而，菲政府對於中共的態度，則較為軟化，雙方同意採取和平的方式來解決南沙群島的爭端。1975 年 6 月 7 日，馬可仕總統訪問中共，在與周恩來簽署的建交公報中說：「兩國政府認為中華人民共和國和菲律賓共和國的經濟、政治和社會制度之間的差異，不會阻礙兩國及人民在遵守相互尊重主權、領土完整、互不侵犯、不干涉內政、平等和互惠之原則下所達成的和平共存及友好關係的建立和發展。兩國政府同意以上述諸原則，不訴諸使用武力威脅，來和平解決所有的爭端。」[30]

　　菲律賓所占領的北子島與越南所占領的南子島（South Weet Cay or Pugad）相距很近，只有 200 碼。據菲軍方稱，南子島過去為菲國所占領，但不知何時即將之拋棄。1976 年，越軍從南子島向菲國飛機射擊，

28　引自 Marwyn S. Samuels, *op. cit.*, p.104.

29　*Ibid.*

30　引自 *Keesings Contemporary Archive*s, September 15-21, 1975, p.27334.

惟未釀成爭端。越南在南子島上有駐軍 350 人左右。[31]菲國與越南亦對司令礁（Commodore Reef）發生爭議。菲國外長羅慕洛（Alberto G. Romulo）在 1980 年 8 月舉行的「東協」常設委員會上表示，菲政府反對越南對司令礁之主權主張，認為司令礁是位在巴拉巴克群島（Balabac Islands）之內，而非在南沙群島。巴拉巴克群島位在馬尼拉西南方 500 英里，較靠近汶萊。1980 年，菲國派兵佔領司令礁。南越西貢政府則召菲國大使至越外交部，遞交一份抗議菲國占領司令礁之照會。[32]但雙方並未就爭議問題舉行會談。

1976 年 6 月，菲國和一家瑞典石油公司合作在南沙群島的禮樂灘（Reed Bank）地區進行石油探勘。1978 年 3 月 8 日，菲國佔領楊信沙洲（改名為帕納塔島 Panata）。1978 年 6 月 11 日，馬可仕總統發布第 1596 號總統令，宣佈南沙 33 個島礁沙洲，共 64,976 平方英里的範圍為菲國領土之一部分。[33]菲國於 1978 年 6 月 18 日出版地圖，將南沙若干島礁劃歸其卡拉揚群島。菲國進而在 1980 年 6 月 18 日將該總統令及包含卡拉揚群島的一份菲國地圖向聯合國秘書處登記。1982 年 4 月 25 日，菲國總理維拉塔（Cosar E. Virata）前往中業島視察軍事設施。

中國漁民古稱中業島為鐵峙或鐵島，今天英文稱中業島為 Thitu，即鐵島之音譯。中業島，菲名為巴格沙（Pagasa），意指希望之島，為菲國所宣稱的卡拉揚群島的首府。該島位於東經 114 度 17 分，北緯 11 度 03 分，島距巴拉望島約 277 英里，距越南金蘭灣約 311 英里。島長 1 點 6 公里，寬 625 公尺，面積約 22 公頃。高約 3 點 4 公尺。島上建有機場長約 1 千 7 百公尺，因此一部分跑道是延伸到海中，由填海而成。

島上有海軍、陸軍和員警的建物，房舍不高，形成一個小聚落。島上雖有民房數間，但並無平民。1995 年 5 月，據該市市長波里卡畢（Gill

---

[31] "Manila moves to control of South China Sea Isles," *The Sun*, 6 April, 1978.

[32] "Romulo to give stand on disputed island," *Hongkong Standard*, August 24, 1980.

[33] Jorge Coquia, "Philippine position on the South China Sea Issues," in Aileen San Pablo-Baviera (ed.), *The South China Sea Disputes, Philippine Perspectives*, The Philippine-China Development Resource Center and the Philippine Association for Chinese Studies, Manila, 1992, pp.52-53.

Policarpie）之說法，島上有 140 名選民，但平常都住在巴拉望島。在該年 5 月 14 日舉行國會及地方選舉時，選民才臨時來島上投票。該島上次投票是在 1992 年的國會及總統選舉。

島上基礎設施不足，房舍老舊，因此在 1995 年 5 月初，菲國招募工人在中業島上修築防禦工事，計畫在島上裝置 1 台 125 千伏特的發電機、修理營房、1 條道路、建造發電廠房、安裝電線桿、建造一艘玻璃纖維船、修理房舍周圍的籬笆。菲國並準備撥出 1 億 7 千 8 百萬披索（Peso）在其佔領的其他 6 個島礁上建燈塔。

由於當地季節的關係，在每年 1 月到 4 月當天氣較穩定，以及附近海中盛產紅鱸魚及龍蝦時，才有漁民前來該島作業。其他時間則很少到該島。島上沒有女性和小孩，是一純男人的天堂島。

1993 年在該島建 1 座燈塔。跑道已年久失修，只能供小型飛機起降，從該島到巴拉望島約 2 小時半航程，坐船要 3 天。目前中業島的機場已成為菲國空投補給品到其他菲國佔領的 6 個小島的基地。菲國在 1995 年年底整修跑道，俾能進駐戰鬥機。島上有駐軍約 80 人，每 6 個月換防 1 次。島上配置有老舊的坦克車及機關槍。菲國在 1995 年 2 月通過未來 10 年國防現代化計畫經費 44 億美元，其中有一部分經費將用來加強巡邏南沙海域所需的海空軍。[34]

菲國為了滿足國際法上的有效佔領原則，在中業島上進行投票，顯示菲國民事行政管轄權已在該島實施。但誠如上述，這不過是種假像，因為平常時期居民並不住在島上，而是在投票時才臨時來應景的。菲國這種作法是難以取得國際法上的「取得領土」的法理基礎的，它的侵略事實是難以消除的。

在 1988 年 3 月中共與越南在南沙赤瓜礁發生海戰後，菲國眾議院國防委員會委員雅普立即於 3 月底訪問河內，會見越南外長阮基石，於 3 月 31 日達成三項協議，包括：一是不得讓外國使用菲律賓和越南的任何領土，作為對菲、越進行敵對行動的基地。二是兩國不使用武力解決雙方歧

---

[34] 南洋星洲聯合早報（新加坡），1995 年 2 月 27 日，頁 30。

見，包括南沙群島問題在內。三是菲、越永世友好。[35]

1988 年 4 月 14 日，菲國總統艾奎諾夫人（Corazon Aquino）訪問中國大陸，與中共領袖談論南沙問題。中共重申其擁有南沙的立場。1990 年 12 月 15 日，李鵬訪問菲國，強調中共擁有南沙主權，但他說：「我們可以在適當的時候同有關各方找出解決這個問題的辦法，但在目前，我想我們還是把這個問題擱置一旁，以免影響到中國同其他有關國家的雙邊關係。」[36]

1988 年 4 月 15 日，菲國 3 艘漁船，共 49 名船員在南海距菲國所屬的李嘉士岬 120 海里處被馬國海軍逮捕。8 月 1 日，在沙巴哥打京那巴魯法院起訴這些 48 名漁民（有 1 名在起訴前死亡），結果因證據不足被判無罪。8 月 7 日，艾奎諾夫人總統以電話請求馬國首相馬哈迪釋放菲國漁民。8 月 13 日，馬國釋放菲國全部漁民返回馬尼拉。9 月，馬國海軍在岷答納峨島與沙巴之間海域逮捕菲國漁船，該處海域為兩國重疊未定界，並傳聞馬國侵佔菲國南部 6 個島嶼，馬國此一行動立即引起菲國民眾情緒不滿，國會議員要求與馬國斷交。[37]後來馬國駐菲大使呈遞一份馬國於 1979 年繪製，1984 年重印的馬國地圖，證實馬國並未將菲國 6 小島併入其領土，始緩和此一衝突。[38]

1988 年 8 月 24 日，菲國政府正在考慮以放棄沙巴主權來換取馬國放棄南沙群島主權，以解決兩國 25 年來對沙巴主權的爭議。[39] 11 月 27 日至 29 日，菲國外長曼格拉普斯（Raul Manglapus）訪越，與越外長阮基石簽署聯合公報，主要內容為：(1)雙方同意以和平方法包括談判及提交國際法院裁判等方式解決兩國間有關南沙問題之爭執；(2)聯合有關國家基於人道考慮解決留菲越南難民問題；(3)雙方極願使東南亞成為一和平、自由、中立及相互合作之區域；(4)雙方彼此相互尊重領土完整、主

---

[35] 聯合報（臺北），1989 年 4 月 4 日，頁 1。

[36] 南洋星洲聯合早報（新加坡），1990 年 12 月 22 日，頁 31。

[37] 聯合日報（菲律賓），1988 年 8 月 15 日，頁 1；大公報（香港），1988 年 9 月 16 日，頁 2。

[38] 聯合日報（菲律賓），1988 年 9 月 16 日，頁 6。

[39] *Manila Bulletin* (Philippines), 24 August, 1988.

權獨立，對雙方關係上避免使用武力；(5)繼續改善雙方關係，並促進經貿、科技及文化合作。此外，雙方並簽訂航空協定，菲國並獲致越方絕不介入菲共叛亂問題的保證。[40]

1993 年 1 月 30 日，菲國參議院外交關係委員會舉行有關菲國商人克洛瑪向菲國政府索償南沙群島的聽證會，原來 1956 年宣稱佔有南沙的克洛瑪稱菲國政府已將其「自由島」（即菲國將其所發現的南沙諸島改為卡拉揚群島）併入菲國領土，因此向政府索償 1 億美元。[41]結果所請未獲批准。

在各國競相舉辦南海問題研討會之情況下，菲律賓也不甘落後，在 1993 年 5 月 31 日舉行「第 1 屆南中國海海洋科學研究非正式工作小組會議」，討論漁業資源及生物物種調查等問題。參加的國家包括中共、臺灣、越南、菲律賓、馬來西亞、汶萊、泰國、新加坡、寮國和泰國，參加者為學者專家及以私人身分參加的官員。與會者同意向主權爭議國建議聯合勘查南沙群島的資源。

1994 年 3 月 28 日，菲律賓總統羅慕斯（Fidel Valdez Ramos）訪問越南，呼籲擁有南沙群島的各方從南沙撤軍，使南沙非軍事化，然後共同合作開發該海域的資源，以便緩和該區域的緊張氣氛。他同時表示有意和越南在海洋研究、天氣預報、環境保護及由高級軍官進行非正式訪問交流等方面進行合作。[42]

5 月 8 日，菲國與美國的瓦爾科能源公司（Vaalco Energy）的菲律賓子公司阿爾康石油公司（Alcorn）簽訂了在禮樂灘進行地震測線勘探的合同，範圍在禮樂灘的西南部，包括費信島、馬歡島、北子島等島。[43]

---

[40] 「菲越公報主張和平解決南沙爭執，駐菲代表處致外交部電報（民國 77 年 12 月 1 日，來電專號第 896 號）」，載於俞寬賜和陳鴻瑜主編，前引書，第III(5):071 號檔案，頁 968。

[41] 聯合日報（菲律賓），1993 年 1 月 31 日，頁 1。

[42] *South China Morning Post*, 29 March, 1994；中國時報（臺北），1994 年 3 月 30 日，頁 1。星島日報（香港），1994 年 3 月 30 日，頁 A9。

[43] Rigoberto Tiglao, "Troubled Waters, Philippine offshore oil search roils China," *Far Eastern Economic Review*, Vol.157, No.26, June 30, 1994, pp.20-21.

　　菲國眾議院議長維尼西亞（Jose de Venecia Jr.）於 1994 年 6 月 19 日率東協國會議員訪問團至北京，曾向江澤民和錢其琛建議共同開發南沙群島以及訂定開發的時間表，同時提議南海非軍事化，作為開發的先決條件。在 5 月份中共曾向菲國提出抗議，因為菲國與美國的阿爾康石油公司簽訂了在禮樂灘進行地震測線勘探的合同，維尼西亞向中共外交部長助理王英凡建議中共可以參加此一共同合作勘探案，另外也歡迎中共參加菲、中（共）的漁業合作、或菲越、或菲馬的漁業合作、或在南沙進行礦務合作開採、或南沙爭端各方合組開發公司。[44]

　　在 1995 年 8 月菲國與中共的領土問題談判中，雙方曾談到共同開發的問題，但只提出原則，未有具體措施。

　　菲國在 1997 年 6 月在其佔領的中業島舉辦選舉，我國外交部立即在 1997 年 6 月 10 日發表抗議聲明。

　　1999 年 5 月 9 日，一艘菲國補給艦在仁愛礁（Second Thomas Shoal）附近擱淺，並由菲軍派兵防守，中國兩艘巡防艦於 5 月 15 日對該補給艦發射訓練彈，並要求菲國立即拖走該艦，因為該艦位在中國所佔領的南沙群島內，但遭到菲國拒絕。6 月，菲教育部在新版地圖中將黃岩島及南沙群島列入了菲國版圖，並將地圖送往了 4 萬所公立學校圖書館。

　　2003 年 4 月，菲國在中業島舉行「設立卡拉揚市 25 周年」紀念活動，菲海軍派艦運送地方官員參加了此次紀念活動。

　　菲國總統艾洛雅（Gloria Macapagal-Arroyo）於 2004 年 9 月 2 日訪問北京，在中國國家主席胡錦濤和菲律賓總統艾洛雅的見證下，中國海洋石油總公司及菲律賓國家石油公司在北京簽訂價值 700 萬美元的共同勘探南海石油協議，同意以三年時間合作研究南海的石油資源。協議合作的重點是搜集、處理及分析地質資料，而非鑽探及開發的工作。14 日，菲國總統艾洛雅宣布菲國和中國將在南沙有爭議的島礁進行經濟和軍事合作，將把衝突區變成合作區。越南外交部發言人黎敦（Le Dung）批評中國和菲律賓私下簽訂合作協議，而沒有知會涉及南沙爭端之國家。菲國外長羅慕

---

[44] *Manila Bulletin* (Philippines), 20 June, 1994, pp.l,8.

洛（Alberto G. Romulo）回應說南沙爭端國都會受邀參加會議。[45]該項合作進行海洋地震（marine seismic）調查協議為期 3 年，約需經費 7 百萬美元。[46]為了平息越南的抗議，菲國總統府發言人 Ignacio Bunye 在 9 月 11 日說，菲國願意將中、菲合作協議內容告訴越南，並強調該項合作僅是「地震研究」，與實際「聯合探勘」（joint exploration）不同。[47]此外，菲國與中國的軍事合作，將由中國援助菲國 120 萬美元，提供菲國購買軍備。[48]

12 月 28 日，菲國武裝部隊參謀長阿布（Gen. Efren Abu）訪問中業島上的駐軍。[49]

為了平息越南的不滿，菲國和越南在 2005 年 3 月 10 日簽署協議，雙方將從 4 月起在南沙群島進行科學研究，此舉被認為違反 2002 年的「南海各方行為宣言」，因為這是兩國片面的舉動。[50]越、菲兩國的專家在 4 月 6-9 日到南海 26 個海洋站進行研究，雙方的專家搭乘菲國的國家製圖局（Philippines' National Mapping Agency）的船從馬尼拉到越南的芽莊

---

[45] "Philippines-China-Vietnam, Convergence between Manila and Beijing over Spratly Islands," *AsiaNews*, September 15, 2004, in http://www.asianews.it/index.php?l=en&art=1485（2008 年 1 月 27 日瀏覽）。

[46] "RP-China Spratlys survey does not violate int'l pact-Romulo," *The Philippine Daily Inquirer*, September 18, 2004, in http://archive.inquirer.net/view.php?db=0&story_id=11789（2008 年 1 月 27 日瀏覽）。

[47] "RP seeks to allay Vietnam's fears over Spratlys oil plans," *The Philippine Daily Inquirer*, September 12, 2004 http://archive.inquirer.net/view.php?db=0&story_id=10461（2008 年 1 月 27 日瀏覽）。

[48] "Nothing wrong with RP-China deal on Spratlys-Palace," *The Philippine Daily Inquirer*, March 03, 2005, in http://archive.inquirer.net/view.php?db=0&story_id=29308（2008 年 1 月 27 日瀏覽）。

[49] "AFP chief visits troops on isolated island," *The Philippine Daily Inquirer*, December 29, 2004, in http://archive.inquirer.net/view.php?db=0&story_id=22673（2008 年 1 月 27 日瀏覽）。

[50] "CHINA-PHILIPPINES-VIETNAM, Beijing, Manila and Hanoi strike deal over Spratleys oil," AsiaNews, March 15, 2005, in http://209.85.175.104/search?q=cache:FNxl23862w YJ:www.asianews.it/index.php%3Fl%3Den%26art%3D2771%26size%3D+09/15/2004+PHIL IPPINES+-+CHINA+-+VIETNAM+-+Convergence+between+Manila+and+Beijing+over+Sp ratly&hl=zh-TW&ct=clnk&cd=1&gl=tw（2008 年 1 月 27 日瀏覽）。

（Nha Trang）進行科學研究。[51]

　　2005 年 3 月 14 日，中國海洋石油總公司、菲律賓國家石油公司和越南的石油天然氣總公司在菲律賓首都馬尼拉簽署了「在南海協議區三方聯合海洋地震工作協議」。這項協議的有效期限是 3 年。在三國協議中，三國聲明將遵守 1982 年聯合國海洋法公約、2002 年東協與中國「南海各方行為宣言」。三國決心將南海發展成一個和平、穩定、合作和發展區，該協議之簽署將不會破壞各國對於南海問題的基本立場。協議各國將以平等共識進行合作研究工作。三國亦將成立一個委員會，協商探勘的進行，其探勘經費由三國平均分攤，首期經費為 1,500 萬美元。共同調查區的面積為 14 萬平方公里。[52]

　　6 月 12 日，菲律賓在其強占的中業島上開通了手機通信服務站。這項服務由 Smart Communications Inc. 所開通。島上有 300 名士兵和居民居住。

　　菲律賓參議院和眾議院在 2009 年 2 月通過群島基線法，將南沙群島（包括太平島），以及中沙群島之黃岩島，劃入菲國領土，我國外交部於 2009 年 2 月 4 日發表聲明如下：

　　「針對菲律賓參議院本（2009）年 1 月 28 日通過之第 2699 號法案（Senate Bill 2699），及眾議院本年 2 月 2 日通過之第 3216 號法案（House Bill 3216），將屬於我國之部分南沙群島（包括太平島），以及中沙群島之黃岩島，劃入菲國領土事，中華民國外交部茲鄭重聲明如后：

　　(1)無論就歷史、地理、事實及國際法而言，南沙群島、西沙群島、中沙群島、東沙群島及其周遭水域係屬中華民國固有領土及水域，其主權屬於中華民國，不容置疑。中華民國對該四群島及其水域享有一切應有權益，任何國家無論以任何理由或方式予以主張或佔據，中華民國政府一概

[51] "Philippines, Vietnam to jointly explore South China Sea," *The Philippine Daily Inquirer*, March 7, 2005, http://archive.inquirer.net/view.php?db=0&story_id=29707（2008 年 1 月 28 日瀏覽）。

[52] "China, Philippines, Vietnam Start Oil Survey in S. China Sea," 中國網，http://china.org.cn/english/2005/Aug/139975.htm（2008 年 1 月 27 日瀏覽）。

不予承認。

　　(2)中華民國政府茲此呼籲，菲國政府應依據聯合國憲章、聯合國海洋法公約及「南海各方行為宣言」揭櫫之原則與精神，透過協商對話，和平解決南海爭議。」[53]

　　馬來西亞及越南政府於 2009 年 5 月 6 日向聯合國大陸礁層界限委員會提交 200 海浬以外大陸礁層延伸案以及越南政府 5 月 7 日另向大陸礁層界限委員會提交 200 海浬以外大陸礁層延伸案，我國外交部於 2009 年 5 月 8 日發表聲明。

　　2009 年 5 月 20 日，馬來西亞向聯合國大陸礁層外界線委員會提出照會，沒有正面對中國提出的九段線表示反對，而是重申馬國係根據聯合國海洋法公約之規定，和越南聯合提出大陸礁層外界線，也依據該公約第 76(10) 及公約附錄二第九條等規定劃定兩國在南海南部的大陸礁層外界線。[54]

　　7 月 8 日，印尼對中國的照會提出照會，質疑中國九段線的法律基礎、如何畫出、每段線的地位。中國代表在各種國際會議上強調遙遠的、小的岩塊、無人居住的小礁不能擁有專屬經濟區和大陸礁層，因此九段線缺乏國際法地位，是違反 1982 年聯合國海洋法公約。[55]

　　菲律賓在 8 月 4 日，對於馬來西亞和越南聯合申報南海南部的大陸礁層外界線，提出補充意見，認為這兩國的申報地區和菲律賓的主張有重疊，而且該一地區的某些小島的領土主權有爭端，包括北婆羅洲。依據公約附錄一之規定，若申報大陸礁層外界線而引發相關國家之爭端，則該申

---

[53] http://www.mofa.gov.tw/webapp/ct.asp?xItem=36869&ctNode=1548&mp=1（2011 年 1 月 27 日瀏覽）。

[54] "The Permanent Mission of Malaysia of the United Nations presents its position to the Secretary General of the United Nations, HA 24/09," U. N., http://www.un.org/Depts/los/clcs_new/submissions_files/mysvnm33_09/mys_re_chn_2009re_mys_vnm_e.pdf（2011 年 1 月 27 日瀏覽）。

[55] "The Permanent Mission of Indonesia of the United Nations presents its position to the Secretary General of the United Nations, No.480/POL-703/VII/10," U. N., http://www.un.org/Depts/los/clcs_new/submissions_files/mysvnm33_09/idn_2010re_mys_vnm_e.pdf（2011 年 1 月 27 日瀏覽）。

報案不予審議。菲國請求大陸礁層外界線委員會對於馬國和越南的聯合申報不予審議。[56]

菲律賓於 2011 年 3 月 3 日對中國提出抗議照會，抗議中國在禮樂灘驅趕其船隻。

4 月 5 日，菲律賓常駐聯合國特使以外交照會的形式提出抗議，並以三個理由主張位於南沙群島的「卡拉揚群島」為菲律賓領土。第一，「卡拉揚群島」是菲律賓不可分割的一部分，菲律賓對其擁有主權和司法轄管權。第二，依據聯合國海洋法公約規定的國際法基本原則「陸地控制海洋」，菲律賓對「卡拉揚群島」水域和附近水域擁有主權和司法權。第三，依據聯合國海洋法公約，中國聲稱「卡拉揚群島」「相關水域和海床」擁有主權的說法是沒有依據的，因為那是屬於菲律賓的。[57]菲國該抗議被聯合國大陸礁層界線委員會在 4 月 8 日公佈為第 000228 號文件。

中華民國外交部 4 月 18 日下午召見菲駐臺代表描斯溜，就最新的南海主權爭議，向菲律賓政府表達了臺灣的主權立場。臺灣軍方則透露，4 月 27 日起，臺灣駐防南沙太平島的海巡署官兵，由原本向陸軍選兵，改為向戰鬥力較強的海軍陸戰隊選兵，第一批接受海軍陸戰隊訓練的海巡署官兵將盡速派往太平島。[58]

四、菲律賓關於海域之相關立法

（一）1961 年 6 月 17 日，菲國公佈「菲律賓共和國第 3046 號法案界定菲律賓領海基線法案（Republic Act No.3046, Act to Define the Baseline of the Territorial Sea of the Philippines）」，該法規定：「鑑於環繞、介於及連接菲律賓群島各個島嶼之間的所有水域，無論其寬度或大小

---

[56] "The Permanent Mission of the Republic of the Philippines of the United Nations presents its position to the Secretary General of the United Nations, No.000819," http://www.un.org/ Depts/los/clcs_new/submissions_files/mysvnm33_09/clcs_33_2009_los_phl.pdf（2011 年 1 月 27 日瀏覽）。

[57] 「菲就中國『9 虛線版圖』提抗議」，菲律賓商報，2011 年 4 月 14 日。

[58] 「臺灣召見菲代表聲明擁有南海主權」，菲律賓商報，2011 年 4 月 19 日。

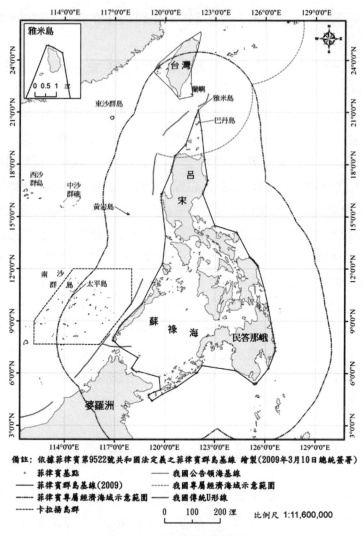

備註：依據菲律賓第9522號共和國法定義之菲律賓群島基線 繪製（2009年3月10日總統簽署）

圖 10-2：菲國群島基線圖示

面積，經常被認為是陸地領土之必要附屬部分，構成菲律賓內陸
（inland）或內部（internal）水域之一部分。」[59]該法標定的菲國最北基
點在雅米島（中）（Yami I. (M)）……21度7分30秒，121度56分46秒。

---

[59] "An Act to Define the Baselines of the Territorial Sea of the Philippines," http://www.la wphil.net/statutes/repacts/ra1961/ra_3046_1961.html（2017年7月25日瀏覽）。

（二）1973 年憲法第 1 條第一條國家領土包括菲律賓群島，包括所有的島嶼和水域，以及其他依歷史性權利或法律名分（名義）應屬於菲律賓的所有領土，包括領海、領空、底土、島嶼礁層及其他海底區域，菲國對此均有主權或管轄權。環繞、介於及連接群島的各個島嶼間之水域，不管其寬度和大小面積，都構成菲律賓內水之一部分。

（三）1978 年 6 月 11 日，菲律賓總統第 1596 號令（宣佈某些地區為菲律賓領土之一部分及將之納入政府管理），宣布將南中國海的島嶼和島礁彼此鄰近的關係的島嶼稱之為卡拉揚島群（Kalayaan Islands Group），「鑑於這些地區在法律上不屬於任何國家或民族，惟基於歷史、不可缺少的需要、及依國際法的有效佔領和控制設治，這些地區現在應被視為屬於和受制於菲律賓的主權；雖然有些國家宣稱對這些地區擁有部分領土，惟他們的主張已因放棄而失效，無論在法律、歷史和衡平上都不能勝過菲律賓。」[60]

（四）1978 年 6 月 11 日，菲律賓總統第 1599 號令設立專屬經濟區及其他目的，鑑於從測算領海之基線起算 200 海里之專屬經濟區。

（五）2009 年 2 月 9 日，國會兩院聯席委員會會議同意採用參議院的版本，作為菲國之群島基線法。雙方同意依據眾議院代表的意見，修改文字為卡拉揚島群和黃岩島是「菲律賓共和國之島嶼制度」（regime of islands of the Republic of the Philippines）。[61]

2 月 17 日，國會參眾兩院通過新的基線法，參議院是以唱名表決方式通過。

3 月 10 日，菲國總統艾洛雅簽署菲律賓群島基線法，又稱為菲律賓共和國法第 9522 號（Republic Act No.9522），該法之主要內容如下：

1.依參議院版的群島本部基點劃定新的群島基點，但基點位置作了不

---

[60] "Presidential Decree No. 1596, Presidential L Decree No. 1596 - Declaring Certain Area Part of the Philippine Territory and Providing for their Government and Administration," http://laws.chanrobles.com/presidentialdecrees/17_presidentialdecrees.php?id=1638（2017 年 7 月 25 日瀏覽）。

[61] Christine Avendaño, Maila Ager, "Congress set to ratify baselines bill," *The Philippine Daily Inquirer*, 10 February, 2009.

少修改。

2.將卡拉揚島群和黃岩島納入成為菲律賓共和國之下的「島嶼制度」。

3.群島基線法及所劃定的基線之地理經緯度、圖和地圖將向聯合國秘書長存放和登記。

4.該法將過去通過的共和國法第 3046 號，已被共和國法第 5446 號修正，以及所有其它的法律、命令、執行令、規則和發佈（issuances），予以修正或變更。換言之，菲國將不再主張傳統的「條約疆界」，而明確地採用「群島主權」，不像以前採取曖昧的態度。

實線是菲國眾議院通過的第 3216 號法案劃定之群島基線。虛線是參議院第 2699 號法案劃定之群島基線，後來成為共和國法第 9522 號法之島嶼制度之基線。

（六）菲國在 2009 年向聯合國大陸礁層界線委員會申報其大陸礁層外界線

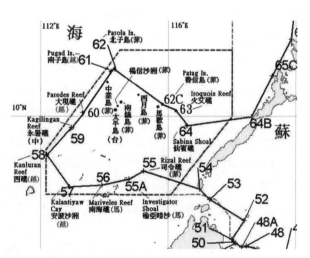

說明：Kanluran Reef 之經緯度為北緯 8°50'30"，東經 112°11'30"，其與越南
　　　佔領的西礁（West Reef）的經緯度同，故標以西礁。
資料來源：陳鴻瑜教授繪製。

圖 10-3：菲律賓卡拉揚島群基線及佔領島礁位置圖

　　菲律賓於 2009 年 4 月 8 日向聯合國大陸礁層外界線委員會申報其
「局部申報菲律賓共和國大陸礁層外界線之資料和資訊」（A Partial
Submission of Data and Information on the Outer Limits of the Continental
Shelf of the Republic of the Philippines Pursuant to Article 76(8) of the United
Nations Convention on the Law of the Sea），[62]該項資料之主要內容如下：

　　(1)說明局部申報並不能影響將來菲國申報其他領土的大陸礁層外界
線的權利。

　　(2)聯合國海洋法公約第 76 條第一段和第三段有關「大陸礁層」的界
定是法律定義，但該詞的法律定義與地緣的或地理的定義是不同的。該種
不同給予沿岸國縱使其陸地領土不是屬於大陸性質，亦可主張其大陸礁層
的權利。

　　(3)根據聯合國海洋法公約第 46 條之規定，菲律賓適格成為群島國家
（archipelagic state），並依據該公約第 47 條第 1-5 段之規定劃定其群島
基線。

　　(4)菲律賓申報菲律賓群島東海岸班漢隆起地區（Benham Rise
Region）的大陸礁層外界線。班漢隆起地區的北部和東部是西菲律賓盆地
（West Philippines Basin），其西部和南部是呂宋島，其經緯度在從東經
119°30' 到 132°00'、從北緯 12°10' 到 20°30' 之間的地區。

　　(5)菲律賓提出局部申報之主要目的是避免與周邊國家發生衝突，維
護和平與友好關係，因為與周邊國家的海域疆界尚未劃分。班漢隆起地區
並未與其他國家有疆界之衝突或爭端。

　　(6)班漢隆起地區與呂宋島之間的海床是大陸礁層的自然延伸和地貌
的延續（geomorphological continuity），其結構距離菲律賓領海基線之外
200 海里。班漢隆起地區之大陸邊（continental margin）的外界邊緣
（outer edge）是根據聯合國海洋法公約第 76 條 4(a)(ii) 之規定來訂定，

---

[62] "A Partial Submission of Data and Information on the Outer Limits of the Continental Shelf of
the Republic of the Philippines Pursuant to Article 76(8) of the United Nations Convention on
the Law of the Sea," http://www.un.org/depts/los/clcs_new/submissions_files/phl22_09/phl_
esummary.pdf（2017 年 1 月 27 日瀏覽）。

其定點（fixed point）距離大陸斜坡（continental slope）的坡腳（foot）不超過 60 海里。[63]

(7)根據海洋地球物理測量所知，班漢隆起地區不適用聯合國海洋法公約第 76 條 4(a)(i) 有關沈積物厚度 1% 之規定。[64]

(8)根據多維水文探測（multi-beam bathymetric）以及其他方法測量所知，班漢隆起地區不適用聯合國海洋法公約第 76 條 6 段有關 2,500 公尺等深線再外加 100 海里之規定，因為根據該一方法所測量的大陸礁層外界邊緣仍位在距離菲律賓領海基線起算 350 海里範圍內。

(9)班漢隆起地區超過 200 海里之大陸礁層外界線是以不超過 60 海里長度之直基線劃定，連接距離大陸坡腳不超過 60 海里之各確定點。總共訂定了 253 個確定點，並標示其經緯度。

菲國申報的大陸礁層外界線範圍是在呂宋島東方海域，菲國自認該一區域與鄰國沒有糾紛，而避開了有爭議的臺灣和菲律賓之間重疊海域、西面的南沙群島和南面的與印尼之間的重疊海域。據此判斷，菲國對於巴丹群島之領土歸屬問題是有顧慮的，未敢率爾向聯合國大陸礁層外界線委員會申報。

菲國該項申報有三點值得注意：

第一、關於菲律賓的疆域的描述，只出現在第一頁：

「菲律賓位在東南亞，東為菲律賓海，西為南中國海，北為巴士水道，南為西里伯斯海、馬來西亞和印尼。（圖 1）」（The Philippines is located in Southeast Asia, surrounded by the Philippine Sea to the East, the South China Sea to the West, the Bashi Channel to the North, and Celebes Sea, Malaysia and Indonesia to the South (Figure 1)）(p.1.)

第二、關於菲國屬於群島國，見於第六頁：

---

[63] 原文有錯誤，關於「定點（fixed point）距離大陸斜坡（continental slope）的坡腳（foot）不超過 60 海里」之規定，是規定在聯合國海洋法公約第 76 條 4(a)(ii)，不是第 76 條 4(a)(i)，所以加以更正。

[64] 原文有錯誤，關於「沈積物厚度 1% 之規定」，是規定在聯合國海洋法公約第 76 條 4(a)(i)，不是第 76 條 4(a)(ii)，所以加以更正。

「依據第 46 條，菲律賓合格稱為群島國家。」（Under Article 46, the Philippines qualifies as an archipelagic State）（p.6.）

但該文並未全部列出菲國群島的基點和基線。因此，不至於會引伸將其北部和西部南沙群島的基點已向聯合國大陸礁層外界線委員會申報，最主要的原因是聯合國大陸礁層外界線委員會只管大陸礁層外界線，不管其他海域的範圍。因此菲國申報的是大陸礁層的外界線的基點，而沒有見到劃出其大陸礁層外界線的大陸礁層的基點。

第三、該文文字說班漢隆起的經緯度是在北緯 12°10'N 到 20°30'N 之間，但細查第十七頁起的表一所列的班漢隆起的各個基點之經緯度，最北的基點在 19 度 51 分，不到 20 度，因此，文字敘述和實際基點有差距。

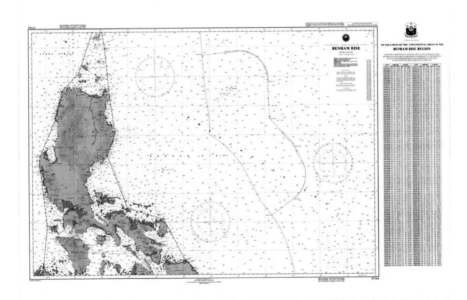

資料來源："A Partial Submission of Data and Information on the Outer Limits of the Continental Shelf of the Republic of the Philippines Pursuant to Article 76(8) of the United Nations Convention on the Law of the Sea," http://www.un.org/depts/los/clcs_new/submissions_files/phl22_09/phl_esummary.pdf（2017 年 1 月 27 日瀏覽）。

圖 10-4：菲國申報的班漢隆起位置圖

「班漢隆起地區是由東經 119°30'E 到 132°00'E、北緯 12°10'N 到
20°30'N 所圍起來的範圍。（圖 2）」（p.8, Benham Rise Region is
enclosed by the coordinates 119°30'E to 132°00'E longitude and 12°10'N to
20°30'N latitude. (Figure 2)）（p.8.）

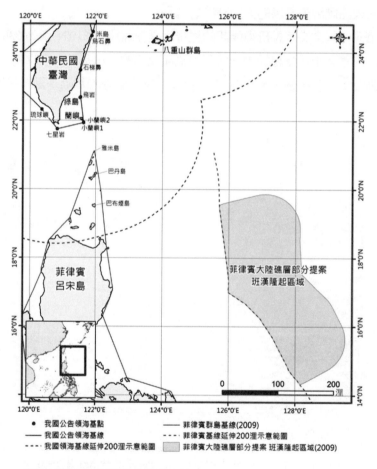

資料來源：中華民國內政部地政司。

圖 10-5：從臺灣小蘭嶼劃出兩百海里專屬經濟區之範圍

嚴格而言，若要對菲國有所抗議，就是反對其將北疆劃到巴士海峽。須知，菲律賓反對馬來西亞和越南對南海南部的大陸礁層外界線之申報，菲國同時也反對馬來西亞擁有沙巴主權，因為馬國是從沙巴劃出其在南海南部的大陸礁層外界線。菲國的目的無他，就是留下主張沙巴主權的記錄。

（七）菲國草擬群島海線法

2011 年 3 月 1 日，菲國眾議院議長 Feliciano Belmonte 和多數黨領袖 Neptali Gonzales II 在眾議院外交事務委員會提出「劃定菲律賓群島水域群島海線法案」（Establishing the archipelagic sea lanes in the Philippine archipelagic waters），是為眾議院第 4153 號法案（House Bill 4153）。[65] 該法亦可稱為群島海線法（archipelagic sealanes law）。該法是為了配合菲國在 2009 年公布的群島基線法，將劃定航道讓外國船舶和飛機通過其群島水域，規範其權利和義務，以及相關的保護措施。

同樣地，菲國參議院亦在 3 月 14 日針對此一議題在外交委員會通過參議院「群島海線法」（Philippine Archipelagic Sea Lanes Law）之第 2738 號法案（Senate Bill (SB) 2738）。在參議院群島海線法案中，畫出三條航道讓外國船舶通行，其圖示如下：

65　Ben Rosario, "Bill prescribing rules on conduct of foreign ships, aircraft rushed," March 6, 2011. http://www.mb.com.ph/node/307844/bill-pre（2011 年 6 月 4 日瀏覽）。

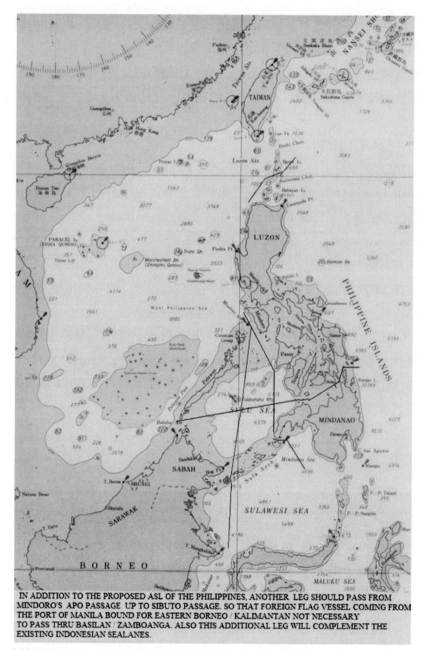

IN ADDITION TO THE PROPOSED ASL OF THE PHILIPPINES, ANOTHER LEG SHOULD PASS FROM
MINDORO'S APO PASSAGE UP TO SIBUTO PASSAGE. SO THAT FOREIGN FLAG VESSEL COMING FROM
THE PORT OF MANILA BOUND FOR EASTERN BORNEO / KALIMANTAN NOT NECESSARY
TO PASS THRU BASILAN / ZAMBOANGA. ALSO THIS ADDITIONAL LEG WILL COMPLEMENT THE
EXISTING INDONESIAN SEALANES.

資料來源："Map of Philippine Archipelagic Sea Lanes," http://www.timawa.net/forum
/index.php?topic=17776.15（2011 年 1 月 27 日瀏覽）。

圖 10-6：菲國群島海線法中的航道圖示

根據圖 10-6，菲國準備在其群島水域內畫出三條航道讓外國船隻通行，在蘇祿海有一條東西向航道，另一條是南北向航道，第三條是在巴丹群島和巴布煙群島之間的巴林坦水道（Balintang Channel）的一條東北與西南走向的航道。

菲國反對劃定航道者認為，根據群島水域之規定，需允許外國船隻無害通過，還要再劃定航道，這樣做變成多此一舉，而且劃定航道是為了讓外國軍艦通行或飛機通航，而航行該航道者，可能無須遵守無害通過的規定，此會影響菲國的國家安全。此外，劃定的蘇祿海內的南北航道的南方點過於偏北，而一般正常航行的航道是在靠近蘇祿群島的南邊。指定的東西航道也不是一般船隻通行的航道。這三個航道也非常靠近菲國的漁場、生物多樣性和礦藏的地點，將來會對漁業資源和礦物資源有不好的影響。[66]

事實上，菲國反對制訂群島海線法的人之該種看法，與聯合國海洋法公約之規定不符合，因為根據聯合國海洋法公約第 53 條群島海道通過權第 3 款之規定，外國船隻或飛機通過群島水域的指定航道需「繼續不停、迅速和無障礙地過境的目的，行使正常方式的航行和飛越的權利。」其通過指定航道的權利猶如無害通過，根本無法讓外國船隻在該指定航道內捕魚或進行科研或軍事演習。

由於菲國對於該項法律仍有歧見，因此至目前為止該法未正式通過。

參議員安東尼歐（Senator Antonio "Sonny" F. Trillanes）在 2016 年 6 月 30 日另提出「在菲律賓群島海域設立群島海線法」（An Act To Establish The Archipellagic Sea Lanes In The Phillippine Archipelagic Waters, Prescribing The Rights And Obligations Of Foreign Ships And Aircraft Exercising The Right Of Archipelagic Sea Lanes Passage Through The Established Archipelagic Sea Lanes And Providing For The Associated Protected Measures Therein），該法尚在參議院外交委員會審理階段。該

---

[66] Jay L. Batongbacal, "Premature sealanes legislation not beneficial to country," *The Manila Times*, May 10, 2011.

法案與 2011 年參議院的「群島海線法」內容相同，畫出三條航道讓外國船舶通行。

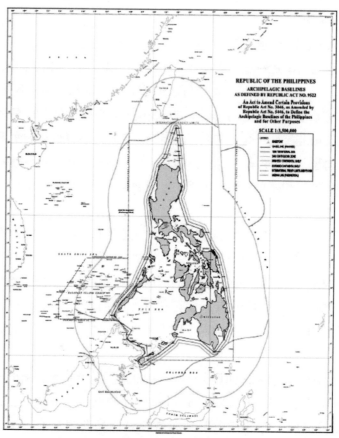

資料來源：Lowell B. Bautista, "Philippine Territorial Boundaries: Internal Tensions, Colonial Baggage, Ambivalent Conformity," *Jati* (Journal *of Southeast Asian Studies*, Malaysia), Vol.16, 2011, pp.35-53, at p.40.

圖 10-7：菲律賓各種海洋劃界圖示

（八）草擬菲國領海法

　　菲國從獨立起至今並未訂立領海法，過去其各種海洋法規，大都違反聯合國海洋法公約之規定，因此，眾議院在 2011 年 11 月 29 日通過第 4185 號法案，稱為：「劃定菲律賓共和國的海洋區域法」（An Act to

Define Maritime Zones of the Republic of the Philippines），其中第三條規定：「菲律賓的內水，(a)是指以群島基線向陸一側的水域，但不構成第四條之群島水域的部分。(b)群島基線之外的領土領海之基線向陸一側的水域。」第四條規定：「菲律賓之群島水域應指群島基線向陸一側的水域，除了第三條所規定的水域之外。」第五條規定：「菲律賓的領海，是指從基線或低潮線以外起算十二海浬的範圍。」第七條規定：「菲律賓的專屬經濟海域，是指從基線或低潮線向海起算兩百海浬的範圍。」第八條規定：「自基線向海起算兩百海浬的海床和底土，為菲律賓的大陸礁層範圍；若大陸礁層的自然延伸超過 200 海浬的範圍，其延伸部分的劃界，需依據聯合國海洋法公約第 76 條的規定行使之。」[67]但該法可能沒有針對群島基線加以定義，故未獲總統批准。

　　2013 年 7 月 1 日，參議員安東尼歐提出「劃定菲律賓共和國的海洋區域法」，內容與 2011 年通過的第 4185 號法案相同。2014 年 9 月 11 日，菲律賓眾議院於第十六屆國會第二會期再度提交第 4889 號法案，稱為：「劃定菲律賓共和國的海洋區域法」（An Act to Define Maritime Zones of the Republic of the Philippines），該法對於內水、群島水域、領海、鄰接區、專屬經濟海域以及大陸礁層等加以界定。該法新增一條與第 4185 號法案不同之處，即第三條規定：「本法所稱菲律賓群島基線，是指共和國法第 9522 號中所定義的群島基線。」惟該法至今亦未獲菲律賓總統批准。

　　2016 年 7 月 5 日，眾議員阿里加諾（Gary C. Alejano）提出「劃定菲律賓共和國的海洋區域法」，[68]內容與 2014 年眾議院的第 4889 號法案相同。惟該法案至今未通過。

　　從該項法案之立法而言，菲國正在修正其過去違反聯合國海洋法公約之有關群島水域的制度。

67　"An Act to Define Maritime Zones of the Republic of the Philippines," http://www.senate.gov.ph/lisdata/1584713078!.pdf（2017 年 7 月 18 日瀏覽）。

68　"An Act Defining the Maritime Zones of the Republic of the Philippines," Repoublic of the Philippines, House of Representatives, http://www.congress.gov.ph/legisdocs/basic_17/HB01118.pdf（2017 年 5 月 18 日瀏覽）。

五、臺菲重疊海域問題

　　菲國第二套領海系統是在 1961 年公布其領海基線法（Baseline Act）（菲律賓共和國第 3046 號法案），劃定其基點，其最北端基點在雅米島（中），位在北緯 21 度 7 分 30 秒，東經 121 度 56 分 46 秒。進而在 1978 年公布其 200 海里專屬經濟區，菲國從其群島基線往外海劃 200 海里專屬經濟區，以後就禁止臺灣漁船進入其專屬經濟區水域捕魚。

　　菲律賓在 2009 年 3 月 10 日由總統艾洛雅簽署群島基線法（Archipelagic Baseline Act），又稱為共和國法第 9522 號法，該法是菲國首度正式承認實施「群島主權」制度。在此之前，菲國對於是否採取「群島主權」制度態度曖昧，不願公開表明其立場，因為若是實施「群島主權」制度，則菲國必須尊重臺灣在其群島水域的傳統捕魚權以及自行公布讓外國船隻無害通過（innocent passage）其群島水域的航道和分航道。

　　從而可知，菲國不遵守海洋法公約之處，非常明顯。臺灣做為菲律賓的鄰國，兩國海域相接鄰，菲國對於其海域的主張，深切影響我國海洋權益。然而，多年以來，我國對於菲國海域之主張鮮少注意，甚至在 1991 年與菲國簽署「中菲海道通行協議」，由菲國劃定兩個海道讓我國船隻通航其水域，此等於承認菲國的非法主張。幸好菲國後來毀約，稱該協議為會談記錄，以後在 1998 年通過其菲律賓漁業法後，片面予以廢約。

　　臺灣漁民從很久以前不可知的年代，即已在菲律賓北部的巴丹群島和巴布煙群島附近的海域捕魚，菲國從 1961 年立法後，即在該水域驅逐我國漁民，根本不顧及我國漁民的傳統捕魚權益。

　　根據聯合國海洋法公約第五十一條之規定：「群島國應承認直接相鄰國家在群島水域範圍內某些區域內的傳統權利和其他合法活動。行使這種權利和進行這種活動的條款和條件，包括這種權利和活動的性質、範圍和適用的區域，經任何有關國家要求，應由有關國家之間的雙邊協定予以規定。」我國政府應主動向菲國交涉我國漁民在菲國群島水域的傳統捕魚權。

　　菲國迄至目前並未正式公佈其與臺灣之間的專屬經濟區和大陸礁層的

外界線，菲國在 2009 年向聯合國大陸礁層界線委員會申報的是呂宋島東部的大陸礁層外界線而沒有申報呂宋島以北的部分。

　　按理，菲國與我國的專屬經濟區有重疊，以及有關臺灣漁民在巴丹群島和巴布煙群島附近海域的傳統捕魚權應透過談判來解決問題。然而，自我國和菲國斷交後，菲國就以與我國沒有邦交為由，一直拒絕與我國談判。如果菲國堅持以其宣布的專屬經濟海域作為護漁的範圍，我國自然也

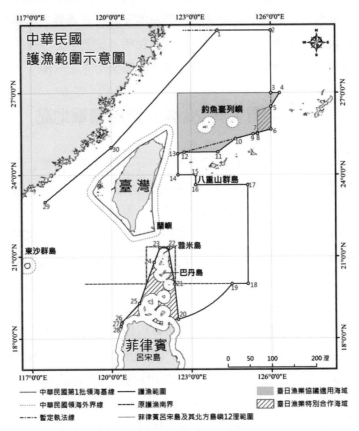

資料來源：「中華民國護漁範圍示意圖」，行政院農委會網站，http://law.coa.g
ov.tw/glrsnewsout/LawContentDetails.aspx?id=FL033434&KeyWordHL
=%E6%94%BF%E5%BA%9C%E8%AD%B7%E6%BC%81%E6%A8%
99%E6%BA%96%E4%BD%9C%E6%A5%AD%E7%A8%8B%E5%BA
%8F&StyleType=1（2017 年 4 月 2 日瀏覽）。

圖 10-8：臺灣南部護漁範圍示意圖

可採取類似的作法，以作為反制之道。

我國農委會曾於 2004 年 12 月 31 日訂定「政府護漁標準作業程序」，依該程序規定，於臺、菲重疊專屬經濟海域，政府護漁的範圍係以北緯 20 度以北、東經 119 度至 125 度 7 分間海域，但不含北緯 21 度 19 分以南、東經 121 度 18 分至 122 度 23 分巴丹群島周邊海域。又海巡署為執 政府護漁政策，於 2005 年 8 月 1 日（2006 年 7 月 5 日修正）訂定「行政院海岸巡防署護漁標準作業程序」。其中第 2 點參照上開「政府護漁標準作業程序」之規定明定該署在與日本及菲 賓重疊之專屬經濟海域之間執行護漁之範圍，並以附圖方式加以說明。該圖中第 9~13 點坐標則為「政府護漁標準作業程序」中所規定政府護漁南界之坐標。

六、「廣大興 28 號」漁船槍擊地點

2013 年 5 月 21 日，我國漁業署公布了「廣大興 28 號」漁船的航跡圖，船員遭受菲國公務船槍殺的地點在巴林坦海峽東邊的出口處，出事地點可能在下述坐標內：從北緯 19 度 57 分，東經 122 度 48 分，到北緯 20 度 10 分，東經 123 度 25 分之間。[69]該一地點到底是歸何國管轄的海域？

菲國政府對外聲稱「廣大興 28 號」漁船「越界」進入菲國領海，所以遭到菲國公務船追擊開槍。而我國聲稱「廣大興 28 號」漁船是在我國的專屬經濟區內沒有進入菲國的領海，所以沒有越界的問題。

菲國和臺灣之間的專屬經濟區海域有重疊，菲國能否依據其片面主張的專屬經濟區進行執法？在相鄰國家對於重疊海域沒有談判劃界前，菲國和臺灣都有主張專屬經濟區的權利，並無哪國優先於他國的問題。

菲國的國內立法自認是「群島主權」國家，在其群島水域享有內水的權利，「廣大興 28 號」漁船並未進入其群島基線內水域，也未進入距離群島基線畫出的十二海里內，何況菲國並未通過其領海十二海里的領海

---

[69] 「廣大興 28 號漁船遭槍擊航次全程開啟 VDR，證實未進入菲律賓領海作業」，中華民國漁業署網站，http://www.fa.gov.tw/cht/NewsPaper/content.aspx?id=968&chk=d063e980-a9cf-4595-914b-072b2ba463fc（2011 年 1 月 27 日瀏覽）。

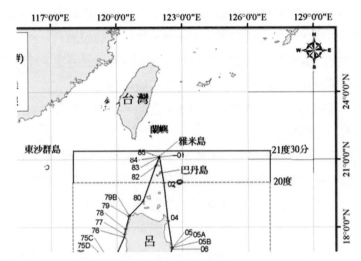

說明：20 度的線是 1898 年巴黎條約之「條約疆界線」北界。
　　　21 度 30 分的線是菲國後來延伸的「條約疆界線」北界。
　　　雅米島以下的三角形線是 1961 年劃的群島基線。
　　　北緯 20 度上的圈點是遭槍擊地點。
資料來源：作者自繪。

圖 10-9：「廣大興 28 號」漁船遭槍擊地點

法。另依據聯合國海洋法公約之規範，菲國自應與主張傳統捕魚權之鄰國
進行協商，而臺灣漁民從長期以來就在臺灣和呂宋之間進行捕魚活動，這
次漁船出事地點是臺灣漁民的傳統捕魚區。

七、菲國沒有遵守聯合國海洋法公約之規定

　　菲國是聯合國海洋法公約簽約國，我國並非簽約國，菲國自應遵守公
約規定。然而最近二十年的臺、菲漁業糾紛，菲國都是採取暴力方式逮
捕、脅持、毆打漁民、甚至擊斃我國漁民等手段。這是嚴重違反公約之行
為，依據聯合國海洋法公約第 73 條之規定：

　　「2.被逮捕的船隻及其船員，在提出適當的保證書或其他擔保後，應
迅速獲得釋放。

3.沿海國對于在專屬經濟區內違犯漁業法律和規章的處罰，如有關國家無相反的協議，不得包括監禁，或任何其他方式的體罰。

4.在逮捕或扣留外國船隻的情形下，沿海國應通過適當途徑將其所採取的行動及隨後所施加的任何處罰迅速通知船旗國。」

然而，菲國卻長期扣押逮捕、監禁、索賄、射擊及槍殺我國漁船和漁民，且索取高額釋放金。

依據聯合國海洋法公約第 74 條第 3 款之規定，海岸相向或相鄰國家專屬經濟區界限在劃定以前，「有關各國應基于諒解和合作的精神，盡一切努力作出實際性的臨時安排，並在此過渡期間內，不危害或阻礙最後協議的達成。這種安排應不妨害最後界限的劃定。」

菲國則以與臺灣沒有外交關係為理由，所以一直沒有意願與臺灣就重疊海域進行協商。兩國沒有邦交是否就無法協議？以臺灣和日本在 2013 年 4 月簽署「臺日漁業協議」為例，臺灣和日本也沒有外交關係，一樣可以簽署協議，因此，菲國之說法不過是種推拖之詞。

經過這次衝突後，臺灣和菲國終於在 2013 年 6 月 14 日在馬尼拉召開臺、菲漁業會談第 1 次預備會議，會後雙方簽署會議紀錄，菲方也正面回應臺灣所提的 4 項近程目標。包括(1)在執法上不使用武力及暴力，防止類似「廣大興 28 號」不幸事件再次發生；(2)雙方將分享各自海上執法基本程序，以建立海上執法安全機制；(3)建立各自漁船在遭對方公務船緊追、登臨、檢查、逮捕、拘禁，以及涉及相關行政或司法程序時的通報機制；(4)建立船隻與船員被逮捕後的迅速釋放機制。[70]

八、1991 年「中菲海道通行協議暨農漁業合作備忘錄」之教訓

由於臺灣漁船經常遭菲國海岸警備隊逮捕及驅逐，所以臺、菲在 1991 年「中菲海道通行協議暨農漁業合作備忘錄」，該協定較重要的內

---

[70] 「臺灣促請菲儘速落實漁談結論」，菲律賓商報，2013 年 6 月 19 日。

容有三點：第一，是有關於航行之規定。依協定第一條之規定，菲方同意指定二條海道供我國漁船往返南太平洋漁場，漁船可從北緯 21 度 24 分、東經 120 度 55 分（圖 10-10A 點）向東行駛至北緯 21 度 24 分、東經 122 度 5 分（圖 10-10B 點），向東南航經北緯 21 度、東經 122 度 26 分（圖 10-10C 點）至南太平洋漁場作業，其航道寬度為 10 海里。漁船從南太平洋返航時，由北緯 19 度、東經 122 度 42 分（圖 10-10D 點），向西北駛至北緯 19 度 20 分、東經 122 度 27 分（圖 10-10E 點），再向北北西駛至北緯 20 度 8 分、東經 122 度 20 分（圖 10-10F 點），然後向西駛至北緯 20 度 8 分、東經 121 度 27 分（圖 10-10G 點），往西北至北緯 21 度 24 分、東經 120 度 55 分（圖 10-10A 點）返回臺灣，其航道寬度從 F 點到 G 點為六海里，其餘為 12 海里。

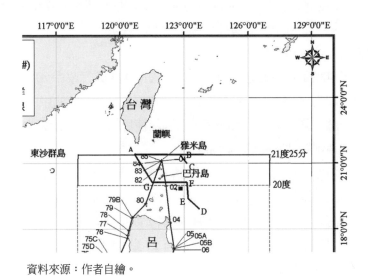

資料來源：作者自繪。

圖 10-10：臺菲兩條航道圖

　　第二，是有關於我國漁船經過上述航道屬於無害通過，必須遵守行駛時不得停留、不得從事漁撈作業、不得使用武力或違反國際法行為，除因不可抗力及海難外不得有違反快速不停地通過的行為，不得有污染行為，未經兩國政府同意不得從事科學或調查工作、遵守國際法上的海上安全規

定，及應將漁具妥為收藏。

第三，在第七條規定此一協定不影響未來臺菲對海界及管轄權之劃定。

然而，菲國艾奎諾夫人總統於 1991 年 8 月 5 日發布第 473 號行政命令（Executive Order No. 473），內容與中菲海道通行協定有五點不同，其中較為重要者如下：

第一，第 473 號行政命令第二部分規定所有通行上述航道之漁船應遵守菲國海事、入出境及關務法規，並需受菲國海軍或海岸防衛隊船隻之監控（monitoring）與檢查（inspection），此為中菲海道通行協定所無的規定。

第二，第 473 號行政命令第二部分規定外國漁船每次使用劃定之航道前，應先知會（prior notification）菲國海岸防衛隊或菲國海軍，此為中菲海道通行協定所無的規定。

茲提出下述幾項疑點加以論述。

第一，無論是中菲海道通行協定或菲國第 473 號行政命令所規定的第一個航道，即從 A 點到 B 點之航道，恰好位在巴士海峽的中間地帶。這裏引發了一個問題，即巴士海峽是否為國際使用的海峽？海峽沿海國是否有權劃定航道限制他國船舶過境通行？

中菲海道通行協定所訂定的 A 點到 B 點之航道，並不屬於菲國 12 海里領海的範圍。即使如菲國第 473 號行政命令允許這條航道寬度為 10 海里，以巴士海峽中間線 39 點 95 海里為準，如係向菲國方向算 10 海里，則該條航道之向南邊線距離雅米島也約有 29 點 95 海里，顯然也未進入菲國的 24 海里鄰接區疆界線。

誠如上述的分析，在臺菲兩國政府尚未對專屬經濟區之範圍進行談判、劃訂界線之前，由菲國指定巴士海峽的航道，顯然難以令人接受。

菲國在簽署聯合國海洋法公約之同時，於 1982 年 12 月 10 日發表一項簽署聲明，依據該聲明菲國並不願外國船隻享有通過其群島水域之權利。菲國進一步規定通行其群島水域之外國船舶需先「知會」菲國海軍當局，也是一種擴權行為。澳洲政府反對菲律賓此一保留意見。菲國政府乃

聲明菲國將遵守聯合國海洋法公約之規定，將採取步驟制定法律規定群島海線通行制度。既如此，菲國即應公布海道讓我國漁船無害通過其群島水域。

菲國公布之兩條海道之一是經由巴林坦海峽，原本菲國就應自行公布其海道或分航道讓外國船隻通行，我國無須與其談判簽署協議；其次，我國船隻應有無害通過菲國群島水域及其專屬經濟區之權利，我國與菲國簽約等於承認菲國擁有其「條約疆界」內水域的主權權利。

菲國是個群島國家，四面環海，漁業資源豐富，因其漁業技術相當落後，漁船都是小型的沿岸船隻，設備也非現代化，故捕撈魚類有限。面臨漁業資源日漸枯竭，菲國為了保護漁業資源，對於鄰近國家漁船進入其海域抓魚，懷有強烈的抗拒和保護情緒。

根據菲國憲法第 12 條第二款之規定，其天然資源屬於本國人享有，若有與外國合作者，則本國資本要占 60%，合作期間在 25 年內，必要時則可順延 25 年。由於菲國憲法有此一規定，若與菲國進行漁業合作，則該合作案勢必由菲國人控制，這也是目前甚少有外國人與菲國進行捕魚合作的原因。

此外，菲國總統在 1998 年頒佈漁業法（Fisheries Code of the Philippines），該法沒有菲國與外國人在菲國海域之漁業合作之規定，在第 65 條第 4 款則規定菲國和外國漁船在國際海域合作，不能違反菲國的法律。菲國稱此為「漁業的菲律賓化」，基本上菲國不同意與外國在其水域內進行漁業上的合作。

該法第 87 條又規定，外國人、公司或團體在菲律賓水域捕魚或利用菲國漁船捕魚是違法的。違法者將被處以 10 萬美元罰款，並沒收其漁獲物、漁具漁船。此外，菲國農業部亦可處以行政罰 5 萬美元至 20 萬美元之間的罰款。此一嚴格處罰之規定，無非在嚇阻外國漁船在其水域捕魚。

菲國在通過 1998 年漁業法後，「中菲海道通行協議」與該法之規定有違，所以菲國片面廢止該項協議。

九、臺菲之間海域之傳統捕魚權問題

　　從第 16 世紀開始，臺、菲海域成為中國明朝的東洋航路的主要航道，中國福建沿岸港口，主要是廈門、泉州航行到呂宋的航路是經過澎湖、臺灣南部、巴丹群島、巴布煙群島、呂宋島北端的阿巴里港（Aparri）、林牙彥灣、馬尼拉港。因此該條航線有許多中國人活動，包括商業和捕魚。

　　在日本統治臺灣時，曾在昭和 7 年（1932 年）7 月 2 日以府令第 33 號修改大正 13 年（1924 年）1 月 17 日公布臺灣總督府令第 11 號漁業法施行規則，在第 35 條第 1 項第 10 號後增加下列一號，

　　第 11 號：機船延繩釣漁業（但是，以北緯 21 度以南的海面作為作業區域的人（或船）為限。）

　　在附則中作如下之規定：

　　「本令施行時，以北緯 21 度以南的海面作為作業區域，使用總噸數 20 噸以上的船舶，實際上，對於從事機動船延繩釣漁業者，因為特別的事由而受到臺灣總督認可者，不適用本令的規定。」[71]

　　美國駐菲律賓總督羅斯福（Theodore Roosevelt）於 1932 年 8 月 15 日致函美國戰爭部島嶼事務局（Bureau of Insular Affairs, War Department）局長 Francis L. Parker 將軍，對於其在 7 月 8 日來函，提及對於日本漁船在菲律賓群島水域的活動所做的因應準備。檢視來自警察情報辦公室（Constabulary Intelligence Office）、陸軍情報辦公室（Army Intelligence Office）、海島海關（Insular Customs Office）、執行局（Executive Bureau）的資訊，可得知下述情況：過去十年來，日本機動漁船非法進入菲律賓海域非常頻繁，1928-1931 年間就有 20 起事件的紀錄，大多數是發生在巴丹群島和巴布煙群島附近水域，一兩個案例是在米

---

[71] 國史館臺灣文獻館藏，臺灣總督府，府報，第千五百六十二號，昭和 7 年 7 月 2 日，頁 9-10。「本令施行の際、北緯 21 度以南の海面を操業区域とし、総トン数二十トン以上の船舶を使用して、現に機船延縄漁業を営む者に対して特別の事由に因り、台湾総督の認可を受けたるものに対しては本令の規定を適用せず。」

賽亞（Visaya）群島，一個案例是在更為南邊的蘇祿的卡嘎揚（Cagayan de Sulu）。臺灣漁船常假借船隻失去動力而被飄到呂宋北部海域。因應此一局勢的方法有二，一是與日本合作，阻止這些非法漁船侵入菲律賓海域；二是經常巡邏，逮捕非法漁船及沒收漁獲。[72]

8 月 19 日，美國駐臺北領事吉特昌（John B. Ketcham）致函美國駐菲律賓總督，表示他曾與臺灣總督府交涉，臺灣總督府回應說他們對於在臺灣登記的日本漁船沒有特別的控制，以致他們在菲律賓以南海域捕魚。因為這種沒有控制，而導致發生海事意外事件和國際糾紛。為解決此一問題，已於 1932 年 7 月 2 日以府令第 33 號修改漁業法施行規則，其新規定是：「機動船延繩釣漁業者在北緯 21 度以南的海面作業者，應獲得臺灣總督之同意。」該法令從 1932 年 7 月 2 日起生效，但不適用於該法令公布時在北緯 21 度以南捕魚的 20 噸以上的漁船，直至它們回到其登記港為止。

臺灣地方首長也被告知此一新法令。高雄縣長亦接獲指示將組織漁民協會，俾便在菲律賓群島以南海域捕魚，以減少海事意外和糾紛。在菲律賓領海非法捕魚或貿易，不在臺灣總督府管轄範圍內，但應呼籲各方遵守此一新規定。[73]

美國駐菲律賓總督羅斯福於 10 月 4 日致函美國戰爭部島嶼事務局局長 Parker 將軍，說：「信內附了一封美國駐臺灣領事於 8 月 19 日的信，報告『1932 年 7 月 2 日臺灣總督府令』。該令規定在北緯 21 度以南，這是錯誤的。根據 1898 年美西巴黎條約第三條之規定，「沿著或靠近北緯 20 度由西向東劃一直線，經過可航行的巴士水道的中線」；以及根據美國海岸指南：菲律賓群島（*The United States Coast Pilot, Philippines*

---

[72] "Control of Activities of Japanese Vessels in Philippine Jurisdictional Waters, The Governor General of the Philippines Islands (Roosevelt) to the Chief of the Bureau of Insular Affairs, War Department, Manila, August 15, 1932," *Foreign Relations of the United States*, 1932, The Far East, Vol. IV, pp.740-742.

[73] "The Consul at Taihoku (Ketcham) to the Governor General of the Philippine Islands (Roosevelt), Taihoku Taiwan, August 19, 1932," *Foreign Relations of the United States*, 1932, The Far East, Vol. IV, pp.742-743.

Islands）第一部分，第 1 頁之規定，菲律賓群島之北界（可航行巴士水道之中間線）在 21 度 25 分，雅米島（Yami）和北子島（North Island）都屬於巴丹群島之一部分。請向臺灣要求將法令修改為北緯 21 度 25 分以南，即菲律賓群島之北界。」[74]

美國國務卿卡索（W. R. Castle Jr.）在 11 月 18 日訓令美國駐臺灣領事進行交涉，並向國務院報告。美國駐臺灣領事吉特昌於 1933 年 2 月 21 日向國務院報告稱：

> 「本人曾與臺灣總督府產業局局長和其他官員會談，他們厭惡承認將菲律賓北界的問題和第 33 號府令搞在一起。他們堅持該法令之目的是在防止船隻觸礁和國際糾紛。我要指出的，將北緯 21 度界定為漁船在南邊作業的界線，在該線以南捕魚是需要取得許可執照。該點很接近實際上菲律賓疆界，而第 33 號府令易於被瞭解為允許在該緯度以北進行沒有歧視的捕魚，事實上，美國駐菲律賓總督將該緯度解釋為菲律賓群島的北界。經過數天思考後，該產業局局長答覆我，臺灣總督府無權界定外國的疆界，不同意修改第 33 號府令，當該府令在起草時不認為存在有疆界問題。接著我提議應通知漁民，位在北緯 21 度以北的雅米島和北子島都屬於菲律賓群島，日本政府官員同意該項提議。我引述一封代理行政長官（Acting Director General of Administration）給臺灣各縣首長的信的翻譯文，『然而，事實上，北緯 21 度被界定為需要執照或不需要執照的界線，此一緯度被某些人誤解為菲律賓群島的北界。據稱位在該緯度以北的雅米島和北子島屬於菲律賓群島。』
>
> 可以理解的，談判的結果不完全符合國務院所希望的，但據信在目前情況下只能如此處理。信內附代理行政長官於 1933 年

---

[74] "The Governor General of the Philippines Islands (Roosevelt) to the Chief of the Bureau of Insular Affairs, War Department (Parker), Manila, October 4, 1932," *Foreign Relations of the United States*, 1932, The Far East, Vol. IV, pp.743-744.

2 月 18 日給臺灣各縣首長的信，譯文如下：『關於最近修正漁業法施行規則來規範漁船的作業，請你注意該規範的執行和控制。我很遺憾的說，該項控制不夠落實，經常據報有沒有執照的漁船的捕魚行動。因此請你們加強控制。如前所述，本法之目的在防止船隻觸礁和國際糾紛。然而，事實上，北緯 21 度被界定為需要執照或不需要執照的界線，此一緯度被某些人誤解為菲律賓群島的北界。據稱位在該緯度以北的雅米島和北子島屬於菲律賓群島。問題是本府令不應應用於外國的領海，無論所提及的緯度以北或以南涉及外國的領海與否。因此，請瞭解此一情況，以免誤解。』」[75]

昭和 11 年（1936 年）11 月 25 日臺灣總督府以府令第 94 號修改大正 13 年（1924 年）1 月 17 日公布臺灣總督府令第 11 號漁業法施行規則，第 35 條第 1 項第 1 號後增加下列一號，

第 13 號：機船採貝漁業（但是，以北緯 21 度 30 分以南的海面作為作業區域的人（或船）為限。）

在附則中作如下之規定：

「本令施行之際，對於正在到北緯 21 度 30 分以南的海面區域去捕魚的機船採貝漁業者以及其僱員，在該機船回到卸貨港之前，本令不適用。但昭和 12 年（1937 年）1 月 1 日以後不在此限。」[76]

從上述美國和臺灣總督府對於臺、菲之間海域捕魚問題的交涉經過，可得下述的結論：

---

[75] "The Acting Director General of Administration of the Government General of Taiwan (Kiyokane Kohama) to the Local Governors of Taiwan, Taihoku, February 18, 1933," *Foreign Relations of the United States*, 1932, The Far East, Vol. IV, p.746.

[76] 日本國立公文書館亞洲歷史資料中心，「拓物省，殖農第 904 號，昭和 11 年 12 月 26 日」，臺灣總督府府令，第 94 號，昭和 11 年（1936 年）11 月 25 日，頁 1-5。影像編號：C05035198000。http://www.jacar.go.jp/DAS/meta/image_C05035198000?IS_STYLE= default&IS_KIND=SimpleSummary&IS_TAG_S1=InfoD&IS_KEY_S1=%E6%AE%96%E8 %BE%B2%E7%AC%AC904%E8%99%9F&IS_LGC_S32=&IS_TAG_S32=&（2013 年 1 月 27 日瀏覽）。

第一,從 1932 年起,臺灣的機動船延繩釣漁船在北緯 21 度以南的海面作業,需經臺灣總督府之同意。

第二,從 1936 年起,臺灣的機動船採貝漁船在北緯 21 度 30 分以南的海面作業,需經臺灣總督府之同意。

第三,從前述可知,臺灣漁船經過臺灣總督府同意即可在北緯 21 度以南捕魚作業。當時美國實施三海里制,美國卻要在菲律賓北部強行實施「菲律賓北界在 21 度 25 分」,要求臺灣總督府禁止漁船越過該北界。但臺灣總督府不接受美國該種主張,不承認北緯 21 度 25 分作為日本和菲律賓之間的海界。臺灣漁船仍繼續在該線以南作業。

第四,臺灣總督府不承認巴丹島和北子島屬於美屬菲律賓所有。

十、2012 年「菲律賓對於黃岩島及其附近水域的立場」

菲國外交部在 2012 年 4 月 18 日發表「菲律賓對於黃岩島及其附近水域的立場」(Philippine Position on Bajo de Masinloc and the waters within its vicinity)之說帖,[77]種種跡象顯示該項文件不是突然完成的,而是已經備妥,等待該一美菲軍演以及衝突爆發時機予以適時的發佈。

菲國發表對黃岩島立場聲明

「菲律賓對於黃岩島及其附近水域的立場」一文之內容大要如下:

第一,菲律賓稱黃岩島為 Bajo de Masinloc,為一環狀珊瑚礁,在高潮時有五塊岩石突出海面,最高海拔為三公尺。該島距離呂宋島 124 海里。位在北緯 15 度 8 分、東經 117 度 45 分。菲國主張該島屬於菲國領土,不是根據美西巴黎條約、或聯合國海洋法公約之兩百海里專屬經濟區

---

[77] Department of Foreign Affairs, Republic of the Philippines, "Philippine Position on Bajo de Masinloc and the waters within its vicinity," April 18, 2012, http://www.gov.ph/2012/04/18/philippine-position-on-bajo-de-masinloc-and-the-waters-within-its-vicinity/(2013 年 1 月 27 日瀏覽)。

或鄰近性原則（proximity），而是根據其他公認的國際法原則。國際法院對於帕爾瑪斯島（Palmas Island Case）一案的判決，是根據有效管轄（effective exercise of jurisdiction）原則，而判給荷蘭，不是美國，雖然該島被西班牙發現而且在歷史上在巴黎條約割讓給美國。

第二，在黃岩島案上，菲國從獨立以來即有效佔領及管轄該島。1734年，傳教士 Fr. Pedro Murillo Velarde, S. J. 出版菲律賓水文地圖（Carta Hydrographical y Chorographica De Las Yslas Filipinas），將黃岩島納入Zambales 省。1792 年，馬拉司披納（Alejandro Malaspina）率領的西班牙遠征軍畫了他前往黃岩島及繞經該島的地圖，1808 年在馬德里出版，將黃岩島劃為菲律賓的領土。1939 年菲律賓人口普查圖鑑（*Atlas of the 1939 Philippine Census*）重新印製該地圖。1990 年，美國海岸和大地測量局（US Coast and Geodetic Survey）出版的菲律賓一般地圖，馬尼拉天文臺」（*The Mapa General, Islas Filipinas, Observatorio de Manila*），將黃岩島劃入菲律賓版圖。

菲律賓在 1965 年在黃岩島豎立菲國國旗，以及建立一個小型燈塔。1992 年，修復該燈塔，並向「國際海事組織」（International Maritime Organization）報告，登錄在燈塔名錄上。目前該燈塔已無運作。1997年，菲國國會議員阿布藍（Congressmen Roque Ablan）和葉普（Jose Yap）又在該島豎立國旗。

第三，中國對黃岩島的歷史主張（historic claim），不等同於歷史性權利名義（historical titles），光僅是主張，包括歷史主張，並不能成為擁有領土的基礎。在國際法上，領土取得有下述方法：發現（discovery）、有效佔領（effective occupation）、時效（prescription）、讓予（cession）和添附（accretion）。從「歷史主張」到「歷史性權利名義」，光是「長期使用」（long usage）是不夠的。該種使用必須是公開、持續、或以所有者之概念和平使用而被他國所默許（acquiesced）。他國對於某國的主張採取沈默，在國際法上並非默許，默許必須是確認，他國承認該種主張是主張者的一種權利，而他國有義務尊重該種主張。迄至目前並無任何國際社會默許中國此一歷史主張。

　　第四,至於給予島嶼命名或在地圖上描述島嶼地形,也非決定主權之基礎。此並非國際法院判決領土歸屬的重要考慮因素。

　　第五,中國漁民在該島捕魚,屬於個人行為,並非國家行為,必須國家有意或意志表示加以佔領,才能取得主權。

對菲律賓主張擁有黃岩島的質疑

　　第一,菲律賓之領土是規定在 1898 年美西巴黎條約第三條,當時非常明確的是以經緯度劃定西班牙割讓給美國的菲律賓群島的範圍。該條約是國際條約,菲國在各種場合和文件,包括其憲法都清楚表明菲國遵守該條約。

　　有若干島嶼在巴黎條約中漏列者,美國和西班牙在 1900 年重新談判,確定其歸屬,但為何未將黃岩島甚至南沙群島列入談判。換言之,從 1898 年起到美國退出菲律賓,即菲律賓獨立的 1946 年,美國統治菲律賓當局從未就黃岩島之歸屬問題與西班牙談判,換言之,在該歷史階段,沒有為該島礁而有所爭論。

　　第二,在該說帖中,主張菲國從獨立以來即有效佔領及管轄黃岩島。事實上,菲國從 1946 年起獨立,從未管轄過黃岩島,即使菲國在 1965 年首度將其國旗插上黃岩島,亦不能說是有效管轄。因為應該考慮的是該種插國旗行為的合法性,而不是插國旗本身的行為。

　　第三,該說帖一方面說,歷史主張不算,地圖標繪島礁,不能計入國家領土之主權,另一面卻列舉了四張地圖,來證明黃岩島屬於菲律賓。菲國此一方面的說法前後矛盾。

　　在說帖中列出的四種地圖中,均不能證明黃岩島確實屬於菲律賓所有。而且最為嚴重的,菲國偽稱 1990 年美國海岸和大地測量局出版的菲律賓一般地圖,將黃岩島劃入菲國。其實該圖最早是由美國地質調查局（U. S. Geological Survey）在 1895 年出版,1899 年再度出版。其次,該圖並未寫明該島礁屬於菲律賓所有,如果圖上的土地都是菲律賓所有,那麼圖上方也繪有臺灣南部、下方繪有婆羅洲,是否都應屬於菲律賓所有?菲國意圖混淆、偽稱該圖之行為甚不可取。

　　第四，該項說帖文件又舉述菲國在黃岩島豎立菲國國旗，以及建立一個小型燈塔。事實上，目前該島上並無燈塔，亦無菲國國旗。從各種跡象來看，島上並無任何建物或措施可證明菲國曾有效管轄過。

　　第五，該項說帖文件認為「歷史主張」不等於「歷史性權利名義」，在國際法上，只是歷史主張，並無法取得歷史性權利名義，因為使用領土還必須是公開的、持續的、其擁有領土須為他國所默許。

　　從歷史看，中國及臺灣漁民長期使用黃岩島及其附近水域，可能周邊國家並未發現該島嶼，根本無從出現所謂「公開、為他國所默許的」問題，何況從中華民國政府在 1947 年公布將中沙群島劃入中國版圖後很長一段時間並未見菲律賓有反對的意見。當時許多國際社會也都承認該一島嶼屬於中華民國所有；在許多已出版的各國地圖中，亦可舉證中沙群島屬於中華民國所有。

　　至於說帖中提及的對於中國擁有黃岩島沒有給予「默許」，這只是給予菲國挑戰中國擁有黃岩島的理由，菲國並不能因此而擁有黃岩島的主權。而這種挑戰他國領土的作法，在國際社會是可以被接受的，問題是在於有無確證的法理理由。

　　第六，最為重要的證據是，中華民國政府在 1947 年公布南海諸島屬於中華民國所有，未見菲國對此有所反對。接著，駐臺灣的美軍分別在1956 年 9 月 2 日和 1957 年 2 月，向臺灣提出申請在中沙群島及南沙群島進行測量，經臺灣政府同意後，美軍方人員在中沙群島的黃岩島、南沙群島的雙子礁、景宏島、鴻庥島、南威島進行地形測量。

　　在很長的歷史裡，由於黃岩島只是突出海面的岩礁，無法駐留和居住，所以漁民只是在其附近海域捕魚、鮑魚和貝類食物，可說引不起周邊國家的注意。直至 1960 年代中葉，因為有各種研究文獻指出，南沙海域以及中沙海域可能蘊藏豐富的石油和天然氣，才引發菲國的興趣，乃派人到黃岩島上插國旗。此一作法乃出於菲國認為該處可能蘊藏有石油和天然氣，其動機殊值可議。

十一、2013 年菲律賓控告中國案

菲國外交部於 2013 年 1 月 22 日交給中國駐菲律賓大使馬克卿一份包含通知和聲明的普通照會，照會內容質疑中國對包括西菲律賓海（南海）在內的整個南中國海（即南海）的九段線的主張權，要求中國停止侵犯菲律賓主權和管轄權的違法活動。[78]菲國是依據 1982 年聯合國海洋法公約第 287 條及附件 VII，將菲國對南海主權爭議之通知和聲明照會（note verbale on the UN suit and a copy of the 19-page Notification and Statement of Claim）提交聯合國國際海洋法仲裁法庭。

菲律賓向聯合國仲裁法庭提交的聲明內容包括，「中國所謂的『假想九段線』，將大部分海域標為自己的領海，其中包括與中國鄰國距離很近的海域和島嶼。」

菲律賓要求聯合國仲裁法庭裁定中國用「南海九段線」劃定主權的做法違反了「聯合國海洋法公約」，因此是無效的，應該要求中國做出修改。[79]

聲明最後還附上了 23 個問答，以自問自答的形式就菲政府的這一行動進行解釋和說明。其內容稱，菲律賓此前試圖通過政治、外交和法律三種管道解決爭端，如今認為法律手段是維護國家利益的最持久選擇，並稱訴訟程序一般需要 3-4 年，菲方自信地期望國際法可以發揮重要的平衡器作用。菲律賓希望與中國加深經濟關係，但不能以犧牲國家利益為代價，仲裁是和平友好的，希望不要給菲、中貿易帶來負面影響，並強調中國是朋友，仲裁不會帶來軍事衝突。

該問答還稱，菲律賓做出這樣的決定並非受美國、日本的影響，而是菲律賓獨立做出的決定。菲國內雖然對此有不同意見，但菲律賓人應該團

---

[78] 「菲律賓已就黃岩島爭議將中國告上國際法庭（2）」，2013-01-23，新浪軍事軍事前沿，http://www.qianyan001.com/junshi/20130123/1358903867_26345600_1.html（2013 年 5 月 27 日瀏覽）。

[79] 「菲律賓聲稱已將中國『告上』聯合國 中方回應」，2013-01-23，http://world.people.com.cn/BIG5/n/2013/0123/c1002-20291653.html（2013 年 5 月 27 日瀏覽）。

結起來支持總統保護菲律賓主權和國家利益的決定。問答還稱，菲律賓將和東協各國一道與中國致力於「南海行為準則」的制定並落實「南海各方行為宣言」，呼籲東協國家支持菲律賓尋求和平永久解決爭端的行為。[80]

該聲明第 20 段說：「在 2012 年，中國在菲國專屬經濟區內奪取六個高出海面的岩塊，非法在這些岩礁四周宣稱誇大的海洋區域，錯誤地阻止菲國航行或在該海域內接近生活資源，即使它構成了菲律賓專屬經濟區的一部分。」

「這些六個岩礁，集體被稱為黃岩島（菲名 Bajo de Masinloc），是位在離呂宋島以西 120 公里之處。……」

聲明第 21 段說：「直至 2012 年 4 月，菲律賓漁船例行地到該地區捕魚，它是位在菲國 200 海里專屬經濟區內。此後，中國就阻止菲人到黃岩島或其附近捕魚，以及採取不合乎公約的其他活動。現在唯有中國船隻可在該海域捕魚，特別是捕捉瀕危的物種，例如海龜、鯊魚和大蛤蜊，這些是受到國際和菲國法律保護的。」[81]

菲國外長說，菲國將要求仲裁法庭宣佈中國的 9 段線違反聯合國海洋法公約，應為無效。聯合國仲裁法庭有權審理菲國的領土主張聲明，因為南海爭議是源於相關國家對聯合國海洋法公約的詮釋與應用。

2 月 19 日，中國駐菲律賓大使馬克卿約見菲律賓外交部官員，表示中國對菲國就中、菲南海爭議提請國際仲裁的照會及所附通知不予接受並將其退回。[82]由於中國拒絕提請仲裁，因此中國推派的一名仲裁法官，將由聯合國仲裁法庭協商選出。

中國於 2006 年 8 月 25 日依據《聯合國海洋法公約》第 298 條規定，向聯合國秘書長提交了書面聲明，即對於《聯合國海洋法公約》中涉及海

---

[80]　「菲律賓就黃岩島爭端將中國告上聯合國　強調是朋友」，2013-01-24，http://jingji.cyol. com/content/2013-01/24/content_7786788.htm（2013 年 5 月 27 日瀏覽）。

[81]　Ellen, "China gave PH no choice but to go to UN," 28 January 2013, http://www.mal aya.com.ph/index.php/column-of-the-day/22724-china-gave-ph-no-choice-but-to-go-to-un（2 013 年 5 月 27 日瀏覽）。

[82]　http://big5.xinhuanet.com/gate/big5/news.xinhuanet.com/world/2013-02/20/c_124366580.htm （2013 年 2 月 22 日瀏覽）。

洋劃界、領土爭端、軍事活動等爭端,中國政府不接受《聯合國海洋法公約》第 15 部分第 2 節規定的任何國際司法或仲裁管轄。[83]

　　菲國提出的仲裁內容採取兩面手法,一方面菲律賓之訴求除了聲稱中國在南海的 U 型線主張不符合《聯合國海洋法公約》以外,還聲稱中國的美濟礁、西門礁、南薰礁和渚碧礁都只是國際海洋法下的「暗礁」,不能享有領海。此外,菲律賓還聲稱黃岩島的六個小島以及永暑礁、華陽礁和赤瓜礁都只能稱為海洋法公約下的「岩礁」而非「島嶼」,因此不能享有其專屬經濟區。另一方面則在「菲律賓有關南海主張之通知與聲明」的下述段落提及島礁主權問題,例如:第 24 段「儘管在聯合國海洋法公約第 121(3) 條下它們是「岩礁」,但中國違法地在這些礁嶼的周圍宣布超過 12 海里領海和海床,而且錯誤地將菲律賓和他國船隻驅離。此外,在黃岩島和赤瓜礁例子,中國主張的海洋區侵犯從菲律賓呂宋和巴拉望起算 200 海里專屬經濟區和大陸礁層,阻止菲律賓依公約享有在 200 海里內的權利。」

　　第 41 段(4):美濟礁、西門礁、南薰礁、渚碧礁是低潮高地,不是公約的島嶼,並未位在中國的大陸礁層上;中國違法的佔領及違法在礁嶼上蓋建物。

　　(5)要求中國結束對美濟礁和西門礁之佔領和活動。

　　(7)要求中國結束對南薰礁、渚碧礁之佔領和活動。

　　換言之,一般新聞評論都說菲國的仲裁請求是在技術上迴避主權議題,顯然不正確。

　　關於菲律賓向聯合國仲裁法庭控告中國的仲裁法庭於 2013 年 7 月 11 日正式在海牙成立。在 7 月 11 日的首次會議上,仲裁法庭通過了主導程序的規則草案。並請菲、中兩國於 8 月 5 日之前提出對該草案的意見,還要求兩國提議一個提交書面答辯的時間表。[84]

　　2013 年 8 月 1 日,中國向該仲裁法庭遞交了照會,重申了其立場,

---

[83]　「中國如何應對菲律賓告狀?」,http://opinion.cn.yahoo.com/jdgz/feilb/(2013 年 5 月 27 日瀏覽)。

[84]　「菲稱聯合國仲裁小組討論南海議題」,菲律賓商報,2013 年 7 月 17 日。

不接受菲律賓發起的仲裁並且表明它不會參與訴訟過程。該法庭在 8 月
27 日發出聲明說：「依據第一項程序命令，仲裁法庭正式通過程序規
則，並且訂明菲律賓應在 2014 年 3 月 30 日以前提交其書面陳述。」又
說：「仲裁法庭要求菲律賓全面說明所有問題，包括仲裁法庭的管轄權，
菲律賓之訴求的可接受性以及爭端的實體問題。」[85]

　　聯合國仲裁法庭於 2015 年 10 月 29 日做出了初步決定，受理菲中南
海訟案，仲裁庭列出菲國請求仲裁的 15 點請求，仲裁庭裁決對菲國第
3、4、6、7、10、11 和 13 項訴求具完全管轄權，對第 1、2、5、8、9、
12 和 14 項訴求保留管轄權，至進入實體問題（指涉及主權）階段之前為
止；對第 15 項訴求需由菲國澄清內容和限縮其範圍，也是至進入實體問
題階段之前為止。前述具完全管轄權之各點主要內容歸納有下述四類：一
是關於黃岩島、赤瓜礁、華陽礁和永暑礁不能產生專屬經濟區或者大陸
架；二是美濟礁、仁愛礁、渚碧礁、南薰礁和西門礁（包括東門礁）為低
潮高地，不能產生領海、專屬經濟區或者大陸架；三是中國非法干擾菲國
漁民在黃岩島的傳統漁業活動及阻礙菲國船隻航行；四是中國在黃岩島和
仁愛礁違反了公約下保護和保全海洋環境的義務。

　　2015 年 11 月 10 日，仲裁庭致信當事方並指示庭審將要涉及的問
題。該列表並非旨在囊括庭審可能涉及的所有問題，菲律賓可以選擇以其
認為最合適的方式組織其觀點。在庭審之前，仲裁庭准許了菲律賓提交額
外的文本和證言類證據。11 月 24 日舉行仲裁庭庭審，菲律賓律師闡述了
南海島礁的地位。「菲律賓認為，美濟礁、仁愛礁、渚碧礁、南薰礁、以
及西門礁（包括東門礁）均為低潮高地，意味著它們僅在低潮時露出水
面，但在高潮時被水淹沒。根據《公約》的規定，低潮高地並不能產生獨
立的海洋權利。菲律賓提出了若干水文證據，包括衛星圖片，以及關於各
島礁的衛星水深測量資訊。根據菲律賓觀點，黃岩島、赤瓜礁、華陽礁和
永暑礁為《公約》規定下的「岩礁」。根據《公約》規定，「岩礁」為

---

[85] 「國際仲裁法庭開始南海仲裁程序」，菲律賓商報，2013 年 9 月 4 日，http://www.shan
gbao.com.ph/fgyw/2013/09-04/21280.shtml（2015 年 1 月 22 日瀏覽）。

「不能維持人類居住或其本身的經濟生活」的島嶼，可以產生 12 海里領海，但是不能產生 200 海里的專屬經濟區或者大陸架。菲律賓提出在這些島礁中只有小部分在水面之上，並主張沒有根據認為他們可以維持人類居住。最後，菲律賓闡述了其對南海稍大島礁的觀點，包括中國有權利主張（但是目前並未被中國佔領）的太平島、中業島和西月島。菲律賓認為這些島礁最多構成《公約》下的「岩礁」。菲律賓闡述了這些島礁的情況和環境，並主張沒有任何一個島礁曾經維持非軍事人群的生活。因此，菲律賓主張即使中國對其在南海主張的所有島礁具有主權，仍然沒有任何一個島礁可以產生超過 12 海里的領海，並且中國沒有依據主張與菲律賓重合的專屬經濟區。因此，菲律賓主張，沒有任何關於海洋權利重合的爭端會限制仲裁庭的管轄權。」[86]

聯合國仲裁庭對於菲律賓控告中國之南海案終於在 2016 年 7 月 12 日做出裁決，引發兩極反應，中國和臺灣強烈反對，美國、日本、新加坡、菲律賓和越南則表示贊同。該項判決不僅影響南海島礁之權利，而且將影響已按照聯合國海洋法公約訂定領海基點基線的國家的海洋權利。茲就該判決所涉及的各項問題評析如下。

（一）關於南海諸島範圍線之法律地位

第一部分是關於中國所主張的九段線（或中華民國所主張的十一段線），仲裁庭認為「中國對『九段線』內海洋區域的資源主張歷史性權利沒有法律依據。」該一判決是根據菲律賓的指控而做出的裁決，並非根據中國官方對於「九段線」內擁有歷史性權利之主張而做出的判決。事實上，菲國該項指控並非事實，中國官方至今未曾對九段線內水域之性質發表官方文件聲明，主張九段線內擁有歷史性權利者是中國的學者，法庭可以根據學者的主張做出判決嗎？法庭對於菲國之未經證實、不代表官方的學者的主張做出判決，顯示法官之草率，法官在處理菲國控告內容上出現

---

[86] 「新聞稿：菲律賓訴中國仲裁案」（PH-CN - 20151130 - Press Release No 9）（Unofficial Chinese Translation），Permanent Court of Arbitration，http://www.pcacases. com/web/sendAttach/1540（2017 年 1 月 22 日瀏覽）。

辨識證據力不足的瑕疵。

　　值得注意的是，法官並未對九段線（或十一段線）是否違反聯合國海洋法公約之規定做出判決，而只是表示在該線內主張歷史性權利是違反公約的。換言之，無論是九段線或十一段線之劃定基本上並不違反聯合國海洋法公約。

（二）南沙群島島礁之法律地位

　　第二部分是關於島礁的地位問題，仲裁庭提出了相當值得討論的觀點，首先法官們主張「歷史上小規模漁民的利用南沙群島」、「日本短暫在南沙進行漁業和肥料開採」，都是短暫的使用，不能夠構成穩定的人類社群的定居。所以南沙群島不能產生延伸的海洋區域。這是法官要將南沙群島歸為無法適於人類基本生活需要的岩礁，所做出的前提說明。事實上，法官這種見解忽略歷史事實，中國漁民在南沙群島的活動已歷經數百年，不是短暫的經濟活動，他們到南沙群島捕魚和其它海產，是因為他們在這些島礁上挖掘水井所以能長期居住。像太平島、中業島和南威島等都有中國漁民挖掘的水井。法官對於南沙群島的早期歷史顯然認識不足。

　　其次，法官又說：「在認定中國主張的島嶼無一能夠產生專屬經濟區之後，仲裁庭認為它可以在不劃分邊界的情況下裁定某些海洋區域位於菲律賓的專屬經濟區內，因為這些區域與中國任何可能的權利並不重疊。」法官主觀的認定南沙群島任一島礁無法享有海洋區域，所以無法劃界，它們且位在菲律賓的專屬經濟區內。法官此一說詞，有四個疑點：

　　第一，南沙群島分布的範圍廣袤，從菲國巴拉望島往西畫兩百海里，中國佔領的美濟礁（Mischief Reef）、赤瓜礁（Johnson South Reef），越南佔領的敦謙沙洲（Sandy Cay）、鴻庥島（Nam-yit）、景宏島（Sin Cowe）和畢生礁（Pearson Reef），都在該一範圍內。臺灣佔領的太平島，菲國所佔領的北子礁（North East Cay）、南鑰島（Loita Island）、中業島，中國佔領的永暑礁（Fiery Cross Reef）、渚碧礁（Subi Reef）、南薰礁（Gaven Reef）、華陽礁（Cuarteron Reef）和越南佔領的南子礁（Southwest Cay）、南威島（Spratly Island），馬來西亞佔領的彈丸礁

（Swallow Reef）則不在該範圍內。換言之，有相當大部分的南沙島礁並不在菲國的專屬經濟區內。法官所認定的中國主張的南沙島礁，並不全然落在菲國專屬經濟區內。

　　第二，法官「裁定中國主張的島嶼的某些海洋區域位於菲律賓的專屬經濟區內」，法官是根據菲國的那項法律來判斷其專屬經濟區可以延伸到南沙群島？法官是否間接認定菲國在 2009 年公佈的菲律賓共和國法第9522 號（群島基線法）所選擇的基點是符合海洋法公約之規範？菲律賓在 2009 年的「群島基線法」並未主張其專屬經濟區延伸到菲國所佔領的南沙群島（菲國稱之為卡拉揚島群（Kalayaan Island Group），而是在該法第二條將卡拉揚島群單獨視為一個「島嶼制度」（regime of islands）。菲國並未對該一「島嶼制度」做出定義，「島嶼制度」是否就是「專屬經濟海域區」？菲國並未清楚立法。如今仲裁庭越廚代庖，說菲國從巴拉望島的專屬經濟區延伸到南沙群島。必須強調的，菲國在 1978 年由總統令第 1599 號（Presidential Decree No. 1599），公佈「設立專屬經濟區及其他目的」（Establishing An Exclusive Economic Zone and For Other Purposes），表明菲國有專屬經濟區，但 2009 年又在「卡拉揚島群」設立「島嶼制度」，二者是否相一致，不得而知，何況「島嶼制度」所包括的島礁，有些並非位在菲國的專屬經濟區範圍內。

　　第三，法官為何表示中國「可以在不劃分邊界的情況下」可以如何如何，中國是否要劃界，不是法官可以置喙，也超過法官的職權，法官無權認定中國應不主張劃界，法官做了政治性裁決，實屬不妥當。即使中國主張劃界，需與菲國或其他相鄰國家談判，跟是否位在菲國專屬經濟區內的問題無關。因為島礁即使位在菲國專屬經濟區內，若其所有權不屬於菲國，仍須透過談判解決雙方的爭端。

　　第四，仲裁庭更認定中國在菲國的專屬經濟區內的行為侵犯菲國享有的主權權利，中國之行為包括：(1)妨礙菲律賓的捕魚和石油開採；(2)建設人工島嶼；(3)未阻止中國漁民在該區域的捕魚活動。仲裁庭該項主張明顯做了「領土歸屬」的判決，只有認定位在菲國專屬經濟區內的島礁是屬於菲國所有，中國或其他國家才沒有捕魚和石油開採、建設人工島嶼的

權利。法官們似乎犯了一個嚴重的錯誤，以為屬於一國專屬經濟區內的島礁即屬於沿岸國所有。何況這些島礁存在著領土歸屬糾紛，且非確定是屬於菲國所有，何能阻止它國不得捕魚和石油開採及建設人工島嶼？

（三）黃岩島之法律地位

對於黃岩島（Scarborough）的裁決，仲裁庭說：「菲律賓漁民（如中國漁民一樣）在黃岩島有傳統的漁業權利，而中國限制其進入該區域，從而妨礙了這些權利的行使。」該一判決跟前述否定中國在九段線內擁有歷史性權利相矛盾。黃岩島海域位在中國主張的九段線內，為何中國在九段線內不得主張歷史性權利，而黃岩島海域不僅中國漁民可以擁有傳統捕魚權，菲國漁民亦可以利益均沾擁有歷史性的傳統捕魚權利？這一判決明顯失去客觀公正性，法官們對於 U 形線內南海水域做了自我矛盾的判決。

此外，菲國漁民是否得以在黃岩島擁有傳統捕魚權的問題，亦非仲裁庭的管轄權所及，菲國漁民可否在它國海域內擁有傳統捕魚權，將由雙方談判解決。仲裁庭顯無管轄權。

（四）太平島之法律地位

有關於島礁之法律地位之判決，最為臺灣關切的是將南沙群島幾個較大的島判決為岩礁。仲裁庭表示是根據一位水文地理專家、檔案資料和歷史水文地理調查等資訊，這些資訊是由三位菲國學者和專家提供，也參考臺灣公開的文獻資料，最後得出一項結論就是「南沙群島的所有高潮時高於水面的島礁（例如包括太平島、中業島、西月島（West York I.）、南威島（Spratly）、北子島、南子島）在法律上均為無法產生專屬經濟區或大陸礁層的岩礁。」其理由就是這些島礁無法維持人類基本生活需要。

然而，從各種歷史文獻記載，中國漁民很早就在南沙群島捕魚，1864年，英國水陸調查船「來福曼號」（Rifleman）至南沙群島勘測。1865年，「來福曼號」至中礁（Central Reef）、尹慶群礁（London Reefs）、華陽礁（Cuarteron Reef）勘測。1866 年，「來福曼號」至北康暗沙

（North Luconia Shoals）勘測。1867 年，「來福曼號」到大現礁（Great Discovery Reef）等島礁勘測，並繪製有此等小島之地圖。據該艦之報導說：「各島俱有海南漁民之足跡，以捕取海參、介貝為活，頗多長年留居于此地，而由海南居民每歲遣小舟來此，供給糧食，易取參貝。」該項報導清楚地記載了海南島漁民長期住在南沙群島上，以後有從海南島來的漁民攜帶生活必須品和糧食到南沙群島和這些定住漁民交換魚貨。

「來福曼號」在這次航行時曾登上太平島，詢問當地的海南島漁民此島之名稱為何，該海南漁民以海南語答覆以「伊都亞巴」，以後該船在航海日記上即記載曾登陸 Itu Aba 島。

1867 年，法國水路調查船「萊芙爾滿號」（Rifleman）曾赴南沙測量製圖，據其報告謂常見中國漁民在島上居住。1923 年英國出版之中國海航行（*China Sea Pilot*）一書，第 1 卷第 124 頁有中國漁民在南沙群島居留之記載，其記載為：「堤閘灘（即鄭和群礁）：來自海南島的漁民經常每年 12 月和隔年 1 月到該地，到吹起西南季風時即返回中國。」（Tizard Bank-… Fisherman from Hainan usually visit the island annually in December and January and leave again at the commencement of the South-West Monsoon.）

1933 年 9 月法國出版之彩繪殖民地世界（*Le Monde Colonial Illustré*）雜誌記載：「南沙群島 9 島之中，惟有華人（海南人）居住，華人之外並無他國人。當時西南島（南子島）（Southwest Cay）上計有居民 7 人，中有孩童 2 人；帝都島（中業島）（Thitu）上計有居民 5 人；斯帕拉島（南威島）（Spratly）計有居民 4 人，較 1930 年且增加 1 人；羅灣島（南鑰島）（Loaita）上，有華人所留之神座、茅屋、水井；伊都阿巴島（太平島），雖不見人跡，而發現中國字碑，大意謂運糧至此，覓不見人，因留藏於石頭之下；其他各島，亦到處可見漁人居住之蹤跡。……太平島、中業島、南威島等島嶼上植被茂盛，有水井可飲用，種有椰子樹、香蕉樹、木瓜樹、鳳梨、青菜、土豆等，蓄養有家禽，適合人類居住。」

1940 年，日本人小倉卯之助的遺著暴風之島：新南群島發現記出

版，關於 1918 年他初抵南沙群島遇見三位中國漁民時的談話有值得注意之處，因為這些談話證明中國漁民經常在南沙群島活動。他問這些漁民從何處來，漁民們答以每年陰曆 12 月至隔年 1 月從海南島開大船來，約 3 月或 4 月間有其他的漁民來此接替他們。小倉又問他們什麼時候來的，他們答以來此兩年了。漁民們還向小倉繪了一張南沙附近諸島的地圖，在暴風之島一書中，就有一張中國漁民的地圖，在小倉所探查的 13 個小島中，有 11 個附有當時漁民告訴他的中文名稱。

　　從以上各種東西方書籍的記載可知，中國漁民長期以來就在南沙群島捕魚及居住。這類捕魚活動並非短暫的經濟活動。

　　菲國代表表示太平島、中業島和西月島雖然比其他的島礁為大，但「這些地物與其他小地物差異並不大，仍不足以使這種微小的、不重要的和遙遠的地物變成具有島嶼的地位。」（submits that these differences are "too minor to elevate such small, insignificant and remote features" to the status of fully entitled islands.）菲國代表認為南沙群島沒有一個地物可基於其本身的自然要素來維持人類居住和本身經濟生活。

　　基於上述的觀點，菲國特別對太平島的地理狀況表示它不能稱之為島嶼，其理由如下：

　　(1)缺乏飲用的新鮮水或者無法維持人類居住。

　　(2)地物缺乏天然的營養資源，不能維持人類居住。

　　(3)沒有土壤足以從事農業生產，以維持人類居住。

　　(4)地物上沒有土著人口。

　　(5)除了軍人外，沒有其他人住在島上。

　　(6)在二戰前沒有軍事佔領。

　　(7)島上駐軍完全要仰賴臺灣之供應，除了陽光和空氣外，他們未從該地物取得其所需。

　　(8)島上過去或現在沒有經濟活動。

　　前述第四、五和六點跟島嶼或岩礁之定義無關，至於其他各點，可先查考聯合國海洋法公約第 121 條第 3 款之規定，其在文字上只說不適合人類居住及無法維持人類基本生活，並沒有規定人類的人數，如果太平島只

有漁民數十人，他們從該島取得天然雨水、井水、魚貨、蔬菜（島上有各種植物，也可以種菜），他們還將捕獲的魚、海參、貝類賣至海南島，自然可以維持這少數人的居住和生存。按仲裁庭法官的意見這就足以稱為「島」。若人數增加到一百人，以該島的自然的雨水、井水、蔬菜等就無法滿足人口增加的需要，那麼，接之而來的問題是，可將之降格為「岩礁」嗎？

試舉新加坡為例，當英國在 1819 年登陸新加坡島時，當時人口只有 210 人，當時這些少數人可以仰賴島上的水和動植物為生，所以當時新加坡可稱之為「島」。至 1821 年，人口數增加到 5 千人；1921 年，新加坡人口更增加到 326 萬人，新加坡能憑其自然地理條件而生存下去嗎？它非得從外面輸入飲用水和食物不可，甚至要填土擴大島的面積，而這些引用外來資源生活的情況，根據仲裁庭之判決意見，新加坡根本不符合「島」的條件，應稱之為「岩礁」。其他像香港、澳門等都是同樣的情況。

菲律賓代表又說根據 1868 年出版的中國海指南（*China Sea Directory*）之記載，太平島缺乏天然資源，經常到訪的漁民是長期住在海南島，不是在太平島。這一論點無法辯駁一項事實，即就是因為太平島足以讓這些漁民能維持生存，他們才能經常前往該島捕魚及居住。

菲國代表又說日本人在島上的開礦是不成功的，不然就是軍事佔領性質，該地物仍是無人居住。這一論述不符合史實，日本人從 1918 年就在南沙群島開採鳥糞，一直到 1929 年受到世界經濟不景氣影響才暫停開採。1938 年以後再度恢復開採。我們要問的問題是經濟開發不成功以及有軍人駐紮，就不能稱之為「島」嗎？「經濟開發不成功」跟「不能維持人類基本經濟生活」不是同義詞，為何法官會採用菲國此一證詞？

至於日本於 1939 年佔領南沙群島是否純然是軍事佔領性質？菲律賓代表的說詞不符合史實，日本在該年將南沙群島（日本稱之為新南群島）納入臺灣高雄管轄，並在太平島上派駐行政區長、警察、氣象工作人員，還有民間的採礦工人和漁民，人數有一百多人。日本之所以派駐警察在南沙群島，就是採取民事管理，並非軍事管理。於此相關的問題是，是否為島礁，跟是否為軍事佔領有何關連？有軍事佔領就不能稱之為「島」嗎？

法官必須釐清相關的邏輯關係。

菲國代表又說臺灣是在 2016 年為了「誇大」（aggrandize）太平島之地物，而登記了第一位居民。此一論述也不符合史實，在 1980 年，太平島上有 8 位設籍居民，1990 年太平島納入高雄市政府代管，以前是由海軍管轄。

菲國代表還對法官說：「要避免對和平的威脅，有兩種途徑，一是將太平島判為岩礁，或者責成雙方，在簽署疆界協議之前，在南沙群島的任何地物不行使超過 12 海里的權利。」（440. The Philippines submits that there are two ways for the Tribunal to avoid these threats to peace: either find Itu Aba to be a rock, or enjoin both Parties, pending agreement on delimitation, from exercising any rights in respect of any feature in the Spratly Islands beyond 12 [miles].）

菲國代表的上述說法猶如挾持和威脅了法官，因為菲國代表主張若不判太平島為岩礁就會帶來和平的威脅，法官接受其證詞，顯有不妥。按理仲裁庭僅能針對海洋法公約條文不清楚之處做出解釋，不能對於劃界問題表示意見。無論當事國是否達成劃界協議，都跟判決南沙群島為島嶼或岩礁沒有關係。法官在判斷是否為「島」或「岩礁」時，應秉持客觀立場衡量海洋法公約之規定，是無須考慮雙方是否要簽署劃界協議，也無須考慮若不判為岩礁可能會造成和平的威脅。

論及太平島，跟臺灣有關，仲裁庭法官知道臺灣公開歡迎仲裁法官前往太平島訪視，俾有助於判決。但由於中國大使在 2015 年 2 月 6 日有一封信給仲裁法官，反對他們前往南海諸島，所以法官沒有前往太平島。

法官既然不能到太平島實地探訪瞭解，也可以使用信函方式請臺灣表示意見，結果法官片面聽信菲國代表提供錯誤的資訊，菲國代表提供的有關太平島的資訊是對臺灣不利的資訊，而臺灣不能表示意見，以致於法官做出錯誤的判決，尤可見說該仲裁庭過於草率、不夠慎重、偏執不公平，有損其威信。

總之，南海仲裁案所稱的中國在南海 U 形線內不能擁有「歷史性權利」，跟該 U 形線的法理地位沒有關連。換言之，南海仲裁案並不影響

U 形線之存在和地位。

　　菲國總統杜特地（Rodrigo Duterte）在 2016 年 10 月 19 日訪問北京會見習近平，10 月 31 日，中國採取「默認」的方式允許菲國漁民前往引起雙方主權爭議的南海黃岩島海域捕魚。

十二、結語

　　菲律賓是聯合國海洋法公約之簽字國，自應遵守該公約之規範，將其不合公約之海洋法規加以修訂。由於菲國向聯合國仲裁法庭控告中國不遵守海洋法公約，其國會才開始勉強提案修法，惟至今只是做個姿態，國會雖通過新海洋法規，總統遲未批准，形同擱置。

　　臺灣做為菲國之鄰國，對於菲國之海洋主張和政策，不能忽視，試提出以下幾點供諸參考：

　　（一）不接受菲國主張的「條約疆界」線的海域權利主張。

　　（二）應主張依據美西巴黎條約劃分臺、菲之間的界線。

　　（三）不接受菲國從巴丹群島或巴布煙群島劃出兩百海里專屬經濟區的範圍。因為該兩個群島面積過小，無論從面積、人口和物產等來衡量，其重要性均無法與臺灣呈現相對比例。應注意其選擇的劃出兩百海里的基點的島嶼面積大小或是否有人居住。若與臺灣作為劃分海界之基點相較，不成法律比例原則，依據衡平原則，僅能允許其擁有三分之一或四分之一的法律效力。

　　（四）菲國應按照聯合國海洋法公約之規定，尊重臺灣漁船在其群島水域的傳統捕魚權。

　　（五）菲國應按照聯合國海洋法公約之規定，允許臺灣船隻無害通過其群島水域。

　　（六）雙方經由談判，對重疊海域訂定劃分協議或臨時措施。

徵引書目

中華民國官方檔案

「中華民國外交部於 2009 年 2 月 4 日對於菲律賓參眾兩院將南沙群島和黃岩島劃入其版圖之聲明」，中華民國外交部網站，http://www.mofa.gov.tw/webapp/ct.asp?xItem=36869&ctNode=1548&mp=1（2011 年 1 月 27 日瀏覽）。

「妄稱南沙群島為無主島嶼，加西亞致克洛馬函全文（民國 46 年 2 月 15 日，央秘參（46）0160 號）」，載於俞寬賜和陳鴻瑜主編，外交部南海諸島檔案彙編（下冊），第 III(5):046 號檔案，頁 939-940。

「克洛馬主張美人駐南沙群島（民國 46 年 5 月 31 日，央秘參（46）722 號」，載於俞寬賜和陳鴻瑜主編，外交部南海諸島檔案彙編（下冊），第 III(5):059 號檔案，頁 953-954。

「克洛馬再入侵南沙及攜回我國國旗，陳大使電（民國 45 年 6 月 27 日來電專號第 788 號）」，載於俞寬賜和陳鴻瑜主編，外交部南海諸島檔案彙編（下冊），第 III(5):007-017 號檔案，頁 895。

「呈報菲內閣議派海軍司令視察太平島交涉經過，駐菲公使電外交部（民國 38 年 5 月 19 日，公字第 3063 號）」，載於俞寬賜和陳鴻瑜主編，外交部南海諸島檔案彙編（下冊），第 III(2):007 號檔案，外交部研究設計委員會編印，臺北市，民國 84 年，頁 795-796。

「密（南沙群島案），外交部致駐菲大使館電（民國 46 年 5 月 16 日，去電專號第 628 號）」，載於俞寬賜和陳鴻瑜主編，外交部南海諸島檔案彙編（下冊），第 III(5):055 號檔案，頁 948。

「密（關於菲侵擾我南沙群島情事），外交部致菲大使館代電（民國 57 年 5 月 4 日，外（57）亞太二字第 08694 號）」，載於俞寬賜和陳鴻瑜主編，外交部南海諸島檔案彙編（下冊），第 III(5):066 號檔案，頁 962。

「密（菲艦入侵我南沙海域）駐菲大使館致外交部代電（民國 57 年 5 月 24 日，菲政（57）字第 2294 號）」，載於俞寬賜和陳鴻瑜主編，外交部南海諸島檔案彙編（下冊），第 III(5):067 號檔案，頁 963。

「菲兼外長向菲總統之建議，陳大使致外交部長密函（民國 45 年 6 月 28 日）」，載於俞寬賜和陳鴻瑜主編，外交部南海諸島檔案彙編（下冊），第III(5):018 號檔案，頁 904-905。

「菲越公報主張和平解決南沙爭執，駐菲代表處致外交部電報（民國 77 年 12 月 1 日，來電專號第 896 號）」，載於俞寬賜和陳鴻瑜主編，外交部南海諸島檔案彙編（下冊），第III(5):071 號檔案，頁 968。

「廣大興 28 號漁船遭槍擊航次全程開啟 VDR，證實未進入菲律賓領海作業」，中華民國漁業署網站，http://www.fa.gov.tw/cht/NewsPaper/content.aspx?id=968&chk=d063e980-a9cf-4595-914b-072b2ba463fc（2011 年 1 月 27 日瀏覽）。

臺灣總督府檔案

國史館臺灣文獻館藏，臺灣總督府，府報，第千五百六十二號，昭和 7 年 7 月 2 日，頁 9-

10。

菲律賓官方檔案

"A Partial Submission of Data and Information on the Outer Limits of the Continental Shelf of the Republic of the Philippines Pursuant to Article 76(8) of the United Nations Convention on the Law of the Sea," http://www.un.org/depts/los/clcs_new/submissions_files/phl22_09/phl_esummary.pdf（2017 年 1 月 27 日瀏覽）。

"An Act Defining the Maritime Zones of the Republic of the Philippines," Repoublic of the Philippines, House of Representatives, http://www.congress.gov.ph/legisdocs/basic_17/HB01118.pdf（2017 年 5 月 18 日瀏覽）。

"An Act to Define the Baselines of the Territorial Sea of the Philippines," http://www.law phil.net/statutes/repacts/ra1961/ra_3046_1961.html（2017 年 7 月 25 日瀏覽）。

"An Act to Define Maritime Zones of the Republic of the Philippines," http://www.senate. gov.ph/lisdata/1584713078!.pdf（2017 年 7 月 18 日瀏覽）。

Department of Foreign Affairs, Republic of the Philippines, "Philippine Position on Bajo de Masinloc and the waters within its vicinity," April 18, 2012, http://www.gov.ph/2012/04/18/philippine-position-on-bajo-de-masinloc-and-the-waters-within-its-vicinity/（2013 年 1 月 27 日瀏覽）。

"Presidential Decree No. 1596, Presidential L Decree No. 1596 - Declaring Certain Area Part of the Philippine Territory and Providing for their Government and Administration," http://laws.chanrobles.com/presidentialdecrees/17_presidentialdecrees.php?id=1638（2017 年 7 月 25 日瀏覽）。

美國國務院檔案

"Control of Activities of Japanese Vessels in Philippine Jurisdictional Waters, The Governor General of the Philippines Islands (Roosevelt) to the Chief of the Bureau of Insular Affairs, War Department, Manila, August 15, 1932," *Foreign Relations of the United States*, 1932, The Far East, Vol. IV, pp.740-742.

"The Acting Director General of Administration of the Government General of Taiwan (Kiyokane Kohama) to the Local Governors of Taiwan, Taihoku, February 18, 1933," *Foreign Relations of the United States*, 1932, The Far East, Vol. IV, p.746.

"The Consul at Taihoku (Ketcham) to the Governor General of the Philippine Islands (Roosevelt), Taihoku Taiwan, August 19, 1932," *Foreign Relations of the United States*, 1932, The Far East, Vol. IV, pp.742-743.

"The Governor General of the Philippines Islands (Roosevelt) to the Chief of the Bureau of Insular Affairs, War Department (Parker), Manila, October 4, 1932," *Foreign Relations of the United States*, 1932, The Far East, Vol. IV, pp.743-744.

日本官方檔案

日本國立公文書館亞洲歷史資料中心，「拓物省，殖農第 904 號，昭和 11 年 12 月 26 日」，臺灣總督府府令，第 94 號，昭和 11 年（1936 年）11 月 25 日，頁 1-5。影

像編號：C05035198000。http://www.jacar.go.jp/DAS/meta/image_C05035198000?IS_S
TYLE=default&IS_KIND=SimpleSummary&IS_TAG_S1=InfoD&IS_KEY_S1=%E6%A
E%96%E8%BE%B2%E7%AC%AC904%E8%99%9F&IS_LGC_S32=&IS_TAG_S32=&
（2013 年 1 月 27 日瀏覽）。

聯合國官方檔案

"The Permanent Mission of Malaysia of the United Nations presents its position to the Secretary
General of the United Nations, HA 24/09," U. N., http://www.un.org/Depts/los/clcs_new/
submissions_files/mysvnm33_09/mys_re_chn_2009re_mys_vnm_e.pdf（2011 年 1 月 27
日瀏覽）。

"The Permanent Mission of Indonesia of the United Nations presents its position to the Secretary
General of the United Nations, No.480/POL-703/VII/10," U. N., http://www.un.org/
Depts/los/clcs_new/submissions_files/mysvnm33_09/idn_2010re_mys_vnm_e.pdf（2011
年 1 月 27 日瀏覽）。

"The Permanent Mission of the Republic of the Philippines of the United Nations presents its
position to the Secretary General of the United Nations, No.000819," http://www.un.org/
Depts/los/clcs_new/submissions_files/mysvnm33_09/clcs_33_2009_los_phl.pdf（2011 年
1 月 27 日瀏覽）。

「新聞稿：菲律賓訴中國仲裁案」（PH-CN - 20151130 - Press Release No 9）（Unofficial
Chinese Translation），Permanent Court of Arbitration，http://www.pcacases.com/web/
sendAttach/1540（2017 年 1 月 22 日瀏覽）。

中文專書

陳荊和，十六世紀之菲律賓華僑，新亞研究所東南亞研究室刊，香港，1963 年。

海軍巡弋南沙海疆經過，臺灣學生書局，臺北市，民國 64 年。

英文專書

Coquia, Jorge, "Philippine position on the South China Sea Issues," in Aileen San Pablo-Baviera
(ed.), *The South China Sea Disputes, Philippine Perspectives*, The Philippine-China
Development Resource Center and the Philippine Association for Chinese Studies, Manila,
1992.

Meyer, Milton Walter, *A Diplomatic History of the Philippine Republic*, University of Hawaii
Press, 1965.

Samuels, Marwyn S., *Contest for the South China Sea*, Methuen, New York and London Methuen
& Co., 1982.

The United Nations, *Yearbook of the International Law Commission*, the International Law
Commission, 1955, Vol. II, pp.52-53. http://legal.un.org/ilc/documentation/english/a_cn4_
90.pdf（2017 年 7 月 25 日瀏覽）。

英文期刊與短文

Office for Ocean Affairs and the Law of the Sea, United Nations, "Objection by Australia to the

Understanding recorded upon signature by the Philippines and confirmed upon ratification," *The Law of the Sea, Current Developments in State Practices*, No.II, p.95. http://www.un.org/depts/los/LEGISLATIONANDTREATIES/PDFFILES/publications/E.8 9.V.7%20(Eng.)State%20Practice%20No.%20II.pdf（2017 年 4 月 8 日瀏覽）。

Howelland, Leon and Michael Morrow, "Formidable task for Peking," *Far Eastern Economic Review,* VoI.82, No.52, December 31, 1973, pp.39-40.

*Keesings Contemporary Archive*s, September 15-21, 1975, p.27334.

Tiglao, Rigoberto, "Troubled Waters, Philippine offshore oil search roils China," *Far Eastern Economic Review*, Vol.157, No.26, June 30, 1994, pp.20-21.

中文報紙

「臺灣促請菲儘速落實漁談結論」，菲律賓商報，2013 年 6 月 19 日。

「國際仲裁法庭開始南海仲裁程序」，菲律賓商報，2013 年 9 月 4 日。

「菲就中國『9 虛線版圖』提抗議」，菲律賓商報，2011 年 4 月 14 日。

「菲稱聯合國仲裁小組討論南海議題」，菲律賓商報，2013 年 7 月 17 日。

「臺灣召見菲代表聲明擁有南海主權」，菲律賓商報，2011 年 4 月 19 日。

大公報（香港），1988 年 9 月 16 日，頁 2。

中國時報（臺北），1994 年 3 月 30 日，頁 1。

南洋星洲聯合早報（新加坡），1995 年 2 月 27 日，頁 30。

南洋星洲聯合早報（新加坡），1990 年 12 月 22 日，頁 31。

星島日報（香港），1994 年 3 月 30 日，頁 A9。

聯合日報（菲律賓），1988 年 8 月 15 日，頁 1。

聯合日報（菲律賓），1988 年 9 月 16 日，頁 6

聯合日報（菲律賓），1993 年 1 月 31 日，頁 1。

聯合報（臺北），1989 年 4 月 4 日，頁 1。

英文報紙

"Manila moves to control of South China Sea Isles," *The Sun*, 6 April, 1978.

"Romulo to give stand on disputed island," *Hongkong Standard*, August 24, 1980.

"Spain accedes to our terms, acceptance verbally announced by Her Envoys," *The Brooklyn Daily Eagle*, November 28, 1898, pp.1-2.

"AFP chief visits troops on isolated island," *The Philippine Daily Inquirer*, December 29, 2004, in http://archive.inquirer.net/view.php?db=0&story_id=22673（2008 年 1 月 27 日瀏覽）。

"Nothing wrong with RP-China deal on Spratlys–Palace," *The Philippine Daily Inquirer*, March 03, 2005, in http://archive.inquirer.net/view.php?db=0&story_id=29308（2008 年 1 月 27 日瀏覽）。

"Philippines, Vietnam to jointly explore South China Sea," *The Philippine Daily Inquirer*, March 7, 2005, http://archive.inquirer.net/view.php?db=0&story_id=29707（2008 年 1 月 28 日瀏覽）。

"RP seeks to allay Vietnam's fears over Spratlys oil plans," *The Philippine Daily Inquirer,* September 12, 2004, http://archive.inquirer.net/view.php?db=0&story_id=10461（2008

年 1 月 27 日瀏覽）。

"RP-China Spratlys survey does not violate int'l pact–Romulo," *The Philippine Daily Inquirer*, September 18, 2004, in http://archive.inquirer.net/view.php?db=0&story_id=11789（2008 年 1 月 27 日瀏覽）。

Avendaño, Christine, Maila Ager, "Congress set to ratify baselines bill," *The Philippine Daily Inquirer*, 10 February, 2009.

Batongbacal, Jay L., "Premature sealanes legislation not beneficial to country," *The Manila Times*, May 10, 2011.

Manila Bulletin (Philippines), 20 June, 1994, pp.1,8.

Manila Bulletin (Philippines), 24 August, 1988.

South China Morning Post, 29 March, 1994.

網路資源

"Treaty of Peace Between the United States and Spain; December 10, 1898," http://avalon. law.yale.edu/19th_century/sp1898.asp（2017 年 5 月 7 日瀏覽）。

"The 1973 Constitution of the Republic of the Philippines," https://www.comelec.gov.ph/?r= References/RelatedLaws/Constitution/1973Constitution（2017 年 7 月 25 日瀏覽）。

"Understanding made upon signature (10 December 1982) and confirmed upon ratification (8 May 1984) by the Philippines," in the United Nations Convention on the Law of the Sea: Declarations made upon signature, ratification, accession or succession or anytime thereafter, Oceans & Law of the Sea, United Nations, http://www.un.org/depts/los/conven tion_agreements/convention_declarations.htm#Philippines（2017 年 7 月 25 日瀏覽）。

"The 1987 Constitution of the Republic of the Philippines," http://hrlibrary.umn.edu/researc h/Philippines/PHILIPPINE%20CONSTITUTION.pdf（2017 年 7 月 25 日瀏覽）。

"Philippines-China-Vietnam, Convergence between Manila and Beijing over Spratly Islands," *AsiaNews*, September 15, 2004, in http://www.asianews.it/index.php?l=en&art=1485 （2008 年 1 月 27 日瀏覽）。

"CHINA-PHILIPPINES-VIETNAM, Beijing, Manila and Hanoi strike deal over Spratleys' oil," AsiaNews, March 15, 2005, in http://209.85.175.104/search?q=cache:FNxl23862wYJ:ww w.asianews.it/index.php%3Fl%3Den%26art%3D2771%26size%3D+09/15/2004+PHILIPP INES+-+CHINA+-+VIETNAM+-+Convergence+between+Manila+and+Beijing+over+Sp ratly&hl=zh-TW&ct=clnk&cd=1&gl=tw（2008 年 1 月 27 日瀏覽）。

"China, Philippines, Vietnam Start Oil Survey in S. China Sea," 中國網，http://china.org.c n/english/2005/Aug/139975.htm（2008 年 1 月 27 日瀏覽）。

Rosario, Ben, "Bill prescribing rules on conduct of foreign ships, aircraft rushed," March 6, 2011. http://www.mb.com.ph/node/307844/bill-pre（2011 年 6 月 4 日瀏覽）。

「菲律賓已就黃岩島爭議將中國告上國際法庭（2）」，2013-01-23，新浪軍事軍事前沿， http://www.qianyan001.com/junshi/20130123/1358903867_26345600_1.html（2013 年 5 月 27 日瀏覽）。

「菲律賓聲稱已將中國「告上」聯合國 中方回應」，2013-01-23，http://world.people.com.c n/BIG5/n/2013/0123/c1002-20291653.html（2013 年 5 月 27 日瀏覽）。

「菲律賓就黃岩島爭端將中國告上聯合國 強調是朋友」，2013-01-24，http://jingji.cyol.co m/content/2013-01/24/content_7786788.htm（2013 年 5 月 27 日瀏覽）。

Ellen, "China gave PH no choice but to go to UN," 28 January 2013, http://www.malaya.com. ph/index.php/column-of-the-day/22724-china-gave-ph-no-choice-but-to-go-to-un（2013 年 5 月 27 日瀏覽）。

http://big5.xinhuanet.com/gate/big5/news.xinhuanet.com/world/2013-02/20/c_124366580.htm（2013 年 2 月 22 日瀏覽）。

「中國如何應對菲律賓告狀？」，http://opinion.cn.yahoo.com/jdgz/feilb/（2013 年 5 月 27 日 瀏覽）。

Philippines' Sovereignty Claims over Territorial Lands & Waters and the Maritime Disputes between Taiwan and the Philippines

Abstract

The Philippines held a different argument of territory and territorial sea since her independence. For example, she regarded the boundary of Paris Agreement between the United States and Spain of 1898 as Treaty Limits, and treated it as so-called national water which equals to internal water. Then she passed an Act to Define the Baseline of the Territorial Sea of the Philippines in 1961, Establishing an Exclusive Zone and for Other Purposes in 1978, and Archipelagic Baseline Act in 2009. The Republic of China proclaimed the statement of U-shaped line in 1947, and the statement of the Exclusive Economic Zone of 200 nautical miles in 1978, then enacted the Law of Territorial Sea and Contiguous Zone in 1998 and the Law of Exclusive Economic Zone and Continental Shelf in 1998. Taiwan and the Philippines has never to negotiate delimiting the overlapping sea boundary, which resulted in causing the conflict of fishing activities.

Keywords: Philippine   Taiwan, Treaty Limits   Arbitrary on South
China Sea   Archipelagic Baseline Act   U-shaped Line

第十一章　對越南提出擁有南沙群島及西沙群島之有關文獻之評論

摘　要

越南為了替其入侵西沙群島和南沙群島做辯護，除了一再提出越南文方面的歷史資料外，亦先後在 1995-1996 年間出版英文書籍和論文，進行國際宣傳。本文擬對劉文利（Luu Van Loi）於 1996 年出版的中越對西沙群島和南沙群島之不同主張一書以及越南政府委託美國律師克雷吉特（Brice M. Clagett）於 1995 年出版的「越南與中國在南海萬安灘及藍龍區塊之主權爭端」一文進行探討和評論。

關鍵詞：越南　南沙群島　西沙群島　萬安灘　藍龍區塊

一

越南為了替其入侵西沙群島和南沙群島做辯護,除了一再提出越南文方面的歷史資料外,亦先後在 1995-1996 年間出版英文書籍和論文,進行國際宣傳。本文擬對劉文利(Luu Van Loi)於 1996 年出版的中越對西沙群島和南沙群島之不同主張(*The Sino-Vietnamese Difference on the Hoang Sa and Truong Sa Archipelagoes*)一書以及越南政府委託美國律師克雷吉特(Brice M. Clagett)於 1995 年出版的「越南與中國在南海萬安灘及藍龍區塊之主權爭端」(Competing Claims of Vietnam and China in the Vanguard Bank and Blue Dragon Areas of the South China Sea, 1995)一文做深入的探討,釐清各種論點。

為了論述的方便,本文第二部分將先討論劉文利的著作,因為該書係一歷史著作,也許這一部分先討論後可以給我們一個總的輪廓。

本文第三部分將討論克雷吉特的論文,他採用了現代聯合國海洋法公約的觀念來論證越南擁有南沙群島的萬安灘和藍龍區塊,筆者將給予回應。最後再做一個總結。

二

中越對西沙群島和南沙群島之不同主張一書作者劉文利曾任越南外交部部長助理,曾參與北越與美國的巴黎和談,寫作該書(1994 年)時為越南國際關係學院顧問,因此本書多少代表越南官方的立場。該書也是越南有關西沙群島和南沙群島論證中極為少數的英文著作之一,其主要寫作動機除了駁斥中國(包括中華民國和中華人民共和國)有關西沙群島和南沙群島的法理論據外,亦有從事國際宣傳之意味。由於有關越南對西沙群島和南沙群島之資料,流傳之資料有限,本書之資料則彌補了這一方面的不足,可供我們參考。此外,瞭解其論點,亦有助於釐清有關該一問題的真相,畢竟在經中方和越方各種資料之比較後,可以釐清爭議之問題。

該書篇幅不大,正文共 94 頁,大事記及越南歷史上有關西沙群島和

南沙群島的古籍記載、圖和照片共 63 頁。該書之架構及寫作格式，大體上是順著年代著論，有時會穿插現代的國際法觀念，因此顯得不是很一貫，有時相同的論點會在不同的章中出現，或者會在批評某一論點時，又引用前面已說過的史事，前後重複之處甚多。其次，該書在引用越南古籍時，對十九世紀以前的古書都沒有註明出版年代，因此無從知道其時序和真偽。複次，該書引述許多中國古籍，惟其對中文之理解有諸多錯誤，以致有許多地方的英文翻譯有問題。

對於該書引證之資料或論證有訛誤及瑕疵之處，將一一列舉並加評論如下。

一、該書第 11-12 頁說：「中國的學者引述了許多古籍證明中國人曾擁有西沙群島和南沙群島，但這些證據都是經過仔細挑選的，拋棄不要的史料，而且很多的推論都很粗糙。例如在扶南傳中說：『漲海中，倒珊瑚洲，洲底有盤石，珊瑚生其上也。』但韓振華解釋說，這些都是在西沙群島和南沙群島。異物志簡單的說：『漲海，中淺而多磁石，船經此毀而難行。』據韓振華說，漲海是指南海，包含南海中的島嶼（南海範圍共 3,400,000 平方公里，漲海代表何處？是南海的全部或一部分？是哪一部分？）而這些礁石就是南海的群島。第一世紀的南州異物志（*Nan Yue Ji Wu Zhi*，*Strange things of the peoples of the South*）曾寫到：中國漁民在南海抓鰈魚和龜。廣州記寫到：昔有人于海中捕魚，得珊瑚。雖然這兩書提及一般的海，未指出是哪一個海，但潘石英卻推論說中國人重申及開發了南海第一個群島。東西洋考寫到：在文昌以東一百里（50 公里）發現七個島嶼，七洲洋即是該海域。然而，可以確定的是，西沙海域距離文昌有數百公里。諸蕃志寫到：海南是漢時的崖州（Yazhou）和儋耳（Dan Eu）。但韓振華卻解釋說海南指的是今天的海南島，該群島屬於南海的群島，明顯的目的是將它置於西沙和南沙群島之內。武經總要亦提及宋朝令設立海洋巡邏站及從廣州至印度的巡邏航線，但中國外交部卻視之為唯一的航路，目的在假裝當時中國海軍已在西沙執行巡邏西沙群島的任務。泉州府志說，吳陞……自瓊崖，歷銅鼓，經七洲洋、四更沙，周遭三千

里。根據以上的地名，事實上巡邏的地方是環海南島的海域，但中國外交部卻說是在西沙群島海域巡邏。」

上述一段話，有幾點值得探討的：

第一、引用中國古籍未注意其出版年代，以至於順序凌亂，將後來出版的書放在前面敘述，例如諸蕃志是 1225 年的作品，東西洋考是 1618 年的作品，武經總要是 1044 年的作品。

第二、Nan Yue Ji Wu Zhi（Strange things of the peoples of the South）之中文名稱不詳，可能為南州異物志，但英文拼音不對，如為該書，則該書應是公元第三世紀的作品，而非第一世紀的作品。

第三、書中提及廣州記只簡略提到海中捕魚，而未引述全句子，以至於造成誤解，該全句為：「珊瑚洲，在東莞縣南五百里，昔有人于海中捕魚，得珊瑚。」根據韓振華主編的我國南海諸島史料匯編之解釋，珊瑚洲是指東沙群島，[1]而不是如劉文利所說「未指出是哪一個海」。

第四、劉文利只引諸蕃志中的一句話「海南漢朱崖儋耳也。」就批評韓振華的解釋不合理。事實上，應引出全句，才能正確掌握諸蕃志書中的意思，茲引全文如下：「海南，漢朱崖、儋耳也。武帝平南粵，遣使自徐聞渡海，略地置朱崖、儋耳二郡，昭帝省儋耳，並為朱崖郡。元帝從賈捐之議，罷朱崖。至梁、隋復置。唐貞觀元年，析為崖、儋、振三州，隸嶺南道。五年，分崖之瓊山置郡，升萬安縣為州，今萬安軍是也。儋、振則今之吉陽昌化均是也。貞元五年，以瓊為督府，今因之。徐聞有遞角場，與瓊對峙，……。至吉陽，乃海之極，亡復陸涂。外有洲，曰：烏里；曰：蘇吉浪。南對占城，西望真臘，東則千里長沙，萬里石塘。渺茫無際，天水一色，舟舶來往，惟以指南針為則，晝夜守視為謹，毫釐之差，生死繫焉。四郡凡十一縣，悉隸廣南西路。」韓振華將該句中的「海南」一語解釋包括海南島及其附屬的南海諸島，因為在宋朝時千里長沙和萬里石塘屬於廣南西路瓊管的管轄範圍，[2]而非如劉文利所批評的將海南島放

1　韓振華主編，我國南海諸島史料匯編，東方出版社，北京，1988 年出版，頁 27。
2　同上註，頁 33。

入西沙群島和南沙群島內。

第五、劉文利批評說武經總要之描述非以西沙群島為當時宋朝巡邏的地區，關於此，可看武經總要全句：「本朝……命王師出戍，置巡海水師營壘，……東南海路四百里至屯門山，二十里皆水淺，日可行五十里，計二百里。從屯門山，用東風西南行，七日至九乳螺洲，又三日至不勞山……。」屯門山在今九龍西南青山附近，九乳螺洲在今西沙群島。[3]從而可知，在宋朝時確實海軍曾巡邏至西沙群島。

第六、關於七洲洋之記載，最早出現在 1274 年南宋吳自牧撰的夢梁錄，該書卷十二中說：「若欲船泛外國買賣，則自泉州便可出洋，迤邐過七洲洋，舟中測水約有七十餘丈。」以後也有著作提到七洲洋或七里洋。關於其確實位置，史棣祖認為是在西沙群島，[4]山繆爾斯（Marwyn S. Samuels）認為是在西沙群島和中沙群島之間的海域。[5] 1618 年張燮的東西洋考一書中亦有七洲洋之描述，張禮千將之解釋為位在海南島以東、西沙群島以北的洋面。[6]陳倫烱在 1730 年出版的海國聞見錄一書中的插圖，即明確的把七洲洋標注在現今西沙群島的位置上。[7]

不過，必須注意者，直至二十世紀初廣東省地圖才將七洲洋的位置劃在海南島東北部外海，一直沿用至今。其最大的原因是七洲洋的概念隨著時間移轉而有變化，在十三世紀對南海概念不是很清楚，當時使用的七洲洋是涵蓋海南島以南至西沙群島的海域。

二、該書第十二頁敘述 1536 年黃衷的海語一書中的一段話，「Wanli Shitang is found East of the sea of Wu Zhu and Du Zhu (Wu Zhu is an island situated to the East of the islands Xing Chuan, Xia Chuan, district of Wan

---

[3]　同上註，頁 38。

[4]　史棣祖，「南海諸島自古就是我國領土」，人民日報，1975 年 11 月 25 日，頁 2。

[5]　Marwyn S. Samuels, *Contest for the South China Sea*, Methuen, New York and London, Methuen & Co., 1982, p.18.

[6]　張禮千，東西洋考中之針路，南洋書局印行，新加坡，民國 36 年 6 月初版，頁 12。

[7]　陳倫烱，海國聞見錄，「南洋記卷」，臺灣銀行經濟研究室編印，臺北市，民國 47 年 9 月出版，頁 15-16。

Ninh, Guang Dong. Du Zhu is an island situated to the South-east of the island of Hainan).

Wanli Changsha lies to the South-east of Wanli Shitang, i.e. the shoals of sand of the barbarous countries of the South-west.」

劉文利據此說黃衷所講的萬里石塘顯示是位在西南夷之流河沙。他說：「韓振華忽略了『西南夷』幾個字，而認為是指西沙和中沙群島。他在詮釋汪大淵的島夷誌略也說，萬里石塘包括東沙、西沙、中沙和南沙四個群島。他在詮釋宋會要時也說，萬里石塘是指中沙群島。韓振華可能不知道萬里石塘是指中沙或西沙或二者？或所有四個群島？他陷入自我矛盾。」

對於上述一段話，可提出幾點討論：

第一、事實上，劉文利誤解了黃衷的意思，茲將黃衷之原文摘抄如下，供諸比較：

「萬里石塘在烏瀦獨瀦二洋之東，陰風晦景不類人世。」「萬里長沙在萬里石塘東南，即西南夷之流沙河也。」

從上述一段話可知，黃衷的意思是指萬里長沙是位在西南夷之流河沙，不是萬里石塘位在西南夷之流河沙。

第二、根據韓振華之著作，他對海語一書之詮釋，認為萬里石塘是指西沙和中沙群島，而萬里長沙是指南沙群島。[8]他對於 1349 年出版的島夷誌略之詮釋，認為萬里石塘是指南海四沙。由於海語一書出版於 1536 年，較島夷誌略晚，中國人對於這兩個群島有更清楚的認識，所以有較為清楚的區別。至於他對宋會要之詮釋，必須注意該書所使用的名詞是「石堂」和「石塘」，韓振華指其位在中沙群島，[9]但該書並非使用「萬里石塘」，因此劉文利之批評並不正確。關於「石堂」和「石塘」之位置，中國大陸的學者也有不同的意見，林榮貴和李國強即認為是位在南沙群島。[10]

8　韓振華主編，前引書，頁 58-59。

9　韓振華主編，前引書，頁 42。

10　林榮貴、李國強，「南沙群島史地問題的綜合研究」，載於呂一然主編，南海諸島，地理、歷史、主權，黑龍江教育出版社出版，哈爾濱市，1992 年 10 月，頁 138-158。

三、該書第 13 頁說「史弼傳」的譯者格羅尼維德特（W. P. Groeneveldt），在 1876 年著馬來群島與馬六甲註釋（*Notes on the Malay Archipelago and Malacca, Batavia*）一書中曾提到「史弼傳」所講的七洲洋，他將之詮釋指的是西沙群島的海面，而萬里石塘則指中沙群島。但蘇繼廎對於此一解釋不表同意，他認為七洲洋應指海南島東南部之洋面，而萬里石塘應指西沙群島。[11]

四、該書第 14 頁，對「九乳螺洲」（Jiurulozhou）之位置提出質疑。該書引述武經總要的一段話：「從屯門山，用東風西南行，七日至九乳螺洲，又三日至不勞山。」劉文利據此說從屯門山至不勞山要十天時間。

劉文利又引述賈耽的皇華四達記之一段話：「廣州東南海行二百里，至屯門山，乃帆風西行二日，至九洲石，又南二日，至象石，又西南三日行，至占不勞山，山在環王國東二百里海中。」劉文利據此「認為從廣州到不勞山花了九天。另據傳統中國的航程，九洲石指的是海南島東北的七個島，叫七洲，象石指的是海南島東南方的大洲島（Dazhou）。九乳螺洲距不勞山約三天航程，它必然位在大洲島與越南占婆的不勞山島之間，以及位在從海南到南方的海運線上。假如如韓振華所說象石是指西沙群島，則以當時情況而言從屯門山到西沙不可能在四天到達。」（頁 14）

對於上述的論點，可提出以下幾點討論：

第一、對賈耽之英譯並不正確，該書譯為 Jia Shen。

第二、前引皇華四達記之一段話之英文翻譯並不正確，茲抄錄如下：

「From Guangzhou by the maritime route to the South-east one reaches Tunmensan, sailing to the West li 200, one will reach Jiu Luoshi in two days and Xiang Shi in two days more, and Pulasan in three days more to the South-west.」

其中的錯誤有三，一是從廣州東南行二百里，不是從屯門山西行二百里。二是將「九洲石」誤譯為 Jiu Luoshi。三是「又南二日，至象石」，

---

[11] 蘇繼廎校釋，〔元〕汪大淵原著，島夷誌略校釋，中華書局，北京，1981，頁 319。

未將「南」字譯出來。

第三、劉文利根據皇華四達記說「從廣州到不勞山花了九天」，不知是如何計算的？又說從屯門山到西沙群島不可能在四天到達，不知其是如何算出來的？

五、該書第 16 頁批評說：「假如中國說西沙和南沙群島自古即為中國人所有，為何 1935 年中國公佈的地圖是採用國際名稱之音譯，如 Amphitrite、Crescent、Lincoln、Pattle、Dido、Bombay、Triton、Duncan，或者採用國際名稱的簡單音譯，如 North Reef、Antilope、West Island 等，甚至東沙島也是音譯自 Pratas，南沙群島以前稱為團沙（Doan Sa）。」

中國對於西沙和南沙群島的命名，即使到清末都不是很完整，1909 年李準前往西沙群島勘察，並未對各個珊瑚礁命名。1935 年水陸地圖審查委員會重新對西沙群島和南沙群島命名，恰好是在 1933 年發生與法國對九小島之爭端後不久，可能因時間匆促而未曾對西沙和南沙群島做詳細的調查，而只是憑外國的地圖進行審查，該委員會分別在 1934 年 12 月和 1935 年 3 月舉行兩次會議，對南海諸島的島嶼和沙洲進行審查並命名，直接採用外文島名音譯，以致 4 月編印中國南海各島嶼圖中有許多島名係音譯島名。1947 年 11 月，中華民國內政部重新對南海諸島命名，這次因事前經過調查，有許多地名採用海南話為主，再參用特定意義的人名命名，並非是從外文音譯成中文地名。[12]此外，東沙島，在清朝時即稱為大東沙島或東沙島，外國人稱之為 Pratas，東沙島並非音譯自英文。南沙群島在 1935 年時稱為團沙，至 1947 年才改為南沙群島。

另外根據中國大陸學者劉南威之研究，南海諸島有許多英文地名，係從海南島漁民的稱呼譯過去的。他並做了如下的對照表，[13]證明海南漁民

---

[12] 關於島嶼地名之命名，可參考劉南威，「中國古代對南沙群島的命名」，載於中國科學院南沙綜合科學考察隊編，南沙群島歷史地理研究專集，中山大學出版社，廣州，1991，頁 166-181；林金枝，「中國最早發現、經營和管轄南海諸島的歷史」，載於呂一然主編，前引書，頁 27-57。

[13] 劉南威，前引文。

很早就對南海諸島給予名稱，且被外國人引用。

英文	海南人俗名	海南音
Itu Aba	黃山馬	Uiduave
Namyit Island	南乙、南密	Namyit, namit
Simcowe Island	秤鉤	Sivnguo
Thitu Island	鐵峙	Hi Du
Subi Reef	丑未	Suivi
Lankian Cay	銅金	Ddanggin
Landon Reef	銅統	Ddangsong
Passukeak	白峙仔	Beisingia
Duncan Island	三腳	Daha

　　六、該書第 16 頁說：「儘管直接證據不足，但可相信的，中國人自古即已『知道』在南海有珊瑚礁，因為他們長期從事海上航行和捕魚。但沒有著作說他們『佔領』任何島嶼。『發現』和『知道』二者是有別的。單純的『知道』不能建立領土權力之取得，光是發現是不足的，必須繼之以佔領，並須實際持續的、和平的執行國家功能，以鞏固佔領。」

　　上述論點係沿用西方殖民強權的「發現」及「佔領」理論，其作為佔領世界各地未開發之土地創造了一個合法堂皇的理由，此一論點雖在一些國際法院之判決中成為理由。但從世界朝向著重人權及民族自決之方向發展來看，是否要繼續持上述觀點，值得斟酌。

　　其次，誠如劉文利所說，中國漁民長期以來發現及利用南海諸島，他們要不是受到西方勢力，例如法國之武力驅趕，他們是不會自願地離開西沙群島和南沙群島的。換言之，中國漁民是在武力強迫下被迫驅離他們所賴以維生的地方。難道劉文利認為法國以武力驅離中國漁民並佔領西沙群島之方式才算是佔領嗎？如果此一論點可以被接受，那麼法國應繼續佔領及有效統治越南，越南人並不需要反抗。

　　第三，從實際國家功能之表現來看，是否要對其領土執行百分之百所謂的國家功能才算是其領土，並作為「佔領」之充足條件？我們可觀察菲

律賓和印尼的情況，這兩個群島國家至目前為止幾乎有半數以上的島嶼是沒有人居住，而且沒有實施國家功能，甚至沒有命名，這兩國政府至目前為止只是「宣佈」這些島嶼屬於其領土而已。從而可知，「佔領」的意義並非如劉文利所說。

七、該書第 24 頁，引述泉州府志的一段話，認為 1710-1712 年間吳陞巡邏的範圍在海南島周圍海域，而非在西沙群島。該句全文為：「吳陞……自瓊崖，歷銅鼓，經七洲洋、四更沙，周遭三千里，躬自巡視，地方寧謐。」韓振華即認為七洲洋位在西沙群島。[14]以當時的三千里來計算，其範圍應包含西沙群島海域在內。

八、該書第 24-25 頁說：「直至李準登陸西沙群島為止，有數世紀之久，中國政府已默認黃沙群島（西沙群島）和長沙群島（南沙群島）屬於越南。甚至有一度文昌地方當局於 1753 年還協助在黃沙群島值勤的黃沙隊人員，把他們送回在富春的阮氏政權，並附了一封官信。」

對於上述的論點，有幾點值得提出來討論：

第一、劉文利是根據何種證據說，「直至李準登陸西沙群島為止，有數世紀之久，中國政府已默認黃沙群島（西沙群島）和長沙群島（南沙群島）屬於越南」？須知清政府所以派李準前往西沙群島勘辦，是因為傳聞有德國人和日本人在西沙群島活動，以及為了開發島上資源。[15]該一事件之源起是中國漁民原本在西沙群島活動，因遭到德國人和日本人騷擾，中國政府才派李準前往西沙群島處理。此說明了在李準前往西沙群島之前，已有中國人在該群島活動之事實。

第二、一個值得注意的問題是，李準前往西沙群島勘辦，當時法國和越南根本未介入西沙群島，法國和越南並未提出抗議，這是否也表示法、越「默認」中國擁有西沙群島的主權？

第三、劉文利在文中並沒有說明 1753 年發生什麼事，中國政府為何

14　韓振華主編，前引書，頁 67。

15　「記粵省勘辦西沙群島事」，東方雜誌，第六期，宣統元年 5 月 25 日，頁 170-172。

要將黃沙隊人員送回越南。如根據該書所附附錄，引述大南寔錄前編卷十：「秋七月，廣義黃沙隊民乘船往黃沙島，遭風泊入清瓊州洋分，清總督厚給送回。上令為書遺之。」（第 136 頁）從而可知，顯然是越南船隻遭風飄到海南島，而中國政府將其送回，此一作法不能被解釋為中國政府承認越南擁有西沙群島。關於此，清乾隆時期即有前例。乾隆 21 年（1756）11 月 2 日，兵部尚書兼督察院右都御史總督廣東廣西等處地方軍務兼理糧餉楊應琚呈乾隆題本說：「題報沒來由等國船隻被風飄至萬州九洲洋面依例外國船隻被風飄至內地者資遣回國由。」[16]

劉文利在描述此一史事時，又弄錯了文意，按大南寔錄原文是指「上令為書遺之」，指的是阮主令人致函中國，但劉文利卻說成是中國將人員送回富春，「並附了一封官信」，顯然是顛倒致函的主從關係。

第四、劉文利在書上第 37-38 頁提及黃沙隊之源起，但並沒有確實年代，只說在阮朝時即有黃沙隊。按大南寔錄的記載，世宗 16 年，應是西元 1754 年，不是 1753 年。

九、該書在第 25-29 頁及 50 頁舉述幾個國際會議，認為西沙和南沙應屬於越南所有。其論點如下：

(1) 1943 年中、美、英三國領袖發表的開羅宣言說，自 1941 年以來日本佔領的太平洋地區土地及獲自中國的所有土地，包括滿州、臺灣、澎湖應歸還中華民國，而未提及西沙和南沙群島。蔣介石參加此次會議，亦未提出要求，形同默認。

(2) 1951 年召開的對日舊金山和平會議，會中蘇聯代表葛羅米柯（Andrei A. Gromyko）提議將西沙和南沙群島歸還中國，但此一提案遭到 46 票反對，1 票棄權（總共有 51 國參加），越南代表陳文友（Tran Van Huu）總理主張這兩個群島均屬於越南。沒有人抗議，也沒有人提出保留意見。

對於上述論點，可以提出幾點討論：

第一、開羅宣言只是針對日本所佔領的土地在戰後如何處理做一概括

---

[16] 韓振華主編，前引書，頁 68。

性的宣稱，並沒有做細部的說明，可能也不宜做如此細的說明，否則戰後就不會出現琉球群島、釣魚臺列嶼、獨島（竹島）等的領土爭議。日本在 1939 年將西沙群島和南沙群島納入臺灣行政管轄，因此只要臺灣問題解決了，西沙群島和南沙群島也會同時一併解決。

第二、舊金山和會，臺海兩岸皆未派代表出席，當然在會上無從表達反對越南主張的聲音。惟臺海兩岸均各自聲明擁有南海諸島的主權。而且一個最重要的事實是，早在舊金山和會舉行前，中華民國政府已在 1946 年派軍隊接收南海四沙群島。

第三，當時越南是屬於法國之附屬國，其代表在和會上發言，沒有他國討論，而蘇聯之提案，在會上遭到否決。故越南代表之意見不能被認為是經與會者默認。

十、該書第 33 頁對於所謂的 Hoang Sa（黃沙群島）做了更驚人的解釋，書中說：「據可靠文獻，我們可以確定的是在十七世紀，越南封建國家已發現並佔領 Hoang Sa（當時是包括黃沙群島和長沙群島），該黃沙群島並不屬於任何國家。」在第 70 頁又說：「在開始時，越南人發現黃沙群島，也知道這是一個滿布島嶼、小島、礁石的地區，散布很廣，但不知道該一地區有兩個群島。他們知道黃沙群島（即兩個群島，包括黃沙島和長沙群島）是由將近 130 個島礁、沙洲等組成。現在這兩個群島的島嶼、小島、礁石和沙洲之數目合共 130 個，這要看計算之方式而定。」

劉文利之所以把黃沙群島解釋成包括黃沙群島和長沙群島，主要的原因是越南未能找到有關早期越南人在南沙群島活動的資料，因此胡亂把二者混成一談，用以證明越南人早就發現南沙群島，其假造歷史是相當明顯的。

十一、該書第 34 頁引述纂集天南四至路圖（*Collection of Road Maps of the Southern Country*）一書的一段話：「海中有大沙洲，叫 Bai Cat Vang（即黃沙），約有 400 里長，20 里寬，每年冬季最後一個月，阮王派遣 18 艘船前往搜取（recover）貨品，因此獲得大量黃金、銀、錢幣、武器和軍需品。」

但該書在附錄中附了該書的一張廣義府沿海圖，圖中的中文字：「海中有一長沙，名壩葛璜，約長四百里，闊二十里，卓立海中。自大占海門至沙榮，每西南風，則諸國商舶內行，漂泊在此；東北風，外行亦漂泊在此，並皆飢死，貨物各置其處。阮氏每年冬季月持船十八隻，來此取貨，多得金銀錢幣銃彈等物。自大占門越海至此一日半，自沙淇門至此半日。其長沙處，亦有玳瑁。」劉文利在這段話後還補加了幾句話：「所有的文件指出，抵達黃沙群島需時三至四天日夜。明顯的，在本註釋中，抄寫人弄錯了。」（見 134 頁）

從而可知，該書並未指出引證的書係在何年出版，以及為何在海中的大沙洲會有金銀武器等物。其次，劉文利說 Bai Cat Vang 島就是西沙群島。但他自己又說引證的書之敘述有問題，把航程弄錯了。假如該書記載沒有錯，那麼 Bai Cat Vang 島就不可能是西沙群島。

十二、該書第 43-44 頁說，「據可靠文獻，自十七世紀始，大越已佔領及管理黃沙群島，即西沙群島和南沙群島。當時佔領菲律賓的西班牙並沒有反對越南佔領黃沙群島。而葡萄牙為了維持阮王朝之友誼，也沒有反對大越控制黃沙群島。中國直到十九世紀末葉，約有三百多年之久未對此提出抗議，理由很簡單，黃沙群島並不屬於清國屬地。中國地理志和地圖皆顯示中國南方領土到海南島為止。中國當局、航海家、和商人在航經 Bien Dong（越南稱為東海）和越南時，都未聲稱擁有黃沙群島。」

劉文利在這裡又將黃沙群島做擴張解釋。十七世紀時，西、葡兩國為了取得東方的貿易據點和殖民地，其欲控制的地方都是位在貿易線上的地點，如宿務、馬尼拉、臺灣基隆、澳門等，對於隨著季節偶有漁民前往活動的西沙群島，可能並不知道其存在，也可能並不重視，不能因為西、葡兩國沒有抗議，所以就等於默認越南取得黃沙群島的主權，這是很奇怪的推論。至於中國地理志和地圖有關中國人發現及管理使用西沙群島和南沙群島的記載，資料相當多，已有相關的書籍出版。[17]

---

[17] 韓振華主編，前引書。

　　十三、該書最有趣的一個論點是，在第 45 頁表示：由於中國找不到更好的主張西沙和南沙群島主權之有價值著作時，就會搬出來中國對越南擁有宗主權（suzerain），而越南是中國的蕃屬（vassal），假裝越南是代表中國佔領黃沙群島。劉文利引用了法國人狄偉里亞（Gabriel Devéria）的著作第十三到十九世紀中國與安南之歷史關係（*Histoire des relations dela Chine avec l'Annam du XIIIe au XIXe siecle*）的一段話：「蕃一字，我以 vassal 一字來翻譯，就是鄰國意義的邊界地（borderland）或圍籬（hedge）的意思，即緊鄰中國之圍籬的意思。與鎮（THAN）字合併來看，意指『王權保護者』及『邊界保護者』。在北宋時期，該一頭銜是給予能擴大中國榮耀的邊境地區的高官顯貴，儘管如此，中國還是視他們為臣屬。」

　　劉文利接著推論說：「基本上，奧圖曼帝國是蕃屬國政權成為保護國的一個先例。保護國有兩種義務：蕃屬國要對宗主國提供金錢貢獻和軍事協助，而宗主國要對蕃屬國提供軍事援助。但中國皇帝並未賜予大越國王義務，一旦中國遭到侵略時，大越要在軍事上協助中國。大越國王對中國朝貢，並無義務要貢獻金錢或軍事協助。無論對內或對外，越南國王皆有自主權，無須事先徵詢中國朝廷的意見。（例如十九世紀越南與法國簽訂條約）越南接受中國的賜封，可視為一種聯盟，對中國意識形態或文化的接受，如同今天採取『自由世界』或『社會主義世界』的立場一樣。在區別圍籬國（hedge-country）與蕃屬國（vassal country）之後，很明顯的，中國對越南是沒有『宗主權』的。」（頁 45-46）

　　對於上述的論點，可提出以下幾點討論：

　　第一、「蕃」一語，按辭海之解釋，有數種意思，其中一是指屏障，二是指外族，三是指圍籬。如果「蕃」「屬」兩字連用，則是指以外蕃屏障中國的意思，它不是單純的指「鄰國」的關係。就史上中國與蕃屬國之情況來看，未必就是緊鄰的鄰國關係，例如，琉球和暹羅，或更遠的爪哇、西洋諸國。

　　第二、劉文利引述 Devéria 有關「蕃鎮」之概念，蕃鎮始於唐玄宗，不是北宋時期。

　　第三、誠如劉文利所說構成蕃屬與宗主國之關係的要件是要有金錢貢獻和軍事協助，他認為越南與中國沒有存在此種關係，所以中國對越南沒有宗主權。現在我們可回到歷史加以觀察。

　　在宋朝時期，越南與中國所維持的蕃屬關係，在徐延旭所著的越南輯略曾有清楚的描述，他說：「安南之名，始於唐代，其時與安東、安西、安北各名號相等。至稱國稱王以及僭稱皇帝，則皆在宋代，然章奏仍未敢以國稱也，其王猶受中國官職勳階，如所謂特進檢校、太尉、靜海軍節度觀察等使及賜號，推誠順化功臣皆如內地官職。丁氏傳三世，黎氏傳二世，至李公蘊奪據其位，宋封為南平王，奏章文移仍稱安南道，不敢顯然稱國也。至南宋孝宗時，始以國王見諸章奏，天下始以高麗、真臘視之，不復知為中國郡縣也。」[18]

　　在清朝，越南對中國之朝貢品中多有金銀等物。乾隆 58 年（1793年），「安南國王阮光平請定貢期，稱從前舊例該國三年一貢者，定為兩年，六年遣使來朝一次者，定為四年等語，著依議行。至進呈方物內金銀器二項，雖係沿照舊例定議，但任土作貢原視物產所宜，況此次新定該國貢期已較前稍密，足以表該國王親敬之心，其舊例金銀器，著無庸呈進耶。」[19]但以後越南各朝並沒有取消貢獻金銀財帛。在越南最後王朝保大政權時期的首相陳重金所寫的越南通史一書也有記載，他說在 1804 年清朝遣廣西按察使齊布森前往越南宣封，之後，阮世祖遣黎伯品充正使攜帶貢品前去致謝，並且從此之後照例三年一貢。貢品為：黃金 200 兩、白銀 1000 兩、絹紬各百匹、犀角 2 座、象牙、肉桂各 100 斤。[20]即使越南和法國在 1874 年簽訂和約，法國承認越南獨立，不再臣屬於任何國家，但越南仍按舊例向中國朝貢，希望在有事時，能獲得中國的協助。

　　關於軍事協助，在明朝時，大軍欲討龍州趙宗壽，明永樂帝命安南國王捐輸軍糧和金銀。根據張廷玉所撰的明史的記載：「帝命禮部尚書任亨泰、御史嚴震直諭日焜，毋自疑。季犛聞言，稍自安。帝又遣刑部尚書楊

<hr>

[18]　徐延旭，越南輯略，越南世系沿革，光緒 3 年，頁 5-6。
[19]　關於越南在清朝對中國之朝貢，可參考徐延旭，越南輯略，國朝貢物卷。
[20]　陳重金，越南通史，商務印書館發行，北京，1992 年 12 月，頁 308。

靖諭令輸米八萬石餉龍州軍。季犛輸一萬石、餽金千兩、銀二萬兩，言龍州路道險，請運至馮祥洞。靖不可，令輸二萬石於沱海江。江距龍州止半日，靖因言曰焜年幼，國事皆決季犛父子，乃敢觀望如此。時帝以宗壽納款移兵征向武諸蠻，遂諭靖令輸二萬石給軍而免其所餽金銀。」[21]

　　陳重金的書上也提到，1868 年時，太平天國餘黨吳鯤佔領越南北部的高平省城，越南朝廷命總督范芝香致書清朝官員，請求中國軍隊前來剿除，清朝派副將謝繼貴前往越南。[22] 1882 年 10 月，越南懷疑法國有進一步入侵之舉，為求自保，便派范慎遹赴天津乞援，因此清朝命謝敬彪、唐景崧領兵前往北越，駐守在北寧和山西，後來又派廣西布政徐延旭率軍前往接應。[23]

　　越南與中國維持蕃屬關係，將近八百多年，中間雖有所變化，蕃屬關係之深淺程度不一，但由中國封賜越南，而越南對中國朝貢，雙方存在著金錢朝貢及軍事協助是一項歷史事實。而這種蕃屬關係，與近代的「聯盟」或冷戰時期的「陣營」觀點，是不同的，二者難以做類比。越南絕非中國的蕃籬國，而是蕃屬國，中國對越南保有的宗主權，包括對越南王權之承認、經請求後出兵協助平亂、頒賜國名、定期接見朝貢使及接受貢物，至 1885 年 6 月中、法簽訂「中、法會訂越南條約」後，中國才放棄對越南的「宗主權」。越南國王若未經中國皇帝冊封，則其王位可能不穩，將遭到國內反抗分子之推翻。因此，每當越南國王登基，或與中國戰爭後，必定立即尋求中國的冊封，以穩定兩國之關係。如從歷史演進來觀察，中國與越南所維持的實質的宗蕃關係與現代宗蕃關係觀念有不同，劉文利如以現代的宗蕃觀念來審度傳統的越南與中國之蕃屬關係，則其對於傳統越南與中國之朝貢關係之實質，顯然有不瞭解或曲解之處。

　　十四、該書第 57 頁說：「法國於 1937 年 2 月 18 日致我國駐法大使

---

[21] 張廷玉撰，明史，卷三百二十一，外國二，安南條，頁 3-4。
[22] 同上註，頁 374-375。關於越南請求中國出兵平其內亂之事蹟，除了陳重金之著作外，亦可參看龍章，越南與中、法戰爭，臺灣商務印書館，臺北市，1996 年。
[23] 陳重金，前引書，頁 392。吳鈞，越南歷史，自由僑聲雜誌社，臺北市，民國 81 年，頁 256。

館一項照會，再次建議友好解決兩國歧見或提交仲裁，但中國沒有後續行動。」

事實上，我國外交部於同年 2 月 20 日覆電我國駐法大使顧維鈞轉法國外交部，稱西沙群島主權屬於中國，根本無庸談判。[24]

十五、該書第 59 頁說：「1947 年 1 月 7 日，南京的 Weikiaopou 宣佈中國重新佔領西沙群島；更正確的說，只佔領 Woody 島（即永興島）。此一佔領不能被接受為接受日軍投降之行為，因為在 1946 年 2 月 28 日簽訂重慶協議後，中國已將此一〔受降〕工作移交給法國。此外，在這一天，日軍已完全撤出西沙和南沙群島。中國之佔領西沙，已侵犯了法國須予防衛的越南的權利。」

對於上述論點，有以下幾點提出討論：

第一，戰後，在 1945 年 12 月 8 日首度由臺灣省政府派臺灣省氣象局淡水測候所所長徐晉淮乘救濟船前往西沙群島，進行調查攝影，豎立臺灣省接收木標，並在永興島的風力塔上豎立中華民國國旗。[25] 12 月中旬，海軍總部海南軍區派少校參謀利錦忠搭乘海華砲艇前往西沙群島勘察。利少校報告稱西沙群島冬季風高浪大，不利接收，建議在冬季後實施。[26]。法軍則於 1947 年 1 月 18 日入侵珊瑚島（Pattle）。10 月 23 日，我國再派軍前往西沙群島和南沙群島進駐，11 月 28 日海軍進駐永興島，12 月 12 日再進駐太平島。從而可知，中華民國重新登陸及佔領西沙群島的時間較 1947 年 1 月 7 日為早。

第二、劉文利所講的中華民國與法國於 1946 年 2 月 28 日簽訂的重慶協議，與接受日軍投降沒有關連（因為越北日軍投降典禮早在 1945 年 9 月 30 日舉行），也與西沙群島和南沙群島毫無關連。按中華民國與法國於上開日期簽訂的協議是「關於中國駐越北軍隊由法國軍隊接防之換文」。根據 1945 年 7 月 26 日波茨坦（Potsdam）宣言，美、英、蘇三國

---

[24] 見俞寬賜和陳鴻瑜主編，外交部南海諸島檔案彙編（上冊），中華民國外交部研究設計委員會出版，民國 84 年 5 月，第 II(2):081、II(2)089 號檔案，頁 280、283。

[25] 同上註，第 II(2)148、II(2)149 號檔案，頁 399-401。

[26] 符駿，南海四沙群島，世紀書局，臺北市，民國 71 年 6 月再版，頁 133-134。

同意在印支設立兩個日軍受降區，在北緯十六度以北地區由中華民國負責，以南由英國和印度軍隊負責。

　　1945 年 9 月 8 日，在南京舉行的日本受降簽字典禮上，日本降書第二點規定：「聯合國最高統帥第一號命令規定，在中華民國（東三省除外）、臺灣與越南北緯十六度以北地區內之日本全路海空軍與輔助部隊，應向蔣委員長投降。」據此規定，英國、印度軍隊先於 1945 年 9 月 6 日開進西貢。中國政府派由盧漢上將指揮的第一方面軍，在 9 月 9 日進入北越，接受日軍投降，在 9 月 30 日舉行受降典禮。但由胡志明領導的「越盟」（Viet-Minh）早在 9 月 2 日在河內宣佈成立越南民主共和國。英軍不承認胡志明政權，乃協助法軍於 9 月 21 日搭乘英國軍艦登陸西貢，於 23 日佔領西貢。在此一期間，美國對印支半島的政策有了改變，因為羅斯福（Franklin Delano Roosevelt）總統逝世，由副總統杜魯門（Harry S. Truman）繼任總統。1945 年 8 月 24 日，杜魯門在白宮接見來訪的法國臨時政府主席戴高樂，他表示美國不反對法國政府及軍隊重回印度支那。[27]在同一天，英國也與法國簽訂協議，同意法國恢復在印支的權力。美國也告訴蔣介石應讓法軍取代中國在北越的軍隊。法國為取得越南之控制權，乃於 1946 年 2 月 28 日與中華民國達成協議，由其取代中華民國軍隊接防越北地區。依據該協議之內容如下：

　　「法大使致王部長照會

　　逕啟者本大使謹向

　　貴部長證實，法國司令業已準備擔負管理日本戰俘維持越南聯邦領土北緯十六度以北秩序與安寧，並保護中國人民之完全責任，為此之故，並提議對中國軍隊由法國軍隊接防一節，應按下列基礎辦理。

　　駐越南北緯十六度以北之中國軍隊交防，於 3 月 1 日至 15 日期間開始，至遲應於 3 月 31 日完畢，中、法參謀於現在重慶舉行會商之範圍內，得同意決定此項實行交防之方式。

---

[27] 參見 Luu Van Loi, *50 Years of Vietnamese Diplomacy 1945-1995*, The Gioi Publishers, Hanoi, 2000, p.11.

中國部隊須取海道撤回，而不能在交防後登輪者，可在附近登輪口岸之停留區域內集中，在物質條件許可之狀態下儘速撤退。此項區域將由地方中、法司令商訂之。至中國部隊由其他方法撤回者，其如何移動，亦由地方中、法司令商訂之，相應照請

貴部長查照見復為荷。

本大使順向

貴部長重表敬意此致

中華民國國民政府外交部部長王世杰博士閣下

　　　　　　　　　　1946 年 2 月 28 日　　　　　梅理靄」[28]

中、法雙方並同時簽署「關於法國供給中國駐越北軍隊越幣之換文」，規定由法國支付中國軍隊從 1945 年 9 月 1 日至 1946 年 2 月每月越幣六千萬元之駐軍費用。法軍則於 3 月 8 日在海防登陸，18 日進駐河內，中國軍隊隨後陸續撤離越南。從而可知，此一協議根本未提及西沙群島和南沙群島，也與日軍撤出西沙群島和南沙群島毫無關連。

第三、關於駐守西沙群島的日軍，在戰爭結束後，與日軍海南警備隊一起集中在海南島，在廣州向中國軍隊投降。

十六、該書第 61 頁說：「依據 1954 年日內瓦協議，越南民主共和國統治北緯十七度以北地區，越南國（State of Vietnam）統治北緯十七度以南地區，包括西沙和南沙群島，有待透過自由選舉使南北越統一。」

查 1954 年日內內瓦協議有依據北緯十七度劃分南北越統治範圍之規定，但並沒有提及南越統治地區包括西沙和南沙地區，顯然係劉文利自行杜撰的。

十七、關於過去越南承認中國擁有西沙群島主權之說法，該書做了一次澄清，劉文利的說法是：「1958 年 9 月 4 日，中國宣佈 12 海里領海，9 月 14 日，北越總理范文同向周恩來發出一項照會，表示越南政府承認

---

[28] 外交部移送檔案清冊（亞太司部分），第 0621 檔號，「中、法關於中越關係之協定」檔，國史館藏。

並贊同中國的十二海里領海主張，並未提出西沙群島和南沙群島。」
（74-75頁）

對於上引一段話，與中國學者之論據有所不同，茲比較說明如下：

第一、中國指越南承認西沙群島和南沙群島屬於中國的例證是，1956
年 6 月 15 日，北越外交部副部長雍文謙在接見中國駐越南大使館臨時代
辦時表示，「根據越南方面的材料，從歷史上看，西沙群島和南沙群島應
當屬於中國領土。」當時在座的越南外交部亞洲司代司長黎祿進一步具體
介紹了越南方面的材料，指出：「從歷史上看，西沙群島和南沙群島早在
宋朝時就已經屬於中國了。」[29]

廈門大學教授林金枝更從越南的一些史料證明越南曾說過西沙群島和
南沙群島屬於中國，他舉證越南人民報於 1969 年 5 月 13 日的報導；黎春
芳主編，越南河內文史出版社 1957 年出版的越南地理一書；1960 年越南
人民軍總參謀部地圖處編繪的世界地圖；1972 年 5 月越南總理府測量和
繪圖局印製的世界地圖集；1974 年越南教育出版社出版的普通學校九年
級地理教科書等資料證明越南承認西沙群島和南沙群島是屬於中國的。[30]

第二、越南和中國對於中國於 1958 年 9 月 4 日公佈的領海聲明有不
同的理解。劉文利的書說越南總理范文同「承認並贊同中國的十二海里領
海主張，並未提出西沙群島和南沙群島。」但中國學者引述范文同的話
說：「越南民主共和國承認和贊同中華人民共和國政府 1958 年 9 月 4 日
關於領海決定的聲明。」[31]如果是贊同中國的領海聲明，則依該聲明第一
條之規定，該項聲明適用於南海四沙。不過，另引述韓振華編的我國南海
諸島史料匯編一書的說法：范文同曾致函周恩來，信中說：「越南民主共
和國政府尊重這項決定，並將指示負有職責的國家機關，凡在海面上和中
華人民共和國發生關係時，要嚴格尊重中國領海寬度為十二海里的規

---

[29] 王可菊，「從國際法看越南在南海諸島問題上出爾反爾的立場」，載於國家海洋局海洋
發展戰略研究所編，南海諸島學術討論會論文選編，1992 年出版，頁 3-7。

[30] 林金枝、吳鳳斌，祖國的南疆──南海諸島，上海人民出版社，上海，1988 年，頁
118-122。

[31] 王可菊，前引書。

定。」[32]從這段話可以知道，越南是偏重十二海里的寬度問題，而中國是偏重尊重此一領海聲明所包含的南海諸島主權問題。雙方的歧見因語義之誤解而起。

十八、劉文利為了使其說詞更具說服力，在第 75-76 頁另補充了下述的理由：

「1965 年北越政府為了確定美軍所做的戰鬥地區（combat zones）之限制而發佈聲明，稱西沙群島屬於中國。這是真實的，但這並不是放棄西沙群島和南沙群島主權之聲明。必須將此事放入歷史脈絡來觀察，即從 1956 年到 1965 年越南人民必須對抗美帝在南北越之干涉和侵略。我們須從兩個因素來看越南之處境。

從行政觀點而言，依 1954 年日內瓦協定之規定，越南暫時被劃分為南北兩區，北緯十七度成為臨時軍事分界線。1956 年時南越政府管理西沙和南沙群島，同時在各種場合維護南越的利益和主權。南越的臨時革命政府也與西貢政府簽署了 1973 年的巴黎和約，他們共同負有管理領土之責任。

另從防衛領土主權觀點而言，南北越都同時在對抗美國入侵，越南為了與中國結盟，所以在西沙和南沙問題上做上述的聲明。也就是須瞭解 1950-1960 年代之時代背景，才能瞭解其意義。」

該書在第 77 頁又舉述 1949 年越共與中國合作，越共驅逐在廣西和廣東交界的百千山的 Tchuksan 地方的蔣介石軍隊，隨後將該地交還給中國。法軍在 1954 年撤出越南後，北越軍無法及時管理位在海防岸外 130 公里的白龍尾島，而由中國管理，在 1957 年歸還北越。在抗美時期，越南也將 Thanh Hoa 省的 Na Meo 暫交由寮國愛國勢力使用，寮國愛國勢力也同意讓越南使用胡志明小徑，戰後雙方相互歸還領土。希望中國也能如此做。（77 頁）

從上述的說法，可提出以下幾點討論：

第一、北越外交部新聞司司長黎庄於 1965 年 5 月 9 日在記者招待會

---

[32] 韓振華主編，前引書，頁 543。

上說：「1965 年 4 月 24 日，美國總統約翰遜把整個越南及其附近水域——離越南海岸線約一百海里以內的地方和中華人民共和國西沙群島的一部分領海規定為美國武裝部隊的『戰鬥地區』。接著，美國國防部決定公開派遣第七艦隊及所謂『海岸警衛隊』的一些單位進入這一海域進行活動和檢查往來船隻。」[33]的確，從這一段話可以清楚的知道，當時北越是承認中國擁有西沙群島。

第二、越南可以為了戰略同盟的需要，而暫時犧牲一部分領土，作為交換的條件，而希望在達成共同目標後，要求歸還領土。換言之，為了國家利益，背信也是可以的。

第三、越南為了取得西沙群島，在該書說出越南在 1949 年曾協助中國奪取國民政府的軍事據點，此無異公開承認越南曾介入中國內戰。

十九、該書第 86 頁說，法國政府在 1932、1937、1947 年三次向中國政府提出建議，友好解決或提交仲裁，但都遭到中國政府拒絕。

經查我國外交部檔案，法國先後提議友好解決或提交仲裁之建議有四次，時間分別在 1932 年 1 月（法國提議以最友誼之精神解決問題）、1934 年 11 月 24 日（法國提議圓滿解決問題）、1937 年 2 月 18 日（法國提議中、法直接談判或提付仲裁）、1947 年 1 月 13 日（法國提議中、法友好談判或提付仲裁）。但劉文利的書上說是在 1947 年 7 月 4 日（見第105 頁）。

二十、該書第 105 頁說中華民國係在 1950 年 4 月 1 日從西沙群島撤兵，實際上係在該年 5 月 5 日。

二十一、大南寔錄（1836 年出版）前編卷十：「秋七月，廣義黃沙隊民乘船往黃沙島，遭風泊入清瓊州洋分，清總督厚給送回。上令為書遺之。廣義平山縣安永社海外有沙洲一百三十餘所，相去或一日程，或數更許，延袤不知其幾千里，俗稱萬里黃沙。洲上有井，甘泉，所產有海參、玳瑁、文螺龜鱉等物。國初，置黃沙隊七十人，以安永社民充之，歲以三

---

[33] 同上註，頁 544。

月乘船往，三日夜抵其處，採取貨物，以八月回納。又有北海隊，募平順四政村或景陽社人充之。令駕小船往北海、崑崙等處採取貨物，亦由黃沙隊併管。」（第 136 頁）

大南寔錄是在十九世紀初出版，所講的事跡是當時越南沿岸人民前往黃沙島的故事。該文有幾點值得探討的：

第一、「沙洲一百三十餘所」，到底是否即為今天的西沙群島？這是令人質疑的。西沙群島是由 30 幾個海拔不超過 15 公尺的礁嶼群聚而成，而非 130 餘所，亦非「延袤不知幾千里」，因此該書的描述是否即指西沙群島，存有很大的疑問。不過，它說該島俗稱「萬里黃沙」，則與中國人對西沙群島的稱呼「萬里長沙」很接近。

第二、該書說越南人民係 3 月至 8 月前往黃沙島「採取貨物」，並非去採海物，換言之，該黃沙隊之任務是前往黃沙島採取遇難船隻所載的貨物或船隻本身的鐵製材料。該書在第 37-39 頁就列述了黃沙隊在黃沙島中尋獲的黃金、銀、錫、象牙、槍等物。在 8 月過後，因為季節風改吹東北風，黃沙隊的人員才乘風返航。足證越南人在黃沙島並非常住民，而是臨時前往黃沙島從事海難船隻之「尋寶」工作。

根據徐延旭所著的越南輯略一書，也有類似的記載，不過他暴露出越南阮氏政府與中國海盜結合掠奪沈船的故事，他說：「初阮氏據廣南，以順化港為門戶，與占臘暹羅皆接壤。西南瀕海有商舶飄入海者，非西風不能出。阮氏輒沒入其貨，即中國商舶偶入，亦倍稅，沒其半，故紅毛、占臘、暹羅諸國商船皆以近廣南為戒，阮光平父子以兵簒國，國用虛耗，商舶不至。乃遣烏艚船百餘，總兵十二人，以採辦軍餉為名。多招中國沿海亡命，啗以官爵，資以器械船隻，使嚮導入寇閩粵江浙。嘉慶初，邊海各省揆擒海盜，屢有安南兵將及總兵，封爵敕命印信等物。時海盜屢寇浙江，巡撫阮元都師禦之。值大風雨，雨中有火燒賊舟，悉破損。奓將李成隆率兵涉水取賊砲，得油布包、安南敕文總兵銅印各四，敕稱差艚隊。大統兵進祿侯倫貴利、教諭王鳴珂獲三賊。一詭稱為瘖者，一髮種種者，名王貴利。訊之，即其人。元年秋，閩中獲艇賊。安南總兵范光喜供辭，述安南事。言阮光平既代黎氏，光平死，傳子光纘，號新阮。黎之甥阮姓

者,號舊阮,時為患新阮,軍費不足,其總督陳寶玉招集粵艇肆掠於洋,繼而安南總兵黃文海與賊官伍存七,隙以二艇,投誠於閩。今造船用其式也。倫貴利者,廣東澄海人,投附安南,與舊阮戰,有功封侯,以巡海私結閩道,來閩浙劫掠。安南艇七十六隻,分前中後支。倫貴利統帶後支,四銅印貴利自配其一,餘三印三總兵曰耀曰南曰金者配之,耀於前,以擒斬南,金則均溺斃於海云。巡撫阮元礫貴利而以供入奏。」[34]

二十二、該書第 143 頁引述了黎貴惇(Le Quy Don)於 1776 年所著的撫邊雜錄(*Mischllanies on the Government of the Marches*)一書卷二的一段話:「黃沙渚,正近海南廉州府,船人辰遇北國漁舟,洋中相問。常見瓊州文昌縣正堂官查順化公文,內稱,乾隆十八年,安南廣義府彰義縣割鎌隊安平社軍人十名於七月往萬里長沙,採拾各物,八名登岸,尋覓各物,只存二名守船,狂風斷捉,漂入青瀾港,伊官查寔押送回籍,阮福凋令順化該簿識量侯為書以復。」

對於上引一段話,劉文利的英譯並不十分正確,茲引述其英譯如下

「The Hoang Sa shoals are situated near Lianzhou, island of Hainan. Fishermen of our country sometimes meet fishing junks of Northerners at sea. At sea, men of the two countries ask one another about their activities. I myself have seen a note of the Chief Mandarin of the Wonchang district belonging to Qiongzhou, addressed to Thuan Hoa, in which it is said: "In the 18th year of Qianlong, ten soldiers of the commune of An Vinh, Company of Cat Liem, district of Chrong Nghia of Annam, one day of the 7th month, arrived in Wanlizhangsha for fishing and gathering goods. Eight of them landed, leaving the two remaining to guard the junk. The mooring rope was broken by wind, the junk was pushed by waves to the port of Quanglan where the local authorities were able to verify the facts and sent these men back to their native country. Seigneur Nguyen Phuc Chu (rather, Nguyen Phuc Khoat because the

---

[34] 徐延旭,越南輯略,頁 20-21。王之春所著的國朝柔遠記,亦有類似的記載。見該書卷五,光緒 7 年刊本,臺灣華文書局印行,頁 360-361。

copier mistakenly wrote Nguyen Phuc Chu, the latter had died by then) ordered the *cai ba* of Thuan Hao, Thuc Luong Hau, to make a note of response."」

　　對於上一段英文翻譯最值得爭論的是「常見瓊州文昌縣正堂官查順化公文」的英譯，「查」字在中文之意思有「調查」、「巡察」，而沒有「致送」的意思，在大南寔錄一書中，「致送公文」是用「移書」或「移文」，因此從中文來理解原意應是指「〔作者〕經常看到瓊州文昌縣的正堂官在巡察順化時所記載的公文書內」或「〔作者〕經常看到瓊州文昌縣的正堂官巡察順化官差所持的公文」，而不是英譯的「我看到過瓊州文昌縣的正堂官寫給順化的照會（note）」，二者的意思相差極大，前者表明中國官員在當時曾巡察順化附近的海域。撫邊雜錄記載的事是發生於乾隆18 年，為西元 1753 年，不錯，誠如作者劉文利之糾正，該書有一個錯誤，就是當時的阮主是阮福闊，而非阮福淍。但是必須注意的，阮福淍曾請求中國冊封其為安南國王不成，乃自稱國主。阮福闊也是一樣未獲中國冊封。因為當時中國仍承認控制越南北部的黎朝為安南國王。

　　為何撫邊雜錄要提到中國地方官要巡察順化公文呢？其原因在越南輯略一書中有記載：「上命軍機大臣字寄兩廣總督照會安南國王，冬十有二月丙辰，安南國王阮公纘呈覆其略，曰：『小番世蒙天朝恩庇，曠格逾涯，無能酬報，思以慎守疆隅，永作屏翰。祇因本國極南沿海農耐地方有賊，渠阮種竊據其地，嘯聚齊桅，道夥數為海程之患，本國海防正緊。間亦收撫艙客以離賊黨，且助洋面帆柁之役。如倫貴利者，前年依附作活，本國聽其住泊，同商伴隨在巡防。詎知該犯暗藏頑狡私瞞，小番敢爾潛約匪船越赴內洋，肆行劫掠，又敢擅造印劄，轉相誆誘，尤為情罪重大，甘犯天憲。為法律所不容。該犯棲居本國海分，馴習既久，悔不能先燭其奸。此實鈐束稍疏所致。仰蒙聖慈普鑒，洞悉純誠，訓誨有加，天日垂照。恭譯　聖諭，質感激於五衷，更悚惶而無似，謹當遵奉彝訓，靖守封嗣。今本國所委巡海人員一一嚴加警飭，密施鈐勒，斷不容結同匪夥越境作非，務其桂海永清，以上副聖天子懷柔之至德，是所自勉也。』」[35]上

35　徐延旭，前引書，頁 21。

述一段話的意思即指安南軍人勾結中國海盜，製造假證件，前往中國沿海劫掠，此一行徑經清朝政府查獲，行文越南順化政府嚴加查辦，順化政府也下令警飭其巡海人員，並嚴令禁止其勾結海盜，為患中國海域。而中國地方官巡察順化海域察看公文，目的即在查明安南巡海人員是否有非法行為。

關於中國海軍是否巡察西沙群島附近海域（包括順化附近海域），證諸 1558 年明朝黃佐的廣東通志，即有記載廣東設巡海官軍巡察廣東洋面、七洲洋、占城至昆侖洋海域。[36]

以後 1841 年明誼重修瓊州府志，卷十八，海防條之記載：「崖州協水師營，分管洋面。東自萬州東澳港起，西至昌化縣四更沙止，共巡洋面一千里，南面直接暹羅、占城夷洋。」從而可知，從明朝至清朝，中國海軍在順化海域巡防應屬事實。劉文利對該句中文之英譯明顯是錯誤的。

在大南寔錄中亦可查到中國船艦巡察至越南海域或相互會辦剿海匪的相關記載，茲列舉如下：

(1) 1807 年 3 月，「清閩省水匪蔡牽、朱濆為清官兵追捕，奔竄海外。兩廣總督移書於北城，言匪船皆綠頭紅梢，如逸到洋分，為之截捕，城臣以事聞。帝命廣德以北沿海諸地方官，各發兵船巡哨。」（大南寔錄，正編第一紀，卷三十一。）[37]北城，指河內。

(2) 1832 年 9 月，「清欽州分州移書於廣安，言海匪滋擾其國，有商船陳金發情願自備資斧，出洋緝捕，經給照許以無分封域，一律追拿，祈驗明無相攔阻。署撫黎道廣以事關邊防，具奏請旨。」但這項請求，遭安南國主拒絕。該文說：「帝諭之曰，我國海疆雖與清國毗連，但封域截然，安得以無分為說。縱為剿匪，則各派兵船按轄截捕，賊匪何所逃乎。豈應預為逾境地步，其即飭萬寧土知州，依部送覆文，精繕以答，伺候事屬重大有關國體者，方得入奏。若似此尋常咨覆，斷無徇他所請之理。不妨一面具奏，一面施行，毋須輾轉聲請，徒滋遲至為也。」（大南寔錄，

---

[36] 見黃佐，廣東通志，卷六十三，外志三，夷情上，番夷，海寇，1558 年，頁 71。

[37] 許文堂、謝奇懿編，大南實錄清越關係史料彙編，中央研究院東南亞研究區域研究計畫出版臺北市，民國 89 年 11 月，頁 43。

正編第二紀，卷八十三。）**38**

　　(3) 1843 年 4 月，「清廣東總督派委水師提都帶領兵船，巡緝海匪，移咨萬寧州知會。事聞，命廣安海陽各派兵船按轄防截。已而，清匪船三艘，為清師船追迫，捨舟登岸，萬寧州知州陳光瑤緊飭民夫搜捕。……。」（大南寔錄，正編第三紀，卷三十。）**39**

　　(4) 1843 年 4 月，「贈衄清洋船難弁，去年清洋船南戍，及還，過廣義洋分，遇清匪林璋等船二十七艘圍住，副衛尉黎蘇等欲發砲，率隊陳如是。止之曰：漁船耳，勿輕放，枉失藥彈。已而，匪船迫近，護衛長尊室符與之敵，遮截不住，匪群來登船混殺，船中人措手不及。蘇揮刀死戰，隊長黎文特力鬥，兵丁黎文盛拒不受縛，既落水猶緣索格鬥，匪盡戕之，官兵三百餘人死傷沈沒殆盡，僅存五十一丁，皆為匪所擄，掠其船而東。朝廷初不之知也，後匪逸於欽州洋分，為清國官兵剿捕，得我難弁，送歸廣安，解至京，命兵部鞫問得其狀。」（大南寔錄，正編第三紀，卷三十。）**40**

　　(5) 1843 年 9 月，「清國兵船駛來撞山洋分，分移文稱匪船分竄於本國十八碼及崑崙島，乞派堵拿。廣安省臣以聞。帝曰，十八碼是我國汴山洋分（汴山島，清人呼曰十八碼），可傳諭清化、南定、廣安諸省，量派兵船按轄截拿，不必遠出重洋，攪入他境。今節屆深秋，亦宜觀風進止。俟旬日靜帖，撤回，不可久涉風濤為也。」（大南寔錄，正編第三紀，卷三十三。）**41**

　　(6) 1851 年 2 月，「清國船七艘投來南義諸汛（廣南占嶼汛、廣義沙圻汛），稱右標都閫府龍發喜，承派捕匪，因風漂入，求買火食，省臣以聞。帝疑之，命各加防尋。」（大南寔錄，正編第四紀，卷六。）**42**

　　(7) 1853 年 8 月，「海寧府兵船與清欽州捕弁會剿海匪於永植（社

---

38 許文堂、謝奇懿編，前引書，頁 130。
39 許文堂、謝奇懿編，前引書，頁 240。
40 許文堂、謝奇懿編，前引書，頁 241。
41 許文堂、謝奇懿編，前引書，頁 243。
42 許文堂、謝奇懿編，前引書，頁 268。

名）洋分，擒斬匪犯，獲其砲輛，賞府臣陳光仲。紀錄歸清俘蘇二等四犯於欽州及其匪賊。」（大南寔錄，正編第四紀，卷九。）[43]

(8) 1860 年 4 月，「清瓊州總鎮令黃廷光等出洋巡捕，因風泊於金蓬汛（屬平定），令出錢米給之。（總鎮缺姓名，廷光原清六品官，因住該汛，修補巡船。）」（大南寔錄，正編第四紀，卷二十二。）[44]後因安南船隻不夠，無法剿滅海賊，乃雇清船協同剿匪，黃廷光因此協助安南共同剿海賊，1865 年 5 月，「清國巡弁黃廷光射退海匪於平定金蓬汛外。」（大南寔錄，正編第四紀，卷三十二。）同年 6 月，因黃廷光剿海賊有功，獲賜豬酒錢米。「賜清國巡弁黃廷光豚酒錢米。（清國難弁廷光原住平定，修理巡船，數助剿海匪，故令省臣備辦勞之。）」（大南寔錄，正編第四紀，卷三十二。）[45]

(9) 1871 年 1 月，「葛婆澳海匪船（十八碼匪二十餘艘），擾掠洋外商船，清兩廣總督咨祈會剿（葛婆洋與清國疆界毗連）。帝曰：『我國與清國敦誼，凡事有應會辦，我不可辭。』乃命工部右參知阮文邃、水師掌衛阮有樂，乘順捷火船迅往義安、清化、南定、海陽、廣安等省，隨次揀取戰船、巡船，並管率弁兵、大砲，合清船商剿廣平以北各於隱泊處截捕，毋使竄逸。已而，清兵船與我官民船府縣捕弁，總里出力會剿，擒斬多數，江洋均帖，賞賜有差。」（大南寔錄，正編第四紀，卷四十四。）[46]

(10) 1872 年 5 月，「命修國書二封，投遞兩廣總督瑞麟及廣西提督馮子材。先是海寧（屬廣安與清欽州接壤）水路諸匪肆擾，瑞督派雷將軍前來會剿略平（間有射沈匪船及燒破匪巢）。近因雷將軍回船，匪勢復甚猖獗，節經（四月初九日）致書，祈派文武大員或欽州知府緊帶兵勇前往海寧會辦，未見覆到，乃命續書以促之。」（大南寔錄，正編第四紀，卷四十六。）[47]

---

[43] 許文堂、謝奇懿編，前引書，頁 278-279。
[44] 許文堂、謝奇懿編，前引書，頁 299。
[45] 許文堂、謝奇懿編，前引書，頁 309。
[46] 許文堂、謝奇懿編，前引書，頁 353。
[47] 許文堂、謝奇懿編，前引書，頁 371-372。

　　(11) 1879 年 5 月，「我官兵會清弁攻三海匪巢，擒偽元帥鐘萬新、偽總營劉廷光、偽丞相李春芳、偽軍師李世守、偽中軍劉永勝、偽左先鋒李楊佳、李世生、偽右先鋒李世宣、李世彬，均交清派解回國。」（大南寔錄，正編第四紀，卷六十一。）[48]

　　第二、在這一段話中值得注意的是「黃沙渚」與「萬里長沙」是並列的，顯然是指不同的地方。就該書出版的年代來看，當時中國即以萬里長沙指西沙群島。換言之，越南軍人曾到過「萬里長沙」，後被風吹到海南島的青瀾港，地方官查明屬實，發現他們是在掠奪沈船的貨物，乃將他們「押送回籍」，即指將他們送回安南。從而證實，當時中國因為在順化海域執行巡邏任務，對西沙群島及其附近海域曾行使管轄權，阮主還致函中國政府，間接地承認該一管轄行為。

　　第三、撫邊雜錄書中所提及的一個官名「該簿」，英譯為 *cai ba*，讀者難以知道原意。按當時越南的軍區劃分是將全國分為十二營，各營都設鎮守、該簿、記錄等官進行統治。[49]該簿是官職名稱，而「識量侯」是官銜，他的職責是有關文書記錄之類，因而阮主令該簿識量侯向中國致書。

　　二十三、該書一個最大的問題是十七世紀杜伯所編的纂集天南四至路圖、十八世紀黎貴惇撰的撫邊雜錄中所講的「長沙」或「大長沙島」、「黃沙渚」是否即為中國所講的西沙群島或南沙群島？

　　纂集天南四至路圖的繪本上有一排題字，上寫到：「海中有一長沙，名壩葛鐄，約長四百里，闊二十里，卓立海中。自大占海門至沙榮，每西南風，則諸國商舶內行，漂泊在此；東北風，外行亦漂泊在此，並皆飢死，貨物各置其處。阮氏每年冬季月持船十八隻，來此取貨，多得金銀錢幣銃彈等物。自大占門越海至此一日半，自沙淇門至此半日。其長沙處，亦有玳瑁。」

　　從地形的描述以及從出海口航行到該長沙處的時間來看，顯然與西沙群島不同。根據廣南處圖（交州志）（明命十年）之圖（見附圖），可清

48　許文堂、謝奇懿編，前引書，頁 430-431。
49　陳重金，前引書，頁 247。

楚的看到壩葛璜就位在越南大占海門外海，距離非常近。

另外，根據撫邊雜錄的描述：

「順廣各海門之外，各有石山湧起，海門為鎮山，廣狹不一，南布政州安㬊社之北邊村有山名劬勞鴣，出海四更可到。升花府大占門外有大山名劬勞針三座，對峙二，大而青茂，有民居田野，柑橘生花等物，上有甘泉一，小而焦枯。出海二更可到。廣義府平山縣安永社大海門外有山名劬勞薢，廣可三十餘里，舊有四政坊，居民豆田出海四更可到。其外大長沙島，舊多海物舶貨，立黃沙隊以採之，行三日夜始到，乃近於北海之處。歸仁府新開辰富諾汛諾漫各海門多有山島，多燕窩，立青洲隊以採之。平順府營海外有山名崑崙，廣數里，亦多燕巢，外有山名劬勞芳，舊多海門舶貨，立海門隊以採之。」[50]

撫邊雜錄又說：「廣義平山縣安永社居近海，海外之東北有島嶼焉，群山零星一百十餘嶺。山間出海，約隔或一日或數更。山上間有甘泉。島之中有黃沙渚，長約三十餘里，平坦廣大，水清徹底。島傍燕窩無數，眾鳥以萬千計，見人環集不避。渚邊奇物甚多，其文螺有名沃聰獼，大如席，腹有粒，如指大，色濁，不及蚌珠，其殼可削成碑，又可做灰泥屋。……諸蕃舶多遭風依于此。此島前阮氏置黃沙隊七十，率以安永人充之，輪番每歲以正月受示行差，齎六月糧，駕私小釣船五隻，出洋三日三夜，始至此島居駐，恣情採取，捕魚鳥為食。所得艚物馬劍、銀花、銀錢、銀環、銅器、錫塊、烏鉛、象牙、黃蠟、氈具、磁器、與採玳瑁甲、海參、文螺粒頗多，以八月期回入腰門，就富春城投納，秤驗定項訖，始允私賣。」[51]

從撫邊雜錄所描述的地形特徵，可提出如下的探討：

第一、書中所描述的「群山一百十餘嶺、在島之間有一塊長約三十餘里的黃沙渚」，其地形特徵與西沙群島的地形迥然有別。

第二、書中對於阮主派黃沙隊採集貨物的地點出現不同的名稱，前一

---

[50] 黎貴惇撰，撫邊雜錄，卷之二，1972 年重印，西貢，第 78-79 頁。

[51] 同前註，第 82-83 頁。

段稱「大長沙島」，後一段稱「黃沙渚」。但按該書所描述的前往該地的行程需時三日三夜來看，應該是指同一地點。

　　但是中國大陸的學者卻持不同的看法，他們認為越南所講的黃沙處（渚）不是中國的西沙群島，例如韓振華根據歷史材料及地形地貌之特徵，認為黃沙處（渚）應是位在越南近海岸的理山群島（中國人稱之為外羅山，現稱為廣東群島）。[52]戴可來則引證清朝人盛慶紱於 1883 年所寫的越南地輿圖說，呂調陽於 1893 年重訂該書的資料，在卷一「廣義省」一節中有與黎貴惇的撫邊雜錄相類似的記載：「平山縣安永社村居近海，東北有島嶼焉，群山重疊，一百三十餘嶺（呂調陽註：即外羅山），山間又有海，相隔一日許或數更，山下間有甘泉，山中有黃沙渚（呂調陽註：即椰子塘），長約三十里，平坦廣大，水清徹底，諸商船多依於此……。」因此他認為根據呂調陽的註文，黎貴惇所說的「一百十餘嶺」就是「外羅山」，是北從大占門、南至沙榮門的近海島嶼和沙洲，即今占婆島、宗島到廣東列島一帶的島嶼沙洲，而「黃沙渚」即是椰子塘。[53]

　　根據上述不同的記載和論證，試提出如下的評論：

　　第一、從廣義省平山縣之地理位置以及理山島距離越南本土海岸相當近、且位在岸外東北方海上等地理特徵來看，纂集天南四至路圖所講的一日半即可抵達的「壩葛璜」，應為理山群島（或廣東群島）。而撫邊雜錄所講的「需時三日三夜」抵達的「大長沙島」、「黃沙渚」，並非指同一地點。

　　第二、「大長沙島」之地理形貌是否就是西沙群島，仍存在著疑問。

　　根據 1618 年張燮的東西洋考，從中國前往印度洋之西洋針路航路必經過外羅山，[54]也就是越南海岸至外羅山之間的水道，而且外羅山海拔較高，因此該群島才可能成為諸蕃船避風之處，以致有許多沈船，成為越南

---

52 韓振華主編，前引書，頁 19-20。韓振華，「壩葛璜、壩長沙今地考」，載於呂一然主編，前引書，頁170-193。

53 戴可來，「越南古籍中的『黃沙』、『長沙』不是我國的西沙和南沙群島」，載於呂一然主編，前引書，頁194-207。

54 張燮，東西洋考，臺灣商務印書館重印，臺北市，民國 60 年，頁 119。

阮主採取貨物之處。至於西沙群島，地勢平坦，礁灘暗沙密佈，航行者皆知其為危險地區，多採迴避，不可能成為諸蕃船避風之處。除非意外遭風吹襲而擱淺在西沙群島。

第三、上述幾本越南出版的著作，由於當時對地理知識之瞭解有限，因此對於海岸外島嶼之描述即出現混沌不清之處，至 1882 年越南編纂的大南一統志有較詳細的記載。大南一統志卷六廣義篇之記載：「黃沙島──在理山島之東，自沙圻海岸放洋，順風三四日夜可至，島上群山羅列，凡一百三十餘峰，相隔或一日程或數更許，島之中有黃沙洲，延袤不知幾千里，俗名萬里長沙，洲上有井，甘泉出焉。海鳥群集，不知紀極。多產海參、玳瑁、文螺、龜蠵等物。諸風難船貨物匯聚於此。」[55]

從大南一統志所引一段話可知，黃沙島跟前述幾本越南著作所講的「大長沙島」、「黃沙渚」有更為明確的地理位置，它不是理山島，而是在理山島以東的島嶼沙洲，從其航程來看，其位置可能即在西沙群島，而且其使用的地名也沿用中國的「萬里長沙」。1830 年顏斯綜撰的南洋蠡測、1844 年魏源撰的海國圖志、1866 年徐繼畬撰的瀛環志略等書，都將西沙群島稱為「萬里長沙」，足見「萬里長沙」之地名已為當時中、越兩國所通用。不過，該書不再提及「黃沙隊」前往採海物之事。

三

越南是南沙群島爭端國之一，其政府對南沙爭端曾一再提出主權主張，其中有四項官方發表的正式聲明文件，一是越南共和國於 1975 年發表的「西沙群島及南沙群島屬於越南之白皮書」，二是越南社會主義共和國於 1979 年 8 月 7 日發表的「越南關於南沙群島及西沙群島之聲明」，三是於 1982 年 1 月 18 日再度發表「有關南沙群島及西沙群島屬於越南之白皮書」，四是於 1988 年 4 月 25 日發表「越南對於南沙群島及西沙群島

---

[55] 大南一統志，卷之六，松本倍廣編纂，印度支那研究會出版，昭和 16（1941）年 3 月 15 日發行（重印），第 743 頁。

之聲明」。直至 1995 年，因為中國與美國的克里斯頓能源公司
（Crestone Energy Corporation）在南沙群島的萬安灘（Vanguard Bank）
合作探勘石油，越南亦與美國的美孚石油公司（Mobil Oil Company）及
其他公司在藍龍（Blue Dragon）區塊油田合作探勘石油，而引發雙方對
這兩個區塊之紛爭，越南政府為取得該兩區塊之主權，乃委託美國華府律
師克雷吉特進行一項研究，最後並提出一份研究報告：「越南與中國在南
海萬安灘及藍龍區塊之主權爭端」。

　　該研究報告係由越南政府委託，並經越南政府提供意見，因此是一份
相當具有越南官方立場的文件，也可說是越南官方對於南海領土爭端應用
聯合國海洋法公約而採取的新的法理觀點。

　　文章標題為越南與「中國」之主張，實則文中所指的「中國」的觀
點，有時含括中國和臺灣的觀點，但大部分論點是針對中國。基於我國亦
主張對南沙群島擁有主權，對於萬安灘及藍龍區塊之爭端，亦不應置身事
外。因此從臺灣的觀點檢視該文，除了有知彼之作用外，尚具有可以藉此
重申本身主張的作用。

　　該文之主要論點是針對萬安灘及藍龍區塊油田之領土主權，認為越南
擁有該兩區塊的主權。該文虛擬國際法院（International Court of Justice）
或國際仲裁法庭（international arbitral tribunal）之立場如何應用國際法對
南海的萬安灘及藍龍區塊之海床和底土進行海界劃分之審理。中國及越南
雙方對於該兩地區有所爭議，亦各自提出擁有該兩地區的法理主張。該文
即從國際法的角度提出越南官方立場的法理主張。

　　鑑於該文具有越南官方的立場，因此對於它所提出的資料及論點，有
值得加以辯證的必要。茲舉述及評論如下：

　　一、在文中第 375 頁註 2 中提及「南海」（South China Sea, Nan
Hai）一詞，認為該詞之中文意思僅指「南方的海（Southern Sea）。實質
上，南海一詞在中文的意思過去與現在有很大的不同，過去該詞是含括海
及陸地的，「南海」或「南洋」均泛指中國以南的海上諸國。直至現代，
才將南海一詞拘限在海域的觀念。

　　二、文中第 377 頁提及太平島的面積，係引述中國學者 Tao Cheng 的資料為 0.4 平方英里，約為 0.6436 平方公里。惟據鄭資約所著的南海諸島地理誌略一書的記載，太平島之面積為 0.432 平方公里。[56]符駿的南海四沙群島一書有關太平島的記載是 0.498 平方公里。[57]

　　三、文中第 378 頁提及「自第二次世界大戰結束後，對南海諸島提出海域主張的有六國，包括臺海兩岸、菲律賓、馬來西亞、汶萊、越南。」此一說法並不十分正確，因為提出南海諸島主權的年代大概在 1956 年以後，涉及的國家有臺海兩岸、菲律賓、越南。馬國要到 1970 年代末才介入爭端。至於汶萊至目前只提出領海主張，並未對其鄰近的南沙島礁提出主權主張。另一個要注意的是，環南海諸國對於島礁和海域提出主張，不是同時發生的，如在 1960 年代末以前，爭端的對象是島礁，以後才轉移包括海域，尤其是大陸架之範圍。

　　四、文中說：「近代南沙群島之爭端係緣起於 19 世紀法國佔領印度支那以及英國政府宣佈兼併（annexation）南沙群島。法國和英國在 19 世紀末還對南沙群島之權利交換過外交照會（diplomatic notes）。法國在 1930 年代宣稱及控制南沙群島，明顯地未受到中國之抗議，中國並未主張南沙群島為其所有。在第二次世界大戰期間，日本佔領南沙群島中數個島嶼，利用作為軍事據點。在戰後，日本宣佈放棄對南沙群島之主張。此後，中國、臺灣、菲律賓、馬來西亞、和越南都對南沙群島提出主權主張。」

　　對於上一段話，有幾點值得討論的：

　　第一，英國是否曾在 19 世紀「兼併」南沙群島，這是一個有趣的歷史問題。由於該文並沒有引述相關的資料，所以不知其出處。截至目前為止，尚無一項文獻指出英國曾在十九世紀「佔領」或「兼併」過南沙群島，只有宣稱擁有南威島（Spralty Island）和安波沙洲（Amboyna

---

[56] 鄭資約編著，南海諸島地理誌略，上海，商務印書館，民國 36 年 11 月初版，頁 41、45-46。

[57] 符駿，南海四沙群島，臺北，世紀書局，民國 71 年 6 月再版，頁 153。

Shoal），不是整個南沙群島。

第二，法國和英國曾在 19 世紀對南沙群島之權利進行「外交照會」之交換。事實上，英、法對於南威島和安波沙洲之交涉是在 1930 年代初，不是在 19 世紀。除了歷史事實有疑問之外，對於「外交照會」之交換結果如何，該文並沒有清楚的交代。

第三，法國在 1930 年代所控制的南沙群島島嶼數目只有九個，而非南沙群島的所有島礁，當時中國稱為「法佔粵九小島事件」。而在英國國家檔案中，法國將其宣布佔領的 13 個南沙島礁通知英國。

第四，文中說中國對於法國佔領南沙九小島沒有提出抗議，這是嚴重的錯誤。1931 年 12 月 4 日，法國外交部向中華民國駐法使館面遞節略稱，七洲島係屬安南等語，中華民國駐法公使於 1932 年 7 月 26 日向法國外交部致送節略，從我國漁民長期居住西沙群島、1887 年中、法越南續議界務專條之規定、民初以來我國廣東省政府核准開礦、宣統元年在西沙群島設置燈塔、1930 年 4 月在香港召集遠東觀象會議，安南觀象臺臺長法人勃魯遜（E. Bruzon）及上海徐家匯觀象臺主任勞積勛（L. Froc）亦共同建議我國代表在西沙群島建設觀象臺等理由，強調七洲島為我國所屬的西沙群島。[58] 1933 年 8 月 4 日，我國外交部向法國駐華公使韋禮德（Monsieur A. Wilden）提出外交抗議照會，[59]並訓令駐法公使顧維鈞繼續向法國交涉。中國各地還發起保衛南疆的運動，各省市民間團體紛紛向政府反應，呼籲保衛中國最南的領土南沙群島。

五、該文引證了許多國際法院之判例，例如 1969 年的 North Sea Continental Shelf Case、Libya / Malta Case、Gulf of Maine Case、Guinea / Guinea-Bissau Case、Anglo / French Case、Libya / Tunisia Case 等判例，認

---

[58] 「中國駐法使館為抗議法國陰謀侵略我西沙群島事致法國外交部節略」（1932 年 7 月 26 日），載於中國第二歷史檔案館編，中華民國史檔案資料彙編，第五輯第一編，外交（二），江蘇古籍出版社，南京，1994 年 5 月，頁 1301-1302。

[59] 關於中國對法國政府提出的外交抗議照會，可參閱俞寬賜和陳鴻瑜主編，外交部南海諸島檔案彙編（上冊），第 II(1):022 號檔案，中華民國外交部研究設計委員會編印，民國 84 年 5 月，頁 50-51。

為應考慮島嶼之面積、人口、經濟能力及與海岸之距離等來決定其是否具備海域權利。該文認為依據聯合國海洋法公約第 121(3) 條規定，不適人居及不能維持其本身經濟生活之岩塊，不應享有專屬經濟區或大陸架之權利，惟可擁有 12 海里領海。文章特別強調在劃分大陸架等距疆界線時，不應計及任何不適人居的小島（無論在技術上是否被歸類為聯合國海洋法公約第 121(3) 條的「岩塊」），因為如以該小島作為劃分等距線之基點時，會造成不符合比例合宜性（proportionality）之後果。明顯地，該一論點基本上就是不贊成南沙群島的小島礁擁有除了 12 海里領海之外的專屬經濟區及大陸架的權利。該文明白指出，任何法院無論是援用聯合國海洋法公約或習慣國際法，都不能接受中國以南沙群島和西沙群島作為劃分大陸架之等距疆界線的基點。（引自第 378 頁）

然而，上述論點與越南公佈的領海及大陸架之主張是矛盾的。越南在 1982 年 11 月 12 日公佈其領海基線之聲明，聲明第四條規定：「計算黃沙群島（西沙群島）和長沙群島（南沙群島）之領海寬度之基線，將依據越南社會主義共和國政府於 1977 年 5 月 12 日之聲明的第五節加以劃定。」依此再根據越南於 1977 年 5 月 12 日公佈的越南領海、鄰接區、專屬經濟區和越南大陸架之聲明第五節之規定：「構成越南領土之完整部分及第一節所述越南領海之外的島嶼和群島，有其本身的領海、鄰接區、專屬經濟區和大陸架，其範圍一如本聲明中第一、二、三、四節之規定。」換言之，1977 年和 1982 年兩份文件是主張越南所屬的南沙群島仍具有領海、鄰接區、專屬經濟區和大陸架之海域權利。但此一研究報告卻認為不應擁有鄰接區、專屬經濟區和大陸架的海域權利。

六、文中第 388 頁提到「領土取得之條件之一是有效佔領，而構成有效佔領之要件有二，一是佔有（possession），二是行政管理（administration）。因此，光是「發現」（discovery）一塊土地還是不夠的，必須繼之以有效佔領和國家行政管理，若由個人（私人）之訪問或使用而非政府權力之行使，這在領土取得之要件上是不足的。假如國際法庭認為中國和越南在早期對南沙群島和西沙群島之取得不能滿足上述觀點，

則其結果可能認為這些小島在 1930 年或甚至 1973 年是屬於「無主地」（terra nullius）。假如該一觀點可以被接受，則南沙群島和西沙群島每個低潮高地（low-tide elevation）將可能屬於第一個在本世紀在島上建立有效控制的國家。」

上述觀點，有幾點值得提出討論的：

第一，該文對領土之取得基本上是以實際控制及有效行政管轄為論點，而完全不顧過去人民實際在島上的經濟活動，中國漁民長期在南沙群島和西沙群島進行經濟活動，已成為「發現」及「佔有」的歷史事實。直至西方勢力入侵將島上的中國漁民驅逐，西方國家才取得這些島礁的控制權，這是武力佔有的形態，也是國際法所不容許的。

第二，如說中國政府對南沙群島及西沙群島沒有進行「行政管理」，也是不符合事實的。與南海周邊國家相比較，中國在南海諸島實施行政管理的年代早於其他國家，1841 年，明誼重修瓊州府志，卷十八，海防，第五頁記載：「崖州協水師營，分管洋面。東自萬州東澳港起，西至昌化縣四更沙止，共巡洋面一千里，南面直接暹羅、占城夷洋。」占城是位在越南中部的古國，約在今蜆港地區。換言之，因為當時越南為中國的蕃屬，因此中國海軍巡邏範圍包括越南中部附近的海洋，也包括西沙群島及南沙群島。中國政府在 1883 年對德國軍艦勘測西沙群島的琛航島及金銀島之行動曾提出抗議。1909 年派遣水師提督李準等官員前往西沙群島進行巡視、命名、勒石、鳴砲升旗。以後並對民間礦業公司在西沙群島申請開礦核發許可證。1932 年對法國入侵西沙群島提出外交抗議：1933 年對於法國入侵南沙群島亦提出外交抗議。[60] 1935 年，中華民國政府公佈南海諸島的地名和地圖。1947 年再度公佈南海諸島屬於中華民國之地圖。[61] 這些行政管理的年代均早於周邊國家。

第三，如果該研究報告之論點可以成立的話，那麼像菲律賓和印尼等

---

[60] 參見陳天賜，西沙島東沙島成案匯編，西沙島成案匯編，上海，商務印書館，1928年。

[61] 關於中國政府在歷史上對南海諸島的主權主張，可參考陳鴻瑜，南海諸島之發現、開發與國際衝突，國立編譯館出版，臺北市，民國 86 年 11 月，第二章至第五章。

群島國家，大約有半數以上的島嶼是無人居住的，亦無所謂的「佔有」或「國家行政管理」，有些甚至還沒有命名，是否亦可被視為「無主地」而加以佔有？相信在一般國際行為上，不會接受此一作法。誠如前述，南海諸島並非「無主地」。中國政府對於這些蕞爾小島宣稱為本國領土，也實施了所謂的「行政管理」，只是選擇幾個較大的島礁派駐軍隊，並未在所有的小島礁上設治管理，其情況一如菲律賓和印尼對其數千個小島沒有命名及實施行政管理的情況是一樣的，難道外國就可以任意佔領中華民國之小島嗎？如果此為一合理的作法，那麼外國就可以同樣方式佔領菲律賓或印尼的「無主地」的小島了。

第四，該文註 124 說，中國也許主張利用南沙群島和西沙群島每個島礁作為連接成「群島」直基線的基點。事實上，中國在 1958 年 9 月 4 日發表其「關於領海的聲明」，即主張以直線基線法劃定南海諸島之領海。[62] 1996 年 5 月 15 日公佈西沙群島的基點和基線，在西沙群島劃定二十九個基點，採用的就是直線基線原則，但並未宣佈採取「群島主權」主張。

七、該文認為中國在南沙群島所佔領的島礁大都為暗沙或低潮高地，依聯合國海洋法公約第 60(8) 條之規定，「人工島、設施和結構不能擁有島嶼之地位。它們沒有本身的領海，它們之出現亦不能影響領海、專屬經濟區、或大陸架之劃分。」所以該文認為中國所佔領的島礁不具有海洋空間（maritime space）。（引自第 420 頁）雖然中國已將這些島礁變為高潮高地（high-tide elevations），但仍不能由國際法給予承認及生效。不過，該文也承認岩塊若經過人工添築後變成一個更大的小島，是否可具有其海域權利，因尚無國際法院判例，所以仍然未有定論。中國已將原本為隱伏海面下的珊瑚礁永暑礁擴建為一個八千多平方公尺的小島，並建有三百公尺的碼頭。另外亦將海下暗礁的渚碧礁擴建為小礁嶼，上有一棟三層樓高的鋼筋水泥建物及碼頭設備。這些小島是否具備其本身的海域權利，有待進一步的研究。

---

[62] 韓振華主編，我國南海諸島史料匯編，東方出版社，北京，1988 年 1 月第一版，頁 445-446。

八、該文第 422-423 頁說：「根據中國在 1984 年公佈的海水深度圖，中國將萬安灘及藍龍區塊劃入其版圖，是不可接受的。因為在南威島（Spratly Island）與藍龍區塊或萬安灘之間的大陸架並非連接在一起。

藍龍區塊是位在水深 100-150 公尺處，是位於越南的大陸架上。中國不能主張根據其擁有南威島主權而擁有藍龍區塊，因為此一論點忽略了一項事實，即越南佔領南威島而假定中國擁有它，也忽略了藍龍區塊較接近越南所屬的 Catwick Islands 而非南威島。南威島位在水下高原的頂端，周圍是 1800 公尺的深海平原。因此，從南威島到藍龍區塊之海底路線，須從南威島海岸外往下走到 1800 公尺的深海平原，越過該平原再爬升到 1600 公尺到越南的大陸隆起（continental rise），再到越南的大陸陡坡（continental slope）、越南的大陸架，最後到達藍龍區塊。因此可以下結論說，就大陸架之定義或任何國際法合理的觀點而言，中國對藍龍區塊之主張是荒謬的。

惟相較而言，中國對萬安灘之主張稍微比藍龍區塊更少不適用性。萬安灘位在藍龍區塊之東方，恰好在越南的大陸陡坡及大陸隆起上。萬安灘周邊開始時水深約在 150 公尺，往下到 1800-2000 公尺深海平原，再上升而與南威島相接。換言之，南威島之大陸陡坡與越南之大陸陡坡是相對的而非相鄰接的，中間有一深泓的深海平原，因此中國無法從南威島的大陸架來主張其擁有萬安灘之主權，因為南威島到萬安灘之間存在著深海平原。」

上述之論點係從南威島出發的，認為以南威島向外所劃的大陸架疆界線不能跨越到萬安灘或藍龍區塊。不過，根據聯合國海洋法公約第七十六條第五款之規定，「組成按照第 4 款(A)項和(2)目劃定的大陸架在海床上的外部界線的各定點，不應超過從測算領海寬度的基線量起 350 海里，或不應超過連接 2,500 公尺深度各點的 2,500 公尺等深線再外加 100 海里。」依此規定，從南威島劃其大陸架範圍，應包含萬安灘及藍龍區塊在內。

依據 1982 年聯合國海洋法公約之規定，南威島、萬安灘及藍龍區塊應都屬於其定義下的大陸架，越南故意將南威島與萬安灘及藍龍區塊加以

區隔，其企圖就是割斷中國對萬安灘及藍龍區塊的主權主張，因為該兩區塊是位在海面下，中國如果要對它們聲稱擁有主權，唯一途徑就是從南威島的大陸架著手，因此，如果南威島與萬安灘及藍龍區塊分屬不同的大陸架，中國就無從提出主權主張。顯見越南是為了要取得藍龍區塊及萬安灘的石油資源而曲解國際法的適用。

九、該文第 423-427 頁用了許多篇幅批評中國將南海地區劃入其「歷史性水域」（historic waters）。文中舉述了中國學者潘石英於 1994 年 9 月在華府舉行的一場學術研討會發表的論文中主張南海為中國的「歷史性水域」。另外該文亦引述瓦連西亞（Mark J. Valencia）在 1994 年 7 月 13 日以電話訪問臺北，知道臺北也是主張南海為其「歷史性水域」。的確，直至 1998 年 1 月我國總統公佈中華民國領海及鄰接區法為止，該法之草案中曾將南海界定為我國之「歷史性水域」，後來在立法院之討論及定案後，才刪除此一觀點。至於中國，其官方亦未發表南海為其「歷史性水域」，只是少數學者做此主張。不過，潘石英後來將「歷史性水域」改為「歷史性所有權」，語氣更為強硬。[63]

十、對於中國政府在 1947 年公佈九條斷續線在南海的地圖上，而未說明其意思，甚至沒有標出正確的經緯度，該文認為「缺乏明確的權利主張，以至於無法讓其他國家為了避免默認此一事實而提出抗議。」（引自第 426 頁）

換言之，該文之意思是指由於中國政府的疏忽，所以導致外國無法提出抗議，這是很奇怪的邏輯，而且忽略了一項事實，就是在中華民國政府先在 1934 年 12 月公佈南海各島[64]及地圖，於 1947 年再度公布南海諸島島礁名稱及以及以十一段線顯示南海諸島之範圍圖，之後很多國家的地圖都在南海四沙上標示屬於中國。例如，1952 年日本出版的「標準世界地

---

[63] 潘石英，南沙群島、石油政治、國際法，香港經濟導報社出版，1996 年 7 月，頁 44-64。

[64] 內政部公布「中國南海各島嶼華英名詞對照一覽表」，刊載在水陸地圖審查委員會會刊第一期，民國 23 年 12 月，頁 66-69。

圖集」（The Standard Atlas of the World）、1956 年英國出版的「企鵝世界地圖集」（The Penguin Atlas of the World）、1954 年西德出版的「世界大地圖集」（Grosser Jro Weltatlas）、1960 年北越出版的「世界地圖」以及許多蘇聯和東歐國家出版的世界地圖等。菲律賓在 1946 年 7 月獨立後，亦未在其地圖上將南沙群島劃入其版圖。從中華民國政府宣佈南海四沙為版圖範圍後，世界上已有很多國家注意此一信息，越南在 1960 年出版的地圖亦還標示南海四沙是屬於中國所有，越南不僅只是默認而已，應已是公開承認。

十一、該文最後主張越南領有萬安灘及藍龍區塊之法理基礎有三：（參見第 427-433 頁）

(1)藍龍區塊完全位在越南之 200 海里大陸架範圍內，萬安灘則大部分位在 200 海里大陸架範圍內。

(2)根據「自然延伸」（natural prolongation）原則，越南可依據聯合國海洋法公約第 76 條規定，宣佈大陸陡坡坡腳之外 60 海里為其大陸架範圍，或者依據第 76(4)(b) 條之規定，延長大陸架範圍至 350 海里或 2,500 公尺等深線之外 100 海里。這些越南的大陸架範圍都含括萬安灘及藍龍區塊。

(3)相向海岸之等距原則。如以環南海各國海岸之基點起算，不採直線基線（即採正常基線），也不計及南海中的小島，由此基線測算，按等距原則劃分大陸架，則萬安灘及藍龍區塊亦將劃入越南的大陸架內。該文認為此一假設性的線相當具有「比例合宜性」，國際法院可能採取此一方法劃分南海大陸架。

對於上述的論點，有幾點值得進一步探討：

第一、越南從大陸架觀點主張對萬安灘及藍龍區塊之領土主權，固然是依據 1958 年大陸架公約及 1982 年聯合國海洋法公約之規定，但此一主張可否用來對抗發生在該兩法公佈以前的領土主張？至少中華民國政府在 1935 年及 1947 年兩次發表正式對南沙群島擁有主權的聲明及地圖，當時的國際法還未出現大陸架的觀念，怎麼可能以後來發生的國際法觀念去推

翻以前的國際秩序？

　　第二、大陸架雖然受到聯合國海洋法公約的保障，但該法並沒有保障任何位在大陸架上的他國島嶼將因此而歸屬沿岸國所有，相信這是一般常識的問題，不須高深的海洋法知識。因此，越南不能因主張其大陸架而將位在其大陸架上的萬安灘及其附近的藍龍區塊硬說是其領土。如有與他國之大陸礁層重疊，則需經過談判協商解決。

　　第三、整個南海盆區水深不等，南沙群島至中沙群島和西沙群島之間海域水深超過計算大陸架之水深標準 2,500 公尺，南沙群島靠近菲律賓群島巴拉望島（Palawan）之間的海域也是一樣，有將近 4,000 公尺水深的巴拉望海溝（Palawan Trough），因此，不可能把整個南海盆區當成大陸架，而以環南海周邊各國的領海基線為基礎以等距線劃分「南海大陸架」。該文所做的虛擬劃分南海大陸架之方法是經不起檢驗的。

四

　　越南為了維護其對南沙群島萬安灘及藍龍區塊之領土主權，委託美國律師進行研究，並提出新的法理主張，更強調以大陸架的觀點對這兩個區塊主張所有權，顯然聯合國海洋法公約已成為沿岸國引用為主張海域權利的法源。不過，越南在引用該法時，採取了曲解的立場，對於大陸架之內容作了適合其需要的變更，以至於出現前後矛盾的論點，其錯誤本文已一一舉述辯駁。

　　越南為了對抗中國，採取與美國合作之姿態，將藍龍區塊交給美國的美孚石油公司，同時對在萬安北-21 礦區與中國合作的克里斯頓能源公司進行施壓利誘，希望它在解除與中國的合同後，即給予另一個礦區之石油探勘權。而此一委託研究案交由美國律師執行，亦見其策略之運用。更值得注意的是，在該研究報告之結尾強調「美國可能利用其影響力介入南海爭端，尤其是當南海主要航道受到威脅時為然。假如中國愚弄（flout）美國支持的區域共識，則中國將冒著貝殼流放（ostracism）（指以投票方式將不受歡迎之人物流放區域之外）、衝突及經濟負擔之可能性的風險，此

對於中國而言是不利的。」（引自第 434 頁）從而可知，越南在爭奪南沙群島之作法，極類似菲律賓，就是拉攏美國為後盾以及希望美國介入該一地區。

　　綜觀克雷吉特所著一文，行文處處顯露以國際法院法官之立場對南沙領土爭端做出裁決，其主觀性強烈，流露無遺，而且忽略及誤解中華民國之主張和立場。造成此一情況的可能原因，除了他必須滿足委託人越南政府之要求外，其最大的缺點就是未引用中華民國的官方文獻。

　　總之，有關西沙群島之主權問題，雖然越南提出了歷史材料來證明其擁有西沙群島。不過，從上述的分析可知，中國對西沙群島和南沙群島之歷史記載更早更豐富，而且最重要的，中國史籍的記載較為正確。在越南派遣黃沙隊前往其所謂的「黃沙島」採收船難貨物之前，中國人已在西沙群島活動，況且越南之採集貨物之行為不過是季節性行為，與「有效佔領及管轄行為」之意義不同。阮氏政權在十九世紀中葉遭逢法國入侵，其在「黃沙島」的活動也告終止。直至 1930 年代因為法國在西沙群島和南沙群島積極活動，驅趕中國漁民，強佔若干島礁，才引發中國和法國之間對該兩群島之衝突。依一般國際法原則，法國帝國主義者入侵中國的西沙群島和南沙群島，是不發生後來法國之殖民地越南對該兩群島主張擁有領土主權的問題。何況法國在 1953 年強調，法國並未將南沙群島移交給越南。

徵引書目

中華民國官方檔案

內政部公布「中國南海各島嶼華英名詞對照一覽表」，刊載在水陸地圖審查委員會會刊第一期，民國 23 年 12 月，頁 66-69。

俞寬賜和陳鴻瑜主編，外交部南海諸島檔案彙編（上冊），第 II(1):022 號檔案，中華民國外交部研究設計委員會編印，民國 84 年 5 月，頁 50-51。

俞寬賜和陳鴻瑜主編，外交部南海諸島檔案彙編（上冊），中華民國外交部研究設計委員會出版，民國 84 年 5 月，第 II(2):081、II(2)089 號檔案，頁 280、283、第 II(2)148、II(2)149 號檔案，頁 399-401。

國史館藏，外交部移送檔案清冊（亞太司部分），第 0621 檔號，「中、法關於中越關係之協定」檔。

中文專書

「中國駐法使館為抗議法國陰謀侵略我西沙群島事致法國外交部節略」（1932 年 7 月 26 日），載於中國第二歷史檔案館編，中華民國史檔案資料彙編，第五輯第一編，外交（二），江蘇古籍出版社，江蘇，1994 年 5 月，頁 1301-1302。

大南一統志，卷之六，松本倍廣編纂，印度支那研究會出版，昭和 16（1941）年 3 月 15 日發行（重印）。

中國科學院南沙綜合科學考察隊編，南沙群島歷史地理研究專集，中山大學出版社，廣州，1991 年。

王之春著，國朝柔遠記，卷五，光緒七年刊本，臺灣華文書局印行。

吳鈞，越南歷史，自由僑聲雜誌社，臺北市，民國 81 年。

呂一然主編，南海諸島，地理、歷史、主權，黑龍江教育出版社出版，哈爾濱市，1992 年 10 月。

林金枝、吳鳳斌，祖國的南疆──南海諸島，上海人民出版社，上海，1988 年。

徐延旭，越南輯略，光緒三年，無出版公司和出版地。

國家海洋局海洋發展戰略研究所編，南海諸島學術討論會論文選編，1992 年出版。

張廷玉撰，明史，卷三百二十一，外國二，安南條。

張燮，東西洋考，臺灣商務印書館重印，臺北市，民國 60 年。

張禮千，東西洋考中之針路，南洋書局印行，新加坡，民國 36 年 6 月初版。

符駿，南海四沙群島，世紀書局，臺北市，民國 71 年 6 月再版。

許文堂、謝奇懿編，大南實錄清越關係史料彙編，中央研究院東南亞研究區域研究計畫出版，臺北市，民國 89 年 11 月。

陳天賜，西沙島東沙島成案匯編，西沙成案匯編，上海，商務印書館，1928 年。

陳重金，越南通史，商務印書館發行，北京，1992 年 12 月。

陳倫炯，海國聞見錄，「南洋記卷」，臺灣銀行經濟研究室編印，臺北市，民國 47 年 9 月出版。

陳鴻瑜，南海諸島之發現、開發與國際衝突，國立編譯館出版，臺北市，民國 86 年 11 月。

黃佐，廣東通志，卷六十三，外志三，夷情上，番夷，海寇，1558 年。

潘石英，南沙群島、石油政治、國際法，香港經濟導報社出版，1996 年 7 月。

鄭資約編著，南海諸島地理誌略，上海，商務印書館，民國 36 年 11 月初版。

黎貴惇撰，撫邊雜錄，卷之二，1972 年重印，越南西貢。

龍章，越南與中、法戰爭，臺灣商務印書館，臺北市，1996 年。

韓振華主編，我國南海諸島史料匯編，東方出版社，北京，1988 年 1 月第一版。

蘇繼頎校釋，元·汪大淵原著，島夷誌略校釋，中華書局，北京，1981。

英文專書

Luu Van Loi, *50 Years of Vietnamese Diplomacy 1945-1995*, The Gioi Publishers, Hanoi, 2000.

Luu Van Loi, *The Sino-Vietnamese Difference on the Hoang Sa and Truong Sa Archipelagoes,*

The Gioi Publishers, Hanoi, 1996.

Samuels, Marwyn S., *Contest for the South China Sea*, Methuen, New York and London, Methuen & Co., 1982.

中文期刊與短文

「記粵省勘辦西沙群島事」，東方雜誌，第六期，宣統元年 5 月 25 日，頁 170-172。

王可菊，「從國際法看越南在南海諸島問題上出爾反爾的立場」，載於國家海洋局海洋發展戰略研究所編，南海諸島學術討論會論文選編，1992 年出版，頁 3-7。

林金枝，「中國最早發現、經營和管轄南海諸島的歷史」，載於呂一然主編，南海諸島，地理、歷史、主權，黑龍江教育出版社出版，哈爾濱市，1992 年 10 月，頁 27-57。

林榮貴、李國強，「南沙群島史地問題的綜合研究」，載於呂一然主編，南海諸島，地理、歷史、主權，黑龍江教育出版社出版，哈爾濱市，1992 年 10 月，頁 138-158。

劉南威，「中國古代對南沙群島的命名」，載於中國科學院南沙綜合科學考察隊編，南沙群島歷史地理研究專集，中山大學出版社，廣州，1991，頁 166-181。

戴可來，「越南古籍中的『黃沙』、『長沙』不是我國的西沙和南沙群島」，載於呂一然，前引書，頁 194-207。

韓振華，「壩葛璜、壩長沙今地考」，載於呂一然主編，前引書，頁 170-193。

英文期刊

Clagett, Brice M., *Competing Claims of Vietnam and China in the Vanguard Bank and Blue Dragon Areas of the South China Sea*, No.10, Oil Gas Law and Taxation Review, Part I, 1995, pp.375-388; No. II, Part II, 1995, pp.419-435.

中文報紙

史棣祖，「南海諸島自古就是我國領土」，人民日報，1975 年 11 月 25 日，頁 2。

The review of the Related documents of Vietnamese Claim on the Paracel and Spratly Islands

Abstract

Vietnam was not only to provide some historical materials to prove its own of the Spratly Islands and Paracel Islands, but also taking advantage of western lawyer to write the related research report to strengthen her arguments. This paper tried to analyze and comment on both Luu Van Loi's book, *the Sino-Vietnamese Difference on the Hoang Sa and Truong Sa Archipelagoes* (1996) and Brice M. Clagett's paper on *Competing Claims of Vietnam and China in the Vanguard Bank and Blue Dragon Areas of the South China Sea* (1995) in order to clarify some historical evidences.

Keywords: Vietnam   Spratly Islands   Paracel Islands   Vanguard Bank   Blue Dragon Areas

（本文原刊登於海華與東南亞研究，第 1 卷第 4 期，2001 年 10 月，頁 90-136。）

第十二章　評析越南官方主張
西沙群島和南沙群島主權之法理論據

摘　要

　　越南政府為了西沙群島和南沙群島的主權，從 1975 以來發表了數篇白皮書和聲明，越南學者也據此撰寫相關的文章，並利用越文、中文和英文在各報章和網路刊載，企圖影響國際視聽。本文僅針對越南政府官方發表的聲明中的歷史論據，從歷史文獻和國際法論點進行研析。

關鍵詞：越南　西沙群島　南沙群島　南海　黃沙群島

一、前言

　　自二戰結束後，聯合國體系下的國際法院（International Court of Justice）對於領土主權之判決，大凡取決於兩項原則，一是歷史主張，二是有效管轄（effectivités）。而最近國際法院的兩項判例，包括 2002 年印尼和馬來西亞對於西巴丹島（Sipadan）和利吉坦島（Ligitan）以及 2008 年新加坡和馬來西亞對於白礁（Pedra Branca）之爭端的判例，採用有效管轄原則作為判決之主要考慮因素，以致於學界以為有效管轄原則成為領土主權主張的主流趨勢。

　　其實爭端兩造在論辯中仍然提出許多歷史證據，據以證明其擁有島嶼主權。法官認為兩造所提出的歷史證據不足以佐證領土所有權時，最後才採取「有效管轄」原則。而無論是印尼、新加坡或馬來西亞在西方勢力進來之前，沒有留下歷史文獻，無從證明其曾使用及佔有這些島嶼。它們所提出的歷史證據都是荷蘭或英國統治時期留下的文件，大都屬十九世紀的歷史文件。法官乃得以按照西方的法律觀點對於這些島礁爭端做出判決。

　　儘管歷史主張在這兩個判例中未受到應有的重視，但菲律賓外交部在 2012 年 4 月 19 日發表「菲律賓對於黃岩島及其附近水域的立場」聲明（Philippine Position on Bajo de Masinloc and the waters within its vicinity），其對於歷史主張有更為深入的討論，雖然其主張尚未普遍被學界或國際法院採用，然而該一主張之發展仍然值得注意。菲律賓外交部之聲明認為「在國際公法上，歷史主張不是歷史性權利名義。主張本身，包括歷史主張，不能作為取得領土的基礎。」（historical claims are not historical titles. A claim by itself, including historical claim, could not be a basis for acquiring a territory.）在國際法上，領土取得有下述方法：發現、有效佔領、時效、割讓和添附。在國際公法下，為了使歷史主張變成為歷史性權利名義，僅顯示長期使用，是不夠的。該種使用必須是公開的、持續的，或者在所有者的概念下，和平的擁有，以及他國所默認。他國對一國的主張僅是沈默，並非國際法的默認。默認必須是確認他國承認該種主張是主張國的權利，他國應予尊重是為一種責任。沒有跡象顯示，國際社

會已默認中國有此所謂的歷史主張。」[1]

　　無論如何，越南對於西沙群島和南沙群島之主張，提出了許多歷史文獻，這是印尼、新加坡和馬來西亞所沒有的歷史條件，因此，對於越南所提出的歷史論據，有值得加以重視及檢視的必要。

　　本文將根據越南官方發表的有關擁有西沙群島和南沙群島之正式官方文件進行研析，包括越南共和國時期於 1975 年 2 月發表的「關於黃沙群島（西沙群島）和長沙群島（南沙群島）的白皮書」（White Paper on the Hoang Sa (Paracel) and Truong Sa (Spratly) Islands）和越南社會主義共和國時期分別於 1979 年 8 月 7 日發表的「黃沙群島和長沙群島之聲明」（On the Hoang Sa and Truong Sa）、1981 年發表的「黃沙群島和長沙群島：越南領土」（The Hoang Sa and Truong Sa Archipelagoes: Vietnamese Territories）、1988 年 4 月 25 日發表的「黃沙（西沙）和長沙（南沙）群島與國際法」（The Hoang Sa (Paracel) and Truong Sa (Spratly) Archipelagoes and International Law）[2]。由於這四項文件是構建越南主張擁有西沙群島和南沙群島之法理依據，其所提出的歷史資料和證據在領土取得方面具有重要性，故列入本文研析之對象。至於越南政府提出之其他相關聲明或主張，基本上是以該四項文件為主，且未舉述超過該四項文件的法理主張，故不論列。本文將從歷史文獻和國際法兩個角度，對於越南主張擁有西沙群島和南沙群島之主權的法理依據進行分析。

二、越南共和國時期

　　越南依據 1954 年 7 月日內瓦和約之規定，以北緯 17 度線劃分為北越

---

[1] "Philippine Position on Bajo de Masinloc and the waters within its vicinity," http://www.philstar.com/nation/article.aspx?publicationsubcategoryid=200&articleid=798604（2013 年 5 月 4 日瀏覽）。

[2] "The Hoang Sa (Paracel) and Truong Sa (Spratly) Archipelagoes and International Law," *Ministry of Foreign Affairs, Socialist Republic of Vietnam, Hanoi* – April 1988，http://www.ngoaigiao.net/threads/1793-The-Hoang-Sa-Paracel-and-Truong-Sa-Spratly-archipelagoes-and-international-law.html（2013 年 2 月 4 日瀏覽）。

和南越兩個政權，北越為越南民主共和國統治，南越為越南國（State of Vietnam）統治。1955 年，南越以公民投票方式廢除君主制而改行共和，稱為越南共和國。越南共和國對於西沙群島和南沙群島曾提出領土主權主張，而北越則聲稱西沙群島和南沙群島屬於「中華人民共和國」所有。從 1954 年到 1975 年之間，南北越對於西沙群島和南沙群島之主張不同。

在南北越未分治前，越南由保大擔任國家元首（通稱國王）的越南國所統治，從 1951 年到 1954 年間，法國外交部尋求不主張南沙群島屬於越南，主張該群島過去之所以被併入交趾支那是出於行政的考慮，其實應屬於法國海外部（Ministry of Overseas France）管轄下的領土。1953 年 9 月，法國外交部說南沙群島屬於法國，而非越南，當 1949 年法國將交趾支那移交給越南國時，並不包括南沙群島。因此，南沙群島歸由法國海外部管轄。[3]

1954 年南北越分治後，法國駐印度支那總專員（Commoner General）賈古特（General Jacquot）於 1955 年 6 月 16 日曾提及致函越南國王保大有關 1949 年 3 月 15 日協議的密信，該信提及高級專員談到 1949 年 3 月 8 日法、越協議時承認越南擁有西沙群島主權，但對南沙群島卻隻字未提。法國亞洲及大洋洲部（Department of Asia-Oceania）在 1955 年 7 月 11 日發出的一項照會重申南沙群島應屬於法國所有。[4] 1956 年 3 月，法國政府承認南越對西沙群島的主權主張，但不承認南沙群島之領有權由法國移交給南越，南沙群島仍是屬於法國的領土。[5]

面對法國此一主張，越南共和國乃於 1956 年 8 月 22 日派軍侵入南沙群島，登陸南威島，在島上升旗後離去，中華民國政府提出抗議。10 月 22 日，南越總統吳廷琰簽署 NV 字第 143 號政令，將南越各省革新編配及定名，南越分為西貢及 22 省，將巴地（Baria）省改稱為福綏省，同時

---

[3]　Stein Tonnesson, Stein Tonnesson, "The South China Sea in the Age of European Decline," *Modern Asian Studies*, 40,1, February 2006, pp.1-57,39.

[4]　Monique Chemillier-Gendreau, *Sovereignty Over the Paracel and Spratly Islands*, Netherlands: Kluwer Law International, The Hague, 2000, p.118.

[5]　"South China Sea: Territorial Disputes over Ownership of Nanshal and Paracels Islands," *Keesing's Contemporary Archives*, October 6-13, 1956, p.15131.

將黃沙（即中華民國稱的西沙群島）及長沙群島（即中華民國稱的南沙群島）劃歸其管轄。[6]中華民國政府再度提出抗議。

1975 年 2 月，西貢外交部發表「關於黃沙群島（西沙群島）和長沙群島（南沙群島）的白皮書」，表示對西沙群島和南沙群島擁有主權。2 月 28 日，南越又在中華民國南海 U 形線內（東經 108 度 26 分 2 秒，北緯 7 度 28 分 2 秒）鑽探石油。4 月 14 日，北越海軍派出 3 艘軍艦登上南沙群島的南子島，俘虜島上南越軍隊。4 月 25 日，北越海軍殲滅駐在沙島的西貢軍隊。4 月 27 日，西貢軍隊撤離鴻庥島和景宏島後由北越軍接管。4 月 29 日，西貢軍隊撤離南威島後，由北越軍佔據南威島和安波沙洲。

南越政府在「關於黃沙群島（西沙群島）和長沙群島（南沙群島）的白皮書」中，提出了越南擁有西沙群島和南沙群島的許多歷史證據，而這些歷史證據即成為日後越南官方及學者據以主張擁有西沙群島和南沙群島的法理依據。

本文將根據該一白皮書記載的相關歷史資料和證據提出評論意見。

一、該白皮書說在 1630 年和 1653 年之間，越南學者杜伯（Do Ba）（號公道）以筆名 Dao Phu 寫作，他畫了許多越南地圖，構成「洪德版圖」（Hong Duc Atlas）的第三部分，「洪德版圖」起始於洪德黎聖宗（Emperor Le Thanh Tong alias Hong Duc，1460-1497）統治時期。該地圖有註釋，上面說在十七世紀初，越南當局派遣人員前往壩葛璜（Cat Vang），指「黃沙」，即是西沙群島。其內容如下：

「海中有一長沙，名壩葛璜，約長四百里，闊二十里，卓立海中。自大占海門至沙榮，每西南風，則諸國商舶內行，漂泊在此；東北風，外行亦漂泊在此，並皆飢死，貨物各置其處。阮氏每年冬季月持船十八隻，來此取貨，多得金銀錢幣銃彈等物。自大占門越海至此一日半，自沙淇門至此半日。其長沙處，亦有玳瑁。」

---

[6] 「為越將南沙劃入其版圖事國民黨中央委員會第六組致外交部長代電（民國四十五年十一月九日(45)中六丁字 09433 號）」，載於俞寬賜和陳鴻瑜主編，外交部南海諸島檔案彙編（下），第 III(10):020-024 號檔案，1995 年 5 月，頁 1186-1192。

　　該一白皮書說「洪德版圖」是 1630 年和 1653 年之間的畫圖,但根據越南「對外信息」(Thông tin dồi ngoại)網站的資料,「洪德版圖」是 1774 年繪製的地圖。[7]該網站附有該圖,如圖 12-1 所示。

　　惟該圖相當模糊,無法從圖上知道「壩葛璜」的確實位置。「壩葛璜」是否就是越南人所說的「黃沙」(越南指稱是中國的西沙群島)?以十八世紀的越南船隻,或他國船隻,是否能夠「自大占門越海至此一日半,自沙淇門至此半日。」?無論從西沙群島任何島礁航行至越南海岸,不可能在半日內抵達。就此而言,「壩葛璜」不可能是位在西沙群島。中國廈門大學李金明教授曾撰文批評越南之主張,他認為越南所謂的「壩葛

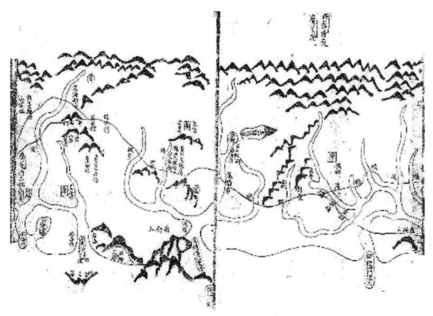

資料來源:http://www.vietnam.vn/c1022n20100413171104765/hong-duc-ban-do-1774.htm
　　　　(2013 年 3 月 28 日瀏覽)。

圖 12-1:洪德版圖上的地圖

7　「洪德版圖」,1774,http://www.vietnam.vn/c1022n20100413171104765/hong-duc-ban-d
　o-1774.htm(2013 年 3 月 28 日瀏覽)。

璜」（黃沙）是位在越南中部沿岸的群島，不是西沙群島。[8]

其次，越南人前往「壩葛璜」，是季節性的前往取得沈船的貨物，並未加以控制或長期居住，無法證明越南曾對該「壩葛璜」行使控制和管轄權。

二、該白皮書提及 1634 年荷屬東印度公司出版的巴達維亞期刊（*Journal of Batavia*），它記錄了該年 7 月 20 日有三艘荷蘭船隻失事，「戈路特伯洛克號」（Grootebroek）的船長前往越南求救，顯示他承認越南擁有管轄權。該一論點相當不符合國際習慣法，蓋沈船者向附近的沿岸港口請求援救，乃因該船與越南港口有靠港裝卸貨物之商業往來關係以及風向和搭救船隻要前往越南港口有關，所以跟是否承認越南港口擁有管轄權或領土主權無關。

三、該白皮書提及黎貴惇（Le Quy Don）於 1776 年所著的撫邊雜錄，記載越南派遣黃沙隊和北海隊前往「黃沙渚，正近海南廉州府，船人辰遇北國漁舟，洋中相問。常見瓊州文昌縣正堂官查順化公文」。

筆者特別查閱了該書卷二有下述的一段話：

> 「廣義平山縣安永社，居近海，海外之東北有島嶼焉。群山零星一百十餘頂，山間出海，相隔或一日或數更。山上間有甘泉，島之中有黃沙渚，長約三十餘里，平坦廣大，水清徹底，島旁燕窩無數。眾鳥以萬千計，見人環集不避。渚邊奇物甚多，其文螺有名沃聰貏，大如席，腹有粒，如指大，色濁不及蚌珠，其殼可削成碑，又可作灰泥屋。有名沃碑碟，可飾器用。有名沃香諸螺，皆可醃者。玳瑁甚大，有名海巴，俗曰壯芡，亦似玳瑁而小，甲薄可飾器皿，卵似巨指，頭可醃食。有名海參，俗曰突突，游泳渚旁，採取已石灰擦過，去腸曬乾，食辰田蟹，水浸之，同鰕豬肉亦好。
>
> 諸蕃舶多遭風壞於此島，前阮氏置黃沙隊七十卒，以安永人

8　李金明，「越南黃沙、長沙非中國西沙南沙考」，中國邊疆史地研究（北京），1997
　　年第 2 期（1997 年 0 月），頁 71-79。

充之，輪番每歲以正月受示，行差齎六月糧，駕私小釣船五隻出
洋，三日三夜始至此島。居駐，恣情採取，捕魚鳥為食，所得艦
物馬鞍、銀花、銀錢、銀環、銅器、錫塊、烏鉛、銃口、象牙、
黃蠟、氈具、瓷器，與採玳瑁甲、海參、文螺，粒頗多。以八月
期回，入腰門，就富春城投納，秤驗定項訖，始許私賣文螺、海
巴、海參諸物。領憑返回。其所得多少不定，亦有空行者。曾查
舊該隊晬德侯編簿壬午年採得銀三十笏，甲申年得錫五千一百
斤，乙酉年得銀一百二十六笏。自己丑至癸巳，五年間歲只得玳
瑁、海參幾斤。間有錫塊、石碗與銅銃二口而已。

　　阮氏又置北海隊，無定數，或平順省府四政村人，或景陽社
人，有情願者，付示差行，免其搜錢，與各巡渡錢，使駕私小釣
船往北海崑崙、峙嶗、河仙群岑等處，採取玳瑁、海巴及豚魚、
力貴魚、海參等項。亦令伊黃沙隊並管，不過採諸海物、金銀、
重貨，罕有所得。黃沙渚，正近海南廉州府，船人辰遇北國漁
舟，洋中相問。常見瓊州文昌縣正堂官查順化公文，泗內稱，乾
隆十八年，安南廣義府彰義縣割鐮隊安平社軍人十名於七月往萬
里長沙，採拾各物，八名登岸，尋覓各物，只存二名守船，狂風
斷捉，漂入青瀾港，伊官查寔押送回籍，阮福潤令順化該簿識量
侯為書以復。」[9]

　　前面引文的頭兩段話記載的是越南的黃沙隊到「黃沙渚」採海物，就
是收集沈船的貨物，並非控制和管轄「黃沙渚」。而且最重要的，在「黃
沙渚」還遇見中國海南島的巡邏船在該地巡察。顯然當時中國巡邏船以
「黃沙渚」為巡邏範圍，亦可間接證明西沙有中國漁民或該一海域有海盜
的活動，所以中國才會派遣巡邏船在該海域巡邏。第三段是有關「北海
隊」的活動，它隸屬於黃沙隊，但其活動地點在南部的崑崙島、河仙鎮
（靠近暹羅灣）外海的島嶼。乾隆十八年（1753 年），越南軍人八人前

---

[9]　參見〔越〕Nguyen Khac Thuan 編譯，黎貴惇著，撫邊雜錄，Nha Xuat Ban Giao Duc 出
　　版，河內，2007，頁 386-391。

往萬里長沙，遭風飄到海南島的青瀾港，中國官員將他們送回順化，阮主阮福潤還令官員致函中國表示感謝。這些論述並不能引伸包含中國承認越南佔有萬里長沙或「黃沙渚」。

四、該白皮書提及 1816 年嘉隆王在黃沙豎立國旗、1833 年明命王（Minh Mang）命令工部在黃沙植樹、繪圖、立碑、建廟。

關於嘉隆王及明命王時期在黃沙的活動，分別見下述的記載：

嘉隆 15 年（1816 年）3 月「命水軍及黃沙隊乘船往黃沙，探度水程。」[10]

明命 14（1833）年秋 8 月，「帝謂工部曰：廣義洋分一帶，黃沙之處，遠望之，則水天一色，不辨淺深。邇來商船常被其害，今宜預備船艘，至來年派往建廟立碑于此。又多植樹木，他日長大鬱茂，則人易識認，庶免著淺之誤，此亦萬世之利也。」[11]

明命 16（1835）年 6 月，「建廣義黃沙神祠，黃沙在廣義海分，有一處白沙堆，樹木森茂，堆之中有井，西南有古廟，牌刻萬里波平四字，自沙堆周圍一千七十丈，舊名佛寺山，東西南岸皆珊瑚石，斜遶水面，北接珊瑚石，突立一堆，周圍三百四十丈，高一丈三尺，與沙堆齊名磐灘石。

去年，帝將於此處建廟立碑，適因風濤，弗果。至是乃遣水軍。該隊范文原率監城兵將，與廣義、平定二省夫船運往材料，建立廟宇，隔古廟七丈。廟之左豎石碑。前設屏障，旬日工竣而還。」[12]

明命 17（1836）年 1 月，「工部奏言，本國海疆黃沙處，最是險要，前者曾派描繪圖本而形勢廣邈，僅得一處，亦未明晰。所應年常派往遍探以熟海程，請自本年以後，每屆正月下旬，遴派水軍弁兵及監城，乘烏船一艘，以二月上旬抵廣義。據廣義、平定二省雇撥民船四艘，向引駛往黃沙的處，不拘何島嶼沙洲，凡駛到者即照此處長橫高廣周圍，及四近

10　〔越〕張登桂，武春謹，何維藩等編，大南寔錄，第三冊，正編第一紀，卷五十二，越南國家圖書館，河內，1844 年，頁 15。

11　〔越〕潘清簡等纂，大南寔錄，第八冊，正編第二紀，卷一百四，頁 16-17。

12　〔越〕潘清簡等纂，大南寔錄，第十冊，正編第二紀，卷一百五十四，頁 4。

海水淺深有無暗沙、石磧，險易形勢如何，詳加相度描取圖本。再照起行日由何海口出洋，望何方向駛到此處。據所歷水程計算，約得幾里。又於其處望入海岸，正對是何省轄，何方向，斜對是何省？轄何方向？約略隔岸幾里，一一貼說明白，遞回呈進。

帝允其奏，遣水軍，率隊范有日率兵船往，準帶隨木牌十，到處豎立為誌。牌長五尺，闊五寸、厚一寸，面刻明命十七年丙申水軍正隊長率隊范有日奉命往黃沙，相度至此留誌等字。」[13]

從前述記載可知，嘉隆王並未於 1816 年在「黃沙」豎立國旗。1835年，越南在「黃沙」建黃沙神祠，當時其對面也有一間「萬里波平」古廟。「黃沙」是偏遠群島，平常沒有人居或很少人居住，為何還要興建一所新廟？如果「萬里波平」古廟是越南人蓋的廟，為何越南人要另外蓋一間廟？是否「萬里波平」古廟是中國人興建祭拜的廟，其神祇與越南人信仰的神祇不同，所以越南人要另外蓋一間廟？否則無須在一個人跡罕至的荒島上蓋兩座廟。從另一角度觀之，中國人前往該島的時間較越南人早。

由越南國王派遣海軍在「黃沙」建木碑，表明其海軍隊長范有日登島存記。該木碑並未記載越南領有該島，越南人立碑後立即離去，並無久住佔有之意，亦無頒佈任何管理該島之行政措施，它並未構成「持續及不間斷地行使領土主權之要件」，[14]無從產生國際法上的「有效管轄」之效果。值得注意的，當時島上亦有中國人在活動。

筆者查大南寔錄，第九冊，正編第二紀，卷一二二，頁 23 之記載如下：

「遣監城隊長往廣義黃沙

越南明命十五年（1834 年）三月，遣監城隊長張福仕與水軍二十餘人乘船往廣義黃沙處描取圖本。及還，帝問以所產物類，仕奏言：『此處海中沙渚廣漠無涯，惟有清人往來攻魚捕鳥而已。』因以所採禽鳥魚鱉螺蛤上進，多是奇物，人所罕見者，帝召侍臣觀之，賞在行人等銀錢有差。」

---

[13] 〔越〕潘清簡等纂，大南寔錄，第十冊，正編第二紀，卷一百六十五，頁 24-25。

[14] Hungdah Chiu & Choon-Ho Park, "Legal Status of the Paracel and Spratly Islands," *Ocean Development and International Law Journal*, Vol. 3, NO.1, 1975, 1-28.

從上述該句話清楚表明，清人經常到黃沙島捕魚和抓鳥，但越南白皮書文獻不引該段話，顯有故意規避之嫌。

就國際法院對於新加坡和馬來西亞有關白礁案之判決可知，「（未能載明領有權）之地圖不能產生主權」。[15]因此越南文獻說阮主派人至「黃沙處描取圖本」，並不能產生主權，何況當時亦未留下地圖。其他像植樹、繪圖、立碑、建廟等亦無法證明越南擁有「黃沙」的主權，因為島上也有中國人蓋的廟和房舍。

五、該白皮書說：「1932 年 4 月 24 日，法國再度提出抗議照會。法國在該照會中表示嘉隆王在 1816 年控制西沙。中國政府在 1932 年 9 月 29 日反駁法國的說法，認為嘉隆王時期，越南是中國的屬國，此可能為真，如同其他歷史階段，越南是名分上的中國藩屬國（不知其始於何時及何時結束），但可以確定的，中國此一答覆，隱含承認越南對西沙的主張。」

筆者查閱當時中國政府對法國的答覆，並沒有隱含承認越南對西沙的主張。若是承認，應是明示。中國政府在 1937 年 5 月 26 日對於該一議題有更為清楚的表示：「阮朝時越南為中國的屬國，以屬國之少數漁民偶至宗主國所有之島上魚釣，以及屬國之王或其所遣臣民前往建塔立碑，於該島主權自不生絲毫影響。」[16]姑不論宗主國和藩屬國的領土歸屬問題，中國政府從未承認西沙群島屬於越南，也從未暗示西沙群島屬於越南。如有此一明示或暗示表示，則中國和法國就無需為西沙群島進行長期的談判。

六、該白皮書還對於西沙和南沙的地理方位提出一個不合理的解釋，它說：「越南歷史上稱大長沙島包括西沙和南沙群島。1838 年，潘輝注（Phan Huy Chu）的「大南一統全圖」（Dai Nam Nhat Thong Toan Do）稱南沙為「萬里長沙」（Van Ly Truong Sa）。當時因為測量技術不精，

---

[15] "Case Concerning Sovereignty over Pedra Branca'Pulau Batu Puteh, Middle Rocks and South Ledge (Malaysia / Singapore), ICJ Reports of Judgment, Advisory Opinions and Orders, 23 May 2008," para 271. http://www.icj-cij.org/docket/files/130/14492.pdf（2013 年 5 月 5 日瀏覽）。

[16] 「西沙群島案（民國 26 年 5 月 26 日），外交部指令駐法大使館」，載於俞寬賜、陳鴻瑜主編，外交部南海諸島檔案彙編（上冊），第 II(2):107 號檔案，1995 年 5 月，頁346-350。

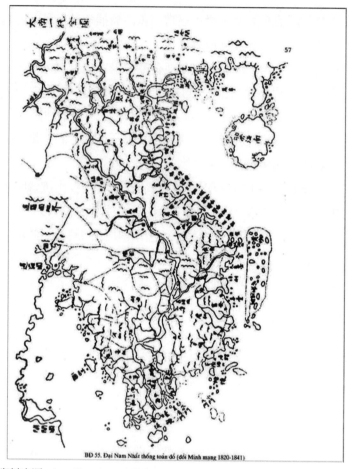

BĐ 55. Đại Nam Nhất thống toàn đồ (đời Minh mạng 1820-1841)

資料來源：http://cn.vietnam.vn/content/31945babdd76429498fb646154fed67
　　　　　d.html（2014 年 2 月 11 日瀏覽）。

圖 12-2：大南一統全圖

所以長沙島不在今天的位置。」

　　越南該種說法顯有故意曲解、誤導及遮掩之嫌，早在 1527 年明代顧
岕著海槎餘錄，就曾提到千里石塘和萬里長堤之地理位置，他說千里石塘
在水面以下，則可能為中沙群島，而「萬里長堤」出其南，[17]則可能為南
沙群島，海槎餘錄應是中文文獻最早較為準確的提及南沙群島的書。

―――――――――

[17] 〔明〕顧岕，海槎餘錄，臺灣學生書局，臺北市，民國 64 年元月重印，頁 408。

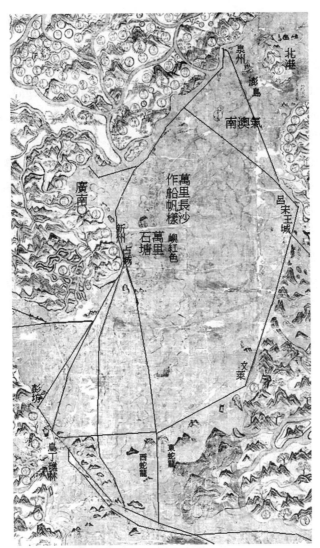

說明：原圖放大不清楚，筆者在原地名旁重新標注地名和航線。
東蛇龍：應指納土納島（Natuna）。
西蛇龍：應指塔仁帕（Tarempa）島。
烏丁礁林：指今馬來西亞馬來半島上的柔佛（Johore）地區。
彭坊：即馬來西亞彭亨（Pahang）。
廣南：越南中部峴港（Da Nan）到會安（Hoi An）一帶。
新州：今之歸仁。
資料來源：The Selden Map of China, http://seldenmap.bodleian.ox.ac.uk/map
　　　　　（2012 年 11 月 13 日瀏覽）。

圖 12-3：約翰・雪爾登收藏的「中國航海圖」

西方人在第十六世紀航行到東方海域時就繪製了西沙群島和南沙群島的位置圖。例如，1595 年，荷蘭人藍格仁（Arnold Florent van Langren）畫的「中國、交趾支那、柬埔寨地圖」（Exacta & accurata delineatio cum orarum maritimarum tum etiam locorum terrestrium quae in regionibus China, Cauchinchina, Camboia sive Champa, Syao, Malacca, Arracamn & Pegu.），就清楚的標示西沙和南沙的兩個島群。

約在 1620 年代一位不知名人士繪製的「雪爾登收藏的中國航海圖」（Selden Map of China）上，在今天南沙群島的位置畫出島礁形狀，但無標示名稱。顯然當時航海者已知道有南沙群島的存在，但並未命名。這是第一張清楚標示有南沙群島的中國地圖。

1820 年，謝清高口述、楊炳南筆錄的海錄，曾記載：「千里石塘是在國（按指小呂宋國）西。」又說：「（東）沙之正南，是為石塘。」[18]

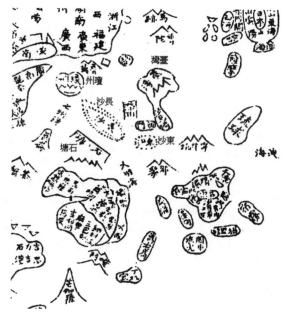

資料來源：楊炳南撰，海錄。

圖 12-4：海錄的「亞洲總圖」中的長沙和石塘

---

[18] 〔清〕楊炳南撰，安京校釋，海錄校釋，商務印書館，北京市，2002 年，小呂宋條。

在同一段話中，出現「千里石塘」和「石塘」兩詞，在其書中的「亞洲總圖」（見圖 12-4）中，僅標示「石塘」，而不見「千里石塘」。仔細審視該圖，「石塘」是用門字形表示，下畫有山形符號，而沒有名稱，此可能為南沙群島。

越南稱「大南一統全圖」將南沙稱為「萬里長沙」，更是曲解該圖。該圖將黃沙和萬里長沙用虛線畫出，上面寫「黃沙」，下面寫「萬里長沙」，從圖上萬里長沙的位置來看，是非常靠近越南海岸，該圖將西沙群島繪成兩個部分，最大的可能，是它相當符合西沙群島的島群位置，它分別繪出東北邊的宣德群島和西南邊的永樂群島。其次，1838 年時的越南人應該知道今天南沙群島的位置，所以「萬里長沙」不可能被解讀為南沙群島。該圖使用的「萬里長沙」地名也是沿用中國的「萬里長沙」的用語。1830 年顏斯綜撰的南洋蠡測、1844 年魏源撰的海國圖志、1866 年徐繼畬撰的瀛環志略等書，都將西沙群島稱為「萬里長沙」。第三，圖上沒有記載黃沙及萬里長沙屬於越南領土，若認為出現在圖上的都是越南領土，則該圖上的海南島和雷州半島都應屬於越南所有。

從而可知，從第十六、七世紀起，就已知道西沙群島和其他群島（包括中沙群島和南沙群島）是兩個分開的群島，不可能因為測量技術不精，而將西沙群島和南沙群島合併畫成一個叫「萬里長沙」的群島。越南在其古代史籍上找不到南沙群島資料，因此胡亂將南沙群島說成是與西沙群島畫在一起。

七、該白皮書又說：「法國外交部在 1933 年 7 月 24 日到 9 月 25 日之間通告有關國家此一兼併領土。除了日本外，美國、中國和荷蘭都保持靜默，沒有抗議。」

此一說法不正確，中華民國政府對於法國非法佔有南沙九小島，都有提出抗議，並且與法國進行外交交涉，在中華民國外交部的檔案均可查到相關的交涉資料。[19]

---

19 可參見俞寬賜、陳鴻瑜主編，外交部南海諸島檔案彙編（上、下冊），外交部研究設計委員會編印，臺北市，1995 年 5 月。

八、該白皮書特別強調：「日本向法國抗議的理由是過去日本公司在該群島曾經探勘開採磷礦。但日本公司在該地開採事先未經法國當局的同意及知會法國。」

此一說法不符合史實，日本早在 1919 年由「拉薩公司」向日本海軍省及外務省亞洲局報告，發現北雙子島、南雙子島、西青ヶ島（即西月島）、三角島和長島（太平島）等五個島。同年 6 月 10 日，該磷礦公司向東京地方裁判所登記採礦權。[20]此應為南沙群島首次被納入行政管轄，而且是由日本政府發出採礦許可。當時日本在南沙群島活動時，法國並不知道，也無登島及活動的史蹟，更談不上擁有南沙群島的所有權，日本何須取得法國的同意及知會法國？反而是法國在 1933 年入侵日本已取得南沙群島控制權的領土。

九、該白皮書提及一個令人驚訝的論點，它說：「1951 年 9 月 7 日的舊金山對日和會第七次全體會議上，越南代表陳文友（Tran Van Huu）首相在會上表示越南擁有西沙和南沙的主權，會上沒有國家表示反對，此則表示與會各國普遍承認越南擁有西沙和南沙的主權。」這一說法明顯違反史實。蘇聯代表格羅米柯（Gromyko）於 1951 年 9 月 5 日在全會上提出 13 項修正案，其第 1 項修正是將對日和約草案第二條 b 和 f 款合併，條文改為：「日本承認中華人民共和國擁有滿州、臺灣及其附屬島嶼、澎湖、東沙群島、西沙群島、中沙群島和南沙群島，包含南威島的充分主

---

[20] 日本國立公文書館，外務省外交史料館藏，件名：23·新南群島磷鑛採掘權關係，檔名：「南洋ニ於ケル帝國ノ利權問題關係雑件／鑛山關係 第二卷」，影像編碼：B09041015900。「大正 14 年 2 月 17 日ラサ島磷礦株式會社取締役社長恆藤規隆致函海軍大臣財部 嚴」，亞洲歷史資料中心（アジア歴史資料センター），E-1761，影像編號：0418。http://www.jacar.go.jp/DAS/meta/listPhoto?IS_STYLE=default&ID=M2009052915461551527&（2013 年 3 月 9 日瀏覽）。

日本國立公文書館，外務省外交史料館藏，件名：5 大正 15 年 11 月 26 日から昭和 2 年 4 月 9 日，檔名：「各國領土発見及帰屬關係雑件／南支那海諸礁島帰屬關係 第一卷」，影像編碼：B02031158500。「外務省歐美局長致函駐美松平大使、駐西班牙太田公使、駐馬尼拉總領事，昭和 2 年 4 月 13 日」，亞洲歷史資料中心（アジア歴史資料センター），REEL, No.A-0447，影像編號：0164-0166。http://www.jacar.go.jp/DAS/meta/listPhoto?IS_STYLE=default&ID=M2006092115163439863&（2013 年 3 月 9 日瀏覽）。

權，放棄前述諸領土之權利、權利名義和要求。」[21]

越南代表也主張擁有西沙和南沙群島，法國代表沒有針對西沙和南沙群島表示意見，菲律賓代表也沒有對此兩群島表示意見。由於大會議事規則第十七條規定，會議代表只能發言陳述，而不得對和約文本提出修正案，故上述蘇聯有關臺灣及澎湖、西沙群島和南沙群島之修正案，主席艾奇遜（Dean Acheson）裁決不在會上討論及表決，獲大會 46 對 3 票之支持。[22]換言之，在該會上針對日本放棄西沙和南沙群島等一個即將「被放棄」的領土，蘇聯的修正動議沒有討論及表決，越南代表也只是發言，沒有國家附議，更談不上被承認。

十、最後，該白皮書說：「一般而言，中國對於西沙群島和南沙群島的不合法主張，是由於中國方面缺乏『佔領意圖』（animus occupandi）。中國雖有漁民和遊客前往西沙和南沙，但政府並未隨之採取行動，蔣介石雖然在 1943 年出席開羅會議，亦未提及西沙和南沙問題。中國因為論據不足，所以拒絕法國所提出的國際法院的仲裁。」

此一說法不符合史實，中華民國政府多次派軍入駐西沙群島，而與法軍發生衝突，難謂其沒有「佔領意圖」。在開羅會議中同意應剝奪日本自 1914 年第一次世界大戰以後在太平洋地區奪取或佔領的島嶼（包括日本委託管理島嶼和南沙群島）。[23]日本在 1939 年將南沙群島和西沙群島劃歸臺灣管轄，只要解決臺灣領土歸屬問題即可包含西沙群島和南沙群島。

法國提出國際法院仲裁的時間約在 1937 年 2 月 18 日，當時中華民國反對國際法院仲裁，是認為西沙群島確實屬中國，根本無庸國際仲裁。[24]

---

[21] *Conference for the Conclusion and Singature of the Treaty of Peace with Japan, Record of Proceedings*, San Francisco, California, September 4-8, 1951, p.119.

[22] Frederick S. Dunn, *Peace-making and the Settlement with Japan*, Princeton University Press, Princeton, New Jersey, 1963, p.185.

[23] "No.606, Briefing Book Paper, Soviet Support of the Cairo Declaration, 1. The Substance of the Cairo Declaration," in United States Department of State / Foreign relations of the United States: diplomatic papers: the Conference of Berlin (the Potsdam Conference), 1945, p.926.

[24] 1937 年 2 月 18 日法國政府致送中國駐法國顧維鈞大使節略，表示法國希望在巴黎或南京就西沙群島問題舉行談判，如不能成功則不得不提交國際法院仲裁。中國外交部於 4 月 26 日覆電重申西沙群島主權確實屬中國，根本無庸國際法院仲裁。參見「西沙群島

至 1947 年 2 月，法國態度有所改變，法國認為西沙群島案最好交中、法兩國法律家各一人研究，如無成議，再行仲裁。中國駐法國大使錢泰向法國駐印度支那高級專員達任留（Admiral Thierry d'Argenlieu）表示，法軍未撤出西沙群島前，對中國有威脅。達任留表示如中國承允交法律專家研究原則，則他可與總理及外長商討先行撤兵，但保留法國立場。[25]錢泰進而與法國海外殖民部部長穆岱（Marius Moutet）洽談，穆岱表示如果中國同意將爭端交由中法法律混合委員會審查，法方即行從西沙群島撤兵。錢泰認為此時法國稍微調整作法，沒有驟行改變，是為了保持面子。錢泰認為交由法律專家研商尚可接受，因為如法律專家研究不妥，中國仍可不予承認，不致像仲裁有較大的束縛。最後錢泰認為法國此時會讓步，是受到越南局勢之束縛，擔心中國藉口干預，以及穆岱擔心將西沙群島案提交到聯合國安全理事會，會影響中、法邦交。[26]中國外交部於 2 月 5 日電告錢泰大使，中國對仲裁一節持保留態度，因為如交付仲裁，則兩國政府須經長期調查與爭辯，兩國輿情必將鼎沸；法軍需先從白托島撤兵；同意在河內設立中、法委員會，將向法國提出具體辦法，解決河內華人住區受到戰爭之破壞。[27] 2 月 6 日，中國外長王世杰要求錢泰以大使名義向穆岱表示：「西沙群島主權之屬於中國，固屬無可置辯，惟為顧全兩國固有友誼起見，提交兩國法律家研究之原則，本人或可向政府建議考慮，但仍以法方撤兵為先決條件。」[28]惟國防部對此有意見，建議與外交部共同進行外

案（民國 26 年 4 月 26 日），外交部致法國大使館節略」，俞寬賜、陳鴻瑜主編，外交部南海諸島檔案彙編（上冊），第 II(2):106 號檔案，頁 345-346。

[25] 「法方提議將西沙群島糾紛交法律家研究，法軍再行撤退（民國 36 年 2 月 1 日，第 256 號），巴黎錢泰致外交部電」，載於俞寬賜、陳鴻瑜主編，外交部南海諸島檔案彙編（上冊），第 II(2):231 號檔案，頁 496。

[26] 「法方建議將西沙群島糾紛交中法法律混合委員會審查（民國 36 年 2 月 4 日，第 261 號，巴黎錢泰大使致外交部電」，載於俞寬賜、陳鴻瑜主編，外交部南海諸島檔案彙編（上冊），第 II(2):237 號檔案，頁 503。

[27] 「電達部座面告法大使中國政府對西沙群島爭執之態度並對河內及各地之華區，應請法方勿進攻，就近洽袁總領辦理特洽（民國 36 年 2 月 5 日，發電第 T1113 號），外交部致巴黎錢泰大使電」，載於俞寬賜、陳鴻瑜主編，外交部南海諸島檔案彙編（上冊），第 II(2):242 號檔案，頁 509。

[28] 「密（西沙群島事）（民國 36 年 2 月 6 日，電字第 1510、1406 號），外交部致巴黎錢

交途徑和黨僑手段迫使法方讓步,至於法律研究和國際仲裁,國防部認為均是侵略者變相之工具,反對採用這些辦法。[29]

綜合歸納中國反對國際仲裁之理由如下:

第一,中國擁有西沙群島之資料和理由,遠較法國充足,若同意仲裁,則不啻法國亦有主權,或顯示中國對西沙群島之主權出現問題,此與中國一貫立場不符。

第二,法國係代表安南王名義提出西沙群島之主權,今後越南局勢尚有變化,若於此時與法國解決西沙群島問題,是間接給予法國攫奪越南土地之機會。

第三,中國內部對於法國侵佔白托島均甚激憤,如允仲裁,國人將謂示弱,必多責難。[30]

第四,認為國際仲裁是侵略者變相之工具。

三、越南社會主義共和國時期

越南共和國在 1975 年 4 月 30 日遭越南民主共和國滅國,越南民主共和國擁有南越領土後乃將國名改為越南社會主義共和國。過去越南共和國對於西沙群島和南沙群島的主張為以後的越南社會主義共和國繼承接受。北越先在 4 月中旬出兵佔領了原西貢政權佔據的南沙 6 個島嶼。越南人民軍報於 5 月 15 日刊登一幅越南地圖,將西沙群島和南沙群島標示為越南領土,並分別改名為「黃沙群島」及「長沙群島」。1977 年 4 月 8 日,越南在南威島上修建機場,並派駐有 3 百多名軍隊。5 月 20 日,越南宣

大使電」,載於俞寬賜、陳鴻瑜主編,外交部南海諸島檔案彙編(上冊),第 II(2):245 號檔案,頁 511-512。

[29] 「為法方願以西沙群島主權問題交付法律研究,本部有意見數項,請查照參辦見覆由(民國民國 36 年 2 月 22 日,張歸根字第 842 號),國防部致外交部代電」,載於俞寬賜、陳鴻瑜主編,外交部南海諸島檔案彙編(上冊),第 II(2):268 號檔案,頁 543-544。

[30] 「法方堅持以交付仲裁作為從西沙群島撤兵之條件(民國 36 年 3 月 22 日,第 328 號),巴黎錢泰大使致外交部」,載於俞寬賜、陳鴻瑜主編,外交部南海諸島檔案彙編(上冊),第 II(2):294 號檔案,見歐二科的簽呈,頁 565-566。

布 2 百海里專屬經濟區和大陸礁層，擴大其領海主張。1982 年 12 月 9 日，越南部長會議發佈 Decision No 193-HĐBT 令，在同奈（Dong Nai）省下設南沙鄉。1982 年 12 月 28 日，越南國會第四次會議通過決議，將南沙鄉脫離同奈省，將之併入福康（Phu Khanh）省。[31]

值得注意的，在北越併吞南越之前，越南民主共和國（或稱北越）並不主張西沙群島和南沙群島之主權。

關於越南民主共和國對於西沙群島和南沙群島的態度，可從它在 1958 年時和「中華人民共和國」發表的聲明得悉梗概。1958 年 9 月 4 日，「中華人民共和國」政府提出其領海的聲明如下：

「『中華人民共和國』政府宣布（一）「中華人民共和國」的領海寬度為 12 海里。這項規定適用於「中華人民共和國」的一切領土，包括中國大陸及其沿海島嶼，和同大陸及其沿海島嶼隔有公海的臺灣及其周圍各島、澎湖列島、東沙群島、西沙群島、中沙群島、南沙群島以及其他屬於中國的島嶼。」[32]

上述聲明的文字提及「『中華人民共和國』的領海寬度，包括東沙群島、西沙群島、中沙群島、南沙群島的領海寬度」，而當時北越范文同總理代表北越承認中國「領海的決定和聲明」，此等於承認「中華人民共和國」擁有南海四群島。越南此項信函發出於 1958 年 9 月 14 日，並於 9 月 22 日刊登在勞動報上。

該信函內容如下：

「尊敬的（周恩來）總理同志：

我們鄭重的向總理同志聲明：

越南民主共和國政府承認和贊成『中華人民共和國』政府於 1958 年 9 月 4 日所作的關於中國領海的決定和聲明。

---

[31] "The Hoang Sa (Paracel) and Truong Sa (Spratly) Archipelagoes and International Law," *Ministry of Foreign Affairs, Socialist Republic of Vietnam, Hanoi* – April 1988. http://www.ngoaigiao.net/threads/1793-The-Hoang-Sa-Paracel-and-Truong-Sa-Spratly-archipelagoes-and-international-law.html（2013 年 2 月 4 日瀏覽）。

[32] 「范文同」，百度百科，http://baike.baidu.com/view/274427.htm（2013 年 3 月 22 日瀏覽）。

我們向總理同志致以誠摯的敬意！

1958 年 9 月 14 日於河內

敬致

北京，『中華人民共和國』國務院總理周恩來同志

越南民主共和國政府總理：范文同（簽名、蓋章）」[33]

　　1988 年越南外交部發表的「黃沙（西沙）和長沙（南沙）群島與國際法」一文，對於北越承認中國擁有西沙和南沙群島的外交照會之內容和情況，特別作了解釋，該文說：

　　「中國說越南副外長雍文謙（Ung Van Khiem）在 1956 年承認中國擁有西沙和南沙群島主權，1958 年越南總理范文同給中國的照會，承認中國十二海里領海，1965 年，越南民主共和國抗議美國宣布在南海設立『戰鬥區』（fighting zone），認為是侵犯中國的『西沙海域』。越南官員上述說法確實為真實的，但須注意其說這些話的歷史背景，這些事件發生在 1956-1965 年間，越南正與美國作戰。西沙和南沙群島由南越政府控制，他們反對中國及他國侵犯該兩群島。南越臨時革命政府也宣稱越南擁有該兩群島。越南面臨生死存亡關頭，為了獲取中國的援助所以才會做上述的聲明，應理解此一背景。」[34]

　　該一文件明顯承認越南曾說過「承認中國十二海里領海」，而「中華人民共和國」該項領海主張包含西沙和南沙群島的領海，當時西沙群島部分島礁和南沙群島部分島礁是由南越政府「控制」，非屬北越「控制」之領土，所以北越未加以置喙。儘管越南社會主義共和國不願承認其曾承認「中華人民共和國」擁有西沙和南沙群島，但從 1947 年 2 月 18 日「越盟」廣播，應可確認當時北越是承認中華民國擁有西沙群島，該廣播說：

---

[33] "Diplomatic Note 1958 with Vietnam's sovereignty over Paracel, Spratly islands," Viet Nam Net Bridge – Prime Minister Pham Van Dong's Diplomatic Note 1958 did not state to give up Vietnam's sovereignty over the Hoang Sa (Paracel) and Truong Sa (Spratly) Islands. http://english.vietnamnet.vn/en/special-report/10961/diplomatic-note-1958-with-vietnam-s-so vereignty-over-paracel--spratly-islands.html（2013 年 3 月 22 日瀏覽）。

[34] "The Hoang Sa (Paracel) and Truong Sa (Spratly) Archipelagoes and International Law," Ministry of Foreign Affairs, Socialist Republic of Vietnam, Hanoi – April 1988.

「法國總理已宣布廢除 1946 年 3 月 6 日法、越協定，『越盟』將永不加入法國聯邦，『越盟』將為獨立作戰到底，斥法國爭西沙群島為無理之行動。」[35]

以下分別探討越南社會主義共和國時期所發表的有關擁有西沙群島和南沙群島主權的官方文件。

一、1979 年「黃沙群島和長沙群島之聲明」

該項聲明之內容較為簡略，大都是重申越南共和國時期的主張，沒有提出新的法理論據。

（一）該聲明中較為重要的論點是該聲明第二點：

「中國對於越南總理在 1958 年 9 月 14 日所做有關承認中國擁有此二群島之照會的解釋，是一項最大的曲解，因為照會的精神和文字僅意指承認中國領海 12 海里。」

上述說明無法釐清問題，因為領海不可能憑空產生，它一定是根據領土而來，而「中華人民共和國」的領海聲明明確指出產生領海之領土範圍包括西沙群島和南沙群島。北越政府未加以區別，以致於以後發生爭端。

（二）聲明內容對於中國在 1974 年以武力佔領西沙群島提出批評：

該聲明第三點說：「早在 1974 年 1 月，即越南人民在 1975 年春贏得全面勝利之前，中國以武裝力量佔領當時由西貢管轄的黃沙群島。

南越政府曾明確陳述其立場如下：

──主權與領土完整對每一個國家是神聖的問題。」

上述聲明並不構成對「中華人民共和國」佔領西沙群島的「抗議」，從國際法的角度而言，當時北越對於「中華人民共和國」佔領西沙群島的態度反應構成實質的默認。

二、1981 年「黃沙群島和長沙群島：越南領土」

1981 年越南政府發表「黃沙群島和長沙群島：越南領土」，這是一份經過詳細研究後才提出的文件，除了若干論點與 1975 年白皮書相同

---

[35] 「越盟廣播，將獨立作戰到底，斥法爭西沙群島無理」，民報（臺灣），1947 年 2 月 19 日，第 1 版。

外，另提出新的論據，這是值得深入探討的一份文件。

（一）該白皮書提及杜伯（Do Ba）在第十七世紀所寫的*天南四至路圖*（*Toan Tap Thien Nam Tu Chi Lo Do Thu*，*Route Map from the Capital to the Four Directions*），在他的註釋中附了一張廣南省廣義區（Quang Ngai district, Quang Nam province）的地圖，上寫：

「有一長的沙洲位在海中，稱為黃沙渚（Golden Sandbank），約有400英里長、20英里寬，介於占婆海岸到海中間，西南風起時，商船就航

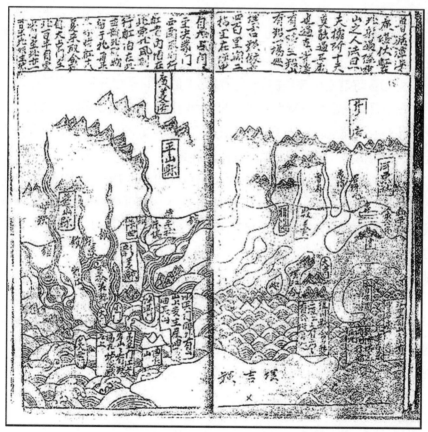

資料來源：http://vi.wikipedia.org/wiki/T%E1%BA%ADp_tin:Thi%C3%AAn_Nam_t%E1%BB%A9_ch%C3%AD_l%E1%BB%99_%C4%91%E1%BB%93_th%C6%B0.jpg（2013年3月22日瀏覽）。

圖 12-5：天南四至路圖

行該水域；東北風來時，船隻常會在此擱淺，船員往往餓死。阮主每年冬天最後一個月，派遣十八艘船到壩葛璜（Bai Cat Vang），取回沈船的貨物，包括珠寶、銅錢、武器和軍需品。自大占門至北，一日半。自雲沙門至北，亦一日半，……。」

　　如前述引文所示最重要的一句話是：「阮主每年冬天最後一個月，派遣十八艘船到壩葛璜」，也就是在每年年底從占婆海岸的大占門出發前往「壩葛璜」。須知在年底時，南海西邊的越南外海吹的是東北季風，而西沙群島位在占婆海岸的東北方，因此，越南船隻不可能航向西沙群島。可從 1882 年越南出版的大南一統志所記載的「黃沙島—在哩島之東，自沙圻海岸放洋，順風三四日夜可至」、「國初置黃沙隊七十人，以永安社民充之，歲以三月出洋，採海物，八月由思賢海口回納」這兩句話加以比較，可知當時越南船隻出海到「黃沙島」的時間是在三月，不是在十二月，在三月時南海西邊越南外海吹的是西南風，越南船隻靠此季風航行到「黃沙島」。而且船隻「順風三四日夜可至」「黃沙島」。比較這兩書的記載，即可清楚「壩葛璜」並非是西沙群島。

　　（二）接著該白皮書引用 Duke of Doan 和 Bui The Dat 在 1774 年畫的「甲國平南圖」（Giap Ngo Binh Nam Do），將「壩葛璜」畫入越南版圖。再度引述黎貴惇的地圖、1838 年「大南一統全圖」以及 1882 年由高春育、劉德稱、陳燦編纂（1909 年出版）的大南一統志，認為這些著作都將西沙納入越南版圖。

　　從事實及法律的觀點而言，這些地圖都無法證實越南擁有西沙群島之主權。「甲國平南圖」沒有實圖，故無從評論。至於黎貴惇的撫邊雜錄一書，並無地圖。但在越南「東海研究」網站[36]上刊載的撫邊雜錄一書卻附加了如圖 12-6 的地圖。

---

[36] 「東海研究」為「越南研究東海中心」設置之網站，從越南官方立場主張或評析南海諸島主權或爭端，應屬於官方性質之網站。

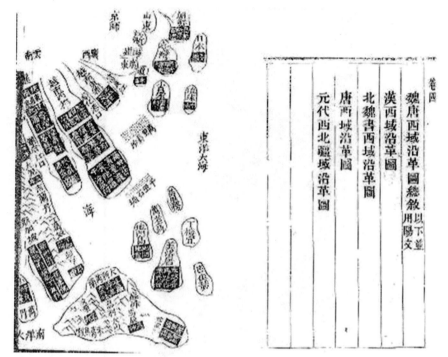

資料來源：http://www.vietnam.vn/c1022n20100413165730609/phu-bien-tap-luc.htm（2013
年2月14日瀏覽）。

圖 12-6：「東海研究」網站上所附的撫邊雜錄書中的地圖

　　「東海研究」網站上所附的地圖並非撫邊雜錄書上的圖，原書並無地
圖。該圖抄襲自清朝魏源的海國圖志一書的「東南洋各國沿革圖」。「東
海研究」網站上的圖跟「東南洋各國沿革圖」一樣，但該文將圖上的卷數
改為卷四，而魏源一書是出自卷三，圖序亦為「魏唐西域沿革圖總敘」、
「漢西域沿革圖」、「北魏書西域沿革圖」、「唐西域沿革圖」、「元代
西北疆域沿革圖」。（參見圖 12-7）黎貴惇是 1776 年人物，而魏源是
1844 年人物，出現相同的圖，顯然該「東海研究」網站上的圖是抄襲偽
造和移花接木。

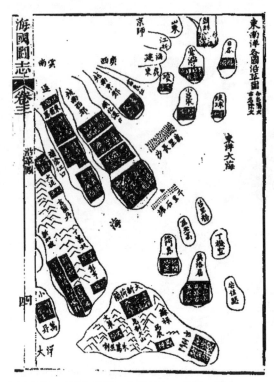

資料來源：〔清〕魏源，海國圖志，卷三，頁 3。

圖 12-7：海國圖志書中的「東南洋各國沿革圖」

大南一統志一書是阮朝於 1882 年出版的史書，卷六廣義篇之記載如下：

「黃沙島——在哩島之東，自沙圻海岸放洋，順風三四日夜可至，島上群山羅列，凡一百三十餘峰，相隔或一日程或數更許，島之中有黃沙洲，延袤不知幾千里，俗名萬里長沙，洲上有井，甘泉出焉。海鳥群集，不知紀極。多產海參、玳瑁、文螺、黿鼊等物。諸風難船貨物匯聚於此。

國初置黃沙隊七十人，以永安社民充之，歲以三月出洋，採海物，八月由思賢海口回納。又置北海隊，令黃沙隊兼管，往北海、崑崙諸島覓採海物，島之東近清國海南瓊州府，嘉隆初仿舊制，置黃沙隊，尋罷之。明命初，常遣官船至其處，探訪海程，有一處白沙堆，周一千七十丈，樹木森茂，堆之中有井，西南有古廟，不知何代所建，碑刻萬里波平，舊名佛

寺山，其兩岸皆珊瑚石，斜繞水面，西北突起一堆，周三百四十丈二尺，與沙堆齊名盤灘石。明命十六年命官船運磚石前往建寺，左豎石碑為誌。辰兵夫應役，掘得銅葉鋼鐵二千餘斤。」[37]

　　從大南一統志所引一段話可知，黃沙島跟前述幾本越南著作所講的「大長沙島」、「黃沙渚」有更為明確的地理位置，它不是哩山島，而是在哩山島以東的島嶼沙洲，從其航程來看，其位置可能即在西沙群島，而且其使用的地名也沿用中國的「萬里長沙」。該群島常成為船隻風難擱淺之處，所以越南人會利用季節風前往該處採集難船的貨物。

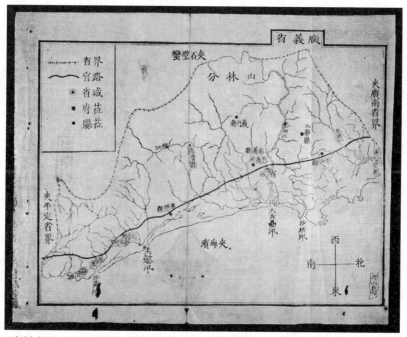

　　資料來源：大南一統志，卷六，頁 1。http://lib.nomfoundation.org/collection/1/volume/172/page/1（2013 年 3 月 12 日瀏覽）。

圖 12-8：大南一統志的地圖

---

[37] 松本倍廣編纂，〔越〕大南一統志，卷之六，印度支那研究會出版，日本，昭和 16（1941）年 3 月 15 日發行（重印）），頁 18-19。

在「越南擁有南沙和西沙的歷史文獻」[38]一文中,提及 1882 年大南一統志指出西沙群島是越南領土之一部分,屬於廣義省管轄。該書在廣義省確有黃沙島之記載,但在該書的地圖上只畫到哩山島,並未包括黃沙島。參見圖 12-8。

在「阮朝對於長沙和黃沙行使主權」[39]一文中,提及大南一統志第四卷,明命十六年,令軍隊在黃沙豎立石碑,在島上的古廟上寫「萬里波平」,但廟何時建立,則不可考。事實上,該文之記載是錯誤的,因為大南一統志第四卷的內容是有關越南的動植物介紹。有關「萬里波平」古廟之記載是出自該書卷六,大南一統志的記載是早有「萬里波平」古廟,明命王重建新廟,在右側豎立有石碑。「阮朝對於長沙和黃沙行使主權」一文偽稱是明命王令軍隊新建「萬里波平」廟。

(三)該白皮書引述 1820 年嘉隆王的顧問 J. B. Chaigneau 所寫的交趾支那備忘錄(*Memoire sur la Cochinchine*)一書中寫到:「交趾支那的國王宣布為皇帝,領土包括交趾支那本部、東京以及許多離岸的有人居住的群島和西沙群島,後者包括數個無人居住的小島、礁和岩塊。」Gutzlaff 在 1849 年撰寫的「交趾支那帝國的地理」(Geography of the Cochinchinese Empire)一文,他稱西沙為越南領土。

這兩篇文章都是私人著述,其相關記載並不足以證實領土之歸屬,何況其是否如此記載,筆者未查到該兩篇文章,仍有待進一步查證。

(四)該白皮書說:「1815 年,嘉隆王下令范廣安(Pham Quang Anh)率黃沙隊到西沙群島探查海路。1816 年,嘉隆王下令海軍和黃沙隊到西沙測量海路。」

事實上,探查海路之時間是在嘉隆 15 年(1816 年)3 月,「命水軍

---

[38] "Historical documents on Vietnam's sovereignty over Paracel and Spratly island," http://english.vietnamnet.vn/en/special-report/9787/historical-documents-on-vietnam-s-sovereignty-over-paracel-and-spratly-islands.html(2013 年 3 月 22 日瀏覽)。

[39] "Exercising sovereignty over Truong Sa and Hoang Sa under the Nguyen Dynasty," (10:18, Thứ Hai, 9/4/2012), http://www.vietnam.vn/exercising-sovereignty-over-truong-sa-and-hoang-sa-under-the-nguyen-dynasty-c1070n20120409103645171.htm(2013 年 3 月 22 日瀏覽)。

及黃沙隊乘船往黃沙，探度水程。」探查海路之目的是調查及瞭解從越南港口到黃沙島的航路，從文字來看不是在佔領及對黃沙島行使有效管轄權。探查海路不可能因之對島嶼產生主權。就如同從第十七世紀起，荷蘭、英國和德國的船隻到西沙群島和南沙群島探查水路一樣，不可能因之產生主權。

（五）該白皮書強調法國軍艦前往西沙群島巡邏所以擁有對西沙群島的主權。「1920 年後，法國印支海關船到西沙巡邏，以防止走私。」

然而，根據國際法院有關於印尼和馬來西亞對西巴丹島（Sipadan）和利吉坦島（Ligitan）之控案之判決，法官認為海軍巡邏不能因之產生主權。引證該判決文如下：

「138.印尼首次引述荷蘭和印尼海軍持續在西巴丹島和利吉坦島附近的水域出現。特別是荷蘭驅逐艦『林克斯』（Lynx）號於 1921 年 11 月航行到這兩個島。這次是英國和荷蘭聯合航行到婆羅洲以東打擊海盜。根據該船指揮官的報告，他們派遣一艘武裝小艇前往西巴丹島收集海盜活動的資訊，一架水上飛機飛越西巴丹島的空域和利吉坦島。印尼下結論說，荷蘭認為該島的空域，因此也是該島，是荷蘭的領土。

139.根據法庭的意見，不能從『林克斯』號指揮官的報告，亦不能從印尼所提呈的有關與荷蘭的關係或印尼海軍偵察和巡邏活動，有關的海軍當局認為利吉坦島和西巴丹島及環繞水域是屬於荷蘭或印尼之主權。

140.最後，印尼表示利吉坦島和西巴丹島周圍水域傳統上為印尼漁民所使用。但法庭認為私人行為之活動，假如它們不是基於官方條例或由政府當局之行使權力，則不能被認為有效性（effectivités）。

141.法庭下結論說，印尼所依賴的行動，不能構成主權（à titre de souverain）之行為，它需以主權之能力有意地和有意志地採取行動。」[40]

（六）該白皮書又說：

---

[40] International Court of Justice, Reports of Judgments, Advisory opinions and orders, *Case Concerning Sovereignty over Pulau Ligitan and Pulau Sipadan* (Indonesia/ Malaysia), Judgment of 17 December 2002, p.62, http://www.icj-cij.org/docket/files/102/7714.pdf（2013 年 4 月 22 日瀏覽）。

「中國外交部在 1980 年 1 月 30 日發表聲明，提出兩本三國時期以及宋朝到清朝的六本著作，證明中國人很早就在西沙群島和南沙群島活動。即使中國發現這些群島，但並不構成中國擁有該群島的管轄權的法律基礎。即使中國人在該兩群島進行開採，亦無法建立中國對該兩群島的主權權利，因為這僅是私人行為。」

中國古籍不過是用來證明中國人很早發現、命名及使用西沙和南沙，應具有「初步權利名義」（inchoate title），至於是否構成主權權利，仍有不同的法律見解，此則有待進一步證據之論證。

（七）該白皮書提及「元史四十八卷『四海測驗』這一章，明確地列出 27 個觀測點，包括高麗、鐵勒、北海和南海。南海是在東海（即南海）。即使觀測點的南海是在西沙群島，亦無法證明西沙群島屬於元朝的領土。」

的確，元史四十八卷「四海測驗」的記載，只能說當時中國曾到過南海的某一地點測量，但無法證實該一地點屬於中國所有。畢竟當時中國領土廣大，不會對於偏遠的荒涼的西沙群島感到興趣。

（八）該白皮書進而認為中國在「1894 年，光緒 20 年出版的『皇朝一統輿地總圖』，圖上中國最南的領土在海南島。1905 年，上海商務印書館出版的『大清帝國圖』和 1910 年重印的『大清帝國圖』，中國最南在海南島，沒有畫出西沙群島。」

越南此種論辯意義不大，因為國家領土會有得喪及變更，不可能一成不變。不同時期畫的疆域圖，自然會有不同。越南在 1802 年以前是南北分裂，而且湄公河下游三角洲也不屬於越南所有。越南在不同歷史階段所畫的國家疆域圖亦會有差異。此外，當時或之前中國畫的地圖，都不可能將中國周圍的小島全數畫進去，例如福建外海的小島，臺灣附近的附屬島嶼、海南島附近的七洲島等在中國全國圖上都沒有顯示。越南的書籍也都沒有記載其擁有西沙群島或南沙群島，例如，1900 年的大越地輿全編一書，對於明朝時越南的疆域記載為：「東西相距八百八十里，東自奉化府膠水縣海口界三百二十里，西至雲南老撾司宣慰司界五百六十里。東抵

海，西抵老撾。」[41] 1908 年南國地輿誌的記載也是一樣，僅記左支：廣南、廣義、平定、富安、慶和、平順。這些省以下僅記載到縣。[42] 1908年新訂南國地輿教科書的記載為：「我國踞亞細亞洲之南北，夾支那之雲南、廣西，西接哀牢、高蠻，南抵中國海，東界中國海，及支那之廣東，立國之久，四千七百六十七年。」[43]

　　三、越南外交部在 1988 年發表有關西沙群島和南沙群島的第四份官方文件，稱「黃沙（西沙）和長沙（南沙）群島與國際法」，該文件的特點是採用有效管轄的國際法觀點來論辯越南擁有西沙群島和南沙群島。該文主張所謂的「有效佔領」是指有效、持續、和平的行使國家權力，才能取得主權。因此過時的觀點應予拋除，例如基於發現的「初步權利」、私人行為的佔領、征服等觀點。其次，該文件將越南和「中華人民共和國」對於西沙群島和南沙群島之有效管轄的例子進行比較。

　　茲將其舉證之文獻和觀點評析如下：

　　（一）該文件說：「越南從第十七世紀起就對西沙群島和南沙群島實施有效的控制和管轄。」

　　該文件想證實越南對於西沙群島和南沙群島擁有「初步權利」，實則越南人僅是在明命王時期偶爾前往黃沙島採海物，無法證實越南曾占領及持續行使有效管轄權，因為該項記載僅見於 1816-1840 年代之間，以後即無相關記載。甚至中國在 1909 年將西沙群島納入行政版圖時，越南都沒有反應。

　　（二）該文件說：「直至 1787-88 年，Kergariou-Locmaria 做了實地的調查，西方航海家才知道西沙群島和南沙群島是兩個群島。」這是嚴重的錯誤，誠如前述，西方航海家在十六世紀就已知悉西沙群島和南沙群島是兩個島群，且有諸多地圖畫有此兩個島群。

---

[41] 〔越〕方亭輯（阮文超）和阮仲合撰，大越地輿全編，方亭地志類，卷一，1900 年，頁 26。http://lib.nomfoundation.org/collection/1/volume/109/（2013 年 3 月 22 日瀏覽）。

[42] 〔越〕不著人氏，南國地輿誌，中圻分界，1908 年，頁 5,19-20。http://lib.nomfoundation.org/collection/1/volume/121/page/5（2013 年 3 月 22 日瀏覽）。

[43] 〔越〕梁竹潭，新訂南國地輿教科書，卷一，疆域，1908 年，頁 5。http://lib.nomfoundation.org/collection/1/volume/1043/（2013 年 3 月 22 日瀏覽）。

　　（三）該文件又說：「在古代，應該不會只有中國人發現西沙群島和南沙群島，可能還有越南人、馬來人、阿拉伯人等也曾到過這兩個群島。即使有國家發現該兩群島，亦僅是原初的、剛萌芽的不完整權利名義，唯有當國家有意志加以有效佔領使用，才能使權利名義變成完整。」

　　該種看法應是一種推論，可能是有其他民族的人到過西沙和南沙群島，但並不損及中國對於這兩個群島的主張，因為其他民族亦可使用歷史資料證實並加以主張。何謂「國家意志」？中國漁民前往西沙群島或南沙群島作業，雖是個人行為，但是經過中國海關同意核准的。尤其在明清兩朝，初期採取「海禁」政策，禁止人民出洋。十七世紀初後才允許人民出洋貿易，漁民也是需經過許可後才能到南海作業。「康熙二十三年（1684年）九月，戶部等衙門遵諭議覆，福建、廣東新設關差，止將海上出入船載貿易貨物徵稅，其海口內橋津地方貿易船車等物，停其抽分，並將各關徵稅則例，給發監督，酌量增減定例。從之。」[44]在開放海禁後，漁民出海作業需取得官方的許可，大清會典事例對此曾有明確的記載：「許令乘載五百石以下船隻，往來行走。仍予各口出入之處，豫行稟明地方官，登記名姓，取具保結，給發印票。令防守官員驗票點數，准其出入。如有打造雙桅五百石以上違式船隻出海者，不論官兵民人，俱發邊衛充軍。」[45]

　　（四）該文批評說：「中國引用武經總要的內容說明中國將西沙納入海軍巡視範圍。中國誤將九乳螺州視為西沙群島。中國也誤將元朝的疆域擴張到西沙群島，事實上只到海南島。」武經總要一書是否證實中國海軍曾巡視西沙群島？九乳螺州是否在西沙群島？元朝疆域是否擴張到西沙群島？等等問題有待進一步研究，學者對於這類問題還沒有定論。惟誠如前述，海軍巡邏不能因此產生主權。

　　（五）該文件批評中國清朝時李準在 1909 年巡視西沙，是侵犯越南的領土。當年李準在 1909 年巡視西沙群島及中國將西沙群島納入版圖

---

[44]　〔清〕馬齊、張廷玉、蔣廷錫撰，大清聖祖仁（康熙）皇帝實錄（三），卷一百十六，頁二十四。

[45]　大清會典事例，卷 239，戶部，關稅，禁令一。

時，新聞媒體曾有報導，[46]在順化的越南政府以及控制越南的法國政府都沒有表示抗議。為何到了 1988 年才說是侵犯越南領土？

（六）該文件說：「中國從未管轄這兩群島，因此不能說中國有效、持續和和平的管轄及擁有該兩群島的主權。中國對於越南從十七世紀起就控制及使用該兩群島，並未提出抗議。中國甚至將遭風漂到海南島青瀾港的越南黃沙隊軍人送回順化（Thuan Hoa）。」

誠如前述，中國對於西沙群島和南沙群島基於發現、命名和使用，應擁有「初步權利」。越南從十七世紀起就沒有控制、使用、及擁有該兩群島，何來中國對之提出抗議？中國將遭風漂到海南島的越南黃沙隊軍人送回，是基於當時的國際義務，跟承認領土問題無關。中國此一作法不能被解釋為中國政府承認越南擁有西沙群島。

（七）該文件說：「中國說日本外交部在 1938 年 7 月 4 日表示西沙是中國領土。但須注意的，當時日軍已控制海口和榆林港，日本此一說法是戰略說詞，目的在利用中國的領土以攫奪法國、英國、荷蘭和美國在東南亞的土地，此不構成承認中國擁有西沙的主權。」

日本當時是中國之敵對交戰國，其外交部還公開承認西沙群島屬於中國領土，姑不論其動機為何，日本外交部公開承認西沙群島為中國所有，即有其國際法之意義。領土承認重視的是事實及法律的意涵，而不論其動機。難道可因為其動機，而質疑其政府所做的領土聲明嗎？越南之所以反悔說過承認「中華人民共和國」擁有西沙和南沙群島，其理由就是因為當時正與美國作戰不得不作這樣的宣稱，故事後可反悔。越南是以「權宜措施」來作為其領土主張的理由嗎？

（八）該文件提及在開羅宣言、波茨坦宣言都沒有提及西沙群島和南沙群島領土。

「開羅宣言」僅簡略提及「〔中國、美國和英國〕三國之宗旨在剝奪日本自 1914 年第一次世界大戰開始以後在太平洋所奪得或佔得之一切島嶼，在使日本所竊取於中國之領土，例如滿洲、臺灣、澎湖群島等，歸還

---

[46] 「記粵省勘辦西沙島事」，東方雜誌，第六期，宣統元年 5 月 25 日，頁 170-172。

中華民國。」對於領土問題,僅提及較大的滿洲、臺灣、澎湖列島,其他小島則未提及。誠如前述之說明,在日本統治臺灣時曾將西沙群島和南沙群島劃歸臺灣管轄,若臺灣歸屬中華民國,則必然會將西沙群島和南沙群島一併歸屬中華民國。因此,只要解決臺灣問題,西沙群島和南沙群島自然可以解決。

(九)該文件說:「根據 1954 年日內瓦協議,法國退出越南,並將西沙群島和南沙群島移交給越南。」

其實該一論點很容易釐清,若只要仔細審視「日內瓦協議」內文,即可發現並無此條文規定。法國外交部甚至在 1953 年 9 月說南沙群島屬於法國,而非越南,當 1949 年法國將交趾支那移交給越南國(State of Vietnam)(保大為國家元首)時,並不包括南沙群島。因此,南沙群島歸由法國海外部(Ministry of Overseas France)管轄。[47] 1955 年 6 月 16 日,法國駐印度支那總專員(Commoner General)General Jacquot 提及致函越南國王保大有關 1949 年 3 月 15 日協議的密信,該信提及高級專員談到 1949 年 3 月 8 日法、越協議時承認越南擁有西沙群島主權,但對南沙群島卻隻字未提。法國亞洲及大洋洲部(Department of Asia-Oceania)在 1955 年 7 月 11 日發出的一項照會重申南沙群島應屬於法國所有。[48] 1956 年 3 月,法國政府承認南越對西沙群島的主張,但不承認南沙群島由法國移交給南越,南沙群島仍是屬於法國的領土。[49]

因此法國政府不可能同意將南沙群島寫入條文中或交給越南。

(十)該文件說:「中國提及國際氣象組織和國際民航組織的決議。這是無庸考慮的,因為這類國際組織的決議不會承認一國領土的主權。」

關於 1937 年 4 月 29 日在香港召開的遠東氣象臺臺長會議,中國出席代表是徐家匯天文臺臺長福洛光神父、中國氣象研究所所長竺可楨、馬尼拉觀象臺臺長綏爾加神父(Father Miguel Selga S. J.)、印度支那輪船公

---

[47] Stein Tonnesson, "The South China Sea in the Age of European Decline," *Modern Asian Studies*, 40,1, February 2006, p.39.

[48] Monique Chemillier-Gendreau, *op.cit.*, p.118.

[49] *Keesing's Contemporary Archives*, October 6-13, 1956, p.15131.

司代表斯開納（D. S. Skinner），以及日本、印度、英國等國的代表。根據竺可楨向中華民國外交部致送的會議報告中稱：「29 日開會時，綏爾加提議東沙島氣象臺於追蹤中國海颱風往來之蹤跡，非常重要，擬請中國於其相近地點 Macclesfield 及西沙島各設一測候所，克萊斯頓（為香港皇家天文臺臺長）附議，一致通過。中國代表沈有堪（為前東沙島氣象臺長）答覆，允將此意轉呈中國政府。」[50]當時會議決定在西沙群島和中沙群島設立測候所，各國都接受由中國政府設立。各國代表應不可能同意由中國在越南或菲律賓領土內設立測候所，其理至明。

　　（十一）該文件有一個觀點值得肯定，即「百科全書和地圖承認中國擁有西沙群島和南沙群島。越南以及外國也有許多古書和地圖證實越南擁有西沙群島和南沙群島。事實上，按照國際慣例和習慣，這類百科全書和地圖只能提供最低價值的輔助性的證據。」的確，地圖不能產生主權，此一立論應可適用於越南所提出的「大南一統全圖」以及其他古地圖。此一論點也反駁了越南政府在此之前所提出的各種古地圖證據。

　　（十二）該文也對於越南副外長雍文謙在 1956 年承認中國擁有西沙群島和南沙群島主權一事做出解釋，認為「越南當時面臨生死存亡關頭，為了獲取中國的援助所以才會做上述的聲明，應理解此一背景。」

　　對於越南政府對該一問題所做出的解釋，值得提出另一個案例來說明，在該文件內稱：「根據 1954 年日內瓦和約之規定，越南請中國幫助管理北部灣的白龍尾島，並於 1957 年收回。」在 1956 年到 1957 年之間，越南所面臨的國際環境相同，但越南解釋稱 1956 年是因為「面臨生死存亡關頭，為了獲取中國的援助所以才會做上述的聲明」，但在 1957年卻基於領土的理由向中國要回白龍尾島。這是很難說服人的說法。

　　此外，越南官方首長對外發表言論，應具約束效力，國際社會普遍接受「禁反言」（estoppel）之國際法原則。1933 年常設仲裁法院於丹麥與挪威「東格陵蘭島法律地位案」曾對此有明確的判決。越南社會主義共和

---

50 「關於西沙島一案事（民國 26 年 4 月 20 日），竺可楨致外交部歐美司函」，俞寬賜、陳鴻瑜主編，外交部南海諸島檔案彙編（上冊），第 II(2):104 號檔案，頁 327-345。

國是一從越南民主共和國改名的國家，基於國家統治權及法權之繼承及連續性原則，其有關西沙群島和南沙群島之領土主張，自應受此「禁反言」原則之約束。

四、結語

　　就目前越南官方發表的歷史史料而論，其發現黃沙（西沙群島）較為可靠的年代在 1776 年撫邊雜錄的記載，截至 1838 年為止對於萬里長沙（西沙群島）有較多的記載，以後很長一段時間即沒有紀錄。再度有紀錄的是 1909 年出版的大南一統志。前述諸書紀錄越南人在西沙群島的活動，主因是越南沿岸開始有大量的航海貿易船隻通行，當時由於船隻性能不佳、遭遇風難以及觸礁等因素以致於有船隻在西沙群島擱淺，所以越南官府才會派人前往採集船隻的殘體和貨物。這些著作中，還記載在島上見到清國人（中國人）蓋的古廟，但清國人在西沙群島的活動似乎只著重捕魚、防海盜及走私之巡邏，與越人之目的不同。從這些記錄也可證實中國人比越南人還早在西沙群島活動。

　　從國際法觀點而言，越南人在西沙群島建廟、立碑及採海物等，是季節性的行為、沿用中國人的地名，且無久占之意，其與中國人在西沙群島的發現、命名、捕魚、建廟、巡邏等活動相較，應無優先的「初步權利」。從有效管轄的角度來看，越南在西沙群島的「初步權利」還不到有效管轄的程度，當中國清朝在 1909 年將西沙群島納入版圖時，越南在該時間之前已很久沒有西沙群島的紀錄，越南對於中國該項行政管轄權之行使也沒有提出抗議。

　　其次，值得注意的是 1909 年出版的大南一統志，該年剛好是清朝派遣李準前往西沙群島調查，並將西沙群島納入中國廣東省管轄，該書屬於官方志書，僅記載過去越南在十九世紀中葉派人前往「萬里長沙」採海物的事蹟，而沒有對中國佔領西沙群島表示任何意見。

　　法國及越南對於西沙群島主張主權之時間是在 1931 年 12 月 4 日致中國駐法使館節略，稱：

「西沙群島自古為安南領土。據嗣德（Tu-Due）國王時期所撰的大南一統志卷六記載，阮朝初年設黃沙隊以永安村（Vint On）70 人組成，每年 3 月乘船至七洲島魚釣，8 月回國，將所得貢諸京師。1816 年嘉隆王正式管領該島並樹立旗幟。1835 年，明命王遣人至該島建佛寺及石碑。1889 年，法國船隻『貝羅納』（Bellona）號及日本船隻「宇野字丸」（Unoji Maru）兩船沈沒，中國漁人竊售船身破銅，駐瓊州海口英領向中國政府抗議並請懲治罪犯，中國政府答稱七洲島非中國領土不由中國管轄等語。法政府希望中國政府注意安南對七洲島之先有權，並以最友誼之精神與法政府共同解決此項領土之法律問題。」[51]

法國對於西沙群島的主張是繼承安南的權利。此時距離中國將西沙群島納入版圖已有 22 年，法國對於西沙群島之主張顯然是基於情勢需要，即法國企圖在西沙群島建立軍事基地。

對於法國主張擁有西沙群島主權，日本表達了清楚的立場，日本外務省堀內謙介次官在 1938 年 7 月 7 日向法國大使表示：「日本方面以往認為該群島為中國領有，過去日本國民接受該群島事業上的權利時，獲得中國方面的承認，您應該也知道；對於法國方面對於領土單方面的主張難以承認……。」[52]中國擁有西沙群島獲得日本之承認，該種承認非常值得重視，因為當時中國和日本是敵對國家。

第三，越南官方所提出的若干古代越南地圖，都無法證實是西沙群島，比較可靠的是「大南一統全圖」。而且越南還將魏源的海國圖志一書的「東南洋各國沿革圖」置換為黎貴惇所著書的地圖，其移花接木之行為甚為不當。從國際法院的判例，地圖並不能產生主權，因為古地圖無法證

---

[51] 「轉呈關於七洲島問題法外部來文並請示我國意見，民國 21 年 1 月 7 日，法字第 872 號」，載於俞寬賜、陳鴻瑜主編，外交部南海諸島檔案彙編（上冊），第 II(2):001 號檔案，1995/5，頁 145。

[52] 日本國立公文書館，外務省外交史料館藏，件名：1 昭和 13 年 6 月 28 日から昭和 14 年 5 月 23 日，檔名：「各國領土発見及帰屬関係雑件／南支那海諸礁島帰屬関係 第三卷」，影像編碼：B02031160700。「昭和 13 年 7 月 7 日パラセル群島問題關スル堀內次官在京佛國大使會談要旨」，REEL，No.A-0448，影像編號：0347-0348。http://www.jacar.go.jp/DAS/meta/listPhoto?IS_STYLE=default&ID=M2006092115163639885&（2013 年 3 月 22 日瀏覽）。

實國家的實際有效管轄範圍。

　　第四，在越南所提出的古代歷史文獻中，沒有一件可以證實越南人曾發現南沙群島或對南沙群島之相關的紀錄。對於此一問題，越南官方文獻及學者著書都假托是因為古代繪圖技術不精良，以致於將西沙群島和南沙群島畫在一起，這樣的解釋是難以使人信服及接受的。

　　歷史文獻是國家領土取得之重要證據之一，越南官方及學界為此提出許多歷史文獻，目的在證明越南在第十八世紀即發現「黃沙島」，至於這些文獻能否證實越南對於其發現的「黃沙島」實施有效管轄，誠如本文之分析，仍有諸多待商榷之處。

徵引書目

中華民國官方檔案

「西沙群島案（民國 26 年 4 月 26 日），外交部致法國大使館節略」，俞寬賜、陳鴻瑜主編，外交部南海諸島檔案彙編（上冊），第 II(2):106 號檔案，外交部研究設計委員會編印，臺北市，1995 年 5 月，頁 345-346。

「西沙群島案（民國 26 年 5 月 26 日），外交部指令駐法大使館」，載於俞寬賜、陳鴻瑜主編，外交部南海諸島檔案彙編（上冊），第 II(2):107 號檔案，1995 年 5 月，頁 346-350。

「法方建議將西沙群島糾紛交中法法律混合委員會審查（民國 36 年 2 月 4 日，第 261 號，巴黎錢泰大使致外交部電」，載於俞寬賜、陳鴻瑜主編，外交部南海諸島檔案彙編（上冊），第 II(2):237 號檔案，頁 503。

「法方堅持以交付仲裁作為從西沙群島撤兵之條件（民國 36 年 3 月 22 日，第 328 號），巴黎錢泰大使致外交部」，載於俞寬賜、陳鴻瑜主編，外交部南海諸島檔案彙編（上冊），第 II(2):294 號檔案，見歐二科的簽呈，頁 565-566。

「法方提議將西沙群島糾紛交法律家研究，法軍再行撤退（民國 36 年 2 月 1 日，第 256 號），巴黎錢泰致外交部電」，載於俞寬賜、陳鴻瑜主編，外交部南海諸島檔案彙編（上冊），第 II(2):231 號檔案，頁 496。

「為法方願以西沙群島主權問題交付法律研究，本部有意見數項，請查照參辦見覆由（民國民國 36 年 2 月 22 日，張歸根字第 842 號），國防部致外交部代電」，載於俞寬賜、陳鴻瑜主編，外交部南海諸島檔案彙編（上冊），第 II(2):268 號檔案，頁 543-544。

「為越將南沙劃入其版圖事國民黨中央委員會第六組致外交部長代電（民國四十五年十一月九日（45）中六丁字 09433 號）」，載於俞寬賜和陳鴻瑜主編，外交部南海諸島

　　檔案彙編（下），第 III(10):020-024 號檔案，頁 1186-1192。

「密（西沙群島事）（民國 36 年 2 月 6 日，電字第 1510、1406 號），外交部致巴黎錢大
　　使電」，載於俞寬賜、陳鴻瑜主編，外交部南海諸島檔案彙編（上冊），第
　　II(2):245 號檔案，頁 511-512。

「電達部座面告法大使中國政府對西沙群島爭執之態度並對河內及各地之華區，應請法方
　　勿進攻，就近洽袁總領辦理特治（民國 36 年 2 月 5 日，發電第 T1113 號），外交
　　部致巴黎錢泰大使電」，載於俞寬賜、陳鴻瑜主編，外交部南海諸島檔案彙編（上
　　冊），第 II(2):242 號檔案，頁 509。

「轉呈關於七洲島問題法外部來文並請示我國意見，民國 21 年 1 月 7 日，法字第 872
　　號」，載於俞寬賜、陳鴻瑜主編，外交部南海諸島檔案彙編（上冊），第 II(2):001
　　號檔案，1995/5，頁 145。

「關於西沙島一案事（民國 26 年 4 月 20 日），竺可楨致外交部歐美司函」，俞寬賜、陳
　　鴻瑜主編，外交部南海諸島檔案彙編（上冊），第 II(2):104 號檔案，頁 327-345。

越南官方檔案

"The Hoang Sa (Paracel) and Truong Sa (Spratly) Archipelagoes and International Law," *Ministry
of Foreign Affairs, Socialist Republic of Vietnam, Hanoi* – April 1988, http://www.
ngoaigiao.net/threads/1793-The-Hoang-Sa-Paracel-and-Truong-Sa-Spratly-archipelagoes-
and-international-law.html（2013 年 2 月 4 日瀏覽）。

"Diplomatic Note 1958 with Vietnam's sovereignty over Paracel, Spratly islands," Viet Nam Net
Bridge – Prime Minister Pham Van Dong's Diplomatic Note 1958 did not state to give up
Vietnam's sovereignty over the Hoang Sa (Paracel) and Truong Sa (Spratly) Islands.
http://english.vietnamnet.vn/en/special-report/10961/diplomatic-note-1958-with-vietnam-
s-sovereignty-over-paracel--spratly-islands.html（2013 年 3 月 22 日瀏覽）。

"Historical documents on Vietnam's sovereignty over Paracel and Spratly island," http://e
nglish.vietnamnet.vn/en/special-report/9787/historical-documents-on-vietnam-s-sovereignt
y-over-paracel-and-spratly-islands.html（2013 年 3 月 22 日瀏覽）。

"Exercising sovereignty over Truong Sa and Hoang Sa under the Nguyen Dynasty," (10:18, Thứ
Hai, 9/4/2012), http://www.vietnam.vn/exercising-sovereignty-over-truong-sa-and-hoang-
sa-under-the-nguyen-dynasty-c1070n20120409103645171.htm（2013 年 3 月 22 日瀏
覽）。

美國國務院檔案

"No.606, Briefing Book Paper, Soviet Support of the Cairo Declaration, 1.The Substance of the
Cairo Declaration," in United States Department of State / Foreign relations of the United
States: diplomatic papers: the Conference of Berlin (the Potsdam Conference), 1945,
p.926.

日本官方檔案

日本國立公文書館，外務省外交史料館藏，件名：23・新南群島磷鉱採掘權関係，檔名：
　　「南洋ニ於ケル帝國ノ利權問題関係雑件／鉱山関係　第二巻」，影像編碼：B090

41015900。「大正 14 年 2 月 17 日ラサ島磷礦株式會社取締役社長恆藤規隆致函海軍大臣財部 嚴」，亞洲歷史資料中心（アジア歷史資料センター），E-1761，影像編號：0418。http://www.jacar.go.jp/DAS/meta/listPhoto?IS_STYLE=default&ID=M2009052915461551527&（2013 年 3 月 9 日瀏覽）。

日本國立公文書館，外務省外交史料館藏，件名：5 大正 15 年 11 月 26 日から昭和 2 年 4 月 9 日，檔名：「各國領土発見及帰屬関係雑件／南支那海諸礁島帰屬関係 第一卷」，影像編碼：B02031158500。「外務省歐美局長致函駐美松平大使、駐西班牙太田公使、駐馬尼拉總領事，昭和 2 年 4 月 13 日」，亞洲歷史資料中心（アジア歷史資料センター），REEL, No.A-0447，影像編號：0164-0166。http://www.jacar.go.jp/DAS/meta/listPhoto?IS_STYLE=default&ID=M2006092115163439863&（2013 年 3 月 9 日瀏覽）。

日本國立公文書館，外務省外交史料館藏，件名：1 昭和 13 年 6 月 28 日から昭和 14 年 5 月 23 日，檔名：「各國領土発見及帰屬関係雑件／南支那海諸礁島帰屬関係 第三卷」，影像編碼：B02031160700。「昭和 13 年 7 月 7 日バラセル群島問題關スル堀內次官在京佛國大使會談要旨」，REEL, No.A-0448，影像編號：0347-0348。http://www.jacar.go.jp/DAS/meta/listPhoto?IS_STYLE=default&ID=M20060921151636398 85&（2013 年 3 月 22 日瀏覽）。

中文專書

〔明〕顧岕，海槎餘錄，臺灣學生書局，臺北市，民國 64 年元月重印。

〔清〕馬齊、張廷玉、蔣廷錫撰，大清聖祖仁（康熙）皇帝實錄（三），卷一百十六。

〔清〕楊炳南撰，安京校釋，海錄校釋，商務印書館，北京市，2002 年，小呂宋條。

大清會典事例，卷 239，戶部，關稅，禁令一。

英文專書

Conference for the Conclusion and Singature of the Treaty of Peace with Japan, Record of Proceedings, San Francisco, California, September 4-8, 1951.

Dunn, Frederick S., Peace-making and the Settlement with Japan, Princeton University Press, Princeton, New Jersey, 1963.

Monique Chemillier-Gendreau, Sovereignty Over the Paracel and Spratly Islands, Netherlands: Kluwer Law International, The Hague, 2000.

中文期刊與短文

「記粵省勘辦西沙島事」，東方雜誌，第六期，宣統元年 5 月 25 日，頁 170-172。

李金明，「越南黃沙、長沙非中國西沙南沙考」，中國邊疆史地研究（北京），1997 年第 2 期（1997 年 0 月），頁 71-79。

英文期刊與短文

"South China Sea: Territorial Disputes over Ownership of Nanshal and Paracels Islands," Keesing's Contemporary Archives, October 6-13, 1956, p.15131.

Chiu Hungdah & Choon-Ho Park, "Legal Status of the Paracel and Spratly Islands," Ocean

Development and International Law Journal, Vol. 3, NO.1, 1975, 1-28.

Keesing's Contemporary Archives, October 6-13, 1956, p.15131.

Tonnesson, Stein, Stein Tonnesson, "The South China Sea in the Age of European Decline," *Modern Asian Studies*, 40,1, February 2006, pp.1-57, p.39.

越南文獻

〔越〕Nguyen Khac Thuan 編譯，黎貴惇著，撫邊雜錄，Nha Xuat Ban Giao Duc 出版，河內，2007。

〔越〕不著人氏，南國地輿誌，中圻分界，1908 年，頁 5,19-20。http://lib.nomfoundation.org/collection/1/volume/121/page/5（2013 年 3 月 22 日瀏覽）。

〔越〕方亭輯（阮文超）和阮仲合撰，大越地輿全編，方亭地志類，卷一，1900 年，頁 26。http://lib.nomfoundation.org/collection/1/volume/109/（2013 年 3 月 22 日瀏覽）。

〔越〕張登桂，武春謹，何維藩等編，大南寔錄，第三冊，正編第一紀，卷五十二，越南國家圖書館，河內，1844 年。

〔越〕梁竹潭，新訂南國地輿教科書，卷一，疆域，1908 年，頁 5。http://lib.nomfoundation.org/collection/1/volume/1043/（2013 年 3 月 22 日瀏覽）。

〔越〕潘清簡等纂，大南寔錄，第八冊，正編第二紀，卷一百四。

〔越〕潘清簡等纂，大南寔錄，第十冊，正編第二紀，卷一百五十四。

「洪德版圖」，1774，http://www.vietnam.vn/c1022n20100413171104765/hong-duc-ban-do-1774.htm（2013 年 3 月 28 日瀏覽）。

松本倍廣編纂，〔越〕大南一統志，卷之六，印度支那研究會出版，日本，昭和 16（1941）年 3 月 15 日發行（重印）。

中文報紙

「越盟廣播，將獨立作戰到底，斥法爭西沙群島無理」，民報（臺灣），1947 年 2 月 19 日，第 1 版。

網路資源

"Case Concerning Sovereignty over Pedra Branca'Pulau Batu Puteh, Middle Rocks and South Ledge (Malaysia / Singapore), ICJ Reports of Judgment, Advisory Opinions and Orders, 23 May 2008," para 271, http://www.icj-cij.org/docket/files/130/14492.pdf（2013 年 5 月 5 日瀏覽）。

International Court of Justice, Reports of Judgments, Advisory opinions and orders, *Case Concerning Sovereignty over Pulau Ligitan and Pulau Sipadan* (Indonesia/ Malaysia), Judgment of 17 December 2002, p.62, http://www.icj-cij.org/docket/files/102/7714.pdf（2013 年 4 月 22 日瀏覽）。

"Philippine Position on Bajo de Masinloc and the waters within its vicinity," http://www.philstar.com/nation/article.aspx?publicationsubcategoryid=200&articleid=798604（2013 年 5 月 4 日瀏覽）。

「范文同」，百度百科，http://baike.baidu.com/view/274427.htm（2013 年 3 月 22 日瀏覽）。

The Review of Vietnamese Official Arguments of Claiming over the Paracel and Spratly Islands

Abstract

The government of Vietnam proclaimed several white papers and statements to claim over the Spratly Islands and Paracel Islands since 1975. Some of the Vietnamese scholars wrote the papers by the Vietnamese, Chinese and English version to act in concert with the government in order to influence on the international mass media. This paper tried to analyze and comment from historical documents and the viewpoints of international law on those arguments which was issued by the government of Vietnam.

Keywords: Vietnam　Paracel Islands　Spratly Islands　South China Sea　Huang Sa

（本文原刊登在展望與探索，第 12 卷，第 10 期，2014 年 10 月，頁 42-75。）

第十三章　美國、中國和東協三方在南海之角力戰

摘　要

　　中國若干輿論有意將南海問題提升至其「核心利益」的位階，此一提法促使美國對南海問題採取更強硬的立場，一改其過去所持的中立不介入的立場。美國強調南海問題國際化、東協和中國應簽署「南海行為準則」，美國並有意擔任調人。美國進而強化和越南和柬埔寨的軍事合作關係，在南海與越南舉行聯合軍事演習，美國的作法似乎正在恢復圍堵中國的戰略態勢。惟時移勢遷，美國與中國關係比以前更為密切，圍堵已無法像以前一樣有效。本來南海問題是東協和中國在角力，美國突然介入，應另有所圖。

關鍵詞：美國　中國　東協　南海　新圍堵

一、前言

自 1950 年代中葉以來，南海島礁領土爭執一直紛擾不斷，南海周邊的中國、越南、馬來西亞和菲律賓競相奪占島礁，強化島礁建設，購置海空軍先進武器作為保護島礁之用。為緩和南海緊張情勢，東協和中國曾就南海問題舉行數次談判，最後在折衷各方立場後於 2002 年簽署「南海各方行為宣言」（*Declaration on the Conduct of Parties in the South China Sea, DOC*），稍微降緩緊張情勢。惟各占領國仍在暗中部署，進行法律戰。根據聯合國海洋法公約之規定，各沿岸國需在 2009 年 5 月 13 日前陳報其大陸礁層外界線，以確立海洋世界的秩序。南海島礁各聲索國，包括中國、越南、菲律賓、馬來西亞等國也在該日期截止前向聯合國大陸礁層委員會提出。惟馬來西亞和越南之申報遭到中國的抗議，使得該項申報無效。

由於中國和其他南海聲索國對南沙島礁問題採取強勢作法，使得情勢趨於緊張。越南從 2009 年起在河內召開有關南海問題國際會議，意圖使該一問題國際化。越南企圖拉攏美國，致使美國對南海問題之態度有所鬆動，美國商家亦極思與越南合作開發南海石油和天然氣。面對南海情勢的新變化，中國媒體拋出「南海是中國之核心利益」之觀念，意圖鞏固其立場。

2010 年 3 月上旬，中國向到訪的美國副國務卿斯坦伯格（James Steinberg）和美國國家安全委員會亞洲事務高級主任貝德（Jeffrey Bader），表明了南海是關係到中國領土完整的「核心利益」這一立場。[1] 5 月下旬的中美戰略與經濟對話上，中國代表在閉門會議上對美國國務卿希拉蕊（Hillary Clinton）再度做了「南海是中國之核心利益」的表述。[2]

---

[1] 環球時報，「中國首次向美明確表態：南海是中國核心利益」，新浪軍事，2010 年 7 月 4 日，http://mil.news.sina.com.cn/2010-07-04/0952599153.html。

[2] 周西，「南海核心利益說令中國外交陷入空前被動」，華語，2010 年 8 月 30 日，http://www.chinese.rfi.fr/%E4%B8%AD%E5%9B%BD/20100830-%E5%8D%97%E6%B5%B7%E6%A0%B8%E5%BF%83%E5%88%A9%E7%9B%8A%E8%AF%B4%E4%BB%A4%E4%B8%AD%E5%9B%BD%E5%A4%96%E4%BA%A4%E9%99%B7%E5%85%A5%E7%A9%BA%E5%89%8D%E8%A2%AB%E5%8A%A8。

儘管「核心利益」之說詞引發各界討論，但中國外交部迄未表明南海是中國的「核心利益」。無論如何，「核心利益」是中國最重要的國家利益，指有關領土安全的利益，且不與外國分享或商談的利益。譬如中國將新疆、西藏或臺灣等領土問題視為其核心利益，排除外國干預。現在中國若干新聞輿論將南海島礁也視為其「核心利益」，是否表明中國將為這些島礁不惜一戰？無疑地，該一提法已激起美國強烈的反應，雙方在南海展開一場角力戰。與南海島礁有利害關係的東協國家面對此一新局面，將採取何種因應對策，是值得我們關注的。

本文將先討論美國和中國的新的南海對策，以及該兩國官方相繼對應的表態和回應，以凸顯該一議題。其次，將討論東協在美、中之間之立場和對策。關於東協成員國中涉及南海島礁爭端之國家有菲律賓、越南、馬來西亞和汶萊，各爭端國對於南海問題所持的立場不同，各爭端國對於南海的對策亦有差異。若要一一討論這些爭端國的南海對策，非本文之要旨，因此本文將不深入討論，必要時僅對特定相關的爭端國做簡略論述。對於東協的分析層次將以東協整體為對象，在論述東協的立場時是將之放入美國和中國的南海對策部分加以討論。

二、美國強化在南海的活動

長期以來，美國對南海爭端採取不介入之立場，美國不站在爭端的任一方，只是呼籲各方自制，和平解決爭端。美國對南海的核心思考是，無論各方如何爭奪島礁或發生衝突，都不能影響美國在南海的航行自由權。美國在西太平洋部署有「第七艦隊」，同時為了能夠支援美軍在中東的戰爭，這一艦隊需要自由航行的海域，因此，航行自由權成為美國在國際戰略的一個重要學說。

美國作為海權大國，至今不簽署聯合國海洋法公約，自不欲受該公約之約束。[3]當南海周邊國家都主張領海 12 海里、200 海里專屬經濟區

3　在布希政府時期，美國曾主張加入聯合國海洋法公約，美國海岸防衛隊海軍少將 John

（Exclusive Economic Zone, EEZ）的權利以及同意將爭端提交國際海事法院仲裁時，美國不為所動，不接受該一主張，以致於今天會發生美國和東亞國家有關國際法認知的差異。因為美國不贊同該一公約，故對於南海周邊國家主張的領海 12 海里和專屬經濟區 200 海里的權利不予承認。這種因為國際法認知之差異而引發的衝突，最早的案例是發生在 1964 年 8 月，美國兩艘砲艇在東京灣遭到北越魚雷艇砲擊和追擊，北越認為美國砲艇進入其領海 12 海里，而美國只承認 3 海里領海，[4]美國藉此東京灣事件大舉轟炸北越各大城市和軍事重地和設施，展開了越戰的序幕。

Crowley 說：該一公約無阻礙的允許運送軍隊以及其他支援反恐戰爭。但反對者認為海洋爭端將會受制於國際海洋法庭的判決，此國際法庭的法官有權決定何者軍事行動是對的或錯的，此有害於美國的國家利益。美國雖然支持其他國際法庭，但反對會侵害美國主權的國際法庭，例如「國際刑事法庭」（International Criminal Court of Justice），美國應基於此一理由反對加入聯合國海洋法公約。最重要的，該公約遲未送請美國參議院審議，因為要獲得三分之二參議員同意，並非易事。有關美國是否加入聯合國海洋法公約的正反意見，請見 Peter A. Buxbaum, "U. S. Administration Pushes UNCLOS," *ISN*, August 24, 2007, http://www.isn.ethz.ch/isn/Current-Affairs/Security-Watch/Detail/?ots591=4888caa0-b3db-1461-98b9-e20e7b9c13d4&lng=en&id=53665。

另請見 Markus G. Schmidt, *Common Heritage or Common Burden? The United States Position on the Development of a Regime for Deep Sea-Bed Mining in the Law of the Sea Convention* (Oxford: Clarendon Press, 1989), pp.59-69；George Galdorisi, Doug Bandow, & M. Casey Jarman, *The United States and the 1982 Law of the Sea Convention: the Cases Pro & Con* (Honolulu, HI: Law of the Sea Institute, 1994), pp.27-36；Scott G. Borgerson, *The National Interest and the Law of the Sea.* (Washington, DC: Council on Foreign Relations Press, 2009), http://www.cfr.org/content/publications/attachments/LawoftheSea_CSR46.pdf；"2010 Quadrennial Defense Review Endorsement of US Accession to LOS, Convention," 2010/2/3, Website of Rule of Law Committee for the Oceans (USA) in「http://www.oceanlaw.org/index.php」（2011 年 1 月 26 日瀏覽）；Jeremy Rabkin, "The Law of the Sea Treaty: A Bad Deal for America," *Competitive Enterprise Institute*, June 1, 2006, http://cei.org/pdf/5352.pdf；Neal Coates, "International Law in Limbo: United States Senate Refusal to Consider the United Nations Convention on the Law of the Sea," paper presented at the annual meeting of the American Political Science Association (Philadelphia, PA: American Political Science Association, August 27, 2003), http://www.allacademic.com/meta/p62529_index.html。

[4] 關於東京灣事件經過，美國政府安全單位已將檔案公布，刊載在美國喬治華盛頓大學（The George Washington University）圖書館網站，請見 John Prados, "Essay: 40th Anniversary of the Gulf of Tonkin Incident," *The National Security Archive*, August 4, 2004, http://www.gwu.edu/~nsarchiv/NSAEBB/NSAEBB132/es say.htm。

　　第二個案例是發生在 2001 年 4 月 1 日，一架美國海軍 EP-3 型偵察機在南海執行偵查任務，中國海軍航空兵派出兩架殲-8II 戰鬥機進行監視和攔截，其中一架戰機在海南島東南方 70 海里（110 公里）的上空與美機發生碰撞，導致中國戰鬥機墜毀，而美國的軍機則緊急迫降海南島陵水機場。中國和美國的最大爭執點是，中國認為美國偵察機進入其專屬經濟區空域進行偵察，且未經中國同意前就降落中國的軍用機場，已違反聯合國海洋法公約及中國的法律。而美國認為撞機地點在國際空域，不是在中國的專屬經濟區領空。[5]後來經過外交談判，美國對中國表達「兩個遺憾」，才結束爭執。這「兩個遺憾」是：美國對中國飛行員的損失向中國人民和飛行員家屬表示「真誠的遺憾」；對美國飛機在沒有得到中國口頭許可而進入中國領空並降落深表遺憾。[6]該項爭議並沒有解決所謂「在專屬經濟海域領空」的飛越權或偵察權的問題。撞機事件後，美國繼續在中國沿岸執行其偵察飛行任務。

　　第三個案例是發生在 2009 年 3 月 8 日，美國海軍「無畏」號（有些文獻譯為「無瑕號」）測量船（USNS Impeccable）在海南島以南 120 公里的海域，遭到五艘中國船隻的「騷擾」。該一衝突的主因就是雙方對於專屬經濟區的認知有異。中國認為美國船隻不可在其專屬經濟區進行科研調查，美國說該一衝突地點位在公海。美國國務院向中國遞交抗議信函，敦促中國「遵守國際法」。[7]中國是聯合國海洋法公約簽約國，美國則沒有簽約。中國在 1998 年公布其專屬經濟區與大陸架法，明訂禁止外國在其專屬經濟區和大陸礁層進行調查和科學研究。美國眼中的「國際法」，顯然與中國的「國際法」不同。

　　接著，2009 年 6 月，一艘中國潛艇在菲律賓北部蘇比克灣附近，與一艘美國軍艦拖拉的水下聲納儀相撞。碰撞的原因不明，惟至少反應了雙

5　李秦，「從國際法的角度透視中美撞機事件」，東方新聞，2010 年 4 月 15 日，http://ej.eastday.com/epublish/gb/paper140/27/class014000004/hwz362567.htm。

6　「中美撞機事件」，維基百科，2010 年 11 月 27 日，http://zh.wikipedia.org/zh-tw/%E4%B8%AD%E7%BE%8E%E6%92%9E%E6%9C%BA%E4%BA%8B%E4%BB%B6。

7　陳雅莉，「中美海上再衝撞，楊外長來赴『鴻門宴』」，華盛頓觀察，2009 年 3 月 11 日，http://68.165.165.202/showtemp.cfm?showtempid=2720&charid=2&uid=1。

方在南海的反潛戰正在展開，南海已不再是美國潛艇獨霸的海域，中國潛艇在南海活動已引起美國的注意。

在冷戰時期，中國海軍軍力不強，只有沿海防衛能力，近海巡曳、偵察或作戰能力有限，因此很少在南海活動。也很少發生中國透過各種途徑試圖驅離在南海活動的美軍艦艇事件。毫無疑問地，南海成為美國的勢力範圍，美國船艦可以在南海自由遊曳、進出菲律賓的蘇比克灣海軍基地、靠近中國海岸進行偵察。但隨著冷戰的結束，美軍退出蘇比克灣海軍基地，美國在南海周邊已無常駐基地。美軍在南海的船艦是從日本、琉球、關島或新加坡派出，主要在進行偵防和調查工作。特別是中國近年積極發展在海南島的核子潛水艇及航空母艦的基地建設工程，美國船艦在南海的活動目標就是偵測中國潛水艇進出南海的動態。

此一對抗情況不僅發生在南海，亦發生在黃海地區，根據內布拉斯加州大學教授韋德曼（Andy Wedeman）粗估，2000 年 4 月，中國飛機在東海上空攔截了美國 RC-135 偵察機；2001 年 3 月，中國攔截了美國的一艘海洋環境觀測船「鮑迪奇號」（USNS Bowditch）；兩個月後，中國飛機在黃海上空又跟蹤鮑迪奇號；同一條船又在 2002 年 9 月被中國飛機跟蹤；2007 年 11 月，中國潛水艇在美國「小鷹號」航母附近浮出。2009 年 3 月，美國的海洋偵測船「勝利號」也遭到中國船隻的近距離跟蹤。[8]這些美國軍艦都是在靠近中國專屬經濟區範圍內執行偵搜、巡曳任務，中國採取跟蹤方式以迫使美國船艦離開其專屬經濟區範圍。

從 2001 年以來，中國的海軍實力增強，已能自製遠洋巡曳的軍艦和核子潛艇，其對於在其沿岸周邊進行偵搜的美軍飛機和船艦已漸感不能忍受，遂開始有驅離和碰撞的情況發生。相對地，當美國在南海的偵察巡曳活動遭到中國的阻攔和碰撞後，美國知道它將無法阻止中國勢力進入南海之發展趨勢，美國遂改變戰略，試圖重新恢復冷戰時期的「圍堵」策略。[9]而該「新圍堵」策略是拉攏南海周邊的東南亞國家，包括越南。

---

[8]　關於安迪韋德曼教授之粗估資料請見陳雅莉，「中美海上再衝撞，楊外長來赴『鴻門宴』」。

[9]　關於美國對東亞的新圍堵策略之討論，請見 Banyan, "They Have Returned: China Should

　　2010 年 3 月 10 日，在吉隆坡訪問的東亞與太平洋地區事務助理國務卿坎貝爾（Kurt Campbell）在記者會上表示，美國在南海也是有利益的，美方希望維持「航行自由」和「海洋自由」（freedom of the seas），希望南海主權爭議的談判應該是「多邊的」，也就是東協與中國協商「行為準則」。[10]

　　在 2010 年 6 月的新加坡「香格里拉安全會議」（Shangri-La security conference）上，美國國防部長蓋茨（Robert Gates）再次闡述了美國的南海立場，他說，對於相互衝突的主權要求，美國不會表態支持哪一方，但反對使用武力，也反對妨礙「航行自由」的行為。他亦反對威脅該一地區的美國石油公司之行為。他指在越南主張的海域進行探勘的美國石油公司受到中國的威脅。中國在 2009 年 7 月曾要求美國和其他國家的石油公司不要與越南合作，不要在南海有爭議地區的探勘活動，否則將遭到中國的商業報復。[11]隨後蓋茨請求訪問北京，結果遭拒絕。

　　美國太平洋艦隊司令威勒德（Admiral Robert Willard）於 2010 年 6 月訪問河內，他說：「美國關切南海爭議，此為美國的主要利益，因為美國有 1.3 兆美元的貨品經過南海。」[12]

Worry Less About America's 'Containment' Strategy and More About Why the Neighbours Welcome It" *The Economist*, August 12, 2010, http://www.economist.com/node/16791842。以及日本前國防大臣認為中國對東亞的挑戰是在政治和經濟方面，而非在軍事方面，中國亦在經濟上與周邊國家發展關係，其國防預算接近日本，俄國和印度皆有核子武器，可制衡中國，日本亦有能力因應區域核子威脅，所以中國的軍事威脅不如預期，對中國進行圍堵是錯的思考。請見 Yuriko Koike, "Is Containment the Best Response to China's Rise?" *People' Daily Online*, December 28, 2010, http://www.peopleforum.cn/viewthread. php?tid=57383。

[10] "Remarks by Kurt M. Campbell, Assistant Secretary for East Asian and Pacific Affairs," *America.gov*, March 10, 2010, http://photos.state.gov/libraries/burma/895/pdf/031010Remar ksbyKurtCampbell.pdf。

[11] AFP, "U. S. Urges Free Access to South China Sea: Gates," *The New Straits Times*, June 5, 2010, http://www.nst.com.my/nst/articles/USurgesfreeaccesstoSouthChinaSea_Gates/Article/。

[12] Peter Lee, "U. S. Goes Fishing for Trouble," *Asian Times Online*, July 29, 2010, http://www. atimes.com/atimes/China/LG29Ad03.html; Thu Trang – Ha Phuong, "U. S., Vietnam Tighten Military Relationship," *DTiNews*, June 9, 2010, http://www.dtinews.vn/news/news/vietnam/ us-vietnam-tighten-military-relationship.html。

　　7 月 23 日，在東協區域論壇（ASEAN Regional Forum, ARF）會議中，美國國務卿希拉蕊表示，南海航行自由、開放接近亞洲公共海域、尊重國際法，這些是美國的國家利益。南海爭端妨礙了海上商業活動，限制其他國家進入該地區的國際海域。她甚至說解決南海爭端問題是「外交優先工作」[13]和「區域安全的樞紐」。希拉蕊稱，美國不偏袒任何國家對南海島嶼擁有主權。美國願意與南海爭端各方合作，通過談判解決爭端。她稱之為「所有聲索國進行合作的外交過程」（collaborative diplomatic process by all claimants）。美國是主張透過多邊方式來協商解決南海問題。美國鼓勵各造達成充分的行為準則。[14]

　　希拉蕊的發言代表歐巴馬（Barack Obama）政府對南海的新政策，美國一反過去不介入的姿態，而欲對南海問題表示高度介入的熱心，此與過去歷任美國政府對南海問題的基本立場不同，無論是柯林頓（Bill Clinton）政府或布希政府皆不願直接介入南海問題。過去歷任美國政府對南海的主張，是站在第三者的立場督促有關國家和平解決南海問題，強烈反對威脅或使用軍事力量解決爭端，並表示對南海保持和平與穩定有著長久的利益，重申美國對「航行自由」的基本利益。

　　在這次「東協區域論壇」會議上，希拉蕊支持東協和中國簽訂「南海區域行為準則」（Regional Code of Conduct in the South China Sea），越南意圖利用其主席國的權力將「南海區域行為準則」放入議程上討論，結果遭到中國的反對。[15]在會中最後決議雙方繼續召開「東協－中國落實南

---

[13] Veronica Uy, "China Protests Signing of Baselines Bill," *INQUIRER.net*, March 11, 2009, http://newsinfo.inquirer.net/topstories/topstories/view/20090311-193575/China-protests-signing-of-baselines-bill。

[14] "Clinton Urges Collaborative Process for Resolving East Sea Disputes," DTiNews, July 24, 2010, http://www.dtinews.vn/news/news/international/clinton-urges-collaborative-process-for-resolving-east-sea-disputes_3793.html。

[15] 2009 年 7 月在泰國普吉島舉行的東協區域論壇會議時，中國也反對將南海問題列入議程。請見 Leszek Buszynski, "Rising Tensions in the South China Sea: Prospects for a Resolution of the Issue," *Security Challenges*, Vol. 6, No. 2, Winter 2010, p.94。關於 2010 年 7 月東協區域論壇會議有關南海議題是否列入議程的爭議，請見 Richard Weitz, "Why U. S. Made Hanoi Move," *The Diplomat*, August 18, 2010, http://the-diplomat.com/2010/08/

海各方行為宣言聯合工作小組會議」（ASEAN-China Joint Working Group on the Implementation of the DOC），在 2010 年底由中國舉辦。

美國海軍第七艦隊旗艦「藍嶺號」（USS Blue Ridge）艦長勒普頓（Rudy Lupton）在 2010 年 8 月 4 日訪問馬尼拉時表示，中國在南中國海有爭議水域行動要「負責」，以免引發政治及安全問題。[16]美國太平洋指揮部司令威勒德 8 月 18 日在馬尼拉說，美國對南海爭端將遵守國際慣例，不偏袒任何一方，但反對使用武力，或其他任何強勢手段占領島礁，美國之目的是維持安全，因為南海是具戰略重要性之水域。[17] 10 月 11 日，美國國防部長蓋茨在河內舉行的 10 加 8 國防部長會議，也重申美國主張以多邊對話來解決東亞地區的主權糾紛。

美國政府官員和軍方高層官員對南海情勢相繼發表意見，表現美國對南海議題出乎尋常的關心，而且企圖利用多邊主義擔任調人。但美國這樣急切的表態，遭到中國和菲律賓的反對。中國外長楊潔篪駁斥說，中國擁有南海一些島嶼的主權。南海爭端應由中國和有關的爭端一方以雙邊協商方式解決，反對南海問題國際化。[18]菲國外交部長羅慕洛（Alberto G. Romulo）同年 8 月 9 日指出，東南亞國家在與中國解決南海領土爭端一事上，並不需要求助於美國。談判應該只涉及東協成員國和中國，美國和其他任何一方不該參與談判。[19]

中國反對美國的南海主張，固可理解，但菲律賓外長的談話很耐人尋味。過去菲國爭奪南海島礁的策略是拉攏美國，希望美國支持菲國對南沙島礁的主權主張，甚至擴大解釋美國和菲國的共同防禦條約之防禦範圍包含南沙群島。此次菲國將南沙問題界定在東協國家和中國之間的問題，不

18/why-us-made-hanoi-move/.

[16] 星島環球網，「BBC 美軍將領呼籲中國南海『負責行事』」，星島環球網，2010 年 8 月 5 日，http://news.stnn.cc/ed_china/201008/t20100805_1388640.html。

[17] 尹德瀚、黃菁菁，「中對南海強勢　美日憂心」，中國時報，2010 年 8 月 19 日，版 A2。

[18] 「楊潔篪外長駁斥南海問題上的歪論」，新華網，2010 年 7 月 25 日，http://big5.xinhua net.com/gate/big5/news.xinhuanet.com/world/2010-07/25/c_12370631.htm。

[19] 「菲認為美不應參與南中國海糾紛談判」，南洋星洲聯合早報（新加坡），2010 年 8 月 10 日，http://www.zaobao.com/special/china/sino_us/pages8/sino_us100810.shtml。

希望其他國家介入。菲國之策略可能是欲與中國維持一定的合作關係，而不是與美國合謀對抗中國，以免遭致中國的報復。

　　美國明知其主張和中國不同，但為何會在此時提出如此對立的主張？究實言之，美國國務卿希拉蕊在 2009 年 7 月簽署了東南亞友好合作條約（*Treaty of Amity and Cooperation of Southeast Asia*），總統歐巴馬並正式獲邀參加 2011 年 10 月底將舉行的東亞高峰會。歐巴馬政府重返亞洲之政策，已逐步實踐，並順利加入東亞高峰會，中國無法再阻擋。所以希拉蕊才會較無顧忌的提出如上的得罪中國的主張，而此主張背後也獲得在南海經營的美國商家以及若干東協國家特別是越南的支持。從各種跡象來看，美國正在凸顯它才是東亞高峰會領導國的形象。

三、美國與東協國家加強軍事合作關係

　　美國為了部署其重返東亞的策略，也開始和東南亞國家強化雙邊的經濟和軍事、安全關係，其中最令人注目的是美國和越南以及在印度支那的關係。

　　在越南戰爭結束後，越南的經濟開始衰退，一群只會打戰的人不會治國。直至 1986 年才推動「革新」（*Đổi mới*）政策，一方面，經濟改革需要資金和市場；另一方面，又感受中國勢力增強的威脅，所以越南的外交政策逐漸轉向美國，尋求美國的友誼，建議美國使用其金蘭灣基地、邀請美國開採其岸外油田，與美國進行高層互訪、歡迎美國商人或留美越人到越南投資。美、越從 2008 年起每年輪流在對方首都舉行一次「政治、安全暨國防對話」，雙方討論了維和行動與訓練、人道支援、災難救助、航海安全、反恐及反毒合作、邊境安全、反武器擴散及高層官員互訪等議題。雙方也討論了增加美、越兩軍相互瞭解的方法。[20]

---

[20] 關於美越軍事安全合作之進展，請見美國國務院發佈的新聞稿，Office of the Spokesman, "Third U. S.-Vietnam Political, Security, and Defense Dialogue Yields Progress in Political-Military Cooperation," *U. S. Department of State*, June 9, 2010, http://www.state.gov/r/pa/prs/ps/2010/06/142906.htm。

2010 年 3 月 30 日，美國和越南簽署和平使用核能合作備忘錄，美國將協助越南建設核能電廠。越南準備建設四座核子反應爐，將建設第一座核能電廠，總發電量為 4 千兆瓦。[21]

6 月，美國醫療船「馬許號」（USNS Mercy）抵達越南中部的平定（Bình Định）省，作為時 13 天醫療服務。美國總共派遣 1,000 名醫療人員從事服務。[22] 8 月 10 日，美國飛彈驅逐艦「麥凱恩號」（USS John S. McCain）停靠峴港，參加美越南海聯合海軍演習。參加演習的有航空母艦「喬治華盛頓號」（USS George Washington）、三艘驅逐艦組成的艦隊，除了「喬治華盛頓號」外，其他艦艇是在 7 月份在黃海與南韓舉行聯合海軍演習後南下到越南外海參加演習。美國為免引起疑慮，「喬治華盛頓號」並未參與這次軍事演習，只邀請越南軍事人員登艦訪問。

8 月 17 日，美國國防部負責南亞和東南亞事務的副助理部長謝爾（Robert Scher），在河內與越南國防部副部長阮志詠討論了深化兩國防務合作的問題。美國第七艦隊旗下航空母艦「史坦尼斯號」（USS John C. Stennis）在 2009 年成為第一艘把越南軍政代表團載到艦上的美國航空母艦。第七艦隊旗艦「藍嶺號」也隨後到訪。美國甚至在 2009 年 11 月派遣第一位越南裔艦長黎雄波及其指揮的導彈驅逐艦「拉森號」（USS Lassen）到峴港訪問。導彈驅逐艦「麥凱恩號」在 2010 年 8 月 9 日在峴港停泊，還出海同越南海軍進行訓練交流計畫。[23]此可看出美國軍方特意安排，以贏得越南人的好感，拉近彼此的關係，化解以前的戰爭陰影。

美國在東南亞的軍事演習年度的「金色眼鏡蛇」（Cobra Gold），2010 年更擴大規模。2010 年 2 月 1 日，美國與泰國、新加坡、日本、印

---

[21] 李永明，「美國協助越南發展核技術」，南洋星洲聯合早報（新加坡），2010 年 8 月 18 日，http://www.zaobao.com/special/china/sino_us/pages8/sino_us100818a.shtml。AFP, Yahoo! News, 2010/3/30. "Vietnam and USA Signs MoU Pact," *The Nuclear N-Former*, http://www.nuclearcounterfeit.com/?p=1961。

[22] Donna Miles, "U. S., Vietnam Explore Enhanced Defense Cooperation," *U. S. Department of State*, August 18, 2010, http://www.defense.gov/news/newsarticle.aspx?id=60478。

[23] 「美越舉行 15 年來首次高層防務會談」，南洋星洲聯合早報（新加坡），2010 年 8 月 18 日，http://www.zaobao.com/special/china/sino_us/pages8/sino_us100818c.shtml。

尼、韓國在泰國舉行其在太平洋地區最大規模的「金色眼鏡蛇」軍事演習，該項演習至 2010 年邁入第 29 個年度，共有 14,073 名軍人參加演習。美國派出最多軍人，共 8,741 名美軍，泰國 4,658 人、韓國 331 人、新加坡 140 人、日本 108 人、印尼 95 人。演習的重點是聯合維和行動，以及人道與救災行動。[24]

　　最令人注目的是美國在柬埔寨的部署。自從柬埔寨在 1993 年復國後，美國遠離柬埔寨事務，幾乎到了視而不見的地步。以致於柬埔寨的外交政策倒向中國，中國對柬國提供大量的軍經援助，成為中國在印度支那的一個戰略據點，用以制衡越南的南側。

　　美國為了配合其重返東亞的策略，在 2010 年 5 月 3 日共撥款 180 萬美元在柬埔寨成立維和訓練中心（Peacekeeping Training Center）。美國從 2006 年以來，對柬埔寨提供了 450 萬美元的軍事裝備和訓練費用。美國駐柬埔寨代辦阿萊格拉（Theodore Allegra）說：「美國將繼續在防務改革、軍隊專業化、邊界和海上安全、反恐、軍民運作和排除地雷等方面進行合作。」[25]美國對柬埔寨提供軍事援助，是為了加強兩國之間的民事和軍事關係，而這對建立「健全的政治體系」來說是至關重要的。[26]

　　與此同時，美國負責政治事務的副國務卿伯恩斯（William Burns）在 7 月訪問柬埔寨兩天，美國對柬埔寨提供軍事援助。7 月 12 日，在美軍的聯合贊助下，共 23 個國家（包括法國、印尼、菲律賓、澳洲、印度、義大利、日本、英國、蒙古、德國）在柬埔寨舉辦了「吳哥哨兵 2010」（Angkor Sentinel 10）維和軍演；共有 1,200 名軍人參與了該演習，[27]而這也是柬埔寨首次舉辦這麼大規模的國際維和演習。

---

[24] 李威翰，「美今舉行太平洋軍演 六國參加」，大公網，2010 年 2 月 2 日，http://www.takungpao.com.hk/news/10/02/02/junshi05-1210469.htm。

[25] Clifford McCoy, "U. S. and Cambodia in Controversial Lockstep," *Asia Times Online*, July 31, 2010, http://www.atimes.com/atimes/Southeast_Asia/LG31Ae0 1.html。

[26] 「美為軍援柬辯護」，南洋星洲聯合早報（新加坡），2010 年 7 月 19 日，http://www.sinchew-i.com/node/163867?tid=4。

[27] "Angkor Sentinel 10 Opens in Phnom Penh," *Embassy of the United States in Cambodia, Phnom Penh*, July 12, 2010, http://cambodia.usembassy.gov/pr_071210.html。

　　柬埔寨是在聯合國支持下復國的，有其複雜的國際背景，若美國單獨與柬國舉行聯合軍演，將引起不必要的疑慮。因此，美國經過精心策劃，先在柬國設立維和訓練中心，再舉辦多國聯合演習，作為美國重新介入印度支那事務的掩護。當年聯合國派遣駐柬埔寨的維和部隊，也包含中國的維和部隊，但這次美國在柬埔寨的聯合軍演沒有邀請中國參加，意在言外，就是不希望中國參與印支事務。

　　從美國對越南和柬埔寨的軍事動向來看，美國正在印度支那半島建立軍事聯繫紐帶關係。美國的目的很清楚，就是將印支半島和中國切割開來，在美國退出印支事務 30 年後，是否顯示美國將重新介入印支事務？美國和印支國家強化軍事合作關係會達到何種程度？越南會犯下以前的「遠交近攻」的策略的錯誤嗎？

　　此外，美國為了強化與印度支那國家的關係，國務卿希拉蕊在 2010 年 7 月在河內舉行的東協區域論壇會議期間表示，美國將在該年給予湄公河流域的泰國、寮國、柬埔寨和越南四國一億八千七百萬美元的經濟援助，協助這四個國家因為遭到氣候變遷、傳染病而受害的人民，主要將用在水資源、糧食安全、醫療健康等方面。[28]此項經濟援助應是與軍事援助相配套的在印度支那拓展關係的措施。

　　2009 年，美國海軍為大約 2,000 名菲律賓海軍提供訓練，以對抗挾持了兩名歐洲紅十字會義工的回教武裝組織阿布沙耶夫（Abu Sayyaf）。美國也將提供情報，以協助菲律賓追捕他們。[29]

　　2010 年 9 月 24 日，美國和東協領袖在紐約舉行第二屆領袖對話會議，會後的聯合聲明中，重申區域和平和穩定、海洋安全、無阻礙的商業活動、航行自由、尊重普遍接受的國際法原則，包括聯合國海洋法公約以及其他國際海洋法，和平解決爭端的重要性。[30]在會前，東協國家的新聞

---

[28]　Merle David Kellerhals, Jr., "U. S. To Spend \$187 Million on Lower Mekong Initiative," *America.gov*, July 22, 2010, http://www.america.gov/st/develop-english/2010/July/20100722 134433dmslahrellek0.2057459.html。

[29]　「美以對抗阿布沙耶夫名義訓練菲律賓海軍」，鐵血社區，2009 年 4 月 17 日，http://bbs.tiexue.net/post2_3499961_1.html。

[30]　The White House, Office of the Press Secretary, "Joint Statement of the 2ND U. S. - ASEAN

媒體，預期該項會議能載明美國和東協對南海達成一致的看法，意圖迫使中國讓步。但審視該份聯合聲明，會中非常技巧的避開了「南海」字眼，所講的「區域和平和穩定」不指明特定地區，以避開直接針對中國的敏感性。

　　基本上，東協國家對於南海議題逐漸出現共識，因為東協本身可分為兩大類：一類是與南海島礁領土爭端有關的當事國，例如菲律賓、越南、馬來西亞、汶萊；另一類是與爭端無關的國家。這兩類國家關心南海的程度不同，利害關係也不同。比較特別的是印尼，雖然印尼不涉及島礁爭端，但其在南海的海域與周邊的越南、馬來西亞、中國、臺灣的專屬經濟區海域有重疊之處。東協國家中，早期最積極想利用東協的力量來制衡中國的是菲律賓，因此在馬尼拉召開的東協外長會議在 1992 年 7 月 22 日通過東協南海宣言（ASEAN Declaration On The South China Sea），重申東協主張以和平方法解決南海爭端，[31]此應為東協對南海採取集體行動的首次。以後歷次的東協外長會議或東協區域論壇、東協高峰會議都會重申該一立場。直至 2002 年 11 月 4 日，東協各國外長與中國副外長王毅在金邊舉行會議，達成南海各方行為宣言，除了重申上述的和平解決爭端外，另重申將致力於簽署「行為準則」（code of conduct）。[32]此應是東協第二次對於南海議題達成共同立場，亦是此後東協與中國繼續磋商如何簽署該「行為準則」之議題。

　　誠如本文前面所述，受到近幾年來南海情勢演變發展之影響，最積極拉攏美國以制衡中國在南海之勢力的是越南，而菲律賓為了維持與中國的關係，對於拉攏美國反而顯得保守。菲國對於中國的外交政策與以前有所

Leaders Meeting," *The White House*, September 24, 2010, http://www.whitehouse.gov/the-press-office/2010/09/24/joint-statement-2nd-us-asean-leaders-m eeting。

[31] 關於東協南海宣言之全文，請見東協秘書處網站，"ASEAN Declaration on the South China Sea," *The Official Website of the Association of Southeast Asian Nations*, July 22, 1992, http://www.aseansec.org/3634.htm。

[32] 南海各方行為宣言之全文，請見東協秘書處網站，"ASEAN DECLARATION ON THE CONDUCT OF PARTIES IN THE SOUTH CHINA SEA," *The Official Website of the Association of Southeast Asian Nations*, November 4, 2002, http://www.aseansec.org/13163.htm。

不同，除了其外長羅慕洛發表南海爭端無須求助於美國之談話外，現任總統艾奎諾三世（Benigno Aquino III）對於 2010 年 12 月 10 日在挪威舉行諾貝爾和平頒發和平獎給中國異議人士劉曉波之典禮時，菲國受到中國關照，沒有派代表參加觀禮。菲國外交部發言人馬來亞（Eduard Malaya）表示，菲國和中國有 100 項合作計畫正在進行，雙邊關係友好。[33]無論如何，菲國是東協之一員，其對於與中國簽署「南海行為準則」之立場應是相同的。至於中國增加對於菲國之經濟援助，是否會舒緩菲國對於南沙議題與中國之爭端，有待觀察。

四、中國對南海的新布局

近年來，中國為了抗衡長期以來掌控西太平洋海域的美國勢力，積極研發海軍艦艇，提升其性能。在戰略上，海軍艦艇發展的目標是從沿岸海軍發展成近海海軍，從第一島鏈海域進入第二島鏈海域。中國之基本戰略目標是欲取代美國在東亞和西太平洋的主導權（dominance），其實踐策略有六：

1.尋求臺灣在南海進行合作

中國從 1988 年與越南在赤瓜礁爆發海戰後，就尋求與臺灣在南海合作。中國透過各種途徑，包括研討會、公開談話、私人訪問，表達此一企圖。惟因臺海兩岸存在著歧見以及戰略思考的差異，以致於該項合作未獲重大進展。

2010 年 3 月，中國海洋局國際合作司副司長陳越至臺灣參加首屆「海峽兩岸海洋論壇」時釋放「南沙群島是兩岸有共同點的議題，維護海域、島礁的主權和管轄權，也是非常重要的問題，兩岸對此應該共同合作」之合作方向球，[34]時間上正巧是中國媒體表達南海是中國之「核心利

---

[33] Hrvoje Hranjski, "Rights Groups Slam Philippines' Nobel Boycott," *The China Post*, December 10, 2010, http://www.chinapost.com.tw/asia/philippines/2010/12/10/283110/Rights-groups.htm。

[34] 中國新聞網，「大陸海洋局官員訪臺 稱兩岸應共同維護南沙主權」，搜狐新聞，2010

益」之際，中國意圖拉攏臺灣之企圖很明顯。

2.在南海進行海軍演習

2010 年 4 月，北海艦隊、東海艦隊和南海艦隊一齊出動，在日本沖繩島南部的中國東海、南海的巴士海峽和南沙群島周邊海域進行了大規模軍事演習。中國駐守在青島的北海艦隊駛到南沙群島，停靠在永暑礁（Fiery Cross Reef）之附近，進行海空演習。當時，中國海軍越過南海和東海，進入西太平洋，並向監視軍演的日本驅逐艦派去直升機進行「挑釁性」飛行。6 月 30 日開始，還在浙江省東部的中國東海進行了大規模實彈射擊演習。[35] 7 月底，中國海軍在南沙舉行演習。11 月 2 日，中國海軍南海艦隊在南海廣東汕尾海域進行代號「蛟龍-2010」海軍陸戰隊登陸演習。

3.動員漁船到南沙海域捕魚

中國為了宣示南海是其漁民活動的海域，鼓勵漁民前往捕魚，並規定每年 5 月起兩個半月為休漁季，[36]禁止漁民前往捕魚，將南海捕魚納入其管理範圍。

中國為了漁民在南海捕魚之安全，在 2009 年 3 月派遣噸位最大的「漁政 311 號」漁政船負責在南沙群島和西沙群島執行護漁護航任務。2009 年 3 月 9 日，中國漁船在南海與美國海軍監測船發生摩擦，中國政府隨即派「漁政 311 號」開赴南海執行任務。3 月 10 日，菲律賓總統簽署「菲國群島基線法」，把有爭議的南沙部分島嶼和中沙群島的黃岩島劃歸菲律賓領土後，中國政府也曾派出「漁政 311 號」及另兩艘漁政船，編隊前往南沙和西沙群島宣示主權。

從 2010 年 4 月 1 日起，中國漁政單位派遣兩艘新船到南沙巡護其漁

年 3 月 31 日，http://news.sohu.com/20100331/n271227730.shtml。

[35] 環球時報，「韓稱美中在南海東海較量加劇 中國提高軍演規模」，新浪軍事，2010 年 7 月 6 日，http://mil.news.sina.com.cn/2010-07-06/0917599417.html。

[36] 自 1999 年開始實施南海伏季休漁制度，休漁時間也由此前的兩個月擴大到兩個半月（5 月 16 日 12 時至 8 月 1 日 12 時），休漁區域是北緯 12 度以北至「閩粵海域交界線」的南海海域（含北部灣）。

船作業。4 月底，中國漁船群聚靠近馬來西亞占領的彈丸礁，馬國出動軍艦和偵察機靠近該中國漁船 300 公尺以內。中國漁民使用擴音器大聲說：「該一海域是中國的經濟海域，是中國漁民傳統作業地區，請勿阻撓我們的作業。」中國漁船在該一海域作業約有 900 艘。[37]中國於 2010 年 9 月在廣州製造一艘 400 噸級大型漁政船，將常駐西沙群島。

4.加強占領島礁的建設

中國在西沙群島的永興、琛航兩島，修建一座長 3,000 公尺跑道的軍用機場，以及可同時供三艘中大型戰艦停泊的基地。中國在南沙群島也建有一座可供停靠 500 噸船艦的碼頭。赤瓜礁建有第三代鋼筋混凝土結構，島上有衛星通訊設施。[38]南薰礁上也建有第三代永固式高腳屋，和一個補給平臺。[39]中國在永暑礁建有碼頭，足以停靠 4,000 噸級軍艦。中國從 1994 年 2 月開始占領美濟礁，並建設浮腳屋。從 1998 年下半年到 1999 年初，中國在美濟礁上建造了四個建築群，每個建築群都有鋼管支撐。隨後在美濟礁四個方向共修建了 13 座第二代高腳屋，這種高腳屋已經具備基本防守能力。後來蓋了一棟三層樓的建築物。[40]

2003 年 7 月，中國在南沙開通了衛星電話。2004 年 1 月 4 日，中國在南沙永暑礁等幾個島礁上安裝四套小型衛星接收系統及一個標準化網路教室。[41]

2010 年 4 月 20 日，中共派遣「中國海監 81」船將花崗岩刻製的中華人民共和國主權碑，投進曾母暗沙的大海裏。曾母暗沙最淺處水深為 17.5 公尺，暗沙形如紡錘，礁丘脊部呈北－北西走向，為水下珊瑚礁，面積 2.12 平方公里。[42] 8 月 25 日，中國宣布利用小型潛水艇在南海（沒有指

---

[37] Peter Lee, "U. S. Goes Fishing for Trouble".

[38] 京微，「2010 最新盤點：中國在南沙實際控制的島礁一覽」，南沙群島論壇，2010 年 2 月 4 日，http://www.nansha.org.cn/forum/viewtopic.php?f=3&t=299&start=90。

[39] 同註 38。

[40] 同註 38。

[41] 張雷賓，「讀書用上衛星 上課通過網路 南沙礁盤有了『網路大學』」，解放軍報，2005 年 1 月 7 日，http://www.chinamil.com.cn/site1/zbxl/2005-01/07/content_106334.htm。

[42] 現代艦船，「南海日記：隨中國海監船近距拍攝被占島礁（組圖）」，鳳凰網，2010

出確實地點）水面下 3,700 公尺投放中國國旗，以宣示主權。[43]

5.阻止西方國家石油公司與越南、菲律賓合作在南海地區探勘和開發

2007 年英國石油公司（BP p.l.c., BP）有意與越南國營石油公司合作在南海探勘，經中國警告後，英國石油公司遂終止與越南的合作。[44]

2008 年 7 月，美國艾克索美孚石油公司（Exxon Mobil）與越南國營石油公司簽署在南海探勘合作協議，中國立即對此協議提出警告，要求艾克索美孚石油公司撤銷該項協議，否則將影響其在中國的石油市場。

英國的論壇能源菲律賓石油公司（Forum Energy Philippines Corp.）在 2008 年與菲國簽署在南沙群島東北部的禮樂灘探勘服務合約（Service contract），進行 3D 地震調查（3D seismic survey），調查地區在 GSEC101 礦區。但 2009 年 8 月 14 日遭到中國駐菲國大使劉建昭的抗議，認為其侵犯中國之領土主權。[45]

6.抗議菲律賓通過群島基線法、阻止馬來西亞和越南向聯合國登記他們各自的大陸礁層外界線

2009 年 3 月 10 日，菲國總統艾洛雅（Gloria Macapagal-Arroyo）簽署菲律賓群島基線法，又稱為共和國法第 9522 號（Republic Act No. 9522），將卡拉揚（Kalayaan）島群（屬於南沙群島的部分島礁）和黃岩島納入成為菲律賓共和國之下的「島嶼制度」（regime of islands）。當菲

年 7 月 22 日，http://news.ifeng.com/mil/4/detail_2010_07/22/1816095_5.shtml。

[43] 中國新聞網，「外媒：中國載人潛水器南海底插國旗具政治意涵」，美國中文網，2010 年 8 月 27 日，http://gate.sinovision.net:82/gate/big5/www.sinovision.net/index.php?module =news&act=details&col_id=3&news_id=145398&nocache=1；Roberto R. Romulo, "New U. S. Interest in South China Sea," *Philstar*, September 3, 2010, http://www.philstar.com/ Article.aspx?articleId=608488&publicationSubCategoryId=66。

[44] "China Warns ExxonMobil to Drop Vietnam Deal: Report," *SpaceDaily*, July 20, 2008, http://www.spacedaily.com/reports/China_warns_ExxonMobil_to_drop_Vietnam_deal_report _999.html。

[45] "Disputed Oil Rich Reed Bank," *Alternat1ve.com*, August 15, 2009, http://www.alternat1v e.com/biofuel/2009/08/15/disputed-oil-rich-reed-bank/; "China Opposes Manila's Plans to Extract Oil from the Disputed Reed Bank in South China Sea," *Energy Security Review*, Vol. 8, Iss. 2, August 2009, http://www.idsa.in/TWIR/8_2_2009_China1。

國總統艾洛雅簽署群島基線法時，中國駐菲國大使館立即發表抗議聲明，重申中國擁有南沙群島和黃岩島的主權。中國大使館再次重申，「黃岩島和南沙群島歷來都是中國領土的一部分，中華人民共和國對上述島嶼及其附近海域擁有無可爭辯的主權。菲律賓對黃岩島和南沙群島的島嶼提出領土主權要求，是非法的、無效的。」[46]

　　中國隨後在南海派出現代化巡邏艦進行巡邏，菲國對於中國此舉感到重視，認為是衝著菲國通過群島基線法的一次炮艦外交。[47]其實中國對美國軍艦之監視行動是發生在 3 月 8 日，當時菲國總統尚未簽署群島基線法，中國並無藉此對菲國進行警告。菲國國會議員在 15 日表示，菲國應利用各種外交手段與中國維持友好關係。菲國國家安全顧問岡薩雷茲（Norberto Gonzales）也認為菲國應利用外交，必要時可訴請美國或東協協助。[48]

　　接著，越南和馬來西亞聯合在 2009 年 5 月 6 日向聯合國大陸礁層界線委員會（Commission on the Limits of the Continental Shelf, CLCS）申報兩國在南海南部地區的大陸礁層界線。兩國會採取聯合申報的唯一理由是，兩國將可能在南沙問題上採取聯合行動和立場，以因應將來的南沙領土問題的談判。

　　5 月 7 日，越南又單獨向聯合國大陸礁層界線委員會申報其南海中北部地區大陸礁層界線，其主要內容係重申越南擁有西沙群島和南沙群島以及散佈南海海域的約三千多個島嶼和礁石的主權、主權權利和國家管轄

---

[46] Veronica Uy, "China Protests Signing of Baselines Bill". 孫奕、何宗渝，「中國重申任何其他國家對黃岩島和南沙群島的島嶼提出領土主權要求都是非法的、無效的」，新華網，2009 年 3 月 12 日，http://big5.xinhuanet.com/gate/big5/news.xinhuanet.com/world/2009-03/12/content_10999961.htm。

[47] Christian V. Esguerra, "RP Taking China Ship in Spratlys 'Seriously'," *INQUIRER.net*, March 15, 2009, http://globalnation.inquirer.net/news/breakingnews/view/20090315-194287/RP-taking-China-ship-in-Spratlys-seriously。

[48] Johanna Camille Sisante, "Exhaust All Diplomatic Means with China, Arroyo Told," *GMA News Online*, March 16, 2009, http://www.gmanews.tv/story/152852/Exhaust-all-diplomatic-means-with-China-Arroyo-told。

權。[49]

　　中國立即對越南和馬來西亞的申報提出抗議，而未對菲國提出抗議（因為菲國並沒有申報其在南海地區的大陸礁層界線範圍），導致越南和馬來西亞的申報未獲通過。而中國為了避免其申報南海地區的大陸礁層界線遭到南沙聲索國的抵制，故中國也未申報其在南海地區的大陸礁層界線。中國和菲律賓、越南、馬來西亞在南海的爭執，已進入法律層次，各國都想將其占領島礁之行為獲得聯合國之承認。

五、「新圍堵」抑或「領域宣示戰」？

　　美國在 2010 年 8 月底從伊拉克（Iraq）撤出武裝戰鬥部隊，並計畫在隔年從阿富汗撤兵，美國在中東進行七年多的戰爭將告一段落。而在這即將結束的中東戰爭之際，美國的戰略已悄悄轉移到東亞地區。北韓在 2009 年進行核試爆，2010 年 3 月發生南韓「天安艦」在黃海遭不明武器擊沉事件；美國偵察機在海南島上空遭中國戰機撞擊；2009 年 3 月 9 日，美國海軍「無畏」號測量船在海南島以南 120 公里遭到五艘中國船隻的「尾隨」和「騷擾」，美國海軍被迫使用水槍對中國船隻進行了驅趕。這是 10 天以來中美海軍在中國附近海域發生的第四次衝突。[50] 2009 年 6 月，一艘中國潛艇在菲律賓北部蘇比克灣附近，與一艘美國軍艦拖拉的水下聲納儀相撞。還有美軍從琉球普天間基地撤出，問題未決。

　　這些事態的發展，已對美國在東亞地區的活動造成干擾和隱憂，而美國的注意力正放在中東，東北亞地區消極地以「六方會談」拖住北韓，東

---

[49] 一般認為南海島礁數目約在四至五百多個左右，但越南在其向聯合國大陸礁層委員會申報的南海北部延伸大陸礁層的文件中稱，南海地區的島礁數有三千多個。請見 Socialist Republic of Vietnam, "Submission to the Commission on the Limits of the Continental Shelf Pursuant to Article 76, Paragraph 8 of the United Nations Convention on the Law of the Sea 1982: Partial Submission in Respect of Vietnam's Extended Continental Shelf: North Area (VNM-N)," *UN.org*, May 7, 2009, http://www.un.org/Depts/los/clcs_new/submissions_files/vnm37_09/vnm2009 n_executivesummary.pdf。

[50] 劉勇，「南海被『擾』，五角大樓要打輿論牌？」，華盛頓觀察，2009 年 3 月 11 日，http://www.washingtonobserver.org.cn/showtemp.cfm?showtempid=2722&charid=2&uid=1。

南亞地區只著重對付激進回教團體的反恐打擊戰。從美國在 2003 年出兵伊拉克以來，七年過去了，美國這種重視中東的程度高過東亞的戰略部署，卻使得中國勢力逐漸擴大，中國在 2002 年起與東南亞國家發展自由貿易區關係，而且還發展軍事和安全合作關係，中國對東南亞國家的軍售增加。此外，中國並與印度進行和解，中國從 2001 年以來與俄羅斯和印度舉行年度三國外長會晤，就區域和國際事務進行協商。中國亦召開上海合作會議，意圖逐步成為東亞事務的發言人。最重要的，中國的經濟實力增強，已有取代日本之勢。中國、日本、南韓和東協逐步發展東亞高峰會，美國數度想入會卻被排斥，甚至連想擔任觀察員之要求都被拒絕，這對於美國是情何以堪的局面。

面對東亞地區逐漸的經濟整合以及區域勢力的獨立，美國若不改弦易轍，將有被迫退出東亞事務的可能性。自「911 事件」後，東亞局勢已發生重大改變，美國如何重新在東亞建構其戰略部署？冷戰時期的對中國等共黨國家的「圍堵」政策，在最近美國對東亞國家的安全安排和佈局，逐漸浮現其輪廓。

相對地，中國亦積極在南海部署，中國一方面加強與東協國家的自由貿易關係，另一方面阻止南海周邊國家在南海擴張勢力以及開發活動。涉及南海爭端的越南、菲律賓、馬來西亞等國有結合起來的跡象，這些國家也加強其占領島礁的建設、購買先進武器防衛南海島礁和海域，並拉攏美國、英國的石油公司進行石油和天然氣開發。然而，這樣的作法仍可能無法抵擋中國的壓力，因此，企圖拉攏美國以制衡中國，將南海問題國際化，這樣美國就有機會介入。

在南海進行資源探勘及開發的國家，包括美國的石油公司和英國的石油公司，這就給美國介入的藉口，美國歐巴馬政府藉口在南海地區商業自由，不應受到阻礙，以及航行自由，明顯的就是指美國商業公司應有權利參與該一地區的資源開發。美國是一個資本主義或市場導向的國家，美軍部署東亞地區，除了威懾共產國家外，就是保護美國的商業利益。近幾年來美國的石油公司在南海的開發活動，遭到中國的恐嚇和阻撓，美國副國務卿尼格羅龐帝（John Negroponte）在 2008 年 9 月訪問越南時重申美國

公司有在南海進行商業活動的權利,美國並與中國交涉,主張各國在南海的爭端,不應對與爭端無關的公司施加壓力。美國國務院東亞與太平洋事務局副助理國務卿馬錫爾(Scot Marciel)於 2009 年 7 月 15 日在參議院外交委員會東亞與太平洋事務小組作證時表示,美國反對有國家對美國公司進行恐嚇。[51]從此觀點來看,美國最近積極在南海進行海上測量、偵察、舉行海上演習,不無向中國示威,同時宣示其保護美國石油公司或廠商的經濟利益。

2010 年 3 月 26 日爆發「天安艦事件」,一艘南韓海軍「天安艦」在黃海南北韓海域交界處遭不明原因爆炸而沈沒。南韓和美國等國家組成調查小組,調查報告直指該一事件的禍首是北韓。[52]結果北韓恫言對南韓發動攻擊以及中國的折衝敦勸,該一案件在聯合國竟然未能做出懲罰北韓的決議。姑不論事件原委內情如何,中國的影響力無形中提升,蓋出於中國的遊說和勸服,最後才使該案件化成小事。此一事件對美國毋寧是一項挫敗,美國想藉此事件增強其對北韓的壓力,結果未獲中國的支持。此一事件也反映了中國才是黃海領域的主要影響力者。美國只好透過在該一海域附近舉行一連串的演習,展示其指向中國和北韓的威懾力。

當 2005 年東協和中國、日本和南韓召開首屆東亞高峰會時,沒有邀請美國參加,美國感到失望,惟當時美國著力於中東戰爭,無暇顧及東亞事務,布希政府時期的國務卿萊斯(Condoleezza Rice)還數度缺席東協區域論壇會議,也不同意簽署東南亞友好合作條約,引發東協國家的微詞。如今時移勢遷,美國已將外交政策改為重視東亞事務,美國為了加入東亞高峰會,不惜改變政策,從拒絕簽署東南亞友好合作條約,改變為在2009 年降低姿態簽署了該約。

美國總統歐巴馬將於 2011 年 10 月參加東亞高峰會,該項會議是東亞

51　Scot Marciel, "Maritime Issues and Sovereignty Disputes in East Asia," *U. S. Department of State*, July 15, 2009, http://www.state.gov/p/eap/rls/rm/2009/07/126076.htm。

52　Gregory Elich, "Rising Tensions on the Korean Peninsula. The Sinking of the Cheonan, Reviewing the Evidence," *Global Research.ca*, July 30, 2010, http://www.globalresearch.ca/index.php?context=va&aid=20367。

地區一個重要的官方正式高峰會，也是美國經過五年後才獲得入會。美國從 2010 年 7 月 25 日在日本海舉行美韓「無畏精神」（Invincible Spirit）演習，8 月 16 日美韓又在黃海舉行「乙支自由戰士」軍演，期間中國也舉行一連串對應性的軍演。美軍為避免直接對立，未讓「喬治華盛頓號」航母戰鬥群進入黃海演習的計畫。不過，卻將該艦隊開入南海，與越南舉行聯合軍演（「喬治華盛頓號」航空母艦除外）。隨後，「喬治華盛頓號」航母戰鬥群更在關島進行「勇敢之盾 2010」（Valiant Shield 2010）軍演。美國在日本海、黃海、南海和關島海域舉行頻密的軍事演習，是針對北韓和中國的威懾行動？還是為了加入東亞高峰會而鳴鑼開道？

　　從地緣政治而言，的確，美國分別與南韓在黃海舉行聯合海軍演習，在南海與越南舉行聯合海軍演習，會間接給人一種美國「圍堵」中國和北韓的戰略姿態的印象。然而，深入分析，美國這種「新圍堵」態勢，是與冷戰時期不同的。第一，冷戰時期，美國圍堵的對象中國，與美國並沒有密切的經貿關係，人員交流亦有限。而現在美國和中國有著密切的經貿關係，互賴性日增。美國「圍堵」中國意義不大。第二，冷戰時期的圍堵對象尚包括北越共黨政權，現在北越已轉型為半資本主義的越南，且積極尋求美國的友誼和援助。美國和越南在南海聯合軍演，被看成是在嚇阻中國在南海的擴張行動。美國有可能將越南納入其戰略圍堵網嗎？目前來看，美國雖試圖透過核能合作強化與越南的關係，但越南應不會重蹈以前的覆轍，採取「遠交蘇聯近攻中國」的策略，導致中國的懲罰報復。

六、結語

　　2009 年 7 月 23 日，第十六屆東協區域論壇（ARF）外長會議在泰國普吉島召開，會後發表的聯合公報中曾提及南海問題，公報說：希望東協成員國和中國簽訂落實南海各方行為宣言綱領（*Guidelines on the Implementation of the DOC*），最後簽訂「南海區域行為準則」（Regional Code of Conduct in the South China Sea），鼓勵各方自制，在該地區採取

信任建立措施，歡迎以和平方法解決衝突。[53]

經過一年後，第十七屆東協區域論壇外長會議在越南河內召開，會後發表的聯合公報中再度提及南海問題，內容與去年相同，[54]顯然在簽訂「南海區域行為準則」並無突破性進展。東協和中國從 2005 年起就召開第一屆東協與中國落實南海各方行為宣言工作小組會議（First Meeting of the ASEAN-China Joint Working Group on the Implementation of the DOC），至今未有成果。根本的問題是中國不願此一具有法律意涵的「行為準則」儘早實現，因為此將拘束中國對南海諸島的領土主張。東協的外交官在 2011 年 1 月表示，中國和東協之間最大的絆腳石是中國不願就「南海行為準則」達成協議，中國只願與有爭端的東協個別成員國舉行雙邊會談討論此事。印尼外長那塔拉加瓦（Marty Natalegawa）在印尼龍目島（Lombok）舉行的東協外長會議後呼籲：「北京和東南亞國家需要儘快制定南中國海行為宣言的最後細節，以防南中國海發生海事衝突，進而影響區域安全。」[55]

美國歐巴馬政府支持東協的立場，敦促儘早簽署「南海區域行為準則」。美國駐菲律賓大使湯瑪斯（Harry K. Thomas, Jr.）表示，美國願意協助草擬行為準則，以解決南沙群島主權糾紛。[56]基本上，美國石油公司和菲律賓、印尼和越南簽有在南海地區探勘和開發能源協議，為了保障美商在南海的經濟利益，美國改變了以往對南海的立場，試圖介入南海爭

---

[53] "Chairman's Statement of 16th ASEAN Regional Forum," *Ministry of Foreign Affairs of Japan*, July 23, 2009, http://www.mofa.go.jp/region/asia-paci/asean/conference/arf/state0907.pdf。

[54] "43rd AMM/PMC/17th ARF VIETNAM 2010 Chairman's Statement 17th ASEAN Regional Forum," *The Official Website of the Association of Southeast Asian Nations*, July 23, 2010, http://www.aseansec.org/24929.htm。

[55] 「印尼外長：防發生衝突南中國海行動宣言細節須儘快制定」，南洋星洲聯合早報（新加坡），2011 年 1 月 18 日，http://www.zaobao.com/special/china/cnpol/pages4/cnpol110118e.shtml。

[56] Jim Stevenson, "U. S. Seeks Calm in South China Sea Territorial Disputes," *VOANews.com*, October 5, 2010, http://www.voanews.com/english/news/US-Seeks-Calm-in-South-China-Sea-104328294.html。

端。美國試圖透過多邊主義架構解決南海爭端，這可能也是美國唯一有機會介入南海爭端的途徑。然而美國的多邊主義和中國的雙邊主義主張存在著嚴重歧見，中國媒體試圖以「南海是其核心利益」向美國表態，俾讓美國知道中國對南海的立場是不會退讓的，結果引發兩邊的叫陣，雙方進行了一場「領域宣示戰」。

中國國防大學戰略研究所所長楊毅對於美國這種利用冷戰防堵中國甚不以為然，他認為中國海軍強大是必然的，美國必須拋棄冷戰思維。[57]南海被認為是冷戰時期第一島鏈內的範圍，美國將該海域視為其勢力範圍。現在中國海軍力量增強，不僅在第一島鏈內活動，亦試圖向第二島鏈延伸，致引起美國的嚇阻。

總之，無論是「新圍堵」或「領域宣示戰」，南海周邊有幾點情勢正在發展。第一，與冷戰時期不同，美國的「新圍堵」少了越南緩衝地帶，中國南疆將直接面對美國的挑戰，二者在南海的衝突，將可能再度發生。從 2001 年以來，已可見到雙方在南海的衝突案件有所增加。第二，美國已策劃重新在印支半島部署，美國與越南和柬埔寨的軍事安全合作將會加強。第三，中國的「南海核心利益」和美國「國家利益」、東協的「國家利益」，將難以取得妥協點，對峙還會持續。第四，東協的越南、菲律賓和馬來西亞之間在南海的利益是衝突的，各為己謀，不過從馬來西亞和越南聯合向聯合國大陸礁層界線委員會申報的動作來看，兩國在南沙的島礁利益具有利害關係，兩國有默認各自占領島礁現狀之跡象。第五，儘管如此，中國在南海的部署日漸增強，促使東協國家出現與中國集體議價的「感受」，這可能是給予美國介入南海事務以及東協擬援引美國之勢力以制衡中國的機會。

---

57 韓詠紅，「國防大學戰略研究所所長楊毅少將：中國海軍強大是必然的 美國必須拋棄冷戰思維」，南洋星洲聯合早報（新加坡），2010 年 8 月 3 日，http://www.zaobao.com/special/china/sino_us/pages8/sino_us100803b.shtml。

徵引書目

中文部分

報紙

尹德瀚、黃菁菁，2010/8/19。「中對南海強勢 美日憂心」，中國時報，版A2。

網際網路

2009/4/17。「美以對抗阿布沙耶夫名義訓練菲律賓海軍」，鐵血社區，http://bbs.tiexue.net/post2_3499961_1.html。

2010/7/25。「楊潔篪外長駁斥南海問題上的歪論」，新華網，http://big5.xinhuanet.com/gate/big5/news.xinhuanet.com/world/2010-07/25/c_12370631.htm。

2010/8/10。「菲認為美不應參與南中國海糾紛談判」，南洋星洲聯合早報（新加坡），http://www.zaobao.com/special/china/sino_us/pages8/sino_us100810.shtml。

2010/8/18。「美越舉行15年來首次高層防務會談」，南洋星洲聯合早報（新加坡），http://www.zaobao.com/special/china/sino_us/pages8/sino_us100818c.shtml。

2010/11/27。「中美撞機事件」，維基百科，http://zh.wikipedia.org/zh-tw/%E4%B8%AD%E7%BE%8E%E6%92%9E%E6%9C%BA%E4%BA%8B%E4%BB%B6。

2011/1/18。「印尼外長：防發生衝突南中國海行動宣言細節須儘快制定」，南洋星洲聯合早報（新加坡），http://www.zaobao.com/special/china/cnpol/pages4/cnpol110118e.shtml。

中國新聞網，2010/3/31。「大陸海洋局官員訪臺 稱兩岸應共同維護南沙主權」。搜狐新聞，http://news.sohu.com/20100331/n271227730.shtml。

中國新聞網，2010/8/27。「外媒：中國載人潛水器南海底插國旗具政治意涵」，美國中文網，http://gate.sinovision.net:82/gate/big5/www.sinovision.net/index.php?module=news&act=details&col_id=3&news_id=145398&nocache=1。

李永明，2010/8/18。「美國協助越南發展核技術」，南洋星洲聯合早報（新加坡），http://www.zaobao.com/special/china/sino_us/pages8/sino_us100818a.shtml。

李威翰，2010/2/2。「美今舉行太平洋軍演 六國參加」，大公網，http://www.takungpao.com.hk/news/10/02/02/junshi05-1210469.htm。

李秦，2010/4/15。「從國際法的角度透視中美撞機事件」，東方新聞，http://ej.eastday.com/epublish/gb/paper140/27/class014000004/hwz362567.htm。

周西，2010/8/30。「南海核心利益說令中國外交陷入空前被動」，華語，http://www.chinese.rfi.fr/%E4%B8%AD%E5%9B%BD/20100830-%E5%8D%97%E6%B5%B7%E6%A0%B8%E5%BF%83%E5%88%A9%E7%9B%8A%E8%AF%B4%E4%BB%A4%E4%B8%AD%E5%9B%BD%E5%A4%96%E4%BA%A4%E9%99%B7%E5%85%A5%E7%A9%BA%E5%89%8D%E8%A2%AB%E5%8A%A8。

京微，2010/2/4。「2010 最新盤點：中國在南沙實際控制的島礁一覽」，南沙群島論壇，http://www.nansha.org.cn/forum/viewtopic.php?f=3&t=299&start=90。

星島環球網，2010/8/5。「BBC 美軍將領呼籲中國南海『負責行事』」，星島環球網，

http://news.stnn.cc/ed_china/201008/t20100805_1388640.html。

孫奕、何宗渝，2009/3/12。「中國重申任何其他國家對黃岩島和南沙群島的島嶼提出領土主權要求都是非法的、無效的」，新華網，http://big5.xinhuanet.com/gate/big5/news.xinhuanet.com/world/2009-03/12/content_10999961.htm。

現代艦船，2010/7/22。「南海日記：隨中國海監船近距拍攝被占島礁（組圖）」，鳳凰網，http://news.ifeng.com/mil/4/detail_2010_07/22/1816095_5.shtml。

陳雅莉，2009/3/11。「中美海上再衝撞，楊外長來赴『鴻門宴』」，華盛頓觀察，http://68.165.165.202/showtemp.cfm?showtempid=2720&charid=2&uid=1。

張雷寶，2005/1/7。「讀書用上衛星　上課通過網路　南沙礁盤有了『網路大學』」，解放軍報，http://www.chinamil.com.cn/site1/zbxl/2005-01/07/content_106334.htm。

聯合早報，2010/7/19。「美為軍援柬辯護」，星洲互動，http://www.sinchew-i.com/node/163867?tid=4。

劉勇，2009/3/11。「南海被『擾』，五角大樓要打興論牌？」，華盛頓觀察，http://www.washingtonobserver.org.cn/showtemp.cfm?showtempid=2722&charid=2&uid=1。

環球時報，2010/7/4。「中國首次向美明確表態：南海是中國核心利益」，新浪軍事，http://mil.news.sina.com.cn/2010-07-04/0952599153.html。

環球時報，2010/7/6。「韓稱美中在南海東海較量加劇　中國提高軍演規模」，新浪軍事，http://mil.news.sina.com.cn/2010-07-06/0917599417.html。

韓詠紅，2010/8/3。「國防大學戰略研究所所長楊毅少將：中國海軍強大是必然的　美國必須拋棄冷戰思維」，南洋星洲聯合早報（新加坡），http://www.zaobao.com/special/china/sino_us/pages8/sino_us100803b.shtml。

英文部分

專書

Galdorisi, George, Doug Bandow, & M. Casey Jarman, 1994. *The United States and the 1982 Law of the Sea Convention: The Cases Pro & Con*. Honolulu, HI: Law of the Sea Institute.

Schmidt, Markus G., 1989. *Common Heritage or Common Burden? The United States Position on the Development of a Regime for Deep Sea-Bed Mining in the Law of the Sea Convention*. Oxford: Clarendon Press.

期刊論文

Buszynski, Leszek, 2010/Winter. "Rising Tensions in the South China Sea: Prospects for a Resolution of the Issue," *Security Challenges*, Vol. 6, No. 2, pp. 85-104.

網際網路

1992/7/22. "ASEAN Declaration on the South China Sea," The Official Website of the Association of Southeast Asian Nations, http://www.aseansec.org/3634.htm.

2002/11/4. "ASEAN DECLARATION ON THE CONDUCT OF PARTIES IN THE SOUTH CHINA SEA," The Official Website of the Association of Southeast Asian Nations, http://www.aseansec.org/13163.htm.

2008/7/20. "China Warns ExxonMobil to Drop Vietnam Deal: Report," SpaceDaily, http://www.spacedaily.com/reports/China_warns_ExxonMobil_to_drop_Vietnam_deal_report_999.html.

2009/7/23. "Chairman's Statement of 16th ASEAN Regional Forum," Ministry of Foreign Affairs of Japan, http://www.mofa.go.jp/region/asia-paci/asean/conferenc e/arf/state0907.pdf.

2009/8. "China Opposes Manila's Plans to Extract Oil from the Disputed Reed Bank in South China Sea," *Energy Security Review*, Vol. 8, Iss. 2, http://www.idsa.in/TWIR/8_2_2009_China1.

2009/8/15. "Disputed Oil Rich Reed Bank," *Alternat1ve.com*, http://www.alternat1ve.com/biofuel/2009/08/15/disputed-oil-rich-reed-bank/.

2010/3/10. "Remarks by Kurt M. Campbell, Assistant Secretary for East Asian and Pacific Affairs," *America.gov*, http://photos.state.gov/libraries/burma/895/pdf/031010Remarksby KurtCampbell.pdf.

2010/7/12. "Angkor Sentinel 10 Opens in Phnom Penh," Embassy of the United States in Cambodia, Phnom Penh, http://cambodia.usembassy.gov/pr_071210.html.

2010/7/23. "43rd AMM/PMC/17th ARF VIETNAM 2010 Chairman's Statement 17th ASEAN Regional Forum," *The Official Website of the Association of Southeast Asian Nations*, http://www.aseansec.org/24929.htm.

2010/7/24. "Clinton Urges Collaborative Process for Resolving East Sea Disputes," DTiNews, http://www.dtinews.vn/news/news/international/clinton-urges-collaborative-process-for-re solving-east-sea-disputes_3793.html.

AFP, 2010/6/5. "U. S. Urges Free Access to South China Sea: Gates," *The New Straits Times*, http://www.nst.com.my/nst/articles/USurgesfreeaccesstoSouthChinaSea_G ates/Article/.

AFP, Yahoo! News, 2010/3/30. "Vietnam and USA Signs MoU Pact," *The Nuclear N-Former*, http://www.nuclearcounterfeit.com/?p=1961.

Banyan, 2010/8/12. "They Have Returned: China Should Worry Less About America's 'Containment' Strategy and More About Why the Neighbours Welcome It" *The Economist*, http://www.economist.com/node/16791842.

Borgerson, Scott G., 2009. *The National Interest and the Law of the Sea*. Washington, DC: Council on Foreign Relations Press, http://www.cfr.org/content/publications/attachme nts/LawoftheSea_CSR46.pdf.

Buxbaum, Peter A., 2007/8/24. "U. S. Administration Pushes UNCLOS," *ISN*, http://www.i sn.ethz.ch/isn/Current-Affairs/Security-Watch/Detail/?ots591=4888caa0-b3db-1461-98b9-e20e7b9c13d4&lng=en&id=53665.

Coates, Neal, 2003/8/27. "International Law in Limbo: United States Senate Refusal to Consider the United Nations Convention on the Law of the Sea," paper presented at the annual meeting of the American Political Science Association. Philadelphia, PA: American Political Science Association, http://www.allacademic.com/meta/p62529_index.html.

Elich, Gregory, 2010/7/30. "Rising Tensions on the Korean Peninsula. The Sinking of the Cheonan, Reviewing the Evidence," *Global Research.ca*, http://www.globalresearch.ca/index.php?context=va&aid=20367.

Esguerra, Christian V., 2009/3/15. "RP Taking China Ship in Spratlys 'Seriously'," *INQUIRER.net*, http://globalnation.inquirer.net/news/breakingnews/view/20090315-194287/RP-taking-China-ship-in-Spratlys-seriously.

Hranjski, Hrvoje, 2010/12/10. "Rights Groups Slam Philippines' Nobel Boycott," *The China Post*, http://www.chinapost.com.tw/asia/philippines/2010/12/10/283110/Rights-groups.htm.

Kellerhals, Merle David, Jr., 2010/7/22. "U. S. To Spend $187 Million on Lower Mekong Initiative," *America.gov*, http://www.america.gov/st/develop-english/2010/July/20100722134433dmslahrellek0.2057459.html.

Koike, Yuriko, 2010/12/28. "Is Containment the Best Response to China's Rise?" *People' Daily Online*, http://www.peopleforum.cn/viewthread.php?tid=57383.

Lee, Peter, 2010/7/29. "U. S. Goes Fishing for Trouble," *Asian Times Online*, http://www.atimes.com/atimes/China/LG29Ad03.html.

Marciel, Scot, 2009/7/15. "Maritime Issues and Sovereignty Disputes in East Asia," *U. S. Department of State*, http://www.state.gov/p/eap/rls/rm/2009/07/126076.htm.

McCoy, Clifford, 2010/7/31. "U. S. and Cambodia in Controversial Lockstep," *Asia Times Online*, http://www.atimes.com/atimes/Southeast_Asia/LG31Ae01.html.

Miles, Donna, 2010/8/18. "U. S., Vietnam Explore Enhanced Defense Cooperation," *U. S. Department of State*, http://www.defense.gov/news/newsarticle.aspx?id=60478.

Office of the Spokesman, 2010/6/9. "Third U. S.-Vietnam Political, Security, and Defense Dialogue Yields Progress in Political-Military Cooperation," *U. S. Department of State*, http://www.state.gov/r/pa/prs/ps/2010/06/142906.htm.

Rabkin, Jeremy, 2006/6/1. "The Law of the Sea Treaty: A Bad Deal for America," *Competitive Enterprise Institute*, http://cei.org/pdf/5352.pdf.

Phuong, Thu Trang – Ha, 2010/6/9. "U. S., Vietnam Tighten Military Relationship," *DTiNews*, http://www.dtinews.vn/news/news/vietnam/us-vietnam-tighten-military -relationship.html.

Romulo, Roberto R., 2010/9/3. "New U. S. Interest in South China Sea," *Philstar*, http://www.philstar.com/Article.aspx?articleId=608488&publicationSubCategoryId=66.

Prados, John, 2004/8/4. "Essay: 40th Anniversary of the Gulf of Tonkin Incident," *The National Security Archive*, http://www.gwu.edu/~nsarchiv/NSAEBB/NSAEBB 132/essay.htm.

Sisante, Johanna Camille, 2009/3/16. "Exhaust All Diplomatic Means with China, Arroyo Told," *GMA News Online*, http://www.gmanews.tv/story/152852/Exhaust-all-diplomatic-means-with-China-Arroyo-told.

Socialist Republic of Vietnam, 2009/5/7. "Submission to the Commission on the Limits of the Continental Shelf Pursuant to Article 76, Paragraph 8 of the United Nations Convention on the Law of the Sea 1982: Partial Submission in Respect of Vietnam's Extended Continental Shelf: North Area (VNM-N)," *UN.org*, http://www.un.org/Depts/los/clcs_new/submissions_files/vnm37_09/vnm2009n_executivesummary.pdf.

Stevenson, Jim, 2010/10/5. "U. S. Seeks Calm in South China Sea Territorial Disputes," *VOANews.com*, http://www.voanews.com/english/news/US-Seeks-Calm-in-South-China-Sea-104328294.html.

Uy, Veronica, 2009/3/11. "China Protests Signing of Baselines Bill," *INQUIRER.net*, http://new

sinfo.inquirer.net/topstories/topstories/view/20090311-193575/China-protests-signing-of-baselines-bill.

The White House, Office of the Press Secretary, 2010/9/24. "Joint Statement of the 2ND U. S. - ASEAN Leaders Meeting," *The White House*, http://www.whitehouse.gov/the-press-office/2010/09/24/joint-statement-2nd-us-asean-leaders-meeting.

Website of Rule of Law Committee for the Oceans (USA) in http://www.oceanlaw.org/index.php.

Weitz, Richard, 2010/8/18. "Why U. S. Made Hanoi Move," *The Diplomat*, http://the-diplomat.com/2010/08/18/why-us-made-hanoi-move/.

A Tussle of U. S. - China - ASEAN in the South China Sea

Abstract

Some of the medias of China intended to emphasize that the South China Sea is its core interests, which has prompting the United States to take a tougher stance on the issue of the South China Sea. The United States had changed its non-involve and neutral position on this issue. The United States stressed that the ASEAN and China should sign the "regional Code of Conduct of South China Sea", and the United States intends to act as mediator. Then the United States strengthened military cooperation with Vietnam and Cambodia, held joint military exercises with Vietnam in the South China Sea. It seems that the United States resumed a strategic posture of the containment of China. However, the relations between the United States and China become closer than ever before, containment is not as effective as before. The tussle in the South China Sea is originally limited to ASEAN and China. The United States suddenly involved, it should have her strategic maneuver in this area.

Keywords: American　China　ASEAN　South China Sea　New Containment

（本文刊登在遠景基金會季刊，第 12 卷，第 1 期，2011 年 1 月，頁 43-80。）

索　引

國家圖書館出版品預行編目資料

臺灣與附近島嶼的領土主權問題

陳鴻瑜著. – 初版. – 臺北市：臺灣學生，2018.09
面；公分

ISBN 978-957-15-1776-6 (平裝)

1. 南海問題 2. 釣魚臺問題 3. 領土主權

578.193   107013861

臺灣與附近島嶼的領土主權問題

著　作　者　陳鴻瑜
出　版　者　臺灣學生書局有限公司
發　行　人　楊雲龍
發　行　所　臺灣學生書局有限公司
地　　　址　臺北市和平東路一段 75 巷 11 號
劃 撥 帳 號　00024668
電　　　話　(02)23928185
傳　　　眞　(02)23928105
E - m a i l　student.book@msa.hinet.net
網　　　址　www.studentbook.com.tw
登 記 證 字 號　行政院新聞局局版北市業字第玖捌壹號
定　　　價　新臺幣九〇〇元
出 版 日 期　二〇一八年九月初版
I S B N　978-957-15-1776-6

57805　　　　　有著作權 · 侵害必究